जिन्ना : एक पुनर्दृष्टि

जिन्ना : एक पुनर्दृष्टि

वीरेन्द्र कुमार बरनवाल

राजकमल प्रकाशन

ISBN : 978-81-267-0986-1

मूल्य : ₹ 850

पहला संस्करण : 2005
पाँचवाँ संस्करण : 2015

प्रकाशक : राजकमल प्रकाशन प्रा. लि.
1-बी, नेताजी सुभाष मार्ग, दरियागंज
नई दिल्ली-110 002

शाखाएँ : अशोक राजपथ, साइंस कॉलेज के सामने, पटना-800 006
पहली मंजिल, दरबारी बिल्डिंग, महात्मा गांधी मार्ग, इलाहाबाद-211 001
36 ए, शेक्सपियर सरणी, कोलकाता-700 017

वेबसाइट : www.rajkamalprakashan.com
ई-मेल : info@rajkamalprakashan.com

मुद्रक : बी.के. ऑफसेट
नवीन शाहदरा, दिल्ली-110 032

JINNA : EK PUNARDRISHTI
by Virendra Kumar Baranwal

उन्हें

जो टूटे-छूटे

मरे और बिखरे

विभाजन की

विभीषिका

में

तथा

स्वतन्त्रता-सेनानी, सेवा-व्रती

स्व. मुंशी दौलत लाल

की स्मृति में

इतिहास मात्र घटनाओं का संकुल और महत्त्वाकांक्षियों की नियति के उतार-चढ़ाव का दस्तावेज़ ही नहीं है। उसके विराट मंच पर उभरे काल-प्रेरित अभिनेताओं के मनोजगत की उथल-पुथल से संरचित व्यक्तियों के समझौते-टकराव और घात-प्रतिघात उसकी धारा को प्रभावित करने में निर्णयात्मक भूमिका निभाते हैं। कुछ इसी विश्वास के फलस्वरूप जिन्ना के जीवन पर विहंगम दृष्टि डालते हुए उन्हें उनके महत्त्वपूर्ण समकालीनों के साथ-साथ अलग-अलग समझने-परखने की कोशिश इस किताब में मिलेगी।

विषय-सूची

चित्र विवरण

भूमिका

"जिन्ना सच्चे तत्त्वों से बने हैं। साम्प्रदायिक पूर्वाग्रह से मुक्त वह हिन्दू-मुस्लिम एकता के सर्वश्रेष्ठ राजदूत हैं।"

–गोपाल कृष्ण गोखले

"जिन्ना मुझे उस शख़्स की याद दिलाते हैं, जो अपने माँ-बाप–दोनों को क़त्ल कर अदालत से इस बिना पर माफ़ी चाहता है, कि वह यतीम है।"

–जवाहरलाल नेहरू

इतिहास सामान्यतः ग्लेशियर की अदृश्य मन्थर गति से रेंगता हुआ चलता है, पर कभी-कभी उसमें प्रपात का आवेश-भरा वेग भी आ जाता है। कुछ ऐसा ही अप्रतिम वेग भारतीय उपमहाद्वीप के इतिहास की धारा में सन् 1937 से लेकर सन् 1947 के दौरान आया, जिसने विश्व के लगभग पाँचवें हिस्से की नियति को बड़ी गहराई से प्रभावित किया। महात्मा गांधी के साथ ही इस कालखंड के नियति-पुरुष सिद्ध हुए क़ायदे आज़म मुहम्मद अली जिन्ना। भारत-विभाजन और पाकिस्तान के निर्माण में अग्रणी भूमिका के कारण जहाँ जिन्ना की छवि सामान्य भारतीय जन-मानस में एक दुर्दान्त खलनायक की है, वहीं पाकिस्तान में उन्हें न केवल 'राष्ट्रपिता' का दर्जा हासिल है, बल्कि वहाँ उन्हें देवत्व-सा प्रदान कर लगभग पूजा जाता है। जिन्ना का राजनीतिक व्यक्तित्व इन्हीं दो अतियों के बीच झूलता रहा है। उनके सम्बन्ध में गोपाल कृष्ण गोखले और पं. जवाहरलाल नेहरू के उपर्युक्त कथन उनके राजनीतिक जीवन के दो ध्रुवान्तों को रेखांकित करते हैं।

साधारण भारतीयों के मन में जिन्ना की छवि एक निहायत नीरस, अन्तर्मुखी, तार्किक, अधार्मिक, भावना-शून्य, मनहूस, हिसाबी, सिर से पैर तक पश्चिमी सभ्यता में रँगे, चोटी के वकील के साथ एक अपराजेय राजनीतिक सौदेबाज़ की रही है। जिन्ना के व्यक्तित्व की इन विशेषताओं को झुठलाना जहाँ निहायत दुश्वार है, वहीं मात्र इन्हीं विशेषताओं में उन्हें सीमित करना वस्तुतः सच्चाई से मुँह मोड़ना होगा। जिन्ना के जीवन और व्यक्तित्व के कुछ ऐसे पहलू हैं, जो बहुत कम उजागर हो पाए हैं। फलस्वरूप अकसर उनका एकांगी मूल्यांकन ही हो पाया है।

जिन्ना के जटिल व्यक्तित्व और जीवन को थोड़ा बेहतर समझने के प्रयास की कुंजी

उनकी राजनीतिक गतिविधियों और भाषणों के अलावा उनके जीवन और व्यक्तित्व के उन अल्पज्ञात पहलुओं में भी ढूँढ़नी होगी, जो प्रत्यक्षतः प्रायः बहुत महत्त्वपूर्ण नहीं लगते, पर जाने-अनजाने व्यक्तित्व और जीवन को ढालने में निर्णायक भूमिका निभाते हैं। वह शायद अपने समय के अकेले ऐसे राजनेता थे, जो उस समय देश की तीनों अहम राजनीतिक पार्टियों कांग्रेस, होमरूल लीग और मुस्लिम लीग में न केवल वरिष्ठ स्थान के हक़दार माने जाते थे, बल्कि उनकी नीति और दिशा-निर्धारण में भी अग्रणी भूमिका अदा करते थे। लोकमान्य तिलक के बचाव में अदालत में उनकी बहस, असेम्बली में स्थानीय निकायों के स्वशासन में भारतीयों की पर्याप्त भागीदारी, सेना के भारतीयकरण, वक्फ़ बिल और रौलेट ऐक्ट के विरोध तथा सरदार भगत सिंह के केस के निपटारे के लिए वाइसराय द्वारा विशेष क़ानून के बिल को लेकर दिए गए उनके निर्भीक, तर्कसंगत और ओजस्वी भाषण आज भी भारतीय उपमहाद्वीप के संसदीय इतिहास में बेमिसाल हैं। पाकिस्तान के निर्माण में उनकी भूमिका ने दुर्भाग्यवश अविभाजित भारत की संसदीय परम्परा के विकास में उनके महत्त्वपूर्ण योगदान पर विस्मृति की धूल डाल दी है।

जिन्ना के बारे में लिखना दरअसल उनके दो महान समकालीनों और प्रतिद्वन्द्वियों, गांधी और नेहरू, पर लिखने से कई गुना बड़ी चुनौती है। जहाँ गांधी और नेहरू का अपना स्वयं का लेखन अत्यन्त विपुल और व्यापक है, वहीं उनके स्वयं के ऊपर समय-समय पर देश-विदेश में प्रारम्भ से आज तक लगातार लिखा जा रहा है। उनकी अपनी आत्मकथाएँ और दूसरे समकालीन दिग्गजों की आत्मकथाओं, जीवनियों, संस्मरणों और अन्य प्रकार के लेखन में उनका ज़िक्र और प्रसंग उन पर लिखने और उनके बारे में समझ विकसित करने में काफ़ी सहायक सिद्ध होते हैं। इसके बरअक्स जिन्ना पर लिखना और उनके सम्बन्ध में एक समग्र समझ विकसित करना काफ़ी कठिन और जोखिम भरा काम है। इसका मुख्य कारण है कि जिन्ना ने न तो आत्मकथा और संस्मरण लिखे हैं और न ही नेहरू और गांधी की तरह समय-समय पर स्वयं अपने लेखन द्वारा अपनी राजनीतिक, सामाजिक, आर्थिक और सांस्कृतिक सोच को अभिव्यक्त करने की कोशिश की। जो कुछ भी उनका और उनके बारे में उपलब्ध है, वह है समय-समय पर केन्द्रीय विधायिका में दिए गए उनके भाषण, राजनीतिक वक्तव्य, कभी-कभी पत्र-पत्रिकाओं में उनके इक्के-दुक्के लेख और अपने समकालीनों के साथ राजनीतिक विषयों पर पत्र-व्यवहार। उनका अपना व्यक्तिगत पत्र-व्यवहार अत्यन्त दुःखद रूप से नितान्त सीमित है। उनके बारे में लिखे उनके समकालीनों के संस्मरणों और उनकी आत्मकथाओं और जीवनियों में उनके सन्दर्भ के आधार पर ही उन्हें समझने के प्रयास होते रहे हैं। यहाँ भी एक तथ्य अत्यन्त विचलनकारी है। उनके द्वारा डॉ. इक़बाल को लिखे गए आठ पत्र अब दुर्भाग्यवश उपलब्ध नहीं हैं। वो एक कवि के काग़ज़ों की अराजकता में खो गए। दुर्भाग्यवश वह स्वयं भी उनकी प्रतिलिपियाँ नहीं रख पाए थे। पाकिस्तान में उन पर जो भी लेखन हुआ है, वस्तुतः वह सन्त-चरित सा ही है। उनके जीवन, व्यक्तित्व, कार्यों और उपलब्धियों को वस्तुनिष्ठ तथा आलोचनात्मक दृष्टि से

देखने के प्रयास का उनमें त्रासद अभाव है। सौभाग्य से गहरे आदर, श्रद्धा और भक्ति के बावजूद गांधी और नेहरू के बारे में भारत में ऐसा नहीं हुआ। यहाँ उन्हें वस्तुनिष्ठता के साथ आलोचनात्मक दृष्टि से देखने के कई ईमानदार प्रयास हुए हैं। और अब तो उन पर बदले वातावरण में काफ़ी बेरहमी से टीकाएँ की जा रही हैं। उन पर पड़ा लगभग आधी सदी का श्रद्धा का आवरण अब धीरे-धीरे छिन्न-भिन्न होता जा रहा है। उनके बारे में देश-विदेश में किसी भी अपमानजनक टीका-टिप्पणी से यहाँ अब कोई विचलित नहीं होता। इसे एक हद तक शुभ लक्षण भी माना जा सकता है। इससे निश्चय ही उन्हें समझने की एक बेहतर, स्वस्थ और निर्वैयक्तिक दृष्टि विकसित होने में मदद मिलेगी। कोई कितना भी महान हो, समय और इतिहास के पास उससे न्याय करने के अपने ढंग हैं। यहाँ एक बात निहायत दिलचस्प है। अकबर एस. अहमद ने सन् 1997 में प्रकाशित जिन्ना पर अपनी पुस्तक में यह स्वीकार किया है कि उनके (जिन्ना के) ऊपर कुछ अत्यन्त महत्त्वपूर्ण और उत्कृष्ट कोटि का लेखन भारत में हुआ है। एच.एम. सीरवाई और राजमोहन गांधी का जिन्ना पर लेखन इसका प्रमाण है।

जिन्ना हमारे देश के उस लम्बे और शानदार स्वतन्त्रता-संग्राम के महानायकों में से एक हैं, जिसके कई व्यापक महाकाव्यात्मक आयाम हैं। भारतीय उपमहाद्वीप की जातीय स्मृति की जटिल रचनात्मकता को युगान्तर तक सँजोए यहाँ के दोनों महाकाव्यों, रामायण और महाभारत, के चरित्रों और घटनाओं की छाया और आलोक में इतिहास के निर्णायक संघर्ष, घात-प्रतिघात तथा सभ्यता के संकट-संक्रमण की व्याख्या और समझ की कोशिश भारतीय मनीषा लगातार करती रही है। सन् 1857 से सन् 1947 तक चले हमारे नब्बे वर्ष के स्वतन्त्रता-संग्राम के समतुल्य किसी और देश का स्वतन्त्रता-संग्राम नहीं है। इतनी लम्बी कालावधि और इतने विशाल भूखंड में इसकी व्याप्ति ही इसकी अद्वितीयता का एकमात्र कारण नहीं है। इसका असली अनूठापन यहाँ की राजनीतिक, सामाजिक, आर्थिक, धार्मिक, सांस्कृतिक और भाषायी अस्मिताओं और हितों के परस्पर टकराव और उनमें सामंजस्य के प्रयासों और उसके लिए ईमानदार-उत्कृष्ट नेतृत्व विकसित करने की उसकी क्षमता में है। इतने जटिल बुनावटवाले इस व्यापक और लम्बे संघर्ष के दौरान कम-से-कम डेढ़ दर्जन ऐसे महान और तेजस्वी व्यक्तित्व प्रकाश में आए जो अपने समकालीन विश्व के श्रेष्ठतम नेतृत्व से तुलनीय हैं। उनमें तिलक, गांधी, जिन्ना, नेहरू, भगत सिंह, सुभाष, पटेल और आज़ाद ऐसे दीप्त व्यक्तित्व हैं, जो अपने समय के दूसरे देशों के कई महत्त्वपूर्ण व्यक्तित्वों की आभा फीकी कर देने की क्षमता रखते हैं। ऐसे उदात्त तथा विविध-प्रकृति चरित्रों और घटनाओं का वृहत् संकुल हमें रामायण से अधिक महाभारत में मिलता है। क़ायदे आज़म एकेडमी, कराची के संस्थापक, निदेशक प्रो. शरीफ़ अल मुजाहिद ने जिन्ना को अठारह सौ सत्तावन से उन्नीस सौ सैंतालीस तक की राजनीतिक-सामाजिक गतिविधियों और स्वतन्त्रता-संग्राम के केन्द्र में रखकर लिखी गई अकबर एस. अहमद की चर्चित पुस्तक* की तुलना अकारण ही महाभारत से नहीं की

* जिन्ना, पाकिस्तान एंड मुस्लिम आईडेंटिटी—दि सर्च फ़ॉर सलादीन।

है। स्वतन्त्रता-संग्राम और पाकिस्तान-आन्दोलन के महाकाव्यात्मक आयाम और उसमें जिन्ना के धीरोदात्त नायकत्व को रेखांकित करने के लिए वह होमर के 'इलियड', वर्जिल के 'एनिड' और फिरदौसी के 'शाहनामा' से भी इस पुस्तक की तुलना कर सकते थे। पर अतीत को वर्तमान और वर्तमान को अतीत में प्रतिबिम्बित करने की महाभारत जैसी अपार सम्भावना इन दूसरे विश्वविख्यात महाकाव्यों में नहीं है। रामायण के साथ महाभारत धर्म, जाति, नस्ल और भौगोलिक सीमाओं को नकारते हुए पूरे भारतीय महाद्वीप की जातीय स्मृति का अविभाज्य अंग सिद्ध होता है।

महाभारत की कथा और उसके पात्रों को हिन्दुस्तान के स्वतन्त्रता-संग्राम की घटनाओं और उसे यति-गति देनेवाले नेता-नायकों से जोड़कर भारतीय अंग्रेज़ी लेखक और कथाकार शशि थरूर ने एक वहत् किन्तु दिलचस्प उपन्यास 'दि ग्रेट इंडियन नावेल' लिखा है। इसमें हिन्दुस्तान के स्वतन्त्रता-संग्राम की महाकाव्यात्मकता, उसकी विसंगतियों और अन्तर्विरोधों तथा उसके महत्त्वपूर्ण चरित्रों को हल्के व्यंग्य के पुट के बावजूद गहरी अन्तर्दृष्टि के साथ चित्रित किया गया है। यह हिन्दुस्तान के स्वतन्त्रता-संग्राम की महाभारत के साँचे में अद्भुत पुनर्रचना है। इसमें जिन्ना कर्ण के रूप में प्रस्तुत हैं। अनगिनत विसंगतियों के बावजूद निश्चय ही जिन्ना महाभारत के महान चरित्र कर्ण की याद दिलाते हैं। आज़ादी की लड़ाई के अन्तिम दस वर्षों में देश-विभाजन के आन्दोलन को धारदार और आक्रामक नेतृत्व प्रदान करने के कारण जिन्ना की छवि साधारण हिन्दू-मन में एक खलनायक की ही रही है। राम और कृष्ण के प्रतिद्वन्द्वी-शत्रु रावण और कंस की तरह उन्हें गांधी और नेहरू के दुष्ट प्रतिपक्ष के रूप में देखा जाता रहा है। पर जैसे-जैसे समय बीता, दृष्टि और समझ में धीरे-धीरे वस्तुनिष्ठता और परिपक्वता भी एक सीमा तक बढ़ती गई। कुछ नए दबे हुए तथ्य और सत्य भी प्रकाश में आने लगे। मौलाना आज़ाद की पुस्तक 'भारत ने आज़ादी जीती' (इंडिया विंस फ्रीडम), डॉ. राम मनोहर लोहिया की पुस्तक 'भारत-विभाजन के गुनहगार' (गिल्टीमेन ऑफ़ इंडिया'ज़ पार्टीशन), जिन्ना के अन्तिम दिनों में चिकित्सक कर्नल इलाहीबख़्श की पुस्तक 'क़ायदे आज़म अपने आख़िरी दिनों में' ('क़ायदे आज़म ड्युरिंग हिज़ लास्ट डेज़'), श्री प्रकाशजी की पुस्तक 'पाकिस्तान : जन्म और प्रारम्भिक दिन' (पाकिस्तान : बर्थ एंड अर्ली डेज़), एच.एम. सीरवाई की पुस्तक 'भारत-विभाजन : किंवदन्तियाँ और सच्चाई' (पार्टीशन ऑफ़ इंडिया—लीजेंड एंड रियलिटी), दुर्गादास की पुस्तक 'भारत : कर्ज़न से नेहरू तक' (इंडिया : फ्रॉम कर्ज़न टू नेहरू), मोहम्मद करीम छागला की पुस्तक 'दिसम्बर में गुलाब' (रोजेज़ इन दिसेम्बर) और राजमोहन गांधी की पुस्तक 'मुस्लिम मन की समझ' (अंडरस्टैंडिग द मुस्लिम माइंड) कुछ ऐसी कृतियाँ थीं, जिनसे जिन्ना के बारे में सोच बदलने में महत्त्वपूर्ण मदद मिली। धीरे-धीरे यह बात साफ़ होने लगी कि विभाजन के गुनहगार और उसकी विभीषिका के ज़िम्मेदार मात्र जिन्ना ही नहीं थे। जिन्हें सबसे 'अनघ' समझा जाता रहा है, उसके पीछे थोड़ा-बहुत 'अघ' उनका भी रहा है। यह महाभारत की जटिल कथा और उसके पात्रों की, भारतीय

स्वतन्त्रता-संग्राम की घटनाओं और उससे जुड़े महत्त्वपूर्ण व्यक्तित्वों के विविध प्रसंगों की गहरी रचनात्मक समझ ही थी, जिससे रावण और कंस की श्रेणी से निकालकर जिन्ना को कर्ण जैसे महानायक के चरित्र के प्रकाश में देखने की कोशिश सम्भव हो सकी है। महाभारत के पात्रों के बहुआयामी अन्तर्सम्बन्ध इतिहास के 'क्वचित् प्रकाशित क्वचिदप्रकाशित' मानवीय अन्तर्सम्बन्ध की सहानुभूतिपूर्ण समझ विकसित करने में लगातार सहायक सिद्ध होते रहे हैं। इसी के फलस्वरूप जिन्ना की प्रेयसी-पत्नी रत्ती जिन्ना और कानजी द्वारका दास के बीच निष्कलुष मैत्री सम्बन्ध की तुलना कृष्ण और द्रौपदी के बीच गहन सख्य-भाव से करने का लोभ-संवरण सम्भव नहीं हो सका है। महाभारतकार ने अपने पात्रों को, चाहे वह कितने ही उदात्त या निकृष्ट क्यों न हों, कहीं भी गहरे सफ़ेद या गहरे काले रंग में चित्रित करने के प्रयास नहीं किए हैं। दोनों के बीच का रंग मनुष्य की प्रकृति के अन्तर्वाह्य के विविध पक्षों के चित्रण के लिए उन्हें सर्वत्र उपयोगी और निरापद प्रतीत होता लगता है। आधुनिक इतिहास के अनेक चरित्र हमसे महाभारतकार की दृष्टि की ही माँग करते दिखते हैं।

जिन्ना के बारे में सोचना और लिखना आधी सदी के अन्तराल के बावजूद अभी भी अन्दर से हरे किसी गहरे घाव की पपड़ी बेरहमी से उधेड़ देने जैसी गहरी लोमहर्षक अनुभूति जगाता है। अस्तंगत होती उन्नीसवीं सदी के द्वार पर परिवर्तन-विकल बीसवीं सदी की दस्तक के बीच जिन्ना की राजनीतिक आँखें खुली थीं। पलकों पर उदात्त राष्ट्रीय सपनों के साथ उन्होंने देश के सार्वजनिक जीवन में क़दम रखा था। लगभग चार दशक बाद उनका एक साम्प्रदायिक नेता में करुण अवसान और महज़ अपने बलबूते पर अपने नए लक्ष्य पाकिस्तान को पा लेने के बाद उनमें जगा गहरा अपराधबोध* उन्हें हमारी गहरी संवेदना और सहानुभूति का हक़दार बनाता है। उनमें यूनानी ट्रेजेडी के किसी भी संवेदनशील महानायक की वे सभी विशेषताएँ मिलती हैं, जिनकी रचनात्मक प्रस्तुति उन्हें आधुनिक विश्व-मंच का एक अत्यन्त अविस्मरणीय चरित्र सिद्ध कर सकती है।

बचपन में घर पर आनेवाले लाहौर से विभाजन के दौरान विस्थापित स्नेही सिख व्यापारियों के मुख से वहाँ हुए अत्यन्त भयंकर साम्प्रदायिक दंगों की दारुण व्यथा-कथा सुनी थी। इसके लिए देश के मनहूस विभाजन और उसके लिए ज़िम्मेदार जिन्ना नामक

---

* जिन्ना के अन्तिम दिनों के चिकित्सक सेना के डॉक्टर कर्नल इलाहीबख़्श ने सन् 1949 में प्रकाशित अपनी संस्मरणात्मक पुस्तक 'क़ायदे आज़म अपने आख़िरी दिनों में' (क़ायदे आज़म ड्युरिंग हिज़ लास्ट डेज़') में लिखा था कि जिन्ना ने गहरी उदासी के साथ उनसे कहा था, ''डॉक्टर, पाकिस्तान मेरी ज़िन्दगी की सबसे बड़ी भूल है।'' (''डॉक्टर, पाकिस्तान इज़ दि ग्रेटेस्ट ब्लंडर ऑफ़ माई लाइफ़'')। आगे चलकर पाकिस्तान की विचारधारा के सुरक्षा अधिनियम (डिफ़ेंस ऑफ़ आइडिया ऑफ़ पाकिस्तान ऐक्ट) बनने के बाद क़ायदे आज़म अकादमी, कराची द्वारा 1978 में पुनर्प्रकाशित इसके दूसरे संस्करण में से यह अंश निकाल दिया गया था। जिन्ना के उक्त कथन की पुष्टि 26 नवम्बर, 1982 के पेशावर से प्रकाशित 'फ्रंटियर पोस्ट' में अपने एक लेख में सरहदी सूबे के पूर्व शिक्षामन्त्री मोहम्मद याहिया जान ने भी की है।

एक मुसलमान को लोग लगातार कोसते थे। गांधी और नेहरू के प्रति भी श्रद्धा और आदर के बावजूद कई लोग अक्सर कटु हो जाते थे। जिन्ना का नाम पहली बार सुना था। पर गांधी और नेहरू के नाम सुभाष और जयप्रकाश के नामों के साथ घर में अक्सर सुनाई पड़ते थे। परिवार के प्रबुद्ध पुरुष सदस्यों के अलावा हमारी माँ, नानी और दादी भी कभी-कभी उनके नाम लेती थीं। माँ गायत्री देवी ने कई छोटी-बड़ी कथरियाँ (बंगाली जिन्हें कंथा कहते हैं) बना रखी थीं, जिन पर उन्होंने तिरंगा झंडा, गांधी, नेहरू और भारतमाता के चित्रों की कढ़ाई रंगीन धागे से कर रखी थी। उन पर जयहिन्द, वन्दे मातरम, भारत माता की जय और गांधीजी की जय जैसे शब्द भी कढ़े थे। ज्ञातव्य है, कथरी, जिसे सुजनी भी कहते थे, दरी की जगह चारपाई पर बिछाई जाती थी। हाँ, माँ ने दो पंक्तियों की एक कविता भी एक बड़ी कथरी पर काढ़ रखी थी–

हम ग़रीबों के गले का हार वन्दे मातरम
छीन सकती है नहीं सरकार वन्दे मारतम।

माँ बताती थीं, जैसे 'र' से राम और रावण, 'क' से कृष्ण और कंस, उसी तरह 'ग' से गांधी और गवर्नमेंट अच्छाई-बुराई के पक्ष और प्रतिपक्ष थे। गवर्नमेंट से माँ की मुराद अंग्रेज़ सरकार से थी। पिता दयारामजी 'भारत-छोड़ो' आन्दोलन में जेल जाने और वहाँ के बारे में लोगों से चर्चाएँ करते रहते थे। अतः पाँच-छः वर्ष की आयु से ही आज़ादी की लड़ाई के सम्बन्ध में चर्चाएँ और जानकारियाँ कानों में पड़ती रहती थीं, जिनके केन्द्र में गांधी, नेहरू और सुभाष होते थे। बाद में उनमें जयप्रकाश नारायण, डॉ. राम मनोहर लोहिया और आचार्य नरेन्द्र देव के भी नाम जुड़ गए थे। समाजवादियों ने जब कांग्रेस छोड़ी तो वह भी उससे अलग होकर समाजवादी दल के सक्रिय सदस्य बन गए थे। घर पर पिता के एक अध्यापक और मित्र मुंशी दौलत लाल भी रहते थे। उन्होंने विवाह नहीं किया था। उनका सम्पूर्ण जीवन ग़रीबों और मज़लूमों की सेवा के लिए समर्पित था। वह आजीवन पूर्णतः अपरिग्रही रहे। घर पर एक वृद्धा माँ थीं। वह भी काफ़ी समय पहले गुजर गई थीं। अतः उनका कोई परिवार नहीं था। भारत-छोड़ो आन्दोलन में अपनी सक्रिय भागीदारी और बाद में समाजवादी दल के एक कर्मठ नेता और निःस्वार्थ जनसेवक के रूप में उनकी हमारे क़स्बे फूलपुर और ज़िले आजमगढ़ में भारी प्रतिष्ठा थी। पूर्वी उत्तर प्रदेश के स्वतन्त्रता-सेनानियों में उन्हें अत्यन्त सम्मान की दृष्टि से देखा जाता था। वह लगभग चालीस वर्षों तक टाउन एरिया कमेटी फूलपुर के चेयरमैन और सन् 1962 से सन् 1967 तक उत्तर प्रदेश विधानसभा के सदस्य रहे। लगभग एक दशक पहले आगरा के मनोरोग चिकित्सालय में उनका करुण अन्त हुआ। आज़ादी की लड़ाई के बारे में वह भी अक्सर ढेर सारी जानकारियाँ देते रहते थे। इस पृष्ठभूमि में जिन्ना के साथ गांधी और नेहरू के लिए भी कटु वचन सिख व्यापारियों से सुनकर बालमन उन दोनों के प्रति श्रद्धा और आदरभाव के साथ उस कटुता की संगति नहीं बैठा पाता था। नौ-दस साल की उम्र में मैं साहित्यिक पुस्तकें पढ़ने लगा था। घर पर गांधीजी की जीवनी थी। उसे ध्यानपूर्वक पढ़ गया। पिताजी ने कुछ बहुत

अच्छी पुस्तकें इकट्ठी कर रखी थीं। उनमें लूई फिशर की एक पुस्तक 'ए ग्रेट चैलेंज' के हिन्दी अनुवाद 'एक महान चुनौती' और रजनी पाम दत्त द्वारा लिखी साम्यवाद पर एक पुस्तक के हिन्दी अनुवाद भी थे। 'एक महान चुनौती' में गांधी, नेहरू, पटेल, आज़ाद, जिन्ना, ख़ान अब्दुल गफ़्फ़ार ख़ाँ और अम्बेडकर पर बड़े दिलचस्प ढंग से लिखा गया था। जिन्ना के सम्बन्ध में पहली झलक इसी पुस्तक में मिली थी। रजनी पाम दत्त की पुस्तक ऊपर से गुजर गई थी।

मेरा ननिहाल कोइरीपुर ज़िला सुल्तानपुर में था। नाना सत्यदेव गुप्त ने स्वामी श्रद्धानन्द द्वारा प्रारम्भ हरिद्वार के निकट स्थित गुरुकुल में अध्यापन किया था। उन्हें गोरखपुर के नार्मल स्कूल में मुंशी प्रेमचन्द ने पढ़ाया था। उन्हीं की संस्तुति पर स्वामी श्रद्धानन्द ने उन्हें (नाना को) गुरुकुल में अध्यापन के लिए चुना था। कुछ समय बाद लगातार बीमार रहने के कारण वह घर लौट आए थे और कपड़े, सीमेन्ट और नमक का थोक व्यवसाय करने लगे थे। स्वतन्त्रता-संग्राम से उनकी गहरी सहानुभूति थी। मोतीलाल नेहरू, मालवीयजी और तेज बहादुर सप्रू से वह मिल चुके थे। स्वामी विवेकानन्द, स्वामी रामतीर्थ, महर्षि अरविन्द और रमण महर्षि के प्रति उनका अगाध श्रद्धा-भाव था। वह प्रायः खादी पहनते थे और सत्साहित्य पढ़ते थे। स्वतन्त्रता-संग्राम और इसके नायकों तथा स्वामी विवेकानन्द, स्वामी रामतीर्थ और महर्षि अरविन्द के बारे में गर्मी की चाँदनी रात में वह ढेर सारी बातें बताते थे। उन्होंने ही सन् 1952 में एक रात सोते समय महर्षि अरविन्द की इस भविष्यवाणी का ज़िक्र किया था कि अस्तित्व में आने के 25 वर्ष के अन्दर पाकिस्तान टूट जाएगा। उनके पारिवारिक बैठके में 'आज', 'संसार', 'सन्मार्ग', 'विश्वामित्र', 'अभ्युदय', 'सरस्वती', 'माधुरी', 'मर्यादा', 'हंस' और 'चाँद' जैसी पुरानी पत्र-पत्रिकाओं के कई विशेषांक रखे रहते थे। कांग्रेस के वार्षिक अधिवेशनों के अवसर पर छपे पत्रिकाओं के पुराने विशेषांक भी वहाँ थे। दशहरे और गर्मी की छुट्टियों में धीरे-धीरे मैं लगभग वे सभी विशेषांक आठवीं पास करने से पहले पढ़ चुका था। इससे स्वतन्त्रता-संग्राम, उसके नायकों और उससे जुड़ी महत्त्वपूर्ण घटनाओं की समझ धीरे-धीरे विकसित होने की प्रक्रिया शुरू हो गई थी। पर जिन्ना के सम्बन्ध में उनसे कोई ख़ास जानकारी नहीं मिल सकी थी। छोटे क़स्बे का बौद्धिक संसाधन अत्यन्त सीमित होता है। आज़ादी की लड़ाई के दौरान प्रायः हर छोटे क़स्बे में किसी-न-किसी रूप में पुस्तकालय चल रहे थे, जिनमें हिन्दी और उर्दू में किताबें होती थीं। 'भारत-छोड़ो' आन्दोलन के दौरान उनसे जुड़े लोग या तो जेल चले गए थे या भूमिगत हो गए थे। धीरे-धीरे वे पुस्तकालय बिखर गए। कुछ चतुर लोग चोरी-छिपे पुस्तकें घर उठा ले गए थे। आज़ादी के बाद हिन्दी-क्षेत्र के क़स्बों में फिर पुस्तकालय-आन्दोलन पनप नहीं सका।

कामचलाऊ अंग्रेज़ी भाषा की समझ ग्यारहवीं कक्षा में विकसित हो चली थी। पड़ोस में एक किराने की दुकान थी। सौदा बाँधने और लपेटने के लिए वहाँ अंग्रेज़ी के पुराने अख़बार और पत्रिकाएँ थोक में आती थीं। दुकान के मालिक सीतारामजी पिता

के मित्र थे। स्वतन्त्रता-संग्राम से लगाव के कारण 'भारत-छोड़ो' आन्दोलन के दौरान गिरफ़्तारी से बचने के लिए वह भूमिगत रह चुके थे। पिता के साथ उन्होंने गांधी, सुभाष, नेहरू, पुरुषोत्तम दास टंडन, आचार्य नरेन्द्र देव, जयप्रकाश नारायण और डॉ. राम मनोहर लोहिया को कई बार बहुत निकट से देखा था। वह धीरे-धीरे मेरी अभिरुचियों से परिचित हो गए थे। वह स्वयं अंग्रेज़ी नहीं जानते थे। पर उन पुराने अख़बारों में आज़ादी की लड़ाई से जुड़े नेताओं के चित्र देखकर वह समझ जाते थे कि उनमें उनसे सम्बन्धित कोई सामग्री है। उन्हें वह अलग कर मुझे दे देते थे। मैं भी जब पुराने अख़बारों के बंडल वहाँ आते थे, उन पर निगाह रखता था। उनमें से अपनी रुचि की चीज़ें छाँट लेता था। उन्हें डिक्शनरी की सहायता से पढ़ता था। उनमें कभी-कभी भारत-विभाजन और उससे जुड़े व्यक्तियों के बारे में लेख भी होते थे। विभाजन और उसकी माँग करनेवाले मुस्लिम लीग के नेताओं के बारे में, जिनमें जिन्ना का प्रमुख स्थान होता था, मेरी प्राथमिक जानकारी के स्रोत यही पुराने अख़बार थे। बाद में एम.ए. करने के पश्चात् जब अंग्रेज़ी भाषा की थोड़ी बेहतर समझ विकसित हुई तो स्वतन्त्रता-संग्राम, देश-विभाजन और उससे जुड़े व्यक्तित्वों के सम्बन्ध में अंग्रेज़ी में पढ़ने का मौक़ा मिला। विभाजन को लेकर लिखे गए यशपाल के उपन्यास 'झूठा सच', रामानन्द सागर की पुस्तक 'और इंसान मर गया', अब्दुल्ला हुसैन के उपन्यास 'उदास नस्लें', मोहन राकेश की कहानी 'मलबे का मालिक' तथा खुशवन्त सिंह के उपन्यास 'ट्रेन टू पाकिस्तान' ने मानव इतिहास की इस अभूतपूर्व भीषण त्रासदी के गहरे मानवीय पक्ष को समझने की अन्तर्दृष्टि और संवेदना विकसित करने में भारी मदद की। विभाजन को लेकर लिखी गईं मंटो की छोटी-छोटी कहानियों, ख़ासकर 'टोबा टेकसिंह' ने किशोर मन को कई-कई दिनों तक विकल करके रखा था। पाकिस्तान के कथाकारों की विभाजन को लेकर उर्दू और पंजाबी कहानियों के हिन्दी अनुवादों को भी पत्रिकाओं में पढ़ने का मौक़ा मिलता रहा। इन सबका समवेत प्रभाव यह पड़ा कि विभाजन, उसकी विभीषिका और उसकी समूची प्रक्रिया से जुड़े राजनीतिक व्यक्तित्व मेरे लिए दूर की चीज़ न होकर मेरे अपने ही मनोजगत के अविभाज्य अंग बन गए। और इनके केन्द्र में जिन्ना का होना स्वाभाविक था। गांधी की पचहत्तरवीं जयन्ती पर जो अभिनन्दन ग्रन्थ छपा था, उसका हिन्दी संस्करण ननिहाल में उपलब्ध था। उसमें देश-विदेश के राजनेताओं, विद्वानों, विचारकों, लेखकों तथा प्रशंसकों के गांधी पर लेख और विचार थे। कई में जिन्ना की भी चर्चा थी। धीरे-धीरे जिन्ना और गांधी पर उपलब्ध साहित्य ढूँढ़कर पढ़ने लगा। उससे लगने लगा कि जिन्ना नफ़रत के बजाय सहानुभूतिपूर्ण समझ के हक़दार हैं।

सत्तर के दशक में लगने लगा कि लोगों की रुचि गांधी में घटती जा रही है। कभी-कभी बातचीत के दौरान उनके बारे में जिस अधकचरे ज्ञान का परिचय कई अच्छे-ख़ासे पढ़े-लिखे लोगों में देखने को मिलता था, उससे मैं भारी अचरज में पड़ जाता था। ऐसी स्थिति में जिन्ना के बारे में किसी समझ और जानकारी की उम्मीद निरर्थक थी। जिन्ना के सम्बन्ध में वैसे भी उनके जीवनकाल और उसके बाद भी देश-विदेश

में जानकारी का स्तर वह नहीं था, जो गांधी और नेहरू के सम्बन्ध में था। उस समय के विश्व के प्रायः हर क्षेत्र के महत्त्वपूर्ण व्यक्ति इन दोनों से न केवल परिचित थे, बल्कि किसी-न-किसी रूप में उनके प्रत्यक्ष-परोक्ष सम्पर्क में भी थे। यहाँ यह जानकारी दिलचस्प होगी कि जिन्ना के देहान्त के बाद अंग्रेज़ी के विश्वविख्यात नाटककार जॉर्ज बर्नार्ड शॉ ने नेहरू को लिखे 18 सितम्बर, 1948 के अपने पत्र में उनका नाम तक सही न लिखकर 'जिन्नर' लिखा था। उन्होंने आशंका व्यक्त की थी कि 'जिन्नर' का देहान्त उनकी (नेहरू की) इंग्लैंड-यात्रा में बाधक सिद्ध हो सकता है। शॉ ने पत्र के अन्त में यह भी जोड़ा था कि उनके (जिन्नर के) किसी सुयोग्य उत्तराधिकारी के अभाव में अब उन्हें (नेहरू को) ही पूरे भारतीय उपमहाद्वीप का शासन चलाना होगा। इस पृष्ठभूमि में जिन्ना के सम्बन्ध में अज्ञान की कल्पना की जा सकती है। मित्रों के बीच पाकिस्तान और साम्प्रदायिकता पर चर्चा के दौरान जिन्ना का प्रसंग आना अनिवार्य था। साठ के दशक में विभाजन को लेकर मेरे विचार मौलाना आज़ाद की पुस्तक 'इंडिया विंस फ़्रीडम' (भारत ने आज़ादी जीती) और डॉ. राम मनोहर लोहिया की पुस्तक 'गिल्टी मेन ऑफ़ इंडिया'ज़ पार्टीशन' पर ही आश्रित थे। चर्चा के दौरान जिन्ना के सम्बन्ध में मेरी कुछ अल्पज्ञ बातें भी मित्रों को अछूती जानकारी-सी लगती थीं। नब्बे के दशक के बीच में दिल्ली में 'हंस' और 'जनसत्ता' के कार्यालयों में शनिवार के दिन चलती साम्प्रदायिकता पर चर्चाओं के दौरान सर्वप्रथम राजेन्द्र यादव और उनके बाद सुधीश पचौरी ने मुझसे कहा कि मैं जिन्ना पर कुछ विस्तारपूर्वक लिखूँ। विषय पर अपनी सीमाएँ जानने के बावजूद मैंनें 'हाँ' तो कह दिया, पर मैं जानता था कि इस विषय पर लिखना मेरे जैसे व्यक्ति के लिए कितना कठिन है। फिर तो यादवजी के तकाज़े शुरू हो गए। मैं अपने ही जाल में फँस गया था। अतः टाल-मटोल करने लगा। पर यादवजी ने रामबाण का प्रयोग किया। 'हंस' के एक अंक में अगले अंक के लिए मेरे लेख की घोषणा कर दी। जैसे यही काफ़ी नहीं था। राजकमल प्रकाशन के निदेशक अशोक महेश्वरी को ख़बर लग गई। उन्होंने फ़ोन से बात तो बाद में की, पुस्तक (जिन्ना पर) छापने का अपना बालसुलभ उत्साह अपने पत्र के माध्यम से पहले ही प्रकट कर दिया। मैं साँसत में पड़ गया। अभी मैं मानसिक रूप से जिन्ना पर लिखने को पूरी तरह तैयार नहीं था। राजेन्द्रजी को फ़ोन कर उलाहना दिया कि घोषणा से पहले मुझसे पूछ तो लेते। उन्होंने पूरी सम्पादकीय दादागीरी से जवाब दिया, "मैं समझ गया था। आप भले आदमी की तरह नहीं लिखेंगे।" बहरहाल उन्होंने सरेआम ढोल मुझ जैसे अज्ञानी के गले में लटका दी थी। उसे बजाने के अलावा, अपनी सीमाओं के शदीद अहसास के बावजूद अब कोई विकल्प नहीं था। बहरहाल, अगर इस ढोल की आवाज़ आपको बेसुरी लगे तो इसके लिए राजेन्द्र यादवजी ज़िम्मेदार होंगे। भर्त्सना के पत्र समझदार पाठक उन्हें ही लिखें।

दरअसल, शुरू में पुस्तक की योजना नहीं थी। पर जैसे-जैसे 'हंस' में आठ किस्तों में 'जिन्ना : एक पुनर्दृष्टि' शीर्षक के अन्तर्गत आठ धारावाहिक लेख छपने लगे, सुधी पाठकों के पत्र और फ़ोन उन्हें पुस्तक-रूप में प्रकाशित करने के लिए आने लगे। टुकड़ों

में पढ़ना लोगों को असुविधाजनक लगने लगा था। सन् 1998 में दिल्ली से मेरे मुम्बई स्थानान्तरण के फलस्वरूप प्रकाशित सामग्री को परिवर्धित कर पुस्तक का रूप देने की योजना टलती गई। पर विषय पर पढ़ना चलता रहा। इसी बीच 'जिन्ना और गांधी' शीर्षक से दो लेख हरिनारायणजी ने 'कथादेश' में छापे। पुस्तक का आग्रह फिर पुनर्जीवित हो उठा। जनवरी, 2002 में मेरे हैदराबाद स्थानान्तरण से काम फिर रुक गया। वहाँ से पुनः मुम्बई लौटने पर काम दोबारा शुरू हुआ। पुस्तक के पुनर्लिखित और परिवर्धित प्रारम्भिक अंश तीन किस्तों में 'अकार' में गिरिराज किशोरजी ने छापे। पुस्तक के सम्बन्ध में कुछ अत्यन्त मूल्यवान बातचीत मार्क्सवादी चिन्तक एजाज़ अहमद साहब से हुई। उन्होंने बड़ी आत्मीयता से जिन्ना पर आयशा जलाल की चर्चित पुस्तक 'दि सोल स्पोक्समैन' (अकेला प्रवक्ता) की अपनी प्रति मुझे भेंट की। मेरे पिता के मित्र पाकिस्तान रेडियो के सेवानिवृत निदेशक अब्दुल हमीद आज़मी साहब सन् 1995 में जब एक लम्बे अर्से बाद अपने परिवार से मिलने फूलपुर तशरीफ़ ले आए तो उनसे भी विषय पर विस्तारपूर्वक चर्चा हुई। उन्होंने पाकिस्तान लौटकर कुछ अत्यन्त मूल्यवान पुस्तकें और पत्रिकाओं के अंक कृपापूर्वक मेरे पास भेजे। दिल्ली में मौलाना वहीदुद्दीन और मुम्बई में असगर अली इंजीनियर साहब से विषय पर बहुत लाभप्रद बातचीत हुई। डॉ. नामवर सिंह, ज्ञानरंजनजी, मेरे समधी डॉ. सत्यप्रकाश जैन, उर्दू के चर्चित कथाकार सैयद मुहम्मद अशरफ़, हमारे विभागीय सहयोगी और मित्र पारसनाथ पाठक, विनोद कुमार श्रीवास्तव, गुलाम रसूल सूफ़ी, श्री कृष्ण (आनन्द), 'तद्भव' के सम्पादक कथाकार अखिलेश और मेरे बड़े पुत्र चि. आशुतोष लगातार पुस्तक पूरी करने के लिए टोकते रहे। मुम्बई आने के बाद कवि बोधिसत्व का मुझसे आत्मीय जुड़ाव पुस्तक के लिए अत्यन्त मूल्यवान सिद्ध हुआ।

पुस्तक के लिए महत्त्वपूर्ण चित्र उपलब्ध कराने में 'दि टाइम्स ऑफ़ इंडिया' ग्रुप के श्री राम माहेश्वरी का बहुमूल्य सहयोग प्राप्त हुआ। पुस्तक के रत्ती जिन्ना पर लिखे अध्याय से पता चलेगा कि वह थियोसॉफ़िकल सोसाइटी की एक वरिष्ठ सदस्या और श्रीमती एनी बेसेंट की अत्यन्त कर्मठ सहयोगिनी डोरोथी जिनराज दास के व्यक्तित्व से कितना अभिभूत थीं। उनका दुर्लभ चित्र इस पुस्तक में देने का मेरा संकल्प अधूरा ही रह जाता, यदि मेरे मित्र कमलेश मणि तिवारी और चेन्नई में कार्यरत उनके बेटे चि. आयुष मणि तिवारी ने उसे अपने भगीरथ प्रयास से थियोसॉफ़िकल सोसाइटी अडयार, चेन्नई के अभिलेखागार से यथाशीघ्र प्राप्त कर उपलब्ध न कराया होता। किसी भारतीय भाषा की पुस्तक अथवा पत्रिका में डोरोथी जिनराज दास का चित्र सम्भवतः पहली बार प्रकाशित होगा। इस बहुमूल्य सहयोग के लिए परम आत्मीय तिवारीद्वय और थियोसॉफ़िकल सोसाइटी को अनेकशः धन्यवाद। मेरे बड़े भाई श्री आनन्द कुमार और मेरे सहज स्नेही कविवर नईम ने पुस्तक की प्रगति में लगातार रुचि बनाए रखी। पुस्तक यदि अब आपके हाथ में है तो इसका श्रेय काफ़ी हद तक उन्हें भी है। मुम्बई में इस्माइली धर्मगुरु आग़ा ख़ाँ साहब की जनकल्याण सम्बन्धी गतिविधियों से एक लम्बे

अर्से से जुड़े रहे स्व. अब्दुल मुहम्मद फ़र्नीचरवाला ने पाकिस्तान के अख़बारों की कुछ मूल्यवान कतरनों की फ़ोटोकॉपी उपलब्ध कराकर पुस्तक को लिखने में बेशक़ीमती योगदान दिया। उन्हें स्मरण न करना कृतघ्नता होगी। भारत में आग़ा ख़ाँ फाउंडेशन की उपाध्यक्ष श्रीमती हमीदा अल्लाना का भी प्यार भरा सहयोग हमेशा मिलता रहा। पुस्तक के इन सभी प्रेरकों, सहयोगियों और शुभचिन्तकों के प्रति मेरा हार्दिक आभार। स्वतन्त्रता संग्राम के परिप्रेक्ष्य में दो राष्ट्र के सिद्धान्त के पक्ष और विपक्ष में डॉ. इक़बाल और मौलाना मदनी के बीच जो बौद्धिक बहस छिड़ी थी, उसकी समझ विकसित करने में सुप्रसिद्ध इस्लामी विद्वान मौलाना वहीदुद्दीन से समय-समय पर हुए विचार-विमर्श से अत्यन्त महत्वपूर्ण लाभ प्राप्त हुआ। अतः उनके लिए विशेष आभार !

पुस्तक के लिखने में हेक्टर बोलिथो की 'जिन्ना : क्रिएटर ऑफ़ पाकिस्तान', स्टैनली वॉलपर्ट की 'जिन्ना ऑफ़ पाकिस्तान', राजमोहन गांधी की 'अंडरस्टैंडिंग दि मुस्लिम माइंड', आयशा जलाल की 'दि सोल स्पोक्समैन', ए.जी. नूरानी की 'दि ट्रॉयल ऑफ भगत सिंह', अकबर एस. अहमद की 'जिन्ना, पाकिस्तान एंड मुस्लिम आइडेंटिटी–दि सर्च फ़ॉर सलादीन' और कानजी द्वारका दास की रत्ती जिन्ना पर उपलब्ध एकमात्र पुस्तक 'रत्ती जिन्ना' से बहुमूल्य सहायता प्राप्त हुई। कानजी द्वारका दास का दुर्लभ चित्र उनकी पुत्रवधू श्रीमती सीलू कानजी और उनके भतीजे दामोदर देवजी दामोदर के सौजन्य से उपलब्ध हो सका। इन सभी सुधी इतिहासविदों और स्नेही सहयोगियों को मेरा कृतज्ञतापूर्ण धन्यवाद।

मेरा विश्वास है कि इतिहास मात्र घटनाओं का संकुल और महत्वाकांक्षियों की नियति के उतार-चढ़ाव का दस्तावेज़ ही नहीं है। उसके विराट मंच पर उभरे काल-प्रेरित अभिनेताओं के मनोजगत की उथल-पुथल से संरचित व्यक्तित्वों के समझौते-टकराव और घात-प्रतिघात उसकी धारा को प्रभावित करने में निर्णयात्मक भूमिका निभाते हैं। कुछ इसी विश्वास के फलस्वरूप जिन्ना के जीवन पर विहंगम दृष्टि डालते हुए उन्हें उनके महत्त्वपूर्ण समकालीनों के साथ-साथ अलग-अलग समझने-परखने की कोशिश इस किताब में मिलेगी। अपनी अपात्रता, कमियों और सीमाओं का मुझे अपराधबोध की हद तक अहसास है। मेरी असफलता, मुझे यक़ीन है, बेहतर समझ के लोगों को इस विषय के साथ बेहतर न्याय के लिए प्रेरित करेगी। पुस्तक आपके हाथ में है—इस गहरे आत्मबोध के साथ कि 'हक़ तो ये है कि हक़ अदा न हुआ।' किताब अब मेरी नहीं, आपकी हुई। इसके साथ आप जैसा चाहें वैसा सलूक करें।

धन्यवाद।

गांधी बलिदान दिवस
30 जनवरी, 2005

—वीरेन्द्र कुमार बरनवाल

खंड : एक

जीवन-धारा

1.

जन्म, शिक्षा, वकालत और राजनीति-प्रवेश

(सन् 1876 से सन् 1907 तक)

2.

कांग्रेस-विभाजन से प्रथम विश्व-युद्ध के अन्त तक

(सन् 1908 से सन् 1918 तक)

3.

रौलट-रिपोर्ट से ख़िलाफ़त—असहयोग आन्दोलन तक

(सन् 1919 से सन् 1921 तक)

4.

चौरी-चौरा कांड से गवर्नमेंट ऑफ़ इंडिया ऐक्ट
1935 के अन्तर्गत सन् 1937 के चुनाव तक

(सन् 1922 से सन् 1937 तक)

5.

सन् 1938 से कैबिनेट मिशन तक

(सन् 1938 से सन् 1946 तक)

6.

माउंटबैटन के हिन्दुस्तान आगमन से
विभाजन और देहावसान तक

(सन् 1947 से सन् 1948 तक)

चाँदी-सी त्वचावाले ऋषितुल्य—किन्तु भव्य अभिजात्य से दीप्त व्यक्तित्व के धनी दादाभाई नौरोज़ी को 'काला आदमी' कहकर न केवल उनके प्रति बल्कि समस्त हिन्दुस्तानी समुदाय के प्रति अत्यन्त घृणास्पद जाति-भेद की परिचायक कुत्सित मानसिकता का प्रदर्शन किया गया था। ब्रिटेन और हिन्दुस्तान के अनगिनत संवेदनशील लोगों की तरह जिन्ना भी इससे गहरे आहत हुए। जिन्ना ने बहन फ़ातिमा को इस सम्बन्ध में लिखा था, "यदि दादाभाई काले हैं तो मैं उनसे भी काला हूँ। इस तरह की ग़लीज़ मानसिकतावाले अंग्रेज़ राजनेताओं से हिन्दुस्तान किस इंसाफ़ की उम्मीद कर सकता है !"

1

जन्म, शिक्षा, वकालत और राजनीति-प्रवेश

सन् 1876 से सन् 1907 तक

मुहम्मद अली जिन्ना के पूर्वज सत्रहवीं सदी के अन्त और अट्ठारहवीं सदी के प्रारम्भ के दौरान कभी गुजरात के काठियावाड़ इलाक़े में राजकोट ज़िले के गाँव पानेली में बाहर से आकर बस गए थे। पानेली मोहनदास करमचन्द गांधी की जन्मभूमि राजकोट ज़िले के ही क़स्बे पोरबन्दर से लगभग तीस किलोमीटर दूर उत्तर दिशा में स्थित है। जिन्ना के पूर्वजों की भूमि को लेकर दिलचस्प मतभेद है। उनके सुप्रसिद्ध जीवनीकार स्टैनली वॉलपर्ट ने उनकी विस्तृत जीवनी में उनके पूर्वजों का मूल इस्मायली सम्प्रदाय के धर्मगुरु आग़ा ख़ाँ के अनुयायी खोजा-समाज के एक ऐसे वर्ग में ढूँढ़ने का प्रयास किया है जो दसवीं और सोलहवीं सदी के बीच फ़ारस के पश्चिमी भाग में बस गया था। जिन्ना के जीवन पर आधारित विवादास्पद फ़िल्म के निर्माता तथा कैम्ब्रिज स्थित पाकिस्तानी इतिहासविद् अकबर एस. अहमद ने जिन्ना की छोटी बहन फ़ातिमा के हवाले से बताया है कि जिन्ना-परिवार अपने पूर्वजों का मूल स्थान ईरान मानता था। जिन्ना के एक और पाकिस्तानी जीवनीकार अज़ीज़ बेग के अनुसार जिन्ना ने स्वयं कभी ज़िक्र किया था कि उनके पूर्वज शाहीवाल (पंजाब) के राजपूत थे, जिन्होंने इस्मायली खोजा परिवार की एक सुन्दर लड़की से प्रेम-विवाह कर लिया था और वहाँ से जाकर काठियावाड़ क्षेत्र में बस गए थे। आजीवन साथ-साथ रहे भाई-बहन के हवाले से परिवार के मूल स्थान के बारे में परस्पर-विरोधी कथन काफ़ी दिलचस्प हैं। इसके बरअक्स जिन्ना के सबसे पहले जीवनीकार हेक्टर बोलिथो ने जिन्ना की चचेरी भाभी फ़ातिमा बाई (जो संयुक्त परिवार में ब्याह कर 1884 ई. में आई थीं) और उनके बेटे मुहम्मद अली गांग जी से विस्तारपूर्वक चर्चा के बाद, उनके पास उपलब्ध दस्तावेज़ों के आधार पर माना है कि जिन्ना के पूर्वज मूलतः पंजाब के मुल्तान ज़िले के हिन्दू थे। जिन्ना के हिन्दू मूल की पुष्टि गांधीजी के पौत्र राजमोहन गांधी ने भी की है। उनके पूर्वज वैश्य समाज के अन्तर्गत आनेवाली लोहाना जाति के थे। लेन-देन (साहूकारा) के व्यवसाय के सिलसिले में मुल्तान ज़िले की लोहाना (ठक्कर) जाति का एक बड़ा वर्ग सत्रहवीं सदी के अन्त और अट्ठारहवीं सदी के प्रारम्भ में काठियावाड़ के इलाक़े में बस गया था। एक अर्से तक उन्हें स्थानीय व्यापारी समाज में मुल्तानी ही कहा जाता था। मुल्तान के सेठों की हुंडी की साख व्यापारी समाज के बीच दूर-दूर तक थी। साहूकारा के वंशानुगत काम के अलावा लोहाना समाज किराने के व्यवसाय से भी जुड़ा था।

काठियावाड़ क्षेत्र के लोहाना समुदाय के कई परिवारों ने उन्नीसवीं सदी के पहले-दूसरे दशक में हिन्दू धर्म छोड़कर इस्लाम धर्म स्वीकार कर लिया था। जिन्ना के पितामह पुंजाभाई वाल जी ठक्कर का परिवार भी उनमें से एक था। परम्परा से पुंजाभाई वाल जी ठक्कर का परिवार वैष्णव था—श्रीनाथ जी का भक्त। उनके माता-पिता दोनों ने 'ओइम् नमो भगवते वासुदेवाय' का जाप करते हुए अन्तिम साँसें ली थीं। दो पीढ़ी पहले लोहाना (ठक्कर) समुदाय के ही हिन्दू से मुसलमान बने इस्मायली धर्मगुरु आगा खाँ के अनुयायी आदमजी खोजा नामक एक सज्जन उनके मित्र और पड़ोसी थे। उनसे प्रभावित पुंजाभाई वाल जी ने भी राजकोट में आगा खाँ के अनुयायी के रूप में इस्लाम धर्म अंगीकार कर लिया था। पर धर्म-परिवर्तन के पूर्व उन्होंने अपनी धर्मपत्नी और बच्चों को विश्वास में नहीं लिया था। फलस्वरूप जब मुसलमान बनकर वह पानेली लौटे थे तो घर में कोहराम मच गया था। तीन दिनों तक घर में चूल्हा तक नहीं जला था। छोटे-छोटे बच्चों तक ने अन्न-जल त्याग दिया था। जल्दबाजी में लिए गए धर्म-परिवर्तन के अपने निर्णय से संतप्त पुंजाभाई वाल जी ने इस बीच पुनः हिन्दू धर्म में लौटने के प्रयास किए। पर वह सफल नहीं हो सके। नतीज़तन अब परिवार के पास मुस्लिम बने रहने के अलावा कोई विकल्प नहीं रह गया था। कम्प्यूटर उद्योग से जुड़े सम्प्रति विश्व के समृद्धतम व्यक्तियों में शामिल अज़ीम हाशम प्रेमजी के पूर्वज भी काठियावाड़ क्षेत्र के लोहाना जाति के हिन्दू थे। उन्होंने भी लगभग उसी समय इस्लाम धर्म स्वीकार कर लिया था।

जिन्ना के अनतिदूर हिन्दू मूल की प्रतिध्वनि उनकी माँ मिट्ठूबाई और बुआ मानबाई तथा परिवार के पुरुप सदस्यों वालजी पुंजाभाई, गांग जी, जिण्णा भाई और नत्थूभाई जैसे नामों में सुनाई पड़ती है। ये नाम किसी भी गुजराती हिन्दू परिवार की बहू-बेटी और भाई-बेटे के हो सकते थे। हिन्दू धर्म को छोड़कर इस्लाम की दीक्षा के बावजूद इन नए मुसलमान परिवारों में लम्बे अर्से तक कई हिन्दू तीज-त्यौहार मनाने की परम्परा बनी हुई थी। शादी के समय भी कई हिन्दू रीति-रिवाजों का पालन उनमें काफ़ी समय तक प्रचलित रहा। इस्लाम धर्म स्वीकार करते समय इसकी एक अल्पसंख्यक शिया शाखा में भी अल्पसंख्यक व्यवसायी इस्मायली समाज में घुल-मिल पाना उन्हें अपेक्षाकृत अधिक सुविधाजनक लगा होगा। यहाँ यह जानकारी दिलचस्प होगी कि पाकिस्तान की अवधारणा को एक वैचारिक आधार प्रदान करनेवाले कवि-चिन्तक इक़बाल के पितामह भी कश्मीर के सप्रू ब्राह्मण थे, जिन्होंने हिन्दू धर्म को त्यागकर इस्लाम अंगीकार कर लिया था। इक़बाल कभी भी अपने हिन्दू मूल को स्वीकार करने में संकोच का अनुभव नहीं करते थे। वस्तुतः उन्हें अपने ब्राह्मण रक्त पर गर्व था। उनकी ये पंक्तियाँ इसका सबूत हैं—

मैं अस्ल का ख़ास सोमनाती,
*आबा मेरे लातियो-मनाती**
है फ़लस्फ़ा मेरी आबो-गिल में,
पेशीदा है मेरे रेशहाए दिल में।

* लात और मनात इस्लाम के उदय के पूर्व अरब के दो देवताओं के नाम थे, जिनकी मूर्तियों की पूजा की जाती थी। लाती-मनाती का तात्पर्य है इन मूर्तियों के उपासक।

(मैं सोमनाथ का असली विशिष्ट अनुयायी हूँ। मेरे पूर्वज मूर्तिपूजक रहे हैं। दर्शन तो मेरे शरीर के मिट्टी-पानी में रचा-बसा है। वह मेरे अन्तर के नस-नस में व्याप्त है।)

मेरा बीनी कि दर हिन्दोस्तां दीगर नमी बीनी,
बरहमन ज़ादये रम्ज आशनाये रूमो तब्रेज़ अस्त।

(मुझे देखो। समूचे हिन्दोस्तां में मुझ जैसा दूसरा नहीं दिखेगा। ब्राह्मण कुलोद्भव मैं मौलाना रूमी और शम्स तब्रेज़ का मर्मज्ञ हूँ।)

इक़बाल के बरअक्स जिन्ना ने अपने हिन्दू मूल को सार्वजनिक रूप से स्वीकार करने का कभी भी कोई संकेत नहीं दिया।

पानेली में ही जिन्ना के पिता जिण्णाभाई पुंजाभाई का जन्म, स्टैनली वॉलपर्ट के अनुसार, सन् 1850 ईस्वी में हुआ था। अकबर एस. अहमद के अनुसार उनका जन्म सन् 1857 में और देहान्त सन् 1901 ईस्वी में हुआ था। जिण्णा का अर्थ गुजराती में छोटा या नन्हा होता है। यह नाम उन्हें उनके दुबले-पतले शरीर और अपेक्षाकृत छोटे क़द के कारण दिया गया था। जिण्णाभाई नाम गुजरात के हिन्दुओं में भी प्रचलित है। पानेली में मिट्ठू बाई से विवाह के कुछ समय बाद जिण्णाभाई पुंजाभाई कराची आ गए थे। कुछ समय बाद उनके बड़े भाई गांग जी पुंजाभाई भी यहाँ उनके साथ जुड़ गए थे। उन्हीं की पुत्रवधू फ़ातिमाबाई, जो कि जिन्ना के चचेरे बड़े भाई की पत्नी होने के नाते उनकी भाभी होती थीं, से और उनके (फ़ातिमाबाई के) बेटे मुहम्मद अली गांग जी से विस्तृत बातचीत के बाद हेक्टर बोलिथो ने जिन्ना के पूर्वजों के मूल स्थान मुल्तान और उनके हिन्दू होने की पुष्टि की थी।

कराची आकर कुछ समय बाद जिण्णाभाई पुंजाभाई ने अपने नाम से जुड़े परम्परागत पितृनाम पुंजा भाई में से भाई शब्द हटा दिया था। अब वह जिण्णाभाई पुंजा ही रह गए थे। कराची में एक सँकरी-सी सड़क न्यूनूहैम रोड के नुक्कड़ पर स्थित दोमंज़िले मकान 'वज़ीर मैन्सन' के दूसरे तल्ले पर उन्होंने दो कमरे किराए पर ले लिये थे। मकान एक निम्नमध्यवर्गीय इलाक़े में था। इसके आसपास रिक्शे, तांगे और ऊँटगाड़ियों का जमघट लगा रहता था। सरोजिनी नायडू ने जिन्ना को बेफ़िक्र समृद्धि में पले एक धनी व्यापारी की ज्येष्ठ सन्तान के रूप में निरूपित किया है। यह केवल अंशतः सही है। जिन्ना के जन्म के समय निश्चय ही उनके पिता की आर्थिक स्थिति अच्छी नहीं थी। इसी मकान में जिन्ना का जन्म हुआ था।

आधिकारिक रूप से यद्यपि जिन्ना का जन्म 25 दिसम्बर, 1876 को माना जाता है, किन्तु इस तिथि की सच्चाई के बारे में शंकाएँ व्यक्त की गई हैं। उन्हें कराची की जिस पाठशाला में सबसे पहले भर्ती कराया गया था, उसका नाम था सिन्ध मदरसा-तुल-इस्लाम। इसमें उनकी जन्मतिथि 20 अक्टूबर, 1875 दर्ज है। छः वर्ष और अट्ठारह दिन पूर्व गांधी का जन्म भी इसी महीने हुआ था। मदरसे के बाद जिन्ना को कराची के प्रतिष्ठित क्रिश्चियन मिशन स्कूल में दाख़िल कराया गया था। शायद यहीं बालक जिन्ना के मन में 25 दिसम्बर के प्रति (प्रभु ईसा मसीह के जन्म दिन और क्रिसमस के पर्व होने के कारण) आकर्षण पैदा हुआ। फलस्वरूप उसने इस

तिथि को अपना भी जन्मदिन मान लिया। यह कोई अपवाद नहीं है। हिन्दी के युगान्तरकारी कवि 'निराला' अपनी सही जन्मतिथि के स्थान पर अपना जन्मदिन बसन्त पंचमी को मानते थे। हिन्दी के वरिष्ठ मार्क्सवादी समीक्षक डॉ. नामवर सिंह अपनी वास्तविक जन्मतिथि की जगह अपना जन्मदिन पहली मई को मानते हैं। बहरहाल, जिन्ना से छोटी उनकी चार बहनों के नाम रहमत, मरियम, फ़ातिमा और शिरीन थे। इन बहनों के बाद उनके छोटे भाई अहमद अली और बन्दे अली थे। जिन्ना के जीवन में आगे चलकर फ़ातिमा के अलावा अपने अन्य भाई-बहनों से किसी भी प्रकार की निकटता या आत्मीय सम्बन्ध के संकेत नहीं मिलते हैं।

बचपन में उन्हें माता-पिता प्यार से 'मामद' कहते थे। गौरवर्ण और सुन्दर, पर कृशकाय 'मामद' का स्वास्थ्य अक्सर माँ-बाप की चिन्ता का विषय बना रहता था। लगभग डेढ़ दशक के दौरान जिण्णाभाई पुंजा ने अपने व्यापार में बहुत बड़ी कामयाबी हासिल कर ली थी। वह कपास, ऊन, तिलहन, चमड़ा और अनाज जैसे कच्चे माल का इंग्लैंड को निर्यात और वहाँ से चीनी, कपड़े, धातु और चमड़े से बने सामान का आयात करने लगे थे। आयात-निर्यात और ब्याज पर लेन-देन के धन्धे से अर्जित उनकी समृद्धि का अनुमान इसी से लगाया जा सकता है कि अपने व्यावसायिक जीवन के चरम पर उनकी हैसियत लगभग आठ करोड़ आँकी गई थी। छः साल की उम्र में मामद को घर पर पढ़ाने के लिए अलग से शिक्षक की नियुक्ति कर दी गई थी। खिलन्दड़े मामद को औपचारिक शिक्षा में दिलचस्पी नहीं थी। गणित से उसे ख़ास नफ़रत थी। जिण्णाभाई पुंजा की इकलौती बहन मानबाई बम्बई के एक समृद्ध खोजा व्यवसायी पीरभाई से ब्याही थीं। मानबाई अपने प्यारे भतीजे मामद को, पढ़ाई-लिखाई के प्रति कराची में उसकी उदासीनता को ध्यान में रखते हुए 1887 में अपने साथ बम्बई ले आईं। सुसंस्कृत, हँसमुख और उदारमना बुआ ने 'मामद' को पहले मुस्लिम अंजुमने इस्लाम और कुछ ही समय बाद सर गोकुलदास तेज प्राइमरी स्कूल में भर्ती करा दिया। बम्बई की दुनिया कई मायनों में बालक जिन्ना को कराची से अलग, आकर्षक, उत्तेजक और चुनौती-भरी लगी। उसका मन यहाँ लगने लगा था। इस बीच अपने बड़े बेटे से अलग हो माँ मिट्ठू बाई लगातार छटपटाती रहती थीं। उनका स्वास्थ्य ख़राब रहने लगा था। नतीजतन पिता जिण्णाभाई पुंजा 'मामद' को फिर कराची ले आए।

शुरू में मामद को गली में कंचे खेलना बहुत पसन्द था। पर शीघ्र ही कंचे की जगह 'क्रिकेट' ने ले ली। यह एक शरीफ़ाना खेल था। इनके बाल-सखा नानजी जाफ़र के अनुसार एक दिन गली में कंचे खेलते अपने पुराने दोस्तों से किशोर मामद ने कहा था, "धूल में कंचे मत खेला करो। इससे कपड़े ख़राब होते हैं और हाथ गन्दे। इसे छोड़कर अब क्रिकेट खेलना चाहिए।" किशोर जिन्ना का यह कथन उनकी आगामी जीवन-शैली का पूर्वाभास था। आजीवन वह अपने सुरुचिपूर्ण कपड़ों को मैला होने से और हाथों को गन्दा होने से बड़े एहतियात से बचाते रहे। पसीने से गँधाते और धूल-मिट्टी सने हाथ-पैरवाले लोगों के साथ जनान्दोलन में कन्धे से कन्धा मिलाकर भागीदारी शायद इसी कारण उन्हें कभी रास नहीं आई। बहरहाल सिन्ध मदरसा और क्रिश्चियन मिशन

हाईस्कूल में जैसे-तैसे पढ़ाई करते हुए किशोर जिन्ना ने सन् 1892 में बम्बई विश्वविद्यालय का हाईस्कूल का इम्तहान पास कर लिया।

कराची में जिण्णाभाई पुंजा का अब ऊँची नस्ल के अरबी घोड़ों का अपना अस्तबल था। साथ ही उनके पास अपनी ख़ुद की ख़ूबसूरत और शानदार बग्घियाँ थीं। मामद को पढ़ाई-लिखाई से कहीं ज़्यादा घुड़सवारी का शौक पैदा हो गया था। अपनी उम्र के अनेक बेफ़िक्र लड़कों की तरह उसे कोर्स की किताबों में दिलचस्पी क़तई नहीं थी। वह एक निहायत ज़िन्दादिल, आज़ाद तबियत, चंचल और सुन्दर किशोर था। उसे क़ाबू में रखना आसान नहीं था। नवसमृद्ध पिता का अपने व्यवसाय के सिलसिले में एक ब्रिटिश कम्पनी के कराची स्थित मुख्य प्रबन्धक सर फ्रेडरिक ले क्रॉफ़्ट से परिचय हो गया था। अपने पिता के साथ मामद सर फ्रेडरिक से कई बार मिला था। सर फ्रेडरिक के चुम्बकीय तरुण व्यक्तित्व का मामद पर गहरा प्रभाव पड़ा था। किशोर 'मामद' ने भी सर फ्रेडरिक को अपनी ओर आकर्षित किया था। 'मामद' में सर फ्रेडरिक को अच्छी-ख़ासी संभावना नज़र आई थी। फलस्वरूप उसने 'मामद' को अपने लन्दन स्थित मुख्यालय में काम सीखने के लिए वहाँ भेजने का प्रस्ताव जिण्णाभाई पुंजा के सामने रखा। यह प्रस्ताव बाप-बेटे दोनों ने सहर्ष स्वीकार कर लिया। माँ मिट्ठूबाई को जब बेटे की विलायत-यात्रा का पता चला तो उन्हें डर लगने लगा कि वहाँ किसी मेम के प्रेम-जाल में फँसकर उनका बेटा कहीं शादी न कर बैठे। अतः उसे मनाकर जिण्णाभाई पुंजा के पैतृक गाँव पानेली के ही खोजा सम्प्रदाय की एक चौदह वर्षीया किशोरी एमिबाई के साथ उसका निकाह कर दिया गया। उस समय मामद की उम्र सोलह वर्ष थी।

बालिका वधू एमिबाई के हाथ की निकाह की मेहँदी का रंग अभी छूटा भी नहीं था कि उसका किशोर पति 'मामद' जनवरी 1893 में कराची से लन्दन के लिए रवाना हो गया। वहाँ पहुँचते ही फ़रवरी के उत्तरार्द्ध में डगलस ग्राहम एंड कम्पनी के लन्दन स्थित मुख्यालय में उसका प्रशिक्षण कार्य शुरू हो गया। लन्दन के कुहरे और वहाँ की बला की ठंड से मामद का पाला पहली बार पड़ा था। उस अज्ञात-कुल-शील सात समुन्दर पार महानगर की ठंड और कुहासे के बीच सुदूर कराची और वहाँ छूटे और भरे-पूरे परिवार की स्मृति के दंश से वह अक्सर उदास हो जाता था। इस लाड़ले किशोर की यह उदासी अकेलेपन के अहसास में घुलकर अक्सर कई गुना और बढ़ जाती थी। इसके ऊपर कम्पनी के प्रशिक्षण में उसका मन बिल्कुल नहीं लग रहा था। पर एक राहत थी। किसी भी तरह की आर्थिक तंगी का सामना उसे वहाँ नहीं करना पड़ रहा था। पिता ने उसके लिए लन्दन के एक बैंक में उसके वहाँ तीन साल के आरामदेह प्रवास के लिए पर्याप्त पैसा जमा कर दिया था। 'मामद' से कम्पनी का प्रशिक्षण झेला नहीं जा रहा था। आख़िरकार उसने अप्रैल के पूर्वार्ध में उससे छुटकारा पा लिया। कराची में जब पिता को अपने बेटे के इस निर्णय का पता चला तो वह सख़्त नाराज़ हुए। पर कराची में बैठकर वह कुछ कर नहीं सकते थे। लन्दन के प्रारम्भिक दो मास के प्रवास में किशोर मामद को यह पता चल गया था कि इंग्लैंड का सबसे प्रतिष्ठित पेशा वकालत है। लन्दन पहुँचकर वहाँ घूमते हुए 'मामद' ने वहाँ के प्रसिद्ध बार लिंकन्स इन के प्रवेश द्वार पर

विश्व-इतिहास में प्रसिद्ध क़ानून निर्माताओं के भित्तिचित्रों के बीच पैग़म्बर मुहम्मद साहब का चित्र भी देखा था। इस्लाम में मुहम्मद साहब की मानवीय आकृति का चित्र या मूर्ति के माध्यम से प्रस्तुति वर्जित है। फिर भी इस्लाम के प्रवर्तक की विश्व के महान क़ानून-निर्माताओं के बीच उपस्थिति मामद के लिए अत्यन्त प्रेरणादायी सिद्ध हुई। आख़िरकार 'मामद' ने अपनी बैरिस्टरी की पढ़ाई के लिए लिंकन्स इन को ही चुनने का निर्णय ले लिया। जून 1893 के अन्त में 'मामद' को वहाँ प्रवेश मिल गया।

किशोर 'मामद' ने तरुणाई की ओर बढ़ते हुए जहाँ अपने रहन-सहन और पहनावे में सुरुचि और आधुनिकता पर ख़ास ध्यान दिया, वहीं उसने अपने नाम का आधुनिकीकरण भी ज़रूरी समझा। मुहम्मद अली जिन्नाभाई की जगह वह अब एम.ए. जिन्ना बन गया था। बैरिस्टरी की पढ़ाई के दौरान जिन्ना ने यह अच्छी तरह समझ लिया था कि राजनीति और क़ानूनी पेशे के बीच चोली-दामन का सम्बन्ध है। भारतीय राष्ट्रीय कांग्रेस के संस्थापकों में अग्रणी और उस समय देश की राजनीति में पितामह तुल्य समादृत बम्बई के प्रसिद्ध गुजराती भाषी उद्यमी और क़ानूनवेत्ता दादाभाई नौरोज़ी ने जब 1893 में लेबर पार्टी के उम्मीदवार के रूप में ब्रिटेन की संसद की सदस्यता के लिए चुनाव लड़ा, तो उनके चुनाव-प्रचार में अनेक हिन्दुस्तानी युवकों की तरह जिन्ना ने भी बढ़-चढ़कर भाग लिया। सौभाग्यवश दादाभाई नौरोज़ी मात्र तीन वोट से चुनाव जीतकर ब्रिटेन की संसद के निचले सदन, हाउस ऑफ़ कॉमन्स के पहले हिन्दुस्तानी सांसद बने। उनका वहाँ पहुँचना टोरी दल और उनके निवर्तमान प्रधानमन्त्री लॉर्ड सेल्सबरी को फूटी आँखों भी नहीं भाया। उन्होंने चुनाव-अभियान और बाद में भी, चाँदी सी त्वचा वाले ऋषितुल्य किन्तु भव्य आभिजात्य से दीप्त व्यक्तित्व के धनी दादाभाई को 'काला आदमी' कहकर, न केवल उनके प्रति बल्कि समस्त हिन्दुस्तानी समुदाय के प्रति अपनी घृणास्पद जाति-भेद की परिचायक कुत्सित मानसिकता का प्रदर्शन किया था। ब्रिटेन और हिन्दुस्तान के अनगिनत संवेदनशील लोगों की तरह जिन्ना भी इससे गहरे आहत हुए। स्टैनली वॉलपर्ट के अनुसार, जिन्ना ने बहन फ़ातिमा को इस सम्बन्ध में लिखा था, "यदि दादाभाई काले हैं तो मैं उनसे भी काला हूँ। इस तरह की गलीज़ मानसिकतावाले अंग्रेज़ राजनेताओं से हिन्दुस्तान किस इंसाफ़ की उम्मीद कर सकता है।" स्टैनली वॉलपर्ट का यह कथन सही नहीं प्रतीत होता। सम्भव है जिन्ना ने यह पत्र किसी और को लिखा हो। सन् 1893 में फ़ातिमा को यह पत्र लिखा जाना असम्भव है। उनका जन्म ही जिन्ना के लंदन-प्रवास के दौरान सन् 1893 में हुआ था। हिन्दुस्तान में सेल्सबरी की इस टिप्पणी पर गहरी प्रतिक्रिया हुई थी। इस पर अपने आक्रोश और मर्मान्तक पीड़ा को लोगों ने अनेक ढंग से व्यक्त किया था। यहाँ यह जानकारी दिलचस्प होगी कि हिन्दी के युगान्तरकारी रचनाकार भारतेन्दु हरिश्चन्द्र के प्रिय सखा कविवर बद्रीनाथ चौधरी 'प्रेमघन' ने तत्काल एक मार्मिक कविता ब्रजभाषा में लिखी थी, जिसकी कुछ पंक्तियाँ निम्नलिखित हैं—

अचरज होत तुमहुँ सम गोरे बाजत कारे।
तासों कारे 'कारे' शब्दहूँ पर हैं वारे॥

कारे काम, राम, जलधर जल-बरसनवारे।
कारे लागत ताही सो कारन को प्यारे॥
यातें नीको है तुम 'कारे' जाहु पुकारे।
यहै असीस देत तुमको मिलि हम सब कारे॥
सफल होहिं मन के सबही संकल्प तुम्हारे।

लन्दन में जिन्ना अक्सर हाइड पार्क जाया करते थे। वह एक ऐसा जीवन्त स्थल है, जहाँ हमेशा आज भी लगातार भाषण होते रहते हैं। वहाँ श्रोताओं की कमी भी नहीं रहती। तरुण जिन्ना ने वक्तृत्व कला के कई गुर यहाँ के भाषणों से भी सीखे थे। उसने ब्रिटेन की संसद की कार्यवाही को दर्शक गैलरी से कई बार ध्यानपूर्वक देखा था। इंग्लैंड को संसद की जननी (मदर ऑफ़ पार्लियामेंट) कहा गया है। वहाँ की संसद की कार्यवाही के दौरान सांसदों के गरिमामय व्यवहार, उनके भाषणों की गहरी बौद्धिकता, तर्क-वितर्क की बारीकियाँ, मर्माहत कर देनेवाले कटाक्ष तथा विरोधी को निरस्त्र करने के लिए छोड़े गए वाग्बाण, इन सभी से जिन्ना गहरे प्रभावित हुए थे। मन ही मन सभी चीज़ों को वह गहराई से जाने-अनजाने आत्मसात करते जा रहे थे। लन्दन का ब्रिटिश म्यूज़ियम व वाचनालय भी उनका प्रिय स्थल था जहाँ वह अक्सर घंटों न केवल क़ानून की पुस्तकें और पत्रिकाएँ पढ़ते रहते थे, बल्कि इंग्लैंड की राजनीति, आयरलैंड की आज़ादी के आन्दोलन, अंग्रेज़ों की औपनिवेशिक नीति और हिन्दुस्तान के बारे में उनके नज़रिए तथा सोच की जानकारी भी हासिल करते जा रहे थे। पढ़े-लिखे हिन्दुस्तानियों में अपने देश के शासन में हिस्सेदारी के लिए जो जागरूकता आ रही थी और इंडियन नेशनल कांग्रेस के सदस्यों द्वारा इस दिशा में जो माँगें उठाई जा रही थीं, जिन्ना इससे भी अच्छी तरह परिचित होते जा रहे थे। लन्दन के ऐतिहासिक स्थलों, वहाँ की इमारतों तथा लम्बी बौद्धिक परम्परा-समृद्ध संस्थाओं को तरुण जिन्ना मात्र एक पर्यटक की जिज्ञासा से नहीं देख रहे थे। उनका वह बहुत कुछ अपने अन्दर उतारते चल रहे थे, जिसने आगे चलकर उनके व्यक्तित्व और मनोजगत को रचने में महत्त्वपूर्ण भूमिका निभाई।

किशोरावस्था और तरुणाई के वयःसन्धिकाल पर लन्दन पहुँचे जिन्ना के लगभग ढाई साल के लन्दन-प्रवास में कुछ रोमानी और शरारती क्षण भी आए। उनकी एक विधवा मकान मालकिन की सुन्दर किशोरी कन्या ने अपने घर पर क्रिसमस की एक पार्टी के दौरान चल रहे मनोरंजक खेल में जब उनके गले में हाथ डालकर ख़ुद को चूमने का आग्रह किया, तो जिन्ना ने हिन्दुस्तानी नैतिकता का वास्ता देकर उसे विनम्रतापूर्वक मना कर दिया था। एक बार कैम्ब्रिज और ऑक्सफोर्ड विश्वविद्यालयों के बीच हुई नौका-प्रतियोगिता के दौरान दोस्तों के साथ सड़क के किनारे पड़े एक ठेले पर चढ़कर उसे सड़क के बीच में धकेलकर हुड़दंग करते समय पुलिस दोस्तों सहित पकड़कर उन्हें थाने ले गई थी। पर चालान करने की जगह चेतावनी देकर उन्हें दोस्तों सहित छोड़ दिया गया था। अंग्रेज़ी कविता को निजी क्षणों में थोड़ा ऊँचे स्वर में पढ़ने का चाव उन्हें कराची में ही पैदा हो गया था। लन्दन पहुँचने पर वहाँ की थिएटर की दुनिया ने उन्हें अपनी ओर गहराई से खींचा था। शेक्सपियर के नाटकों का मंचन देखना न केवल उन्हें बहुत

अच्छा लगता था, बल्कि उनके मन में उनमें भाग लेने की लालसा लगातार तीव्रतर होती जा रही थी। वह अपने को रोमियो (शेक्सपियर के प्रसिद्ध रोमांटिक नाटक 'रोमियो और जूलिएट' के नायक) की भूमिका में अक्सर कल्पना करते रहते थे। लिंकन्स इन जैसे प्रतिष्ठित क़ानूनी संस्थान से बैरिस्टर का ख़िताब हासिल करने के बावजूद वह थिएटर को अपने कैरियर के रूप में चुनना चाहते थे। इस उद्देश्य से जब प्रारम्भिक परीक्षण में कामयाब होकर तरुण जिन्ना ने लन्दन की एक प्रसिद्ध थिएटर कम्पनी से अनुबन्ध करने के बाद पिता को कराची ख़त के ज़रिए अपना इरादा बताया, तो गहरे व्यापारिक संकट से जूझते जिण्णाभाई पुंजा की प्रतिक्रिया का अन्दाज़ा लगाना कठिन नहीं होगा। लगातार तेज़ी से डूबते व्यवसाय के बीच मामद के इस ख़त ने रही-सही कसर पूरी कर दी।

पिता ने व्यावसायिक प्रशिक्षण के लिए मामद को एक प्रतिष्ठित कम्पनी के वरिष्ठ अधिकारी की सिफ़ारिश के साथ लन्दन भेजा था। उसने मनमाने ढंग से प्रशिक्षण छोड़कर एक दूसरी राह अख़्तियार कर ली थी और अब वह उससे भी मुँह मोड़कर नाटक की दुनिया से नाता जोड़ने पर आमादा था। निश्चय ही अभिनय उन्नीसवीं सदी के अन्तिम दशक में हिन्दुस्तान में एक सम्मानित पेशा नहीं माना जाता था। इसका अन्दाज़ा इसी से लगाया जा सकता है कि लगभग उसी समय काशी में भारतेन्दु हरिश्चन्द्र के आग्रह पर एक नाटक में दाढ़ी-मूँछ मुड़ाकर स्त्री पात्र का अभिनय करने के कारण उस युग के हिन्दी के प्रतिष्ठित युवा लेखक पंडित प्रताप नारायण मिश्र को उनके पिता ने घर से निकाल दिया था। लिहाज़ा जिण्णाभाई पुंजा ने बेटे मामद को परिवार के साथ गद्दारी करने से बाज आने की चेतावनी देते हुए तुरन्त घर लौट आने की हिदायत दी। पिता ने उस ख़त में मामद की माँ मिट्ठूबाई और लन्दन के लिए रवाना होने से कुछ दिन पहले ही ब्याहकर लाई गई उसकी बालिका वधू एमिबाई के देहान्त की सूचना भी दी थी। आख़िरकार अपनी बैरिस्टरी की सनद हासिल कर मुहम्मद अली जिन्ना 16 जुलाई, 1896 को लन्दन से हिन्दुस्तान के लिए रवाना हो गए। लन्दन प्रवास के दौरान कराची में पिता के लगभग डूब चुके व्यवसाय और माँ तथा पत्नी के देहान्त के बाद उनके लिए अब किसी भी तरह का कोई आकर्षण नहीं बच गया था। लन्दन के बैंक में अपनी बाक़ी राशि बम्बई के एक बैंक में ट्रांसफर कर अवसर और महत्वाकांक्षा की इस महानगरी में अपनी क़िस्मत आजमाने का फ़ैसला उन्हें निस्बतन अधिक वाजिब लगा। नियति ने लगता है, उनकी वृहत्तर भूमिका का ताना-बाना इस महानगर में पहले ही बुन रखा था।

लन्दन से जिन्ना सीधे कराची पहुँचे थे। दो-तीन दिन वहाँ बिताकर उदास मन से वह बम्बई आ गए थे। यहाँ चर्नी रोड पर स्थित अपोलो रेलवे होटल में उन्होंने एक कमरा किराए पर ले लिया था। यहाँ से बम्बई हाईकोर्ट नज़दीक था। 24 अगस्त, 1896 को वह हाईकोर्ट की बार के सदस्य बन गए थे। जिस समय जिन्ना यहाँ पहुँचे थे, बम्बई तथा उसके आसपास के शहरों में महामारी का प्रबल प्रकोप था। उन्हें पता था कि इस संक्रामक रोग से बचने के लिए व्यक्तिगत सफ़ाई और साफ़-सुथरे परिवेश के साथ ही, जहाँ तक सम्भव हो, अनचाहे सम्पर्क-सम्बन्ध से बचना भी आवश्यक है। अपनी वेशभूषा

क़ायदे आज़म मुहम्मद अली जिन्ना
(1876-1948)

मुहम्मद अली जिन्ना सोलह वर्ष की आयु में सिन्धी पोशाक में (1892)

मुहम्मद अली जिन्ना (1910)

मुहम्मद अली जिन्ना, तरुण बैरिस्टर

मुहम्मद अली जिन्ना

मुहम्मद अली जिन्ना

सर सैयद अहमद ख़ाँ (1817-1898)

बदरुद्दीन तैय्यब जी (1844-1906)

दादा भाई नौरोजी (1825-1917)

सर फ़िरोज शाह मेहता (1845-1915)

लोकमान्य बाल गंगाधर तिलक
(1856-1920)

लाला लाजपत राय
(1865-1928)

महामना पं. मदन मोहन मालवीय
(1861-1946)

विपिन चन्द्र पाल
(1858-1932)

गोपाल कृष्ण गोखले
(1866-1915)

मोहनदास करमचंद गांधी
(1869-1948)

पं. मोतीलाल नेहरू
(1861-1931)

पं. जवाहर लाल नेहरू
(1889-1964)

डॉ. सर मुहम्मद इक़बाल
(1876-1938)

हिज़ हाइनेस आग़ा ख़ाँ तृतीय सुल्तान सर मुहम्मद शाह
(1877-1965)

सरदार भगत सिंह
(1907-1931)

डॉ. भीमराव रामजी राव अम्बेडकर
(1891-1956)

मुहम्मद करीम छागला
(1900-1981)

चौधरी खलीक़ुज़्ज़मा
(1889-1973)

हुसेन शहीद सुहरावर्दी
(1892-1963)

नवाबजादा लियाक़त अली ख़ाँ
(1895-1951)

वल्लभभाई पटेल मार्ग, मुम्बई स्थित ऐतिहासिक भारतीय राष्ट्रीय कांग्रेस के परिसर में
सन् 1919 में निर्मित (दि पीपुल्स जिन्ना हाल) दायीं ओर लेखक मित्र गुलाम रसूल सूफ़ी (बायीं ओर) के साथ

मुहम्मद अली जिन्ना और रत्ती जिन्ना का मालाबार हिल (मुम्बई) स्थित आवास (सन् 1920)

छोटी बहन फ़ातिमा जिन्ना, मुहम्मद अली जिन्ना आर बेटी दीना

12 सितम्बर 1948, कराची, जिन्ना की मजार पर एकदम बायें
बेटी दीना वाडिया और दायें बहन फ़ातिमा जिन्ना

महात्मा गांधी रोड, गुन्टूर (आंध्र प्रदेश) स्थित जिन्ना टावर

के प्रति वह पहले ही सजग थे। बम्बई में आकर सफ़ाई पर उनका ज़ोर कुछ इस हद तक पहुँच गया था कि कहते हैं कि अक्सर वह लोगों से हाथ मिलाने के बाद अपने हाथ साबुन से धोना ज़रूरी समझते थे। जानकार लोगों के मुताबिक़ उनकी यह आदत अन्त तक बरक़रार रही।

बम्बई में प्रारम्भिक तीन-साढ़े तीन साल संघर्ष और तंगी के रहे। पिता का व्यवसाय कराची में डूब चुका था। उनका दुर्ललित युवकोचित स्वाभिमान, स्नेहशीला बुआ मानबाई और प्रभावशाली फूफा पीरभाई से भी किसी प्रकार की सहायता लेने की अनुमति नहीं दे रहा था। पर इन दोनों के बम्बई में होने का एक लाभ तो था ही। उनके ज़रिए जिन्ना का सामाजिक दायरा बढ़ने लगा। सन् 1900 में उन्हें थोड़ा-बहुत काम मिलने लगा था। अपने व्यक्तित्व, व्यवहार और कुशाग्र मेधा से वह मिलनेवालों को प्रभावित करने लगे थे। इसी बीच उनका परिचय तत्कालीन बम्बई प्रान्त के कार्यकारी एडवोकेट जनरल जॉन मेलेस्वर्थ मैकफर्सन से हुआ। यह युवा बैरिस्टर पहला हिन्दुस्तानी था, जिसे मैकफर्सन ने अपने कार्यालय में कार्य करने के लिए आमन्त्रित किया था। जिन्ना की अन्तरंग मित्र सरोजिनी नायडू ने लिखा है कि संघर्ष के दिनों में मैकफर्सन से सम्पर्क उनके लिए आशा का एक आलोक-स्तम्भ साबित हुआ। मैकफ़र्सन के दफ़्तर में ही उन्हें जानकारी मिली कि बम्बई प्रेसीडेंसी में एक मजिस्ट्रेट का पद रिक्त है। बम्बई प्रान्त के गवर्नर की कार्यकारिणी के क़ानून-विषयक सदस्य सर चार्ल्स ओजिवैंट से जब वह इस पद के लिए मिले तो उनके सुदर्शन और सुसंस्कृत व्यक्तित्व के साथ उनकी वाक्पटुता और बौद्धिक प्रखरता ने उनका काम काफ़ी आसान कर दिया। इस तरुण बैरिस्टर से प्रभावित हो सर चार्ल्स ने उक्त पद पर उनकी अस्थायी नियुक्ति का तुरन्त आदेश कर दिया। छः माह के अन्दर ही उन्होंने उस पद पर जिस योग्यता का परिचय दिया उससे प्रभावित हो सर चार्ल्स ने उन्हें इस पर स्थायी रूप से नियुक्ति का प्रस्ताव दिया। उस पद पर उस समय वेतन 1500 रुपए प्रतिमाह था। सन् 1900-01 में यह राशि बहुत बड़ी थी।

जिन्ना का आत्मविश्वास अब लगातार बढ़ता जा रहा था। उन्हें लन्दन में क़ानूनविदों और वकीलों के सामाजिक और राजनीतिक महत्त्व की झलक मिल चुकी थी। बम्बई में भी सर फ़िरोज़ शाह मेहता, दादाभाई नौरोज़ी, महादेव गोविन्द रानाडे और बदरुद्दीन तैयब जी जैसे क़ानूनी पेशे से जुड़े महानुभावों के साामाजिक-राजनीतिक महत्त्व से वह न केवल दिनोंदिन अच्छी तरह परिचित हो चले थे, अपितु व्यापक राष्ट्रीय जीवन में इस पेशे से जुड़े कुछ महत्त्वपूर्ण व्यक्तित्व, बम्बई समेत कलकत्ता, लाहौर, पेशावर, इलाहाबाद, लखनऊ, मद्रास, पुणे, अहमदाबाद और कराची जैसे शहरों में धीरे-धीरे जो हलचल पैदा कर रहे थे, उसका स्पन्दन तरुण और प्रबुद्ध जिन्ना अपने अन्दर भी कहीं बहुत गहरे अनुभव करने लगे थे। उनमें जहाँ एक ओर क़ानूनी पेशे में शिखर पर पहुँचने की महत्वाकांक्षा बलवती होती जा रही थी, वहीं दूसरी ओर देश के व्यापक राजनीतिक जीवन में भूमिका निभाने की ललक भी सुगबुगाने लगी थी। इसके लिए मजिस्ट्रेट की कुर्सी निश्चय ही सही जगह नहीं थी। सर चार्ल्स इस सुयोग्य मजिस्ट्रेट को खोना नहीं चाह रहे थे। अतः जब उन्होंने जिन्ना को इस पद और उससे जुड़े वेतन का महत्त्व समझाया

तो उन्हें आत्मविश्वास-भरा जवाब मिला—"सर, मैं जल्दी ही पन्द्रह सौ रुपए रोज़ कमाने लगूँगा।"

प्रेसीडेंसी मजिस्ट्रेट के स्थायी पद का प्रस्ताव नामंज़ूर करने के बाद कुछ दिन जिन्ना ने सर फ़िरोज़शाह मेहता के चैम्बर में काम किया। इसी बीच वह बम्बई के ओरियंटल क्लब के सदस्य बन गए थे। यद्यपि संघर्ष और तंगी के प्रारम्भिक दिन लगभग बीत गए थे पर हाथ अभी पूरी तरह खुला नहीं था। इस सिलसिले में एक दिलचस्प घटना उल्लेखनीय है। ओरियंटल क्लब में नियम था कि बिलियर्ड के सौ प्वाइंट के खेल में यदि क्लब का कोई सदस्य दूसरे सदस्य से हारता था तो उसे बारह आने देने पड़ते थे। तीस साल के जिन्ना ने सन् 1906 में क्लब की सुझाव-पुस्तिका में इस नियम में परिवर्तन का सुझाव दिया था। उनके अनुसार यदि कोई सदस्य दूसरे सदस्य की जगह क्लब के कर्मचारी क्लब-मार्कर से खेलते हुए हारता है तो उसे बारह आने की जगह छः आने ही अदा करने की व्यवस्था होनी चाहिए। छः आने की बचत भी उन्हें उस समय महत्त्वपूर्ण लगी होगी। प्रारम्भिक वर्षों में प्रैक्टिस बहुत अच्छी न होने के कारण वह क्लब तीसरे पहर ही पहुँच जाते थे। उस समय पूरे सदस्य नहीं पहुँचे होते थे। इसलिए वह क्लब-मार्कर के साथ ही बिलियर्ड के खेल का शौक पूरा करते थे। ताश और जुए जैसे किसी चांस गेम से उन्हें नफ़रत सी थी। हाँ, शतरंज उनका पसन्दीदा खेल था। उसकी बारीकियाँ वह अच्छी तरह समझते थे। शह और मात की अपनी चाल वह बड़ी सूझबूझ के साथ चलते थे। इस खेल की सूक्ष्म समझ, आगे राजनीतिक जीवन मैं अपने विरोधियों से निपटने में उनके लिए निहायत कारगर साबित हुई। बिलियर्ड के खेल में मार्कर से हारने पर छः आने अदा करने के उनके सुझाव पर रत्ती (उनकी पत्नी) और कानजी द्वारकादास (उनके मित्र) आगे चलकर अक्सर उनका मज़ाक़ उड़ाते थे। लगभग साल भर सर फ़िरोज़शाह मेहता के चैम्बर में काम कर जिन्ना ने बम्बई हाईकोर्ट के परिसर में ही अपना अच्छा-ख़ासा चैम्बर बना लिया था। लोकमान्य तिलक का आवास सरदारगृह और जिन्ना के चैम्बर एक अर्से तक बम्बई की राजनीतिक हलचलों के केन्द्र रहे।

उनके पिता जिण्णाभाई पुंजा का व्यवसाय अब कराची में पूरी तरह डूब चुका था। अपने बाक़ी बच्चों के साथ वह भी बम्बई आ गए थे। यहाँ वह एक खोजा-बहुल इलाक़े में किराए के मकान में रहने लगे थे। अपने पिता और भाई-बहनों से उनके बहुत अच्छे आत्मीय सम्बन्ध के संकेत नहीं मिलते। भाई-बहनों में (शीरीन के अलावा) सबसे छोटी बहन फ़ातिमा के लिए ही उनके मन में गहरा स्नेह-भाव था। अतः पिता के बम्बई आने के पहले ही उसे यहाँ लाकर उन्होंने मिशनरी के एक अच्छे कान्वेंट स्कूल में भर्ती करा दिया था। उस समय के रूढ़िग्रस्त खोजा समुदाय में इसे अच्छा नहीं माना गया। पर जिन्ना ने इसकी परवाह नहीं की। वह घोड़े पर चढ़कर छुट्टी के दिन फ़ातिमा से मिलने नियम से उसके होस्टल जाया करते थे। बीसवीं सदी की शुरुआत में एक मुसलमान लड़की को एक मिशनरी स्कूल के होस्टल में रहकर पढ़ाई करने के कारण कितनी आलोचना, फब्तियाँ और तंज़ का सामना करना पड़ा होगा इसकी सहज कल्पना की जा सकती है। ऐसी विषम स्थितियों में जिन्ना अपनी प्यारी छोटी बहन के लिए

शक्ति-स्तम्भ सिद्ध हुए। आजीवन अविवाहिता फ़ातिमा ने भी मृत्युपर्यन्त अपने इस महत्त्वाकांक्षी प्यारे भाई का साथ दिया। वह छाया की तरह उनसे जुड़ी रहीं। दोनों अपने दोहरे एकाकीपन के दौरान एक दूसरे के लिए शक्ति का अविरल स्रोत बने रहे।

जिन्ना ने लन्दन में पढ़ाई के दौरान क़ानून के पेशे से जुड़े लोगों का सुसभ्य जीवन, कुलीन रहन-सहन, पेशे के प्रति ईमानदारी, बौद्धिक प्रखरता, उदार जीवन-दृष्टि और श्रेष्ठता के उच्च से उच्चतर मानदंड स्थापित करने के लिए स्वस्थ स्पर्धा-भाव देखा और अनुभव किया था। वह आजीवन इन मूल्यों के प्रति समर्पित रहे। जहाँ एक ओर इंग्लैंड के अभिजात वर्ग के रहन-सहन, वेष-भूषा और शिष्टाचार को उन्होंने अपने वकालत के पेशे से जुड़ने के साथ ही पूरी तरह अपना लिया था, वहीं दूसरी ओर उन्हें अपने पेशे की मर्यादा और अपने आत्मसम्मान का सदैव ध्यान रहा। बीसवीं सदी के प्रारम्भिक दशकों में बम्बई के हलचल भरे राजनीतिक, सामाजिक, सांस्कृतिक तथा अन्य महत्त्वपूर्ण क्षेत्रों में एक से एक बढ़कर हस्तियाँ सक्रिय थीं। उनकी ख्याति सिर्फ़ हिन्दुस्तान में ही नहीं थी बल्कि उन्हें इंग्लैंड, यूरोप और अमेरिका में भी अपने काम और योग्यता के लिए जाना जाता था।

दादाभाई नौरोज़ी, फ़िरोज़शाह मेहता, लोकमान्य तिलक, गोखले, रानाडे, विट्ठलभाई पटेल और बदरुद्दीन तैयबजी जैसे दिग्गजों के बीच यदि तरुण जिन्ना अपनी सार्थक उपस्थिति दर्ज कराने में कामयाब रहे तो इसका श्रेय उनकी प्रतिभा, लगन, ईमानदारी, उदारता और बेलौस खरेपन को ही देना होगा। उनके बेलौसपन और ईमानदारी की कई घटनाओं का ज़िक्र उनके जीवनीकारों ने किया है। पहली घटना तब की है जब वह लगभग सत्ताईस वर्ष के थे। उस समय वह अपने पेशे में स्थापित होने के लिए संघर्षरत थे। ज़्यादा लोग उनके नाम और काम से अभी परिचित नहीं हुए थे। बात 1903 की है। बम्बई नगर निगम के अध्यक्ष उस समय एक स्कॉट सज्जन जेम्स मैकडोनाल्ड होते थे। वह उस समय बम्बई के नागरिक प्रशासन के शीर्षस्थ अधिकारी थे। बम्बई हाईकोर्ट में एक बहुत बड़े मामले की सुनवाई चल रही थी। हाईकोर्ट का हॉल इस हद तक वकीलों और दर्शकों से भरा हुआ था कि उसमें तिल-भर की गुंजाइश नहीं थी। हॉल में वकीलों के लिए एक अलग से इन्क्लोज़र था। सत्ताईस वर्षीय जिन्ना ने जब हॉल में प्रवेश किया तो उनकी निगाह वकीलों के लिए सुरक्षित जगह में एक कुर्सी पर बैठे मिस्टर मैकडोनाल्ड पर पड़ी। वह ख़ुद अपने लिए जगह की तलाश में थे। उन्होंने शिष्टाचार सहित मैकडोनाल्ड से कहा कि वह जगह हाईकोर्ट के वकीलों के लिए है। उनका मंतव्य था कि इसलिए उन्हें कुर्सी खाली कर देनी चाहिए। पर मैकडोनाल्ड ने उनकी बात अनसुनी कर दी, लिहाज़ा जिन्ना ने कोर्ट के एक कर्मचारी से कुर्सी खाली कराने का आग्रह किया। सफ़ेद चमड़ी के एक अतिविशिष्ट अधिकारी से इस सम्बन्ध में कुछ कहने की हिम्मत उस बेचारे कर्मचारी को कैसे पड़ती ! पर जब जिन्ना ने इस सम्बन्ध में जज से शिकायत की धमकी दी तो कर्मचारी को अन्ततः मिस्टर मैकडोनाल्ड से जगह छोड़ने के लिए आग्रह करना ही पड़ा। मिस्टर मैकडोनाल्ड ग़ज़ब के शख़्स साबित हुए। नाराज़गी का इज़हार किए बिना उन्होंने उस ज़िद्दी तरुण तेजस्वी वकील के लिए कुर्सी छोड़ दी। जिन्ना के

बैठ जाने के बाद पास ही आम दर्शकों में खड़े मिस्टर मैकडोनाल्ड ने उनका नाम पता कर लिया। तरुण जिन्ना की तेजस्विता से वह गहरे प्रभावित हुए। इस घटना के चन्द दिनों के अन्दर ही उन्होंने एक हज़ार रुपए प्रति मास के पारिश्रमिक पर जिन्ना को बम्बई नगर निगम का वकील नियुक्त कर दिया। सन् 1903 में यह काफ़ी बड़ी राशि थी।

जिन्ना के जीवन में पहला महत्त्वपूर्ण अवसर सन् 1907 में उस समय आया जब बम्बई के प्रबुद्ध नागरिकों के एक वर्ग ने उन्हें बम्बई नगर महापालिका के चुनाव में बेईमानी से चुनाव जीतने के लिए यूरोपीय समुदाय के एक प्रभावशाली गुट के विरुद्ध उच्च न्यायालय में याचिका दाख़िल करने के लिए अपना वकील नियुक्त किया। बात यह थी कि उक्त यूरोपीय गुट किसी भी हालत में उस समय बम्बई के सम्मानित बैरिस्टर और प्रतिष्ठित कांग्रेस नेता सर फ़िरोज़शाह मेहता को नगर महापालिका की काउंसिल से बाहर रखने के लिए कुछ भी करने पर आमादा था। उन्हें अपने उद्देश्य में सफलता चुनाव में बेईमानी के ज़रिए प्राप्त हुई। बम्बई का पढ़ा-लिखा प्रबुद्ध तबका इससे आहत और क्षुब्ध था। फलस्वरूप उन्होंने जिन्ना के ज़रिए चुनाव को निरस्त करने के लिए बम्बई हाईकोर्ट के दरवाज़े पर दस्तक दी। जिन्ना उस समय सर फ़िरोज़शाह के चैम्बर में काम करते थे। आहत हिन्दुस्तानी आत्म-सम्मान की प्रतिष्ठा के लिए नगर के प्रमुख बुद्धिजीवियों द्वारा एक तीस वर्षीय तरुण जिन्ना का चयन वस्तुतः उनकी प्रतिभा और प्रतिबद्धता पर उत्कृष्टता की पहली मुहर थी। दरअसल, सर फ़िरोज़शाह मेहता ने स्वयं याचिका के लिए जिन्ना के नाम का सुझाव दिया था। यह मामला एक अर्से तक कुख्यात 'कॉकस केस' के नाम से चर्चित रहा। इस प्रकरण में वकील के रूप में जिन्ना बम्बई के अख़बारों की सुर्ख़ियों में छाए रहे। हालाँकि याचिका सफल नहीं हुई पर जिन्ना ने जिस योग्यता और तेजस्विता का परिचय उच्च न्यायालय में बहस के दौरान दिया, उससे उनकी गिनती नगर की महत्त्वपूर्ण हस्तियों में होने लगी।

प्रारम्भिक सफलता और उससे जुड़ी प्रतिष्ठा की सीढ़ियाँ चढ़ते हुए उन्हीं दिनों जिन्ना श्रीमती सरोजिनी नायडू के सम्पर्क में आए। वह जिन्ना से लगभग चार वर्ष छोटी थीं। उनसे जिन्ना की पहली भेंट कलकत्ता में 1906 में कांग्रेस के वार्षिक अधिवेशन के दौरान हुई थी। एक तरुण नवोदित राजनेता और सफल वकील की छवि के साथ जिन्ना के 'पुरुषोचित देशभक्ति दीप्त व्यक्तित्व' ने श्रीमती सरोजिनी नायडू को सहज ही अपनी ओर आकर्षित कर लिया था। आगे चलकर स्वयं कांग्रेस की महत्त्वपूर्ण नेत्री और भारत-कोकिला के नाम से विख्यात कवयित्री श्रीमती नायडू जिन्ना के जीवन में पहली महिला थीं जिनमें तरुण जिन्ना ने सुरुचि, संवेदनशीलता और प्रखर बुद्धिमत्ता का आकर्षक समन्वय पाया था। इसके पहले वह मित्रों और परिचितों के परिवार की महिलाओं के ही सम्पर्क में आए थे जिनकी प्रशंसा वह सामाजिक शिष्टाचारवश करते रहने के अभ्यस्त थे। सरोजिनी नायडू के मन में जिन्ना के लिए बड़ी कोमल भावनाएँ थीं। उनकी तत्कालीन कविताओं में प्रेम की उदग्रता के पीछे कहीं न कहीं अपने तरुण मित्र के लिए उनकी अपनी व्यक्तिगत अनुभूतियों का सहज स्पन्दन भी था। उन दिनों

लिखी उनकी एक प्रेम कविता का एक अंश इस दृष्टि से दिलचस्प है–

दोपहर ज्वार के समय, प्रियवर
सबल-सुरक्षित मैं
कामना नहीं करती तुम्हारी
पर आधी रात की एकाकी घड़ी में
जब तारक-खचित नीरवता का
आनन्द सोया होता है
शान्त पहाड़ों और निःशब्द
सागर की सतह पर
मेरे मन में जगती है कामना
तुम्हारी आवाज़ की।

सरोजिनी नायडू के मन में अपने प्रति पनपते प्रेम के अंकुर के बरअक्स जिन्ना के मन में उनके आकर्षक व्यक्तित्व और गुणों के प्रति एक मैत्रीपूर्ण प्रशंसा भाव ही था जो प्रेम की सरहद नहीं छूता था। अतः यदि सरोजिनी नायडू के मन में जिन्ना के प्रति प्रेमभाव था तो वह निश्चय ही एकांगी था। उसकी बेल जिन्ना पर नहीं चढ़ पाई थी। पर इसके बावजूद दोनों एक दूसरे के प्रशंसक और मित्र एक लम्बे अर्से तक बने रहे। जिन्ना के साथ न केवल कांग्रेस और होमरूल लीग बल्कि मुस्लिम लीग के कई अधिवेशनों में श्रीमती नायडू ने भाग लिया था। सन् 1918 में सरोजिनी नायडू ने जिन्ना के लेखों और भाषणों का एक संकलन सम्पादित किया था जिसकी भूमिका में उन्होंने उनका जीवन परिचय देते हुए उन्हें हिन्दू-मुस्लिम एकता का अग्रदूत बताया था। उक्त लेख में जिन्ना के व्यक्तित्व का एक गहरा और विस्तृत विश्लेषण भी प्रस्तुत किया गया जो कई जगह काव्यात्मक हो उठा है। श्रीमती नायडू द्वारा जिन्ना के व्यक्तित्व का निम्नलिखित आकलन ख़ासा दिलचस्प है–

"ऐसी प्रकृति कभी नहीं रही होगी जिसके बाहरी गुण उसके अन्दर के मूल्यों का पूरी तरह विलोम प्रतीत होते हों। लम्बे और राजसी पर कृशता की हद तक दुबले, आदतन अलसाए और ऐशपसन्द मोहम्मद अली जिन्ना की दुर्बल काया उनकी ख़ास ज़िन्दादिली और सहनशीलता की खोल है। कुछ औपचारिक और कुछ नाज़ुकमिज़ाज, व्यवहार में थोड़े अलग-थलग और अपने में बन्द उनकी स्वभावगत गैर-मिलनसारिता की अमुखर-अहंमन्यता, उन्हें जाननेवालों के अनुसार, उनकी सहज तथा उदग्र मनुष्यता, स्त्रियों की सी उमकी कोमल तथा संवेदनशील अन्तर्वृत्ति और बच्चों सी दिल जीत लेनेवाली उनकी मोद-भरी कौतुकप्रियता का आवरण है। इस सबसे ऊपर तर्कशील और व्यावहारिक जीवन के आकलन और उसकी स्वीकृति में निरावेग और विवेक-संगत उनकी सांसारिक बुद्धि की प्रकट स्वस्थचित्तता और शान्ति उनके शर्मीले पर शानदार आदर्शवाद को, जो उनके व्यक्तित्व का सार है, सफलतापूर्वक ढँक लेती है।"

एक कवि का गद्य होने के बावजूद उक्त पंक्तियाँ जिन्ना के व्यक्तित्व की कई गुत्थियाँ सुलझाने में सहायक सिद्ध हो सकती हैं। जिन्ना ने सबसे पहले सन् 1904 में

बम्बई के ओवल मैदान में आयोजित कांग्रेस के वार्षिक अधिवेशन में भाग लिया था। इसकी अध्यक्षता सर हेनरी कॉटन ने की थी और सर फ़िरोज़शाह मेहता इसके स्वागताध्यक्ष थे। अध्यक्ष के रूप में सर कॉटन ने कहा था कि उनकी समझ से भारत की मुक्ति राजनीति के क्षेत्र में नहीं खोजी जा सकती। सर फ़िरोज़शाह मेहता ने उसका प्रतिवाद करते हुए कहा था कि इस देश की जनता की आशाएँ और आकांक्षाएँ बिना राजनीतिक अधिकार के कैसे साकार हो सकती हैं ? अंग्रेज़ नौकरशाही के ग़ैरज़िम्मेदाराना, सन्देहास्पद और सर्वथा गुप्त तरीकों से तो क़तई नहीं। इस अधिवेशन में जिन्ना की सक्रिय भागीदारी के संकेत नहीं मिलते। पर अट्ठाईस वर्षीय इस तरुण की क़ानूनी और संवैधानिक सूझ-बूझ और देश की उभरती राजनीतिक सोच और गतिविधियों की समझ को बम्बई के जागरूक हलकों में प्रशंसा और सम्मान के भाव से देखा जाने लगा था। इसका संकेत इसी से मिलता है कि इंग्लैंड की नवनिर्वाचित उदारवादी (लिबरल) सरकार से हिन्दुस्तान को राजनीतिक अधिकार देने के लिए विचार-विमर्श करने तथा इसके पक्ष में जनमत जगाने के लिए कांग्रेस ने अट्ठाईस वर्षीय युवा वकील जिन्ना को भी इंग्लैंड जाने के लिए चुना था। बम्बई के बाहर के कुछ प्रतिनिधियों ने इस अज्ञात कुलशील तरुण के समुद्री यात्रा के कांग्रेस द्वारा प्रस्तावित ख़र्च पर आपत्ति उठाई थी। पर बाद में फ़िरोज़शाह मेहता के हस्तक्षेप से यह आपत्ति निरस्त हो गई थी। ज्ञातव्य है कि उक्त अधिवेशन में हिस्सा लेने के लिए इंग्लैंड से आए उदारवादी नेता सर विलियम वेडरबर्न का सुझाव था कि सर फ़िरोज़शाह मेहता स्वयं इंग्लैंड जा रहे गोखले और जिन्ना के प्रतिनिधिमंडल का नेतृत्व करें। पर किन्हीं अपरिहार्य कारणों से यह सम्भव नहीं हो सका। अतः गोखले और जिन्ना ही साथ-साथ इंग्लैंड गए। गोपालकृष्ण गोखले से, जिन्हें उनके आदर्श जीवन, विद्वत्ता, देशभक्ति और उदार सामाजिक-राजनीतिक विचारों के कारण महात्मा गोखले भी कहा जाता था, जिन्ना की पहली मुलाक़ात इसी अधिवेशन में हुई थी। जिन्ना उनसे गहरे प्रभावित हुए थे। वह उनकी 'सर्वेंट्स ऑफ़ इंडिया सोसाइटी' के सक्रिय सदस्य बन गए थे। बाद में गोखले के देहावसान के बाद उनकी स्मृति में आयोजित व्याख्यान माला में जिन्ना ने उन्हें एक ऋषि कहा था। गोखले का कितना अप्रतिम प्रभाव उन पर पड़ा था, इसका प्रमाण है उनकी वह स्वीकारोक्ति, जिसमें उन्होंने अपने को 'मुस्लिम गोखले' के रूप में ढालने की कामना व्यक्त की थी।

तीस वर्ष की उम्र में जिन्ना अपने पेशे में स्थापित हो गए थे। उन्हें अब अपना आर्थिक आधार मज़बूत और सन्तोषप्रद लग रहा था। वह अब सक्रिय राजनीति को समय देने की स्थिति में थे। अतः सन् 1906 में वह कांग्रेस के नवनिर्वाचित अध्यक्ष इक्यासी वर्षीय दादाभाई नौरोज़ी के निजी सचिव के रूप में कलकत्ता में आयोजित ऐतिहासिक अधिवेशन में शामिल हुए। बंगाल के विभाजन से उपजे विषाद और आक्रोश की छाया में यह अधिवेशन हो रहा था। जिन्ना के लिए यह अधिवेशन एक उत्तेजक अनुभव था। जिस परिपक्व राजनेता से उन्होंने लगभग बारह वर्ष पूर्व इंग्लैंड के हाउस ऑफ़ कॉमन्स में अंग्रेज़ों की न्यायप्रियता और उदारता की प्रशस्ति सुनी थी, उसी से लगभग डेढ़ सौ साल के अंग्रेज़ी शासन के अमानवीय दमनकारी और अन्यायपूर्ण रवैये

की भर्त्सना और स्वराज की माँग सुनकर निश्चय ही उन्हें एक रोमांचक अनुभव हुआ होगा। यह रोमांच निश्चय ही कई गुना बढ़ गया होगा जब देश की राजनीति में पितामह-तुल्य समादृत दादाभाई का भाषण जिन्ना के कानों में अपने आदर्श गोखले की मधुर वाणी में गूँजा होगा। ज्ञातव्य है कि वृद्धावस्था और दुर्बलता के कारण दादाभाई द्वारा अध्यक्षीय भाषण पढ़ने में कठिनाई अनुभव किए जाने पर जिन्ना की सहायता से लिखा गया वह भाषण गोखले ने अपनी गुरु गम्भीर आवाज़ में पढ़ा था। जिन्ना ने अपना तीसवाँ जन्मदिन इस अधिवेशन के दौरान कांग्रेस के मंच से ही मनाया था।

जिन्ना ने कांग्रेस के सन् 1907 के सूरत-अधिवेशन में भी भाग लिया था जिसमें नरम और गरम दल के नाम से जाने गए कांग्रेस के दो वर्गों में गम्भीर विवाद हुआ था। सन् 1885 में सर ए.ओ. ह्यूम द्वारा हिन्दुस्तान से सहानुभूति रखनेवाले यहाँ स्थित अंग्रेज़ों, यूरोपियनों और पढ़े-लिखे समझदार भारतीयों के सहयोग से कांग्रेस की स्थापना के समय से ही इंग्लैंड और हिन्दुस्तान के अंग्रेज़ शासकों का एक बड़ा और महत्त्वपूर्ण वर्ग उसे सन्देह की निगाह से देखता था। जैसे-जैसे यहाँ के प्रबुद्ध तबकों में हिन्दुस्तानियों की दिन-ब-दिन बढ़ती दयनीय स्थिति के प्रति संवेदना जगने लगी, वैसे-वैसे देश के शासन में सक्रिय भागीदारी के ज़रिए अपने बदक़िस्मत देशवासियों को दारुण दुर्दशा से उबारने की बेचैनी का बढ़ते जाना स्वाभाविक था। धीरे-धीरे कांग्रेस के अधिवेशन उन्नीसवीं सदी के अन्तिम वर्षों में नागरिक-अधिकार प्राप्ति के लिए सिर्फ़ विनयपूर्ण भाषा में प्रस्ताव पास करने और अर्जी देने के माध्यम नहीं रह गए थे। सन् 1900 में साम्राज्ञी विक्टोरिया के देहावसान के बाद इंग्लैंड में राजनीतिक उदारवादियों का एक सदाशयी वर्ग हिन्दुस्तान के नवोदित शिक्षित वर्ग की आशाओं-आकांक्षाओं को सहानुभूतिपूर्ण दृष्टि से देखने की कोशिश करने लगा था। कांग्रेस की स्थापना और उसके तुरन्त बाद जुड़ी पीढ़ी के परिपक्व नेता, जिनमें दादाभाई नौरोज़ी, फ़िरोज़शाह मेहता, सुरेन्द्रनाथ बनर्जी, विजय राघवाचारी, रासबिहारी बोस, चितरंजन दास, महादेव गोविन्द रानाडे और गोपालकृष्ण गोखले प्रमुख थे, उससे अपेक्षाकृत बाद में जुड़े युवतर पीढ़ी के शीघ्र परिवर्तनकामी नेताओं की बेचैनी और तेवर के बरअक्स अपर्याप्त सिद्ध हो रहे थे। पंजाब के लाला लाजपत राय, बम्बई प्रेसीडेंसी के बाल गंगाधर तिलक और कलकत्ता के विपिनचन्द्र पाल की अपेक्षाकृत तरुण तेजस्वी त्रयी पुरानी पीढ़ी के नेतृत्व को चुनौती देने के लिए तैयार हो चुकी थी। अतः सन् 1907 के सूरत-अधिवेशन में दोनों पक्षों ने अपने-अपने बल का प्रदर्शन किया। मंच पर बहस-मुबाहिसे के दौरान किसी ने चप्पल फेंक दी थी जो फ़िरोज़शाह मेहता और सुरेन्द्रनाथ बनर्जी दोनों को लगी थी। इस अधिवेशन में जिन्ना की सक्रिय भागीदारी का संकेत नहीं मिलता। पर इतना तय है कि उनकी सहानुभूति उसी पक्ष की ओर थी, जिधर गोखले थे। कांग्रेस के दो महत्त्वपूर्ण समादृत वयोवृद्ध नेताओं के प्रति यह अत्यन्त असभ्य व्यवहार जिन्ना की शालीन प्रकृति को निश्चय ही नागवार गुज़रा था।

2

कांग्रेस-विभाजन से प्रथम विश्व-युद्ध के अन्त तक

सन् 1908 से सन् 1918 तक

सूरत-अधिवेशन के दौरान जो कटुता कांग्रेस की पुरानी पीढ़ी (नरम दल) और नई पीढ़ी (गरम दल) के नेताओं के बीच पैदा हो गई थी, वह लगातार बढ़ती गई। तिलक ने यद्यपि खेद व्यक्त करते हुए दोनों वर्गों के नेताओं के बीच बढ़ती खाई को पाटने की कोशिश की थी किन्तु सर फ़िरोज़शाह मेहता की ज़िद के कारण आपसी मिलाप सम्भव नहीं हो सका। फलस्वरूप अप्रैल, 1908 में कांग्रेस के अधिवेशन में एक प्रस्ताव द्वारा गरम दल के नेताओं और उनके अनुयायियों को कांग्रेस से निकाल दिया गया। जिन्ना इस अधिवेशन में शामिल हुए थे। कांग्रेस का नरम दल अंग्रेज़ी साम्राज्य के अन्तर्गत स्वतन्त्रता और स्वराज सवैधानिक मार्ग से प्राप्त करना चाहता था। कांग्रेस के इस दुर्भाग्यपूर्ण विभाजन को टालने की कोशिश गोखले ने भी की थी। नरम दल के नेताओं में गोखले इस विभाजन से बहुत दुःखी थे। निश्चय ही जिन्ना भी जोकि नरम दल के नेताओं के सवैधानिक मार्ग से स्वाधीनता और स्वशासन के अधिकार की प्राप्ति के पक्षधर थे, अपने आदर्श गोखले की तरह इस विभाजन से आहत थे। कई राजनीतिक मुद्दों पर तिलक से गम्भीर असहमति के बावजूद जिन्ना उनकी उद्दाम राष्ट्रीयता के प्रशंसक थे। अतः कांग्रेस से निकाले जाने के बाद जब अपने ओजस्वी पत्र 'केसरी' में सरकार-विरोधी उग्र लेखों के कारण तिलक को राजद्रोह के अभियोग में गिरफ़्तार कर लिया गया और उनकी जमानत नामंज़ूर कर दी गई तो जिन्ना ने उनके वकील के रूप में उनकी ससम्मान रिहाई के लिए मुम्बई हाईकोर्ट के समक्ष ज़ोरदार वकालत की। यद्यपि जिन्ना अपने प्रयास में सफल नहीं हुए पर उनकी तेजस्विता और वाग्मिता की धाक एक बार फिर जम गई। लगभग आठ साल बाद सन् 1916 में जब अंग्रेज़ सरकार ने एक बार फिर राजद्रोह के अभियोग में तिलक को गिरफ़्तार कर लिया था तो जिन्ना ने इस बार भी उनके वकील के रूप में अपनी बहुमूल्य सेवाएँ प्रदान की थीं। अपनी क़ानूनी दलीलों और ओजस्वी बहस से इस बार जिन्ना तिलक को राजद्रोह के अभियोग से बरी कराकर उनकी रिहाई में कामयाब रहे थे।

हिन्दुस्तान का शासन सन् 1908 तक अंग्रेज वॉयसराय द्वारा छः सदस्योंवाली एक

कार्यकारी परिषद् (एक्ज़ीक्युटिव काउंसिल) की मदद से चलाया जा रहा था। इस वर्ष हिन्दुस्तान को 1857 के बाद इंग्लैंड के राजमुकुट के अधीन ले आने के पचास वर्ष पूरे हुए थे। सम्राट एडवर्ड सप्तम् ने इस अवसर पर दिए गए अपने भाषण में प्रशासन को बेहतर और अपेक्षाकृत और अधिक कार्यकुशल और उत्तरदायी बनाने के लिए यहाँ के लोगों से नियमित सम्पर्क के अवसर की ज़रूरत पर ख़ास ज़ोर दिया था। इसके फलस्वरूप एक विशेष विधेयक द्वारा छः सदस्यीय एक्ज़ीक्यूटिव काउंसिल को 1909 में साठ सदस्यीय इम्पीरियल लेजिस्लेटिव काउंसिल में बदल दिया गया था। इसके पैंतीस सदस्य वॉयसराय द्वारा मनोनीत होने थे। शेष पच्चीस सदस्यों को चुनकर आना था। इस नई काउंसिल में छः सीटें मुसलमान सदस्यों के लिए सुरक्षित थीं। इनमें से एक सीट बम्बई में थी। बम्बई की सीट के लिए यहाँ सर उपाधि से अलंकृत दो महत्त्वपूर्ण मुसलमान सज्जनों के बीच लम्बे बहस-मुबाहिसे के बाद भी असहमति बरकरार रह गई थी। ऐसी स्थिति में अन्ततः दोनों अपने-अपने नाम की जगह तरुण-तेजस्वी जिन्ना के नाम पर एकमत हो गए थे। इस तरह तैंतीस वर्षीय जिन्ना इम्पीरियल लेजिस्लेटिव काउंसिल में बम्बई के मुसलमानों के प्रतिनिधि के रूप में शामिल हुए। अब तक के धर्मनिरपेक्ष सार्वजनिक जीवन में पहली बार उनकी मुस्लिम पहचान रेखांकित हुई थी। बम्बई के अन्य दो सदस्य गोखले और यहाँ के सार्वजनिक जीवन में अत्यन्त महत्त्वपूर्ण भूमिका निभानेवाले एक बहुप्रतिष्ठित यहूदी सज्जन सर डेविड ससून भी थे। जिन्ना नवनिर्मित काउंसिल के सबसे कम उम्र के सदस्य थे। गोखले जहाँ गुरुवत उनके आदर्श थे, वहीं सर ससून के जनहितकारी कार्यों से वे गहरे प्रभावित थे। अतः काउंसिल में इन दो महानुभावों के साथ बम्बई का प्रतिनिधित्व उनके लिए बड़े सम्मान की बात थी।

काउंसिल में उनका पहला भाषण दक्षिण अफ्रीका में हिन्दुस्तानियों की दारुण स्थिति को लेकर था। अपने तर्कसंगत प्रभावशाली भाषण में उन्होंने दक्षिण अफ्रीका की रंगभेद के नशे में चूर गोरी सरकार द्वारा वहाँ के बेबस हिन्दुस्तानियों के प्रति किए जा रहे क्रूर और कठोर व्यवहार को रेखांकित करते हुए कहा था कि इससे देश के हर वर्ग में चरम सीमा तक रोष और आतंक व्याप्त है। क्रूर शब्द के प्रयोग पर वॉयसराय लॉर्ड मिंटो ने आपत्ति जताते हुए कहा था कि अंग्रेज़ साम्राज्य के एक मित्र हिस्से के सम्बन्ध में इसका प्रयोग सदन के संविधान के विरुद्ध था। इसलिए सम्मानित सदस्य (जिन्ना) को अपनी भाषा मर्यादित रखनी चाहिए। जिन्ना ने इसका तुरन्त उत्तर देते हुए कहा था कि दरअसल, वह इससे भी कठोर शब्द का प्रयोग करना चाहते थे, किन्तु संविधान की मर्यादा के प्रति अपनी पूरी सजगता के कारण ही उन्होंने केवल 'क्रूर' शब्द का ही प्रयोग किया था। दूसरे दिन जिन्ना का यह भाषण अख़बारों की सुर्ख़ियों में था। यह विचित्र संयोग था कि जिस समय जिन्ना दक्षिण अफ्रीका के हिन्दुस्तानियों की दुर्नियति के विरुद्ध उपजे देश के आक्रोश को एक धारदार वाणी प्रदान कर रहे थे, उसी समय महात्मा गांधी अपने सत्याग्रह के अस्त्र से मनुष्यता के इतिहास का पहला अहिंसक युद्ध लड़ रहे थे।

जिन्ना ने काउंसिल में दूसरा महत्त्वपूर्ण भाषण अप्रैल, 1912 में गोखले द्वारा पेश प्रारम्भिक शिक्षा विधेयक (एलिमेंट्री एजुकेशन बिल) का ज़ोरदार समर्थन करते हुए दिया। अशिक्षा के अन्धकार से चतुर्दिक घिरे निरक्षरता के महासागर को शिक्षा के प्रकाश से आलोकित करने की माँग करते हुए उन्होंने पैसे की कमी का रोना रोने से सरकार को बाज आने के लिए कहा। उनके अनुसार इसके लिए अंग्रेज़ी साम्राज्य के खजाने से तीन करोड़ रुपए की व्यवस्था के रास्ते में आनेवाली कोई भी कठिनाई ऐसी नहीं थी जिसका हल न निकाला जा सके। तीस करोड़ की जनसंख्या के लिए यह कोई बहुत बड़ी राशि नहीं थी। साधन जुटाने के लिए यदि और कोई रास्ता नहीं निकलता तो इस काम के लिए सरकार को थोड़ा और टैक्स लगाने जैसे अलोकप्रिय क़दम उठाने से भी नहीं हिचकना चाहिए। जनता के हित में ऐसे अलोकप्रिय क़दम से बचने की कोशिश दरअसल सरकार का अपने कर्तव्य से मुख मोड़ना होगा। उन्होंने अपने भाषण में जोड़ा था कि शिक्षा का महत्त्व हिन्दुस्तानियों ने अंग्रेज़ों से ही सीखा था। उनके अनुसार शिक्षित हिन्दुस्तानी से बेहतर दोस्त अंग्रेज़ों को और कहीं नहीं मिल सकता था। अपनी प्रजा को शिक्षा देना हर सभ्य सरकार की ज़िम्मेदारी है। इसके रास्ते में आनेवाली अलोकप्रियता के ख़तरे का उसे हिम्मत से सामना करना चाहिए। निश्चय ही गोखले के प्रारम्भिक शिक्षा सम्बन्धी विधेयक को सबसे मुखर और ज़ोरदार समर्थन काउंसिल में जिन्ना से ही मिला था।

काउंसिल की सदस्यता के पहले दौर में जिन्ना को सबसे महत्त्वपूर्ण और ऐतिहासिक सफलता मुस्लिम वक़्फ़ सम्बन्धी अपने व्यक्तिगत विधेयक को पास कराने के रूप में मिली थी। राजसत्ता छिन जाने के बाद हिन्दुस्तानी मुसलमानों के कुलीन और समृद्ध वर्ग के दुर्दिन एक अर्से पहले से शुरू हो गए थे। व्यवसाय-व्यापार में कोई ख़ास रुचि न होने के कारण और आधुनिक शिक्षा के अभाव में मुसलमानों के सामन्ती समाज में दिन-ब-दिन बढ़ती विलासितापूर्ण आदतों का भी इसमें कम योगदान नहीं था। उनकी इन पतनशील प्रवृत्तियों से नई पीढ़ी का भविष्य लगातार अन्धकारमय होता जा रहा था। जो भी जायदाद बची हुई थी उसका लाभ आगे की पीढ़ी के लिए सुरक्षित रखने के लिए एकमात्र रास्ता था इस्लामी क़ानून में स्वीकृत वक़्फ़ की व्यवस्था को अंग्रेज़ी क़ानून के तहत मान्यता दिलाना। बची हुई जायदाद को बिखरने और बर्बाद होने से बचाने के लिए उसे एक पारिवारिक न्यास (ट्रस्ट) के अन्तर्गत रखकर उसका लाभ आनेवाली पीढ़ी के भरण-पोषण और शिक्षा आदि के लिए सुरक्षित रखना ऐसा एकमात्र विकल्प था जिससे मुसलमानों की आर्थिक और सामाजिक स्थिति में तेज़ी से आ रही गिरावट को रोका जा सकता था। वक़्फ़ को अंग्रेज़ी विधि-व्यवस्था के अन्तर्गत क़ानूनी मान्यता के लिए सबसे पहली कोशिश सर सैयद अहमद ख़ाँ ने की थी। पर वह उसमें नाकामयाब रहे। इस पृष्ठभूमि में जिन्ना ने जिस तार्किकता, संसदीय कौशल और सूझबूझ से मुस्लिम वक़्फ़ सम्बन्धी अपने निजी विधेयक को काउंसिल में पास कराया वह अपने आप में एक अनोखी मिसाल है। मार्च 1911 में जिन्ना ने अपने वक़्फ़ सम्बन्धी निजी विधेयक

को संसद के पटल पर विचारार्थ रखा और मार्च 1913 में उसे वॉयसराय की औपचारिक संवैधानिक स्वीकृति के साथ अंग्रेज़ी क़ानून के अन्तर्गत मान्यता प्राप्त हुई। देश के संसदीय इतिहास में पहली बार कोई व्यक्तिगत विधेयक क़ानून की शक्ल अख़्तियार कर सका था। जिन्ना इस तरह सर सैयद का एक अधूरा सपना साकार करने में कामयाब हुए थे। सरोजिनी नायडू ने इस विधेयक को पास कराने में प्रदर्शित जिन्ना की बौद्धिक प्रखरता और संसदीय कौशल की मुक्त कंठ से प्रशंसा की है। जिन्ना की इस अप्रतिम सफलता का दिलचस्प नतीज़ा यह रहा कि उनके पाश्चात्य रहन-सहन, खान-पान और धर्मनिरपेक्ष जीवन-शैली से बिदकनेवाले पुराने और दकियानूसी खयालोंवाले मुसलमान तबके में भी उनकी योग्यता की धाक जम गई। पहली बार हिन्दुस्तान का सारा मुसलमान समाज उन्हें सम्मान और कृतज्ञता के भाव से अभिभूत एक निहाल दृष्टि से देख रहा था।

सन् 1912 में संयुक्त प्रान्त (वर्तमान उत्तर प्रदेश) के प्रान्तीय काउंसिल के चुनाव के तुरन्त बाद नवगठित स्थानीय स्वशासन (लोकल सेल्फ गवर्नमेंट) की इकाइयों के सदस्यों के प्रस्तावित चुनाव में मुसलमानों के लिए पृथक सीटों की माँग साम्प्रदायिक आधार पर शुरू हो गई थी। सन् 1913 में आगरा में आयोजित मुस्लिम लीग के अधिवेशन में इस सम्बन्ध में एक विस्तृत प्रस्ताव रखा गया। पटना के क़ानूनविद् मौलाना मज़हरूल हक़ और बम्बई के जिन्ना ने यह प्रस्ताव पास न कराने के लिए लीग के सदस्यों को मनाने की ज़ोरदार कोशिश की, किन्तु वह इसमें कामयाब नहीं हो सके। सैयद रज़ा अली नामक एक प्रभावशाली नेता इस प्रस्ताव के प्रबल समर्थक थे। इस प्रस्ताव के पास होने के साथ ही लीग की अलगाववादी साम्प्रदायिक राजनीति की असली शुरुआत होती है। केन्द्रीय काउंसिल में जिन्ना यद्यपि स्वयं मुसलमान प्रतिनिधि के रूप में शामिल थे, किन्तु स्थानीय शासन में धर्म का नाम लेकर साम्प्रदायिक आधार पर सीटों के विभाजन को वह एक धर्मनिरपेक्ष आधुनिक राष्ट्र के विकास की माँग में बहुत बड़ी बाधा मानते थे। इस आशय का भाषण वह गोखले के साथ सन् 1910 में पहले भी इलाहाबाद में आयोजित कांग्रेस अधिवेशन में दे चुके थे।

मार्च, 1913 की अपनी विशिष्ट सफलता के प्रभा-मंडल में मंडित जिन्ना और उनके गुरु-तुल्य आदर्श गोखले ने अवकाश के कुछ निर्बाध क्षण साथ-साथ बिताने का निर्णय लिया। प्रौढ़ावस्था की ओर अग्रसर जिन्ना ने पहली बार किसी के साथ भावनात्मक सम्बन्ध की आत्मीय ऊष्मा का अनुभव किया था। छत्तीस वर्षीय जिन्ना और सैंतालीस वर्षीय गोखले अप्रैल, 1913 में पानी के जहाज़ से इंग्लैंड के लिए रवाना हुए। अप्रैल और सितम्बर के बीच का समय उन्होंने साथ-साथ बिताया। वे सम्भवतः साथ-साथ यूरोप भी गए। लगभग छः माह साथ-साथ बिताए उनके आत्मीय क्षणों के दौरान विचार-विनिमय का कोई रिकार्ड उपलब्ध नहीं है। सरोजिनी नायडू नें अपनी काव्यात्मक भाषा में लिखा है कि अरब के आकाश में दमकते सितारों और मिस्र की समुद्री लहरों के पास निश्चय ही देश को समर्पित उनकी सेवा के पारस्परिक सपनों, आशाओं और

आकांक्षाओं का हिसाब होगा।

जब जिन्ना स्वयं इंग्लैंड में विद्यार्थी थे, उस समय अधिकतर हिन्दुस्तान के सम्पन्न और कुलीन परिवारों की सन्तानें ही वहाँ पढ़ने जाती थीं। लगभग दो दशक बाद बड़ी संख्या में विभिन्न जातियों और निचले आर्थिक और सामाजिक स्तर के युवा भी पढ़ाई के लिए वहाँ पहुँचने लगे थे। उस समय अछूत और पिछड़े समझे जानेवाले डॉ. भीमराव अम्बेडकर जैसे कई तेजस्वी, महत्त्वाकांक्षी और परिवर्तनकामी तरुण भी वहाँ पहुँच रहे थे। जातिगत दम्भ, सामाजिक-मानसिक संकीर्णता और ऊँच-नीच के त्रासद भेदभाव से ग्रस्त हिन्दुस्तानी युवकों के बीच आपसी समझ और सौमनस्य के अभाव ने गोखले और जिन्ना को लन्दन में गहरी चिन्ता में डाल दिया था। 28 जून, 1913 को लन्दन के इंडियन एसोसिएशन के तत्वावधान में कैक्सटन हॉल में आयोजित हिन्दुस्तानी विद्यार्थियों की एक विशाल सभा को सम्बोधित करते हुए जिन्ना ने जाति व्यवस्था को हिन्दुस्तान का सबसे बड़ा अभिशाप बताया था। उन्होंने कहा था कि इसी के चलते हिन्दुस्तानी विद्यार्थियों में आपसी मेलजोल और दोस्ताना सम्बन्धों का अभाव था। इसी वजह से वे एक दूसरे से अलग-थलग पड़े रहते थे और ब्रिटेन की कई सदियों के दौरान विकसित उदार और जीवन्त सभ्यता से सही शिक्षा ग्रहण करने में असफल साबित हो रहे थे। हिन्दुस्तान में कांग्रेस के नरम दल के नेता अब बड़ी तेज़ी से नेपथ्य में खिसकते जा रहे थे। उस पर बढ़ते गरम दल के वर्चस्व से उसके राजनीतिक तेवर और व्यवहार में यथास्थिति के विरुद्ध लगातार बढ़ते क्षोभ और उसे तोड़ने की विकलता हर संवेदनशील क्षेत्र में शिद्दत के साथ अनुभव की जा रही थी। देश के तरुण वर्ग में एक नई परिवर्तनकारी हरारत का संचार हो रहा था। अरविन्द घोष, श्यामजी कृष्ण वर्मा और लाला हरदयाल के साथ लोकमान्य तिलक, लाला लाजपत राय और विपिन चन्द्रपाल तेज़ी से युवकों के आदर्श बनते जा रहे थे। इस नवस्फूर्त वातावरण में जो युवक इंग्लैंड पहुँच रहे थे उनका मिज़ाज निश्चय ही वहाँ पहुँचे अपने पूर्ववर्तियों से ख़ासा अलग था। आयरलैंड और दुनिया के दूसरे देशों के स्वतन्त्रता आन्दोलनों से उनका परिचय स्वाभाविक था। उनमें से अधिकांश राजनीतिक गतिविधियों में सक्रिय रुचि ले रहे थे। उनकी भाषा अक्सर अंग्रेज़ी साम्राज्य के विरुद्ध आक्रामक, आक्रोशपूर्ण और तल्ख़ होती जा रही थी। शान्तिपूर्ण संवैधानिक रास्ते से स्वराज-प्राप्ति के पक्षधर जिन्ना ने हिन्दुस्तानी विद्यार्थियों को पढ़ाई के दौरान राजनीतिक गतिविधियों में भाग लेने और उन्माद भरे बहस-मुबाहिसे और कठोर भाषा के प्रयोग से बचने की हिदायत देते हुए कहा था कि पढ़ाई उनकी पहली प्राथमिकता होनी चाहिए। उनके अनुसार पढ़ाई पूरी कर विद्यार्थियों को विभिन्न क्षेत्रों में प्रगति के प्रचारक और अग्रदूत के रूप में स्वदेश लौटना चाहिए। निश्चय ही यह भाषण उन्होंने अपने गुरु-मित्र गोखले की सहमति से ही दिया होगा। जिन्ना आजीवन पढ़ाई के दौरान विद्यार्थियों की राजनीति में सक्रिय भागीदारी के सख़्त ख़िलाफ़ रहे।

लन्दन में संयुक्त प्रान्त की मुस्लिम लीग के दो प्रमुख नेता सैयद वज़ीर अली और

मौलाना मोहम्मद अली जिन्ना से मिले। इन्होंने जिन्ना को मुस्लिम लीग के आगरा अधिवेशन में लिये गए निर्णयों और उसकी नीतियों को कांग्रेस के प्रगतिशील राष्ट्रीय उद्देश्यों से जोड़ने के प्रयासों और उसके महत्व का ध्यान दिलाया। लीग के सोच के दायरे को व्यापक बनाने में दोनों नेताओं ने जिन्ना के स्वयं के योगदान का सन्दर्भ भी दिया। उन्होंने कहा कि चूँकि दोनों दल अब एक ही राजनीतिक भाषा बोलने के लिए सहमत थे इसलिए उन्हें अब लीग की सदस्यता ग्रहण कर लेनी चाहिए। जिन्ना ने यह सुझाव मान लिया। पर अपनी प्रकृति के अनुसार एक राजनीतिक दल की सदस्यता ग्रहण करने जैसे सामान्य कार्य-व्यापार को भी उन्होंने एक संजीदगी भरे औपचारिक आयोजन में बदल दिया। उन्होंने दोनों सज्जनों से अपने मौखिक शर्तनामे पर बाकायदा सहमति ली कि एक सदस्य के रूप में वह मुस्लिम लीग के प्रति अपनी निष्ठा को किसी भी हालत में बृहत्तर राष्ट्रीय उद्देश्यों के प्रति अपने समर्पण के मार्ग में बाधक सिद्ध नहीं होने देंगे। इस शर्त की दोनों नेताओं द्वारा सहर्ष स्वीकृति के बाद ही उन्होंने मुस्लिम लीग की सदस्यता ग्रहण की। इंग्लैंड से लौटकर जिन्ना ने अपनी जन्मभूमि कराची में दिसम्बर सन् 1913 में आयोजित कांग्रेस के वार्षिक अधिवेशन में गोखले के साथ सक्रिय हिस्सा लिया। अधिवेशन में एक प्रस्ताव पास कर जिन्ना के उन प्रयासों की हार्दिक प्रशंसा की गई जिनके फलस्वरूप मुस्लिम लीग ने भी कांग्रेस की तरह अंग्रेज़ी साम्राज्य के अन्तर्गत हिन्दुस्तान के लिए स्वराज के आदर्श को अपने उद्देश्यों में शामिल कर लिया था। यह जिन्ना की उदार, धर्मनिरपेक्ष और राष्ट्रीय सोच का ही प्रभाव था कि मुस्लिम लीग ने अपने प्रस्ताव में ज़ोर देकर कहा कि देश का भविष्य उसके विभिन्न समुदायों के पारस्परिक सहयोग और सामंजस्यपूर्ण कार्यशैली पर निर्भर था।

कराची-अधिवेशन के दौरान जिन्ना ने अपने एक ख़ास प्रस्ताव के ज़रिए अंग्रेज़ी सरकार के सामने दो महत्त्वपूर्ण मांगें रखीं। पहली मांग इंग्लैंड की काउंसिल ऑफ़ इंडिया के पुनर्गठन से सम्बन्धित थी, जिसमें हिन्दुस्तानियों के समुचित प्रतिनिधित्व पर ज़ोर दिया गया था। दूसरी मांग थी कि हिन्दुस्तान के शासन के लिए जो राजकीय विभाग और अमला इंग्लैंड में कार्यरत था, उसके वेतन और ख़र्च का बोझ हिन्दुस्तान के बजट पर लादने के बजाय उसका प्रावधान वहाँ के गृह विभाग के लिए निर्धारित राशि में से किया जाए। हिन्दुस्तान के अत्यन्त सीमित और नितान्त अपर्याप्त आर्थिक संसाधनों पर उक्त ख़र्च का बोझ वह सर्वथा असंगत और अन्यायपूर्ण मानते थे। उनके प्रस्ताव को अधिवेशन में ज़ोरदार समर्थन प्राप्त हुआ। इस प्रस्ताव को अधिवेशन में कितनी गम्भीरता से लिया गया था, इसका अनुमान इसी से लगाया जा सकता है कि कांग्रेस ने अपने नवनिर्वाचित अध्यक्ष भूपेन्द्रनाथ बसु और लाला लाजपत राय के साथ उन्हें भी अप्रैल, 1914 में इंग्लैंड भेजने का निर्णय लिया। काउंसिल ऑफ़ इंडिया बिल इंग्लैंड की संसद के पटल पर रखा जा चुका था। उसका पहला वाचन 25 मई, 1914 को हाउस ऑफ़ लार्ड्स में निश्चित था। कांग्रेस का प्रतिनिधिमंडल थोड़ा पहले ही उस पर अपने दल के विचारों से वहाँ के सांसदों को अवगत कराने के उद्देश्य से पहुँच गया था।

जिन्ना वहाँ पूरी तैयारी के साथ पहुँचे थे। उन्होंने वहाँ एक होटल में हिन्दुस्तानी प्रतिनिधिमंडल के सम्मान में सांसदों द्वारा दी गई पार्टी में अपनी बात बड़े ही तर्कसंगत और प्रभावशाली ढंग से रखी। आयोजन की अध्यक्षता सर विलियम वेडरबर्न ने की थी। वह दो बार कांग्रेस के अध्यक्ष, बम्बई हाईकोर्ट के जज और बम्बई सरकार के मुख्य सचिव रह चुके थे। वह तरुण तेजस्वी और तार्किक जिन्ना की प्रतिभा से परिचित और प्रभावित थे। अधिकांश सांसदों का दृष्टिकोण हिन्दुस्तान की आशाओं-आकांक्षाओं के प्रति सहानुभूतिपूर्ण था। सर वेडरबर्न ने अपने भावुक और आत्मीय स्वागत भाषण में कहा कि "इंग्लैंड की उत्कट इच्छा आर्य जाति की दो महान शाखाओं के बीच सहानुभूतिपूर्ण और भ्रातृवत हार्दिक सम्बन्ध-निर्माण की है।" पर जिन्ना भावुकता के वेग में बहनेवाले व्यक्ति नहीं थे। वह जानते थे कि कब और कहाँ किस तरह की भाषा इस्तेमाल करनी चाहिए। उनका मानना था कि जिस तरह काउंसिल ऑफ़ इंडिया इस समय इंग्लैंड में गठित थी उससे वहाँ हिन्दुस्तानी मामलों के मन्त्री का निरंकुश होना अचरज की बात नहीं थी। वह हिन्दुस्तान में "राज कर चुके किसी भी मुग़ल से बड़ा मुग़ल था।" चूँकि काउंसिल सहित उसका वेतन और ख़र्च हिन्दुस्तान के बजट से आता था, वह इंग्लैंड की संसद के प्रति उत्तरदायी नहीं था। उसको वहाँ की संसद के प्रति उत्तरदायी बनाने के लिए आवश्यक था कि उसके ख़र्च का प्रावधान इंग्लैंड की संसद द्वारा वहाँ के बजट से किया जाए। काउंसिल में हिन्दुस्तानियों का प्रतिनिधित्व बढ़ाने के लिए उन्होंने उसके पुनर्गठन का सुझाव देते हुए कहा कि उसके सदस्यों की संख्या छः की जगह कम-से-कम नौ कर देनी चाहिए। निर्धारित संख्या के तिहाई सदस्य हिन्दुस्तान के प्रान्तीय और इम्पीरियल काउंसिलों के हिन्दुस्तानी सदस्यों द्वारा चुने जाने चाहिए। दूसरा एक-तिहाई ऐसे निष्पक्ष, वस्तुनिष्ठ और सुयोग्य व्यक्तियों में से मनोनीत होने चाहिए जो हिन्दुस्तान के प्रशासन से सीधे सम्बन्ध न रखते हों। आख़िरी एक-तिहाई सदस्य एंग्लो-इंडियन समाज से लेने का उनका सुझाव था। पहले और तीसरे वर्ग के बीच टकराव और असहमति की स्थिति में बीच का एक-तिहाई वर्ग अपनी निष्पक्षता और वस्तुनिष्ठता से काउंसिल के कार्य-व्यापार को ज़रूरी सन्तुलन प्रदान करेगा, ऐसा उनका मानना था। जिस रूप में काउंसिल के गठन सम्बन्धी विधेयक को वहाँ की संसद के सामने रखा गया था, उसे जिन्ना घोर निराशाजनक मान रहे थे।

हिन्दुस्तानी प्रतिनिधिमंडल के प्रवक्ता के रूप में जिन्ना को ध्यानपूर्वक सुना गया था। इस बीच आयरलैंड में गृहयुद्ध की सी स्थिति पैदा हो गई थी और इंग्लैंड की संसद का ध्यान पूरी तरह उसकी तरफ़ केन्द्रित हो गया था। तीन जून, 1914 को जिन्ना ने 'दि टाइम्स' में लिखा था, "हिन्दुस्तान ब्रिटिश साम्राज्य का अकेला सदस्य था, जो किसी भी प्रकार के प्रतिनिधित्व से वंचित रखा गया था और वह संसार का एकमात्र ऐसा सुसभ्य देश था, जिसके पास अपनी कोई प्रतिनिधि सरकार की व्यवस्था नहीं थी।" बहरहाल, दूसरे वाचन के दौरान ही हाउस ऑफ़ लार्ड्स ने विधेयक को अस्वीकृत कर दिया था। उसकी अस्वीकृति के पीछे कई कारणों में से एक यह भी था कि वह

हिन्दुस्तान की ज़रूरत के अनुरूप नहीं था। अपने लन्दन प्रवास के दौरान जिन्ना ने होटल सेसिल में महात्मा गांधी के सम्मान में आयोजित एक सभा में भी हिस्सा लिया। यह दोनों के एक दूसरे के रूबरू होने का पहला अवसर था। दोनों के बीच अगर कोई विचार-विनिमय हुआ हो तो उसका कोई रिकार्ड नहीं मिलता। प्रतिनिधिमंडल ने वहाँ के राजनेताओं और सांसदों पर अपनी योग्यता और अपने देश के स्वशासन के प्रति अपनी अडिग प्रतिबद्धता की गहरी छाप छोड़ी थी। अब वह इंग्लैंड में भी हिन्दुस्तान के बड़े प्रभावशाली नेताओं में गिने जाने लगे थे।

प्रतिनिधिमंडल के साथ जिन्ना के हिन्दुस्तान लौटने के कुछ माह बाद ही सन् 1914 के प्रारम्भ में पहला विश्व महायुद्ध प्रारम्भ हो गया। इस महायुद्ध के दौरान जिन्ना और गांधी के ब्रिटिश साम्राज्य और हिन्दुस्तान में अंग्रेज़ी सरकार के प्रति दृष्टिकोण पर विशद चर्चा 'गांधी और जिन्ना' अध्याय में की गई है। गांधी को जिन्ना ने निश्चय ही पहली बार अपने लम्दन प्रवास में ही उनके स्वागत-समारोह में देखा था। वह दक्षिण अफ्रीका में गांधी के कामों से अच्छी तरह परिचित थे। गांधी जब अन्तिम रूप से हिन्दुस्तान लौटे तो जनवरी 1915 को बम्बई की गुर्जर सभा द्वारा आयोजित उनके अभिवादन-समारोह की अध्यक्षता जिन्ना ने ही की थी। गांधी ने अपने सम्मान में दिए गए जिन्ना के अध्यक्षीय भाषण के उत्तर में इस बात पर प्रसन्नता व्यक्त की थी कि उनके अपने ही प्रान्त गुजरात का एक मुसलमान भाई न केवल गुजरातियों के इस संगठन से जुड़ा था, बल्कि वह उसके द्वारा आयोजित समारोह की अध्यक्षता भी कर रहा था। गांधी द्वारा जिन्ना को एक मुसलमान के रूप में इंगित किए जाने की बात को जिन्ना के सुप्रसिद्ध जीवनीकार स्टैनली वालपोर्ट ने (जो गांधी और नेहरू के भी जीवनीकार हैं) एक बतंगड़ का रूप देने की कोशिश की है। सविस्तार इस पर चर्चा 'आकलन' और 'जिन्ना और गांधी' शीर्षकों के अन्तर्गत की गई है। हिन्दू-मुस्लिम एकता और राष्ट्रीय एकजुटता के प्रति जिन्ना की अटूट प्रतिबद्धता का एक ज्वलन्त उदाहरण 13 फ़रवरी, 1915 को बम्बई की मुस्लिम छात्र-परिषद् को दिए गए उनके प्रेरक भाषण में मिलता है जिसमें उन्होंने अनुशासन और आत्मनिर्भरता के गुणों पर ज़ोर देते हुए छात्रों का आह्वान किया था कि वह जातिगत और साम्प्रदायिक भेदभाव भूलकर मुसलमानों और देश के दूसरे समुदायों के बीच सद्भावना, सहयोग और सामंजस्य का वातावरण पैदा करने के लिए अपनी पूरी ताक़त लगा दें। इसी बीच 19 फ़रवरी, 1915 को उनके गुरु-मित्र गोखले का देहान्त 49 वर्ष की आयु में हो गया। देश के राजनीतिक परिदृश्य से एकाएक गोखले का तिरोधान एक महान राष्ट्रीय क्षति के साथ जिन्ना के लिए एक बहुत बड़े व्यक्तिगत दुःख का कारण भी था। अब तक अपने अड़तीस वर्ष के जीवन में जिन्ना का इतना गहरा व्यक्तिगत लगाव किसी से भी नहीं रहा। अपने आगे के जीवन में भी जिन्ना न तो फिर कभी इतनी आत्मीयता से किसी के साथ जुड़े और न ही किसी दूसरे के प्रति फिर कभी उनके मन में उसकी योग्यता, बुद्धिमत्ता, राजनीतिक सूझबूझ और धर्मनिरपेक्ष उदार राष्ट्रीय दृष्टि को लेकर इतना गहरा सम्मान भाव पैदा

हुआ। निश्चय ही गोखले उनके पहले और अन्तिम राजनीतिक आदर्श थे। उन्हें श्रद्धांजलि देते हुए जिन्ना ने उन्हें एक महान आधुनिक ऋषि और बुद्धिमत्ता का विराट स्तम्भ अकारण ही नहीं कहा था।

गोखले के असामयिक देहावसान से जागरूक और संवेदनशील हिन्दू और मुसलमान दोनों सन्न थे। राष्ट्रीय शोक की इस घड़ी में एक दूसरे से जुड़कर स्वराज की दिशा में आगे बढ़ने की ज़रूरत दोनों समुदाय बड़ी शिद्दत से महसूस कर रहे थे। नतीज़तन, दिसम्बर, 1915 में जब कांग्रेस का वार्षिक अधिवेशन बम्बई में होना तय हुआ तो जिन्ना की पहल पर मुस्लिम लीग ने भी उसी समय अपने अधिवेशन का आयोजन उसी शहर में निश्चित किया। अधिवेशन के पहले 11 नवम्बर को जिन्ना ने मुस्लिम लीग और मुसलमानों को सम्बोधित करते हुए अपनी अपील में कहा, "क्या हम अपने मतभेद भुलाकर अपने उद्देश्य की प्राप्ति के लिए एक संयुक्त मोर्चा नहीं बना सकते ?...इससे हमारी क़ीमत हमारे हिन्दू दोस्तों की निगाह में बहुत बढ़ जाएगी और पहले से कहीं अधिक वह यह महसूस कर सकेंगे कि हम उनके साथ कन्धे से कन्धा मिलाकर खड़े होने लायक हो गए हैं।" 30 दिसम्बर, 1915 को एक दूसरे से थोड़ी ही दूरी पर आयोजित कांग्रेस और मुस्लिम लीग के बम्बई सम्मेलन की अध्यक्षता क्रमशः बंगाल के बैरिस्टर सत्येन्द्र प्रसाद सिन्हा और बिहार के बैरिस्टर (बाद में मौलाना) मज़हरूल हक़ ने की थी। मौलाना मज़हरूल हक़ गांधीजी से तीन साल बड़े थे। वह लन्दन में बैरिस्टरी की अपनी पढ़ाई लगभग ख़त्म कर चुके थे, जब गांधीजी एक शर्मीले विद्यार्थी के रूप में वहाँ पहुँचे थे। जिन्ना की ही तरह वह कांग्रेस के एक उदार और प्रखर राष्ट्रवादी नेता होने के साथ ही मुस्लिम लीग के भी सम्मानित सदस्य थे। अतः कांग्रेस और लीग को एक दूसरे के क़रीब ले आने के लिए जिन्ना को शायद उनसे अधिक उपयुक्त सहकर्मी नहीं मिल सकता था। इन दोनों के प्रभाव से जब लीग का अधिवेशन 30 दिसम्बर, 1915 को प्रारम्भ हुआ तो उसके साथ एकजुटता दिखाने के लिए श्रीमती एनी बेसेंट और श्रीमती सरोजिनी नायडू के साथ गांधीजी भी विशिष्ट अतिथि के रूप में मंच पर विराजमान थे। लीग का यह अधिवेशन मैरीन लाइंस के पारसी जिमख़ाना के पीछे खुली जगह में आयोजित था। लीग के एक वर्ग को, जिसमें अंग्रेज़-परस्त और सामन्ती पृष्ठभूमि के साथ कट्टरपन्थी प्रकृति के नेता भी शामिल थे, कांग्रेस के साथ उसका इस तरह जुड़ाव नागवार गुज़र रहा था। उनका मानना था कि इस तरह कांग्रेस के साथ सहयोग कर लीग न केवल अपनी स्वायत्तता ही खो देगी, बल्कि वह अपने मूल उद्देश्य से भटक जाएगी। इस आरोप और आशंका का निराकरण करते हुए हक़ साहब ने कहा था कि..."व्यक्ति की तरह समुदाय और संगठन को भी अपने स्वतन्त्र व्यक्तित्व से प्यार होता है। लेकिन अपने अलग-अलग व्यक्तित्व को बरक़रार रखते हुए जब व्यक्ति और समुदाय आपसी समझदारी से अनेकता के बीच एकता विकसित करते हैं तभी चिरस्थायी राष्ट्रीय प्रगति का मार्ग प्रशस्त होता है।" देश की राजनीति में शायद पहली बार अनेकता में एकता के मुहावरे का प्रयोग मज़हरूल

हक़ साहब ने ही किया था। लीग और कांग्रेस के बीच सहयोग को अमली जामा पहनाने के लिए एक समिति के गठन की ज़िम्मेदारी जिन्ना को सौंपी गई थी। अधिवेशन के दूसरे दिन जैसे ही जिन्ना समिति के गठन पर चर्चा के लिए खड़े हुए, संयुक्त प्रान्त के प्रतिनिधि और उर्दू के चालीस वर्षीय शायर मौलाना हसरत मोहानी के नेतृत्व में उर्दूभाषी प्रतिनिधियों ने उनका उग्र विरोध करते हुए नारेबाज़ी शुरू कर दी। बम्बई मुस्लिम लीग के एक बुजुर्ग, असरदार और धनी-मानी अंग्रेज़-परस्त नेता सुलेमान कासिम मिट्ठा के भारी संख्या में जुटे स्थानीय समर्थकों ने भी उनका साथ दिया। दरअसल, सुलेमान कासिम मिट्ठा के समर्थकों में काफ़ी असामाजिक तत्त्व भी पुलिस की मिली-भगत से अधिवेशन के पंडाल में घुस आए थे। अच्छी-ख़ासी संख्या में दाढ़ीधारी पठानों का एक समूह श्रोताओं में से उठकर गुस्से में पश्तो में चिल्लाता हुआ आक्रामक मुद्रा में मंच की ओर बढ़ने लगा। माइक पर ज़बरदस्ती क़ब्ज़ा कर मौलाना हसरत मोहानी बोले, "अगर आप मुसलमान हैं तो आपको मुसलमान जैसा दिखना चाहिए। कुरान शरीफ़ कहता है कि आप मुसलमान जैसा पहनावा पहनें। आप मुसलमानों की ज़बान में बोलें।" जिन्ना और मज़हरूल हक़ की ओर ख़ास तौर से मुखातिब हो उन्होंने कहा, "आप ख़ुद को मुसलमानों का रहनुमा दिखाने की कोशिश करते हैं। पर आप उनके रहनुमा कभी नहीं बन सकते।" यह जिन्ना की पश्चिमी जीवन-शैली और उदार धर्मनिरपेक्ष जीवन-मूल्यों पर पहला सार्वजनिक हमला था। इस तरह के हमले झेलने के लिए जिन्ना आजीवन अभिशप्त रहे। मौलाना हसरत मोहानी ने आगे जोड़ा था कि उर्दू वह अकेली मुसलमानों की ज़ुबान है, जिसमें मुस्लिम लीग की कार्यवाही चलनी चाहिए। इस अफरा-तफरी में महिलाओं को जिन्ना ने स्वयं अपनी देखरेख में सुरक्षित स्थान पर पहुँचाया। अंग्रेज़ पुलिस कमिश्नर को श्रीमती एनी बेसेंट ने दो टूक शब्दों में लताड़ते हुए कहा था कि यह सब उन्हीं की दुरभिसन्धि के कारण हुआ। नतीज़तन, मौलाना मज़हरूल हक़ को अधिवेशन की कार्यवाही स्थगित करने की घोषणा करनी पड़ी। पहली जनवरी, 1916 को लीग के सदस्यों की दोबारा बैठक ताजमहल होटल में हुई। इसमें जिन्ना ने पुलिस कमिश्नर के ग़ैर-ज़िम्मेदाराना व्यवहार की कड़ी निन्दा की। हॉल शर्म-शर्म के नारे से गूँज उठा। जिन्ना ने बैठक में लीग की एक समिति गठित करने का प्रस्ताव रखा, जो दूसरे राजनीतिक दलों, ख़ासकर कांग्रेस से मिलकर एक ऐसी योजना तैयार करे जिसके तहत ये दल एक ही मंच से पूरे हिन्दुस्तान में सुधारों और शासन में हिन्दुस्तानियों की अधिक-से-अधिक भागीदारी के लिए असरदार कोशिश कर सकें। यह प्रस्ताव सर्वसम्मति से हर्ष-ध्वनि के साथ पारित हुआ। अध्यक्ष ने हिन्दुस्तान के मुसलमानों की ओर से जिन्ना को लीग को 'फीनिक्स' की तरह एक नया जीवन प्रदान करने के लिए हार्दिक धन्यवाद दिया।

अप्रैल, 1917 में पंडित मोतीलाल नेहरू की पहल पर कांग्रेस और मुस्लिम लीग दोनों की कार्य-कारिणी की बैठक स्वराज-सन्धि का मसौदा तैयार करने के लिए इलाहाबाद में हुई। सन् 1916 के उत्तरार्द्ध में जिन्ना सेंट्रल लेजिस्लेटिव असेम्बली के

सदस्य पुनः चुन लिये गए। पंडित मोतीलाल नेहरू भी संयुक्त प्रान्त से निर्वाचित हो असेम्बली में जिन्ना के साथ सदस्य बने थे। थोड़े ही समय में दोनों ही एक दूसरे के प्रशंसक बन गए थे। इलाहाबाद की बैठक में मोतीलाल ने जिन्ना का परिचय एक उदार और धर्मनिरपेक्ष नेता के रूप में कराते हुए अन्य मुसलमानों से अलग उनकी शख़्सियत की विशेषता को रेखांकित किया था। इस मसौदे की पुष्टि दोनों दलों द्वारा लखनऊ में साथ आयोजित होनेवाले दोनों दलों के अधिवेशनों में की जानी थी। अक्टूबर, 1916 में अहमदाबाद में आयोजित बम्बई प्रान्तीय सम्मेलन (बॉम्बे प्रॉविन्सियल कॉन्फ्रेंस) के अधिवेशन की जिन्ना ने अध्यक्षता की। इस सम्मेलन में दिया गया जिन्ना का अध्यक्षीय भाषण कई दृष्टियों से महत्त्वपूर्ण था। उनका कहना था कि बम्बई समेत अंग्रेज़ी सरकार के अधीन सभी प्रान्तों का शासन स्वायत्त (ऑटोनोमस) और चुने हुए प्रतिनिधियों के प्रति ज़िम्मेदार होना चाहिए। हिन्दू और मुसलमान दोनों के लिए प्रान्तीय स्तर पर अल्पसंख्यक होने की स्थिति में पर्याप्त और असरदार प्रतिनिधित्व की गारंटी दी जानी चाहिए। स्थानीय निकायों (म्युनिसपैलिटी, डिस्ट्रिक्ट बोर्ड और टाउन एरिया आदि) को कलेक्टर और कमिश्नर के नियन्त्रण से मुक्त होना चाहिए। उनके अध्यक्षों और सदस्यों का सीधा चुनाव होना चाहिए। प्रेस ऐक्ट और आर्म्स ऐक्ट को लागू करने में यूरोपियनों और हिन्दुस्तानियों के बीच भेदभाव ख़त्म होना चाहिए। सभी के लिए प्रारम्भिक शिक्षा निःशुल्क और अनिवार्य होनी चाहिए। सेना में हिन्दुस्तानियों को महज़ सिपाही के रूप में ही नहीं बल्कि रॉयल कमीशन प्राप्त अधिकारियों के रूप में भी लिया जाना चाहिए। डिफेंस ऑफ़ इंडिया ऐक्ट के प्रावधानों को नागरिक अधिकारों का हनन कर सैनिक शासन (मार्शल लॉ) के प्रावधानों की तरह लागू करने से बाज़ आना चाहिए। इस सन्दर्भ में उन्होंने बम्बई प्रान्त में श्रीमती एनी बेसेंट के प्रवेश पर लगाई गई रोक की कड़े शब्दों में भर्त्सना की। जिन्ना ने अपने भाषण का उपसंहार करते हुए हिन्दू-मुस्लिम एकता पर ज़ोर देते हुए कहा कि इन दोनों महान समुदायों के आपसी सद्भाव और सहयोग में देश की असली उन्नति की कुंजी सन्निहित है। मुसलमानों की अलग निर्वाचन की माँग पर उदारतापूर्वक विचार के आग्रह के साथ उन्होंने हिन्दू मित्रों से भावनापूर्ण अपील करते हुए कहा कि इसके लिए उन्हें (हिन्दुओं को) यदि थोड़ा त्याग भी करना पड़े तो उससे वह विमुख न हों। उनके अनुसार आपसी एकता, सहकार और सहयोग के बल पर संवैधानिक और क़ानूनी रास्ते से संघर्ष करते हुए स्वराज की ओर निरन्तर अग्रसर होना अब कठिन नहीं रहा। उन्होंने अपना भाषण समाप्त करते हुए जोड़ा कि हम सही रास्ते पर हैं और हमारी मंज़िल हमारी निगाह की सीधी जद में है। तरुण हिन्दुस्तान के लिए अब सही आदर्श और नारा है 'आगे बढ़ो।' जिन्ना का यह प्रेरणा-स्फूर्त भाषण युवा कानों में देर तक गूँजता रहा।

इम्पीरियल लेजिस्लेटिव काउंसिल के अठारह समान सोचवाले सदस्यों से विचार-विमर्श कर जिन्ना ने अक्टूबर, 1916 में ही वॉयसराय के माध्यम से ब्रिटिश सरकार को लन्दन भेजने के लिए एक ज्ञापन (मेमोरैंडम) तैयार किया, जिसे आगे चलकर 'उन्नीस के ज्ञापन

(मेमोरैंडम)' नाम से जाना गया। इसमें माँग की गई कि केन्द्रीय और प्रान्तीय विधायिकाओं में बहुमत सीधे चुने गए सदस्यों का हो। केन्द्रीय विधायिका की सदस्य-संख्या 150 और प्रान्तीय विधायिकाओं की सदस्य-संख्या जनसंख्या को ध्यान में रखते हुए 60 से 100 के बीच हो। वयस्क मताधिकार का विस्तार किया जाए। विधायिकाओं को पहले की तुलना में अधिक संसदीय स्वतन्त्रता, स्वायत्तता और उत्तरदायित्व प्रदान किए जाएँ। ज्ञापन में हिन्दुस्तानी मामलों के लन्दन स्थित मन्त्री का पद समाप्त कर 2 अवर सचिवों (अंडर सेक्रेटरीज़) की नियुक्ति की माँग भी की गई। अवर सचिवों और उनके कार्यालय का ख़र्च हिन्दुस्तान की जगह अंग्रेज़ सरकार द्वारा वहन करने का सुझाव भी उसमें था। हिन्दू और मुसलमान जिन प्रान्तों में भी अल्पसंख्यक हों, वहाँ उनका पर्याप्त प्रतिनिधित्व सुरक्षित करने के प्रावधान की बात भी उसमें कही गई थी। योरोपियनों और हिन्दुस्तानियों के बीच हथियार रखने के अधिकार के बारे में बरता जा रहा भेदभाव समाप्त करने के साथ हिन्दुस्तानियों को सेना के रॉयल कमीशन की पात्रता प्रदान करने की ज़ोरदार माँगें भी उसमें रखी गई थीं। प्रान्तीय सरकारों और स्थानीय स्वशासी निकायों को अधिक-से-अधिक स्वायत्तता प्रदान करने की आवश्यकता पर भी उसमें ज़ोर दिया गया था। अक्टूबर, 1916 का यह ज्ञापन दिसम्बर, 1916 में लखनऊ कांग्रेस और मुस्लिम लीग के कुछ दिन आगे-पीछे आयोजित अधिवेशनों में विचार-विमर्श का आधार बना।

लखनऊ के क़ैसर बाग़ में दिसम्बर, 1916 के अन्तिम सप्ताह में अम्बिकाचरण मजूमदार की अध्यक्षता में सन् 1907 के विभाजन के बाद पहली बार कांग्रेस के दोनों दलों का संयुक्त अधिवेशन आयोजित हुआ। इसमें लोकमान्य तथा उनके अनुयायियों का कांग्रेस में पुनरागमन पर हार्दिक और भावपूर्ण स्वागत किया गया। बम्बई कांग्रेस के एक वरिष्ठ प्रतिनिधि के रूप में जिन्ना उसमें न केवल उपस्थित थे, बल्कि उसकी कार्यवाहियों में उन्होंने सक्रिय भाग लिया। अधिवेशन में विचार के लिए अपने सुझावों और प्रस्ताव पर नवम्बर, 1916 के बीच वह मजूमदार से पहले ही विस्तारपूर्वक कलकत्ते में बातचीत कर चुके थे। कांग्रेस के अधिवेशन के तीन दिन बाद क़ैसर बाग़ में ही आयोजित मुस्लिम लीग के अधिवेशन में जिन्ना ने 30 दिसम्बर के अपने अध्यक्षीय भाषण में कहा—"मनुष्य के सार्वजनिक कार्य-कलाप में वह सब, जो महान और प्रेरणादायक है, जिसके लिए संसार में किसी भी जगह और किसी युग में मनुष्य जाति के श्रेष्ठतम और बड़े से बड़े पराक्रमियों ने अपना पूरा जीवन लगा दिया, उसे गढ़ा और यातनाएँ झेलीं, आज हिन्दुस्तान के अन्तर को बहुत गहरे उद्वेलित कर रहा है।...पूरा देश नियति के आवाहन पर आँखें खोल रहा है और उत्सुकता भरी आशा से नए क्षितिज की तलाश में है। सच्ची लगन, विश्वास और संकल्प की भावनाएँ हमारी धरती पर हिलोरें ले रही हैं। सभी दिशाओं में नए जीवन का स्पन्दन साफ़ दिखाई दे रहा है। हिन्दुस्तान के मुसलमान अपने और अपनी पिछली परम्परा के प्रति सच्चे साबित नहीं होंगे, अगर इन्होंने इस नई आशा में अपने को पूरी तरह हिस्सेदार नहीं बनाया और देश के उस

आवाहन की ओर ध्यान नहीं दिया, जो हिन्दुस्तान की देशप्रेमी सन्तानों को अन्दर तक आन्दोलित कर रहा है। उनकी निगाह भी अपने हिन्दू देशवासी भाइयों की तरह आज भविष्य पर गड़ी हुई है।''...

''लेकिन ऑल इंडिया मुस्लिम लीग के हज़रात आपकी पूरी क़ौम और पूरे मुल्क की निगाह इस वक़्त आप पर टिकी हैं। जो फ़ैसला इस ऐतिहासिक हाल और लीग के इस ऐतिहासिक सेशन में आप करेंगे, वह पूरे वज़न और ताक़त से आगे जाएगा। उसे क़ानूनन ऐसे फ़ैसले के तौर पर लिया जाएगा, जिस पर सात करोड़ हिन्दुस्तानी मुसलमानों के चुनिन्दा नेताओं और नुमाइन्दों का दावा रहेगा। इस फ़ैसले की फ़ितरत पर हिन्दुस्तान के भविष्य, हिन्दुस्तान की एकता, हमारे मुश्तरका आदर्शों और हमारी संवैधानिक आज़ादी की आकांक्षाओं की बुनियाद होगी।''

जिन्ना ने अपने भाषण में ब्रिटिश नौकरशाही के ''उन ओछे-दोगले और हताशा-भरे फिकरों'' की ओर इशारा किया, जो अक्सर हिन्दुस्तानी देश-प्रेमियों के मुँह पर उछाल दिए जाते हैं। उन्होंने अंग्रेज़ों की उन घिसी-पिटी बातों का मखौल उड़ाते हुए ज़िक्र किया, जिन्हें अक्सर दुहराया जाता है। जैसे कि हिन्दुस्तानी अपने ऊपर ख़ुद राज करने लायक़ नहीं हैं और लोकतान्त्रिक संस्थाएँ पूरब के वातावरण में फल-फूल नहीं सकतीं। जिन्ना ने अपने अध्यक्षीय भाषण में इस तरह की बातों को बेबुनियाद और बेवक़ूफ़ी-भरी बताते हुए उसे जड़ से ख़ारिज कर दिया। ''देश-प्रेम और राष्ट्रीय आत्मचेतना की जीवन्त-तेजस्वी भावना, अब तक दबी युवाजन की जनहित के लिए उमड़ती गहरी संवेदना और ऊर्जस्विता, जो हिन्दुस्तान की फड़कती रगों में एक नया स्पन्दन पैदा कर रही थी,'' का ओजस्वी वाणी में स्वागत करते हुए उन्होंने आगे कहा कि ''इस नई चेतना का सबसे महत्त्वपूर्ण और आशाप्रद पहलू यह था कि इस सर्वथा नवजात आन्दोलन से उभरी भावना देश को राष्ट्रीय एकता की दिशा में ले जा रही थी, जो हिन्दुओं और मुसलमानों के बीच एकजुटता, भाईचारा, सार्वजनिक हित के लिए अपूर्व समर्पण और सेवा के भाव जगा रही थी।''

मुस्लिम लीग और कांग्रेस के प्रतिनिधियों का एक दो दिवसीय सम्मेलन कलकत्ता में, नवम्बर, 1916 में लखनऊ-अधिवेशन के पहले हो चुका था, जिसमें एक राय से यह आम सहमति विस्तृत विचार-विमर्श के बाद बनी थी कि दोनों दल एकजुट होकर हिन्दुस्तान में जनप्रतिनिधित्व करनेवाली सरकार स्थापित करने के लिए संयुक्त माँग पूरी ताक़त लगाकर करें और इस उद्देश्य की प्राप्ति के लिए सभी मुमकिन कारगर क़दम आपसी तालमेल के साथ उठाए जाएँ। कांग्रेस अध्यक्ष अम्बिकाचरण मजूमदार ने अपने अध्यक्षीय भाषण में हिन्दुओं और मुसलमानों की इस आम सहमति का उत्साहपूर्ण ढंग से सन्दर्भ दिया था। लोकमान्य तिलक ने अधिवेशन के दौरान कहा था कि हिन्दुस्तान में प्रतिनिधि सरकार की स्थापना के समान उद्देश्य की प्राप्ति के लिए वह किसी के साथ भी सहयोग के लिए तैयार हैं। यहाँ तक कि अंग्रेज़ नौकरशाही से हाथ मिलाने में भी वह कभी पीछे नहीं रहेंगे, यदि वह देश में स्वराज और राष्ट्रहित के लिए कोई

सार्थक योजना तैयार करती है। कांग्रेस और मुस्लिम लीग के लखनऊ अधिवेशन के दौरान जो सहमति बनी थी, उसे लखनऊ समझौते के नाम से जाना जाता है। इस समझौते का सबसे महत्त्वपूर्ण और दूरगामी परिणामवाला पहलू था प्रान्तीय और केन्द्रीय विधायिकाओं में मुसलमानों के पर्याप्त प्रतिनिधित्व पर सहमति, जिससे आम मुसलमानों की 'हिन्दू राज' में अपनी धार्मिक, सामाजिक और सांस्कृतिक पहचान खोने की आशंका निर्मूल की जा सके। लखनऊ समझौते के तहत केन्द्र और बम्बई प्रान्त में एक-तिहाई तथा पंजाब, बंगाल, संयुक्त प्रान्त (अविभाजित उत्तर प्रदेश), बिहार, उड़ीसा, मध्य भारत और मद्रास प्रान्तों में क्रमशः 50, 40, 30, 25, और 15 प्रतिशत स्थान मुसलमानों के लिए सुरक्षित रखने की बात पर सहमति दर्ज की गई थी।

बीसवीं सदी के दूसरे दशक के दौरान जिन्ना का कांग्रेस में महत्त्व और वर्चस्व निर्विवाद था। उनके धर्मनिरपेक्ष और राष्ट्रीय दृष्टिकोण के सम्बन्ध में किसी भी शंका की गुंजाइश नहीं थी। इसीलिए वह कांग्रेस के अपने ग़ैर-मुसलमान, ख़ासतौर से हिन्दू सहयोगियों को विश्वास दिलाने में कामयाब रहे, कि मुसलमानों की चिन्ता और डर दूर करने के लिए यह ज़रूरी था कि उन्हें आश्वस्त कर दिया जाए कि उनकी जनसंख्या के अनुपात से कहीं अधिक उनके लिए केन्द्रीय और प्रान्तीय विधायिकाओं में सुरक्षित सीटों का प्रावधान कर दिया गया था। मुस्लिम लीग के लखनऊ अधिवेशन में दिए गए उनके भाषण में राष्ट्रीयता और हिन्दू-मुस्लिम एकता की जो भावनापूर्ण अपील स्वराज की दिशा में बढ़ने के लिए की गई थी, वह कई दृष्टियों से अनूठी थी। पहली बार मुस्लिम लीग के मंच से इस तरह के गहरे देशप्रेम से ओत-प्रोत भावपूर्ण भाषण लोगों ने सुने थे। आगे जिन्ना ने फिर कभी ऐसा भाषण स्वयं भी नहीं दिया। आगे जब मुस्लिम लीग द्वारा अलगाववादी राजनैतिक रास्ता अख़्तियार किया गया तो जिन्ना के भाषण का ऊपर उद्धृत अंश उसके गले की हड्डी बन गया। नतीजतन जब बाद में मुस्लिम लीग की राजनीतिक रणनीति के तहत आवश्यक दस्तावेज़ और पैम्फ़लेट तैयार किए जाने लगे, तो जिन्ना के लखनऊ भाषण का उक्त अंश हटा दिया गया। पर आज भी जिन्ना की धर्मनिरपेक्ष और व्यापक राष्ट्रीय सोच के साक्ष्य के रूप में वह भाषण जस का तस कई पुस्तकों में सुरक्षित है।

जिन्ना अपने समय के उन बहुत थोड़े से दूरदर्शी नेताओं में से थे, जो एक बार उद्देश्य निश्चित हो जाने पर उसकी प्राप्ति के लिए तन-मन-धन से योजनाबद्ध रूप से जुट जाते थे। लखनऊ समझौते के आधार पर संविधान का विशद प्रारूप उन्होंने तैयार कर लिया था, जिसे देश के चुने हुए संविधान विशारदों द्वारा ड्राफ़्ट कर मुस्लिम लीग और कांग्रेस द्वारा स्वीकृत कराकर, इंग्लैंड की संसद के सामने प्रस्तुत करने की उनकी योजना थी। इसके लिए इंग्लैंड की युद्धजन्य संकट की घड़ी में वह उसकी सहायता के लिए सद्भावना और सहयोग के ईमानदार संकेत के रूप में अधिक-से-अधिक आर्थिक संसाधन जुटाने के लिए अपील करने से भी नहीं चूके। जिन्ना द्वारा वॉयसराय से की गई अपील और अमेरिका के राष्ट्रपति विल्सन को प्रतिष्ठित थियोसॉफ़िस्ट तथा मद्रास

हाईकोर्ट के भूतपूर्व मुख्य न्यायाधीश डॉ. सुब्रमण्यम अय्यर द्वारा लिखे पत्र के फलस्वरूप राजद्रोह के अभियोग में 16 जून, 1917 को नज़रबन्द श्रीमती एनी बेसेंट को 17 सितम्बर, 1917 को रिहा कर दिया गया था। जिस निष्ठा और प्रतिबद्धता से श्रीमती बेसेंट ने हिन्दुस्तान को स्वशासन का पूरा अधिकार दिए जाने के लिए अपनी ज़ोरदार आवाज़ विभिन्न मंचों से देश-विदेश में उठाई थी, उससे पूरा देश अभिभूत था। मई 1916 में बेलगाम और अहमद नगर में स्वराज और 'होमरूल' के पक्ष में दिए ओजस्वी मराठी भाषण के कारण राजद्रोह के अभियोग में लोकमान्य तिलक को भी गिरफ़्तार कर लिया गया था। उनके वकील के रूप में जिन्ना ने बॉम्बे हाईकोर्ट में अपील कर उनकी गिरफ़्तारी का आदेश निरस्त करा दिया था। लोकमान्य तिलक और श्रीमती बेसेंट की रिहाई में जिन्ना के प्रयास ख़ासतौर से रेखांकित हुए थे। नतीजतन, इन दोनों की रिहाई पर देश के प्रबुद्ध वर्ग ने जिन्ना के प्रति विशेष कृतज्ञता का अनुभव किया था।

सन् 1916 से सन् 1918 तक के तीन साल जिन्ना के अब तक के सार्वजनिक और राजनीतिक जीवन की अभूतपूर्व उपलब्धियों के लिए ख़ासतौर से जाने जाते हैं। एक राष्ट्रीय नेता के रूप में उनकी प्रतिष्ठा इस दौरान आकाश चूम रही थी। 16 जून को श्रीमती बेसेंट के नज़रबन्द किए जाने के दूसरे ही दिन 17 जून सन् 1917 को जिन्ना ने न केवल (सन् 1916 में श्रीमती एनी बेसेंट द्वारा स्थापित) होमरूल लीग की सदस्यता ग्रहण कर ली थी, बल्कि वह उसकी बम्बई शाखा के अध्यक्ष भी बन गए थे। होमरूल लीग का नाम श्रीमती बेसेंट ने (जो स्वयं एक आयरिश थीं) आयरलैंड के एक उग्रवादी स्वतन्त्रता सेनानी पार्नेल द्वारा स्थापित हिंसक 'होमरूल मूवमेंट' नामक संगठन के आधार पर रखा था। इस पृष्ठभूमि से कांग्रेस के नरम दलीय नेता भली-भाँति परिचित थे। अतः उनके कान खड़े हो गए थे। नरम दलीय नेताओं में से अकेले 95 वर्षीय दादाभाई नौरोज़ी ने न केवल इस नए दल की स्थापना का स्वागत किया, बल्कि उन्होंने उसकी अध्यक्षता के लिए भी स्वीकृति दे दी। श्रीमती बेसेंट को कांग्रेस के नरमदलीय नेता एक 'अधीर आदर्शवादी' कहते थे। इस पृष्ठभूमि में दादाभाई द्वारा होमरूल लीग के अध्यक्ष-पद की स्वीकृति और भी उल्लेखनीय है। दिसम्बर सन् 1906 में कलकत्ता के कांग्रेस अधिवेशन में दादाभाई के सचिव रहे जिन्ना ने इसीलिए उनके देहान्त के तुरन्त बाद श्रीमती एनी बेसेंट के नज़रबंद होते ही इस नवोदित दल की अध्यक्षता का भार स्वयं सहर्ष स्वीकार कर लिया था। अब जिन्ना देश के तीन महत्त्वपूर्ण राजनीतिक दलों (कांग्रेस, मुस्लिम लीग और होमरूल लीग) के शीर्षस्थ नेताओं में से थे। यह उनकी अनूठी उपलब्धि थी। दुर्भाग्यवश मुस्लिम लीग और कांग्रेस की सहमति से तैयार की गई लखनऊ-समझौते की योजना कभी कार्यान्वित नहीं हो पाई। दोनों दलों में ऐसे लोगों की संख्या कम नहीं थी, जो धर्म और सम्प्रदाय के निहायत सीमित दायरे और संकुचित हितों की भावना से मुक्त नहीं हो पाए थे। कुछ प्रभावशाली, किन्तु संकुचित साम्प्रदायिक मनोवृत्ति के ये नेता ही इसमें आड़े आए। लखनऊ-समझौते का अमल में न आ पाना बीसवीं सदी के हिन्दुस्तान के त्रासद इतिहास का पहला प्रस्थान बिन्दु था।

इसी कालखंड में, चालीस वर्षीय प्रौढ़ जिन्ना पहली और अन्तिम बार प्रेम-विद्ध हुए थे। बम्बई के मालाबार हिल के उनके अपने बँगले से कुछ ही दूरी पर शहर के प्रसिद्ध पारसी रईस सर दिनशा पेटिट अपनी पत्नी लेडी दीनाबाई, किशोरी बेटी रतनबाई और बेटे जमशेद के साथ रहते थे। जिन्ना अक्सर समय-मिलने पर उनसे मिलने और फ़ुर्सत के पल वहाँ बिताने जाते थे। सर दिनशा पेटिट के बँगले पूना और दार्जिलिंग में भी थे। कई बार पेटिट परिवार के साथ छुट्टियाँ बिताने जिन्ना पूना और दार्जिलिंग भी जाते थे। 20 फ़रवरी, 1900 को जन्मी रतनबाई को उन्होंने एक बच्ची से धीरे-धीरे चपल-चंचल किशोरी के रूप में विकसित होते हुए देखा था। बम्बई की राजनीतिक सरगर्मियों की चर्चा अक्सर जिन्ना की उपस्थिति में पेटिट परिवार में होती रहती थी। दादाभाई नौरोज़ी, सर फ़िरोज़शाह मेहता, गोखले, तिलक और सरोजिनी नायडू जैसे राजनीतिक गतिविधियों के केन्द्रबिन्दु व्यक्तियों के साथ जिन्ना का नाम भी अक्सर चर्चा में रहता था। जैसे-जैसे जिन्ना की प्रतिष्ठा बढ़ती गई, किशोरी रतनबाई जिसे प्यार से रत्ती कहते थे, उनकी ओर कुछ अधिक ध्यान देने लगी। जिन्ना की सुरुचिपूर्ण पश्चिमी वेषभूषा, उनका शिष्टाचार, उनकी बातचीत की शैली, उनकी राजनीतिक बहसें, सभाओं में दिए गए उनके प्रभावशाली तर्कसंगत अंग्रेज़ी भाषण और वकालत के पेशे में बढ़ती दिन-दूनी रात-चौगुनी उनकी प्रतिष्ठा रत्ती के लिए उन्हें विशिष्ट बनाती थी। धीरे-धीरे उनमें परस्पर आकर्षण का भाव पैदा होने लगा। दार्जिलिंग में साथ बिताई छुट्टियों के दौरान चालीस वर्षीय जिन्ना और सत्रह वर्षीया रत्ती के पारस्परिक आकर्षण की कोमल बेल उद्दाम प्रेम में पल्लवित हो उठी। दार्जिलिंग से लौटकर जिन्ना ने जब सर दिनशा से रत्ती का हाथ माँगा तो उनके आश्चर्य और क्रोध का ठिकाना नहीं रहा। रत्ती इस समय नाबालिग थीं। अतः कोर्ट के आदेश से जिन्ना के उससे मिलने पर रोक लगा दी गई। पार्वती-सी दृढ़ संकल्प वाली रत्ती जिस दिन अठारह साल की हुईं, उसी दिन अपने पिता का घर छोड़कर जिन्ना के पास चली गईं। 18 अप्रैल, 1918 को उन्हें इस्लाम धर्म में दीक्षित कर उनका नाम मरियम बेगम कर दिया गया था। 19 अप्रैल, 1918 को जिन्ना के साथ रत्ती का निकाह हुआ। निकाहनामे में उनका नाम यद्यपि मरियम बेगम दर्ज है, किन्तु आजीवन वह रत्ती या रतनबाई के नाम से ही जानी गईं। उनके मज़ार पर भी रतनबाई नाम ही दर्ज है। श्रीमती सरोजिनी नायडू ने उन्हें बम्बई का सबसे मोहक पुष्प कहा था।

छरहरी देहयष्टि की चम्पकवर्णी रत्ती का लालन-पालन पूरे पश्चिमी ढंग से हुआ था। हँसमुख, वाक्चतुर, बुद्धिमती और अनिन्द्य सुन्दरी रत्ती राष्ट्रीयता की भावना से ओतप्रोत, धर्मनिरपेक्ष दृष्टिसम्पन्न, दयालु-हृदय और किसी भी प्रकार के भेदभाव से मुक्त गरिमामयी युवती थीं। पश्चिमी वेशभूषा और क़ीमती रत्नजटित आभूषण उनकी पाश्चात्य अभिजात जीवन-शैली के अपरिहार्य अंग थे। वह उन्मुक्त विचारों की महिला थीं। क़ीमती सिगरेट, रत्नजटित हाथीदाँत के होल्डर में लगाकर पीना उनका विशेष शौक था। पशुओं, ख़ासतौर से बिल्ली और कुत्ते से उन्हें बहुत लगाव था। लावारिस जानवरों

की देखरेख के लिए उन्होंने एक संस्था का गठन भी किया था। देह-व्यवसाय से जुड़ी स्त्रियों और उनके बच्चों के पुनर्वास में भी उनकी रुचि थी। रत्ती ने 14-15 अगस्त, 1919 की अर्धरात्रि को लन्दन में अपनी एकमात्र सन्तान दीना को जन्म दिया था। आगे चलकर जिन्ना के प्रबल प्रतिरोध के बावजूद दीना ने पारसी उद्योगपति नेविल वाडिया से शादी कर ली थी। प्रसिद्ध उद्योगपति और बॉम्बे डाइंग समूह के अध्यक्ष नुसली वाडिया उनके पुत्र हैं। राजनीति और वकालत के पेशे की व्यस्तता के बीच जिन्ना रत्ती की ओर उतना ध्यान नहीं दे पाते थे, जितने की वह अपने को हक़दार समझती थीं। अतः वह आहिस्ता-आहिस्ता अपने को उपेक्षित समझते हुए अवसादग्रस्त रहने लगीं। रत्ती का मालाबार हिल वाले जिन्ना के बँगले में प्रवेश, कहीं न कहीं अब तक वहाँ एकछत्र राज करनेवाली फ़ातिमा को खटकता रहता था। उनका व्यवहार रत्ती के प्रति आत्मीय नहीं था। उनकी प्रतिकूलता ने भी रत्ती के अवसाद को बढ़ाने में योगदान दिया। इन स्थितियों के दबाव में वह पराविद्या और तन्त्र-विज्ञान की ओर उन्मुख होती गईं। वह प्रेतात्माओं से सम्पर्क में रुचि लेने लगीं। उनके स्नेह के केन्द्र में अब उनकी बेटी और बिल्लियाँ थीं, जिन्हें वह बच्चों-सा ही प्यार करती थीं। परस्पर सम्बन्धों में लगातार आती गिरावट के दौरान एक स्थिति ऐसी आई, जब वह जिन्ना से अलग ताजमहल होटल में कमरा लेकर रहने लगीं। धीरे-धीरे उनका स्वास्थ्य गम्भीर रूप से गिरने लगा। लन्दन और पेरिस के नर्सिंग होम में उनकी चिकित्सा हुई। पर कुछ ख़ास लाभ नहीं हुआ। 20 फ़रवरी, 1929 को अपने उन्तीसवें जन्मदिन पर उन्होंने इस संसार से विदा ली। जिन्ना उनके देहान्त के समय दिल्ली में थे। उनके अन्तिम संस्कार के समय उनकी क़ब्र पर जिन्ना फूट-फूटकर बच्चों की तरह बिलखे थे। रत्ती जिन्ना पर और विस्तार से चर्चा उन पर लिखे स्वतन्त्र अध्याय में अलग से की जा रही है।

प्रथम विश्व महायुद्ध के दौरान अंग्रेज़ सरकार के युद्ध विषयक प्रयासों में सहयोग के प्रश्न पर जिन्ना के दृष्टिकोण पर थोड़ा विस्तारपूर्वक चर्चा 'गांधी और जिन्ना' तथा 'आकलन' शीर्षक अध्यायों में की गई है। पर यहाँ एक ख़ास घटना का ज़िक्र जिन्ना के उस समय के तेजस्वी राष्ट्रवादी रूप को रेखांकित करने में सहायक सिद्ध होगा। 24 अप्रैल, 1918 को रत्ती से विवाह के पाँच दिन बाद वॉयसराय लॉर्ड चेम्सफ़ोर्ड द्वारा जारी की गई युद्ध में सहायता की अपील के जवाब में कांग्रेस और होमरूल लीग के नेताओं ने, जिनमें जिन्ना भी शामिल थे, 'बॉम्बे क्रानिकल' में एक संयुक्त बयान जारी किया था। बयान में कहा गया था कि आयरलैंड की तरह हिन्दुस्तान को भी अंग्रेज़ सरकार की ओर से आश्वासन मिलना चाहिए कि अंग्रेज़ी साम्राज्य के अन्तर्गत स्वशासन के लिए उसकी एक अर्से से चली आ रही माँगों का सम्मान किया जाएगा। स्वतन्त्रता के झंडे के नीचे इंग्लैंड के साथ कन्धे से कन्धा मिलाकर ऐसी स्थिति में हिन्दुस्तान के सभी स्त्री-पुरुष तब कठिन से कठिन लड़ाई और बलिदान के लिए कुछ भी बाक़ी नहीं छोड़ेंगे। लॉर्ड चेम्सफ़ोर्ड को यह बयान रास नहीं आया था। इस पृष्ठभूमि में 1918 के बजट पर बहस के दौरान केन्द्रीय लेजिस्लेटिव असेम्बली में जिन्ना ने सेना में भर्ती के अभियान

को समर्थन देने के पहले शर्त रखी कि हिन्दुस्तानियों को सेना में अंग्रेज़ों और यूरोपियनों के साथ बराबरी का दर्जा दिया जाए। जिन्ना ने ख़ासतौर से इस बात पर ज़ोर दिया कि योग्य हिन्दुस्तानियों को अंग्रेज़ों और यूरोपियनों की तरह रॉयल कमीशन प्रदान कर उन्हें कमीशन प्राप्त अधिकारी के रूप में भी लिया जाए। जिन्ना द्वारा कही गई ये बात लॉर्ड चेम्सफ़ोर्ड को निहायत नागवार गुज़री थी। उन्होंने अपनी नाराज़गी का इज़हार करते हुए जिन्ना को झिड़कते हुए कहा था कि यह तो सौदेबाज़ी हुई। आहत और उत्तेजित जिन्ना ने इसका मुँहतोड़ जवाब देते हुए कहा था कि "ख़ुद अपने देश में आत्मसम्मान के लिए राजा के बराबर दर्जे की प्रजा के रूप में समानता के रास्ते की बाधा दूर करने की अपनी सरकार से माँग क्या सौदेबाज़ी है ? माई लॉर्ड, क्या यह कहना सौदेबाज़ी है कि हमें अपने देश में अंग्रेज़ और यूरोपीय प्रजा के बराबर माना जाए ?" वॉयसराय को जिन्ना ने अपनी आहत वाणी से निरुत्तर कर दिया था। उनका यह प्रयास निरर्थक नहीं गया था। फ़रवरी, 1925 के सेना के हिन्दुस्तानीकरण के लिए अंग्रेज़ी सरकार ने एक विशेष समिति का गठन किया। जिन्ना को भी उस समिति का सदस्य नियुक्त किया गया। यूरोप और इंग्लैंड के प्रतिष्ठित सैन्य प्रशिक्षण संस्थानों का दौरा कर समिति ने जो रिपोर्ट दी, उसमें जिन्ना का महत्त्वपूर्ण योगदान था। समिति की संस्तुतियों पर अमल करते हुए इंग्लैंड के नामी सैन्य प्रशिक्षण संस्थान सैंड्हर्स्ट की तर्ज पर देहरादून में इंडियन मिलिटरी अकेडमी की स्थापना की गई। अंग्रेज़ी शासन के दौरान सेना के उच्च पदों पर हिन्दुस्तानियों की भर्ती का जिन्ना का स्वप्न इस तरह साकार हुआ। सेना के हिन्दुस्तानीकरण में उनका योगदान लगभग भुला दिया गया है।

प्रथम विश्व महायुद्ध में सहयोग के लिए वॉयसराय द्वारा दिल्ली में आयोजित सम्मेलन में गांधी तथा अन्य नेताओं के साथ भाग लेकर जिन्ना बम्बई पहुँचे। यहाँ बम्बई के तत्कालीन गवर्नर लॉर्ड वेलिंग्टन द्वारा इसी विषय पर आयोजित प्रान्तीय सम्मेलन का निमन्त्रण उनकी प्रतीक्षा कर रहा था। दिल्ली सम्मेलन की कटुता का स्वाद अभी उनके मुँह में हल्का भी नहीं पड़ा था कि वेलिंग्टन के भाषण ने उसे और गहरा कर दिया। सम्मेलन में शामिल कुछ महत्त्वपूर्ण सज्जनों की राजनीतिक गतिविधियों, ख़ासतौर से होमरूल लीग के सक्रिय सदस्यों की नीयत और ईमानदारी पर, उन्होंने युद्ध में सहयोग के प्रयासों में सन्देह व्यक्त किया था। यक़ीनन यह इशारा जिन्ना और उनके ख़ास सहयोगियों की तरफ़ था। अपनी बेलौस साफ़गोई और ईमानदारी के लिए जिन्ना की शोहरत देश की सीमा पार कर गई थी। इंग्लैंड और यूरोप के जानकार हलकों में भी इसके लिए उन्हें आदर की निगाह से देखा जाता था। अतः वेलिंग्टन द्वारा अपनी नीयत और ईमानदारी पर शक के साफ़ इशारे से उनका तिलमिला उठना स्वाभाविक था। उन्होंने सेंट्रल लेजिस्लेटिव काउंसिल और दिल्ली सम्मेलन में कही गई अपनी बात को और पैने ढंग से बम्बई सम्मेलन में दोहराया। तर्क-वितर्क की कटुता के साथ यह सम्मेलन ख़त्म हुआ। अपने राष्ट्रीय स्वाभिमान और व्यक्तिगत निष्ठा पर आघात को जिन्ना और उनके संवेदनशील सहयोगी पचा नहीं पा रहे थे। इसका दंश उन्हें महीनों

सालता रहा। छः माह बाद लॉर्ड वेलिंग्टन का बम्बई के गवर्नर के रूप में कार्यकाल समाप्त हुआ। इस अवसर पर 11 दिसम्बर, 1918 को टाउन हॉल में एक विशाल विदाई-समारोह आयोजित हुआ। जिन्ना और उनके सहयोगियों ने इस आयोजन को विफल करने के लिए कमर कस ली थी। समारोह के रंग में भंग डालने के लिए रत्ती और अपने सहयोगियों तथा प्रशंसकों के साथ वह टाउन हॉल की सीढ़ियों पर रात में ही जाकर बैठ गए। दस बजे जैसे ही टाउन हॉल का दरवाज़ा खुला उन्होंने उसके आगे की कुर्सियों पर क़ब्ज़ा कर लिया। समारोह के अध्यक्ष सर जमशेदजी जिज्जी भाई ने सभा की कार्यवाही शुरू होते ही जैसे ही वेलिंग्टन के सम्मान में अभिनन्दन पत्र पढ़ना शुरू किया, आगे की कुर्सियों से एकसाथ 'शर्म ! शर्म !' और 'नहीं-नहीं' के ज़ोरदार नारे गूँजने लगे। सभागार में घंटों अराजकता और शोरगुल का वातावरण व्याप्त रहा। यह विरोध-प्रदर्शन इतना प्रबल और सुनियोजित था कि बड़ी मुश्किल से शाम के पाँच बजे पुलिस जिन्ना और उनके समर्थकों से सभागार ख़ाली कराने में कामयाब हो सकी। संवैधानिक मार्ग से देश के लिए स्वराज-प्राप्ति के प्रबल पक्षधर शान्त, संयत और शालीन जिन्ना ने अपने जीवन में पहली और अन्तिम बार ऐसे स्वतःस्फूर्त आक्रामक जनप्रतिरोध का सीधा नेतृत्व किया था। इस घटना के बाद पलक झपकते वह जनता के लाड़ले हीरो बन गए थे। हॉल के बाहर कड़े पुलिस बन्दोबस्त के बावजूद उतावली उत्तेजित भीड़ नारे लगाते हुए उनका और उनके साथियों का इन्तज़ार कर रही थी। साथियों सहित उनके हॉल से बाहर निकलते ही भीड़ उनके पीछे-पीछे चल पड़ी। नज़दीक ही अपोलो स्ट्रीट के दोनों ओर इकट्ठे जनसमूह को सम्बोधित करते हुए उन्होंने कहा कि "11 दिसम्बर, 1918 का दिन बम्बई के इतिहास का सुनहरे अक्षरों में लिखे जानेवाला दिन है। यह वह दिन है, जब नौकरशाही और निरंकुश शासन की मिली-जुली ताक़त भी आपको डरा नहीं सकी। बम्बई के नागरिकों ने आज के दिन प्रजातन्त्र की बहुत बड़ी विजय दर्ज की है। आप जाएँ और प्रजातन्त्र की इस विजय पर जी भरकर ख़ुशियाँ मनाएँ।"

उसी दिन रात में मशालों और गैस की रोशनी में शान्ताराम चाल में एक विशाल प्रदर्शन का आयोजन हुआ, जो बाद में एक सभा में बदल गया। देखते-देखते उत्साहित जनता ने वहीं 35 हज़ार रुपए इकट्ठे कर लिए। उसमें अधिकांश एक रुपए के सिक्के थे। महीने-भर के भीतर एक-एक रुपए कर 65 हज़ार रुपए एकत्रित हो गए। कांग्रेस, होमरूल लीग और मुस्लिम लीग से सक्रिय रूप से जुड़े एक समृद्ध मुसलमान नेता थे उमर सोभानी। उन्होंने भी 11 दिसम्बर, 1918 के उस प्रतिरोध में बढ़-चढ़कर हिस्सा लिया था। बम्बई कांग्रेस की कार्यकारिणी में उन्होंने इस ऐतिहासिक घटना की स्मृति को चिरस्थायी बनाए रखने के लिए एकत्रित राशि को पीपुल्स जिन्ना मेमोरियल हॉल के निर्माण में ख़र्च करने का प्रस्ताव रखा। उनका यह प्रस्ताव हर्ष-ध्वनि के साथ सर्वसम्मति से पारित हुआ। कांग्रेस कार्यालय के प्रांगण में निर्मित उस हॉल का उद्घाटन करने के लिए श्रीमती एनी बेसेंट मद्रास से बम्बई पधारीं। स्मारक की दीवार पर लगे

संगमरमर के शिलालेख में मोहम्मद अली जिन्ना के शौर्यपूर्ण और तेजस्वी नेतृत्व में बम्बई के नागरिकों की ऐतिहासिक विजय दर्ज है। यह स्मारक आज भी जिन्ना के उस साहसिक स्वतःस्फूर्त जन-प्रतिरोध की गौरव गाथा कह रहा है। यहाँ यह जानकारी दिलचस्प होगी कि सन् 1935-36 में इसी हॉल में बारह वर्षीय बालक कुमार गन्धर्व ने बम्बई में सर्वप्रथम अपने गायन के तीन कार्यक्रमों से यहाँ के संगीत-प्रेमियों को मन्त्र-मुग्ध किया था। एक लम्बे अर्से तक पीपुल्स जिन्ना हॉल बम्बई की संस्कृति और कला की गतिविधियों से लगातार स्पन्दित रहा।

3

रौलट-रिपोर्ट से ख़िलाफ़त–असहयोग आन्दोलन तक

सन् 1919 से सन् 1921 तक

नवम्बर, 1918 में प्रथम विश्वयुद्ध की समाप्ति के साथ हिन्दुस्तान में राजनीतिक घटनाचक्र तेज़ी से घूमने लगा। जिन्ना के जीवन में सन् 1919 से मोहभंग का एक लम्बा दौर शुरू होता है। सन् 1919 और सन् 1921 के बीच उन्होंने इम्पीरियल लेजिस्लेटिव काउंसिल, होमरूल लीग और कांग्रेस से इसी मोहभंग की प्रक्रिया में एक-एक कर त्यागपत्र दे दिया था। सवैधानिक मार्ग से ब्रिटेन के राजमुकुट के अधीन स्वराज प्राप्ति के पक्षधर नरमदलीय (मॉडरेट) कांग्रेस नेता नेपथ्य में जा चुके थे। गरमदलीय नेता, जिन्हें अतिवादी की जगह राष्ट्रवादी कहा जाने लगा था, अब कांग्रेस के मंच पर छा चुके थे। दादाभाई नौरोज़ी, सर फ़िरोज़शाह मेहता, बदरूद्दीन तैयबजी और गोपाल कृष्ण गोखले जैसे नरमदलीय नेताओं की विचार-सरणि से सहमत जिन्ना इस नए वातावरण में .ख़ुद को राजनीति की बदली हुई मुख्यधारा से अलग और कटा-कटा अनुभव करने लगे थे। सन् 1920 में लोकमान्य तिलक के देहान्त के बाद गांधी के नेतृत्व में कांग्रेस के राजनीतिक तेवर और मुहावरों में अभूतपूर्व गुणात्मक बदलाव लगातार बड़ी तेज़ी से आता जा रहा था।

हिन्दुस्तान में राजनीतिक सुधार और शासन में यहाँ के लोगों को सीमित भागीदारी देने के लिए इंग्लैंड में हिन्दुस्तानी मामलों के मन्त्री लॉर्ड एडविन सैमुएल, मान्टैग्यू और यहाँ के वॉयसराय लॉर्ड चेम्सफ़ोर्ड की संयुक्त रिपोर्ट 8 जुलाई, 1918 को प्रकाशित हुई। जिन्ना और मान्टैग्यू एक दूसरे से पहले से ही परिचित थे। हिन्दुस्तानी मामलों के लन्दन स्थित विभाग में मान्टैग्यू सन् 1910 से 1914 तक अवर सचिव (अंडर सेक्रटरी) रह चुके थे। सन् 1911 और सन् 1917 में वह 2 बार हिन्दुस्तान, यहाँ की राजनीतिक स्थिति का सीधा अध्ययन करने के लिए आ चुके थे। अपनी हिन्दुस्तान यात्रा के दौरान हुई यहाँ के नेताओं से मुलाक़ातों का उन्होंने बड़ा दिलचस्प विवरण दिया है। श्रीमती एनी बेसेंट, महात्मा गांधी और जिन्ना से वह ख़ासे प्रभावित हुए थे। इन तीनों नेताओं के व्यक्तित्व का बड़ा ही सूक्ष्म निरूपण उन्होंने अपनी डायरी में किया है। श्रीमती बेसेंट और गांधी के बाद डायरी में उल्लेख के अनुसार, *"युवा, पूर्णतः व्यवहारशिष्ट, देखने*

में अत्यन्त प्रभावशाली और आपादमस्तक द्वन्द्वात्मक तार्किकता से लैस जिन्ना मिलने आए। वह अपनी पूरी योजना मनवाने के लिए कृतसंकल्प लगे। वह बड़े ही चतुर और बुद्धिमान हैं। दरअसल यह बहुत बड़ी नाइंसाफ़ी है कि उनके जैसे शख़्स के सामने अपने ही देश का शासन चलाने का कोई अवसर उपलब्ध नहीं है।'' डायरी की यह टिप्पणी जिन्ना और मान्टैग्यू के बीच एक गहरे सामंजस्य के भाव का संकेत देती है। इसके बरअक्स लॉर्ड चेम्सफ़ोर्ड के साथ जिन्ना का हमेशा छत्तीस का रिश्ता रहा। काउंसिल और उसके बाहर दोनों के बीच कई बार टकराव हो चुके थे। बहरहाल, मान्टैग्यू-चेम्सफ़ोर्ड रिपोर्ट का ध्यानपूर्वक अध्ययन-विश्लेषण करने के बाद जिन्ना ने उसमें कुछ महत्त्वपूर्ण परिवर्तन के सुझाव दिए। रिपोर्ट से पूरी तरह सहमत न होते हुए भी, उस पर अपनी आलोचनात्मक टिप्पणी का उपसंहार करते हुए, उन्होंने प्रेस में एक बयान दिया, जिसमें देशवासियों से आग्रह किया गया था कि वे रिपोर्ट का सम्मान करते हुए, उस पर संजीदगी से विचार करें।

जिन्ना के बरअक्स श्रीमती ऐनी बेसेंट की प्रतिक्रिया एकदम उलट थी। उन्होंने दो टूक शब्दों में कहा था कि ऐसी रिपोर्ट पेश करना, जहाँ इंग्लैंड के लिए अशोभनीय था, वहीं उससे कहीं अधिक अशोभनीय थी हिन्दुस्तान द्वारा उसे मान लिए जाने की उम्मीद। जिन्ना ने श्रीमती बेसेंट को अपना दृष्टिकोण समझाने की भरपूर कोशिश की थी। पर वह नाकामयाब रहे। 2 घंटे की श्रीमती बेसेंट से विस्तृत बातचीत के बाद जब वह बाहर आए तो उनके (जिन्ना के) मित्र और समर्थक कानजी द्वारकादास ने नतीजा जानना चाहा। सिर पर हाथ रखकर जिन्ना ने सिर्फ़ इतना कहा, *''मेरे प्यारे दोस्त, एक औरत से कभी भी बहस नहीं करनी चाहिए।''*

लॉर्ड चेम्सफ़ोर्ड के पूववर्ती वॉयसराय लॉर्ड हार्डिंग्स के साथ जिन्ना के दोस्ताना सम्बन्ध थे। हार्डिंग्स के बरअक्स चेम्सफ़ोर्ड जिन्ना को पहली मुलाक़ात में ही व्यवहार में निहायत ठंडे और निपट औपचारिक लगे। अपने प्रति व्यवहार में गर्मजोशी की कमी जिन्ना बर्दाश्त नहीं कर पाते थे। अतः वह चेम्सफ़ोर्ड के रवैए और भाषणों को लेकर अपनी नापसन्दगी का इज़हार खुलेआम करने लगे थे। इसका सबसे दिलचस्प संकेत जुलाई, 1917 में मुम्बई की एक सभा में चेम्सफ़ोर्ड की उपस्थिति में दिए गए उनके एक भाषण में मिलता है। इसमें उन्होंने नवजागृत हिन्दुस्तानियों की आशा-आकांक्षाओं के अनुरूप देश के शासन में सुधार की बात करते हुए कहा था कि उन्हें पूरी उम्मीद है कि उनकी आवाज़ शिमला के उस ठंडे विरल वातावरण को भेद सकेगी जहाँ वॉयसराय एक *'सोची समझी ख़ामोशी'* अख़्तियार किए हुए उस समय बैठे हैं, जबकि *''सारा हिन्दुस्तान अन्तर की गहराई तक पूरी तरह आन्दोलित है।''* ज्ञातव्य है कि शिमला अंग्रेज़ों के शासनकाल में हिन्दुस्तान की ग्रीष्मकालीन राजधानी और वॉयसराय का आवास-स्थल हुआ करता था।

यहाँ लॉर्ड चेम्सफ़ोर्ड को भी थोड़ा समझना ज़रूरी है। अप्रैल, 1917 में उन्होंने लॉर्ड हार्डिंग्स से वॉयसराय का कार्यभार ग्रहण किया था। उनकी सोची-समझी चुप्पी के पीछे

दरअसल, अपनी राय बनाने के पहले हिन्दुस्तान की प्रजा, उसके नेताओं और यहाँ की राजनीतिक-सामाजिक स्थितियों को समझने की उनकी लगातार चल रही कोशिशें थीं। अपने ढंग से, बिना वस्तुस्थिति का आकलन किए वह कुछ ख़ास बोलना-कहना नहीं चाहते थे। जब उन्होंने यहाँ के बारे में चीज़ों को अपने ढंग से पढ़-समझ लिया तब उन्होंने सम्राट को एक पत्र में लिखा :

"यहाँ (हिन्दुस्तान में) एक शिक्षित वर्ग है जिसका 95 प्रतिशत हमारे प्रति दुश्मनी का भाव रखता है और मैं ज़ोर देकर कहता हूँ कि यहाँ हर विश्वविद्यालय का हर छात्र हमारे प्रति नफ़रत के साथ बड़ा हो रहा है। फ़िलहाल यह सही है कि वे यहाँ की जनसंख्या के बहुत छोटे अंश हैं पर साल-दर-साल तादाद में उनकी बढ़ोतरी होती जा रही है और यह सहज कल्पना की जा सकती है कि उनमें अनिष्ट की अनन्त सम्भावनाएँ हैं। उन्हें अपनी ओर खींचने का, मेरे विश्वास के मुताबिक़, एक ही तरीक़ा है, वह है कि उनका सहयोग पाने के लिए उन्हें आमन्त्रित किया जाए।"

उक्त पत्रांश जहाँ उनकी औपनिवेशिक सदाशयता को प्रतिध्वनित करता है, वहीं यह भी बताता है कि इस देश के विश्वविद्यालयों में शिक्षा प्राप्त कर रही युवा और किशोर पीढ़ी में पनपती राजनीतिक जागरूकता के बीच, ब्रिटिश साम्राज्य के प्रति गहराते असन्तोष और आक्रोश की हरारत को भाँपना उन जैसे शीर्षस्थ अधिकारी के लिए भी मुश्किल नहीं रह गया था। चेम्सफ़ोर्ड के बरअक्स अँगड़ाई लेते युवा हिन्दुस्तान की मान्टैग्यू की समझ कहीं अधिक दूरदर्शितापूर्ण और धारदार थी। उन्हें हिन्दुस्तान में *"चारों तरफ़ खौलते-उफनते राजनीतिक चेतना के पारावार की गर्जना-प्रतिध्वनि"* अविकल और साफ़ सुनाई दे रही थी। इस अभूतपूर्व स्थिति का बुद्धिमत्ता, दूरदर्शिता और रचनात्मक विवेक के साथ मुक़ाबला करने की क्षमता उन्हें हिन्दुस्तान की अंग्रेज़ नौकरशाही में दूर-दूर तक नज़र नहीं आ रही थी। मान्टैग्यू के अनुसार "वॉयसराय समेत तत्कालीन नौकरशाही, हर नई समस्या और स्थिति का सामना करने के लिए, फ़ाइलों के समुद्र में गोता लगाकर नजीर ढूँढ़ने के अलावा किसी कल्पनाशील समझ और विवेक-संगत निर्णय में दयनीय रूप से अक्षम थी। उन्होंने हर चीज़ को शासक और शासित, सरकार और विरोधी पक्ष में बाँटकर रख दिया था। अनौपचारिक बातचीत और विचार-विमर्श की, लगता है, कोई जानकारी ही नहीं थी। राजनीतिक सहज-बोध उन्हें छू तक नहीं गया था। फ़ाइलों में छिपी नजीर के अभाव में वह पंगु थे।" मान्टैग्यू ने अपनी डायरी में दर्ज़ किया है कि काश वह अभिशप्त नौकरशाही को दिन-प्रतिदिन गम्भीर से गम्भीरतर होती स्थिति का अहसास कराते हुए उसे यह समझा पाते कि अंग्रेज़ हिन्दुस्तान में जल्द ही फूट पड़नेवाले एक ज्वालामुखी पर बैठे थे।

चेम्सफ़ोर्ड के पत्र और मान्टैग्यू की डायरी से साफ़ है कि दोनों के सोच और समझ में एक हद तक समानता थी। सम्भवतः इसी के फलस्वरूप वे एक संयुक्त रिपोर्ट तैयार कर सके थे। मान्टैग्यू-चेम्सफ़ोर्ड रिपोर्ट में प्रान्तों के लिए दोहरे शासन (डायर्की) की सिफ़ारिश की गई थी। उसमें दो सदनोंवाली विधायिका के नीचे के सदन विधान सभा

(असेम्बली) में सीधे चुने गए ग़ैरसरकारी सदस्यों और ऊपर के सदन राज्य-परिषद् (काउंसिल ऑफ़ स्टेट—वर्तमान विधान परिषद् का पूर्व रूप) में मनोनीत सदस्यों के बहुमत का सुझाव था। उनकी कार्य-सूची में स्थानान्तरित (ट्रांसफ़र्ड) और सुरक्षित (रिजर्व्ड) दोनों विषयों का समावेश था पर उन्हें कोई ख़ास अधिकार और दायित्व सौंपने का प्रावधान रिपोर्ट में नहीं किया गया था। वॉयसराय की कार्यकारिणी में हिन्दुस्तानी प्रतिनिधित्व 2 से बढ़ाकर 3 कर देने का सुझाव भी दिया गया था। रिपोर्ट के प्रकाशन के साथ उसकी सिफ़ारिशों को अमली जामा पहनाने के लिए लॉर्ड साउथबारो की अध्यक्षता में दो समितियों का गठन किया गया था। एक को कार्यवृत्त-समिति (फंक्शन कमिटी) और दूसरे को मताधिकार समिति (फ्रैन्चाइज कमिटी) का नाम दिया गया था। यह जानकारी दिलचस्प होगी कि मताधिकार समिति ने स्त्रियों को मताधिकार न देने की सिफ़ारिश की थी।

जहाँ जिन्ना मान्टैग्यू-चेम्सफ़ोर्ड रिपोर्ट को थोड़े से परिवर्तन-परिवर्धन के साथ मान लेने के पक्ष में थे, वहीं गांधी भी उसे एकदम नामंज़ूर कर देने के हक़ में नहीं थे। इस तरह जिन्ना और गांधी की प्रतिक्रिया रिपोर्ट पर लगभग समान थी। गांधी ने तो यहाँ तक कहा था कि रिपोर्ट के प्रस्ताव हिन्दुस्तान को इतने अधिकार और दायित्व दे रहे थे जितने की वहन करने की फ़िलहाल उसमें क्षमता थी *("इट गेव इंडिया ऐज़ मच शी कुड च्यू")*।

कांग्रेस के जिन्ना के अलावा दूसरे नरमदलीय नेता भी यद्यपि रिपोर्ट से पूरी तरह सन्तुष्ट नहीं थे, पर उसे निराशाजनक नहीं मान रहे थे। रिपोर्ट पर विचार के लिए कांग्रेस का विशेष अधिवेशन पटना में हुआ। राजेन्द्र बाबू के सुझाव के बावजूद श्रीमती बेसेंट रिपोर्ट के समर्थन के कारण गांधीजी को पटना अधिवेशन के अध्यक्ष के रूप में मानने को तैयार नहीं हुईं। उन्होंने कहा था कि गांधी और बहुत सारे कार्यों के लिए अच्छे हो सकते हैं, पर वह राजनीतिज्ञ नहीं हैं। पटना अधिवेशन की अध्यक्षता कलकत्ता हाईकोर्ट के पूर्व न्यायाधीश सैयद हसन इमाम ने की, जो सन् 1916 में पटना हाईकोर्ट खुलने के बाद बैरिस्टर के रूप में प्रैक्टिस करने के लिए यहीं बस गए थे। ज्ञातव्य है कि यद्यपि मान्टैग्यू चेम्सफ़ोर्ड रिपोर्ट दोनों की सहमति से तैयार की गई थी किन्तु वॉयसराय के रूप में लॉर्ड चेम्सफ़ोर्ड, प्रान्तों के गवर्नर और उनसे जुड़ी नौकरशाही को यह यक़ीन था कि हिन्दुस्तानी अभी ख़ुद ज़िम्मेदार सरकार चलाने लायक़ नहीं बन पाए थे। हिन्दुस्तानियों के नेतृत्व की क्षमता और योग्यता में जो विश्वास मान्टैग्यू को था, उससे वॉयसराय चेम्सफ़ोर्ड और उनके गवर्नर अपने पूरे अमले के साथ सहमत नहीं हो पा रहे थे। इसके साथ ही हिन्दुस्तानियों, ख़ासकर युवा वर्ग में, अंग्रेज़ सरकार और उसके रवैए के प्रति लगातार बढ़ते आक्रोश और असन्तोष को नज़रअन्दाज़ करना भी उनके लिए असम्भव होता जा रहा था। बंगाल, उत्तर प्रदेश, दिल्ली, पंजाब और महाराष्ट्र में अरविन्द, लाला हरदयाल, श्यामजी कृष्ण वर्मा और सावरकर से अनुप्रेरित एक ऐसा शिक्षित वर्ग तैयार हो गया था, जिसे कांग्रेस के नरम और गरम दलों से कुछ भी

लेना-देना नहीं था। वह सशस्त्र क्रान्ति के ज़रिए देश को स्वतन्त्र कराने में विश्वास रखता था। हिंसा से उसे रंचमात्र भी परहेज़ नहीं था। 1909 में पंजाब के एक तेजस्वी तरुण युवक मदनलाल धींगरा ने लन्दन में एक वरिष्ठ अंग्रेज़ अधिकारी कर्नल सर कर्ज़न वाइली की गोली मारकर हत्या कर दी थी। उसके लिए उन्हें फ़ाँसी दे दी गई थी। सरकार-विरोधी आपत्तिजनक गतिविधियों पर रोक लगाने के लिए सरकार ने प्रथम विश्वयुद्ध के दौरान डिफेंस ऑफ़ इंडिया ऐक्ट (हिन्द सुरक्षा अधिनियम) बनाया था। इसके तहत कांग्रेस, होमरूल लीग और मुस्लिम लीग के संवैधानिक रास्ते से स्वराज प्राप्ति के मार्ग से असहमत राजनीतिकर्मियों और तरुणों से बड़ी सख़्ती से निपटा गया था। इस क़ानून की अवधि विश्वयुद्ध की समाप्ति के साथ पूरी हो गई थी। अतः नवजागृत तरुणों और आश्वासनों से ऊब चुके राजनेताओं के आक्रोश और उनकी गतिविधियों पर नियन्त्रण रखने के लिए एक और क़ानून की ज़रूरत अंग्रेज़ नौकरशाही शिद्दत के साथ अनुभव कर रही थी। इस पृष्ठभूमि में जहाँ एक ओर मॉन्टैग्यू-चेम्सफ़ोर्ड रिपोर्ट को तैयार करने का काम चल रहा था, वहीं दूसरी ओर नई राजनीतिक सरगर्मियों और क्रान्तिकारी चुनौतियों से निपटने के लिए जस्टिस रौलट की अध्यक्षता में एक नए क़ानून की सिफ़ारिश के लिए एक समिति का गठन 10 सितम्बर, 1917 को कर दिया गया था।

मॉन्टैग्यू-चेम्सफ़ोर्ड रिपोर्ट के प्रकाशन के ठीक ग्यारह दिन बाद 19 जुलाई, 1918 को रौलट समिति की रिपोर्ट प्रकाशित हुई। मान्टैग्यू-चेम्सफ़ोर्ड रिपोर्ट से देश की सत्ता में भागीदारी की जो हल्की-सी आशा हिन्दुस्तानियों में जगी थी, उस पर रौलट समिति की रिपोर्ट ने भीषण तुषारापात कर दिया। 6 फ़रवरी, 1919 को रौलट समिति की रिपोर्ट के आधार पर एक विधेयक केन्द्रीय विधायिका (सेंट्रल लेजिस्लेटिव काउंसिल) में पेश किया गया। राजद्रोह के अपराध से निपटना उसका विशेष उद्देश्य बताया गया था। इसमें बिना जूरी के मुकदमा चलाने का प्रावधान था। बिल के अनुसार सरकार की रीति-नीति की किसी भी ज़ोरदार आलोचना और विरोध को राजद्रोह की परिधि में लिया जा सकता था। कोई धार्मिक आन्दोलन, दो सम्प्रदायों के झगड़े, पुरज़ोर बहस-मुबाहिसे तथा इसी ढंग की अन्य गतिविधियाँ राजद्रोह और क्रान्तिकारी आन्दोलन के अंग माने जा सकते थे। बिल में नौकरशाही और पुलिस के हाथों में अनियन्त्रित अधिकार देने का प्रावधान था। बिना कारण बताए किसी को भी गिरफ़्तार किया जा सकता था। की गई कार्यवाही के विरुद्ध किसी प्रकार की अपील की व्यवस्था नहीं थी। बिल में बड़ी ही बेशर्मी से साक्ष्य के सम्मानित नियमों को तिरस्कृत कर दिया गया था। काउंसिल की दर्शक दीर्घा से पगड़ी, लम्बे कोट और धोती में गांधीजी ने भी बिल पर चल रही बहस को ध्यान से दो दिन सुना था। इसका उन पर गहरा असर पड़ा था। गांधीजी ने बिल के प्रावधानों का थोड़े से शब्दों में संक्षेपण कर दिया था– *'वकील नहीं, दलील नहीं, अपील नहीं।'* जल्द ही ये शब्द करोड़ों कंठों से नारे के रूप में देश-भर में गूँज उठे थे। ऐसे दुर्दान्त विधेयक की भर्त्सना सदन के सभी हिन्दुस्तानी सदस्यों ने, जिनकी

संख्या बाईस थी, एक स्वर से की थी, पर सरकार द्वारा मनोनीत सदन के चौंतीस सदस्यों के समर्थन से 23 मार्च, 1919 को यह विधेयक क़ानून के रूप में पास हो गया था। वॉयसराय चेम्सफ़ोर्ड ने सदन के कार्य संचालन के नियमों को ताक पर रखकर जिस अशोभनीय जल्दबाजी के साथ बिल को पास कराया था, उससे उनकी नीयत की कलई खुल गई थी। पूरे देश ने इसे काला क़ानून कहकर इसकी एक स्वर में भर्त्सना की थी। काउंसिल में सुरेन्द्रनाथ बनर्जी, तेज बहादुर सप्रू, विट्ठल भाई पटेल, श्रीनिवास शास्त्री, सर शंकरन नायर, एम.आर. जयकर, मदन मोहन मालवीय के साथ जिन्ना ने भी इसका प्रबल विरोध किया था। सर शंकरन नायर वॉयसराय की कार्यकारिणी के एकमात्र हिन्दुस्तानी सदस्य थे। अतः उनका विरोध विशेष महत्त्वपूर्ण था। वस्तुतः उन्होंने अपना विरोध लिखकर दर्ज कराया था। इसे वापस लेने के लिए उन पर ख़ासा दबाव डाला गया था। पर वह अड़े रहे।

रौलट विधेयक जिस दिन सदन के पटल पर रखा गया था, उसी दिन जिन्ना ने अपनी प्रतिक्रिया व्यक्त की थी कि *"यदि क्रान्तिकारी गतिविधि कोई बीमारी है तो यह विधेयक उसका एकदम ग़लत इलाज है।"* आहत मन से उन्होंने कहा था :

"किसी भी सभ्य देश के क़ानून के इतिहास में इस तरह के क़ानून की कोई मिसाल नहीं मिलती।...अगर विधेयक क़ानून बना तो इससे अभूतपूर्व असन्तोष और आन्दोलन पैदा होगा और उसका जनता और सरकार के सम्बन्धों पर बड़ा ही अनर्थकारी प्रभाव पड़ेगा।"

बिल पास होते ही नफ़रत, निराशा और आक्रोश से भरे जिन्ना तुरन्त दिल्ली से बम्बई लौट आए थे। उन्होंने मालाबार हिल स्थित अपने बँगले से वॉयसराय चेम्सफ़ोर्ड को अपने पत्र में लिखा था कि "उनकी (वॉयसराय) सरकार ने उन सभी बातों और तर्कों को नकार दिया था, जिसके आधार पर उसने साल-भर पहले युद्ध के दौरान हिन्दुस्तानियों से सहयोग और सहायता माँगी थी। सरकार ने उन उसूलों को बेरहमी से कुचल दिया था, जिनकी रक्षा के लिए क़सम खाकर उन्होंने युद्ध लड़ा था। न्याय के मौलिक सिद्धान्तों को समूल उखाड़कर फेंक दिया गया था और जनता के संवैधानिक नागरिक अधिकारों का एक ऐसे वक़्त में बेशर्मी से उल्लंघन किया जा रहा था, जब सरकार को किसी तरह का कहीं से भी वास्तविक ख़तरा नहीं था। यह सब कुछ एक ऐसी बददिमाग़ नौकरशाही द्वारा किया जा रहा था जो न तो इस देश की जनता के प्रति जवाबदेह थी और न ही जिसे जनता के वास्तविक विचारों का रंचमात्र ज्ञान था। उन्होंने आगे लिखा था कि "वह अब पूरी शिद्दत के साथ यह महसूस करने लगे थे कि काउंसिल के लिए उनकी कोई उपयोगिता नहीं रह गई थी।" पत्र में उन्होंने आगे जोड़ा था कि "उनका आत्म-सम्मान और आगे एक ऐसे सदन का सदस्य बने रहने की अनुमति नहीं दे रहा था जो अपनी जनता के वास्तविक प्रतिनिधियों की सच्ची भावनाओं का इतनी बेशर्मी से अनादर कर रहा हो।" वॉयसराय को लिखे इस पत्र के ज़रिए जिन्ना ने काउंसिल की सदस्यता से काले क़ानून के रूप में देश-भर में निन्दित रौलट ऐक्ट

का एक बार फिर प्रबल विरोध दर्ज कराते हुए इस्तीफ़ा दे दिया था।

देश के अनेक पढ़े-लिखे समझदार और संवेदनशील लोगों की तरह जिन्ना का राष्ट्रीय स्वाभिमान रौलट ऐक्ट से बहुत गहरे आहत हुआ था। इम्पीरियल काउंसिल के वह अकेले चुने हुए हिन्दुस्तानी सदस्य थे, जिन्होंने काले क़ानून के नाम से कुख्यात रौलट ऐक्ट के विरोध में अपनी सदस्यता का त्याग किया था। यह उनकी अदम्य राष्ट्रीयता का ज्वलन्त प्रमाण था। वितृष्णमन जिन्ना का ध्यान एक बार फिर अपने प्रशंसक और हिन्दुस्तानी मामलों के इंग्लैंड में मन्त्री उदारमना मान्टैग्यू की ओर गया था। उन्होंने यह आशा व्यक्त की थी कि हिन्दुस्तान के जनमानस और यहाँ की राजनीतिक स्थिति की अपनी गहरी समझ के फलस्वरूप वह सम्राट को इस काले क़ानून को स्वीकृति न प्रदान करने के लिए राजी कर लेंगे।

इस दौरान गांधी बम्बई में गम्भीर रूप से अस्वस्थ चल रहे थे। प्राकृतिक चिकित्सा के प्रबल पक्षधर, उन्होंने बहुत समझाने-बुझाने के बाद बवासीर के रोग से मुक्त होने के लिए 21 जनवरी, 1919 को अपने ऑपरेशन की अनुमति दी थी। ऑपरेशन के दूसरे दिन से ही वह पत्रों द्वारा रौलट बिल के विरुद्ध जनमत जागृत करने में जुट गए थे। उन्होंने श्रीनिवास शास्त्री को अपने बिस्तर से लिखा था कि यह बिल सीधा सबूत था कि नौकरशाही हमारी गर्दन पर लगातार अपनी दबोच बनाए रखने के लिए कुछ भी कर सकती थी। जन-जागृति का एक अभूतपूर्व पारावार आसेतु-हिमांचल हिलोरें ले रहा था। गांधी को डॉक्टरों ने कम-से-कम तीन माह के विश्राम की सलाह दी थी। यह समय उन्हें इंग्लैंड या यूरोप में बिताने का सुझाव दिया गया था। पर रौलट क़ानून को लेकर गांधी इतने विचलित थे कि देश के संकट की उस घड़ी में विश्राम की राय उन्हें रास नहीं आई। उन्होंने रौलट क़ानून के विरोध के लिए दक्षिण अफ़्रीका की तर्ज पर सविनय अवज्ञा आन्दोलन का आह्वान किया। सविनय अवज्ञा आन्दोलन के तहत सत्याग्रह के अस्त्र का सफलतापूर्वक प्रयोग वह दक्षिण अफ़्रीका के रंगभेदकारी गिरमिटिया विरोधी क़ानून के ख़िलाफ़ कर चुके थे। उनके आह्वान ने देश की नसों में सर्वत्र बिजली का संचार-सा कर दिया था। बहत्तर वर्षीया श्रीमती एनी बेसेंट, जो स्वयं रौलट क़ानून की प्रबल विरोधी थीं और देश के बड़े शहरों में घूम-घूमकर उसके विरुद्ध जनमत जगा रही थीं तथा 'न्यू इंडिया' में अपनी लेखमाला द्वारा उसकी तर्क-संगत आलोचना कर रही थीं, गांधी के सत्याग्रह सम्बन्धी आह्वान से सहमत नहीं थीं। उनकी आस्था संवैधानिक मार्ग से स्वराज हासिल करने में अब भी बरक़रार थी। पर हिन्दुस्तान में गांधी की आँधी चलनी शुरू हो चुकी थी। ग़ौरतलब है कि कलकत्ता और मद्रास में नरमदलीय नेताओं के प्रभाव के कारण यद्यपि गांधी के आह्वान का इतना ज़ोरदार असर नहीं पड़ा था जितना कि बम्बई, दिल्ली और उसके आसपास के इलाक़ों तथा पंजाब पर, लेकिन देश का शायद ही कोई हिस्सा बचा हो जो उससे उपजी हरकत और हरारत से अछूता था। नतीज़तन दिल्ली और पंजाब में गांधी के प्रवेश पर सरकार ने रोक लगा दी थी। गांधी के आह्वान पर दिल्ली में तीस मार्च, 1919 को हड़ताल के दौरान प्रदर्शनकारियों पर चली

गोली से कई मौतें हुईं थीं। बम्बई के देश-भर में प्रतिष्ठित महान नरमदलीय नेता दादाभाई नौरोज़ी, फ़िरोज़शाह मेहता और गोखले दिवंगत हो चुके थे। जिन्ना का प्रभाव यद्यपि पढ़े-लिखे वर्ग पर उल्लेखनीय था, पर वह जन-नेता नहीं बन सके थे। गांधी को दिल्ली से ही पकड़कर बम्बई भेज दिया गया था। यहाँ 6 अप्रैल, 1919 को गांधी के आह्वान पर पूरे शहर में मुकम्मल हड़ताल का आयोजन अभूतपूर्व सफलता के साथ किया गया। दो लाख से भी अधिक लोगों ने समुद्र में एक साथ स्नान कर दिन-भर उपवास रखा। गांधी के नेतृत्व में माधव बाग मन्दिर तक एक विशाल जुलूस पहुँचा, जो ग्रांट रोड स्थित मस्जिद में एक विराट सभा के रूप में बदल गया। सभी धर्मों, जातियों और नस्लों के लोगों को, जो कि जुलूस में वहाँ पहुँचे थे, गांधी, जिन्ना, सरोजिनी नायडू, उमर सोभानी और जमनादास द्वारकादास जैसे नेताओं ने सम्बोधित किया था। एक अपूर्व देशभक्ति की लहर पूरे शहर में हिलोरें ले रही थी। इस सभा की अभूतपूर्व सफलता से बम्बई की पूरी अंग्रेज़ नौकरशाही घबरा गई थी।

दूसरे दिन 7 अप्रैल, 1919 को गांधी ने रौलट क़ानून और प्रेस क़ानून की धज्जियाँ उड़ाते हुए 'सत्याग्रही' नाम से एक साप्ताहिक अख़बार का प्रकाशन शुरू कर दिया। इसने विचलित अंग्रेज़ नौकरशाही के रोष की आग में घी का काम किया। इसके फलस्वरूप बम्बई के गवर्नर और मुख्य सचिव की रिपोर्ट पर गम्भीरतापूर्वक विचार के उपरान्त 12 अप्रैल को वॉयसराय ने बर्मा के गवर्नर को तार द्वारा सूचित किया कि निकट भविष्य में शीघ्र ही ऐसा सम्भव है कि कम-से-कम छह लोगों को बम्बई से हिन्दुस्तान के बाहर देशनिकाला देकर बर्मा भेजना पड़े। तार में आशा व्यक्त की गई थी कि वह (बर्मा के गवर्नर) उनकी सुपुर्दगी स्वीकार कर इस काम में सहायक सिद्ध होंगे। देशनिकाले के लिए बम्बई के जिन नेताओं के नाम विचाराधीन थे, उनमें 'बॉम्बे क्रॉनिकल' के सम्पादक बी.जी. हॉर्निमन, जमनादास द्वारकादास, उमर सोभानी, श्रीमती सरोजिनी नायडू, शंकरलाल बैंकर, जिन्ना और गांधी के नाम प्रमुख थे। ज्ञातव्य है, दिल्ली स्थित गृह-विभाग के सचिव ने बम्बई के मुख्य सचिव को लिखा था कि फ़िलहाल गांधी और जिन्ना के नाम देशनिकाला के लिए प्रस्तावित सूची में न रखे जाएँ। संभवतः उनके और ख़ासकर गांधी के लगातार बढ़ते राजनीतिक क़द से अंग्रेज़ सरकार को भय था कि यदि उन्हें भी देशनिकाला दिया गया तो एक अभूतपूर्व देशव्यापी जनरोष और जन-आन्दोलन का सामना अंग्रेज़ सरकार को करना पड़ सकता था।

पंजाब में स्थिति और भी विस्फोटक थी। 9 अप्रैल, 1919 को रामनवमी थी। प्रान्त के हर महत्त्वपूर्ण शहर में हिन्दुओं, मुसलमानों तथा सिक्खों का मिला-जुला जुलूस इस दिन निकाला गया। आपसी भाईचारे का एक अद्‌भुत दृश्य दिखाई पड़ रहा था। गांधी के पंजाब-प्रवेश पर लगी रोक से सभी आहत और क्रुद्ध थे। 10 अप्रैल को अमृतसर में रौलट-क़ानून और गांधी के प्रवेश पर लगी रोक के विरोध में निकाले गए एक जुलूस का नेतृत्व कर रहे दो सम्मानित नेता गिरफ़्तार कर लिए गए थे। उनकी गिरफ़्तारी से जुलूस अनियन्त्रित हो उठा। उसमें मिले असामाजिक तत्त्वों ने दो योरोपीय बैंक लूट

लिए। अराजकता के बीच हुए हमले में महिलाओं सहित कई योरोपीय बैंक-कर्मचारी बुरी तरह घायल हो गए। टाउन हाल, पोस्ट ऑफ़िस तथा कुछ अन्य सरकारी दफ्तरों में आग लगा दी गई। स्थिति से निपटने के लिए जिला प्रशासन ने क़ानून और व्यवस्था को अंग्रेज़ी सेना के ब्रिगेडियर जनरल आर.ई. डायर के सुपुर्द कर दिया था। डायर के निर्देश पर सेना ने दो दिनों तक शहर में हिंसा और आतंक के लोमहर्षक तांडव किए। 13 अप्रैल, 1919 को वैशाखी का पर्व था। चारों ओर से ऊँची चहारदीवारी से घिरे जलियाँवाला बाग में स्थानीय और पास के गाँवों से जुटे निहत्थे स्त्री-पुरुषों की, जिसमें बच्चे भी थे, एक शान्त सभा का आयोजन किया गया था। उसमें सभी धर्मों के लोग थे। सभा पर लगाई गई रोक के बावजूद इसमें लोगों ने भारी संख्या में हिस्सा लिया था। सभा अभी शुरू ही हुई थी कि जनरल डायर अपनी घुड़सवार सेना के साथ सभा-परिसर में घुस आया। सैनिकों ने निहत्थी बेकसूर जनता पर कुल 1605 राउंड गोलियाँ चलाईं।

इसमें चार सौ लोग तुरन्त मर गए। कई हज़ार बुरी तरह घायल हुए। डायर ने ऐसा हिन्दुस्तानियों को सबक सिखाने के लिए किया था। यह आतंक अमृतसर तक ही सीमित नहीं था। गुजराँवाला में जनता की एक विशाल शान्तिपूर्ण सभा पर हवाई जहाज़ से बमबारी की गई थी। उस समय वहाँ सरोजिनी नायडू का भाषण चल रहा था। लाहौर में हज़ारों छात्रों को संगीन की नोक पर चिलचिलाती धूप में 16 मील तक दौड़ाकर यूनियन जैक की सलामी के लिए मजबूर किया गया था। पूरे पंजाब में अनिश्चित काल के लिए मार्शल लॉ लगा दिया गया था। पंजाब के दमन, ख़ासकर अमृतसर के नृशंस हत्याकांड के लिए, न केवल हिन्दुस्तान में; बल्कि इंग्लैंड, योरोप और अमेरिका में भी यहाँ की अंग्रेज़ी सरकार की घोर निन्दा की गई थी। इंग्लैंड में सबसे तीखी भर्त्सना हाउस ऑफ़ कामन्स के सदस्य और इंग्लैंड के युद्ध सम्बन्धी मामलों के मन्त्री सर विन्स्टन चर्चिल ने की थी। चर्चिल ने जनरल डायर की बर्बर कार्यवाही को एक *'बेमिसाल राक्षसी कृत्य' कहा था।*

जलियाँवाला बाग क़े नृशंस हत्याकांड पर जिन्ना की तुरन्त प्रतिक्रिया उपलब्ध नहीं है। दरअसल वह उस दौरान मुस्लिम लीग के एक प्रतिनिधिमंडल के नेता के रूप में इंग्लैंड रवाना हो चुके थे। उन्हें इंग्लैंड के प्रधानमन्त्री लॉयड जार्ज को यह समझाने के लिए भेजा गया था कि वह पेरिस में होनेवाली शान्ति वार्ता में सर सत्येन्द्र प्रसाद सिन्हा और महाराजा बीकानेर के अलावा एक मुसलमान प्रतिनिधि को भी हिन्दुस्तानी मुसलमानों की नुमाइन्दगी के लिए भेजने की व्यवस्था करें। जिन्ना मई के मध्य में लन्दन पहुँच गए थे। वह उम्मीद कर रहे थे कि हिन्दुस्तान के मुसलमानों के प्रतिनिधि के रूप में उन्हें पेरिस शान्ति वार्ता में हिस्सा लेने का निमन्त्रण मिलेगा। पर लन्दन में चेम्सफ़ोर्ड बिलिंडन तथा बम्बई प्रान्त के नए गवर्नर जार्ज लॉयड ने उनके ख़िलाफ़ तत्कालीन राजसत्ता के गलियारों में इतना विषवमन कर रखा था कि वहाँ का वातावरण ज़रा भी उनके अनुकूल सिद्ध नहीं हो रहा था। गवर्नर लॉयड ने जिन्ना के प्रशंसक हिन्दुस्तानी

मामलों के मन्त्री एडविन मान्टैग्यू तक के कानों में उनके ख़िलाफ़ ज़हर घोल दिया था। लॉयड ने मॉन्टैग्यू को लिखा था कि वह (जिन्ना) बातचीत में चिकने-चुपड़े पर दिल के निहायत काले थे। आन्दोलनकारियों में वह सबसे ज़्यादा असंगत थे। वह उन विचित्र अविश्वसनीय लोगों में से थे, जो लगातार एक बात कहते रहेंगे और बाद में उसका उलटा करेंगे। नतीज़तन जिन्ना को हिन्दुस्तानी मुसलमानों के प्रतिनिधि के रूप में पेरिस की शान्तिवार्ता में शामिल होने का अवसर इंग्लैंड की सरकार ने नहीं प्रदान किया। इसके अलावा हिन्दुस्तान की राजनीति में बढ़ते उनके क़द और महत्त्व के अनुरूप लन्दन के राजनीतिक हलकों में उनका गर्मजोशी से स्वागत भी नहीं हुआ। इससे उनका गहरे उदास और हताश होना स्वाभाविक था। पर एक राहत थी। उनकी आसन्नप्रसवा उन्नीस वर्षीया प्यारी पत्नी रत्ती और अन्तरंग मित्र दीवान चमनलाल साथ थे। 14-15 अगस्त (1919) की रात को रत्ती ने एक चाँद-सी बेटी को जन्म दिया था, जिसका नाम दोनों ने मिलकर 'दीना' रखा था। चौवालीस वर्ष की प्रौढ़ उम्र में जिन्ना पहली बार पिता बने थे। यह उनके व्यक्तिगत जीवन का रत्ती से विवाह के बाद पहला हर्षोल्लास का अवसर था।

मॉन्टैग्यू की सदाशयता में जिन्ना सहित कई हिन्दुस्तानी नेताओं की आस्था अभी भी बनी हुई थी। मॉन्टैग्यू ने भी उन्हें निराश नहीं होने दिया था। हिन्दुस्तानी मामलों के मन्त्री के रूप में उन्होंने पंजाब से मार्शल लॉ हटवा दिया था। प्रेस पर लगा कठोर नियन्त्रण भी उठा दिया था। पंजाब की घटनाओं की जाँच के लिए हंटर की अध्यक्षता में एक कमीशन नियुक्त कर दिया गया था। इन कार्यवाहियों ने हिन्दुस्तानियों के घाव पर एक हद तक मरहम का काम किया था। मॉन्टैग्यू-चेम्सफ़ोर्ड रिपोर्ट की सिफ़ारिशों में कुछ परिवर्तन कर उसे एक विधेयक के रूप में इंग्लैंड के हाउस ऑफ़ कामन्स के पटल पर रख दिया गया था। रिपोर्ट के प्रकाशन के समय ही जिन्ना और गांधी दोनों उसे मंज़ूर कर लेने के पक्ष में नहीं थे। किन्तु रौलट बिल के कारण स्थिति एकदम बदल गई थी। जिस रूप में अब मॉन्टैग्यू-चेम्सफ़ोर्ड रिपोर्ट की सिफ़ारिशें परिवर्तित-परिवर्धित रूप में इंग्लैंड के सदन में पेश की गई थीं, जिन्ना के मन में उसे लेकर एक बार फिर सत्ता में हिन्दुस्तानियों की भागीदारी की उम्मीद जगी थी। पर उन्हें पता था कि जब तक बदली हुई परिस्थिति में गांधी का रुख़ उनके अनुकूल नहीं होता तब तक हिन्दुस्तान में उसके पक्ष में वातावरण बनना सम्भव नहीं था। अतः गांधी के मन की थाह लेने के लिए उन्होंने लन्दन से जून में एक पत्र लिखा था। गांधी ने अपनी प्रतिक्रिया से उन्हें साफ़-साफ़ अवगत करा दिया था। उन्होंने अपने जवाब में लिखा था कि *"अन्य किसी सुधार की बात तब तक बेकार है जब तक कि रौलट-क़ानून को निरस्त कराने में कामयाबी हासिल नहीं होती। इसके कारगर प्रतिरोध का सविनय अवज्ञा-आन्दोलन के अलावा कोई दूसरा रास्ता नहीं था।" उन्होंने आगे कहा था कि "ईश्वर ने चाहा तो वह अगले सप्ताह किसी भी प्रकार की हिंसा की घटना घटित न हो इसकी पूरी सावधानी बरतते हुए सत्याग्रह दुबारा शुरू कर देंगे।"* जिन्ना के लन्दन-प्रवास के दौरान लिखे एक

और पत्र में गांधी ने उम्मीद जताई थी कि *"हिन्दुस्तान लौटकर श्रीमती जिन्ना चर्खा चलाना सीखेंगी और जिन्ना जितनी जल्दी मुमकिन होगा गुजराती और हिन्दी की अच्छी जानकारी हासिल करेंगे।"* इसके बावजूद इसमें दो राय की गुंजाइश नहीं थी कि सत्याग्रही गांधी और संविधानमार्गी जिन्ना के रास्ते अब साफ़ अलग होते दिख रहे थे।

प्रथम विश्व-युद्ध की घटनाओं का हिन्दुस्तान के राजनीतिक परिदृश्य पर ख़ासा प्रभाव पड़ा। तुर्की के सुल्तान को मुसलमान-जगत के शीर्षस्थ धर्मगुरु ख़लीफ़ा का समादृत स्थान प्राप्त था। वह मुसलमानों के पवित्रतम तीर्थस्थल काबा के संरक्षक भी थे। सुल्तान को ख़लीफ़ा के रूप में मुस्लिम-जगत पृथ्वी पर ईश्वर की छाया मानता था। प्रथम विश्वयुद्ध के दौरान उनके नेतृत्व में तुर्की ने भी इंग्लैंड और उसके सहयोगी देशों के विरुद्ध जर्मनी का साथ दिया था। उस समय के तुर्की के सुल्तान और ख़लीफ़ा का नाम अब्दुल हमीद था। उनके साथ पूरे मुस्लिम विश्व की भावनाएँ अत्यन्त संवेदनशीलता के साथ जुड़ी थीं। हिन्दुस्तान में मौलाना मुहम्मद अली द्वारा सम्पादित अंग्रेज़ी और उर्दू पत्र *'कामरेड'* तथा मौलाना अबुल कलाम 'आज़ाद' द्वारा सम्पादित *'मदीना'* में ख़लीफ़ा के पक्ष में बड़े तेजस्वी और भावनापूर्ण लेख और सम्पादकीय छप रहे थे। इसके कारण अली बन्धुओं—मौलाना शौकत अली व मौलाना मुहम्मद अली तथा मौलाना अबुल कलाम 'आज़ाद' को अंग्रेज़ सम्राट के शत्रुओं का पक्ष लेने के आरोप में गिरफ़्तार कर लिया गया था। युद्ध के दौरान हिन्दुस्तानी मुसलमानों का सहयोग इस आश्वासन के आधार पर प्राप्त किया गया था कि विजय के उपरान्त मुसलमानों की तुर्की के सुल्तान और ख़लीफ़ा के साथ जुड़ी भावनाओं को ध्यान में रखते हुए उनके साथ सम्मानपूर्वक व्यवहार किया जाएगा। पर युद्ध में विजय के पश्चात् जिस तरह तुर्की पर अपमानजनक शर्तें थोपकर एक विजित देश के रूप में इसकी धरती की बन्दरबाट के साथ उसके शासक के सदियों पुराने सार्वभौम राजनीतिक और धार्मिक अधिकारों का परिसीमन किया गया था, उससे हिन्दुस्तान का मुसलमान-समाज बहुत गहरे आहत और उद्वेलित था। तुर्की के सुल्तान और ख़लीफ़ा का युद्धपूर्व गौरव पुनः स्थापित करने के लिए इंग्लैंड की सरकार पर दबाव डालने के लिए देश-भर में ख़िलाफ़त-समितियाँ गठित की गईं थीं। इसके लिए व्यापक आन्दोलन की तैयारियाँ चल रहीं थीं। रौलट क़ानून और सरकार की दमनपूर्ण नीतियों के विरुद्ध कांग्रेस और होमरूल लीग के सदस्य और नेता भी आहत और ठगे से अनुभव कर रहे थे। *"स्वतन्त्रता हमारा जन्मसिद्ध अधिकार है और हम इसे लेकर रहेंगे"* तिलक का यह मन्त्रवत उद्घोष लोगों में स्वतन्त्रता के लिए कुछ कर गुज़रने का संकल्प जागृत कर चुका था। पंजाब में नागरिक अधिकारों के शर्मनाक दमन और जलियाँवाला बाग़ के नृशंस हत्याकांड ने लोगों के दिलो-दिमाग़ को गहरे आक्रोश से भर दिया था। गांधी अपने सविनय अवज्ञा-आन्दोलन की घोषणा कर चुके थे। अभी तक सामान्य मुस्लिम-समाज स्वतन्त्रता-संघर्ष की मुख्य धारा से कटा हुआ था। ख़िलाफ़त को लेकर जिस तरह वह आहत और उद्वेलित था, उसके आधार पर गांधी को ऐसा अनुभव हो रहा था कि उसे देश की राजनीति की

मुख्यधारा से जोड़ा जा सकता था। गांधी ने ख़िलाफ़त के प्रश्न पर जैसी सकारात्मक प्रतिक्रिया व्यक्त की थी, उससे मुस्लिम लीग के सामन्ती और अंग्रेज़परस्त नेताओं को छोड़कर मुसलमान समाज का एक बड़ा वर्ग उनकी तरफ़ आशा-भरी निगाह से देख रहा था। उन्होंने अंग्रेज़ी शासन से असहयोग की अपनी योजना के साथ ही ख़िलाफ़त से जुड़े मुद्दों की भी सार्वजनिक व्याख्या शुरू कर दी थी। दक्षिण अफ्रीका और चम्पारन के जनान्दोलन के इस नायक ने देश की जनता में सर्वथा एक नए जोश और हरारत का संचार कर दिया था।

पत्नी रत्ती और नवजात बेटी दीना के साथ नवम्बर, 1919 के मध्य जिन्ना जब हिन्दुस्तान लौटे तो उन्हें राजनीतिक परिदृश्य काफ़ी उत्तेजक और बदला-बदला लगा। जिन्ना केन्द्रीय असेम्बली से अपने इस्तीफ़े के रूप में रौलट ऐक्ट के ख़िलाफ़ अपना आक्रोश और विरोध प्रकट कर चुके थे। बम्बई पहुँचकर 'बॉम्बे क्रानिकल' को दिए गए अपने पहले इंटरव्यू में जिन्ना ने इस नाज़ुक घड़ी में देश को संयम और सन्तुलन बनाए रखने का परामर्श दिया था। चेम्सफ़ोर्ड के प्रशासन को हर दृष्टि से नाकामयाब बताते हुए उन्होंने एक बार विश्वास जताया था कि मॉन्टैग्यू हिन्दुस्तान को निराश नहीं करेंगे। उनके अनुसार देश में नवजागृति शिक्षा, वाणिज्यिक-औद्योगिक उन्नति, तकनीकी विकास और राष्ट्रीय सैन्य नीति द्वारा ही सम्भव थी। उन्होंने आगे जोड़ा था कि कांग्रेस का मॉन्टैग्यू-चेम्सफ़ोर्ड रिपोर्ट के आधार पर तैयार विधेयक के प्रति सही दृष्टिकोण दिसम्बर में कांग्रेस के अमृतसर अधिवेशन के बाद ही साफ़ होगा। इंटरव्यू में जिन्ना ने एक बड़ी दिलचस्प बात कही थी। उनके अनुसार अगर हिन्दुस्तान के प्रतिनिधि के रूप में आधे दर्जन समझदार व्यक्ति स्थायी रूप से इंग्लैंड में रहें और उन्हें यहाँ से पर्याप्त आर्थिक सहयोग और जनसमर्थन मिले तो देश के हित में वहाँ के महत्त्वपूर्ण तबके में जनमत बनाने में वे बड़ी सार्थक भूमिका निभा सकते हैं। जिन्ना के अवचेतन में लगता है, कहीं-न-कहीं आगे चलकर लन्दन में स्थायी रूप से स्वयं रहने की उनकी अपनी योजना भी काम कर रही थी।

23 दिसम्बर, 1919 को मॉन्टैग्यू-चेम्सफ़ोर्ड रिपोर्ट की सिफ़ारिशों पर आधारित गवर्नमेंट ऑफ़ इंडिया ऐक्ट ब्रिटेन की संसद ने पास कर दिया। इसके अनुसार केन्द्रीय लेजिस्लेटिव असेम्बली को दो सदनोंवाली लघु संसद का रूप प्रदान कर दिया गया था, जिसके निचले सदन में निर्वाचित सदस्यों का बहुमत रखा गया था। जिन्ना सहित कई हिन्दुस्तानी नेताओं की एक बड़ी पुरानी माँग उसमें मान ली गई थी। हिन्दुस्तानी मामलों के लन्दन स्थित मन्त्री तथा उनके कार्यालय का पूरा ख़र्च हिन्दुस्तान के बजट की जगह अब इंग्लैंड के संसदीय बजट के अन्तर्गत आवंटित कर दिया गया था। उच्च सरकारी सेवाओं के हिन्दुस्तानीकरण के लिए यहाँ एक लोक सेवा आयोग की स्थापना का प्रावधान भी किया गया था। ऐक्ट में एक ऐसे क़ानूनी जाँच आयोग का प्रावधान भी था, जो यहाँ की शिक्षा की उन्नति तथा प्रतिनिधि संस्थाओं के विकास के साथ इस विशेष विषय पर भी रिपोर्ट देने के लिए अधिकृत था कि दस साल बाद किस हद तक

यहाँ प्रतिनिधि उत्तरदायी सरकार बहाल की जा सकती थी। गवर्नमेंट ऑफ़ इंडिया ऐक्ट के बाक़ी प्रावधान कमोबेश मॉन्टैग्यू-चेम्सफ़ोर्ड की रिपोर्ट पर ही आधारित थे।

दिसम्बर, 1919 के अन्तिम तीन दिन अमृतसर में आयोजित कांग्रेस अधिवेशन में दिलचस्प बात यह हुई कि जहाँ गांधी गवर्नमेंट ऑफ़ इंडिया ऐक्ट से पूरी तरह सन्तुष्ट न होते हुए भी उसे परीक्षण का मौक़ा देना चाहते थे, वहीं विपिनचन्द्र पाल, देशबन्धु चितरंजन दास, लोकमान्य तिलक और महामना मदन मोहन मालवीय पूर्णतः उसके विरुद्ध थे। गांधी के दृष्टिकोण से जिन्ना पूरी तरह सहमत थे। उन्होंने पहली बार गांधी के पहले महात्मा शब्द का प्रयोग करते हुए उनके (गांधी के) गवर्नमेंट ऑफ़ इंडिया ऐक्ट को मान लेने के प्रस्ताव का ज़ोरदार समर्थन किया था। अन्ततः पंजाब में लाला हरकिशन लाल और बम्बई के जयरामदास के प्रयास से गांधी और जिन्ना के विचारों पर सर्वसम्मति बनी और सम्बन्धित प्रस्ताव निर्विरोध पास हो गया। पर ब्रिटिश-राज के सहयोग के प्रश्न पर अमृतसर में कांग्रेस ने स्पष्ट कर दिया था कि वह इस पर आश्रित होगा कि सरकार पंजाब और ख़िलाफ़त के मसले पर कैसा नजरिया अख़्तियार करती है।

ख़िलाफ़त के पक्ष में संघर्ष के लिए गठित ख़िलाफ़त कान्फ्रेन्स और मुस्लिम लीग ने भी कांग्रेस के साथ ही उसी समय अमृतसर में अपने अधिवेशन किए थे। उन अधिवेशनों में मौलाना मोहम्मद अली ने भी रिहाई के बाद एक हीरो के रूप में भाग लिया। ख़िलाफ़त के सवाल पर गहरी भावनात्मक अपील के कारण देश का मुसलमान वर्ग उस समय मुस्लिम लीग से कहीं अधिक ख़िलाफ़त-कान्फ्रेन्स से जुड़ा था। ख़िलाफ़त कान्फ्रेन्स मुस्लिम लीग से फ़िलहाल कहीं बड़ा संगठन था। कांग्रेस, लीग और ख़िलाफ़त कान्फ्रेन्स—तीनों ने अमृतसर में गवर्नमेंट ऑफ़ इंडिया ऐक्ट, पंजाब और ख़िलाफ़त के प्रश्नों पर समान निर्णय लिये थे। जिन्ना ख़िलाफ़त कान्फ्रेन्स के सदस्य नहीं थे। उन्होंने ख़िलाफ़त के प्रश्न पर तुरन्त कोई प्रतिक्रिया भी व्यक्त नहीं की थी। उन्होंने ख़िलाफ़त-आन्दोलन के तहत अंग्रेज़ सरकार के पद, पदवी और इंग्लैंड के सामान के त्याग और बहिष्कार के आह्वान को अनदेखा कर दिया था। ज्ञातव्य है कि ख़िलाफ़त के प्रश्न पर गांधी ने चेम्सफ़ोर्ड को पत्र लिखकर ब्रिटिश सरकार द्वारा प्रदत्त क़ैसरे-हिन्द स्वर्ण पदक, जल-युद्ध पदक तथा बोअर युद्ध पदक लौटा दिए थे। हक़ीम अजमल ख़ाँ ने भी विशिष्ट जनसेवा के लिए दिया गया क़ैसरे-हिन्द पदक लौटा दिया था। इनके बरअक्स जिन्ना ख़िलाफ़त-आन्दोलन को एक धार्मिक अभियान के रूप में देखते थे तथा कांग्रेस और लीग के आन्दोलनों को एक धर्मनिरपेक्ष राजनीतिक आन्दोलन मानकर दोनों को मिलाना पसन्द नहीं करते थे। बहरहाल अमृतसर में ही उन्हें सन् 1920 में कलकत्ता में होनेवाले मुस्लिम लीग के अधिवेशन का अध्यक्ष चुन लिया गया था।

सन् 1920 के पूर्वार्द्ध में कुछ ऐसी महत्त्वपूर्ण घटनाएँ घटीं, जिनसे देश के राजनीतिक वातावरण में एक अभूतपूर्व गर्मी का संचार हो गया। पंजाब की घटनाओं की जाँच के लिए कांग्रेस की जाँच समिति की रिपोर्ट 25 मार्च को प्रकाशित हो गई थी, जिसमें पंजाब में बर्बर अमानवीय अपकृत्यों के लिए जनरल डायर और सर माइकेल

डायर सहित कई अंग्रेज़ अधिकारियों को न्यायोचित दंड देने की माँग की गई थी। अंग्रेज़ सरकार द्वारा नियुक्त हंटर कमीशन की रिपोर्ट थोड़ी बाद में मई में प्रकाशित हुई। इस कमीशन में हिन्दुस्तानी सदस्य भी थे, पर अंग्रेज़ सदस्यों का उसमें बहुमत था। हंटर कमीशन के हिन्दुस्तानी सदस्यों का मत कांग्रेस की रिपोर्ट से मेल खाता था। पर उसके अंग्रेज़ सदस्यों ने घटना पर काफ़ी लीपा-पोती की थी। कमीशन के बहुमत की रिपोर्ट के अनुसार पंजाब में जनरल आर.ई. डायर और सर माइकेल ओ. डायर की कार्यवाही 'निर्णय की भूल' (एरर ऑफ़ जजमेंट) थी। इस पर तुर्रा यह था कि इंग्लैंड के हाउस ऑफ़ लार्ड्स के एक वरिष्ठ सदस्य लॉर्ड फिनले ने कुछ और सदस्यों के साथ जनरल डायर को 'पंजाब के रक्षक' (सेवियर ऑफ़ पंजाब) और 'समय के नायक' (हीरो ऑफ़ दि ऑवर) के रूप में रत्नजटित तलवार और एक बड़ी राशि की थैली भेंट कर एक विशेष समारोह में अभिनन्दित किया था। इसने हिन्दुस्तानियों के रोष की आग में घी का काम किया। 10 अगस्त, 1920 को इंग्लैंड और उसके साथी देशों तथा जर्मनी और उसके साथी देशों के अध्यक्षों (जिसमें तुर्की के सुल्तान भी शामिल थे) के बीच एक सन्धि प्रतिपादित हुई। इसे सेवरेस की सन्धि (ट्रीटी ऑफ़ सेवरेस) के नाम से जाना जाता है। इसके तहत तुर्की के सुल्तान के साथ जो घोर अपमानजनक सलूक किया गया था, उससे हिन्दुस्तान के मुस्लिम समाज की धार्मिक भावनाओं पर गहरी चोट लगी थी। इससे रही-सही कसर भी पूरी हो गई थी। समूचे देश के आत्म-सम्मान और उसके एक संवेदनशील समाज की धार्मिक अस्मिता को यह एक बड़ी चुनौती थी। जिन्ना के लिए अब इन सभी घटनाओं पर अपनी दोटूक प्रतिक्रिया व्यक्त करने का समय आ गया था। दिसम्बर, 1920 में कलकत्ता में एक बार फिर कांग्रेस और मुस्लिम लीग के वार्षिक अधिवेशन क्रमशः लाला लाजपतराय और जिन्ना की अध्यक्षता में एक साथ होने जा रहे थे। जिन्ना को इन दोनों दलों के मंचों से अपनी सुसंगत, निर्भीक राय व्यक्त करने का मौक़ा प्राप्त होने जा रहा था।

गांधी ने दक्षिण अफ्रीका और आगे चलकर हिन्दुस्तान के चम्पारण में प्रयुक्त अपने सत्याग्रह के अहिंसक हथियार को प्रस्तावित असहयोग आन्दोलन के रूप में एक नया आयाम दे दिया था। रौलट ऐक्ट, पंजाब में हुए अत्याचार और ख़िलाफ़त पर हुए आघात से अपने असन्तोष और आक्रोश को एक सुनियोजित आन्दोलन में परिवर्तित करने के लिए उन्होंने अंग्रेज़ों की सभी संस्थाओं (न्यायालय, विद्यालय, कार्यालय, विधायिका और स्वशासी निकायों) के साथ विदेशी माल के पूर्ण बहिष्कार और अंग्रेज़ों द्वारा दिए गए सभी पदों, उपाधियों, पुरस्कारों, पदकों और सम्मानों को लौटाने के आह्वान को उसका प्रमुख अंग बताया। 5 से 9 सितम्बर तक तीन दिनों के कलकत्ता अधिवेशन के पहले अब्बास तैयबजी की अध्यक्षता में अहमदाबाद में आयोजित गुजरात राजनीतिक अधिवेशन (पोलिटिकल कॉन्फ्रेन्स) की सभा में गांधी ने अपने असहयोग आन्दोलन का और इसे ख़िलाफ़त-आन्दोलन के साथ-साथ चलाने के औचित्य का विस्तार के साथ खुलासा किया। वहाँ जो विशाल जन-समर्थन उन्हें प्राप्त हुआ था उससे जगे

आत्मविश्वास के साथ वह कलकत्ता पहुँचे थे। ख़िलाफ़त-सभा का पूर्ण समर्थन उन्हें पहले ही मिल चुका था।

कांग्रेस का सितम्बर अधिवेशन कलकत्ता में दरअसल गांधी के आन्दोलन की योजना पर विचार के लिए ही बुलाया गया था। कांग्रेस के वरिष्ठ दिग्गज नेता—श्रीमती एनी बेसेंट, चितरंजन दास, विपिनचन्द्र पाल, लाला लाजपतराय, पं. मदनमोहन मालवीय, पं. मोतीलाल नेहरू और मोहम्मद अली जिन्ना, गांधी की योजना के विरुद्ध थे। लोकमान्य तिलक का पहली अगस्त को देहान्त हो चुका था। यदि वह जीवित होते तो बहुत सम्भव था कि जिस रूप में गांधी आन्दोलन को चलाना चाहते थे, उससे वह भी असहमत ही होते। मोतीलाल नेहरू तो गांधी के प्रस्ताव के विरोध के लिए इतने दृढ़निश्चय लग रहे थे कि उन्होंने जिन्ना के हावड़ा स्टेशन पर पहुँचते ही उनसे मुलाक़ात कर गांधी के प्रस्ताव को पराजित करने की साझा रणनीति तैयार करने की पेशकश की थी। दूसरी तरफ़ कांग्रेस में जिन्ना के अलावा सभी मुसलमान नेताओं सहित उसके युवा नेता वल्लभभाई पटेल, राजगोपालाचारी, सरोजिनी नायडू, राजेन्द्र प्रसाद, जवाहरलाल नेहरू, सुभाषचन्द्र बोस और नरेन्द्र देव पूरे जोश-खरोश के साथ गांधी के साथ थे। गांधी की योजना के विरोध में विपिनचन्द्र पाल ने जो प्रस्ताव रखा था, उसके समर्थन में सबसे तर्कसंगत किन्तु भावपूर्ण भाषण जिन्ना का ही था। जिन्ना को यह पता चल गया था कि वरिष्ठ दिग्गज नेताओं के विरोध के बावजूद अधिवेशन में गांधी और उनके समर्थकों का ही पलड़ा भारी था। अतः उन्होंने गांधी के आन्दोलन की योजना को अमली जामा पहनाने की कोशिश को फ़िलहाल टालने के लिए एक समिति गठित करने का सुझाव दिया। प्रस्तावित समिति को रिपोर्ट देनी थी कि शिक्षण संस्थाओं और न्यायालयों के बहिष्कार की स्थिति में वैकल्पिक व्यवस्था क्या होगी। पर गांधी की आँधी के सामने किसी की कुछ भी नहीं चली। प्रस्ताव पर मतदान की स्थिति में मोतीलाल नेहरू तक ने गांधी के समर्थन में राय दी। इस तरह गांधी के आन्दोलन की योजना पर विराट जनसमर्थन की मुहर लग गई। पर प्रस्ताव के विरोध में अन्त तक श्रीमती एनी बेसेंट, पं. मदनमोहन मालवीय और मुहम्मद अली जिन्ना अडिग ही रहे। जिन्ना का भाषण इतना तर्कसंगत और सुविचारित था कि अधिवेशन में भाग लेनेवाले प्रतिनिधियों का एक अच्छा-ख़ासा वर्ग उनका कायल हो गया था। उनके भाषण से भारी-भरकम मौलाना शौकत अली बौखला उठे थे। भाषण ख़त्म होते ही उन्होंने अत्यन्त अशोभनीय ढंग से आगे बढ़कर जिन्ना की गर्दन पकड़ ली थी। महत्त्वपूर्ण लोगों के बीच-बचाव के कारण आगे और अप्रिय घटना होते-होते बच गई थी।

कलकत्ता में मुस्लिम लीग के समान्तर अधिवेशन में जिन्ना का भाषण और भी भावपूर्ण पर तर्कसंगत था। रौलट क़ानून, उसके विरोध और विरोध के दमन की जो परिणति पंजाब की लोमहर्षक घटनाओं में हुई थी, उसे सरकार द्वारा आयोजित 'अपराध के ऐसे उत्सव' की संज्ञा उन्होंने दी थी 'जिसे धो पाने की क्षमता मर्दों के शब्दों और औरतों के आँसुओं में नहीं थी।' उन्होंने देश पर थोपी गई एक के बाद एक अनिष्टकारी

घटनाओं का उल्लेख करते हुए कहा :

"पहले रौलट क़ानून आया और साथ ले आया पंजाब के बर्बर अत्याचार और फिर आया ज़िन्दगी और मौत से जुड़ा तुर्की के साम्राज्य और ख़िलाफ़त की लूट-खसोट का मामला।

"हिन्दुस्तान के ख़ून और हिन्दुस्तान के सोने की माँग की गई–जो बदक़िस्मती से दिया भी गया–पर उसे लिया गया तुर्की को तोड़ने के लिए और रौलट क़ानून की जंजीरें गढ़ने के लिए।

श्री गांधी ने देश के सामने असहयोग का कार्यक्रम रखा है। अब इस पर आपको सोचना है कि क्या आप उसकी नीति से सहमत हैं या नहीं–यदि हाँ तो क्या उसके बारीक ब्यौरे भी आपको मंजूर हैं ? मैं अभी भी सरकार से कहना चाहता हूँ कि वह हिन्दुस्तान की जनता को घोर हताशा की ओर न ढकेले, जिससे कि जनता के सामने कोई और रास्ता न बचे सिवाय इसके कि वह असहयोग की नीति पर चलना चालू कर दे। भले ही यह ज़रूरी नहीं है कि वह श्री गांधी का ही कार्यक्रम हो। इस योजना पर अमल की चोट आपमें से हर एक को अलग-अलग व्यक्तिगत रूप से झेलनी होगी और इसलिए यह महज़ आप पर मुनहसर है कि आप अपनी ताक़त का अन्दाज़ा लगाएँ और किसी फ़ैसले के पहले इसके हर पहलू को अच्छी तरह तौल लें। पर एक बार अगर आपने इस मामले में आगे बढ़ने का फ़ैसला ले लिया तो किसी भी हालत में पीछे हटने का कोई सवाल पैदा नहीं होगा।"

मुस्लिम लीग के मंच से दिए गए उनके भाषण का एक और अंश दृष्टव्य है–

"एक अपमानजनक क़दम के बाद दूसरा अपमानजनक क़दम, एक निराशा के बाद दूसरी निराशा और एक चोट के बाद दूसरी चोट। यह सिर्फ़ एक नतीज़े की ओर ले जा सकती है। ऐसी स्थिति रूस को बोल्शेविक इंक़लाब की ओर ले गई और आयरलैंड को सिनफ़ेनवाद की ओर। हमारी कामना है कि ये हिन्दुस्तान को आज़ादी की ओर ले जाए।"

ज्ञातव्य है कि मुस्लिम लीग के जो सदस्य ख़िलाफ़त-सभा से जुड़े थे वह गांधी के कार्यक्रम को पहले ही अपना समर्थन दे चुके थे। बाक़ी सदस्यों में बहुमत सरकारपरस्त और सुविधाभोगी सामंतों और पश्चिमी सभ्यता में रँगे लोगों का था। जिन्ना स्वयं इन आन्दोलनों के ख़िलाफ़ अपनी राय कांग्रेस के मंच से दिए गए अपने भाषण में दे चुके थे। इन सबके बावजूद लीग एकदम से अलग-थलग नहीं पड़ना चाहती थी। इसलिए उसने भी असहयोग को दबे मन से अपने पास किए गए प्रस्ताव में समर्थन दे दिया।

गांधी और जिन्ना का पहला सीधा टकराव बम्बई में 3 अक्टूबर, 1920 को होमरूल लीग की बैठक में हुआ। अप्रैल में गांधी इसके अध्यक्ष चुन लिए गए थे। गांधी की राय मानकर इसका नाम स्वराज-सभा कर दिया गया था। जिन्ना इस संगठन से उसके जन्मकाल से ही शीर्षस्थ नेता के रूप में जुड़े थे। उन्होंने इस नाम-परिवर्तन पर कोई एतराज़ नहीं किया। पर जब गांधी ने उसका उद्देश्य ब्रिटिश राष्ट्रमंडल के अन्तर्गत

सवैधानिक मार्ग से स्वशासन की प्राप्ति की जगह बदलकर हिन्दुस्तानी जनता की आकांक्षाओं के अनुरूप हिन्दुस्तान के लिए स्वराज की प्राप्ति करने का प्रस्ताव रखा तो जिन्ना और उनके समर्थकों ने इसका विरोध किया। जिन्ना ने ज़ोर देकर कहा कि बैठक में शामिल सदस्य बिना सामान्य सभा (जनरल बॉडी) की सहमति के यह परिवर्तन करने में सक्षम नहीं थे। इस पर गांधी का दोटूक जवाब था कि जो लोग इस परिवर्तित उद्देश्य से सहमत नहीं थे, वह संगठन छोड़ने के लिए स्वतन्त्र हैं। प्रस्ताव 19 मतों के विरुद्ध 42 मतों से पारित हुआ। आहत जिन्ना और उनके समर्थकों ने, जिनमें उनके प्रबल प्रशंसक भ्रातृद्वय जमनादास द्वारकादास, कानजी द्वारकादास और के.एम. मुंशी भी शामिल थे, संगठन से इस्तीफ़ा दे दिया। जिन्ना और उनके समर्थकों ने अपने इस्तीफ़े गांधी के रवैए को तानाशाही भरा बताते हुए दिए थे। गांधी को जब अपनी भूल का पता चला तो उन्होंने खेद व्यक्त करते हुए उन्हें इस्तीफ़े पर पुनर्विचार करने का आग्रह करते हुए लिखा कि इस्तीफ़ा वापस लेकर *"वह देश के सामने खुल रहे नए जीवन में अपना हिस्सा प्राप्त करें।"* अपने श्रम और विवेक से तिल-तिल निर्मित संगठन में परिस्थितिवश अल्पमत हो जाने के फलस्वरूप मिले बर्ताव के कारण वह गहरे आहत हुए थे। उन्होंने तल्ख़ भाषा में तुरन्त उत्तर दिया, *"अगर नए जीवन से आप का मतलब अपने काम करने के ढंग और कार्यक्रम से है तो मुझे डर है कि मैं उन्हें स्वीकार नहीं कर पाऊँगा क्योंकि मैं पूरी-पूरी तरह मानता हूँ, कि वो देश को घोर अनर्थ की ओर ले जानेवाले हैं।"* आहत मन जिन्ना ने आगे लिखा था :

"आपके रवैए ने उन सभी संस्थाओं में, जिनसे आप अब तक जुड़े, दरार और विभाजन पैदा कर दिया। यह दरार और बँटवारा आपने न केवल हिन्दुओं और मुसलमानों के बीच बल्कि, हिन्दुओं-हिन्दुओं के बीच और मुसलमानों-मुसलमानों के बीच, यहाँ तक कि बाप और बेटे के रिश्तों के बीच तक पैदा कर दिया है। इस समय पूरे देश में लोग पागल हो रहे हैं। आपके अतिवादी कार्यक्रमों ने ज़्यादातर अनुभवहीन युवावर्ग और अनजान-अनपढ़ जनता की ही कल्पना को उत्तेजित किया है। यह देश को भयंकर अराजकता की ओर ले जाएगा। जहाँ तक मेरा सवाल है, मैं मानता हूँ कि सरकार की ग़लत नीतियाँ इसकी वजह हैं और जब तक ये वजहें ख़त्म नहीं होतीं तब तक उनका असर बरक़रार रहेगा। इन वजहों को दूर करने के लिए न तो मेरे पास कारगर आवाज़ है और न ही ताक़त। इसके बावजूद मैं यह क़तई नहीं चाहता हूँ कि मेरे देशवासी चूर-चूर हो बिखर जाने के लिए जोखिम के ख़तरनाक कगार तक घसीट लिए जाएँ।"

यह कहते हुए गांधी की अध्यक्षता में नवस्पन्दित होमरूल लीग से (जो अब अपने नए अवतार में स्वराज-सभा थी) जिन्ना ने सदा के लिए नाता तोड़ लिया। ज्ञातव्य है कि होमरूल लीग की संस्थापिका स्वयं श्रीमती एनी बेसेंट भी, गांधी के कार्यक्रम से गम्भीर रूप से असहमति दर्ज कराते हुए, जिन्ना से पहले ही उससे अलग हो गई थीं। जिन्ना के पत्र के उक्त उद्धरण में, जहाँ देश की दारुण स्थिति के प्रति उनके गहरे

सरोकार की ईमानदार प्रतिध्वनि मिलती है, वहीं यह साफ़ हो जाता है कि परम्परागत संविधानवादी रास्ते से स्वराज की कामना करनेवाले नेताओं में गांधी के विराट अहिंसक जन-आन्दोलन का मुहावरा अभी अबूझ बना हुआ था। ऐनी बेसेंट, मालवीय और जिन्ना जैसे सुधी नेताओं की प्रतिक्रियाएँ इसका प्रमाण हैं।

दिसम्बर, 1920 के अन्तिम तीन दिनों में एक बार फिर कांग्रेस और मुस्लिम लीग दोनों के नियमित अधिवेशन नागपुर में आयोजित हुए। कांग्रेस अधिवेशन के अध्यक्ष थे दक्षिण के वरिष्ठ नरमदलीय नेता विजय राघवाचारी। इसके पहले के अधिवेशनों में केन्द्रीयता अध्यक्ष की होती थी। यह पहला अधिवेशन था, जिसमें गांधी सभी के आकर्षण-बिन्दु थे। नागपुर में आयोजित दोनों अधिवेशनों में कलकत्ता के विशेष अधिवेशन में लिए गए असहयोग-आन्दोलन के निर्णय की पुष्टि की जानी थी। वातावरण में उत्सव और तनाव दोनों था। कलकत्ता में असहयोग के प्रस्ताव से शुरू में असहमत चितरंजन दास ने स्वयं उसके पक्ष में प्रस्ताव रखा। श्रीमती एनी बेसेंट को इस सभा में अपना भाषण पूरा नहीं करने दिया गया था। प्रस्ताव के विरोध में जिन्ना का एकमात्र दृढ़ स्वर उभरकर आया था। गांधी और उनसे सहमत महानुभावों के प्रति अपना आदर प्रकट करने के साथ प्रस्तावित अहिंसक असहयोग के प्रति शंका जताते हुए उन्होंने कहा था कि *"लगता है बिना ख़ून बहे आज़ादी नहीं मिलेगी।"* जिन्ना को अपने भाषण के दौरान श्रोताओं की ओर से अत्यन्त अपमानजनक व्यवहार का सामना करना पड़ा। ख़िलाफ़त और असहयोग आन्दोलन के कलकत्ता और बाद में नागपुर अधिवेशन में अपनी असहमति व्यक्त करने के लिए उन्हें उत्तेजित श्रोताओं ने शर्म-शर्म के नारों के बीच बुज़दिल और राजनीतिक धोखेबाज तक कह डाला। जिन्ना के इस भाषण की चर्चा सभी जीवनीकारों, जिनमें हैक्टर बोलिथो और स्टैनली वॉलपर्ट भी शामिल हैं, ने की है। पर दुःख का विषय है कि इस पर चर्चा ज़्यादातर इस भाषण को बिना पढ़े की गई है। गांधी और मोहम्मद अली को क्रमशः 'महात्मा' और 'मौलाना' न कहकर दोनों के नाम के साथ 'मिस्टर' लगाने की उनकी ज़िद को लगभग सभी ने रेखांकित किया है। यह मात्र अंशतः ही सही है। जिन्ना ने अपने इस भाषण में गांधी के नाम की चर्चा ग्यारह बार की थी, जिसमें सात बार उन्होंने 'महात्मा' शब्द का प्रयोग किया था। गलती से चार बार उनके मुँह से महात्मा की जगह मिस्टर शब्द निकल गया था, जिस पर श्रोताओं के एतराज़ पर खेद व्यक्त करते हुए, वह इसे तुरन्त सुधार कर महात्मा शब्द का प्रयोग दोबारा करने से ज़रा भी हिचकिचाए नहीं थे। हाँ, मोहम्मद अली के नाम के साथ उन्होंने लगातार मौलाना की जगह मिस्टर शब्द का ही प्रयोग किया था। कांग्रेस के किसी भी अधिवेशन में शायद ही किसी नेता को वैचारिक असहमति और शब्द विशेष के प्रयोग के कारण इस तरह की अपमानजनक स्थिति से गुजरना पड़ा हो। सबसे खेद की बात यह है कि जब जिन्ना के साथ यह अशोभनीय व्यवहार किया जा रहा था, तो गांधी समेत किसी नेता ने हस्तक्षेप की ज़रूरत नहीं समझी थी।

जिन्ना के मन को चोट पहुँचानेवाली एक और घटना उल्लेखनीय है। उन्होंने अभी

अपना भाषण ख़त्म भी नहीं किया था कि ख़िलाफ़त-आन्दोलन के सूत्रधार मौलाना मोहम्मद अली मंच पर कूद-से पड़े। वह बोले, *"आप सवैधानिक रास्ते की बहुत बातें करते हैं। इससे मुझे एक कहानी याद आती है। एक नौजवान टोरी कार्लटन क्लब से निकलकर चहलक़दमी करते पिकैडिली सर्कस पहुँचा। वहाँ ईसाई धर्म के प्रचार-प्रसार से जुड़े साल्वेशन आर्मी नामक संगठन की सभा चल रही थी। उसमें वक्ता कह रहा था—'इस ओर आओ, यह परमेश्वर का रास्ता है।' यह सुनकर नौजवान टोरी ने टोकते हुए सवाल किया, "कब से आप ये उपदेश दे रहे हैं। 'बीस साल से' वक्ता ने कहा। 'अच्छा' तब टोरी नवयुवक बोला, 'अगर इतने साल बाद भी आप महज़ पिकैडली सर्कस तक ही पहुँच पाए तो मैं आपके विचार के बारे में कोई ऊँची राय नहीं रख सकता।' "*

इस चुटकुले में जिन्ना के सवैधानिक मार्ग में विश्वास के प्रति जो उपहास का भाव सन्निहित था, उससे उन्हें मार्मिक चोट पहुँची थी। उनके प्रशंसक दीवान चमनलाल ने लिखा है कि उसके बाद आहत-दृष्टि और भ्रान्त-मुख उदास जिन्ना निश्चेष्ट बैठ गए थे।

उन पर गहरी ख़ामोशी छा गई थी। नागपुर के कांग्रेस-अधिवेशन में अपमान का कड़वा घूँट पीने के बाद जिन्ना ने होमरूल लीग की तरह अब कांग्रेस को भी अलविदा कहने का दृढ़ निश्चय कर लिया था। सत्र के अन्त में इस दौर के वरिष्ठ पत्रकार दुर्गादास जब उनसे मिले थे, तो उनकी बातों में उन्हें क्रोध से कहीं अधिक गहरे दुःख का आभास मिला था। उन्होंने कहा था कि *"गांधी के नेतृत्ववाली कांग्रेस और उनके रास्ते अब अलग-अलग हैं।"* जनता की भावनाओं को भड़काने के रवैए की निन्दा करते हुए उन्होंने कहा था कि *"राजनीति शरीफ़ों का खेल है।"* दुर्गादास की बहुचर्चित पुस्तक 'भारत—कर्ज़न से नेहरू तक' से एक और महत्त्वपूर्ण तथ्य प्रकाश में आता है, जो जिन्ना की तब तक की गहरी धर्म-निरपेक्ष राजनीतिक दृष्टि का परिचायक है। जिन्ना ने दुर्गादास को विश्वास में लेते हुए कहा था कि ख़िलाफ़त-आन्दोलन को तरज़ीह देने के कारण प्रतिक्रियावादी मुल्ला ऊपर आ गए थे। उन्होंने आश्चर्य व्यक्त करते हुए कहा था कि *"हिन्दू नेता इस बात को क्यों नहीं समझते कि ख़िलाफ़त-आन्दोलन से अखिल इस्लामवाद (पैन इस्लामिज्म) को भारी प्रोत्साहन मिल रहा है। उसकी ओट में तुर्की का सुल्तान खलीफ़ा की खोल के नीचे अपने लगातार छीजते-टूटते साम्राज्य को मजबूत बनाने की भरपूर कोशिशें कर रहा है। इससे हिन्दुस्तान के मुसलमानों की राष्ट्रीयता कमज़ोर पड़ रही है।"* इस तरह ख़िलाफ़त के नाम पर उत्तेजक धार्मिक नारों से जनता में पागलपन पैदा करने के प्रयासों से भी अपनी गहरी असहमति व्यक्त करते हुए जिन्ना ने होमरूल लीग की तरह कांग्रेस से भी अपना रिश्ता तोड़ लिया था। दूसरे दिन मुस्लिम लीग के समान्तर अधिवेशन में भाग लिए बिना पहली उपलब्ध ट्रेन से विषण्णमन, उदास-हताश जिन्ना रत्ती के साथ बम्बई लौट आए थे।

4

चौरी-चौरा कांड से गवर्नमेंट ऑफ़ इंडिया ऐक्ट 1935 के अन्तर्गत सन् 1937 के चुनाव तक

सन् 1922 से सन् 1937 तक

होमरूल लीग और कांग्रेस, दोनों से नाता तोड़ने के बाद जिन्ना ने अपने वकालत के पेशे की व्यस्तताओं में डूब जाना चाहा था। पर जिन राजनीतिक प्रतिबद्धताओं और मूल्यों में उनकी गहरी आस्था थी, उसने उन्हें चैन नहीं लेने दिया। अपने आदर्श गोपाल कृष्ण गोखले की पुण्यतिथि पर उनके ही द्वारा स्थापित 'सर्वेंट्स ऑफ़ इंडिया सोसाइटी' के तत्त्वावधान में 19 फ़रवरी, 1921 को जिन्ना ने देश की राजनीतिक स्थिति का लेखा-जोखा प्रस्तुत किया। जहाँ उन्होंने देश के स्वाभिमान को गम्भीर रूप से आघात पहुँचाने के लिए अंग्रेज़ शासकों की कड़ी भर्त्सना की, वहीं उन्होंने गांधी के असहयोग और ख़िलाफ़त-आन्दोलनों द्वारा उत्पन्न टकराव की राजनीति के ख़तरों से आगाह करते हुए एक बार फिर उससे अपनी गहरी असहमति व्यक्त की। गांधी को एक महान नेता मानते हुए उन्होंने उनके कार्यक्रम को आध्यात्मिक आन्दोलन बताया, जो उनके अनुसार राजनीतिक दृष्टि से व्यावहारिक नहीं था। जिन्ना का मानना था कि यदि गोखले जीवित होते तो वह इस प्रकार के कार्यक्रम को कभी भी समर्थन न देते। एक वैकल्पिक मार्ग ढूँढ़ने के लिए जिन्ना ने जनवरी, 1922 में बम्बई में ही तीन सौ नेताओं का एक सम्मेलन आयोजित किया, जिसमें गांधी भी शामिल हुए। उसमें आन्दोलनकारियों और अंग्रेज़ सरकार के मतभेदों पर विचार-विमर्श के लिए एक गोलमेज़ कांफ्रेंस बुलाने के प्रस्ताव पर सहमति हुई। फ़रवरी, 1922 में चौरीचौरा की हिंसा और हत्याओं से उद्विग्न गांधी ने जब आन्दोलन वापस ले लिया, तो देश में आक्रोश और असन्तोष का ज्वार फूट पड़ा। गांधी के लिए यह सबसे बड़ी परीक्षा की घड़ी थी।

पर जिन्ना ने अभी भी हार नहीं मानी थी। वह एक मध्यममार्गी राजनीतिक संगठन बनाने के लिए एक बार फिर सक्रिय हुए, जिससे वह गांधी और उनके 'अतिवादी' साथियों को अलग रखना चाहते थे। गांधी की अध्यात्म-प्रेरित राजनीति के प्रति उनका विकर्षण-भाव दिन-प्रतिदिन बढ़ता जा रहा था। इस प्रयास में जहाँ एक ओर उन्हें कांग्रेस और होमरूल लीग के अपने पूर्व प्रशंसकों और सहयोगियों की नकारात्मक उदासीनता

का सामना करना पड़ा, वहीं दूसरी ओर ख़िलाफ़त-आन्दोलन के कर्णधार नेताओं—शौकत अली, मोहम्मद अली तथा मौलाना आज़ाद जैसी दिग्गज मुसलमान हस्तियों की नफ़रत का भी उन्हें शिकार होना पड़ा। एक मध्यममार्गी धर्मनिरपेक्ष राजनीतिक संगठन के ज़रिए देश की राजनीति में केन्द्रीय भूमिका निभाने का एक बार फिर से कुनमुनाया उनका सपना अन्तिम रूप से मौत की नींद सो गया।

सितम्बर, 1923 में केन्द्रीय लेजिस्लेटिव असेम्बली के चुनाव में भाग लेने के सवाल पर कांग्रेस में दो दल हो गए। मोतीलाल नेहरू और चितरंजन दास के नेतृत्व में स्वराज पार्टी के नाम से गठित दल चुनाव में हिस्सा लेने के लिए कृतसंकल्प था। दूसरा दल गांधी की असहयोग नीति में निष्ठा रखनेवाले लोगों का था, जो संवैधानिक रास्ते के ज़रिए स्वतन्त्रता-प्राप्ति की संभावना में क़तई आस्था नहीं रखता था। इस चुनाव में स्वतन्त्र मुस्लिम उम्मीदवार के रूप में मुस्लिम निर्वाचन क्षेत्र से जिन्ना निर्विरोध चुने गए। यह एक ऐसा प्रस्थान बिन्दु था, जब जिन्ना को पहली बार अपनी मुस्लिम पहचान का अहसास हुआ। पर अभी भी जिन्ना हिन्दुस्तान के मुसलमानों को पहले हिन्दुस्तानी और उसके बाद मुसलमान मानने की सीख देने से नहीं चूकते थे। कांग्रेस से मुस्लिम लीग में आए राजा महमूदाबाद ने जिन्ना से सम्बन्धित अपने किशोरावस्था के संस्मरण में इसका मर्मस्पर्शी ज़िक्र किया है।

व्यापक राष्ट्रीय हित जिन्ना के मन में अब भी सर्वोपरि था। सेंट्रल लेजिस्लेटिव असेम्बली, दिल्ली के जनवरी, 1924 में वॉयसराय द्वारा उद्घाटन के तुरन्त बाद जिन्ना ने सभी तेईस स्वतन्त्र सदस्यों को संगठित करते हुए स्वराज पार्टी के वरिष्ठ नेता मोतीलाल नेहरू और चितरंजन दास के साथ विचार-विमर्श द्वारा उस दल के बयालीस सदस्यों को भी एकजुट कर एक अभूतपूर्व राष्ट्रीय दृष्टि का परिचय दिया। इस प्रकार जिन्ना की पहल पर पैंसठ निर्वाचित सदस्यों का एक राष्ट्रीय दल असेम्बली में गठित हो सका, जो हर मायने में सरकार द्वारा मनोनीत सदन के छत्तीस सदस्यों पर भारी सिद्ध होने में पूर्णतः सक्षम था। इस दल के प्रस्ताव के सामने विवश होकर लॉर्ड रीडिंग को सर अलेक्जेंडर मुडीमैन की अध्यक्षता में एक सुधार जाँच समिति (रिफार्मृस इंक्वायरी कमेटी) का गठन करना पड़ा। सर तेज बहादुर सप्रू, सर मोहम्मद शफी, सर वी.एस. शिव स्वामी अय्यर और डॉ. आर.पी. परांजपे के साथ जिन्ना भी इस समिति के सदस्य बने। जिन्ना ने इस समिति के विचारार्थ एक विस्तृत तथा तर्क-संगत राष्ट्रीय माँगपत्र तैयार किया था। दुर्भाग्यवश वॉयसराय ने अपने विशेषाधिकार का उपयोग कर इस माँगपत्र पर सदन में विचार नहीं होने दिया। जिन्ना का महत्त्व दिल्ली की असेम्बली में वही था, जो कलकत्ता की असेम्बली में उनके आदर्श पुरुष और गुरु-तुल्य गोखले का हुआ करता था।

मई, 1924 में लाहौर में आयोजित मुस्लिम लीग के विशेष अधिवेशन में जिन्ना ने असहयोग और ख़िलाफ़त-आन्दोलन की सीमाओं को रेखांकित करते हुए यह ईमानदारी से स्वीकार किया कि इन आन्दोलनों ने देश में आज़ादी की ललक को निश्चय

ही तेज़तर कर दिया था। अपने भाषण में उन्होंने साफ़ ऐलान किया कि स्वराज हिन्दू-मुस्लिम एकता का ही दूसरा नाम है। उनके नेतृत्व में मुस्लिम लीग ने पहली बार स्वराज-प्राप्ति के लिए संघर्ष का संकल्प लिया। लाहौर की इस घोषणा में शायद आख़िरी बार जिन्ना ने गांधी के पहले महात्मा विशेषण का प्रयोग किया था। असहयोग और ख़िलाफ़त-आन्दोलन से देश के सभी वर्गों में जो जोश पैदा हुआ था उसके नकारात्मक नतीजे को लेकर जिन्ना की आशंका एकदम निर्मूल नहीं थी। 1924 के अक्तूबर में तुर्की के नवोदित एवं तेजस्वी राष्ट्राध्यक्ष मुस्तफ़ा कमाल अतातुर्क ने जब ख़लीफ़ा का सदियों से चला आ रहा धार्मिक पद समाप्त कर दिया तो ख़िलाफ़त-आन्दोलन की हवा निकल गई। दोनों आन्दोलनों से उपजा जोश, हताशा और कुंठा से ग्रस्त हो अभूतपूर्व साम्प्रदायिक वैमनस्य और हिंसा का ज्वार बन पूरे देश में फूट पड़ा। इसमें सबसे ज्वलन्त था मालाबार के हिन्दू ज़मींदारों के ख़िलाफ़ मोपला मुसलमान खेतिहर मज़दूरों का हिंसक विद्रोह जिसके और भी कई आयाम थे।

व्यापक राष्ट्रीय दृष्टि से दीप्त जिन्ना के तेजस्वी व्यक्तित्व की झलक एक बार फिर 1927-28 में साइमन कमीशन के भारतव्यापी बहिष्कार के दौरान मिलती है। तत्कालीन भारतमन्त्री लॉर्ड बर्केन्हेड को भारत में दिन-ब-दिन स्वराज की माँग को लेकर बढ़ती उत्तेजना को ध्यान में रखकर संवैधानिक सुधार के ज़रिए देश के शासन में भारतीयों की भागीदारी पर सुझाव देने के लिए इंग्लैंड के प्रसिद्ध क़ानूनविद् सर जान साइमन की अध्यक्षता में छः सदस्यों की एक समिति–रॉयल स्टेचुटरी कमीशन के नाम से गठित करनी पड़ी। भारतीय मन की अपेक्षाकृत बेहतर समझ रखनेवाले तत्कालीन वॉयसराय लॉर्ड इर्विन का सुझाव था कि कम-से-कम दो विशिष्ट भारतीय क़ानूनविदों को भी इस कमीशन का सदस्य मनोनीत किया जाए। केन्द्रीय असेम्बली में जिन्ना का जो महत्त्व सर्वमान्य था उसके आधार पर जिन्ना उक्त समिति में भारत के प्रतिनिधित्व के लिए सर्वश्रेष्ठ पात्र सिद्ध होते थे। पर लॉर्ड इर्विन के सुझाव को अनदेखा कर सभी अंग्रेज़ सदस्यों की इस समिति के भारत के दौरे के प्रस्ताव ने पूरे देश में आग लगा दी। साइमन कमीशन के बहिष्कार के मुद्दे पर जहाँ कांग्रेस एकमत थी मुस्लिम लीग में पूरी सहमति नहीं बन पाई थी। पंजाब के सर मोहम्मद शफी के नेतृत्व में मुस्लिम नेताओं का एक वर्ग कमीशन के साथ सहकार और उसके स्वागत के लिए अंग्रेज़ सरकार से वचनबद्ध था। पर जिन्ना के नेतृत्व में मुस्लिम लीग के अधिकांश सदस्य बहिष्कार के पक्ष में थे।

लाहौर में इस कमीशन के विशाल जुलूस का नेतृत्व करते हुए लाला लाजपत राय शहीद हो गए। लखनऊ में बहिष्कार समर्थक जुलूस का नेतृत्व करते हुए जवाहरलाल नेहरू पर पुलिस ने इस तरह घातक प्रहार किए थे कि उनका हश्र भी लाला लाजपत राय का सा ही होता, ईमानदारी से यदि गोविन्द बल्लभ पन्त ने बेहोश नेहरू के ऊपर गिरकर बाक़ी आघात स्वयं न झेल लिए होते। पहली जनवरी, 1928 को कमीशन के बहिष्कार के सिलसिले में कलकत्ता में आयोजित मुस्लिम लीग के आयोजन में विशिष्ट अतिथि के रूप में एनी बेसेंट और सरोजिनी नायडू भी शामिल हुई थीं। जिन्ना ने इस

सिलसिले में सिंहनाद करते हुए कहा था कि 'ग्रेट ब्रिटेन के विरुद्ध एक संवैधानिक जंग का ऐलान हो चुका है। इसमें शान्ति के प्रस्ताव सरकार को करने होंगे। जलियाँवाला बाग अगर हमारी भौतिक हत्या थी तो साइमन कमीशन हमारी आत्मा की हत्या है। लॉर्ड बर्केन्हेड ने हमें स्वशासन के अयोग्य घोषित कर दिया है।' कांग्रेस और हिन्दू महासभा के मंचों से बढ़े नेताओं के मैत्रीपूर्ण हाथों का हृदय से स्वागत करते हुए जिन्ना ने कहा था कि 'लॉर्ड बर्केन्हेड दरअसल धन्यवाद के हक़दार हैं, क्योंकि इन्होंने देश में एकता हासिल करने का एक नायाब मौक़ा दिया है।' सभी राजनीतिक वर्गों द्वारा समर्थित जिन्ना के नेतृत्व में कमीशन का बहिष्कार बम्बई में पूरी तरह कामयाब रहा। गांधी ने इसके लिए जिन्ना को विशेष बधाई दी थी।

सन् 1927 का साल समाज-सुधार के लिए प्रभावशाली क़ानूनी क़दम उठाने की दृष्टि से विशेष उल्लेखनीय है। इसी साल 1 फ़रवरी को अजमेर के राय साहब हरिदास सारडा ने 12 वर्ष से कम उम्र की लड़कियों और 15 वर्ष से कम उम्र के लड़कों के विवाह पर रोक लगाने के लिए केन्द्रीय विधायिका (सेंट्रल लेजिस्लेटिव असेम्बली) में एक व्यक्तिगत बिल पेश किया था। पंजाब, बम्बई, मद्रास, असम और मध्यभारत (सेंट्रल प्रॉविंस) में स्त्रियों को वोट देने और चुनाव में खड़े होने के अधिकार इसी साल पहली बार सरकार द्वारा प्रदान किए गए थे। हिन्दुओं और मुसलमानों, दोनों सम्प्रदायों की रूढ़िवादी और कट्टरपन्थी शक्तियों ने इन दोनों सुधारों का विधायिका और विधायिका के बाहर घोर विरोध किया था। स्त्रियों को राजनीतिक अधिकार दिए जाने के ख़िलाफ़ 74 महत्त्वपूर्ण उलेमा की अगुवाई में 72,725 मुसलमानों ने कुल मिलाकर 707 पेटीशन वॉयसराय और प्रान्तों के गवर्नरों को भेजे थे। इसमें धर्म के ख़तरे में होने की गुहार साफ़ थी। जिन्ना ने दोनों सम्प्रदायों की बददिमाग़ दक़ियानूसी ताक़तों का डटकर विरोध किया था। सारडा बिल का समर्थन करते हुए उन्होंने कहा था—

"मैं यक़ीन नहीं कर सकता कि ऐसी कुरीतियों को किसी तरह की ईश्वरीय मान्यता प्राप्त है। हम इस तरह की प्रचलित कुरीतियों को आगे एक मिनट भी चलने देने की स्वीकृति नहीं दे सकते। इस प्रकार की क्रूर, भयानक, लज्जाजनक और अमानवीय प्रथा को, जो हिन्दुस्तान में प्रचलित है, कैसे ईश्वरीय मान्यता प्राप्त हो सकती है ?...पर क्या हम उस वर्ग द्वारा पतन के गर्त में घसीट लिए जाएँगे, जिसकी हम क़द्र करते हैं, जिसकी भावनाओं को हम समझते हैं और आदर देते हैं ? क्या हम तरक़्क़ी की राह पर आगे बढ़ने से ज़बर्दस्ती रोक लिए जाएँगे ? इंसानियत के नाम पर मैं आपसे यह सवाल पूछता हूँ।"

धार्मिक मान्यताओं की विकृत व्याख्या के बरअक्स इंसानियत की दुहाई देते हुए उन्होंने आगे कहा था—

"और अगर हम अपने को एक ऐसे जनमत से प्रभावित होने देते हैं, जो धर्म के नाम पर पैदा किया जा सकता है और जब हम यह अच्छी तरह जानते हैं कि धर्म का इससे कोई लेना-देना नहीं है, तब हममें यह कहने की हिम्मत होनी चाहिए : नहीं हम

इससे क़तई डरनेवाले नहीं हैं।"

सारडा बिल पर जिन्ना का यह अभिभाषण विशेष रूप से विचार-योग्य है। ग़ौरतलब है कि सन् 1921 में वह कांग्रेस और होमरूल लीग से नाता तोड़ चुके थे। अब मुस्लिम लीग का मंच ही उनके लिए उनकी राजनीतिक गतिविधियों हेतु उपलब्ध था। इसके बावजूद उनके सोच और सरोकार के दायरे में समूचा हिन्दुस्तानी समाज था। हिन्दुओं में व्याप्त बाल-विवाह की भयावह कुरीति को वह मात्र उनकी समस्या मानकर चुप भी रह सकते थे। पर ऐसा करना उनकी न्यायप्रिय प्रकृति और व्यापक राष्ट्रीय-सामाजिक दृष्टि के अनुकूल नहीं था।

साइमन कमीशन के राष्ट्रव्यापी बहिष्कार को जो व्यापक और जोश-भरा जन-समर्थन मिला था, उससे देश का आत्मसम्मान और आत्मविश्वास एक बार फिर नए ढंग से जग उठा था। देश में स्वशासन के लिए एक अपने संविधान की रूप-रेखा तैयार करने की ज़रूरत प्रायः हर राजनीतिक दल के महत्त्वपूर्ण नेता अनुभव कर रहे थे। नतीज़तन डॉ. एम.ए. अंसारी की अध्यक्षता में एक सर्वदलीय अधिवेशन का आयोजन दिल्ली में 12 फ़रवरी, 1928 को आयोजित किया गया। इसमें गांधी को छोड़कर सभी राजनीतिक दलों के प्रतिनिधि नेता शामिल हुए। एम.आर जयकर, लाला लाजपत राय, मदनमोहन मालवीय, मोतीलाल नेहरू और जिन्ना के नाम इनमें विशेष उल्लेखनीय हैं। अधिवेशन में 'पूर्णतः उत्तरदायी सरकार की स्थापना' के लिए एक संविधान बनाने की सहमति के बाद उसकी रूपरेखा पर विचार प्रारम्भ हुआ। एक ओर डॉ. जयकर, मदनमोहन मालवीय और लाला लाजपत राय मुसलमानों के लिए अलग निर्वाचन क्षेत्र के प्रावधान के ख़िलाफ़ थे, दूसरी ओर उसकी जगह कोई ऐसा विकल्प नहीं सुझाया जा रहा था, जिससे मुसलमानों में आश्वस्ति का भाव जगाया जा सके। जिन्ना स्वयं दिल से मुसलमानों के लिए अलग से निर्वाचन क्षेत्र के पक्ष में नहीं थे। पर इसके बेहतर विकल्प के अभाव में वह इसको एक 'ज़रूरी बुराई' मानकर उस पर तब तक अमल चाहते थे जब तक मुसलमानों का आर्थिक और शैक्षणिक पिछड़ापन एक हद तक ख़त्म न हो जाए। फिर भी मुसलमानों के अलग निर्वाचन क्षेत्र की माँग के विकल्प के लिए जिन्ना की सोच और तलाश लगातार जारी थी।

अपने लखनऊ प्रस्ताव के हश्र से अविचलित जिन्ना ने 1927 में एक प्रस्ताव तैयार किया था जिसे 'दिल्ली मुस्लिम प्रस्ताव' के नाम से जाना गया। इस प्रस्ताव में हिन्दुओं और मुसलमानों के लिए एक ही संयुक्त निर्वाचन क्षेत्र के सम्बन्ध में सहमति थी। मुसलमान और हिन्दू उम्मीदवार यदि दोनों सम्प्रदाय के संयुक्त निर्वाचन क्षेत्र से चुनाव लड़ेंगे तो उन्हें दोनों वर्गों के लोगों की भावनाओं और हितों को ध्यान में रखकर अपना प्रचार करना होगा। फलस्वरूप संकुचित साम्प्रदायिक नज़रिए और भड़कानेवाले चुनावी भाषणों द्वारा वोट माँगने की प्रवृत्ति पर काफ़ी हद तक अपने आप अंकुश लग जाएगा। अपने इस सोच से जिन्ना ने न केवल मुस्लिम लीग के महत्त्वपूर्ण नेताओं को अवगत कराया, बल्कि उन्होंने उनमें से उल्लेखनीय संख्या में लोगों को इसके पक्ष में राज़ी भी

कर लिया था। जिन्ना के इस प्रस्ताव से मुस्लिम लीग में दरार पड़ गई थी। पर मुसलमानों के लिए अलग निर्वाचन क्षेत्र की माँग को छोड़ने की एवज में वे कुछ ऐसी संवैधानिक शर्तों का प्रावधान चाहते थे, जिससे अल्पसंख्यकों में विश्वास और आश्वस्ति का भाव जग सके। उनके प्रस्ताव के अनुसार जिन प्रान्तों में मुसलमान अल्पसंख्यक थे, उनमें भावी संविधान में उनके प्रतिनिधियों की एक निश्चित संख्या विधायिका में निर्धारित होनी चाहिए। यही प्रावधान उनके अनुसार उन प्रान्तों में हिन्दुओं के लिए भी होना चाहिए, जिनमें वे अल्पसंख्यक थे। केन्द्रीय विधायिका में उनके प्रस्ताव के अनुसार कम-से-कम एक-तिहाई प्रतिनिधित्व मुसलमानों को देना आवश्यक था। इसके लिए भी चुनाव मिले-जुले निर्वाचन क्षेत्र से ही किए जाने का सुझाव उनके द्वारा प्रस्तावित भावी संविधान में था। इन प्रस्तावों से न केवल मुस्लिम लीग, बल्कि एक हद तक मोटे तौर पर मई, 1927 के मद्रास अधिवेशन में कांग्रेस भी सहमत हो गई थी। हिन्दू महासभा के कुछ ऐसे नेताओं के दबाव के कारण जिनका प्रभाव कांग्रेस के नेताओं के एक महत्त्वपूर्ण वर्ग पर था, कांग्रेस अपनी सहमति को अमली जामा नहीं पहना सकी। इसके बाद एक बार फिर साइमन कमीशन में हिन्दुस्तानियों की भागीदारी या उसके समानान्तर हिन्दुस्तानी क़ानूनविदों के एक कमीशन के लिए जिन्ना के अन्तिम प्रयास मात्र दिवा-स्वप्न ही सिद्ध हुए।

अपनी पत्नी की बीमारी के फलस्वरूप जिन्ना को मार्च, 1928 में यूरोप जाना पड़ा। उनकी ग़ैरमौजूदगी में कांग्रेस अध्यक्ष डॉ. एम.ए. अंसारी की अध्यक्षता में बम्बई में सर्वदलीय सभा के कुछ महत्त्वपूर्ण प्रतिनिधियों की उपस्थिति में मोतीलाल नेहरू को मुस्लिम लीग के तरुण नेता मुहम्मद करीम छागला, तेजबहादुर सप्रू तथा सरोजिनी नायडू को एक राष्ट्रीय संविधान का प्रारूप तैयार करने की ज़िम्मेदारी सौंपी गई। जिन्ना समेत मुस्लिम लीग के कुछ महत्त्वपूर्ण नेताओं की संभावित आपत्तियाँ ध्यान में रखते हुए नेहरू कमीशन ने पृथक निर्वाचन का प्रावधान ज़रूरी समझा। पर उत्साही छागला के ज़ोर देने पर कि हम आज के लिए नहीं, बल्कि भविष्य के लिए संविधान का प्रारूप तैयार कर रहे हैं, यह प्रावधान हटा दिया गया। राजा महमूदाबाद (जो कि नवम्बर, 1928 में मुस्लिम लीग के अध्यक्ष चुने गए थे), छागला तथा मुस्लिम लीग के कुछ अन्य महत्त्वपूर्ण नेताओं को नेहरू कमीशन द्वारा तैयार राष्ट्रीय संविधान के प्रारूप में कोई ख़ास एतराज़ का मुद्दा नहीं दिखा। वे उसे स्वीकार्य मानते थे। पर अपने दो पूर्ववर्ती वैकल्पिक संविधान के प्रारूप के हश्र से मन ही मन गहरे आहत जिन्ना को यूरोप से लौटने पर जब उनके जूनियर सहयोगी और स्नेह-भाजन सत्ताईस वर्षीय छागला ने ललक और उत्साह के साथ संविधान के बारे में बताया तो उन्होंने सख़्त रुख़ अख़्तियार करते हुए उसे हिन्दुओं के हित में तैयार किया गया दस्तावेज़ मानते हुए कहा कि जब तक मुस्लिम लीग के आगामी अधिवेशन में उस पर विचार न कर लिया जाए वह उस पर कोई टिप्पणी नहीं करना चाहेंगे। राष्ट्रवादी, उदारचेता और धर्मनिरपेक्ष जिन्ना, जो विषम से विषम परिस्थितियों में संयम और सन्तुलन की प्रतिमूर्ति माने जाते थे, अब अपने जीवन

और भारतीय राजनीति के ऐसे मोड़ पर खड़े थे, जहाँ से उनकी छवि एक ज़िद्दी सौदेबाज़, चिड़चिड़े और मात्र मुस्लिम साम्प्रदायिक हितों के पोषक के रूप में बननी शुरू होती है। नवम्बर, 1928 में मुस्लिम लीग की लखनऊ में आयोजित कार्यकारिणी की बैठक में जिन्ना के विचारों के समर्थक अल्पसंख्या में थे। दिसम्बर, 1928 में कलकत्ता के अधिवेशन में अपने संयत और निहायत तर्कसम्मत वक्तव्य से जिन्ना ने पासा अपने विचारों के पक्ष में एक हद तक पलट दिया था। पर मुस्लिम लीग का बहुमत अभी भी पूरी तरह उनके साथ नहीं था।

कलकत्ता के अधिवेशन में जिन्ना नेहरू कमीशन के संवैधानिक प्रारूप को पूरी तरह नामंजूर करने के पक्ष में थे। पर लम्बे विचार-विमर्श के बाद उक्त प्रारूप में तीन महत्त्वपूर्ण मुद्दों पर संशोधन हेतु सहमति हुई। पहला था मुसलमानों के लिए पृथक निर्वाचन क्षेत्र बरक़रार रखना। दूसरा था केन्द्रीय विधायिका में मुसलमानों के लिए एक-तिहाई जगह सुरक्षित रखना। और तीसरा था केन्द्र और प्रान्तों के अधिकार क्षेत्रों को तय करने के बाद शेष अधिकार केन्द्र के पास न रखकर प्रान्तों के पास रखना। जिन्ना के आहत मन और ज़िद का मनोविज्ञान उस पीढ़ी के नेताओं में सर तेज बहादुर सप्रू के अलावा शायद कोई दूसरा नहीं समझ सका था। उपर्युक्त पहली और तीसरी माँगों पर कांग्रेस को भी कोई ख़ास एतराज़ नहीं था। दूसरी माँग कांग्रेस के गले नहीं उतर रही थी। पर तेज बहादुर सप्रू का कहना था कि केन्द्रीय विधायिका में मुसलमानों की संख्या सत्ताईस प्रतिशत थी ही। यदि जिन्ना एक शरारती और बिगड़े बच्चे की तरह ज़िद पर अड़े हैं तो मुसलमानों के लिए एक-तिहाई प्रतिनिधित्व की उनकी माँग को मंजूर कर विवाद समाप्त करना चाहिए।

जिन्ना की पत्नी रत्तीबाई पेटिट जिन्ना (मुस्लिम नाम मरियम) जो उनसे लगभग चौबीस साल छोटी थीं और जिनके साथ उनके सम्बन्ध दिन-ब-दिन तनावपूर्ण होते जा रहे थे, एक लम्बी बीमारी के बाद 20 फ़रवरी, 1929 को उन्तीस वर्ष की आयु में लगभग दस साल की बेटी दीना को छोड़कर दिवंगत हो गई थीं। दिल्ली से पहुँचकर उनकी अन्त्येष्टि के समय बम्बई में जिन्ना सरोजिनी नायडू के शब्दों में एक बच्चे की तरह फूट-फूटकर रोए थे। मानवीय दुर्बलता और भावुक मनोदशा की शायद जिन्ना के जीवन में यह अन्तिम अभिव्यक्ति थी। जहाँ देश की राजनीति में उनके सपने महज़ सपने बनकर रह गए थे, वहीं उनके व्यक्तिगत जीवन का आशियाना तिनका-तिनका बिख़र गया था। यह उनके ज़ीवन का गहरे और लम्बे अवसाद का काल था। होमरूल लीग (स्वराज-सभा) और कांग्रेस से वह नाता तोड़ चुके थे। मुस्लिम लीग एक दमदार राजनीतिक मंच के रूप में अभी विकसित नहीं हुआ था। फ़िलहाल उसमें उनके प्रशंसक अधिक और अनुयायी कम थे। नेहरू कमीशन द्वारा तैयार किए गए संविधान के प्रारूप के विरुद्ध मुस्लिम लीग का बहुमत अभी भी पूरी तरह उनके साथ नहीं था। यहाँ तक कि बम्बई में मुस्लिम लीग के प्रान्तीय सम्मेलन में 23 नवम्बर, 1928 को युवक छागला के भाषण के बाद जिन्ना को यक़ीन हो गया था कि यदि वह नेहरू कमीशन की रपट

के विरुद्ध अपना प्रस्ताव मत-विभाजन के लिए रखेंगे तो उन्हें कामयाबी नहीं मिलेगी। फलस्वरूप उन्होंने चतुराई से बैठक स्थगित कर दी थी।

30 मार्च, 1929 को दिल्ली में मुस्लिम लीग के सम्मेलन में भी नेहरू कमीशन की रपट के विकल्प के रूप में जिन्ना के चौदह सूत्रीय प्रस्ताव के विरोधियों की संख्या उसके समर्थकों से कहीं अधिक थी। हाँ, ख़िलाफ़त-आन्दोलन के अग्रणी नेता अब गांधी के कटु आलोचक मौलाना मोहम्मद अली, जिन्ना के एक नए समर्थक के रूप में उभरे थे। मौलाना मोहम्मद अली का गांधी-विरोध किस हद तक शिष्टाचार और शालीनता की सीमाएँ लाँघ गया था, यह उनके उस बयान से ज़ाहिर होता है, जिसमें उन्होंने एक फ़ासिक़ (व्यभिचारी) और फ़ाजिर (दुश्चरित्र) मुसलमान को भी गांधी से बेहतर ठहराया था। पश्चिमी शिष्टाचार को अपने ढंग से आत्मसात् करनेवाले वाक्संयम के धनी जिन्ना को एक समय के अपने घोर विरोधी, उपहासकर्ता उसी मौलाना मोहम्मद अली के समर्थन से निश्चय ही कोई राहत नहीं मिली होगी। प्रायः हर प्रान्त से जहाँ मुसलमानों की उल्लेखनीय उपस्थिति थी, जिन्ना की मुस्लिम लीग के विकल्प के रूप में समान्तर मुस्लिम संगठन गठित किए जा रहे थे या गठित हो चुके थे। चौरी-चौरा की हिंसा से विषण्ण गांधी आत्म-सन्ताप से उबरकर एक बार फिर देश की राजनीति के केन्द्र में लौट आए थे। नमक सत्याग्रह के दौरान उनकी दांडी-यात्रा को अपूर्व सफलता मिली थी। उसके महाकाव्यात्मक आयाम ने पूरे विश्व का ध्यान आकर्षित किया था। उन्होंने अब ऐलान कर दिया था कि यदि इंग्लैंड की संसद दिसम्बर, 1929 के अन्त तक नेहरू कमीशन की रिपोर्ट को कार्यान्वित नहीं करती है तो कांग्रेस देशव्यापी सत्याग्रह प्रारम्भ करेगी। अन्ततः नेहरू और सुभाष की अप्रतिम सक्रियता के फलस्वरूप 26 जनवरी, 1930 को लाहौर में रावी नदी के किनारे कांग्रेस ने पूर्ण स्वराज्य को अपना लक्ष्य घोषित कर दिया था। पूर्ण स्वराज्य के इस दीप्त संकल्प से देश में उत्साह की एक अभूतपूर्व लहर दौड़ गई थी।

इस पृष्ठभूमि में जिन्ना न केवल देश की राजनीति में, बल्कि ख़ुद मुस्लिम लीग में भी अपने को हाशिए पर महसूस कर रहे थे। ख़िलाफ़त और असहयोग आन्दोलन का जो हश्र हुआ था उसकी स्मृति उनके मन में अभी भी ताज़ा थी। गांधी के देशव्यापी सत्याग्रह की चेतावनी से उन्हें एक बार फिर लगा कि देश दुबारा सार्वजनिक उन्माद के दौर से गुज़रने के लिए अभिशप्त होने जा रहा है। ऐसा सोचने वाले वह अकेले नहीं थे। तेज बहादुर सप्रू और डॉक्टर जयकर जैसे अन्य वरिष्ठ नेता भी इस आशंका से सहमत थे। जिन्ना ने संवैधानिक माध्यम से हिन्दुस्तान के लिए इंग्लैंड के राजमुकुट की छत्रछाया में डोमीनियन स्थिति स्वीकार करते हुए वहाँ के निर्वाचित प्रधानमन्त्री रैमजे मैकडोनाल्ड और वॉयसराय लॉर्ड इर्विन के माध्यम से हिन्दुस्तान और इंग्लैंड के राजनेताओं का एक गोलमेज़-सम्मेलन आयोजित करने का अथक प्रयास किया था। इस सम्मेलन के लिए प्रधानमन्त्री और वॉयसराय दोनों तैयार थे। पर देश के विभिन्न दलों के नेताओं ने एक संयुक्त बयान द्वारा उसमें भाग लेने के लिए एक महत्त्वपूर्ण शर्त लगा

दी थी। उक्त शर्त के अनुसार सम्मेलन हिन्दुस्तान के लिए डोमीनियन स्थिति पर विचार करने के बजाय उसे अमली जामा पहनाने के लिए उसके संविधान निर्माण की योजना पर विचार करेगा। इसके फलस्वरूप प्रस्तावित गोलमेज़-सम्मेलन के प्रयास में गतिरोध आ गया था। दांडी-यात्रा की पूर्णाहुति पर गांधी को बन्दी बनाकर यरवदा जेल में डाल दिया गया था। गतिरोध को तोड़ने के लिए देश की विभिन्न जेलों में क़ैद प्रमुख राजनेताओं को गांधी से विचार-विमर्श के लिए मिलने की विशेष छूट अंग्रेज़ सरकार ने दे दी थी। पर इसका कोई सकारात्मक हल नहीं निकल सका था। गोलमेज़-सम्मेलन के विचार को अमली जामा पहनाने में अभी विलम्ब था। जिन्ना के प्रयास एक बार फिर धूल-धूसरित होते लग रहे थे। देश के राजनीतिक मंच पर जिन्ना अपने लिए कोई अहम भूमिका फ़िलहाल तलाश पाने की किसी अनुकूल स्थिति का अनुभव नहीं कर रहे थे।

कांग्रेस द्वारा चलाए गए जनान्दोलनों के फलस्वरूप जो परिवर्तन की ललक देश में पैदा हुई थी, वह अब मात्र राजनीति तक ही सीमित नहीं थी। उसकी सशक्त पदचाप अब आर्थिक और सामाजिक क्षेत्रों में भी सुनाई पड़ रही थी। क़स्बे और गाँवों के अधिकांश मुसलमान भी उसी सामन्ती व्यवस्था के नीचे कराह रहे थे, जिसे अपनी दारुण नियति मान हिन्दू किसान और मज़दूर सदियों से मूकभाव से झेलते आ रहे थे। मुंशी प्रेचमन्द के उपन्यास इसके सबसे बड़े साक्षी हैं। मुसलमानों की युवा पीढ़ी में एक ऐसा वर्ग विकसित हो रहा था, जो या तो राजनीति की मुख्यधारा से जुड़ना चाहता था या वामपन्थी विचारों की ओर झुक रहा था, जिसके सम्पर्क में एक अच्छा-ख़ासा वर्ग जेल के दौरान आ चुका था। इंग्लैंड में शिक्षा प्राप्त मुसलमानों का एक महत्त्वपूर्ण वर्ग मार्क्सवाद की सम्भावनाओं से अभिभूत था। साहित्य, इतिहास और राजनीति के क्षेत्र में आगे चलकर इनमें कई ने महत्त्वपूर्ण भूमिका निभाई। जिन्ना इस दौरान गहरे आत्मद्वन्द्व और हताशा की स्थिति से गुजर रहे थे। इस पृष्ठभूमि में उन्हें अपने लिए कोई महत्त्वपूर्ण भूमिका नज़र नहीं आ रही थी। आख़िरकार नवम्बर, 1930 में होनेवाले पहले गोलमेज़-सम्मेलन में अपनी सम्भावित भूमिका को लेकर शायद किसी हल्की-सी किरण ने उनके हताशा के अँधेरे को कुछ कम किया हो। अक्तूबर, 1930 में जब वह सम्मेलन में भाग लेने के लिए लन्दन रवाना हुए तो उन्होंने लगभग तय कर लिया था कि अब वह अपना भाग्य वहीं आज़माएँगे। हिन्दुस्तान के वे शीर्षस्थ वकील थे। उनकी योग्यता का लोहा देशी-विदेशी सभी बड़े वकील मानते थे। अतः उन्होंने अब सिर्फ़ लन्दन की प्रिवी कौंसिल में अपील के मामलों में ही पैरवी करने का निश्चय कर वहीं पर अपनी प्रैक्टिस करने का मन बना लिया था। आगे उन्होंने वहाँ एक आलीशान बँगला लेकर अपनी छोटी बहन फ़ातिमा और इकलौती सन्तान दीना को भी बुला लिया था।

क़ानूनी दाँव-पेंच के माहिर जिन्ना को उनकी साफ़गोई ने हिन्दुस्तान की राजनीति में अब तक कोई अहम भूमिका निभाने का मौक़ा नहीं दिया था। नतीजतन, अब उन्होंने अपने पत्ते छाती से लगाकर खेलने का संकल्प कर लिया था। उनकी रणनीति अब बदल

गई थी। राजनीति और उसके बाहर भी उनका कोई अन्तरंग नहीं था। जो कुछ हद तक थे, उन्हें भी उनकी अगली चाल की भनक तक नहीं लग पाती थी। इसका सबसे दिलचस्प प्रमाण पहले गोलमेज़-सम्मेलन के दौरान मिलता है। जबकि उसमें भाग लेनेवाले हर नेता ने अपने भाषण की प्रतिलिपियाँ पहले ही आयोजकों को दे दी थीं, जिन्ना ने ऐसा करने से मना कर दिया था। जिन्ना अब उस छरहरी, चिकनी और चालाक समुद्री ईल मछली की तरह होते जा रहे थे, जिसे उनके पूर्वज कराची और बम्बई के बाज़ारों में पीढ़ियों से निहारते आए थे। सम्मेलन में कांग्रेस ने भाग नहीं लिया था। जिन्ना ने उसमें अपने दस मिनट के भाषण के दौरान कहा था कि हिन्दुस्तान में इंग्लैंड की दिलचस्पी राजनीतिक, व्यावसायिक और आर्थिक कारणों से ही हो सकती है, पर हमारे लिए तो वह सर्वस्व है। इसलिए उसके स्वशासन के लिए संविधान का निर्माण हमारे लिए सर्वोपरि है। अपने भाषण में अपनी बात को आगे बढ़ाते हुए उन्होंने स्पष्ट किया कि हिन्दुस्तान में आज चार महत्त्वपूर्ण पक्ष हैं—ब्रिटेन, हिन्दुस्तानी रियासतें, हिन्दू और मुसलमान। जिन्ना ने चेतावनी के तौर पर कहा कि यदि सम्मेलन के निर्णय देश की आशाओं और आकांक्षाओं के अनुरूप सिद्ध नहीं हुए और सात करोड़ मुसलमानों की सुरक्षा और हितों को उसमें नज़रअन्दाज़ किया गया तो वे लोग भी जो अब तक असहयोग आन्दोलन से अलग थे, उसमें सक्रिय भागीदारी के लिए विवश हो जाएँगे। अन्त में उन्होंने उम्मीद जताई कि कुछ सालों में नहीं, बल्कि कुछ महीनों में ही ब्रिटेन के राष्ट्रमंडल में एक नया डोमिनियन राज्य जुड़ जाएगा, जिसकी पहचान पूर्ववर्ती राज्यों की नस्ल से सर्वथा अलग होगी, पर उसे बराबरी और आत्मसम्मान का दर्जा हासिल होगा।

जिन्ना के विशेष आग्रह पर डॉ. सर मोहम्मद इक़बाल ने इलाहाबाद में आयोजित मुस्लिम लीग के अखिल भारतीय अधिवेशन की अध्यक्षता का निमन्त्रण स्वीकार कर लिया था। पर दिसम्बर, 1930 में यह अधिवेशन जिन्ना की अनुपस्थिति में सम्पन्न हुआ। इक़बाल ने साफ़ कहा कि हिन्दुस्तान के साम्प्रदायिक वर्गों की हक़ीक़त को नज़रअन्दाज़ कर यूरोपीय क़िस्म का प्रजातन्त्र भारत में लागू नहीं किया जा सकता। उनके अनुसार हिन्दुस्तान में ही एक मुस्लिम हिन्दुस्तान की माँग सर्वथा न्यायोचित थी। उनका सुझाव था कि पंजाब, उत्तर पश्चिमी सीमान्त प्रान्त, सिन्ध और बलूचिस्तान को मिलाकर एक नया मुस्लिम-बहुल राज्य बना देना चाहिए। दिलचस्प बात यह है कि उनके इस सुझाव में बंगाल का ज़िक्र नहीं था। मुस्लिम लीग के सोच में अभी पूरे अलगाव या साम्प्रदायिक आधार पर विभाजन की बात नहीं आ पाई थी। पर इक़बाल के भाषण से सुदूर कैम्ब्रिज विश्वविद्यालय के कुछ मुसलमान छात्रों को गहरी प्रेरणा मिली थी। वहाँ पंजाब के पैंतीस वर्षीय छात्र रहमत अली ने स्वयं को 'पाकिस्तान आन्दोलन' का प्रणेता बताते हुए अपने तीन मित्रों मोहम्मद असलम ख़ाँ, शेख़ मोहम्मद सादिक़ और इनायतुल्लाह ख़ाँ के साथ 'पाकस्तान' शीर्षक एक पर्चा प्रकाशित किया था। पंजाब, उत्तर पश्चिम सीमा प्रान्त (अफ़गान प्रान्त) कश्मीर, सिन्ध और बलूचिस्तान में आए

अंग्रेज़ी अक्षरों से 'पाकस्तान' शब्द गढ़ा गया था। पर्चे में इक़बाल के विचार को अमान्य कर मुस्लिम-बहुल राज्यों को हिन्दू-बहुल राज्यों के संघ से अलग रखने की माँग थी, क्योंकि किसी ऐसे राज्यों के संघ में, जिसमें सब मिलाकर हिन्दुओं का वर्चस्व हो, मुसलमान अपनी नियति के स्वयं नियन्ता नहीं हो सकते थे। जलियाँवाला बाग के लोमहर्षक हत्याकांड के दुर्धर्ष खलनायक माइकेल डायर इस माँग के पहले समर्थक थे। 'पाकस्तान' की अवधारणा के पीछे डायर की प्रेरणा की भी सम्भावना से इंकार नहीं किया जा सकता।

जिन्ना ने 'पाकस्तान' की इस विचारधारा के प्रति कोई उत्साह नहीं दिखाया। यहाँ तक कि वह कई प्रयासों के बावजूद रहमत अली से मिलने तक के लिए तैयार नहीं हुए थे। क्षुब्ध और हताश रहमत अली ने इसके बाद जिन्ना पर बड़े ही ओछे और व्यक्तिगत आरोप लगाते हुए कई हमले किए। सन् 1936 के प्रारम्भ तक जिन्ना 'पाकस्तान' की अवधारणा के प्रति उदासीन और उसमें रुचि न लेने के कारण आक्रमणों को झेलते हुए अविचलित रहे। पर जैसे-जैसे हिन्दुस्तान का राजनीतिक माहौल गरमाने लगा था, वैसे-वैसे मुस्लिम लीग के लिए लोकलुभावन मुद्दों और नारों की ज़रूरत बड़ी शिद्दत से महसूस होने लगी थी। जिन्ना अब 'पाकस्तान' (जिसे आगे 'पाकिस्तान' के नाम से जाना गया) की विचारधारा के प्रति उदासीन नहीं रह सकते थे। उनका इंग्लैंड के हाउस ऑफ़ कामंस की सदस्यता के लिए पहले लेबर पार्टी और बाद में कंजर्वेटिव पार्टी के टिकट पर चुनाव लड़ने का प्रयास बुरी तरह नाकामयाब हो चुका था। प्रिवी कौंसिल के सामने अपनी वकालत में जिन्ना को महत्त्वपूर्ण सफलता मिली थी। पर वह उतने से ही सन्तुष्ट नहीं थे। उनकी महत्त्वाकांक्षा प्रिवी कौंसिल की न्यायिक समिति का सदस्य बनने की थी। इस महत्त्वाकांक्षा के यथार्थ रूप में परिणत होने के आसार दूर-दूर तक दिखाई नहीं पड़ रहे थे। बम्बई की मुस्लिम सीट सर इब्राहीम रहमतुल्ला के इस्तीफ़े के फलस्वरूप खाली होने जा रही थी। जिन्ना को उस सीट से चुनाव लड़ने का निमन्त्रण उनके प्रशंसकों ने दे रखा था। हिन्दुस्तान की राजनीति में कोई महत्त्वपूर्ण भूमिका न पाकर जो जिन्ना इंग्लैंड में एक बार अपनी क़िस्मत आजमाने आए थे, उन्हें वहाँ भी निराशा हाथ लगी थी। उनका महत्त्वाकांक्षा-विकल मन अब वहाँ से भी उचटने लगा था। सन् 1934 और 35 के बीच जिन्ना हिन्दुस्तान आते-जाते रहे। सन् 1933 के अन्त में लियाक़त अली ख़ाँ अपनी नवविवाहिता बेगम के साथ सुहागरात मनाने लन्दन पहुँचे। रात के खाने पर लियाक़त और उनकी बेगम ने जिस तरह जिन्ना की प्रशंसा की और उनसे हिन्दुस्तान के मुसलमानों का नेतृत्व कर उन्हें सही दिशा देने का आग्रह किया, उससे जिन्ना का पहले से ही स्फीत अहं निश्चय ही और भी स्फीत हो उठा। अब उनके लिए एक बृहत्तर मंच पर बृहत्तर भूमिका के प्रलोभन से दामन बचाकर निकल पाना सम्भव नहीं रह गया था। उनके अन्दर का अभिनेता एक बार फिर विकल हो उठा था।

अक्टूबर, 1934 में लन्दन में होते हुए भी जिन्ना केन्द्रीय असेम्बली के लिए बम्बई की मुस्लिम सीट से निर्विरोध चुन लिए गए थे। इसी साल दिसम्बर में वह हिन्दुस्तान

लौट आए। दिल्ली पहुँचकर उन्होंने कांग्रेस अध्यक्ष डॉ. राजेन्द्र प्रसाद से भेंट की। हिन्दुस्तान में संवैधानिक सुधार के लिए ब्रिटिश सरकार ने जो श्वेत पत्र जारी किया था, उससे यहाँ का कोई भी राजनीतिक दल और महत्त्वपूर्ण नेता सहमत नहीं था। जिन्ना चाहते थे कि यदि कांग्रेस मैकडोनाल्ड के साम्प्रदायिक निर्णय (कम्युनल एवार्ड) को मान ले तो श्वेत पत्र के विरोध में कांग्रेस और मुस्लिम लीग एकजुट हो सकते थे। किन्तु कांग्रेस और हिन्दू महासभा दोनों उक्त एवार्ड को मानने के लिए तैयार नहीं थे। फ़रवरी 1935 में केन्द्रीय असेम्बली में जिन्ना ने श्वेत पत्र के प्रावधानों में तीन महत्त्वपूर्ण संशोधन रखते हुए कहा कि किसी बेहतर विकल्प के अभाव में एवार्ड को मान लेना ही उचित होगा, जब कि उससे सिर्फ़ हिन्दू ही नहीं, बल्कि मुसलमान भी पूरी तरह सहमत नहीं थे। अल्पसंख्यकों के धर्म, भाषा और संस्कृति के साथ उनके राजनीतिक अधिकारों की सुरक्षा की गारंटी देनेवाले प्रावधानों पर बल देते हुए उन्होंने सम्बन्धित समस्या के राजनीतिक हल का सुझाव दिया। उन्होंने आगे कहा कि ''आवश्यक संशोधनों के साथ अंग्रेज़ सरकार के संवैधानिक सुधार को माना जा सकता है। पर उनका आत्मसम्मान तब तक सन्तुष्ट नहीं होगा, जब तक कि देश अपने संविधान का निर्माता और नियन्ता ख़ुद न बन जाए। बहरहाल अगस्त, 1935 में गवर्नमेंट ऑफ़ इंडिया ऐक्ट 1935 पारित हो गया था। इसके तहत ब्रिटिश शासन के अन्तर्गत हिन्दुस्तानी प्रान्तों को एक हद तक स्वशासन की स्वायत्तता दे दी गई थी। पर इसके संघीय प्रावधान कभी भी कार्यान्वित नहीं हुए। दुर्दम्य चर्चिल इस ऐक्ट से बुरी तरह नाराज़ थे। जिन्ना ने कहा था कि ''बिला शक उक्त ऐक्ट हमारे ऊपर थोप दिया गया है। हमें अपना संविधान स्वयं बनाने के लिए साथ बैठना होगा और मिलकर अपनी रणनीति तय करनी होगी।''

इस बीच कांग्रेस में बहुत कुछ घटित हो गया था। गांधी ने सितम्बर, 1934 में कांग्रेस की सदस्यता से इस्तीफ़ा दे दिया था। वह छुआछूत जैसी सामाजिक बुराइयों के उन्मूलन, ग्राम सुधार और सर्वोदय हेतु काम करने के लिए कृतसंकल्प थे। जवाहरलाल नेहरू को कमला नेहरू की असाध्य बीमारी की वजह से जेल से रिहा कर दिया गया था। मार्च, 1936 में सुभाषचन्द्र बोस की गिरफ़्तारी को लेकर कांग्रेस ने केन्द्रीय असेम्बली में निन्दा का प्रस्ताव रखा था। असेम्बली में जिन्ना, मुस्लिम लीग सहित स्वतन्त्र सदस्यों के एक समूह के जिसे इंडिपेंडेंट पार्टी के नाम से जाना जाता था, नेता थे। सरकार को पूरा विश्वास था कि जिन्ना की उक्त पार्टी सरकार के पक्ष में और प्रस्ताव के विरुद्ध मतदान करेगी। पर जिन्ना के नेतृत्व में मतदान के समय इंडिपेंडेंट पार्टी के सदस्य तटस्थ रहे। इस संसदीय विजय का उल्लेख नेहरू ने सुभाष को लिखे अपने एक पत्र में बड़े उत्साह के साथ किया है। जिन्ना और उनके सहयोगियों की बहादुराना तटस्थता को नेहरू ने विशेष रूप से रेखांकित किया है। जिन्ना के भीतर अभी सन् 1940 के बाद का जिन्ना पैदा नहीं हुआ था।

5

सन् 1938 से कैबिनेट मिशन तक

सन् 1938 से सन् 1946 तक

गवर्नमेंट ऑफ़ इंडिया ऐक्ट 1935 को लेकर कांग्रेस में गम्भीर अन्तर्द्वन्द्व चल रहा था। सुभाषचन्द्र बोस और जवाहरलाल नेहरू के नेतृत्व में दल के वामपन्थी रुझान के लोग संवैधानिक संस्थाओं में भागीदारी के माध्यम से स्वराज प्राप्ति की कल्पना भी नहीं कर सकते थे। उनके पूर्ण स्वराज्य के लक्ष्य की प्राप्ति निरन्तर संघर्ष के ज़रिए ही सम्भव थी। दूसरी ओर डॉ. एम.ए. अंसारी, आसफ़ अली, सत्यमूर्ति, भूलाभाई देसाई, चक्रवर्ती राजगोपालाचारी और बिधानचन्द राय जैसे वरिष्ठ कांग्रेस नेता संवैधानिक तथा संसदीय संस्थाओं के माध्यम से भी स्वशासन के लिए प्रयास को महत्त्वपूर्ण मानकर चल रहे थे। महात्मा गांधी की आस्था भी संवैधानिक और संसदीय मार्ग के द्वारा स्वराज्य की प्राप्ति में नहीं थी। उनका विश्वास सत्याग्रह के अस्त्र में सुदृढ़ था। किन्तु उन्हें इसका अहसास हो चला था कि देश का एक बड़ा वर्ग संवैधानिक रास्ते का परीक्षण भी करना चाहता था। इसे ध्यान में रखकर उनकी राय थी कि इस मार्ग का सर्वथा तिरस्कार विवेकसंगत नहीं होगा। अतः इससे पहले कि इस मसले को लेकर कांग्रेस में कोई बड़ी दरार पैदा हो, गांधी के हस्तक्षेप से कांग्रेस ने गवर्नमेंट ऑफ़ इंडिया ऐक्ट 1935 के अन्तर्गत चुनाव लड़ने के लिए संसदीय समिति का गठन कर दिया था। जीवन्त और सुगठित कांग्रेस के बरअक्स मुस्लिम लीग का सांगठनिक ढाँचा निहायत ढीला-ढाला और लगभग निष्क्रिय सा था। मुस्लिम-बहुल प्रान्तों में एक राजनीतिक दल के रूप में लीग की हालत बड़ी खस्ता थी। पंजाब, सिन्ध, बंगाल, उत्तर पश्चिमी प्रान्त तथा बलूचिस्तान के स्थानीय राजनीति के महत्त्वपूर्ण मुस्लिम छत्रपों के अपने-अपने संगठन थे। किसी बृहत्तर उद्देश्य और आदर्श के अभाव में बंगाल को छोड़कर वे स्थानीय तकाज़ों और व्यक्तिगत हितों पर ही आश्रित थे। जिन प्रान्तों में मुसलमान अल्पसंख्यक थे, वहाँ मुस्लिम लीग का संगठन अपेक्षाकृत बेहतर हालत में था। मुस्लिम लीग के स्थायी अध्यक्ष जिन्ना को कठिन प्रयास के बाद चौवन महत्त्वपूर्ण मुसलमान नेताओं की स्वीकृति लीग की संसदीय समिति का सदस्य बनने के लिए प्राप्त हो पाई थी। कांग्रेस के मुक़ाबले लीग का आर्थिक आधार भी निंहायत कमज़ोर था। यहाँ सिन्ध का उदाहरण दिलचस्प होगा। जिन्ना ने

वहाँ के अधिकांश मुसलमान नेताओं की धनलोलुपता और क्षुद्रता से तंग आकर एक बार वहाँ के गवर्नर से कहा था कि यदि उनकी लीग के पास सिन्ध में पाँच लाख रुपए भी होते तो वे उन सभी लालची नेताओं को ख़रीद लेते। इसके उत्तर में गवर्नर ने कहा था कि वह इसकी आधी राशि में ही इस काम को अंजाम दे सकते थे। इसके बरअक्स कांग्रेस ने सिन्ध में चुनाव ख़र्च के लिए कुछ लोगों के अनुमान के अनुसार एक करोड़ रुपए का प्रावधान किया था। इसी मुस्लिम लीग के झंडे के नीचे जिन्ना को गवर्नमेंट ऑफ़ इंडिया ऐक्ट 1935 के तहत प्रान्तीय विधानसभाओं का चुनाव सन् 1937 में लड़ना पड़ा।

अंग्रेज़ों द्वारा शासित हिन्दुस्तानी प्रान्तों में मुसलमानों के लिए 482 अलग निर्वाचन क्षेत्र थे। चुनाव में मुस्लिम लीग इनमें से मात्र 109 सीटें जीत पाई थी। 1585 जनरल सीटों में से कांग्रेस ने 716 सीटें जीती थीं। इसके अलावा कांग्रेस के टिकट पर 26 मुसलमान भी जीतकर आए थे। मुस्लिम-बहुल प्रान्तों में लीग की स्थिति बड़ी ही दयनीय थी। सिन्ध और उत्तर पश्चिम सीमा प्रान्त में उसे एक भी सीट नहीं मिली थी। पंजाब में मात्र एक सीट ही उसकी फटी हुई झोली में आई थी। बंगाल में 119 मुस्लिम सीटों में से उसे मात्र 37 सीटों पर सफलता मिली थी। ओडिसा, बिहार और मध्य भारत में भी लीग को कोई सीट नहीं मिल सकी थी। इसके बरअक्स मद्रास, बम्बई और संयुक्त प्रान्त आगरा व अवध (वर्तमान उत्तर प्रदेश) में उसे 28, 39 और 64 में से क्रमशः 11, 20 और 27 सीटें मिली थीं। मुस्लिम लीग को मुसलमान वोटों के 33 प्रतिशत से अधिक वोट केवल इन्हीं तीन प्रान्तों में मिले। कुल मुसलमान सीटों पर जिन्ना की मुस्लिम लीग की सफलता मात्र 26 प्रतिशत ही बनती थी, जबकि सामान्य सीटों पर कांग्रेस की सफलता 45 प्रतिशत से अधिक थी। चुनाव के परिणाम को लेकर जिन्ना का उदास और हताश होना स्वाभाविक था। जिन्ना मोतीलाल नेहरू से विचार-विमर्श करने में किसी कठिनाई का अनुभव नहीं करते थे। किन्तु जवाहरलाल का बड़बोलापन और तुनकमिज़ाजी उन्हें बिलकुल रास नहीं आती थी। अपना स्थान वह हिन्दुस्तान के नेताओं की पहली पीढ़ी में मानते थे। इसलिए जब मुस्लिम लीग के निराशाजनक प्रदर्शन से हताश वह एक बार फिर कांग्रेस से बात-चीत कर, मुस्लिम लीग के साथ ताल-मेल बनाकर हिन्दू-मुस्लिम एकता के लिए कोशिश करने का मन बना रहे थे तो उस समय उन्होंने जवाहरलाल नेहरू से बातचीत करने के बजाय सक्रिय राजनीति से संन्यास ग्रहण कर वर्धा आश्रम में रचनात्मक कार्यक्रमों में ध्यान केन्द्रित कर रहे गांधी से सम्पर्क स्थापित करना अधिक श्रेयस्कर समझा। बम्बई विधानसभा के चुनाव में मुस्लिम लीग को 39 मुस्लिम सीटों में 20 सीटें मिली थीं। कांग्रेस को वहाँ स्पष्ट बहुमत मिला था। बी.जी. खेर को कांग्रेस के विधायक दल का नेता चुना गया था। वह वहाँ के होनेवाले मुख्यमन्त्री थे। बम्बई जिन्ना की राजनीतिक सक्रियता का बीसवीं सदी के प्रारम्भ से केन्द्र था। वहाँ के चुनाव में मुस्लिम लीग के अच्छे प्रदर्शन को ध्यान में रखकर यथार्थपरक व्यावहारिक दृष्टि के धनी खेर जिन्ना के सहयोग को अत्यन्त मूल्यवान

मानते थे। उन्होंने जिन्ना से लीग के दो नेताओं का नाम देने के लिए कहा था, जिन्हें वह अपने मन्त्रिमंडल में शामिल करना चाह रहे थे। अतः इस पृष्ठभूमि में जब जिन्ना ने उन्हें वर्धा आश्रम में गांधी तक अपना सन्देश भेजने और पूरे देश में कांग्रेस और मुस्लिम लीग के बीच सहयोग और सहकार का वातावरण बनाने में अपने नैतिक प्रभाव के उपयोग के लिए सन्देशवाहक चुना तो उन्होंने (खेर ने) उनका (जिन्ना का) आग्रह सहर्ष स्वीकार कर लिया। जिन्ना के खेर के माध्यम से भेजे गए मौखिक आग्रह का उत्तर गांधी ने अपने लिखित पत्र 22 मई, 1937 द्वारा दिया। पत्र में गांधीजी ने बड़े उदास मन से लिखा था कि काश वह इस दिशा में कुछ कर पाते। पर वह अपने को असहाय पा रहे थे। हिन्दू-मुस्लिम एकता में अपनी दृढ़ आस्था को एक बार फिर दुहराते हुए उन्होंने लिखा था कि चारों ओर व्याप्त निविड़ अन्धकार में उन्हें प्रकाश कहीं भी नज़र नहीं आ रहा है। आर्त्तमन गांधी ने पत्र समाप्त करते हुए जोड़ा था कि संकट की इस घड़ी में वह सिर्फ़ ईश्वर से प्रकाश के लिए गुहार लगा सकते हैं। मुस्लिम लीग और कांग्रेस के बीच जिस पुल के लिए जिन्ना ने गांधी के सहयोग का आग्रह किया था वह निष्फल सिद्ध हुआ।

ऐसा क्या था जिसने कर्मयोगी गांधी के मन को गहरे अवसाद से भर दिया था। निर्णयात्मक रूप से इस बारे में कुछ कहना कठिन होगा। इसका अनुमान ही लगाया जा सकता है। बहुत सम्भव है गांधी की बेबसी और उदासी के पीछे उत्तर प्रदेश के चुनाव के परिणामों से सम्बद्ध घटनाक्रम रहा हो जिसने आगे चलकर देश की राजनीति को बड़ी गहराई से प्रभावित किया। सन् 1937 के चुनाव के दौरान उत्तर प्रदेश की कुल 228 सीटों में 164 सीटें ग़ैर मुसलमानों की थीं। 140 लड़ी गईं अपनी कुल सीटों में से कांग्रेस ने 134 सीटें जीती थीं। इसके अलावा कांग्रेस द्वारा जीती एक मुसलमान सीट रफी अहमद किदवई की भी थी। कांग्रेस को इस प्रकार अपने बूते पर स्पष्ट बहुमत मिल गया था। मुसलमानों के लिए चौंसठ सीटें थीं। इनमें से 7 सीटों पर निर्विरोध चुनाव हुआ था। सत्तावन सीटों में से 40 सीटें ग्रामीण थीं जिनमें से लीग ने महज़ 27 सीटों पर चुनाव लड़ा था। बाक़ी 12 शहरी सीटों पर लीग के उम्मीदवार खड़े थे। इन 40 ग्रामीण सीटों पर 66 स्वतन्त्र मुसलमान उम्मीदवार खड़े हुए थे। कांग्रेस ने किसी भी शहरी मुसलमान सीट पर अपना उम्मीदवार नहीं खड़ा किया था। कांग्रेस और मुस्लिम लीग के अलावा आगरा और अवध के इलाक़े में अंग्रेज़ों के कृपापात्र राजाओं, नवाबों, ताल्लुकदारों और ज़मींदारों का नेशनल एग्रीकल्चरिस्ट पार्टी के नाम से एक संगठन था। इसमें सामन्त-वर्ग के हिन्दू और मुसलमान दोनों शामिल थे।

सन् 1934 के केन्द्रीय असेम्बली के चुनाव में कांग्रेस, विशेष रूप से उसके वामपन्थी रुझान के नेताओं तथा कार्यकर्ताओं ने सामन्ती चक्की के नीचे पिसते वर्ग के बीच बार-बार स्पष्ट घोषणा की थी कि सत्ता में आने पर उनका दल बिना किसी मुआवजे के ज़मींदारी ख़त्म कर देगा। अतः प्रान्त के सामन्त-वर्ग के लोग कांग्रेस से बुरी तरह भड़के हुए थे। फलतः हिन्दू सामन्त हिन्दू महासभा की ओर और मुसलमान सामन्त

मुस्लिम लीग की ओर झुक रहे थे। नेशनल एग्रीकल्चरिस्ट पार्टी का कोई भी संगठनात्मक और वैचारिक आधार नहीं था। उसके सदस्यों और नेताओं को यक़ीन था कि उनकी रियाया के वोट उनकी मुट्ठी में थे। अतः वह सामान्य चुनाव प्रचार को भी निहायत फ़ालतू मानते थे। इसका बहुत बड़ा ख़ामियाजा उन्हें भुगतना पड़ा। उन्हें आगरा में सिर्फ़ 13 (7 मुसलमान और 6 हिन्दू सीटें) और अवध में 12 (3 मुसलमान और 9 हिन्दू) सीटें ही हासिल हुईं। इसके बरअक्स कांग्रेस ने न केवल अंग्रेज़ों के विरुद्ध, बल्कि उसके तृणमूल कार्यकर्त्ताओं ने गाँव-गाँव सामन्ती ज़्यादतियों के ख़िलाफ़ भी न केवल सीना खोलकर संघर्ष किया था, बल्कि कुर्बानियाँ भी दी थीं। हर ज़ोर-जुल्म की टक्कर में सत्याग्रह के रामबाण अस्त्र का गांधी का सन्देश अशिक्षित और दरिद्र जनता तक गाँव-गाँव पहुँच गया था। कांग्रेस ने सामन्तवाद की चक्की में पिसते निरीह, बेजुबान और मासूम लोगों के दिलों के अँधेरे में आशा की एक नई किरण जगाई थी।

उत्तर प्रदेश में मुस्लिम लीग के विकास के पीछे के कारक तत्त्वों पर भी एक विहंगम दृष्टि दिलचस्प होगी। उत्तर प्रदेश के ही सर सैयद अहमद ख़ाँ को आधुनिक मुस्लिम जागरण का अग्रदूत माना जाता है। भारतीय राष्ट्रीय कांग्रेस की स्थापना के लगभग एक दशक पूर्व सन् 1875 में उन्होंने अलीगढ़ में मोहम्मदन ऐंग्लो ओरिएंटल कॉलेज की स्थापना की थी। इस शिक्षण संस्था का परिसर ही मुस्लिम लीग का पालना साबित हुआ। स्वयं पश्चिमी शिक्षा प्राप्त और मुसलमानों में अंग्रेज़ी भाषा तथा पश्चिमी शिक्षा के प्रचार-प्रसार के पुरोधा सर सैयद अहमद ने ही भारत में सर्वप्रथम विभिन्न राष्ट्रीयताओं के अस्तित्व की बात शुरू की थी, जो आगे चलकर दो राष्ट्र के सिद्धान्त के रूप में विकसित हुई। सन् 1906 में बंगाल के विभाजन (बंग-भंग) ने देश में जो अभूतपूर्व प्रतिक्रिया जागृत की थी उससे मुसलमानों का अछूता रहना असम्भव था। सन् 1895 में स्थापित सर सैयद के अलीगढ़ कालेज से सन् 1906 तक लगभग 21 वर्ष के दौरान युवा और अधेड़ मुसलमानों का एक अच्छा-ख़ासा वर्ग आधुनिक पश्चिमी शिक्षा से लैस हो पूरे देश में फैल गया था। इसमें उत्तर प्रदेश के मुसलमान अग्रणी थे। नवम्बर, 1906 में ढाका के नवाब सलीमुल्ला ख़ाँ के निमन्त्रण पर जब अलीगढ़ मोहम्मदन एजुकेशनल कांफ्रेंस का वार्षिक अधिवेशन ढाका में आयोजित हुआ तो उसमें उत्तर प्रदेश के मुसलमानों की अधिसंख्यक भागीदारी उल्लेखनीय थी। इसी अधिवेशन के दौरान मुसलमानों के राजनीतिक अधिकारों और हितों की रक्षा के लिए मुस्लिम लीग का गठन हुआ। खोजा धर्मगुरु सर आग़ा ख़ाँ इसके पहले अध्यक्ष बने। उत्तर प्रदेश में भी इसकी शाखा इसी वर्ष गठित हुई। समृद्ध और सत्ता-सम्पन्न पश्चिमी शिक्षाप्राप्त मुसलमान भद्रजन (एलीट) ही इसके सदस्य थे, जो अपने सामन्ती संस्कारों के कारण सामान्य मुसलमानों का प्रतिनिधित्व करने में सर्वथा अक्षम थे। यही कारण है कि सन् 1937 के पहले मुस्लिम लीग का जनाधार तृणमूल स्तर पर न के बराबर था।

सन् 1921 के असहयोग और ख़िलाफ़त-आन्दोलनों को तब तक साथ चलाए जाने के फलस्वरूप जिन विराट जनान्दोलनों ने पूरे देश को आप्लावित किया था, उससे

उत्तर प्रदेश के मुसलमान भी गहराई से प्रभावित हुए थे। ख़िलाफ़त-आन्दोलन के सर्वाधिक महत्त्वपूर्ण कर्णधार अली बन्धु—मौलाना मोहम्मद अली और शौकत अली उत्तर प्रदेश के ही थे। तृणमूल राजनीतिक संगठन के रूप में विकसित होने में मुस्लिम लीग को अभी दो दशक और प्रतीक्षा करनी थी। ख़िलाफ़त-आन्दोलन के दौरान लब्धप्रतिष्ठ इस्लामी विद्वान मौलाना अहमद हुसैन मदनी और मौलाना अहमद सईद के नेतृत्व में जमीयतुल-उलमाए-हिन्द की स्थापना की गई थी। मुस्लिम कांफ्रेंस के नाम से एक संगठन उत्तर प्रदेश में पहले से ही विद्यमान था। जमीयत और मुस्लिम कांफ्रेंस ने मिलकर सन् 1937 का चुनाव लड़ने के लिए मुस्लिम यूनिटी बोर्ड के नाम से एक नया राजनीतिक मंच गठित किया था। तत्कालीन सलेमपुर के राजा (ज़िनके पूर्वज हिन्दू क्षत्रिय से मुसलमान बने थे) और तेज़-तर्रार चौधरी ख़लीक़ुज़्ज़मा उसके क्रमशः अध्यक्ष और सचिव बने। यद्यपि मुस्लिम लीग व्यापक स्तर पर देश में जनाधारवाली पार्टी नहीं बन पाई थी पर उसके एकमेव सर्वमान्य नेता जिन्ना के प्रति समूचे मुसलमान समाज में गहरे आकर्षण और सम्मान का भाव था। जिन्ना का उपयोग मुस्लिम यूनिटी बोर्ड अपने चुनाव-प्रचार के लिए करना चाहता था। नतीज़तन जब खलीक़ुज़्ज़मा अपने कुछ महत्त्वपूर्ण सहयोगियों के साथ जिन्ना से फ़रवरी, 1937 में दिल्ली में मिले तो जिन्ना ने किसी स्थानीय झंडे और संगठन के तहत चुनाव लड़ने के बजाय मुस्लिम लीग के ही झंडे और संगठन के तहत उन नेताओं के सामने उत्तर प्रदेश का चुनाव लड़ने का प्रस्ताव रखा। जिन्ना ने यह भी आश्वासन दिया कि लीग की प्रान्तीय समिति में बोर्ड के सदस्यों को बहुमत और वर्चस्व प्राप्त होगा। अभी तक उत्तर की प्रान्तीय मुस्लिम लीग में लियाक़त अली ख़ाँ का वर्चस्व था। लियाक़त ही जिन्ना को लन्दन से फिर हिन्दुस्तान की राजनीति में सक्रिय भूमिका निभाने और लीग का नेतृत्व सँभालने के लिए भारत लाने में प्रेरक सिद्ध हुए थे। जब मुस्लिम यूनिटी बोर्ड ने जिन्ना का प्रस्ताव स्वीकार कर लिया तो नवगठित प्रान्तीय मुस्लिम लीग में लियाक़त का वर्चस्व समाप्त हो गया। उम्मीदवारों के चयन में उनकी भूमिका नगण्य हो गई। जिन्ना के सामने लियाक़त ने अपना कड़ा विरोध प्रदर्शित किया पर जिन्ना मुस्लिम बोर्ड को दिए गए अपने वादे पर अडिग रहे। परिणामस्वरूप लियाक़त ने मुस्लिम लीग की संसदीय और कार्यकारिणी समितियों से एक साथ इस्तीफ़ा दे दिया। नाराज़ और हताश लियाक़त कुछ महीनों के लिए हिन्दुस्तान छोड़ इंग्लैंड चले गए। पर उन्हें किसी ने मनाने की कोशिश नहीं की।

जिन्ना के दिमाग़ में कांग्रेस का गाँव-गाँव और जन-जन तक पहुँचा विराट संगठन था, जिसके समानान्तर उन्हें मुस्लिम लीग को खड़ा करना था। मुस्लिम लीग को मुट्ठी-भर मुसलमान भद्रजन (एलीट क्लास) का संगठन न बनाए रखकर अब वह उसे तृणमूल तक ले जाने के लिए कृतसंकल्प थे। अतः लियाक़त के आक्रोश से वह रंचमात्र विचलित नहीं हुए। वह एक ऐसा संगठन खड़ा करना चाहते थे, जो बराबरी के दर्जे पर कांग्रेस और ब्रिटिश साम्राज्य दोनों से बातचीत कर सके। इसी बीच मई, 1936

में इस्लाम धर्म के प्रकांड विद्वान और कांग्रेस के वरिष्ठ नेता मौलाना अबुल कलाम आज़ाद ने जमीयत के नेताओं को (जिनमें से कई इस्लाम धर्म के गम्भीर ज्ञाता और अध्येता थे) मुस्लिम लीग से सम्बन्ध-विच्छेद करने पर राज़ी कर लिया था। जिन्ना ने इसके लिए आज़ाद को कभी माफ़ नहीं किया। इस पृष्ठभूमि में जिन्ना अब कच्चा जुआ खेलने को तैयार नहीं थे।

राजा महमूदाबाद और खलीकुज़्ज़मा के नेतृत्व में उत्तर प्रदेश का चुनाव सन् 1937 में मुस्लिम लीग ने लड़ा। जिन्ना की ही तरह चौधरी खलीकुज़्ज़मा और तत्कालीन राजा महमूदाबाद कांग्रेस से मुस्लिम लीग में आए थे। मुसलमानों के लिए पृथक निर्वाचन क्षेत्र का प्रावधान प्रान्तीय विधानसभाओं में भी हो जाने पर केवल मुसलमान मतदाताओं को ही मुसलमान उम्मीदवारों को वोट देना था। मुस्लिम लीग के संगठन को तृणमूल तक ले जाने के लिए सबसे आसान और तुरन्त अपील करनेवाला तथा हिन्दू-बहुल समाज में मुसलमानों के मन में असुरक्षा का भाव जगानेवाला नारा "इस्लाम ख़तरे में है" ही हो सकता था। अतः इस नारे की शुरुआत होते ही अधिकांश मुसलमान नेता ये समझ गए थे कि कांग्रेस के टिकट पर चुनाव जीतना उनके लिए असम्भव हो जाएगा। मुस्लिम लीग ने कांग्रेस को हिन्दुओं का दल कहकर उसकी साम्प्रदायिक छवि पेश करना शुरू कर दिया था। फलस्वरूप कांग्रेस के अधिकांश मुसलमान नेताओं, जिनमें खलीकुज़्ज़मा प्रमुख थे, ने लीग के उम्मीदवार के रूप में ही चुनाव लड़ना श्रेयस्कर समझा। पर इन नेताओं के सम्पर्क कांग्रेस से अभी बने हुए थे। यही कारण था कि मुसलमानों के शहरी पृथक निर्वाचन क्षेत्र से कांग्रेस ने अपने प्रत्याशी खड़े नहीं किए थे। उत्तर प्रदेश में यही मुस्लिम लीग जिसने कुल 64 मुस्लिम सीटों में से मात्र 27 सीटें जीती थीं, अपने बूते पर 164 में से 134 सीटें जीतनेवाली कांग्रेस से उसके गठित होनेवाले प्रान्तीय मन्त्रिमंडल में कैबिनेट की दोनों मुसलमान सीटों की माँग कर रही थी।

जुलाई, 1937 में मौलाना आज़ाद ने लखनऊ में खलीकुज़्ज़मा से बातचीत के दौरान उन्हें कांग्रेस मन्त्रिमंडल में शामिल होने का न्योता दिया। पर उनका सुझाव था कि मुस्लिम लीग की प्रान्तीय संसदीय समिति को भंग कर उसे कांग्रेस की संसदीय समिति का हिस्सा बना देना चाहिए। इस सुझाव से निश्चय ही खलीकुज़्ज़मा किसी सूरत में सहमत नहीं हो सकते थे। पुराने कांग्रेसी खलीकुज़्ज़मा ने उत्तर प्रदेश की मुस्लिम लीग को अपने ख़ून-पसीने से बनाया था। मौलाना आज़ाद का सुझाव मानने का अर्थ था अपनी और अपने नए संगठन की आत्महत्या के प्रस्ताव की स्वीकृति। ऐसे अव्यावहारिक प्रस्ताव का हश्र पूर्वनिश्चित था। बहरहाल, अनिच्छापूर्वक ही सही, कांग्रेस लीग को उत्तर प्रदेश की कैबिनेट में एक सीट देने को तैयार थी। एक मुसलमान मन्त्री, कांग्रेस अपने जीते हुए नेता रफ़ी अहमद किदवई को बनाना चाहती थी। मुस्लिम लीग का कहना था कि चूँकि वही मुसलमानों का प्रतिनिधित्व करती थी, इसलिए मन्त्रिमंडल की मुस्लिम सीटों पर उसी का हक़ था। लीग के अनुसार कांग्रेस यदि अपने एक मुस्लिम विधायक को मन्त्री बनाना ही चाहती थी तो इसके लिए उसे मुसलमान सीटें छोड़कर

बहुसंख्यकों के निर्धारित कोटे में से सीट देने पर विचार करना चाहिए। इसका निहितार्थ कांग्रेस अच्छी तरह समझती थी। अतः यह प्रस्ताव उसे सर्वथा अमान्य था। अभूतपूर्व विजय से महिमामंडित कांग्रेस से शायद जिस महनीय उदारता की अपेक्षा थी, उसकी कसौटी पर सम्भव है, वह खरी नहीं उतर पा रही थी। उत्तर प्रदेश गांधी के बाद स्वतन्त्रता-संग्राम के सबसे महत्त्वपूर्ण नेता जवाहरलाल नेहरू का गृहराज्य था। वहाँ कांग्रेस में उनकी इच्छा के बिना एक पत्ता तक नहीं हिल सकता था। एकाधिक इतिहासकारों का कहना है कि यदि मुस्लिम लीग की माँग उत्तर प्रदेश में मान ली गई होती तो अखिल भारतीय स्तर पर दोनों संगठनों के बीच सहकार के एक नए युग का सूत्रपात सम्भव था। शायद गांधी उत्तर प्रदेश के घटनाक्रम से मन ही मन गहरे उद्विग्न थे। उनके जिन्ना को लिखे गए पत्र के पीछे ज़ो गहरा अवसाद था, शायद उसका एक महत्त्वपूर्ण कारण उत्तर प्रदेश का चुनावोत्तर घटनाक्रम भी था। गांधी सन्तों में राजनेता और राजनेताओं में सन्त थे। उनके सोच में खोट और उसकी सीमाएँ ढूँढ़ निकालना कोई बहुत मुश्किल काम नहीं है। पर वे दलगत हित से राष्ट्रहित को अधिक महत्त्वपूर्ण मानते थे। जब बी.जी. खेर बम्बई में मुस्लिम लीग को कांग्रेस की कैबिनेट में दो सीटें देने को तैयार थे तो उनके मानसपुत्र नेहरू के गृहराज्य में ऐसा क्यों नहीं सम्भव था। सन्तहृदय गांधी का अवसाद इस पृष्ठभूमि में समझना दुश्वार नहीं होगा।

भारतीय स्वतन्त्रता-संग्राम के कई लब्धप्रतिष्ठ इतिहासकारों ने कांग्रेस द्वारा मुस्लिम लीग की माँग को अमान्य करने की नेहरू की भयंकर भूल को अदूरदर्शिता का द्योतक माना है। यदि लीग की माँग मान ली गई होती तो आगे चलकर उसके तेवर इतने आक्रामक और जुझारू नहीं होते जिसकी परिणति भारत-विभाजन की दारुण त्रासदी में हुई। दिलचस्प बात तो यह है कि मौलाना आज़ाद भी कमोबेश इसी राय के थे। पर स्वयं उन्होंने उत्तर प्रदेश की लीग की संसदीय समिति भंग कर उसे कांग्रेस संसदीय समिति में विलीन करने का जो प्रस्ताव रखा था, उसके तत्कालीन राजनीतिक माहौल पर दुष्प्रभाव की चर्चा न के बराबर हुई है। आश्चर्य और प्रसन्नता की बात है कि इस विषय पर सबसे स्वस्थ और सन्तुलित चिन्तन और विचार पाकिस्तानी मूल की इतिहासकार आयशा जलाल का है। यह सर्वविदित है कि कांग्रेस संगठन गांधी के नेतृत्व में आधुनिक इतिहास का एक अपूर्व और विराट जनान्दोलन बन गया था। वस्तुतः वह एक महान जनमंच था, जिसमें एक से अधिक विचारधाराओं के लोग शामिल थे। उसके नेताओं को सुविधा की दृष्टि से सरलीकरण के जोखिम को बर्दाश्त करते हुए वाम और दक्षिण पक्षों में बाँटा जा सकता है। नेहरू वामपन्थोन्मुख थे। सोवियत रूस के समाजवादी प्रयोगों और प्रयासों से वे गहरे प्रभावित थे। कांग्रेस सोशलिस्ट पार्टी की कांग्रेस के अन्दर ही स्थापना हो चुकी थी। उसमें आचार्य नरेन्द्र देव, जयप्रकाश नारायण, डॉ. सम्पूर्णानन्द, डॉ. राममनोहर लोहिया, साने गुरुजी, एस.एम. जोशी, एन.जी. गोरे, यूसुफ मेहरअली, फरीदुल हक़ अंसारी, प्रेम भसीन, मुंशी अहमद्दीन पंजाबी, कमला देवी चट्टोपाध्याय, अरुणा आसफ़ अली, अशोक मेहता, पीटर अलवरिस, मीनू मसानी,

अच्युत पटवर्धन, ई.एम.एस. नम्बदूरीपाद और ए.के. गोपालन जैसे बड़े और तेजस्वी नेता थे। मार्क्सवादी दर्शन से दीप्त समाजवाद विश्व की ज्वालाओं के शमन के लिए एक अपूर्व नए मसीहा के रूप में उदित हो चुका था। कांग्रेस के समाजवादी आन्दोलन में से कम-से-कम चार अग्रणी नेता आचार्य नरेन्द्र देव, जयप्रकाश नारायण, डॉ. सम्पूर्णानन्द और डॉ. राममनोहर लोहिया उत्तर प्रदेश के ही थे। तरुण तेजस्वी कांग्रेसी समाजवादियों का सम्मान पूरे देश में था। सुभाष स्वयं भी वामपन्थी रुझान के थे। गांधी के प्रति समाजवादियों में अपार आदर-भाव था, किन्तु उनमें से अनेक गांधी के आर्थिक सोच और ग्राम-स्वराज की अवधारणा पर अब बहस करने लगे थे। नेहरू ने यद्यपि स्वयं कांग्रेस सोशलिस्ट पार्टी की सदस्यता ग्रहण नहीं की थी, पर यह सर्वविदित था कि कांग्रेस के अन्दर यह संगठन उनकी मंगलकामनाओं और सहयोग से बना था। कांग्रेस सत्ता में आनेवाली थी, जिसका उपयोग नेहरू और उनके युवा समाजवादी साथी प्रान्तों में आर्थिक, सामाजिक, शैक्षणिक और भूमि सुधारों के लिए करना चाहते थे।

वाम और दक्षिण की दो साफ़ धुरी कांग्रेस में दिखाई देने लगी थीं। दक्षिण की धुरी के केन्द्र में थे सरदार वल्लभभाई पटेल, राजगोपालाचारी, विधानचन्द राय, बी.जी. खेर, राजर्षि पुरुषोत्तम दास टंडन, पट्टाभि सीतारमैया, टी. प्रकाशम, मोरारजी देसाई, एस. के. पाटिल, अतुल्य घोष तथा उनके अन्य साथी। दिलचस्प है कि रफी अहमद किदवई दक्षिणपंथियों के निस्बतन समाजवादियों के अधिक नज़दीक थे। कांग्रेस में उद्योगपति तो थे पर बड़े ज़मींदार और सामन्त अधिक नहीं थे। जो थे भी वे कांग्रेस और गांधी के रंग में रँग गए थे। कालाकांकर के राजा रामपाल सिंह और उनका परिवार इसका ज्वलन्त उदाहरण है। इसके बरअक्स मुस्लिम लीग ज़मींदारों और सामन्ती संस्कारों के भद्रजन की पार्टी थी, जिनका आर्थिक, सामाजिक, शैक्षणिक और भूमि सम्बन्धी सुधारों से कोई सरोकार नहीं था। चाहे जितनी भी अव्यावहारिक आज के सन्दर्भ में गांधी के 'हिन्द स्वराज' की अवधारणाएँ लगें, पर उन्होंने स्वतन्त्र भारत के आर्थिक-सामाजिक साँचे और ढाँचे की एक परिकल्पना देश को दी थी। उसके साथ वामपन्थी विचारों के तालमेल से जो नेहरू के मन में सोवियत रूस के मॉडल के प्रति गहरे आकर्षण से प्रेरित था, देश के भविष्य के निर्माण का एक बड़ा सपना आकार ग्रहण कर रहा था। मुस्लिम लीग सिर्फ़ अल्पसंख्यकों और बहुसंख्यकों की राजनीति में ही लगी हुई थी। सामन्ती संस्कार के जिन मुस्लिम नेताओं के हाथ में मुस्लिम लीग का नेतृत्व था, वह फ़िलहाल इस प्रकार के आर्थिक-सामाजिक, शैक्षणिक और भूमि-सुधार सम्बन्धी सोच की दिशा में कोई पहल करने में अक्षम था। मुस्लिम लीग के नेताओं को कांग्रेस के भूमि-सुधार और ज़मींदारी उन्मूलन के पूर्व घोषित कार्यक्रम से बड़ा डर था। यह उनके मूल सामन्ती आधार पर गहरा आघात था। इस परिप्रेक्ष्य में कांग्रेस की दो मुस्लिम लीगी मन्त्रियों की अपने कैबिनेट में लेने की अनिच्छा को समझने की कोशिश नहीं की गई है। धीरे-धीरे कांग्रेस के वामपन्थी सोच के लोगों को अपने ही दल के दक्षिणपन्थियों से

जूझना अपरिहार्य-सा लगने लगा था। ऐसी स्थिति में निपट सामन्ती संस्कारोंवाले दल—मुस्लिम लीग—के दो ऐसे मन्त्रियों को कैबिनेट में लेना जो एक सर्वथा अलग वफ़ादारी की माँग करनेवाली हाईकमान से नियन्त्रित हों, निश्चय ही जवाहरलाल नेहरू को विवेक-संगत नहीं लगा होगा। मुस्लिम लीग के दो मन्त्री यथास्थिति की दक्षिणपन्थी शक्तियों को न केवल और बल प्रदान कर सकते थे बल्कि भूमि-सुधार तथा ज़मींदारी उन्मूलन जैसे जनोन्मुखी प्रयासों को विफल बनाने में भी कोई कोर-कसर न छोड़ते। यह सोच यक़ीनन निराधार नहीं था। मुस्लिम लीग के नेतृत्व में बने पाकिस्तान में आज तक ज़मींदारी प्रथा अपनी पूरी विकरालता के साथ जड़ जमाए हुए है।

कांग्रेस का एक और धर्म-संकट बेहतर समझ और सहानुभूतिपूर्ण विचार की माँग करता है। अगर कांग्रेस उत्तर प्रदेश में कैबिनेट की दोनों मुसलमान सीटें मुस्लिम लीग को देने पर सहमत हो जाती तो इसका अर्थ होता कि कांग्रेस जिन्ना और मुस्लिम लीग के इस आरोप को स्वीकार कर लेती कि वह भारतीय राष्ट्रीय कांग्रेस नहीं, बल्कि मात्र हिन्दू हितों की प्रतिनिधि संस्था है। सन् 1937 के उत्तर प्रदेश के चुनाव के आँकड़े ख़ासतौर से ग़ौरतलब हैं। यहाँ की कुल चौंसठ मुसलमान सीटों में से मुस्लिम लीग को मात्र उन्तीस सीटें मिली थीं। इसके अलावा एक स्पेशल सीट भी उसकी झोली में आई थी। पैंतीस मुसलमान सीटें ग़ैर मुस्लिम लीगी मुसलमानों को मिली थीं, जिनमें चौबीस स्वतन्त्र, दस नेशनल एग्रीकल्चरिस्ट पार्टी और एक कांग्रेस को हासिल हुई थी। कुल मुसलमान मतों का 43 प्रतिशत मत ही प्रदेश में मुस्लिम लीग को प्राप्त हुआ था। जहाँ 57 प्रतिशत मुस्लिम मत मुस्लिम लीग के विरुद्ध गए थे, वहीं 55 प्रतिशत मुस्लिम सीटें ग़ैर मुस्लिम लीगी मुसलमानों ने जीती थीं। ऐसी स्थिति में पंडित जवाहरलाल नेहरू ने मुस्लिम लीग को यदि प्रदेश के मुसलमानों का एकमात्र प्रतिनिधि न मानकर उसे कांग्रेस की कैबिनेट की दोनों मुस्लिम सीटें देने की माँग को अमान्य कर दिया, तो इसे नेहरू की हठधर्मिता मानना न्यायोचित नहीं होगा। तुलना के लिए बम्बई में वी.जी. खेर द्वारा मुस्लिम लीग को दोनों कैबिनेट सीटें देने की पेशकश और उसकी पृष्ठभूमि पर भी एक नज़र दिलचस्प होगी। वहाँ उन्तालीस में से बीस सीटें जीतकर मुस्लिम लीग ने 51 प्रतिशत मत हासिल किए थे। कांग्रेस को वहाँ एक भी मुसलमान सीट नहीं मिली थी। अतः मन्त्रिमंडल की दोनों मुसलमान सीटें मुस्लिम लीग को देना वहाँ कांग्रेस की विवशता थी। बम्बई प्रारम्भ से जिन्ना की कर्मस्थली थी। वहाँ सभी वर्गों में उनका दबदबा और सम्मान था। तिलक और गोखले के देहावसान के बाद बम्बई प्रान्त में जिन्ना के स्तर का कोई अन्य बड़ा नेता नहीं बचा था, जिसकी राष्ट्रीय स्तर पर प्रतिष्ठा हो। बम्बई की कांग्रेस को एक अर्से तक जिन्ना ने अपने ख़ून-पसीने से सींचा था। कांग्रेस छोड़ने के बाद भी उसमें उनके प्रशंसकों की संख्या नगण्य नहीं थी। इस पृष्ठभूमि में वहाँ के मुख्यमन्त्री सहित अधिकांश कांग्रेसजन यह जानते थे कि जिन्ना की सद्भावना के बिना प्रान्तीय शासन चलाना निहायत दुष्कर होगा। अतः मुस्लिम लीग को मन्त्रिमंडल की दोनों मुसलमान सीटें देकर मुख्यमन्त्री बी.जी. खेर ने समुचित

व्यवहार-बुद्धि का परिचय दिया था। ग़ौरतलब है कि खेर प्रान्तीय स्तर के ही नेता थे। वहाँ की कांग्रेस की रोज़मर्रा की गतिविधियों का नियन्त्रण और संचालन उनकी ही ज़िम्मेदारी थी। राष्ट्रीय स्तर पर कांग्रेस में उनकी कोई भूमिका नहीं थी। इसके बरअक्स उत्तर प्रदेश में यद्यपि मुख्यमन्त्री गोविन्द वल्लभ पन्त थे पर जवाहरलाल नेहरू का गृहराज्य होने के कारण वहाँ की कांग्रेस की रीति-नीति राष्ट्रीय स्तर पर कांग्रेस को प्रभावित करती थी। जवाहरलाल नेहरू, पटेल और मौलाना आज़ाद के नेतृत्व में कांग्रेस ने देश में कुल मिलाकर 26 मुसलमान सीटें जीती थीं। अतः रफ़ी अहमद किदवई जैसे तेजस्वी तथा एकमात्र विजयी मुसलमान कांग्रेस नेता की उपेक्षा कर उत्तरप्रदेश के प्रान्तीय मन्त्रिमंडल की दोनों मुसलमान सीटें मुस्लिम लीग की ज़िद पर उसे दे देने के निहायत ग़लत संकेत राष्ट्रीय स्तर पर जा सकते थे। यह कांग्रेस की मूल प्रकृति पर ही कुठाराघात होता। जवाहरलाल नेहरू निश्चय ही इसके लिए तैयार नहीं थे।

प्रायः प्रत्येक मुस्लिम-बहुल प्रान्त में मुस्लिम लीग की स्थिति सन् 1937 के चुनाव के परिणामों को दृष्टिगत रखते हुए दयनीय थी। उत्तर प्रदेश, बम्बई और मद्रास में जो कि मुस्लिम अल्पसंख्यक प्रान्त थे जिन्ना मुस्लिम लीग की निस्बतन बेहतर कामयाबी के आधार पर कांग्रेस के साथ सत्ता में भागीदारी चाहते थे। पर उनकी यह चाह दिवास्वप्न ही सिद्ध हुई। अपने नेतृत्व में जिन्ना एक भी प्रान्त में मुस्लिम लीग को कामयाबी की छाया के भी नज़दीक नहीं ले जा पाए थे। सम्पूर्ण मुसलमान समाज के प्रतिनिधित्व का उनकी लीग का दावा निहायत खोखला साबित हुआ। लीग यक़ीनन मुसलमान अशराफ़ (भद्रजन) की पार्टी थी। सामान्य मुसलमान किसान, मज़दूर, कारीगर और बुनकर जैसे मेहनत-मशक्कत से रोज़ी-रोटी कमानेवाला बहुसंख्यक वर्ग अभी मुस्लिम लीग से नहीं जुड़ पाया था। उन्हें तो सन् 1937 के चुनाव में अपने ही वर्ग के हिन्दुओं की तरह मत देने के योग्य भी नहीं माना गया था। अभी तक मुस्लिम लीग ने उनके महत्त्व की ओर ध्यान तक नहीं दिया था। इसका अन्दाज़ा इसी से लग सकता है कि उत्तर प्रदेश की चालीस ग्रामीण मुसलमान सीटों में से मुस्लिम लीग मात्र सत्ताईस पर ही उम्मीदवार खड़े कर सकी थी। सन् 1937 में ही कांग्रेस की चुनावी सफलता से उत्साहित जवाहरलाल नेहरू ने मुस्लिम लीग और जिन्ना के समूचे हिन्दुस्तानी मुसलमानों के प्रतिनिधित्व के दावे का एक प्रकार से मखौल उड़ाते हुए कहा था कि उनका और उनकी कांग्रेस का सामान्य मुसलमान जनता के साथ जिन्ना और लीग की तुलना में कहीं अधिक और गहरा सम्पर्क था। यह एक तल्ख़ सच्चाई थी, जो जिन्ना के कलेजे में तीर की तरह चुभी थी। नतीज़तन जब कांग्रेस ने एक ओर सामान्य मुसलमान जनता के बीच व्यापक जनसम्पर्क अभियान प्रारम्भ किया और दूसरी ओर विधानसभाओं में जीतकर आए मुसलमान विधायकों को सत्ता में भागीदारी के लिए कांग्रेस से जुड़ने का आह्वान करना प्रारम्भ किया तो जिन्ना को एकाएक इस मोर्चे पर तत्काल सक्रिय होने की ज़रूरत का शिद्दत-भरा अहसास हुआ।

निम्न और निम्नमध्यवर्गीय मुसलमानों को लीग से जोड़ने के लिए जिन्ना के नेतृत्व

में दो महत्वपूर्ण मोर्चों पर तत्काल कार्यवाही शुरू की गई। कांग्रेस शासित छः राज्यों में, जिनमें सीमान्त प्रान्त भी शामिल था, जहाँ एक ओर मुसलमानों के प्रति कांग्रेस सरकार की तथाकथित ज़्यादतियों की तालिका तैयार कर उससे सामान्य मुसलमानों को अवगत कराने की मुहिम तेज़ कर दी गई, वहीं दूसरी ओर मुस्लिम लीग ने लगभग पहली बार गम्भीरतापूर्वक मुसलमानों की ग़रीबी को उनकी सबसे बड़ी समस्या मानकर उसे दूर करने के लिए विभिन्न दिशाओं में क़दम उठाने के लिए प्रस्ताव पर विचार-विमर्श शुरू किया। लीग की इस चिन्ता का पहला मुखर संकेत इक़बाल के 28 मई, 1937 के पत्र में मिलता है, जो उन्होंने जिन्ना को लिखा था। कांग्रेस सरकार की ज़्यादतियों की सूची में 'वन्दे मातरम्' को प्रान्तों में राष्ट्रगान का दर्जा दिया जाना, उर्दू की उपेक्षा, गांधी के जन्मदिन पर सार्वजनिक अवकाश, गांधी की बुनियादी तालीम की योजना का क्रियान्वयन, गाय की कुर्बानी के हक़ पर रोक, सुनियोजित ढंग से दंगों के दौरान कांग्रेस सरकारों द्वारा मुसलमानों के जन, धन की हानि को प्रोत्साहन, प्राथमिक स्कूलों में जबरन हिन्दी की पढ़ाई तथा मस्जिदों के सामने बाजा बजाया जाना जैसी लगभग सौ शिकायतें दर्ज थीं। ये शिकायतें मुख्यतः उत्तर प्रदेश, बिहार और मध्य भारत की कांग्रेसी सरकारों के ख़िलाफ़ थीं। यह जानकारी दिलचस्प होगी कि सीमान्त प्रान्त में जहाँ कि ग़ैर मुसलमान दस प्रतिशत से भी कम थे और जहाँ सीमान्त गांधी अब्दुल गफ़्फ़ार ख़ान के छोटे भाई डॉ. ख़ान साहब के नेतृत्व में कांग्रेसी सरकार गठित हुई थी, हिन्दी की स्कूलों में पढ़ाई के निर्देश को कांग्रेस की ज़्यादतियों में शुमार किया गया था। ज्ञातव्य है कि लॉर्ड लिनलिथगो ने जाँच के दौरान प्रायः सभी शिकायतों को बेबुनियाद पाया था। जिन्ना के नेतृत्व में लीग को एक तृणमूल राजनीतिक संगठन बनाने में यद्यपि इन सभी तथाकथित ज़्यादतियों के प्रचार से काफ़ी बल मिला, किन्तु सबसे अधिक बल मिला इस प्रोपेगंडे से कि हिन्दू कांग्रेस न केवल मुसलमानों की धार्मिक, सांस्कृतिक और सामाजिक पहचान को समाप्त करने पर आमादा है, बल्कि उसका उद्देश्य गांधी के नेतृत्व में हिन्दू-राज की स्थापना है। इस्लाम के ख़तरे में होने से ज़्यादा प्रभावक़ारी नारा अशिक्षित और अल्पशिक्षित निम्न एवं निम्नमध्यवर्गीय मुसलमानों में जगह बनाने के लिए और क्या हो सकता था।

मुसलमानों के आर्थिक, सामाजिक और शैक्षणिक विकास और सुधार को दृष्टिगत रखते हुए पहली बार लीग ने सन् 1938 में सूदखोरी की समाप्ति, ग़रीबों की ऋण-मुक्ति, मिलों के और अन्य मज़दूरों के काम के घंटों और उनकी अल्पतम मज़दूरी के निर्धारण, उनके स्वास्थ्य और आवास की समस्याओं के हल, गन्दी बस्तियों के सुधार तथा उनके शैक्षणिक पिछड़ेपन को दूर करने की बातें शुरू कीं। दिलचस्प बात यह है कि लीग के इस प्रकार के प्रस्तावों में कहीं भी भूमिसुधार और ज़मींदारी प्रथा के दमन और शोषण से छुटकारे की दिशा में प्रयास की कोई चर्चा नहीं थी। यह मुस्लिम लीग के सामन्ती और भद्रजनोनुकूल चरित्र के सर्वथा अनुरूप था। जिन्ना ने पहली बार मुस्लिम लीग के दिल्ली अधिवेशन में 24 अप्रैल, 1943 को पूँजीपतियों के साथ ज़मींदारों को सामान्य

मुसलमान जनता के शोषण और दमन के विरुद्ध चेतावनी दी थी। गौरतलब और दिलचस्प बात ये है कि इक़बाल ने जिन्ना को लिखे अपने पत्र में ग्रामीण निम्न और निम्नमध्यमवर्गीय मुसलमानों के पिछड़ेपन और उनकी आर्थिक दुर्दशा के लिए दमनकारी ज़मींदारी व्यवस्था का कोई ज़िक्र न करते हुए उसकी पूरी ज़िम्मेदारी हिन्दू महाजनों पर डाली थी। जवाहरलाल के 'नास्तिक समाजवाद' से अपनी तीव्र असहमति जताते हुए मुसलमानों के विकास की विभिन्न समस्याओं के हल इस्लाम में ही तलाशने की ज़रूरत पर ज़ोर दिया था। 19 मार्च, 1945 को पंजाब के छात्रों की एक सभा को सम्बोधित करते हुए जिन्ना ने साम्यवादियों को ज़ोरदार चेतावनी दी थी कि "वे मुसलमानों से अपने हाथ क़तई दूर रखें। इस्लाम उनका एकमात्र पथ-प्रदर्शक और उनके लिए सम्पूर्ण आचार संहिता है। उन्हें और किसी 'वाद' की ज़रूरत नहीं है।" बीसवीं शताब्दी के लगभग तीन दशकों के दौरान धर्मनिरपेक्षता की छवि से दीप्त जिन्ना और उनके नेतृत्व में सक्रिय मुस्लिम लीग के पास अब धर्मोन्माद जगाकर मुसलमान जन साधारण को अपने से जोड़ने के लिए कोई और रास्ता नहीं बचा था।

जिन्ना ने अब जिस मार्ग का वरण किया था, उसके ख़तरों और दूरगामी परिणाम को पहली बार कांग्रेस ने गम्भीरतापूर्वक लिया था। मार्च, 1938 में इकतालीस वर्षीय सुभाषचन्द्र बोस ने जवाहरलाल नेहरू से कांग्रेस का अध्यक्ष पद ग्रहण कर लिया था। जवाहरलाल और सुभाष, दोनों ने जिन्ना से सम्पर्क कर देश की एकता, प्रगति और स्वतन्त्रता के मार्ग में मतभेद के मुद्दों का निदान कर उससे सम्बन्धित समस्याओं का हल तलाशने और उस पर सहमति के लिए साथ-साथ और अलग-अलग एकाधिक बार अपने-अपने ढंग से ईमानदार कोशिश की। पर जिन्ना यह भली-भाँति जानते थे कि किसी और से बातचीत का कोई ख़ास नतीज़ा नहीं निकलेगा, क्योंकि आख़िरकार गांधी के ही पास सभी बड़े कांग्रेस नेता अन्तिम राय के लिए जाएँगे। यही कारण था कि जिन्ना ने नेहरू, सुभाष, पटेल और आज़ाद की ओर से की गई किसी भी पहल को गम्भीरतापूर्वक नहीं लिया। वस्तुतः वह किसी अन्य बड़े कांग्रेस नेता के बजाय उनके गुरु गांधी से ही बातचीत करना अधिक व्यावहारिक और श्रेयस्कर समझते थे। गांधी ने अन्ततः फ़रवरी, 1938 में जिन्ना को लिखा कि उन्होंने मौलाना आज़ाद को अपना मार्गदर्शक मान लिया है और उनकी इच्छा है कि वह (जिन्ना) बातचीत की शुरुआत उन्हीं (आज़ाद) के साथ करें। गांधी ने अपने पत्र में साथ ही यह भी स्पष्ट कर दिया था कि वह स्वयं भी हर सवाल में विचार-विमर्श के लिए उपलब्ध हैं। जिन्ना को मौलाना आज़ाद से गांधी के प्रतिनिधि के रूप में बातचीत करने का प्रस्ताव निहायत नागवार लगा। गांधी को उन्होंने बड़ा तीखा पत्र लिखा। उसमें उन्होंने साफ़ कहा कि आपके दृष्टिकोण और मानसिकता में अभी भी कोई बदलाव नहीं आया है जैसा कि आपके प्रस्ताव से ज़ाहिर है। जब जवाहरलाल, पटेल और सुभाष से बातचीत को जिन्ना कोई अहमियत नहीं दे रहे थे तो आज़ाद से कांग्रेस के प्रतिनिधि के रूप में बातचीत का मतलब था अपने और लीग के बार-बार दोहराए जा रहे उस बयान को स्वयं नकारना,

जिसमें कांग्रेस को मात्र हिन्दुओं का संगठन बताकर उसके मुसलमान नेताओं को केवल प्रदर्शन की वस्तु घोषित किया जा रहा था। कैसी क्रूर विडम्बना है कि कांग्रेस छोड़ने के कई वर्ष बाद भी जब उनके एक प्रेस इंटरव्यू को तोड़-मरोड़कर टाइम्स ऑफ़ इंडिया में उन्हें यह कहता हुआ पेश किया गया था कि कांग्रेस एक हिन्दू संगठन है, तो ज़िन्ना ने स्वयं सम्पादक के नाम पत्र लिखकर इसका प्रबल प्रतिवाद किया था। वही जिन्ना अब न केवल इस ज़िद पर अड़े थे कि उन्हें और लीग को भारतीय उपमहाद्वीप के मुसलमानों का एकमेव प्रवक्ता और प्रतिनिधि माना जाए, बल्कि कांग्रेस को राष्ट्रीय नहीं बल्कि हिन्दू हितों की संस्था मानकर उसके नेता ख़ासकर महात्मा गांधी उनसे बातचीत की पहल करें।

कांग्रेस के बरअक्स मुस्लिम लीग को मुसलमानों के एक जन-संगठन के रूप में खड़ा करने के जिन्ना के प्रयास अब रंग लाने लगे थे। कांग्रेस द्वारा स्थापित किए जानेवाले तथाकथित हिन्दू राज में मुसलमानों के असुरक्षित भविष्य और काफ़िरों के बीच इस्लाम के ख़तरे में होने के भय को जगाकर लीग काफ़ी हद तक अपने उद्देश्य में कामयाब साबित हो रही थी। सन् 1937 में लीग की प्रारम्भिक सदस्य संख्या मात्र कुछ हज़ार थी। किन्तु सन् 1940 में वह पाँच लाख से भी अधिक हो गई थी। मुसलमान जन-सामान्य की आर्थिक स्थिति को दृष्टिगत रखते हुए लीग का सालाना सदस्यता शुल्क मात्र दो आने कर दिया गया था, जो कांग्रेस के चार आने शुल्क का आधा था। अंग्रेज़ों द्वारा शासित भारत के ग्यारह प्रान्तों में से सात की प्रान्तीय विधानसभाओं में मुस्लिम लीग अपनी सक्रिय उपस्थिति 1938 के उत्तरार्ध में दर्ज कराने में सफल सिद्ध हुई थी। अब मुस्लिम बहुल प्रान्तों के जिन्ना और लीग के मुसलमान राजनीतिक विरोधियों ने केन्द्र में कांग्रेस के वर्चस्व के विरुद्ध उनकी रणनीति और संघर्ष को अपना समर्थन देने का मन बना लिया था। इसके साथ ही अपने प्रान्तों के स्थानीय राजनीतिक संगठनों को जिन्ना के नेतृत्व में लीग के झंडे के नीचे एकजुट होने की उपयोगिता को उन्होंने अब अच्छी तरह समझ लिया था। उन्हें अब इसका गहरा अहसास हो चला था कि मात्र प्रान्तीय राजनीतिक सत्ता पर क़ब्ज़ा पर्याप्त नहीं है। उन्हें मुसलमानों के अलग राजनीतिक हितों का एक ज़ोरदार प्रवक्ता और संरक्षक दिल्ली में भी चाहिए। गवर्नमेंट ऑफ़ इंडिया ऐक्ट 1935 के प्रान्तीय शासन सम्बन्धी प्राबधान सन् 1937 के चुनाव के बाद लागू हो चुके थे। केन्द्र में संघीय प्रावधान अभी लागू किए जाने थे। जिन्ना और उनके नेतृत्व में नवस्पंदित मुस्लिम लीग से बेहतर अलमबरदार और सरपरस्त मुसलमानों के अलग राजनीतिक हितों का और कौन हो सकता था। पंजाब के मियाँ बशीर अहमद, यूनियनिस्ट पार्टी के नेता सर सिकन्दर ख़ाँ, सुप्रसिद्ध क़ानूनवेत्ता सर ज़फरुल्ला ख़ाँ, बंगाल के चौधरी फजलुल हक़, सिन्ध के गुलाम हुसेन और जी.एम. सैयद जैसे ग़ैरलीगी मुसलमान नेताओं ने इसी आधार पर मुस्लिम लीग के झंडे के नीचे अपने-अपने प्रान्तों में इकट्ठा होने की सहमति जिन्ना को दी थी। लीग का जो भी ढाँचा मुस्लिम-बहुल प्रान्तों में पहले से था उसमें सुयोग्य और प्रभावशाली नेतृत्वशक्ति का घोर अभाव था।

जिन्ना को इस बात का भली-भाँति अहसास था कि इन प्रान्तों के लीगी नेताओं के गले लीग से नए-नए जुड़े नेता आसानी से उतरेंगे नहीं और उनके आपसी घृणा-द्वेष लीग को जल्दी एक सशक्त राजनीतिक इकाई के रूप में वहाँ पनपने नहीं देंगे। पर उनकी अर्जुन-दृष्टि प्रान्तीय राजनीति की शाखा-प्रशाखा की भूलभुलैया से सर्वथा अलग अपने लक्ष्य चिड़िया की आँख—दिल्ली पर टिकी हुई थी। अपने लक्ष्य के लिए वह कोई भी कड़वा घूँट पीने के लिए तैयार थे।

जहाँ मुस्लिम लीग का स्वास्थ्य दिन-प्रतिदिन कम-से-कम प्रत्यक्षतः सुधर रहा था, वहीं उसे एक जुझारू संगठन के रूप में धारदार नेतृत्व प्रदान करनेवाले उसके अप्रतिम सेनापति को अन्दर ही अन्दर घुन लगता जा रहा था। उनके फेफड़े यक्ष्मा से संक्रमित हो चुके थे। वह बड़ी जल्दी थक जाते थे। उनमें चिड़चिड़ापन बढ़ता जा रहा था। पत्नी के देहान्त और कांग्रेस में छूट गए सरोजिनी नायडू और कानजी द्वारकादास जैसे मित्रों से लगातार बढ़ती दूरी ने उन्हें निपट अकेला कर दिया था। मुस्लिम लीग में उनके प्रशंसक और भक्त अनेक थे पर अन्तरंग कोई नहीं था। उनका ज़िद्दीपन और आक्रामक तेवर दिन-ब-दिन उरूज़ पर था। छोटी बहन कुमारी फ़ातिमा जिन्ना उनकी अकेली हमराज़ और हमदर्द थीं। यक्ष्मा की असाध्यता के अहसास ने जहाँ एक ओर मौत के निरन्तर गतिमान क़दमों की आहट उनके कानों में तेज़तर कर दी थी, वहीं उनकी जिजीविषा की लौ पूरी प्राणशक्ति के साथ एक बार फिर प्रज्वलित हो उठी थी। सब कुछ दाँव पर लगाकर अपना लक्ष्य शीघ्रातिशीघ्र पाने के लिए वह अब एक बार फिर कृतसंकल्प थे—अन्तिम निर्णायक लड़ाई के लिए पूरी तरह तैयार।

देश के मुसलमानों के बीच जिन्ना की प्रतिष्ठा दिन दूनी रात चौगुनी बढ़ रही थी। सन् 1937 की मुस्लिम लीग की पराजय की हताशा से, गिरते स्वास्थ्य और अकेलेपन के शिद्दत-भरे अहसास के बावजूद, वह अब उबर चुके थे। उनके राजनीतिक महत्त्व का ग्राफ़ किस बुलन्दी को छू रहा था, इसका संकेत दिल्ली से प्रकाशित दैनिक 'अल-अमन' के यशस्वी सम्पादक मौलाना मज़हरूद्दीन अहमद के 10 दिसम्बर, 1938 के उक्त पत्र में उस प्रस्ताव से मिलता है, जिसमें उन्होंने जिन्ना को अब क़ायदे आज़म (महान नेता) के सम्बोधन से सम्बोधित करने का सुझाव दिया था। लोकमान्य, महामति, महामना, देशबन्धु और महात्मा जैसे सम्बोधन से एक अर्से से तिलक, रानाडे, मालवीय जी, चितरंजनदास और गांधी सम्बोधित किए जा रहे थे। यहाँ तक कि युवतर नेता सुभाषचन्द्र बोस के साथ नेताजी सम्बोधन बड़े उत्साह से प्रयोग में लाया जा रहा था। ऐसी स्थिति में जिन्ना के प्रशंसकों को इसी तरह के एक प्रतिष्ठासूचक सम्बोधन की तलाश थी। यह प्रस्ताव लोगों ने हाथोंहाथ लिया। जनवरी, 1939 में पटना में हुए मुस्लिम लीग के विराट अधिवेशन में जिन्ना का अभूतपूर्व स्वागत हरे झंडे के सैलाब के बीच क़ायदे आज़म ज़िन्दाबाद के जयघोष से ही हुआ। जिन्ना अब गांधी, आज़ाद, पटेल, जवाहरलाल और सुभाष के साथ बराबरी के स्तर पर थे। कई मायनों में उनकी स्थिति कांग्रेस के इन सभी नेताओं से कहीं अधिक महत्त्वपूर्ण थी। वह जहाँ लीग के

एकछत्र नेता थे, वहीं अब कांग्रेस में नेतृत्व के शीर्षस्थ स्थान के लिए दरार पड़नी शुरू हो गई थी। पहली बार कांग्रेस में अध्यक्ष पद का चुनाव सन् 1938 में हुआ था। युवक हृदय सम्राट कहे जानेवाले सुभाषचन्द्र बोस ने महात्मा गांधी द्वारा समर्थित कांग्रेस अध्यक्ष पद के उम्मीदवार पट्टाभि सीतारमैया को सीधे संघर्ष में पराजित कर दिया था। शीघ्र ही कार्यकारिणी के अधिकांश सदस्यों के नकारात्मक और असहयोगपूर्ण रवैये के फलस्वरूप सुभाष को गम्भीर बीमारी की हालत में भी अधिवेशन के पंडाल में स्ट्रेचर पर पहुँचकर इस्तीफ़ा देना पड़ा था। सत्ता का लोभ कांग्रेस के प्रान्तीय और जिला स्तर के नेताओं को स्वार्थपूर्ण और घटिया क़िस्म की गुटबन्दी के लिए प्रेरित कर रहा था। कांग्रेस सोशलिस्ट पार्टी के नेता यूसुफ़ मेहरअली और एस.एस. बाटलीवाला को राजद्रोह के मुकदमे में मद्रास प्रान्त की राजगोपालाचारी के नेतृत्व में बनी कांग्रेस सरकार ने गिरफ़्तार कर छः महीने की सज़ा दे दी थी। मध्य भारत में कांग्रेस सरकार के तत्कालीन प्रधानमन्त्री डॉ. एन.बी. खरे को गुटबन्दियों के तहत इस्तीफ़ा देना पड़ा था। यह कांग्रेस में चल रहे अन्तर्द्वन्द्व की कुछ बानगी मात्र है। अभी कुछ समय पूर्व अपरिग्रही आदर्शवादी नेताओं के ख़ून-पसीने की बुनियाद पर खड़ी अजेय प्रतीत होनेवाली कांग्रेस के क़िले की दीवारें दरकतीं-सी लग रही थीं। यहाँ अट्ठाईस महीनों के कांग्रेसी शासन पर टीका-टिप्पणी का समय नहीं है। इसके बरअक्स मुस्लिम लीग का संगठन जिन्ना के नेतृत्व में न केवल पूरी तरह किसी भी स्थिति का सामना करने के लिए नए उत्साह से एकाएक जीवन्त हो उठा था, बल्कि मुस्लिम वर्ग के तृणमूल तक उसकी पहुँच की धमक महसूस की जा रही थी।

कांग्रेसशासित प्रान्तों में मुसलमानों के साथ होनेवाली तथाकथित ज़्यादतियों का प्रोपेगेंडा अब रंग लाने लगा था। लीग को सुनहरा मौक़ा उस समय हाथ लगा, जब तीन सितम्बर, 1939 को द्वितीय विश्वयुद्ध के ऐलान के साथ इंग्लैंड की सरकार ने भारत को भी अपने साथ अपने उपनिवेश के रूप में धुरी राष्ट्रों के विरुद्ध एक युद्धरत पक्ष घोषित कर दिया था। कांग्रेस के नेतृत्व ने इसका प्रबल विरोध किया था। जब द्वितीय विश्वयुद्ध के बादल मँडराने शुरू हुए थे, जवाहरलाल नेहरू लन्दन में थे। जून, 1938 में जब वह लन्दन पहुँचे तो स्पेन के गृहयुद्ध और नाज़ियों के अत्याचार चरम पर थे। इंग्लैंड में चेम्बरलेन की सरकार आसन्न विश्वयुद्ध की चुनौतियों का मुक़ाबला करने में अक्षम सिद्ध हो रही थी। उक्त सरकार को प्रतिक्रियावादी साबित कर उसे नाज़ीवादी और फासीवादी आक्रमणों में सहायक घोषित करते हुए अपने कई बयानों में जवाहरलाल नेहरू ने अंग्रेज़ सरकार द्वारा भारत पर थोपे जा रहे उपनिवेशवादी युद्ध का ज़ोरदार विरोध करने का संकल्प बार-बार दोहराया था। इंग्लैंड में नेहरू का बयान भारत में अंग्रेज़ों की गहरी चिन्ता का कारण बनता जा रहा था। कांग्रेस के नव निर्वाचित तरुण अध्यक्ष सुभाष की धुरी राष्ट्रों के प्रति सहानुभूति की भनक भी उन्हें मिल रही थी। अतः भारत में स्थानापन्न वॉयसराय लॉर्ड ब्रैवोर्न और उनके कैंसर से देहान्त के बाद लॉर्ड लिनलिथगो का मन कांग्रेस के नेतृत्व से उचटना स्वाभाविक था। ऐसी दुर्निवार स्थिति

में अंग्रेज़ शासकों के पास मुस्लिम लीग और उसके नेता जिन्ना की ओर झुकने के अलावा कोई दूसरा विकल्प नहीं बचा था। जिन्ना ने यहाँ से अपने पत्ते बड़ी कुशलता से खेलने शुरू किए थे। उन्होंने वॉयसराय से साफ़-साफ़ कहा था कि गवर्नमेंट ऑफ़ इंडिया ऐक्ट 1935 के संघीय प्रावधानों को यथावत् केन्द्र में लागू न किया जाए। जिन्ना ने उन्हें विश्वास में लेते हुए कहा था कि आप हमारी रक्षा कांग्रेसशासित प्रदेशों में करें और हम आपकी केन्द्र में रक्षा करेंगे। जिन्ना में अब एक सर्वथा नया राजनीतिक आत्मविश्वास पैदा हो गया था। अब वह कहने लगे थे कि मुसलमान हिन्दुस्तान में अल्पसंख्यक की नियति स्वीकार कर मात्र विशेषाधिकारों से सन्तुष्ट नहीं होंगे। वह अपने को एक स्वतन्त्र राष्ट्र मानते हैं और सभी पक्षों को यह बात स्वीकार करनी चाहिए। पर अभी तक उन्होंने पाकिस्तान शब्द का प्रयोग कहीं भी नहीं किया था।

जिन्ना को अपने नए महत्त्व का गर्वपूर्ण अहसास होना स्वाभाविक था। वह जीवन-मरण के युद्ध में संलग्न भारत के अंग्रेज़ महाप्रभुओं को अब एक पैर पर खड़े देखना चाहते थे। अपने पूर्व नियोजित और सुचिन्तित लटकों-झटकों से वह उन्हें बार-बार याद दिलाते रहना चाहते थे कि कांग्रेस उनकी दुश्मन और वह तथा उनकी लीग उनकी (अंग्रेज़ों की) एकमात्र ख़ैरख़्वाह है। इसकी एक दिलचस्प बानगी सन् 1939 के वित्त-विधेयक पर दिए गए उनके भाषण में मिलती है, जिसमें उन्होंने बिना लाग-लपेट के कहा था कि आज सदन में मत-सन्तुलन उनकी लीग के हाथ में है और बिना उसके सहयोग और सहमति के विधेयक का पास होना असम्भव है। जिन्ना ने चेतावनी के स्वर में कहा था कि यदि कांग्रेस और अंग्रेज़ सरकार दोनों एक साथ चाहें तो भी अधिकार और न्याय के मुसलमानों के संघर्ष को दबाया नहीं जा सकता। द्वितीय विश्व महायुद्ध के दौरान समूची अंग्रेज़ जाति का स्नायु-मंडल भीषण तनाव में था। जिन्ना की रणनीति उन पर लगातार दबाव बनाए रखने की थी। दूसरी ओर अति आदर्शवादिता ग्रस्त और व्यावहारिकता-शून्य कांग्रेस जिन्ना का खेल खेल रही थी। 11 सितम्बर, 1939 के अपने प्रस्ताव में कांग्रेस ने फासीवाद और नाज़ीवाद की भर्त्सना करते हुए कहा था कि यदि उपनिवेशवादी शक्तियाँ अपने निहित स्वार्थ और साम्राज्यवादी यथास्थितिवाद को बरक़रार रखने के लिए युद्धोन्मुख हैं तो हिन्दुस्तान का उससे कोई लेना-देना नहीं हो सकता। 11 अक्टूबर, 1939 को जवाहरलाल ने फिर कहा कि गुलाम हिन्दुस्तान अंग्रेज़ों की कोई सहायता नहीं कर सकता। स्वतन्त्र होकर अपने देश की बागडोर स्वयं सँभालने की स्थिति में ही हम प्रजातन्त्रीय मूल्यों की रक्षा के संघर्ष में योगदान कर सकते हैं। निश्चय ही ब्रिटेन हिन्दुस्तान को इस समय स्वतन्त्रता प्रदान करने की स्थिति में नहीं था। दूसरी ओर कांग्रेस की यह सोच दृढ़ से दृढ़तर होती जा रही थी कि ग्रेट ब्रिटेन के युद्ध प्रयासों को दिया गया समर्थन वस्तुतः उसकी साम्राज्यवादी नीतियों की पुष्टि ही होगी। अतः उपनिवेशवादी यथास्थितिवाद के प्रतिरोध के पहले क़दम के रूप में 22 अक्टूबर, 1939 के कांग्रेस की कार्यसमिति के प्रस्ताव में ऐलान किया गया कि हिन्दुस्तान के प्रान्तों की कांग्रेसी सरकारें अविलम्ब इस्तीफ़ा दे दें। जिन्ना यही चाहते

थे। दरअसल, जिन्ना वॉयसराय पर लगातार दबाव बनाए हुए थे कि किसी न किसी तरह कांग्रेसी सरकार बर्ख़ास्त कर दी जाए। शायद यदि नवम्बर, 1939 में सभी कांग्रेसी सरकारें इस्तीफ़ा न देतीं तो मुस्लिम लीग के भीषण दबाव के फलस्वरूप वॉयसराय स्वयं उन्हें बर्ख़ास्त करने को विवश हो जाते। कांग्रेसी सरकारों के इस्तीफ़े से जिन्ना को अपूर्व राहत मिली। जिन्ना के नेतृत्व में दक्षिण भारत में जस्टिस पार्टी के नेता पेरियार ई.वी. रामास्वामी नायकर, दलित नेता डॉ. भीमराव अम्बेडकर तथा अखिल भारतीय शोषित संघ और ऑल इंडिया ऐंग्लो इंडियन एसोशिएसन के सदस्यों ने 2 दिसम्बर को प्रस्ताव पास कर 22 दिसम्बर, 1939 को मुक्ति दिवस मनाने का आह्वान किया। प्रस्ताव की भाषा अत्यन्त कटु और आहत करनेवाली थी। इससे केवल कांग्रेस का नेतृत्व ही नहीं, बल्कि मुस्लिम लीग का भी एक संवेदनशील वर्ग स्तब्ध था। जिन्ना के कलकत्ता स्थित प्रशंसक एवं उद्योगपति मिर्ज़ा अबुल हसन इस्पहानी ने अपने आक्रोश-भरे पत्र में इस क़दम का प्रतिवाद करते हुए उन्हें लिखा कि वह अब 'जी हुजूरों' और प्रतिक्रियावादियों की बाँहों में खेल रहे हैं। बंगाल विधानसभा के सोलह मुस्लिम-लीगी विधायकों ने अब्दुल रहमान सिद्दीकी के नेतृत्व में जिन्ना की लीग से नाता तोड़ते हुए दोटूक शब्दों में कहा कि उनके (जिन्ना के) उक्त क़दम से हिन्दुस्तान में एकता की ईमानदार कोशिशों को भारी आघात पहुँचा है। पर कालचक्र अब पीछे कैसे घूम सकता था।

फेफड़े के कैंसर से आक्रान्त जिन्ना अब काल से होड़ ले रहे थे। उनके पास समय बहुत कम था। इसलिए पीछे मुड़कर देखने का सवाल ही पैदा नहीं होता था। निहायत ठंडे ढंग से सोच-समझकर निर्धारित अपनी रणनीति में आक्रामकता और कूटनीतिक चतुराई के कुशल समाहार की कला में वह अब पारंगत हो गए थे। इसी बीच दिसम्बर, 1939 में लेबर पार्टी के वरिष्ठ नेता सर स्टैफोर्ड क्रिप्स अपने दल की ओर से हिन्दुस्तान की ज्वलन्त राजनीतिक समस्या का सम्भव हल ढूँढ़ने भारत भेजे गए। पर उन्हें भी लगा कि हिन्दू-मुस्लिम टकराव की समस्या को जब तक भरसक सुलझा नहीं लिया जाता, तब तक कोई भी राजनीतिक योजना कामयाब नहीं होगी। इंग्लैंड लौटकर उन्होंने भारत मन्त्री को वॉयसराय की कार्यकारिणी में राष्ट्रीय नेताओं की नियुक्ति और संविधानसभा के लिए शीघ्रातिशीघ्र चुनाव के अपने दो महत्त्वपूर्ण सुझावों पर तुरन्त अमल करने के लिए कहा। संविधान-सभा के लिए अपने निर्णय सामान्य बहुमत से लेने का प्रस्ताव था। जिन्ना के लिए यह ख़तरे की घंटी थी। वह वॉयसराय की कार्यकारिणी में हिन्दुओं और मुसलमानों की संख्या बराबर चाहते थे। वह अपनी इस बात पर भी अडिग थे कि मुसलमान सदस्य केवल मुस्लिम लीग की संस्तुति पर ही लिए जाएँगे। उनका इस पर भी ज़ोर था कि संविधान-सभा मुसलमानों से सम्बन्धित मसलों पर दो-तिहाई बहुमत से ही कोई निर्णय ले। क्रिप्स के ग़ैरसरकारी सुझावों का हश्र पूर्वनिश्चित था।

मार्च, 1940 के उत्तरार्ध में कांग्रेस और मुस्लिम लीग के ऐतिहासिक अधिवेशन क्रमशः रामगढ़ और लाहौर में हुए। कांग्रेस का रामगढ़ अधिवेशन उसके नवनिर्वाचित अध्यक्ष मौलाना आज़ाद की अध्यक्षता में मुस्लिम लीग के लाहौर अधिवेशन के दो-तीन

दिनों पूर्व ही सम्पन्न हुआ था। रुग्ण जिन्ना ने अब आर-पार की लड़ाई के लिए कमर कस ली थी। जहाँ वह मुस्लिम लीग और स्वयं को मुसलमानों का एकमेव प्रवक्ता और हित-चिन्तक मानने की ज़िद पर अटल थे, वहीं वह कांग्रेस को महज़ हिन्दू हितों की प्रतिनिधि संस्था सिद्ध करने का कोई भी मौक़ा हाथ से नहीं जाने देना चाहते थे। अपने राजनीतिक जीवन के निहायत नाजुक मोड़ पर मौलाना आज़ाद का कांग्रेस अध्यक्ष बनना जिन्ना की रणनीति के गणित को छिन्न-भिन्न करने की पूरी सम्भावना से भरपूर था। इसे वह गांधी की चाल मानते थे। जिन्ना ने अपने विख्यात लाहौर भाषण में रामगढ़ अधिवेशन में दिए गए गांधी के भाषण और उनकी नीयत पर बड़े ही तीखे व्यंग्य किए। गांधी, नेहरू और आज़ाद उनकी उग्र से उग्रतर होती आक्रामकता के क्रमशः अब विशेष लक्ष्य थे। जिन्ना मुस्लिम लीग के निर्विवाद एकछत्र अधिनायक थे। यह लाहौर अधिवेशन में सिद्ध हो गया था। यद्यपि जिन्ना ने अभी पाकिस्तान शब्द के प्रयोग से अपने को बचाए रखा था, पर साम्प्रदायिक आधार पर देश-विभाजन की आधारशिला उन्होंने लाहौर अधिवेशन में पूरे जतन से रख दी थी। अपने भाषण में उन्होंने ख़ासतौर से कहा था कि कांग्रेस को एक हिन्दू संगठन मानकर ही उसके प्रतिनिधि रूप में गांधी उनसे और अंग्रेज़ सरकार से बातचीत कर सकते हैं।

कांग्रेस के प्रान्तीय मन्त्रिमंडलों के इस्तीफ़े के प्रत्यक्ष और परोक्ष दोनों परिणामों तथा दूरगामी प्रभाव के प्रति अंग्रेज़ सरकार ब्रिटेन और हिन्दुस्तान दोनों जगह पूरी तरह चौकन्ना थी। घनघोर विश्वव्यापी युद्ध के दौरान हिन्दुस्तान के सबसे बड़े और प्रभावशाली राजनीतिक संगठन कांग्रेस के असहयोग से जो गहरी चिन्ता समझदार अंग्रेज़ हलकों में व्याप्त थी, उसका संकेत इस बार आन्तरिक और अन्तर्राष्ट्रीय दबावों के तहत भेजे गए उस सरकारी मिशन से मिलता है, जिसका नेतृत्व इस बार विधिवत् सर स्टैफोर्ड क्रिप्स को सौंपा गया था। क्रिप्स मिशन मार्च, 1942 में दिल्ली पहुँचा था। यह क्रिप्स की दूसरी पारी थी। चर्चिल के सर्वदलीय युद्धकालीन मन्त्रिमंडल के ऊपर न केवल वामपन्थी रुझान की लेबर पार्टी का लगातार दबाव बना हुआ था कि इस युद्ध के दौरान भारत के प्रायः सभी वर्गों और समुदायों का सहयोग प्राप्त किया जाए, बल्कि इसके लिए अन्तर्राष्ट्रीय दबाव भी लगातार बढ़ता जा रहा था। संयुक्त राज्य अमेरिका के राष्ट्रपति रूज़वेल्ट और चीन के राष्ट्रपति च्यांग काई शेक ने ख़ासतौर से युद्ध की लगातार बिगड़ती स्थिति के दौरान पूरे हिन्दुस्तान का सक्रिय सहयोग प्राप्त करने के लिए अपने बयानों और पत्रों के माध्यम से ज़ोर दिया था। फलतः क्रिप्स के नेतृत्व में हिन्दुस्तान पहुँचा प्रतिनिधिमंडल यहाँ के सभी वर्गों और समुदायों से विचार-विमर्श कर यथासम्भव जल्दी-से-जल्दी स्वराज्य प्रदान करने और देश के संवैधानिक ढाँचे पर अपनी संस्तुति देने के प्रति प्रत्यक्षतः कृतसंकल्प था। चर्चिल और उनके दल से अलग भारत के स्वतन्त्रता-संग्राम के प्रति लेबर पार्टी का रुख़ एक लम्बे अरसे से सहानुभूतिपूर्ण था। जवाहरलाल नेहरू, कृष्ण मेनन और समाजवादी रुझान के ऐसे कई कांग्रेस नेता थे, जिनका लेबर पार्टी के नेताओं से घनिष्ठ सम्पर्क था। क्रिप्स स्वयं गांधी और जवाहरलाल

नेहरू के प्रशंसकों में से थे। वह चर्चिल के युद्धकालीन मन्त्रिमंडल में लेबर पार्टी के प्रतिनिधि के रूप में कैबिनेट मन्त्री थे। उनकी और उनकी लेबर पार्टी की यहाँ चल रहे स्वतन्त्रता-आन्दोलन के प्रति सदाशयता के बावजूद ब्रिटेन की सरकार की ओर से हिन्दुस्तान में घोषणा का जो मसविदा उन्हें दिया गया था वह बहुत ही सीमित और अपर्याप्त था। पूर्ण स्वशासन की जगह उसमें ब्रिटेन के राजमुकुट के अन्तर्गत हिन्दुस्तान को डोमिनियन स्थिति देने की ही बात कही गई थी। युद्ध के बाद एक संविधान-सभा का प्रस्ताव था जिसके प्रतिनिधि ब्रिटिश भारत की प्रान्तीय विधानसभा के सदस्यों द्वारा सीधे चुने जाने थे। उसमें रजवाड़ों को अपने प्रतिनिधि मनोनीत करने का अधिकार प्रस्तावित था। मुस्लिम लीग की माँग को सन्तुष्ट करने के लिए उसमें कहा गया था कि जो प्रान्त उक्त संविधान-सभा में शामिल नहीं होना चाहेंगे, वे अलग से ब्रिटेन के साथ अपनी भावी स्थिति के लिए करार कर सकते थे। कांग्रेस और मुस्लिम लीग दोनों को अपने-अपने अलग कारणों से क्रिप्स के प्रस्ताव पूरी तरह अस्वीकार्य थे। जहाँ एक ओर क्रिप्स के हाथ-पैर घोषणा के मसविदे से बँधे थे, वहीं चर्चिल की शह पर वॉयसराय लिनलिथगो और सेना के कमांडर इन चीफ़ सर अर्किबाल्ड वेवल सहित हिन्दुस्तान स्थित बड़े अंग्रेज़ अधिकारी क्रिप्स के दौरे को असफल बनाने में कोई कोर-कसर नहीं छोड़ना चाहते थे। जिन्ना को क्रिप्स नेहरू और गांधी के प्रति अनुकूल रवैये के कारण फूटी आँख नहीं भा रहे थे। अतः क्रिप्स मिशन की असफलता पर किसी को आश्चर्य नहीं हुआ। देश के साम्प्रदायिक आधार पर विभाजन की लीग की माँग को लेकर कांग्रेस के नेतृत्व में गहरी हताशा छाई हुई थी।

उसके ऊपर जैसे-जैसे युद्ध में तेज़ी आती गई, अंग्रेज़ सरकार अध्यादेशों पर अध्यादेश जारी कर बचे-खुचे नागरिक अधिकारों पर लगातार कुठाराघात करती जा रही थी। प्रेस के साथ ही बोलने, संगठित होने तथा सभा आदि करने की आज़ादी ख़त्म कर दी गई थी। राष्ट्रवादी और वामपन्थी सोच के कार्यकर्ताओं को प्रताड़ित कर बिना शील-संकोच पुलिस गिरफ़्तार कर रही थी। कांग्रेस में इस समय गहरा अन्तर्द्वन्द्व चल रहा था। एक ओर कांग्रेस युद्ध से बदहवास अंग्रेज़ सरकार की संकटपूर्ण स्थिति से लाभ नहीं उठाना चाहती थी, दूसरी ओर उसके दमनकारी रवैये और देश के स्वराज की आशाओं और आकांक्षाओं की घनघोर उपेक्षा के कारण उसका रवैया शासन के विरुद्ध दिन-ब-दिन सख़्त होता जा रहा था। जहाँ सुभाषचन्द्र बोस के अनुयायी, समाजवादी और साम्यवादी तुरन्त जन आन्दोलन प्रारम्भ करने के पक्ष में थे, वहीं कांग्रेस के वरिष्ठ नेता एकाधिक व्यावहारिक कारणों से तुरन्त कोई आन्दोलन चलाना नहीं चाहते थे। उल्लेखनीय है कि वामपन्थी सोच के नेता सुभाष के इस विचार से सहमत नहीं थे कि तुरन्त आन्दोलन शुरू करने के लिए कांग्रेस संगठन में विभाजन के विकल्प को स्वीकार करने में हिचकिचाहट नहीं होनी चाहिए। पर सुभाष भी यह भली-भाँति समझते थे कि किसी भी जनान्दोलन को व्यापक जनाधार प्रदान कराने की क्षमता गांधी के अलावा किसी अन्य नेता में नहीं थी। साम्यवादी और समाजवादी कांग्रेस को एक विराट

जनान्दोलन का मंच मानकर उसे तोड़ने के विचार से क़तई सहमत नहीं थे। दुविधा और अन्तर्द्वन्द्व की इस घड़ी में अन्ततः गांधी ने सीमित व्यक्तिगत सत्याग्रह का निर्णय लिया। अक्तूबर, 1940 में विनोबा भावे पहले और जवाहरलाल दूसरे सत्याग्रही बने। अंग्रेज़ी शासन के युद्ध प्रयासों का विरोध और उनकी जनविरोधी दमनात्मक नीतियों की भर्त्सना इस सत्याग्रह के दो महत्त्वपूर्ण पहलू थे। अपेक्षाकृत हल्के तापमान पर चलाए गए इस सत्याग्रह के पीछे दो स्पष्ट उद्‌देश्य थे। एक तो अंग्रेज़ों को यह मौक़ा देना कि वह हिन्दुस्तान की जनता की स्वराज की आशा-आकांक्षा का सम्मान करने की प्रक्रिया तुरन्त प्रारम्भ करे, दूसरा एक व्यापकतर और बृहत्तर जनान्दोलन की मजबूत पीठिका तैयार करना। हल्के तापमान पर चलाए गए इस आन्दोलन की पूर्णाहुति सन् 1942 के विश्वविख्यात भारत-छोड़ो आन्दोलन के अपूर्व विस्फोट में हुई।

धुरी शक्तियों की लगातार कामयाबी से ब्रिटेन सहित मित्र देशों की उद्विग्नता निरन्तर बढ़ती जा रही थी। कांग्रेस के युद्ध-प्रयासों में असहयोग और आन्दोलनात्मक रुख़ से उसके और अंग्रेज़ सरकार के बीच की खाई दिन-ब-दिन बढ़ती जा रही थी। लीग के लाहौर प्रस्ताव से लैस जिन्ना अब देश के साम्प्रदायिक आधार पर विभाजन और अलग मुसलमान राष्ट्र की स्थापना के लिए अंग्रेज़ों की संकटग्रस्त स्थिति और लगातार तनाव में रह रहे स्नायुमंडल का पूरा लाभ उठा रहे थे। उन्होंने लाहौर प्रस्ताव के बाद अब 'पाकिस्तान' शब्द का प्रयोग करना शुरू कर दिया था। अंग्रेज़ सरकार को जिन्ना हरदम यह याद दिलाते रहते थे कि वह और उनकी लीग ही संकट की इस घड़ी में उनकी (अंग्रेज़ों की) वफ़ादार और ख़ैरख़्वाह थी तथा हिन्दुओं की प्रतिनिधि संस्था कांग्रेस उनकी दुश्मन। वह न केवल हिन्दुस्तान के मुसलमानों के लिए अंग्रेज़ों से न्याय चाहते थे, बल्कि फिलिस्तीन के अरबों सहित दुनिया-भर के मुसलमानों के लिए न्याय और विशेष व्यवहार की माँग करने लगे थे। जिन्ना का राजनीतिक व्यक्तित्व अन्तर्राष्ट्रीय आयाम ग्रहण करने लगा था। जिन्ना का तर्क था कि वह पाकिस्तान हिन्दुओं और कांग्रेस से नहीं, बल्कि अंग्रेज़ों से माँग रहे हैं, क्योंकि मुसलमानों से हिन्दुस्तान की हुकूमत अंग्रेज़ों ने छीनी थी न कि हिन्दुओं ने। जिन्ना की रणनीति में एक और महत्त्वपूर्ण पहलू जुड़ गया था। वह अब कांग्रेस विरोधी हिन्दुओं की सहानुभूति प्राप्त कर अपना राजनीतिक दायरा और बड़ा करना चाहते थे। इसमें उन्हें सफलता भी मिल रही थी। अप्रैल, 1941 में लगभग एक लाख के जनसमूह के बीच लीग के मद्रास अधिवेशन के मंच पर उनके साथ कांग्रेस और प्रबल ब्राह्मण-विरोधी नेता तथा जस्टिस पार्टी के संस्थापक ई.वी. रामास्वामी नायकर तथा उनके (जिन्ना के) परममित्र और प्रशंसक सर ए.पी. पात्रो भी बैठे थे। दिन-ब-दिन गिरते स्वास्थ्य के बावजूद लीग की बढ़ती लोकप्रियता तथा व्यापक प्रचार-प्रसार जिसके वह एकमात्र शिल्पी थे, उनका निरन्तर उत्साहवर्धन कर रहे थे। उनमें एक अपूर्व और अदम्य आत्मविश्वास पैदा हो गया था।

सन् 1941 के उत्तरार्द्ध में राष्ट्रीय सुरक्षा परिषद् के गठन के लिए विचार-विमर्श

हेतु वॉयसराय लॉर्ड लिनलिथगो ने कांग्रेस को छोड़कर अन्य संगठनों के नेताओं और विशिष्ट व्यक्तियों सहित मुस्लिम लीग के प्रान्तीय अध्यक्षों तथा बंगाल, पंजाब और सिन्ध के प्रधानमन्त्रियों को बुलाया था। पर जिन्ना के अड़ियल स्वभाव को ध्यान में रखकर उन्हें निमन्त्रित करना श्रेयस्कर नहीं समझा गया था। यह जानकर जिन्ना आगबबूला हो गए थे। बिना उनकी अनुमति के बंगाल और पंजाब के प्रधानमन्त्रियों सिकन्दर हयात ख़ाँ तथा चौधरी फ़ज़लुल हक़ और आसाम मुस्लिम लीग के प्रमुख सर मोहम्मद सादुल्ला ख़ाँ का वॉयसराय की बैठक में शामिल होना उन्हें इतना नागवार गुज़रा था कि उन्होंने इन तीनों नेताओं से दोटूक शब्दों में कहा था कि वे लीग और वॉयसराय की परिषद् की सदस्यता में से एक को ही चुन सकते हैं। जिन्ना सफ़ाई के तौर पर कुछ भी सुनने को तैयार नहीं थे। नतीज़तन सिकन्दर हयात और सादुल्ला ख़ाँ ने मन-मसोसकर परिषद् से इस्तीफ़ा दे दिया। फ़ज़लुल हक़ ने आश्वासन के बावजूद ऐसा नहीं किया। हालाँकि बाद में जिन्ना की निरंकुशता का विरोध करते हुए उन्होंने लीग और परिषद् दोनों से इस्तीफ़ा दे दिया था। इसके तुरन्त बाद कांग्रेस तथा श्यामाप्रसाद मुखर्जी के नेतृत्व में हिन्दू महासभा सहित कुछ अन्य दलों के समर्थन से उन्होंने एक नई ग़ैर मुस्लिम लीगी सरकार बंगाल में बनाई थी। यह एक तरह से बंगाली मुसलमानों की उत्तर-पश्चिम के मुसलमानों के वर्चस्व को पहली चुनौती थी। यह वह बीज था, जो आगे चलकर स्वतन्त्र सार्वभौम बँगलादेश के रूप में प्रस्फुटित हुआ। मुस्लिम लीग के दो अन्य वरिष्ठ नेताओं बेगम शाहनवाज़ और सर सुल्तान अहमद ने इस्तीफ़े से क़तई इनकार कर दिया था। फलस्वरूप उन्हें दल से निकाल दिया गया था। जिन्ना अब लीग के एकछत्र सम्राट थे। अतः निरंकुशता स्वाभाविक थी। पर उनका आहत अहम इतने से ही सन्तुष्ट नहीं था। उन्होंने युद्धजन्य तनावों के बीच अंग्रेज़ सरकार को अपनी अवहेलना के लिए सबक सिखाने के उद्‌देश्य से केन्द्रीय विधायिका (सेंट्रल लेजिस्लेटिव असेम्बली) से मुस्लिम लीगी सदस्यों का इस्तीफ़ा ले लिया था। जिन्ना का दबदबा यद्यपि अंग्रेज़ सरकार पर बना हुआ था पर उनकी नित नई बढ़ती-बदलती माँगों से आजिज़ आकर लॉर्ड लिनलिथगो को कहना पड़ा था कि जिन्ना दरअसल हिन्दुस्तान के प्रधानमन्त्री बनना चाहते हैं। इसी बीच फ़रवरी, 1942 में सिंगापुर और रंगून पर जापानी कब्जे और अंग्रेज़ों के नियन्त्रण में फ़ौजों के जापान के सामने आत्मसमर्पण से पूरे अन्तर्राष्ट्रीय और राष्ट्रीय माहौल में गम्भीर उथल-पुथल शुरू हो गई थी।

क्रिप्स मिशन ने हिन्दुस्तान के लगभग सभी वर्ग के संवेदनशील लोगों को बहुत गहरे निराश किया था। सिंगापुर और रंगून के पतन के बाद अंग्रेज़ सरकार ने एक बार फिर पूरे देश को फासीवाद और नाज़ीवाद के विरुद्ध विश्वव्यापी संघर्ष से जोड़ने के नए प्रयास शुरू किए थे। बढ़ती महँगाई, युद्धजन्य दबाव, नागरिक अधिकारों का निर्दयतापूर्वक दमन, आसाम बर्मा सीमा से क्षत-विक्षत हिन्दुस्तानी सैनिकों से भरी देश के विभिन्न हिस्सों में पहुँचती रेलगाड़ियों के हृदयद्रावक दृश्य तथा पुलिस और नौकरशाही की दिन-ब-दिन बढ़ती निरंकुशताएँ सब मिलाकर जनसामान्य के धैर्य की

बुरी तरह परीक्षा ले रही थीं। जिस तरह बर्मा और मलाया से जापानी आक्रमण के पूर्व और उसके दौरान अंग्रेज़ और यूरोपीय लोगों को सुरक्षित स्थानों पर ले जाया जा रहा था तथा हिन्दुस्तानियों को उनके हाल पर छोड़ दिया जा रहा था, इसकी ख़बरें भी लगातार देश के विभिन्न हिस्सों में पहुँच रही थी। बंगाल और उड़ीसा की अधिकांश नावें वहाँ की सरकारों ने फ़ौज़ी क़ब्ज़े में दे दी थीं जिससे कि यदि उत्तर-पूर्व को रौंदते हुए जापानी यहाँ पहुँच जाएँ तो उनका इस्तेमाल न कर सकें। यह सब अंग्रेज़ सरकार के गिरते मनोबल का द्योतक था। इस पृष्ठभूमि में सरकार सभी का सभी प्रकार से युद्ध प्रयासों में सहयोग तो चाहती थी, किन्तु स्वराज की जनाकांक्षाओं के प्रति आँखें मूँदे हुए थी। कांग्रेस में युवतर और गर्म ख़ून के लोग लगातार आर-पार के संघर्ष के लिए कसमसा रहे थे। किन्तु गांधी और नेहरू, अंग्रेज़ों की कठिनाइयों और उनके ध्वस्त मनोबल का फ़ायदा उठाने को अभी भी अनैतिक मान रहे थे। पर अब उनका भी धैर्य जवाब दे चुका था। नेहरू अभी भी कुछ दुविधा में थे। पर गांधी की दृष्टि साफ़ थी। उन्होंने अपनी अधीरता बे लाग-लपेट उस समय के विश्वप्रसिद्ध पत्रकार लुई फिशर के सामने व्यक्त की थी। उन्होंने स्पष्ट कहा था कि यदि कांग्रेस इस समय तुरन्त आन्दोलन के उनके विचार से सहमत नहीं भी होती है तो वह सीधे जनता को सम्बोधित करेंगे। उनके इस कथन की पृष्ठभूमि में शायद राजगोपालाचारी का वह प्रस्ताव था, जिसके अनुसार वह मुस्लिम लीग और अन्य दलों के सहयोग से मद्रास में पुनः सरकार गठित कर अंग्रेज़ों के युद्ध प्रयास को तन-मन-धन से सहयोग देना चाहते थे। गांधी का यह तेजस्वी तेवर अपूर्व था। वर्धा और बम्बई में अपनी बैठकों में कांग्रेस ने उनका अनुमोदन किया। गांधी ने बम्बई में आठ अगस्त, 1942 को ऐलान किया कि हम स्वतन्त्रता से कम कुछ भी नहीं चाहते। इसके लिए उन्होंने 'करो या मरो' का तपःपूत ओजस्वी मंत्र दिया। 'अंग्रेज़ो भारत-छोड़ो' के नारे से प्रारम्भ यह आन्दोलन अभूतपूर्व था। इसकी व्यापकता और सामान्य जन की इसमें स्वतःस्फूर्त भागीदारी को ध्यान में रखकर रामबृक्ष बेनीपुरी ने इसे फ्रांस की राज्यक्रान्ति और रूस की बोल्शेविक क्रान्ति से भी अधिक बड़ा जनान्दोलन कहा है। गांधी, नेहरू, आज़ाद, पटेल, सरोजिनी नायडू, आचार्य नरेन्द्रदेव तथा राजाजी समेत कांग्रेस के अगणित नेता और कार्यकर्ता देश के विभिन्न भागों में गिरफ़्तार कर लिए गए थे। युवतर नेता जयप्रकाश नारायण, अच्युत पटवर्धन, अशोक मेहता, डॉ. राममनोहर लोहिया, अरुणा आसफ़ अली, उषा मेहता, एन.जी. गोरे, मीनू मसानी तथा एस.एम. जोशी भी भूमिगत होने के बाद विभिन्न स्थानों से आगे चलकर गिरफ़्तार कर लिए गए थे। नेताओं की गिरफ़्तारी से आन्दोलन यद्यपि नेतृत्वविहीन हो गया था पर जनता 'करो या मरो' तथा 'अंग्रेज़ो भारत-छोड़ो' के नारों से लैस जो कुछ भी सम्भव था हर हाल में इस निर्णायक संघर्ष में अपनी भूमिका अदा करने के लिए कमर कस चुकी थी। हिंसा, आगजनी और तोड़-फोड़ की घटनाएँ पूरे देश में दावानल की तरह फैलती जा रही थीं। उससे कई गुना ज़ोरों से अंग्रेज़ सरकार दमन पर आमादा थी। कई जिलों, ताल्लुकों और क्षेत्रों में जनता ने हुकूमत अपने हाथ में ले ली थी।

जिन्ना और लीग ने इस देशव्यापी जनान्दोलन की तीव्र भर्त्सना की थी। उनके अनुसार यह खुला विद्रोह दरअसल पूरे देश पर कांग्रेस द्वारा हिन्दू राज स्थापित करने का बहाना था। उनका मानना था कि इस आन्दोलन के जरिए कांग्रेस अपनी शर्तों और विचारों को देश के मुसलमानों पर बलात थोपना चाह रही थी। इस आन्दोलन के प्रतिकार के लिए जिन्ना के बम्बई स्थित आवास पर लीग की कार्यकारिणी की बैठक लगातार चार दिनों तक चली, जिसमें उक्त विचार प्रकट करते हुए आन्दोलन की कार्यवाही पर गहरा खेद व्यक्त किया गया था। पर इस आन्दोलन के पीछे जो अभूतपूर्व जनसमर्थन था, उसे जिन्ना नज़रअन्दाज़ नहीं कर सकते थे। वह भर्त्सना और खेद व्यक्त करने के बाद और आगे बढ़ने को तैयार नहीं थे। साथ ही उनका ध्यान अपने उद्देश्य की प्राप्ति के लिए इस स्थिति का लाभ उठाते हुए एक चतुर रणनीति बुनने पर केन्द्रित था। वॉयसराय की कैबिनेट में तत्कालीन सूचना प्रसारण मन्त्री सर सी.पी. रामास्वामी अय्यर ने उन्हें (वॉयसराय को) लिखे पत्र में आगाह किया था कि इस समय जिन्ना गांधी से बातचीत करने का मन बना रहे हैं। उनके इस क़दम को रोकना ज़रूरी है। भारत मन्त्री एमरी को लिखे अपने पत्र में वॉयसराय लिनलिथगो का कहना था कि जिन्ना संकट की इस घड़ी का इस्तेमाल बड़ी चालाकी से अपने उद्देश्य की प्राप्ति के लिए कांग्रेस और अंग्रेज़ दोनों के ख़िलाफ़ कर रहे हैं। यहाँ एक बात ध्यान देने योग्य है कि मुसलमानों की भारत-छोड़ो आन्दोलन में भागीदारी उन पर लगातार बढ़ते लीग के प्रभाव के कारण सन् 1921 के असहयोग और ख़िलाफ़त-आन्दोलन जैसी सम्भव नहीं थी। किन्तु एक समुदाय के रूप में उनकी भूमिका इस आन्दोलन में नगण्य भी नहीं मानी जा सकती। महानगरों से दूर छोटे-छोटे शहरों, क़स्बों और गाँवों में लीग के कार्यकर्ताओं और समर्थकों की अच्छी-ख़ासी संख्या ने न केवल अंग्रेज़ सरकार की मुखबिरी से इनकार कर दिया था बल्कि भूमिगत तथा गोपनीय रूप से सक्रिय आन्दोलनकारियों को शरण देने और उनकी यथासम्भव सहायता करने से गुरेज भी नहीं किया था। इसका एक और ज्वलन्त प्रमाण है कि आन्दोलन के दौरान कहीं भी हिन्दुओं और मुसलमानों के बीच साम्प्रदायिक तनाव की घटना प्रकाश में नहीं आई। ऐसे व्यापक स्वतःफूर्त किन्तु नेतृत्वविहीन तेजस्वी आन्दोलन की मिसाल इतिहास में अन्यत्र दुर्लभ है। आठ सप्ताह बाद अपनी अमानुषिक दमनकारी कार्यवाहियों के ज़रिए अंग्रेज़ सरकार इस पर काबू पाने में कामयाब हो गई थी।

अंग्रेज़ सरकार 'भारत-छोड़ो आन्दोलन' की तोड़-फोड़ और हिंसात्मक घटनाओं की निन्दा करते हुए एक बयान जारी करने के लिए जेल में महात्मा गांधी पर लगातार दबाव डाल रही थी। गांधी का मानना था कि आन्दोलनकारियों द्वारा तोड़-फोड़ और उनकी हिंसात्मक गतिविधियाँ दरअसल अंग्रेज़ सरकार के बर्बर दमन और सत्ता के मद में चूर हिंसा का जवाब थीं। अतः उसकी निन्दा का कोई सवाल ही नहीं था। दबाव ज़्यादा बढ़ने पर गांधी ने 21 दिनों के अनशन की घोषणा कर दी, जो 10 फ़रवरी, 1943 को आग़ा ख़ाँ पैलेस में प्रारम्भ हुआ। गांधीजी की आयु, उनके स्वास्थ्य की स्थिति और

उनके राष्ट्रीय और अन्तर्राष्ट्रीय महत्त्व को ध्यान में रखकर न केवल भारत में, बल्कि समस्त विश्व में गहरी प्रतिक्रिया हुई। इस अनशन ने भारत-छोड़ो आन्दोलन के दमन से उपजी हताशा समाप्त कर दी। पूरे देश में एक नई चेतना की लहर एक बार फिर दौड़ गई। पूरे विश्व से गांधीजी को रिहा करने की माँग आने लगी। पर इंग्लैंड में चर्चिल, भारत में जिन्ना और अंग्रेज़ सरकार पर इसका कोई असर नहीं पड़ा। 19-20 फ़रवरी, 1943 को गांधीजी के अनशन से उपजी स्थिति और गतिरोध पर विचारार्थ बुलाए गए सर्वदलीय नेताओं और विशिष्ट जनों के दिल्ली सम्मेलन में भाग लेने से जिन्ना और लीग ने यह कहकर साफ़ इनकार कर दिया कि यह कांग्रेस और हिन्दुओं की समस्या है। उनका इससे कोई सरोकार नहीं हो सकता। जिन्ना ने अपने को यहीं तक सीमित नहीं रखा बल्कि बंगाल विधानसभा में लीग के महत्त्वपूर्ण सदस्य उद्योगपति मिर्ज़ा अबुल हसन इस्पहानी को फ़ोन कर ख़ासतौर से आगाह किया कि वह यह सुनिश्चित करें कि लीग के विधायक-सभा के उस प्रस्ताव का समर्थन क़तई न करें, जिसमें अंग्रेज़ सरकार से गांधी की तुरन्त रिहाई का आग्रह किया जा रहा है। ज्ञातव्य है कि इस्पहानी से ही जिन्ना ने फ़ज़लुल हक़ के इस्तीफ़े से लीग के कार्यकारिणी की खाली जगह भरी थी और उन्हें ही हक़ तथा लीग की ढुलमुल सदस्यों पर निगरानी की ज़िम्मेदारी सौंपी थी। गांधीजी के अनशन के दौरान अंग्रेज़ सरकार को सबसे बड़ा धक्का तब लगा, जब उसके 'भारत-छोड़ो आन्दोलन' के दमन के अब तक समर्थक वॉयसराय की कार्यकारिणी के तीन महत्त्वपूर्ण सदस्यों ने उनकी (गांधी की) बिना शर्त रिहाई की माँग को न मानने के विरोध में एक साथ इस्तीफ़ा दे दिया। ये सदस्य थे एम.एस. अणे, एन.आर. सरकार और एच.पी. मोदी। स्वतन्त्र भारत में एम.एस. अणे बिहार के और एच.पी. मोदी उत्तर प्रदेश के राज्यपाल बने।

गिरते स्वास्थ्य के बावजूद जिन्ना का आत्मविश्वास और मनोबल अब चरम पर था। आसाम, बंगाल, पंजाब और सिन्ध में मुस्लिम लीग की सरकारें कार्यरत थीं। उत्तर पश्चिमी सीमान्त प्रान्त में लीग की सरकार की सम्भावना साफ़ दिखाई दे रही थी। पाकिस्तान की माँग को लेकर उनमें अब कोई दुविधा नहीं थी। कांग्रेस के लगभग सभी नेताओं के जेल में होने से जो राजनीतिक रिक्तता देश में पैदा हो गई थी, उसका उपयोग जिन्ना अपने अभीष्ट की प्राप्ति के लिए बड़ी चतुराई से कर रहे थे। मुसलमान जनसामान्य को प्रभावित करने के लिए वह पूँजीवाद की भर्त्सना करते हुए सामाजिक न्याय और आर्थिक पुनर्गठन की बात कहने लगे थे। संयुक्त राज्य अमेरिका में व्याप्त इस धारणा से अब उन्हें चिन्ता होने लगी थी कि अंग्रेज़ों की कठपुतली मुस्लिम लीग की हठधर्मिता भारत की स्वतन्त्रता के मार्ग में सबसे बड़ी बाधा है। इसके प्रतिकार के लिए उन्होंने दोहरी रणनीति का सहारा लिया। एक ओर तो अंग्रेज़ों की ओर उन्होंने अपने तेवर कड़े किए, दूसरी ओर उन्होंने गांधी से सीधे पत्र-व्यवहार और रूबरू बातचीत करने के लिए संकेत देने शुरू किए। साथ ही उन्होंने अपने अनुयायियों का जुझारू तेवर बरक़रार रखने का आह्वान करते हुए लगातार यह आश्वासन देना जारी

रखा कि उनके अभीष्ट पाकिस्तान के लक्ष्य की प्राप्ति अब बिल्कुल निकट है। एक नए राष्ट्र के निर्माण के सपने करोड़ों पलकों पर कुनमुनाने लगे थे।

दिल्ली में मुस्लिम लीग के वार्षिक अधिवेशन के दौरान अप्रैल, 1943 का जिन्ना का वह भाषण, जिसमें गांधी से सीधी बातचीत के उनके मन्तव्य का संकेत सन्निहित था, मई के प्रारम्भ में लीग के मुखपत्र 'डान' में छपा। गांधी को जैसे ही इसका पता आग़ा ख़ाँ महल की जेल में चला, उन्होंने तुरन्त 4 मई, 1943 के अपने पत्र में जिन्ना को 'प्रिय क़ायदे आजम' सम्बोधित करते हुए लिखा कि वह उनके (जिन्ना के) हाथ में है। सीधे सम्पर्क और बातचीत के सुझाव का स्वागत करते हुए उन्होंने आशा व्यक्त की कि उनका पत्र उनके (जिन्ना के) पास शीघ्र ही पहुँच सकेगा और अंग्रेज़ सरकार जेल में उन्हें (जिन्ना को) उनसे (गांधी से) मिलने की अनुमति प्रदान कर देगी। राजगोपालाचारी के गांधीजी से मिलने के आग्रह को अंग्रेज़ सरकार कुछ समय पूर्व ठुकरा चुकी थी। गांधी को बाहरी संसार के सम्पर्क में न आने देने के लिए सरकार ने जैसे क़सम खा ली थी। गांधी का पत्र जिन्ना तक पहुँचाने के मसले पर वॉयसराय और उनके महत्त्वपूर्ण परामर्शदाताओं ने कई दिनों तक विचार किया। गांधी के प्रति चर्चिल के तिरस्कारपूर्ण रुख़ को ध्यान में रखकर उन्होंने उस पर बिना कोई निर्णय लिए चर्चिल और उनके कैबिनेट के विचारार्थ उक्त पत्र लन्दन भेज दिया। महायुद्ध से सम्बन्धित रणनीति पर विचार-विमर्श के लिए उस समय लॉर्ड वेवल के साथ चर्चिल वाशिंगटन जा चुके थे। उनकी अनुपस्थिति में भारत मन्त्री एमरी ने जिन्ना को सम्बोधित गांधी के पत्र पर विस्तृत नोट तैयार कर पूरी कैबिनेट में सरकुलेट किया। उपप्रधानमन्त्री एटली की अध्यक्षता में कैबिनेट की दो लम्बी बैठकों में उक्त पत्र पर विस्तारपूर्वक विचार हुआ। हिन्दुस्तान के स्वतन्त्रता-संग्राम और यहाँ की जनता की स्वराज्य की आकांक्षाओं के प्रति गहरी सहानुभूति रखनेवाले उपप्रधानमन्त्री एटली और उनकी लेबर पार्टी के प्रतिनिधि मन्त्रियों के समर्थन के बावजूद कैबिनेट का निर्णय गांधी का पत्र जिन्ना को न भेजने के पक्ष में रहा। एमरी दूरस्थ चर्चिल से लगातार सम्पर्क बनाए हुए थे। चर्चिल के साथ जिन्ना के भी सम्पर्क किसी न किसी रूप में लगातार बने हुए थे। चर्चिल की राय लिनलिथगो तक भेजते हुए एमरी ने उनसे साफ़ कहा कि जिन्ना और गांधी की जेल में बातचीत कराने के बजाय वह स्वयं जिन्ना को अपने साथ विचार-विमर्श के लिए निमन्त्रित करें। हिन्दुस्तान के स्वराज की निरन्तर बढ़ती जनाकांक्षाओं के विरुद्ध सामान्य रूप से और गांधी के विरुद्ध विशेष रूप से चर्चिल का तिरस्कार-भाव कितना प्रबल था, इसका अनुमान दो माह बाद भारत के नवनियुक्त वॉयसराय लॉर्ड वेवल को दी गई, उनकी उस गम्भीर चेतावनी से लगता है कि जिसमें उन्होंने भारत में किसी राजनीतिक सुधार से ख़ुद को एकदम दूर रहने के लिए कहा था और गांधी से कोई बातचीत अपनी (चर्चिल की) लाश पर ही मुमकिन बताया था। बहरहाल हिन्दुस्तान और इंग्लैंड में अंग्रेज़ सरकारों की अदूरदर्शिता के कारण इतिहास के इस नाज़ुक मोड़ पर गांधी और जिन्ना की भेंट सम्भव नहीं हो पाई।

इसी बीच 26 जुलाई, 1943 को एक पंजाबी ख़ाकसार मुसलमान युवक ने जिन्ना के बम्बई स्थित बँगले में घुसकर उन पर चाकू से घातक हमला कर दिया था। उन पर बंगाल और पंजाब में पहले ही से लगातार वाग्प्रहार हो रहे थे। जिन्ना इन सबसे गहरे विचलित थे। बंगाल के भीषण अकाल से पूरा देश चिन्तित था। चौधरी फ़ज़लुल हक़ यद्यपि लीग में वापस आ गए थे, पर उनकी जगह जिन्ना के दबाव के तहत ख़्वाजा नज़ीमुद्दीन के नेतृत्व में बनी लीग की सरकार बंगाल के अकाल की विभीषिका से निपटने में निहायत निकम्मी सिद्ध हो रही थी। लीग की सरकार की अकर्मण्यता की कांग्रेस और हिन्दू महासभा समेत सभी दल कड़ी आलोचना कर रहे थे। अकाल का असर सबसे ज़्यादा मुसलमान बहुल पूर्वी बंगाल में था। इसलिए भूख से मरनेवालों में मुसलमानों की संख्या सर्वाधिक थी। खुलेआम न केवल बंगाल की, बल्कि पंजाब की मुस्लिम लीगी सरकार पर भी इस भीषण अकाल से फ़ायदा उठाने के आरोप लगाए जा रहे थे। प्रकारान्तर से ये आलोचनात्मक प्रहार जिन्ना पर भी थे। जिन्ना ने ख़ुद अकाल के राहत कार्य को निहायत नाकाफ़ी बताते हुए अपने एक बयान में लॉर्ड वेवल की कड़ी आलोचना की थी। उन्होंने चर्चिल से अपील की थी कि वह अंग्रेज़ सरकार के नाम और उसकी प्रशासन क्षमता पर लगे इस बदनुमा धब्बे को मिटाने के लिए कोई भी कोशिश बाक़ी न रखें। दिल्ली की केन्द्रीय विधायिका में जब यूरोपीय दल के नेता ने कहा कि अकाल की विभीषिका को लेकर सरकार पर दोषारोपण का कोई मतलब नहीं है तो जिन्ना ने गर्जना करते हुए कहा कि 'क्या संकट की इस घड़ी में सरकार को प्रजा के प्रति उसके दायित्व की याद दिलाना दोषारोपण है ? अगर बंगाल में रोज़ भूख से बिलबिलाकर हज़ारों की संख्या में मरते निरीह लोगों की जगह कुल मिलाकर महज़ कुछ सौ लोग ही भूख से इंग्लैंड में मरे होते तो क्या चर्चिल की सरकार चौबीस घंटे भी टिक पाती ?' उन्होंने आगे सभी हिन्दुस्तानी सदस्यों का दिल छूते हुए कहा था कि 'यह हमारी दुर्नियति है कि हम एक ऐसी ग़ैरज़िम्मेदार और निहायत निकम्मी सरकार की व्यवस्था में जीने को अभिशप्त हैं जिसमें किसी भी बड़े मसले से निपटने की कूबत नहीं है।' उन्होंने सख़्त अफ़सोस के साथ कहा था कि बदक़िस्मती से हम इसे हटा पाने की हालत में भी नहीं हैं। यह रौलट ऐक्ट के विरोध में दिए गए उनके भाषण के बाद उनका सबसे ओजस्वी भाषण था।

व्यक्तिगत सुरक्षा और गिरते स्वास्थ्य के कारणों से जिन्ना अब धीरे-धीरे अपने सार्वजनिक कार्यक्रमों में कटौती करने लगे थे। पर उनकी कोशिश होती थी कि जो भी पत्र उनके पास आएँ, सबके उत्तर यथाशीघ्र दे दिए जाएँ। फ़रवरी, 1944 के अन्त में केन्द्रीय विधायिका में लॉर्ड वेवल ने जब अपने पहले भाषण में भारत की 'भौगोलिक एकता' पर ज़ोर देते हुए युद्धोत्तर संविधान निर्माण की प्रक्रिया में उसे केन्द्र में रखने की बात कही तो जिन्ना के कान खड़े हो गए। उन्हें लगा कि पाकिस्तान की माँग के सम्बन्ध में क्रिप्स मिशन के समय तक जो प्रगति हुई थी, उस पर वेवल पानी फेरने पर आमादा थे। अतः उन्होंने उनके (वेवल के) ऊपर कांग्रेस के हाथों खेलने का आरोप

लगाना शुरू कर दिया। वेवल को वह लीग का दुश्मन नम्बर एक मानने लगे। आग़ा ख़ाँ महल में से उपजे एकाकीपन, कस्तूरबा के देहान्त और अनशनजन्य कमज़ोरी के फलस्वरूप गांधी का स्वास्थ्य तेज़ी से गिरने लगा था। जेल में गांधी की मृत्यु के कलंक और उससे पैदा होनेवाली अप्रत्याशित समस्याओं से बचने के लिए सरकार ने उन्हें (गांधी को) रिहा कर दिया। जेल से बाहर आते ही गांधी के स्वास्थ्य में अद्भुत सुधार आया। गांधी के स्वास्थ्य-लाभ के समाचार से चर्चिल को सर्वाधिक दुःख पहुँचना स्वाभाविक था। आख़िरकार गांधी ने अपनी मृत्यु से उन्हें उपकृत न कर उनके साथ बहुत बड़ा धोखा किया था।

उधर सिकन्दर हयात के देहान्त के बाद खिज़र हयात ख़ाँ ने पंजाब के प्रधानमन्त्री के रूप में लीग और जिन्ना का ध्वजावाहक होना अस्वीकार कर दिया था। जिन्ना के लिए यह एक गहरी हताशा की घड़ी थी। इसी बीच राजगोपालाचारी ने एक राजनीतिक फ़ार्मूला प्रकाशित किया, जिसके बारे में उनका कहना था कि यदि जिन्ना की सहमति मिल सके तो गांधी को उनका फ़ार्मूला मंज़ूर था। इस फ़ार्मूले के अन्तर्गत भारत के उत्तर-पश्चिमी और पूर्वी मुस्लिम-बहुल ज़िलों में भारत से अलग होने के प्रश्न पर जनमत संग्रह कराने का प्रावधान था। यदि बहुमत का निर्णय अलगाव के पक्ष में हो तो उन जिलों को एक अलग सार्वभौम राज्य के रूप में दोनों तरफ़ गठित किया जा सकता था। पर जिन्ना की दिलचस्पी किसी बिचौलिए के बजाय गांधी से सीधे मुख़ातिब होने में थी। इसी बीच 17 जुलाई, 1944 को गांधी ने जिन्ना को एक बड़ा ही आत्मीय पत्र गुजराती में लिखा। उसमें उन्होंने कहा कि उन्हें देश के मुसलमानों और इस्लाम का दुश्मन मानना उचित नहीं है। वह तो ख़ुद को न केवल उनका (जिन्ना का), बल्कि पूरी दुनिया का महज़ एक सेवक मानते हैं। लीग ने अपनी बैठक में राजाजी के फ़ार्मूले को नामंज़ूर कर अपने लाहौर प्रस्ताव को ही गांधी से मनवाने के लिए जिन्ना को अधिकृत किया। सितम्बर, 1944 के पूर्वार्द्ध में जिन्ना और गांधी की तीन मुलाक़ातें हुईं, जिनमें जिन्ना ने न केवल राजाजी के फ़ार्मूले को नामंज़ूर कर दिया, बल्कि उनके (राजाजी के) सम्बन्ध में कुछ अपमानजनक टिप्पणियाँ भी कीं। जिन्ना हिन्दुओं और कांग्रेस के प्रतिनिधि के रूप में गांधी पर अपने लाहौर प्रस्ताव के तहत हिन्दुस्तान के मुस्लिम-बहुल उत्तर पश्चिमी और पूर्वी भाग को अलग स्वतन्त्र और सार्वभौम राष्ट्र के रूप में स्वीकार करने के लिए लगातार ज़ोर डालते रहे। गांधी धर्म को राष्ट्रीयता का आधार मानने को क़तई तैयार नहीं थे। उनका कहना था कि भारत के अधिकांश मुसलमानों के पूर्वज हिन्दू ही थे, जिन्होंने हिन्दू धर्म त्यागकर इस्लाम स्वीकार किया था। वह मानते थे कि धर्म-परिवर्तन से राष्ट्रीयता नहीं बदलती। उन्होंने अपनी बात आगे बढ़ाते हुए एक निहायत दिलचस्प सवाल पूछा था कि क्या कुछ समय पूर्व इस्लाम कबूल करनेवाले उनके बेटे हीरालाल गांधी की राष्ट्रीयता उनसे अलग हो गई ? सितम्बर, 1945 में बम्बई और दिल्ली में गांधी और जिन्ना के बीच कई मुलाक़ातों के अलावा विस्तृत पत्र-व्यवहार भी हुआ। गांधी ने जिन्ना को अपने एक पत्र में लिखा कि किसी भी प्रस्ताव को जो पूरी

तरह देश के साम्प्रदायिक सामंजस्य को बढ़ाने की भावना से प्रेरित है, फेंक देने के पहले उन्हें कम-से-कम पचास बार सोचना चाहिए। जिन्ना ने लिखा कि समूचे हिन्दुस्तान की भलाई मुसलमानों को एक अलग स्वतन्त्र राष्ट्र मानकर देश के विभाजन में ही है। यदि गांधी उनकी ये माँग मान लेते हैं तो वह उनके साथ स्वराज के लिए न केवल जेल जाने, बल्कि गोली तक खाने के लिए तैयार हैं। गांधी ने इस शृंखला के 26 सितम्बर के अपने अन्तिम पत्र में जिन्ना को लिखा कि उनके ख़याल में जब समस्या के समाधान के हमारे अलग रास्ते हैं तो सबसे अच्छा ये होगा कि लाहौर प्रस्ताव की माँग को ठोस रूप देकर उसे आपसी सहमति से अमली जामा पहनाने के तरीक़े सोचे जाएँ। पर जिन्ना अपनी इस बात पर अड़े थे कि लाहौर प्रस्ताव जस का तस स्वीकार करने के बाद ही आगे के क़दम पर सोचा जा सकता है। वेवल ने अपनी डायरी में गांधी और जिन्ना की मुलाक़ातों पर टिप्पणी करते हुए लिखा कि दो महान दिग्गज मिले, पर उससे एक हास्यास्पद चूहा तक नहीं निकला।

सितम्बर, 1944 में हुई गांधी के साथ वार्ता और पत्र-व्यवहार की निष्फलता के बावजूद जिन्ना ने आगे बातचीत का दरवाज़ा बन्द करना उचित नहीं समझा। सन् 1944 में उनकी वॉयसराय वेवल से भेंट हुई। उसी महीने बंगाल के गवर्नर रिचर्ड जी. सेजी को वेवल ने लिखा कि पाकिस्तान या वह साम्प्रदायिक शंका जिसका कि वह शब्द प्रतिनिधित्व करता है, रचनात्मक सोच की दिशा में मुख्य बाधा है। उसे अव्यावहारिक करार देते हुए उन्होंने जोड़ा कि इससे अल्पसंख्यकों की समस्या उससे और बदतर हो जाएगी जैसी की फ़िलहाल पहले से ही है। पर अधिकांश मुसलमानों में जो इसकी भावनात्मक अपील है, उसे ध्यान में रखकर फ़िलहाल बेहतर विकल्प के अभाव में उसकी सार्वजनिक भर्त्सना का जोखिम उठाना उचित नहीं होगा। सन् 1945 के प्रारम्भ में जिन्ना और गांधी दोनों काफ़ी अस्वस्थ रहे। नतीज़तन कोई ख़ास राजनीतिक हलचल मुमकिन नहीं थी। इस दौरान केन्द्रीय विधायिका में कांग्रेस और मुस्लिम लीग के नेताद्वय भूलाभाई देसाई और लियाक़त अली ख़ाँ ने परस्पर विचार-विमर्श के ज़रिए केन्द्र में अन्तरिम सरकार के गठन का एक फ़ार्मूला तैयार किया। इसके अनुसार कांग्रेस और लीग प्रस्तावित मन्त्रिमंडल की अस्सी प्रतिशत सीटें बराबर के अनुपात में बाँट लेंगे। बाक़ी बीस प्रतिशत सीटें सिक्खों और दलितों के लिए रहेंगी। वॉयसराय और कमांडर इन चीफ़ अंग्रेज़ ही बने रहेंगे। जिन्ना ने इस फ़ार्मूले की जानकारी मिलते ही अपना नाम इससे जोड़े जाने से सख़्ती से मना कर दिया।

इसी बीच मार्च में विश्वासमत खो देने के कारण जहाँ बंगाल की अकर्मण्य मुस्लिम लीग सरकार को बर्ख़ास्त कर गवर्नर ने अकाल की विभीषिका से निपटने के लिए शासन की बागडोर अपने हाथ में ले ली थी, वहीं उत्तर पश्चिमी सीमाप्रान्त की लीग की सरकार द्वारा बहुमत खो देने के कारण वहाँ के गवर्नर ने कांग्रेस को मन्त्रिमंडल बनाने का अवसर फिर प्रदान कर दिया। पंजाब के प्रधानमन्त्री ने जिन्ना और उनकी लीग का अमलबरदार बनने से पहले ही मना कर दिया था। बंगाल उनके हाथ से

निकल गया था और अब लगभग 95 प्रतिशत मुस्लिम-बहुल सीमा प्रान्त उनके दुश्मन नम्बर एक कांग्रेस के हाथ में जा रहा था। उन्हें यह भी पता चल गया था कि सरहदी गांधी ख़ान अब्दुल गफ़्फ़ार ख़ाँ के भाई और सीमान्त प्रदेश के पहले प्रधानमन्त्री डॉ. ख़ान साहब के पास गांधी ने वर्धा से अपने एक ख़ास आदमी के हाथ एक मुहरबन्द पत्र भेजा था। पत्र में डॉ. ख़ान साहब को गवर्नर का निमन्त्रण तुरन्त स्वीकार कर मन्त्रिमंडल गठन करने की हिदायत दी। एक के बाद एक मुस्लिम-बहुल प्रान्तों को अपने प्रभुत्व से खिसकते हुए देखकर विवश जिन्ना का मर्माहत होना स्वाभाविक था। उनकी तिलमिलाहट का अन्दाज़ 23 मार्च, 1945 को पाकिस्तान-दिवस पर दिए गए उस बयान से लगता है, जिसमें उन्होंने कहा था कि उनके लिए यह यक़ीन करना नामुमकिन है कि कोई भी .ख़ुद्दार मुसलमान, जिसमें ज़रा भी ग़ैरत बाक़ी है वह एक मुस्लिम-बहुल प्रान्त में ऐसी सरकार बर्दाश्त करेगा जो सेवाग्राम में बैठे उस गांधी या उस कांग्रेस से हिदायत लेती हो जो मुसलमानों की राष्ट्रीय आकांक्षाओं की घोर विरोधी है। पर जिन्ना में ग़ज़ब का जीवट और आशावाद था। भीषण हताशा की इस घड़ी में भी वह अपने अनुयायियों और प्रशंसकों को आश्वस्त कर रहे थे कि पाकिस्तान अब हमारी पकड़ में है और हम जल्दी ही फ़तहयाब होंगे।

मार्च 1945 में वेवल परामर्श के लिए इंग्लैंड गए। जून में उनके हिन्दुस्तान लौटने के पहले यूरोप में युद्ध समाप्त हो चुका था और चर्चिल के प्रधानमन्त्रित्व में गठित युद्धकालीन मन्त्रिमंडल इस्तीफ़ा दे चुका था। लेबर पार्टी का मन्त्रिमंडल लॉर्ड एटली के प्रधानमन्त्रित्व में गठित हो गया था। सर पैथिक लारेंस नए भारत मन्त्री थे। लेबर पार्टी ने भारत को स्वतन्त्रता प्रदान करने की अपनी पूर्व घोषित नीति के अनुसार वेवल को हिन्दुस्तान में राजनीतिक प्रक्रिया शुरू करने की अनुमति दे दी थी। भारत में कांग्रेस के सभी नज़रबन्द नेताओं को रिहा कर दिया गया था। वॉयसराय की कार्यकारिणी समिति में देश के सभी समुदायों को प्रतिनिधित्व देने के लिए नए सिरे से पुनर्गठन प्रस्तावित था। उसमें ऊँची जाति के हिन्दू और मुसलमानों के समान अनुपात में प्रतिनिधित्व के साथ सिखों, दलितों और भारतीय ईसाइयों को भी समुचित स्थान देने का सुझाव था। मुस्लिम लीग के मुखपत्र 'डॉन' ने जिन्ना का पक्ष साफ़ रखते हुए लिखा था कि लीग ऐसी किसी भी कार्यकारिणी में हिस्सा नहीं लेगी, जिसमें एक भी ग़ैर मुस्लिम लीगी मुसलमान को जगह दी जाए। 25 जून, 1945 को शिमला में बाईस राजनीतिक नेताओं के सम्मेलन में उक्त विषय पर विचार करते हुए जब जिन्ना ने कांग्रेस अध्यक्ष मौलाना आज़ाद की बात काटते हुए कांग्रेस को एक हिन्दू संगठन और मुस्लिम लीग को देश के समस्त मुसलमानों का एकमात्र प्रतिनिधि संगठन घोषित किया तो उत्तर पश्चिमी सीमा प्रान्त के कांग्रेसी प्रधानमन्त्री डॉ ख़ान साहब ने इसका तीव्र प्रतिवाद किया। जिन्ना ने एक बार फिर ज़ोर देते हुए कहा कि जब तक उनकी पाकिस्तान की माँग सिद्धान्ततः मान नहीं ली जाती, वह किसी संवैधानिक पहल की प्रक्रिया में भाग नहीं लेना चाहेंगे। जिन्ना ने वॉयसराय की प्रस्तावित कार्यकारिणी में अन्ततः मुस्लिम

लीग के प्रतिनिधियों का नाम देने से साफ़ मना कर दिया। जिन्ना की इस ज़िद की परवाह न कर वेवल ने अपनी कार्यकारिणी के लिए स्वयं चार मुस्लिम लीगी नेताओं के नाम और एक ग़ैर मुस्लिमलीगी मुसलमान नेता का नाम कांग्रेस, सिख, दलित और ईसाई प्रतिनिधियों के नामों के साथ इंग्लैंड की कैबिनेट की सूचना के लिए भेज दिया। कैबिनेट ने कहा कि बेहतर होगा कि लीग के प्रतिनिधियों के नाम पर जिन्ना की सहमति ले ली जाए। पर जिन्ना अपनी पूर्ववर्ती माँग पर न केवल अडिग थे, बल्कि उन्होंने अब एक और शर्त लगा दी थी कि कार्यकारिणी का कोई भी निर्णय, जिसका मुस्लिम सदस्य विरोध करें, वह तीन-चौथाई बहुमत के बिना पास न करें। इस तरह उनकी माँग एक साम्प्रदायिक विशेषाधिकार (वीटो पावर) की थी, जिसे कोई अन्य पक्ष स्वीकार करने को तैयार नहीं था। इस प्रकार शिमला सम्मेलन असफल साबित हुआ। एमरी की राय थी कि या तो कांग्रेस जिन्ना की ज़िद मान ले या वह जिन्ना के ख़िलाफ़ एक सबल मुस्लिम जनमत तैयार करे।

गांधी और कांग्रेस के विरुद्ध जिन्ना की आक्रामकता अब चरम पर थी। उनका कहना था कि 'गांधी अपनी सुविधा से जब चाहते हैं तो कहने लगते हैं कि वह कांग्रेस के चार आने के सदस्य भी नहीं हैं, इसलिए वह व्यक्तिगत हैसियत से बात कर रहे हैं। वह राजनीतिक मसलों के हल के लिए भूख हड़ताल का सहारा लेते हैं। वह अपने को घटाकर शून्य बना लेते हैं और अन्तरात्मा की आवाज़ के अनुसार चलते हैं। और जब उन्हें सुविधाजनक लगता है तो वह कांग्रेस के शीर्षस्थ अधिनायक बन जाते हैं। वह सोचते हैं कि वह पूरे हिन्दुस्तान का प्रतिनिधित्व करते हैं।' गांधी एक पहेली हैं। ऐसे में उनके साथ हम कैसे किसी समझौते पर पहुँच सकते हैं। कांग्रेस के बारे में उनका कहना था कि 'उसमें मुसलमानों और मुस्लिम लीग के ख़िलाफ़ इतना ज़हर और कड़वाहट है कि वह दोनों को दबाने, अपमानित करने और ख़त्म कर देने की अपनी कोशिशों में किसी भी हद तक जा सकती है।'

अगस्त 1945 में हिरोशिमा और नागासाकी पर संयुक्त राज्य अमेरिका द्वारा परमाणु बम-विस्फोट के साथ बीसवीं सदी के दूसरे विश्व महायुद्ध का पटाक्षेप हो गया था। जापान ने अन्ततः इंग्लैंड के सामने घुटने टेक दिए थे। मानवता ने अपने इतिहास की सबसे दारुण विभीषिका देख ली थी। इस पटाक्षेप के साथ ही हिन्दुस्तान में राजनीतिक प्रक्रिया में अभूतपूर्व तेज़ी आ गई थी। इसी माह मुस्लिम-बहुल प्रान्तों में अगले वर्ष के प्रारम्भ में चुनाव की घोषणा सरकार ने कर दी थी। जिन्ना ने चुनाव प्रचार और उसके लिए चन्दा इकट्ठा करने के लिए तुरन्त इन प्रान्तों का दौरा शुरू कर दिया था। अकेले कराची की एक जनसभा में उनकी चुनाव की झोली में तीन लाख रुपए आ गए थे। पेशावर, क्वेटा, लाहौर, बम्बई, अहमदाबाद तथा अन्य शहरों में जहाँ मुसलमानों की उल्लेखनीय उपस्थिति थी, जिन्ना अपने गिरते स्वास्थ्य की ओर ध्यान न देते हुए पहुँच रहे थे। सभी जगह उन्हें तन-मन-धन से अप्रत्याशित समर्थन मिल रहा था। बम्बई में उन्हें दो लाख रुपए का एकमुश्त चेक भेंट किया गया। सन् 1937 और

सन् 1945 की मुस्लिम लीग में अब ज़मीन-आसमान का अन्तर था। हर सभा में जिन्ना कांग्रेस की हिन्दू राज स्थापित करने की कोशिशों की तीव्र भर्त्सना कर रहे थे। 'हिन्दुओं के किसी भी तरह के दबदबे से मुक्त स्वतन्त्र सार्वभौम राष्ट्र पाकिस्तान मुसलमानों के जीवन-मरण का सवाल था। इंशा अल्लाह, वह सपना जल्द ही हक़ीक़त में तब्दील होने जा रहा था।' आत्मविश्वास से दीप्त वह इस तरह अपने अनुयायियों को हर जगह आश्वस्त कर रहे थे। हिन्दुओं और अंग्रेज़ों को एक साथ बनिये करार देते हुए वह मुसलमानों को समझाते थे कि दोनों उनके ख़िलाफ़ गहरी साज़िश में लगे हैं। ऐसा कहते समय शायद वह यह भूल जाते थे कि वह ख़ुद एक खोजा बनिए की ही औलाद थे और उनके पूर्वज हिन्दू लोहाना बनिये थे। जिन्ना यक़ीनन मुस्लिम भारत के एक बहुत बड़े वर्ग की निहायत दबंग आवाज़ बन गए थे। पर पाकिस्तान की अवधारणा अभी क़ुहासे में लिपटी हुई थी। सामान्य जनता तो दूर लीग के अधिकांश नेताओं तक के दिमाग़ इस बारे में साफ़ नहीं थे। वेवल ने एटली की कैबिनेट को इस दौरान भेजी गई अपनी रिपोर्ट में स्पष्ट लिखा था कि पाकिस्तान की माँग मुस्लिम-बहुल प्रान्तों की अपेक्षा उन प्रान्तों में ज़्यादा ज़ोरदार थी जहाँ मुसलमान अल्पसंख्यक थे। ख़ुद पंजाब के गवर्नर ग्लैंसी ने गम्भीर आशंका व्यक्त की थी कि मुस्लिम लीग आसन्न चुनाव में निश्चय ही यह कहकर वोट माँगेगी कि उसे दिए गए वोट इस्लाम के पक्ष में और उसके ख़िलाफ़ पड़े वोट इस्लाम के विरोध में माने जाएँगे। फ़रवरी, 1946 के चुनाव-प्रचार में यह आशंका सही साबित हुई। मज़हब के आधार पर प्रचार के ऊपर चुनाव अधिनियम में रोक के बावजूद मुसलिम लीग ने मुसलमानों को पाकिस्तान और कुफ्रिस्तान में से किसी एक को चुनने की बात बार-बार ज़ोर देकर दुहराई। पंजाब और सिन्ध के खानकाहों और दरगाहों के सज्जादःनशीनों और पीरों को खुलकर पूरे चुनाव में इस्तेमाल किया गया।

केन्द्रीय विधायिका (सेंट्रल लेजिस्लेटिव असेम्बली) में जिन्ना के नेतृत्व में लीग को दिसम्बर, 1945 में सभी मुसलमान सीटों पर, जिनकी संख्या तीस थी, विस्मयकारी विजय प्राप्त हुई। इसके बरअक्स चार सीटें खोने के बावजूद कांग्रेस ने चौवन सीटें जीतकर बहुमत हासिल कर लिया था। लीग की जीत पर न केवल कांग्रेस, बल्कि जिन्ना समेत उसके अपने नेता भी चकित थे। लीग में एक अपूर्व मनोबल और उत्साह का संचार हो गया था। फ़रवरी, 1946 में लीग को पंजाब, सिन्ध, आसाम, बंगाल और उत्तर पश्चिमी सीमाप्रान्त की अस्सी, चौंतीस, चौंतीस, एक सौ उन्नीस और अड़तीस सीटों में से क्रमशः पचहत्तर, अट्ठाईस, इकत्तीस, एक सौ तेरह और सत्तरह सीटों पर विजय प्राप्त हुई। यद्यपि लीग को इस प्रान्तीय चुनाव में मुसलमानों के लगभग 88 प्रतिशत मत प्राप्त हुए पर वह सरकार बनाने की हालत में सिर्फ़ बंगाल में थी। बिना कांग्रेस के सहयोग के वह अन्य किसी प्रान्त में सत्तारूढ़ नहीं हो सकती थी। और कांग्रेस उसे उपकृत करने के मूड में क्यों और कैसे होती ! केन्द्रीय और प्रान्तीय सत्ता के खेल में बहुसंख्यक मुसलमानों का दिमाग़ अपनी भूमिका को लेकर एकदम साफ़ था। जिन्होंने प्रान्तीय चुनावों में लीग के ख़िलाफ़ वोट दिया था, वे भी केन्द्र में हिन्दू कांग्रेस के वर्चस्व

से निपटने के लिए जिन्ना के नेतृत्व में लीग के पीछे एकजुट थे और उन्हें ही मत दिया था। पर उत्तर पश्चिमी सीमा प्रान्त से कांग्रेस उम्मीदवार का केन्द्रीय विधायिका के लिए जीतना निश्चय ही एक बड़े अचरज का कारण था।

द्वितीय विश्वमहायुद्ध के दौरान दक्षिण पूर्वी एशिया में तैनात ब्रिटेन की फ़ौज के हिन्दुस्तानी अधिकारियों और जवानों का एक उल्लेखनीय हिस्सा विद्रोह कर सुभाषचन्द्र बोस के नेतृत्व में आज़ाद हिन्द फ़ौज के झंडे तले संगठित हो गया था। धुरी देशों विशेषकर जापान के सहयोग से वह अंग्रेज़ों से लड़कर हिन्दुस्तान को आज़ाद कराने के लिए कृतसंकल्प था। इंग्लैंड सहित मित्र देशों की विजय और जापान सहित धुरी देशों की पराजय के साथ यह सपना बिखर गया था। फारमोसा में विमान दुर्घटना में सुभाष के देहान्त और जापान द्वारा आत्मसमर्पण के बाद तुरन्त ही बन्दी बनाए गए आज़ाद हिन्द **फौज़** के अधिकारी और जवान युद्धबन्दी के रूप में मुकदमा चलाए जाने के लिए दिल्ली लाए गए। इनमें हिन्दू, मुसलमान और सिक्ख तीनों समुदाय के लोग थे, जिनके प्रतीकात्मक प्रतिनिधि क्रमशः सहगल दम्पति (पी.के. सहगल-लक्ष्मी सहगल), शाहनवाज़ ख़ाँ, रहीम अली और गुरुबख्श सिंह ढिल्लों थे। आज़ाद हिन्द फ़ौज के एक वरिष्ठ अधिकारी राशिद अली को सात साल की सज़ा दिए जाने की ख़बर से कलकत्ते में ज़ोरदार हड़ताल हुई। धारा 144 को तोड़कर इस सम्बन्ध में निकाले गए मुस्लिम लीग के जुलूस में कांग्रेस और कम्युनिस्ट पार्टी ने बढ़-चढ़कर हिस्सा लिया। पूरे देश में आज़ाद हिन्द फ़ौज के अधिकारियों और जवानों के प्रति सहानुभूति का सैलाब उमड़ रहा था। उनके बचाव में जवाहरलाल ने पहली बार काला चोंगा पहना था। कैलाश नाथ काटजू, भूलाभाई देसाई, आसफ़ अली और चन्द्रभानु गुप्त अन्य वकील थे जो उनके बचाव के लिए आगे आए थे। न केवल हिन्दुस्तान की जनता में बल्कि ब्रिटिश सेना के हिन्दुस्तानी सदस्यों में भी उनके लिए गहरी सहानुभूति थी। इसकी सूचना सेनाध्यक्ष जनरल सर कलॉड आचिनलेक ने अपने पत्र के ज़रिए वेवल को साफ़ शब्दों में दी थी। 18 फ़रवरी 1946 को रॉयल इंडियन नेवी के नौसैनिकों द्वारा बम्बई में विद्रोह और इसका कराची, मद्रास, कलकत्ता, विशाखापट्टनम तथा कोचीन में विस्तार और उसे मिल रहे भारी जनसमर्थन को अंग्रेज़ सरकार अनदेखा नहीं कर सकती थी। ज्ञातव्य है कि इसकी धमक बाहरीन और अदन तक पहुँच गई थी। हवा का रुख़ अब यक़ीनन बदल रहा था। नौकरशाही इससे अछूती नहीं थी। मद्रास के मुख्य सचिव द्वारा खादी पहनने का निर्णय इसकी महज़ एक दिलचस्प बानगी थी। हिन्दुस्तान को स्वराज देने के लिए प्रतिबद्ध लेबर पार्टी के नेतृत्व के अलावा इंग्लैंड और हिन्दुस्तान में प्रबुद्ध अंग्रेज़ों का एक बड़ा वर्ग यह पूरी शिद्दत से अनुभव कर रहा था कि यहाँ अब एक शासक के रूप में बने रहने का उनके पास कोई औचित्य नहीं बचा।

देश में दिन-प्रतिदिन और उलझती जा रही हिन्दू-मुस्लिम समस्या तथा इतिहास के घात-प्रतिघात के दौरान विकसित यहाँ के दोनों प्रमुख राजनीतिक दलों—कांग्रेस और लीग के बीच लगातार बढ़ती दूरी निरन्तर भयावह बनती जा रही थी। दोनों **पक्षों** को

सन्तुष्ट कर सकनेवाले सत्ता-हस्तान्तरण के यक्ष-प्रश्न के हल में ये भयंकर बाधाएँ थीं। दूसरी ओर कांग्रेस का एक वर्ग अंग्रेज़ों के ख़िलाफ़ अन्तिम संघर्ष के लिए एक बार फिर जनान्दोलन शुरू करना चाहता था। पर उसके प्रायः सभी वरिष्ठ नेताओं का विश्वास चर्चिल और उनकी कंजर्वेटिव पार्टी के सर्वथा विलोम एटली और उनकी लेबर पार्टी की सरकार की सदाशयता में बना हुआ था। इसलिए वे थोड़ा और धैर्य तथा प्रतीक्षा के पक्ष में थे। 22 जनवरी, 1946 को एटली की कैबिनेट ने उच्चाधिकार सम्पन्न अपना एक प्रतिनिधिमंडल (कैबिनेट मिशन) यहाँ के सभी वर्गों से विचार-विमर्श कर शीघ्रातिशीघ्र लगभग आधी सदी पुरानी स्वराज की माँग को अमली जामा पहनाने के तौर-तरीक़े ढूँढ़ने के लिए हिन्दुस्तान भेजने का निर्णय लिया। इसकी विधिवत घोषणा 19 फ़रवरी, 1946 को कर दी गई। इससे पूर्व ब्रिटेन की संसद का एक दस सदस्यीय प्रतिनिधिमंडल लेबर पार्टी के वरिष्ठ सांसद प्रो. आर. रिचर्ड्स के नेतृत्व में 10 जनवरी, 1946 को हिन्दुस्तान पहुँच चुका था। प्रतिनिधिमंडल ने यहाँ जिन्ना समेत विभिन्न दलों और समुदायों के प्रमुख व्यक्तियों से बातचीत कर अपनी रिपोर्ट प्रधानमन्त्री एटली को पेश कर दी थी। रिपोर्ट के अनुसार भारत की एकता यद्यपि बनाए रखना ज़रूरी था पर मुसलमानों की विस्फोटक भावनाओं को ध्यान में रखकर किसी न किसी रूप में पाकिस्तान की माँग को मानना अपरिहार्य था। प्रतिनिधिमंडल के सभी सदस्यों का मत था कि उन्हें जिन्ना निहायत ज़िद्दी, अपनी माँग को लेकर अतार्किक और बला के महत्त्वाकांक्षी लगे। उनका विश्वास .खुद अपने दल के ही नेताओं पर नहीं था। उन्होंने वॉयसराय वेवल की इच्छा के बावजूद उनसे और प्रतिनिधिमंडल के सदस्यों से लियाक़त अली जैसे लीग के वरिष्ठ नेता तक को मिलने नहीं दिया था। रिपोर्ट में पाकिस्तान की माँग, उसकी अव्यावहारिकता के बावजूद अप्रत्याशित ख़ून-ख़राबे से बचने तथा इंग्लैंड के व्यावसायिक हितों के संरक्षण के लिए मान लेने का सुझाव था। उसमें एक और दिलचस्प आशंका व्यक्त की गई थी कि कांग्रेस-शासित हिन्दू-बहुल प्रान्तों में स्वदेशी की विचारधारा प्रबल होने के कारण ब्रिटेन के व्यावसायिक हितों का वहाँ सुरक्षित रह पाना निहायत दुश्वार था। मुस्लिम लीग शासित प्रान्तों में उन्हें ऐसी कोई आशंका नहीं थी। इंग्लैंड से जब कैबिनेट मिशन रवाना हुआ तो उसके लिए संसदीय मंडल ने एक तरह से पहले ही पृष्ठभूमि तैयार कर दी थी।

23 मार्च, 1946 को भारतमन्त्री सर पेथिक लॉरेंस के नेतृत्व में तीन सदस्यों का कैबिनेट मिशन दिल्ली पहुँचा। सर स्ट्रैफोर्ड क्रिप्स और इंग्लैंड की नौसेना के शीर्षस्थ अधिकारी ए.वी. अलेक्जेंडर इसके अन्य दो सदस्य थे। पेथिक लारेंस के साथ उनका सुयोग्य और तेज-तर्रार निजी सचिव फ्रैंसिस टर्नबुल भी था। क्रिप्स अपने पुराने सहायक मेजर वुडरो वॉयट को दुबारा साथ लाए थे। ग़ौरतलब है कि पंजाब के वरिष्ठ किन्तु उस समय दिवंगत मुस्लिम लीगी नेता मियाँ सर मोहम्मद शफ़ी की पोती बेगम मुमताज शाहनवाज़ के साथ वॉयट के आत्मीय सम्बन्ध थे। प्यार से 'ताज़ी' कही जानेवाली वह सुन्दर, सुशिक्षित, शालीन और स्वतन्त्र विचारों की महिला थीं। बेगम शाहनवाज़ लीग

की महत्त्वपूर्ण सदस्या होने के साथ ही जिन्ना के भी नज़दीक मानी जाती थीं। वॉयट को उनके ज़रिए न केवल लीग की अन्तरंग गतिविधियों के बारे में पता चलता रहता था, बल्कि जिन्ना के सोच की भी झलक जब-तब मिलती रहती थी। अन्तर्मुखी जिन्ना की लौह प्राचीर में खुलनेवाली यह एक छोटी-सी पर महत्त्वपूर्ण खिड़की थी।

क्रिप्स मिशन और कैबिनेट मिशन में ज़मीन-आसमान का अन्तर था। जब कि पहले को प्रधानमन्त्री चर्चिल की शह पर इंग्लैंड और हिन्दुस्तान में अंग्रेज़ों का एक महत्त्वपूर्ण वर्ग नाकायाब बनाने के लिए कृतसंकल्प था, दूसरे को प्रधानमन्त्री एटली और उनकी लेबर पार्टी सहित न केवल दोनों देशों के, बल्कि विश्व के एक बड़े सदाशय वर्ग का समर्थन और सद्भावना प्राप्त थी। टकराव साम्राज्यवादी महत्त्वाकांक्षा और राष्ट्रवादी जनाकांक्षा के बीच न होकर दो महत्त्वपूर्ण राजनीतिक दलों तथा दो सम्प्रदायों की अपेक्षाओं, उम्मीदों और सपनों के बीच था। दक्षिण पूर्वी एशिया के उत्तर औपनिवेशिक मंच के मुख्य अभिनेता अब तेज़ी से बदल रहे थे। खेल के रूपक के सहारे कहें तो अंग्रेज़ शासकों की भूमिका अब कमोबेश एक अम्पायर की थी। 'बाँटो और राज करो' की पिष्टोक्ति (क्लीशे) अंग्रेज़ों की पूर्ववर्ती कूटनीति पर चाहे जितनी सही लागू होती रही हो किन्तु सन् 1946-47 में उनकी यह बड़ी ईमानदार कोशिश रही कि भारतीय उपमहाद्वीप एक संघात्मक राजनीतिक इकाई के रूप में बना रहे। यातायात और संचार के माध्यमों, न्यायिक, प्रशासनिक, शैक्षणिक और पुलिस व्यवस्था के ज़रिए भारतीय उपमहाद्वीप को अंग्रेजों ने जिस तरह एक साथ जोड़ा था वह बेमिसाल था। लगभग पौन शताब्दी के अपने इस भगीरथ प्रयास को जिसके पीछे निश्चय ही उनकी मंशा अपनी औपनिवेशिक जड़ों को मज़बूत करने की भी थी, अंग्रेज़ इस तरह तिनके-तिनके बिखरते देखना नहीं चाहते थे। कैबिनेट मिशन के प्रयत्न यहाँ इन्हीं उद्देश्यों से प्रेरित थे। उनके अनुसार सर्वथा स्वतन्त्र पाकिस्तान व्यावहारिकता और टिकाऊ होने की कसौटी पर खरा नहीं उतरता था। संयुक्त भारत के खाके और साँचे के अन्तर्गत ही अल्पसंख्यकों की स्वायत्तता विचारणीय थी। इसका अन्दाज़ा 15 मार्च 1946 को दिए गए प्रधानमन्त्री एटली के बयान से लगता है जिसमें उन्होंने साफ़ कहा था कि अल्पसंख्यकों को बहुसंख्यकों के विकास-मार्ग में रोड़ा अटकाने के लिए किसी विशेषाधिकार की अनुमति नहीं दी जाएगी।

कैबिनेट मिशन ने अंग्रेज़ों के अधीन हिन्दुस्तान का वर्गीकरण तीन हिस्सों में किया—(क) मद्रास, बम्बई, उत्तर प्रदेश, बिहार, मध्य भारत (सी.पी.) और उड़ीसा, (ख) पंजाब, उत्तर पश्चिमी सीमा-प्रान्त, सिन्ध (ग) बंगाल और आसाम। तीनों भागों को अलग-अलग मिलकर अपने समूह की संरचना करनी थी। पहले सामान्य चुनाव के बाद कोई भी प्रान्त अपने निर्मित समूह से अलग हो सकता था। दस साल बाद कोई प्रान्त संघीय संविधान या अपने समूह पर पुनर्विचार की माँग कर सकता था। कांग्रेस चाहती थी कि समूह से अलग होने के लिए प्रथम सामान्य निर्वाचन के बाद की अनिवार्यता नहीं रहनी चाहिए। कांग्रेस की इस माँग के पीछे उत्तर पश्चिमी सीमा-प्रान्त और आसाम

में तत्कालीन उसकी अपनी सरकारें थीं। सिन्धियों और पठानों का एक बड़ा वर्ग अपने प्रदेशों को पंजाब के वर्चस्ववाले वर्ग में शामिल किए जाने के सख़्त ख़िलाफ़ था। सिन्ध मुस्लिम लीग के एक गुट के नेता तथा बाद में जिये सिन्ध-आन्दोलन के प्रणेता जी.एम. सैयद तथा एक अन्य वरिष्ठ नेता पीर अली मोहम्मद रशीदी का 'नवाए-वक़्त' (7 जून, 1946) में दिया गया बेलौस बयान इस सम्बन्ध में ख़ासतौर से उल्लेखनीय है। लीग संघीय संविधान के बारे में निर्णय का अधिकार प्रान्तों को तुरन्त देने का प्रावधान चाहती थी। दस साल की प्रतीक्षा का प्रावधान उसे स्वीकार नहीं था। सुरक्षा, विदेशी मामले और संचार केन्द्र के नियन्त्रण में होने थे। लीग और कांग्रेस ने अपने-अपने ढंग से मिशन के प्रस्तावों की व्याख्याएँ कीं और अपनी व्याख्या और शर्त के अनुसार उसे मंज़ूर किया। कांग्रेस अंग्रेज़ों द्वारा सत्ता का हस्तान्तरण एक ही केन्द्र को चाहती थी। उसके अनुसार मुस्लिम-बहुल राज्यों के केन्द्र से अलग होने या उसकी स्वायत्तता के अधिकार पर फ़ैसला स्वतन्त्रता के बाद संविधान-सभा के निर्णय के आधार पर ही होना चाहिए। लीग मुस्लिम-बहुल राज्यों की अलग स्वायत्त संविधान-सभा चाहती थी। जैसे-जैसे बहस-मुबाहिसों और विश्लेषण के ज़रिए मिशन के प्रस्तावों की जान-बूझकर रखी गई धुँधली रेखाएँ साफ़ होने लगीं, कांग्रेस और लीग दोनों ने अपने-अपने कारणों से उसे जुलाई, 1946 में थोड़ा आगे-पीछे नामंज़ूर कर दिया। इंग्लैंड की कैबिनेट द्वारा प्रदत्त अधिकारों से लैस कैबिनेट मिशन ने हर सम्भव प्रयास के बावजूद हिन्दुस्तान के दोनों महत्त्वपूर्ण दलों के किसी मिलन-बिन्दु पर न पहुँच सकने के कारण निराश एवं हताश हो 28 जून, 1946 को स्वदेश लौट जाना ही श्रेयस्कर समझा।

समय रेत सरीखा कांग्रेस और लीग, दोनों की भिंची हुई मुठ्ठियों से भुरभुराकर खिसकता जा रहा था। जिन्ना के लिए विलम्ब और कांग्रेस के लिए त्वरा महत्त्वपूर्ण थी। सबसे महत्त्वपूर्ण मुस्लिम-बहुल प्रान्त पंजाब में यूनियनिस्ट पार्टी, कांग्रेस और अकाली दल की संयुक्त सरकार थी। सिन्ध में नाम मात्र को ही लीग सत्ता में थी। आसाम और उत्तर पश्चिमी सीमा-प्रान्त में अब कांग्रेस की सरकारें थीं। ऐसे में इन मुस्लिम-बहुल प्रान्तों में मुस्लिम लीग की स्थिति में अपेक्षाकृत और गुणात्मक सुधार तथा उसे सत्तारूढ़ किए बिना जिन्ना अन्दर ही अन्दर अपने को कमज़ोर अनुभव कर रहे थे। शक्ति-संचय कि लिए उन्हें समय की दरकार थी। कांग्रेस में दक्षिणपन्थियों को भय था कि यदि सत्ता प्राप्त कर कुछ न कर दिखाया गया तो संगठन वामपन्थियों के हाथ में चला जाएगा। अतः सत्ता के औज़ारों पर जल्द-से-जल्द क़ब्ज़ा कर वह देश की नियति अपनी आस्था और विश्वास के अनुसार गढ़ना चाहती थी। कैबिनेट मिशन का एक महत्त्वपूर्ण काम था हिन्दुस्तान में यहाँ के दोनों राजनीतिक दलों सहित सभी महत्त्वपूर्ण वर्गों के प्रतिनिधित्ववाली एक अन्तरिम सरकार का गठन। इसके गठन में सबसे अधिक बाधा थी जिन्ना के लिए सवर्ण हिन्दुओं के बराबर सीटों की माँग। इस पर शायद कांग्रेस किसी न किसी तरह सहमत भी हो जाती, पर जिन्ना की इसी से जुड़ी एक और ज़बर्दस्त माँग थी। उनका कहना था कि सरकार के सभी मुसलमान सदस्य सिर्फ़ मुस्लिम लीग

समर्थित होंगे। वह ऐसी किसी सरकार में शामिल होने को तैयार नहीं थे, जिसमें कोई ऐसा मुसलमान सदस्य हो, जो लीग द्वारा मनोनीत या समर्थित न हो। अतः उनके इस हठ का कांग्रेस के गले न उतरना स्वाभाविक था। कांग्रेस के मुसलमान नेताओं के लिए जिन्ना के मन में बला का विकर्षण-भाव था। शिमले में लॉर्ड वेवल के अनुसार जब लीग और कांग्रेस के बराबर चार-चार प्रतिनिधियों के बीच कैबिनेट मिशन के प्रस्तावों पर विचारार्थ वार्ता शुरू हुई थी तो जिन्ना ने कांग्रेस के दोनों मुसलमान प्रतिनिधियों मौलाना आज़ाद (कांग्रेस अध्यक्ष) और ख़ान अब्दुल गफ़्फ़ार (सरहदी गांधी) से सामान्य शिष्टाचारवश हाथ तक मिलाने से इनकार कर दिया था। ज्ञातव्य है कि नेहरू और पटेल, कांग्रेस के दो और प्रतिनिधि थे। इसके बरअक्स मौलाना आज़ाद की महनीयता उनके उस कथन से प्रकट होती है, जिसमें उन्होंने नेहरू से जिन्ना की उक्त ज़िद को मान लेने का सुझाव दिया था, अगर महज़ इतने से ही लीग अन्तरिम सरकार में शामिल होने को तैयार थी। पर जिन्ना की इस ज़िद के आगे झुकना दरअसल कांग्रेस के उन सारे मूल्यों और विश्वासों को नकारना था, जिस पर उसकी पूरी निर्मिति खड़ी थी।

बम्बई में 29 जुलाई, 1946 को लीग ने अपनी कार्यकारिणी की बैठक में जिन्ना की अध्यक्षता में दो महत्त्वपूर्ण प्रस्ताव पास किए। पहले द्वारा कैबिनेट मिशन के प्रस्तावों को दी गई स्वीकृति वापस ले ली गई और दूसरे द्वारा अपनी माँगों के लिए सीधी कार्यवाही का ऐलान किया गया। सीधी कार्यवाही के लिए 16 अगस्त, 1946 की तारीख़ चुनी गई। इस दिन शुक्रवार था। धार्मिक भावनाओं के साथ खिलवाड़ के प्रलोभन से अब तक बचते आए जिन्ना को अब राजनीतिक उद्देश्य की प्राप्ति के लिए मज़हब के पत्ते खेलने से क़त्तई परहेज़ नहीं था। एक लम्बे अर्से तक धर्मनिरपेक्षता के पक्षधर की यह एक अत्यन्त त्रासद परिणति थी। इसकी शुरुआत अप्रैल, 1946 के प्रारम्भ में ही कर दी गई थी, जब पूरे देश के लीग के विधायकों को दिल्ली में इकट्ठा कर उन्हें क़ुरान शरीफ़ पर हाथ रखकर अल्लाह के नाम पर तन-मन-धन से पाकिस्तान की प्राप्ति के लिए संघर्ष की सामूहिक शपथ दिलाई गई थी। जिन्ना अब अपने ही बुने हुए जाल में उलझते जा रहे थे। शेर की सवारी तो उन्होंने कर ली थी। पर उत्कट, ईमानदार इच्छा के बावजूद उस पर से उतरना उनके लिए अब असम्भव हो रहा था। जान-बूझकर अब तक अस्पष्ट और अपरिभाषित रखी गई पाकिस्तान की अवधारणा अब उनके गले पड़ गई थी। 'जाकी रही भावना जैसी, प्रभु-मूरत देखी तिन तैसी' तुलसीदास की यह अर्धाली पाकिस्तान की अवधारणा पर सटीक बैठ रही थी। लीग के सामान्य अनुयायियों और कार्यकर्ताओं से लेकर महत्त्वपूर्ण नेताओं तक के पास अपने-अपने सोच और फन्तासी से रचे अपने-अपने पाकिस्तान थे। जब पाकिस्तान की माँग और उसके आन्दोलन से जुड़े नेताओं के मन में उसके भावी साँचे-ढाँचे को लेकर अन्त तक स्पष्टता नहीं थी तो सामान्य जनता की इस सम्बन्ध में भ्रान्ति का सहज अनुमान लगाया जा सकता है। यहाँ राही मासूम रज़ा के 'आधा गाँव' के एक निपट अनपढ़ मुसलमान नारी-चरित्र के संवाद ध्यान देने योग्य हैं–

"हे बीबी, ई पाकिस्तान वा बनी केहर ?...जउनी गाजीपुर में बन्नत तो हमहूँ देख लेतीं।...पाकिस्तान कउनो महजिद-ओहजिद बाय का ?" (ये बीबी, यह पाकिस्तान किधर बनेगा?...जो गाजीपुर में बनता तो मैं भी देख लेती।...पाकिस्तान कोई मस्जिद वगैरह है क्या?)

पंजाब में मियाँ बशीर अहमद और सुप्रसिद्ध क़ानूनविद् सर ज़फरुल्ला ख़ाँ और उत्तर प्रदेश में चौधरी खलीक़ुज़्ज़मा तथा अलीगढ़ विश्वविद्यालय के कुछ प्रतिबद्ध प्राध्यापक 'पाकिस्तान' की रूप-रेखा अपने-अपने ढंग से निर्धारित करने में लगे थे। पर अभी कुछ स्पष्ट एवं ठोस सर्वमान्य रूप उभरकर सामने नहीं आया था। सन् 1946 के मध्य में जब बंगाल के वरिष्ठ मुस्लिम लीग नेता और वहाँ के पूर्व प्रधानमन्त्री ख़्वाजा नज़ीमुद्दीन जिन्ना द्वारा अधिकृत हो पंजाब की लीग और वहाँ के ग़ैरलीगी संयुक्त सरकार के प्रधानमन्त्री खिज्र हयात ख़ाँ के बीच संवाद स्थापित कर लीग की सरकार की सम्भावना पर बातचीत करने के लिए लाहौर पहुँचे तो उन्होंने भी पाकिस्तान की स्पष्ट रूपरेखा के बारे में अपना निपट अज्ञान बड़ी ईमानदारी से ज़ाहिर किया था। ऐसी स्थिति में जब लीग की कार्यकारिणी तथा उसके चार सौ पचास प्रतिनिधियों की बम्बई में आयोजित बैठक में जिन्ना ने कैबिनेट मिशन के प्रस्ताव को मान लेने की पेशकश की तो सभी को लगा कि जैसे उनके सपनों का पाकिस्तान हाथ से निकला जा रहा था। और जब उन्होंने केन्द्र के अधीन सुरक्षा, संचार और विदेशी मामले जैसे तीन विषय रखने के प्रस्ताव के प्रति अपनी सहमति जताई तो लोग अधीर हो उठे। जिन्ना को कहना पड़ा कि 'ये कोई ग़लती नहीं है, बल्कि बहुत बड़े साहस की बात है। लीग ने बड़े ऊँचे दर्जे की राजनीतिज्ञता (स्टेट्समैनशिप) का परिचय दिया है।' खिन्न जिन्ना को अन्ततः यहाँ तक कहना पड़ा कि आगे लीग के किसी भी निर्णय से उनका कोई सरोकार नहीं होगा, जब तक कि ज़बर्दस्ती वह उनके गले के नीचे उतार न दिया जाए। जिन्ना को लगा कि लीग के एकछत्र नेतृत्व की बागडोर अब उनके हाथ से खिसक रही है। वह न केवल अंग्रेज़ सरकार और कांग्रेस, बल्कि स्वयं अपनी पार्टी की ओर से भी भारी दबाव का अनुभव कर रहे थे। कैबिनेट-प्रस्ताव की अस्वीकृति, अन्तरिम सरकार में किसी ग़ैर मुस्लिम लीगी मुसलमान के शामिल न किए जाने की उनकी ज़िद और सीधी कार्यवाही की घोषणा के पीछे किसी और का नहीं, बल्कि उनके अपने ही अनुयायियों और दल का बेहद दबाव था। सुचिन्तित दिशा के अभाव में उद्दाम जनाकांक्षा की जो वेगवती धारा उन्होंने प्रवाहित की थी, वह उलट कर अब स्वयं उन्हीं पर वार कर रही थी।

बम्बई की बैठक में दोनों प्रस्तावों के उत्साहपूर्ण समर्थन के बाद जिन्ना ने अपने भाषण का उपसंहार करते हुए कहा था कि जब एक ओर उनके पीछे अंग्रेज़ों की सत्ता और मशीनगन लगी हुई है और सामने कांग्रेस के असहयोग और सिविल नाफरमानी आन्दोलन की पिस्तौल तनी है, तब इनका सामना करने के लिए हमें बता देना होगा कि पिस्तौल हमारे पास भी है। एक पत्रकार द्वारा पूछे जाने पर जिन्ना ने बताया था कि सीधी कार्यवाही का मतलब था 'ग़ैरक़ानूनी जनान्दोलन', जिसे उन्होंने तुरन्त सुधारते हुए 'असंवैधानिक जनान्दोलन' कहा था। निश्चित तारीख़ को मुसलमानों की 'देशव्यापी

हड़ताल' की योजना थी। जनान्दोलन चलाने के लिए जिस अनुशासन, आत्मसंयम, अनुभव, संगठन और नैतिक बल की ज़रूरत थी, वह दुर्भाग्यवश लीग के पास फ़िलहाल नहीं था। लीग न तो कांग्रेस थी और न जिन्ना गांधी थे। अतः लीग के नेताओं ने सीधी कार्यवाही के ऐलान को कामयाब बनाने के लिए मुल्लाओं और पीरों की ख़िदमत हासिल की। ज़्यादा से ज़्यादा मुसलमानों को उसमें शामिल करने के लिए लीग के झंडे के नीचे जनसभाएँ शुक्रवार की नमाज़ के बाद मस्जिदों या उनके ठीक बाहर होने लगीं। इसके फलस्वरूप एक भीषण और विस्फोटक धार्मिक उन्माद का वातावरण बनने लगा। ग़नीमत थी कि सीधी कार्यवाही के समर्थन में कोई फ़तवा जारी नहीं किया गया। बंगाल में लीग की सरकार के प्रधानमन्त्री हसन शहीद सुहरावर्दी के ग़ैरज़िम्मेदाराना भाषणों, निश्चित तारीख़ के एक दिन पहले सरकारी दफ़्तरों में तीन दिन की छुट्टी के ऐलान और पुलिस की लगभग न के बराबर उपस्थिति ने आग में घी का काम किया। आधी रात से ही जूट मिलों के मुसलमान मज़दूर हावड़ा से कलकत्ता शहर में पहुँचने लगे। स्थानीय मुसलमान गुंडों का एक बड़ा वर्ग उनके साथ शामिल हो गया। नेतृत्व और दिशाविहीन भीड़ में सीधी कार्यवाही का मतलब हिन्दुओं और उनकी सम्पत्ति पर हमला, लूटपाट, आगजनी और हत्या निकला। सुहरावर्दी के भाषण के अलावा लीग के कार्यकर्ताओं का इसमें कितना योगदान था, इस पर कोई टिप्पणी मुश्किल है। कलकत्ते के उत्तर पूर्वी इलाक़े मानिक टोला में दंगे की शुरुआत हुई। जवाब में हिन्दू साम्प्रदायिक तत्त्वों और गुंडों ने भी हमले किए। 16 से 20 अगस्त, 1946 के दौरान 5000 से भी अधिक लोग मारे गए और 15000 से अधिक लोग गम्भीर रूप से घायल हुए। दंगे के प्रारम्भ में अधिकांश भुक्त-भोगी हिन्दू रहे और बाद में मुसलमान। उसी समय ये दंगे कराची और बम्बई में भी फैले। वहाँ भी जन-धन की भारी हानि हुई। राजनीति को शरीफ़ों का खेल माननेवाले, शान्तिपूर्ण संवैधानिक संघर्ष के ज़ोरदार पक्षधर और असहयोग तथा ख़िलाफ़त-आन्दोलन के दौरान गांधी द्वारा लोक-लुभावन क़दमों के ज़रिए सार्वजनिक उन्माद पैदा करने की कोशिशों के सख़्त विरोधी जिन्ना के लम्बे राजनीतिक जीवन पर कलकत्ते में सीधी कार्यवाही के दौरान हुई विनाश-लीला एक निहायत बदनुमा दाग़ है। इस बर्बर विनाश-लीला से उन्हें कितनी आत्मग्लानि हुई, इसके संकेत अनुपलब्ध हैं।

सीधी कार्यवाही के ज़रिए जिन्ना और लीग का मक़सद देश में गृहयुद्ध छेड़ने की अपनी क्षमता का अहसास कराना था। इसके बावजूद वह कांग्रेस और अंग्रेज़ सरकार से बातचीत का दरवाज़ा एकदम बन्द नहीं कर देना चाहते थे। पर अब वह बातचीत तब करना चाहते थे, जब उनकी स्थिति अपने दल में मज़बूत हो जाए। इसके साफ़ संकेत 15 अगस्त, 1946 को नेहरू से की गई उनकी बातचीत से मिलते हैं, जिसमें उन्होंने कहा था कि फ़िलहाल सभी गतिविधियाँ छह महीने के लिए स्थगित कर दी जाएँ। इसकी पुष्टि 'डेली मेल' को सितम्बर में दिए गए उनके इस बयान से भी होती है, जिसमें उन्होंने कहा था कि 'घाव अभी बहुत गहरे हैं और बातचीत के दौरान इतनी

कटुता पैदा हो चुकी है कि फ़िलहाल उसे जारी रखना बेमानी है। अब यह निहायत ज़रूरी है कि स्लेट एक बार पूरी तरह साफ़ कर दी जाए और नई इबारत फिर शुरू से लिखी जाए'। हाँ, सीधी कार्यवाही का ऐलान एकदम निष्फल नहीं गया। पंजाब में दो दशक से भी अधिक पुरानी अब तक चली आ रही ग़ैर मुस्लिम लीगी सरकार धार्मिक उन्माद के फलस्वरूप धराशायी हो गई। वहाँ लीग की सरकार गठित हुई। जिन्ना का एक बहुत बड़ा सपना साकार हुआ। सिन्ध में सत्तारूढ़ लीग और विरोधी दलों के विधायकों की संख्या बराबर थी। लीग वहाँ गवर्नर की कृपा से सत्ता में थी। जी.एम. सैयद अपने एक गुट के साथ लीग से निकलकर कांग्रेस के साथ सरकार बनाने की कोशिश में थे। सीधी कार्यवाही के दौरान जो साम्प्रदायिक वातावरण सिन्ध में ख़ासतौर से कराची में बना, उसके फलस्वरूप सैयद के हौसले पस्त हो गए और लीग की सरकार बच गई।

सीधी कार्यवाही के ऐलान के साथ लीग ने गृहयुद्ध प्रारम्भ करने और उसके व्यापक विस्तार की अपनी क्षमता अब सिद्ध कर दी थी। वॉयसराय वेवल का यह दृढ़ मत था कि अब तक हर मुद्दे पर अपने निहायत अड़ियल रवैये के कारण सत्ता से वंचित और नित नए मसले खड़े करने पर आमादा लीग के शामिल हुए बिना नेहरू के नेतृत्व में 'गठित अन्तरिम सरकार प्रभावी नहीं हो सकती। नतीजतन 2 अक्टूबर, 1946 को जब जिन्ना को वेवल ने अन्तरिम सरकार में लीग को शामिल करने की अपनी रणनीति बताई तो जिन्ना ने इस बार कोई ख़ास ना-नुकुर नहीं की। यहाँ तक कि कांग्रेस के किसी राष्ट्रवादी मुसलमान नेता के प्रतिनिधित्व पर भी उन्होंने एतराज़ नहीं किया। जिन्ना अब यह समझ गए थे कि सत्ता में भागीदारी के ज़रिए ही वह अपने अभीष्ट की प्राप्ति की लड़ाई और कारगर ढंग से जारी रख सकते हैं। पर जिन्ना ने कांग्रेस और अंग्रेज़ सरकार को स्तम्भित करने के लिए एक निहायत दिलचस्प पत्ता खेला। कांग्रेस के राष्ट्रवादी मुसलमान के जवाब में उन्होंने लीग के कोटे में बंगाल के एक अनुसूचित जाति के हिन्दू वकील जोगेन्द्रनाथ मंडल का नाम प्रस्तावित किया। मंडल बंगाल के लीग मन्त्रिमंडल में क़ानूनमन्त्री थे। एक अनुसूचित जाति के हिन्दू को लीग का प्रतिनिधि मनोनीत कर जिन्ना ने यह सन्देश देने की कोशिश की कि वह हिन्दुओं के एक बहुत बड़े तथा अब तक निहायत उपेक्षित दलित वर्ग के शुभचिन्तक हैं। जिन्ना स्वयं अन्तरिम सरकार में शामिल नहीं हुए। लीग के सरकार में शामिल होते ही महत्त्वपूर्ण विभागों के लिए सौदेबाज़ी शुरू हो गई। जिन्ना लियाक़त अली के लिए गृह-विभाग चाहते थे जो पटेल के पास था। नेहरू ने वॉयसराय से साफ़ शब्दों में कहा कि अगर पटेल से लेकर वह विभाग लीग को दिया गया तो कांग्रेस इस्तीफ़ा दे देगी। नतीजतन लियाक़त को फ़िलहाल वित्त विभाग से ही सन्तुष्ट होना पड़ा।

अगस्त, 1946 में जो कुछ कलकत्ता में हुआ वह वहीं तक सीमित नहीं रहा। बंगाल के दूसरे बड़े शहर ढाका में हत्या, आगजनी और लूटपाट की वारदातें दिन-ब-दिन बढ़ती जा रही थीं। पर सबसे भीषण स्थिति अक्टूबर, 1946 में मुस्लिम-बहुल पूर्वी बंगाल के

दो ज़िले नोआखाली और तिप्परा में थी। संगठित मुसलमान गुंडे वहाँ व्यापक स्तर पर आर्थिक बहिष्कार, लूटपाट, आगजनी, ज़बर्दस्ती वसूली, बलात्कार और हत्या के ज़रिए सदियों से साथ रहते आए अपने असहाय हिन्दू पड़ोसियों को अपनी बर्बरता का शिकार लगातार बना रहे थे। स्थिति से निपटने के लिए उस समय तक साम्प्रदायिक उन्माद से सबसे अधिक प्रभावित नोआखाली ज़िले के सबडिवीजन फेनी में जब 9 अक्टूबर, 1946 को सशस्त्र सैन्य बल और प्रान्त के बाहर से बुलाई गई सशस्त्र पुलिस की टुकड़ियाँ पहुँचीं तो इससे कहीं अधिक बर्बरता से साम्प्रदायिक तांडव ज़िले के रामगंज थाने में शुरू हो गया। वहाँ लूटपाट, आगजनी, बलात्कार और हत्या के अलावा हिन्दुओं को ज़बर्दस्ती इस्लाम धर्म कबूल करने के लिए भी मजबूर किया जाने लगा। विडम्बना तो यह थी कि इस सुनियोजित बर्बरता का नेतृत्व मुस्लिम लीग नहीं, बल्कि इसके अपने उम्मीदवार से सन् 1946 के चुनाव में पराजित एक भूतपूर्व विधायक गुलाम सरवर कर रहा था। बंगाल के पड़ोसी हिन्दू-बहुल राज्य बिहार में इसकी गम्भीर प्रतिक्रिया हुई। अक्टूबर, 1946 के अन्त में साम्प्रदायिक उन्माद की वही बर्बर विनाश लीला बिहार में शुरू हुई। बिहार पहले से ही बारूद के ढेर पर बैठा था। कलकत्ता, ढाका और नोआखाली की ख़बरों ने पलीते का काम किया। बिहार में साम्प्रदायिक बर्बरता के शिकार मुख्यतः वहाँ के मुसलमान अल्पसंख्यक हुए। लीग ने जब अन्तरिम सरकार में शामिल होने का निर्णय लिया तो वस्तुतः साम्प्रदायिक उन्माद में बह रहे रक्त से ही उसका राजतिलक हुआ।

अन्तरिम सरकार में लीग की भागीदारी वस्तुततः जिन्ना की गृहयुद्ध की रणनीति का एक अत्यन्त महत्त्वपूर्ण मंच पर विस्तार था। लीग का रवैया शुरू से ही हठपूर्ण असहयोग का था। नेहरू द्वारा बुलाई गई अनौपचारिक बैठकों में लीग के सदस्य भाग नहीं लेते थे। अनौपचारिक बैठकें आपस में असहमति के दायरे कम करने और महत्त्वपूर्ण मुद्दों पर सहमति विकसित करने के लिए आवश्यक थीं। अन्यथा औपचारिक बैठकों के दौरान असहमति होने पर मामला वॉयसराय की मध्यस्थता के लिए भेजना अनिवार्य था। वॉयसराय का हस्तक्षेप कम-से-कम हो यह कांग्रेस की मंशा थी। 26 अक्टूबर, 1946 से 5 फ़रवरी, 1947 तक किसी तरह अन्तरिम सरकार की गाड़ी घिसटती रही। 9 दिसम्बर, 1946 को पहली बार संविधान-सभा की बैठक हुई, जिसमें सभी वक्ता अंग्रेज़ी में बोले। एकमात्र अपवाद कांग्रेस के सदस्य सरहदी गांधी ख़ान अब्दुल गफ़्फ़ार ख़ाँ थे जिन्होंने अपनी तकरीर हिन्दुस्तानी में की। जिन्ना ने संविधानसभा में लीग के हिस्सा न लेने का ऐलान 22 नवम्बर को ही कर दिया था। 6 दिसम्बर, 1946 को एटली सरकार ने अपने बयान के तहत मुस्लिम-बहुल प्रान्तों के हिन्दू-बहुल प्रान्तों से अलग वर्गीकरण की माँग मान ली थी, जिससे जिन्ना के पाकिस्तान का रास्ता काफ़ी हद तक साफ़ हो जाता था। पर अब जिन्ना कैबिनेट मिशन के ज़रिए नहीं बल्कि अपने बाहुबल से पाकिस्तान हासिल करने का श्रेय चाहते थे। इस पृष्ठभूमि में जब संविधान-सभा की पहली बैठक के वक़्त लीग ने उसमें हिस्सा लेने की बात को

दरकिनार कर उसे भंग करने की माँग कर डाली तो कांग्रेस का धैर्य जवाब दे गया। फलस्वरूप अन्तरिम सरकार के सभी ग़ैर मुस्लिम लीगी सदस्यों ने वॉयसराय से लीग के सभी सदस्यों का इस्तीफ़ा ले लेने का आग्रह किया।

जो स्थिति अन्तरिम सरकार की थी और जिस तरह बंगाल, बिहार, बम्बई, पंजाब और सिन्ध की साम्प्रदायिक समस्याएँ और उलझती जा रही थीं, उससे वॉयसराय वेवल निहायत निराश और खिन्न होते जा रहे थे। देश में प्रशासन नाममात्र को भी नहीं बचा था। वेवल ने क़ानून-व्यवस्था की दिन-प्रतिदिन विकराल होती जा रही स्थिति एटली सरकार को सूचित करते हुए कहा कि उन्हें देश की पुलिस और सरकारी कर्मचारियों और अधिकारियों का वह सहयोग और विश्वास अब प्राप्त नहीं है, जिसके बूते पर लगभग सौ साल तक अंग्रेज़ों ने यहाँ राज किया। स्थिति की गम्भीरता को समझते हुए इंग्लैंड से भारत मन्त्री पेथिक लारेंस ने वेवल को कांग्रेस और लीग के दो-दो प्रतिनिधियों को साथ लेकर लन्दन पहुँचने के लिए कहा। प्रारम्भिक ना-नुकुर के बाद कांग्रेस की ओर से नेहरू और बलदेव सिंह तथा लीग की ओर से जिन्ना और लियाक़त वेवल के साथ नवम्बर के अन्तिम सप्ताह में लन्दन पहुँचे। लन्दन में एटली तथा उनके मन्त्रियों तथा सत्ता और विरोधी पक्षों के महत्त्वपूर्ण सांसदों के साथ लीग और कांग्रेस के प्रतिनिधियों की जो भी बातचीत हुई उससे दूर-दूर तक हिन्दुस्तान के राजनीतिक गतिरोध के हल की रंचमात्र सम्भावना के आसार दिखाई नहीं दे रहे थे। दोनों पक्ष अपनी-अपनी जगह हठपूर्वक अडिग थे। इंग्लैंड की संसद में वहाँ के दो बार प्रधानमन्त्री रहे और उस समय विरोधी दल के नेता दुर्दम्य चर्चिल के कांग्रेस विरोधी भाषणों और कंजर्वेटिव पार्टी के सांसदों के एक महत्त्वपूर्ण वर्ग के मुखर समर्थन के कारण जिन्ना की आस्था अपनी और लीग की हठधर्मिता में पहले से कहीं और अधिक दृढ़ हो गई थी। नेहरू जिन्ना को आश्वस्त करने को तैयार नहीं थे कि वर्गीकृत मुस्लिम-बहुल राज्यों को अपने मामलों में पूरी स्वायत्तता रहेगी और जिन्ना लीग द्वारा संविधानसभा के पूर्ण बहिष्कार पर अटल थे।

कांग्रेस और लीग को अपनी-अपनी जगह से टस से मस न होता देख हिन्दुस्तान के राजनीतिक गतिरोध को तोड़ने के लिए एटली सरकार ने काफ़ी सूझ-बूझ के साथ एक महत्त्वपूर्ण क़दम उठाने का निर्णय लिया। उसके अनुसार हिन्दुस्तानियों में आश्वस्ति का भाव जगाने के लिए और लगातार एक दूसरे को शत्रु पक्ष समझनेवाले दोनों दलों में एक अप्रत्याशित दायित्वबोध जगाने के लिए आवश्यक था कि सत्ता हस्तान्तरित करने की एक निश्चित तारीख़ और उसे कार्यान्वित करने की नीति घोषित कर दी जाए। सरकार के अनुसार इस कार्य के लिए सैनिक राजनेता वॉयसराय वेवल उपयुक्त नहीं थे। अतः 20 फ़रवरी, 1947 को एटली ने इंग्लैंड की संसद में घोषणा की कि 30 जून, 1948 तक अंग्रेज़ अपना शासन समेटकर हिन्दुस्तान छोड़ देंगे। साथ ही लॉर्ड वेवल की जगह वॉयसराय के लिए लॉर्ड माउंटबैटन के नाम की भी घोषणा कर दी गई। एटली ने अपनी लिखित घोषणा में यह भी स्पष्ट कर दिया था कि यदि केन्द्र में गठित

संविधानसभा पूरी तरह राजनीतिक पक्षों और हितों का प्रतिनिधित्व करने में सक्षम नहीं पाई गई तो सत्ता का हस्तान्तरण एक से अधिक केन्द्रों को कर दिया जाएगा। यह साफ़ संकेत था कि यदि कांग्रेस मुस्लिम लीग को केन्द्रीय संविधानसभा में बैठने के लिए राज़ी नहीं कर पाई तो जिन्ना की मुस्लिम-बहुल प्रान्तों के लिए पृथक केन्द्रीय संविधानसभा की माँग मंज़ूर कर ली जाएगी।

नेहरू ने सत्ता-हस्तान्तरण की समय-सीमा को ध्यान में रखकर लियाक़त से कहा कि अंग्रेज़ों का सितारा अब अस्त हो रहा है और फ़ैसले की ज़िम्मेदारी हम सभी की है। इसलिए यह ज़रूरी है कि हम उठते सवालों का मुक़ाबला साथ-साथ चौतरफा करें। एक दूसरे से दूर-दूर से ही बात न करें। भावुक नेहरू की इस अपील का असर तार्किक लियाक़त पर कैसे पड़ता। इंग्लैंड की संसद में एटली और क्रिप्स के 20 फ़रवरी, 1947 के बयान पर बोलते हुए कंज़र्वेटिव पार्टी के वरिष्ठ सांसद गाउफ्रे निकलसन ने कहा कि 'अगर अब तक दिया गया कोई ऐसा बयान है जो लीग को पाकिस्तान के लिए सीधा न्योता देता है तो वह 20 फ़रवरी का उक्त बयान ही है।' पंजाब के गवर्नर सर इवान जेन्किन ने कहा कि 'इस बयान से एक भयंकर साम्प्रदायिक टकराव की भूमिका तै हो रही है। हर कोई निश्चित तारीख़ के पहले अधिक-से-अधिक सत्ता हथियाने के लिए कुछ भी करने को तैयार होगा।' निकलसन और जेन्किन दोनों को सही सिद्ध होने में ज़रा भी देर नहीं लगी। पंजाब की यूनियनिस्ट कांग्रेस और अकालियों की खिज्र के नेतृत्व में चल रही सरकार और उत्तर पश्चिमी सीमा-प्रान्त में डॉ. ख़ान साहब के नेतृत्व में चल रही कांग्रेसी सरकार के ख़िलाफ़ मुल्लाओं और पीरों की सहायता से लीग ने न केवल उन्हें गिराने के लिए ज़बर्दस्त आन्दोलन शुरू कर दिया, बल्कि उसके फलस्वरूप जो विषाक्त वातावरण बना उससे लाहौर, अमृतसर, मुल्तान, रावलपिंडी, क्वेटा, पेशावर तथा डेरा इस्माइल ख़ाँ में भीषण साम्प्रदायिक दंगे शुरू हो गए। अब साम्प्रदायिकता के विषाणु पुलिस और सरकारी अमलों में बुरी तरह फैल गए थे। ध्यान देने लायक है कि जब पेशावर में कांग्रेसी सरकार के प्रधानमन्त्री डॉ. ख़ान साहब के घर पर लीग के सशस्त्र गुंडे हमला कर दरवाज़े-खिड़की तोड़ रहे थे तो उस समय उनकी अपनी ही पुलिस तमाशबीन बनी हुई थी। खिज्र ने पंजाब में स्थिति से निपटने के लिए अनेक कड़े क़दमों के साथ-साथ राष्ट्रीय स्वयंसेवक संघ और लीग की आक्रामक युवा शाखा नेशनल गार्ड पर रोक लगा दी थी। खिज्र मन्त्रिमंडल को साम्प्रदायिक उन्माद का पहला और डॉ. ख़ान साहब के मन्त्रिमंडल को थोड़ी देर बाद दूसरा शिकार होना पड़ा। भारतीय उपमहाद्वीप के उत्तर-पश्चिम में धर्मनिरपेक्षता के दो जीते-जागते विराट राष्ट्रीय सपनों ने आख़िरकार दम तोड़ दिया। इस पृष्ठभूमि में उदास-हताश वॉयसराय वेवल ने अपना कार्यभार नए वॉयसराय लॉर्ड माउंटबैटन को 22 मार्च, 1947 को सौंपा और इंग्लैंड लौट गए। माउंटबैटन द्वारा कार्यभार ग्रहण करते ही हिन्दुस्तान का नियति-चक्र विकराल तीव्रता से घूमने लगा।

6

माउंटबैटन के हिन्दुस्तान आगमन से विभाजन और देहावसान तक

सन् 1947 से सन् 1948 तक

इंग्लैंड के उन्नीसवें और अन्तिम वॉयसराय लॉर्ड माउंटबैटन सपत्नीक 22 मार्च, 1947 को दिल्ली पहुँचे और 24 मार्च को शपथ-ग्रहण के उपरान्त अब तक के इतिहास की सर्वाधिक जटिल और चुनौतीपूर्ण समस्या से जूझने में जुट गए। मिलनसार स्वभाव, युवोचित आशावाद, कुशाग्र मेधा, अदम्य आत्मविश्वास, मानव-प्रकृति की चतुर समझ और एटली सरकार के पूर्ण समर्थन तथा सहयोग के आश्वासन से लैस वह भारतीय राजनीति के किसी भी यक्ष-प्रश्न से निपटने के लिए तैयार होकर आए थे। पत्नी एडविना में भी सुन्दरता और गहरी संवेदनशीलता के साथ पति के कई गुण थे जो, उन्हें उनके (माउंटबैटन के) साथ तत्कालीन इतिहास के मंच का एक महत्त्वपूर्ण चरित्र बनाने में सक्षम थे। माउंटबैटन ने लन्दन से चलने के पहले ही गांधी और जिन्ना को दिल्ली सुविधानुसार शीघ्र ही मिलने आने का निमन्त्रण दे दिया था। उस समय जिन्ना एक लम्बी बीमारी के बाद स्वास्थ्य-लाभ कर रहे थे। नेहरू से माउंटबैटन और एडविना की बड़ी आत्मीय मुलाक़ात द्वितीय महायुद्ध की समाप्ति के तुरन्त बाद बर्मा में हो चुकी थी। माउंटबैटन दम्पति और नेहरू दोनों ने एक दूसरे को गहरे प्रभावित किया था। हिन्दुस्तानी नेताओं में माउंटबैटन ने दिल्ली में सबसे पहले नेहरू से ही मुलाक़ात की। जिन्ना के बारे में नेहरू ने माउंटबैटन को बताया कि सफलता ने उनका (जिन्ना का) वरण काफ़ी विलम्ब से साठ साल की आयु के बाद किया था। उससे पहले हिन्दुस्तान की राजनीति में उनका कोई ख़ास मुक़ाम नहीं था। हर बात में नकारात्मक रुख़ उनका स्थायी भाव था। जान-बूझकर उन्होंने पाकिस्तान की अवधारणा को अस्पष्ट रख छोड़ा था, जिससे कि उसे रचनात्मक आलोचना की कसौटी पर कसा न जा सके।

नेहरू के बरअक्स गांधी ने माउंटबैटन को एक अत्यन्त अद्भुत सुझाव दिया। उनका कहना था कि जिन्ना को मन्त्रिमंडल बनाने का मौक़ा पहले देना चाहिए। यदि जिन्ना उसे स्वीकार कर लेते हैं तो कांग्रेस को उन्हें (जिन्ना की) ईमानदारी से तब तक

समर्थन देते रहना चाहिए, जब तक वह सभी हिन्दुस्तानियों के हित में काम करते रहें। उनके क़दमों के सही या ग़लत होने के बारे में अन्तिम फ़ैसला वॉयसराय का होगा। उनका और उनके दल का फ़र्ज़ होगा कि वह पूरे देश में साम्प्रदायिक सद्भावना और शान्ति बनाए रखें। लीग की नेशनल गार्ड या कोई निजी सेना नहीं रहेगी। इस ढाँचे के तहत जिन्ना को पाकिस्तान की योजना सत्ता-हस्तान्तरण के पूर्व भी पेश करने की पूरी आज़ादी होगी। इस पर अमल बाहुबल से नहीं, बल्कि तर्कबल से होगा। किसी भी प्रान्त या उसके हिस्से को किसी फ़ैसले के लिए मजबूर नहीं किया जाएगा। अगर जिन्ना को यह प्रस्ताव स्वीकार नहीं होता तो यही मौक़ा कांग्रेस को दिया जाए। गांधी के इस अप्रत्याशित सुझाव से माउंटबैटन अवाक रह गए थे। गांधी को यह पता था कि जैसे ही जिन्ना को यह पता लगेगा कि ये प्रस्ताव उनका (गांधी का) है तो वह (जिन्ना) छूटते ही कहेंगे 'चालाक गांधी'। माउंटबैटन से गांधी का यह दिलचस्प प्रस्ताव सुनकर अचम्भित नेहरू और पटेल ने कहा कि एक अर्से से गांधी वस्तुस्थिति से अनभिज्ञ हैं। इसलिए उनका सुझाव अव्यावहारिक है। दुर्भाग्यवश जिन्ना तक गांधी का यह प्रस्ताव भेजा ही नहीं गया। बहुत मुमकिन है कि वे इसे गांधी की एक चाल मानकर विद्रूप व्यंग्य के साथ नामंज़ूर कर देते। पर पूरे हिन्दुस्तान के प्रधानमन्त्री बनने के प्रस्ताव में उनके लगातार आहत होते आ रहे अहम को गुदगुदाने की विलक्षण क्षमता थी। इसे न परखने का निर्णय अपने आप में निहायत दारुण और त्रासद रहा।

नेहरू और गांधी से मिलने के बाद माउंटबैटन 5 अप्रैल से 10 अप्रैल तक जिन्ना से कई-कई घंटों के लिए कई बार मिले। उन्होंने जिन्ना को निहायत ठंडा, ज़िद्दी और नफ़रत से भरा हुआ पाया। उन्हें जिन्ना ने गांधी से हुई अपनी कई मुलाक़ातों की तफ़्सील देते हुए कहा कि 'जब कि लीग और मुसलमानों की ओर से बातचीत करनेवाले वह (जिन्ना) ख़ुद महज़ अकेले थे, कांग्रेस की ओर से उनके जैसा कोई सर्वमान्य प्रतिनिधि नहीं था। गांधी यह खुलेआम मंज़ूर करते हैं कि वह किसी की भी नुमाइंदगी नहीं करते। उनके पास अधिकार या उत्तरदायित्व कोई नहीं है। नेहरू और पटेल कांग्रेस के दो सर्वथा अलग विचार-बिन्दुओं का प्रतिनिधित्व करते थे। दरअसल कांग्रेस की ओर से किसी सवाल का साफ़ जवाब देनेवाला कोई नहीं था।' उन्होंने एक लम्बे अर्से से मुसलमानों के साथ होते आए असह्य अन्यायों और भीषण दुर्व्यवहारों का ब्योरा देते हुए कहा कि समस्या का निदान मुस्लिम-बहुल प्रान्तों को शेष हिन्दुस्तान से अलग कर सार्वभौम सत्ता-सम्पन्न पाकिस्तान के निर्माण में ही है। जब माउंटबैटन ने जिन्ना के ही तर्क के सहारे उन्हें बताया कि ऐसी स्थिति में पंजाब और बंगाल के ग़ैर मुस्लिम-बहुल इलाक़े उनसे अलग करने होंगे तो जिन्ना विचलित हो उठे। उन्होंने (जिन्ना ने) कहा कि वह (माउंटबैटन) उन्हें दीमक-खाया पाकिस्तान देने की कोशिश कर रहे हैं। जिन्ना ने आगे जोड़ा कि पंजाब और बंगाल का बँटवारा दरअसल उन्हें डराकर पाकिस्तान न बनने देने की कांग्रेस की चाल है। माउंटबैटन ने उन्हें समझाने की कोशिश की कि संयुक्त हिन्दुस्तान का विचार त्यागना उनके (माउंटबैटन के) लिए बहुत बड़ी त्रासदी

होगी। अविभक्त हिन्दुस्तान की भावी महानता का नक़्शा खींचते हुए उन्होंने जिन्ना के अहम को गुदगुदाने की ग़रज़ से कहा कि उनका यह दिवास्वप्न है कि वह उनके (जिन्ना के) प्रधानमन्त्रित्व में हिन्दुस्तान की केन्द्रीय सरकार का संचालन देखें। इस प्रकार गांधी के प्रस्ताव की एक झलक माउंटबैटन ने अपनी ओर से ही सही, जिन्ना को दे दी थी। निश्चय ही माउंटबैटन की यह बात जिन्ना के दिलोदिमाग़ में देर तक गूँजती रही। माउंटबैटन ने जिन्ना को एकदम तर्क-विमुख पाया। उन्हें जिन्ना एक मनोरोगी-से लगे, जिसने मुसलमानों के लिए अपनी पाकिस्तान की महान योजना को अमली जामा पहनाने के एक भी व्यावहारिक पक्ष पर रंचमात्र भी विचार नहीं किया था। माउंटबैटन समझ नहीं पा रहे थे कि अपने सोच में इतना ग़ैरज़िम्मेदार आदमी मुस्लिम लीग जैसे बड़े राजनीतिक संगठन में सिर्फ़ भावनाओं से खिलवाड़ कर इतना ताक़तवर कैसे बन गया ? बातचीत के दौरान माउंटबैटन को अक्सर लगा कि जैसे जिन्ना उनकी बात सुन ही नहीं रहे थे।

जिन्ना के बरअक्स लियाक़त अली से संवाद स्थापित करना वॉयसराय माउंटबैटन को निस्बतन ज़्यादा आसान लगा। उन्होंने लियाक़त से कहा कि हिन्दुस्तानी लोग और उनके नेता पागलपन की उस हद तक पहुँच गए हैं, जिसके तहत वो उनके (माउंटबैटन के) हाथों अपनी ख़ुदकुशी का बन्दोबस्त बा-खुशी चाह रहे हैं। लियाक़त ने सहमति में सिर हिलाया था। साम्प्रदायिक आधार पर हिन्दुस्तान के बँटवारे की स्थिति में पंजाब, बंगाल और आसाम की उसी आधार पर बँटवारे की अनिर्वायता को उन्होंने लियाक़त से बातचीत के दौरान साफ़-साफ़ रेखांकित किया। उन्होंने लियाक़त से यह भी कहा था कि साम्प्रदायिक आधार पर हिन्दुस्तान के दुर्भाग्यपूर्ण विभाजन से बढ़कर कोई और दुःसेवा वह इस उपमहाद्वीप की कर नहीं सकते थे।

एक ओर जहाँ पंजाब के साम्प्रदायिक आधार पर विभाजन के प्रतिरोध का लीग और जिन्ना की ओर से कोई ख़ास संकेत नहीं था, बंगाल में लीग और कांग्रेस दोनों का एक महत्त्वपूर्ण वर्ग बंगाल के उक्त आधार पर विभाजन के विचार को पचा नहीं पा रहा था। बंगाल के लोगों के मन से बंग-भंग का लगभग आधी सदी पुराना स्मृति-दंश मिट नहीं पाया था। जिन्ना का दो राष्ट्र का सिद्धान्त एक दुधारी तलवार बन गया था। वह उनके सपनों के पाकिस्तान के आगे और टुकड़े किए दे रहा था। बंगाल इस घातक तलवार के निर्मम आघात से बचने की अन्तिम करुण कोशिश कर रहा था। कुछ ही समय पहले कलकत्ता, ढाका, नोआखाली और फेनी ज़िले की साम्प्रदायिक विभीषिका के लिए एक हद तक ज़िम्मेदार बंगाल के लीगी प्रधानमन्त्री सुहरावर्दी लोगों को समझा रहे थे कि सभी बंगाली मातृभाषा, संस्कृति और आर्थिक हितों की कड़ियों से जुड़े हुए थे। कलकत्ता जैसे विकसित अन्तर्राष्ट्रीय बन्दरगाह का जूट के उत्पादन पर विश्व में एकाधिकार था तथा बंगाल की विशाल प्राकृतिक सम्पदा में अमेरिका, यूरोप और इंग्लैंड को बहुत बड़े पूँजी-निवेश के लिए आकर्षित करने की अद्भुत क्षमता थी। लीग, कांग्रेस तथा फ़ारवर्ड ब्लॉक जैसे राजनीतिक दलों के साथ संयुक्त सरकार बनाने की वह ज़ोरदार

वकालत कर रहे थे। कांग्रेस के शरतचन्द्र बोस (सुभाष के भाई) और बंगाल विधानसभा में विरोधी दल के कांग्रेसी नेता किरण शंकर राय सुहरावर्दी के प्रस्ताव पर गम्भीरतापूर्वक विचार के पक्ष में थे। शरत बोस के अनुसार अविभक्त बंगाल निश्चित ही जिन्ना के पाकिस्तान का हिस्सा न होकर यदि स्वायत्त इकाई के रूप में स्वतन्त्र होता है तो कालान्तर में उसे भारतीय संघ में लाने में कोई कठिनाई नहीं होगी। साम्प्रदायिक आधार पर पश्चिमी और पूर्वी बंगाल के रूप में बंगाल के विभाजन की जो रूपरेखा बन रही थी, उसमें बंगाल के स्नायुमंडल का सर्वाधिक संवेदनशील केन्द्र-बिन्दु कलकत्ता हिन्दू-बहुल पश्चिमी बंगाल में पड़ रहा था। कलकत्ते के बिना पूर्वी बंगाल जिन्ना को भी निरर्थक लग रहा था। उनके अनुसार कलकत्ते के साथ स्वतन्त्र अविभक्त बंगाल का विचार बुरा नहीं था। आख़िरकार मुसलमान व़हाँ बहुमत में रहने ही थे। पर लीग के नेतृत्व का एक बड़ा तबका सुहरावर्दी के पक्ष में नहीं था। उन्हें यह आशंका थी कि यदि लीग ने कांग्रेस और फ़ारवर्ड ब्लॉक जैसे हिन्दू-बहुल राजनीतिक दलों के साथ संयुक्त मन्त्रिमंडल बनाया तो कई लीगी नेताओं का मन्त्रिपद ख़तरे में पड़ जाएगा। हिन्दू महासभा, कांग्रेस और कम्युनिस्ट पार्टी साम्प्रदायिक आधार पर बंगाल के विभाजन पर एकमत थीं। अतः बंगाल का विभाजन अपरिहार्य था। यहाँ यह ख़ासतौर से ध्यान देने योग्य है कि जब नेहरू और पटेल साम्प्रदायिक आधार पर पंजाब और बंगाल के विभाजन पर ज़ोर दे रहे थे, गांधी का मत इस पर एकदम अलग था। 12 मार्च, 1947 की बिहार यात्रा के दौरान पटना की एक विराट जनसभा में गांधी ने पंजाब, बंगाल या किसी और प्रान्त के साम्प्रदायिक आधार पर विभाजन का विरोध करते हुए कहा था कि इस प्रवृत्ति से ब्राह्मणिस्तान, द्रविड़स्तान और न जाने कितने स्तानों का जन्म होगा।

माउंटबैटन जब लन्दन से चले थे तो उन्हें एटली सरकार ने साफ़ निर्देश दिया था कि वह हिन्दुस्तान की एकता और विभाजन के विकल्पों पर विचार तथा सहमति के लिए तलाश और प्रयास अक्तूबर, 1947 तक जारी रखें। उसके बाद वह सरकार को परामर्श दें कि किस तरह हिन्दुस्तान की सत्ता हस्तान्तरित की जाए। पर माउंटबैटन ने लीग और कांग्रेस के नेताओं से लम्बी मुलाक़ातों के दौरान उनसे विचार-विमर्श के बाद यह निष्कर्ष अपरिहार्य पाया कि अंग्रेज़ों द्वारा शासित हिन्दुस्तान के साम्प्रदायिक आधार पर विभाजन के अलावा सत्ता-हस्तान्तरण का कोई अन्य विकल्प नहीं रह गया था। एक बार विभाजन तय हो जाने के बाद उनकी कोशिश थी बाक़ी हिन्दुस्तान की अधिक-से-अधिक एकता को न केवल बरक़रार रखना—बल्कि उसे दृढ़ से दृढ़तर बनाना। इस उद्देश्य की प्राप्ति के लिए कांग्रेस की बंगाल और पंजाब के साम्प्रदायिक आधार पर विभाजन की माँग स्वीकार कर उन्होंने पाकिस्तान को यथासम्भव छोटे से छोटा रखने का प्रयास किया था। निश्चय ही जो पाकिस्तान का रूप अब उभरकर आ रहा था, वह जिन्ना के सपनों का पाकिस्तान नहीं था। अपने विकलांग मानस-पुत्र की कल्पना उन्हें दहला रही थी। उनकी मति साँप-छछूँदर की हो रही थी। वह इस

पाकिस्तान को न तो उगल पा रहे थे और न तो निगल। पंजाब और बंगाल को विभाजन से बचाने के लिए जिन्ना ने सुझाव दिया कि सत्ता का हस्तान्तरण हिन्दुस्तान और पाकिस्तान के दो अलग संघीय केन्द्रों को करने के बजाय सीधे प्रान्तों को अलग-अलग कर दिया जाए। प्रान्त दोनों संघों में से किसी का भी वरण करने को पूरी तरह स्वतन्त्र हों। यह सुझाव कांग्रेस को मान्य होने का प्रश्न ही नहीं था। अन्ततः चर्चिल से गोपनीय परामर्श के बाद जिन्ना ने जैसा भी पाकिस्तान उनकी झोली में आ रहा था, उसे मंज़ूर कर लिया। इसके बाद उन्होंने पश्चिमी तथा पूर्वी पाकिस्तान को जोड़ने के लिए एक गलियारे की माँग की। उनका तर्क था कि ढाई करोड़ से अधिक मुसलमान उनके पाकिस्तान के बाहर हिन्दुस्तान में रह जाएँगे। उनके हित की रक्षा के लिए यह गलियारा आवश्यक था। जिन्ना की इस माँग की नियति भी पूर्व निश्चित थी।

2 जून, 1947 को अंग्रेज़ों के अधीन हिन्दुस्तान के विभाजन की अन्तिम योजना पर विचार और सहमति के लिए जब कांग्रेस और लीग के नेता माउंटबैटन के पास पहुँचे तो अलग-अलग मुलाक़ातों के दौरान जहाँ कांग्रेस के नेताओं ने योजना पर अपनी सहमति दे दी थी, लीग की ओर से जिन्ना का कहना था कि वह अपनी कार्यकारिणी की स्वीकृति के बाद ही अपनी सहमति दे सकेंगे। माउंटबैटन का कोई भी तर्क उन्हें टस से मस नहीं कर सका। जिन्ना की अभी तक यह रणनीति थी कि किसी भी प्रस्ताव पर पहले कांग्रेस की प्रतिक्रिया जान लेना और फिर उसके लगभग प्रतिकूल निर्णय लेना। उनके अड़ियलपन से चिढ़कर माउंटबैटन ने कहा था कि यदि उनका (जिन्ना का) यही नज़रिया है तो कांग्रेस और सिख नेता भी अपनी सहमति वापस ले लेंगे। इसकी परिणति भयंकर अराजकता में होगी और वह (जिन्ना) अपना पाकिस्तान हमेशा-हमेशा के लिए खो देंगे। इस पर जिन्ना ने कन्धे उचकाकर कहा था, जो होना है वह तो होगा ही। साम्प्रदायिक आधार पर उन्होंने हिन्दुस्तान के विभाजन के लिए जो उग्र से उग्रतर होते आन्दोलन पिछले दस सालों से चलाए थे, उनके परिणाम अब सामने थे। उन्हें शायद यह अहसास नहीं था कि वह अपनी नाव कब की जला चुके थे और सभी सम्भव पुल उन्होंने निहायत बेरहमी से तोड़ डाले थे। यक़ीनन उन्हें समय की दरकार थी और नियति के खाते में उनका ज़्यादा समय बाक़ी नहीं था।

3 जून, 1947 को माउंटबैटन ने 10 बजे पूर्वाह्न में नेहरू और जिन्ना को क्रमशः दायें और बायें बैठाकर सम्बन्धित पक्षों की "लगभग सौ फ़ीसदी सहमति और सभी वर्गों के हित को ध्यान में रखते हुए" साम्प्रदायिक आधार पर हिन्दुस्तान के विभाजन की योजना का ऐलान कर दिया। लीग और कांग्रेस के भारी संख्या में उपस्थित नेताओं में से एक ने भी इसका संकेतात्मक प्रतिवाद तक नहीं किया। जिन्ना ने भी अपने समुचित मौन के साथ सिर हिलाकर सहमति जताई। जून के पूर्वार्द्ध में लीग और कांग्रेस दोनों की कार्यकारिणियों ने विभाजन के प्रस्ताव पर अपनी सहमति की मुहरें लगाईं। महात्मा गांधी, ख़ान अब्दुल गफ़्फ़ार ख़ाँ और डॉ. राममनोहर लोहिया—कांग्रेस की कार्यकारिणी की बैठक में मात्र तीन असहमति की आवाज़ें थे। डॉ. लोहिया ने पूरी बैठक और इसकी

कार्यवाही का ज़िक्र अवसाद-भरे मन से विस्तारपूर्वक अपनी चर्चित पुस्तक–'भारत विभाजन के गुनहगार' में किया है। लीग के अनुसार विभाजन महज़ एक समझौता था और कांग्रेस के अनुसार अन्तिम फ़ैसला। एक बार विभाजन तय हो जाने के बाद इंग्लैंड और हिन्दुस्तान दोनों के अंग्रेज़ शासक ख़ासतौर से वॉयसराय माउंटबैटन जल्दी-से-जल्दी राजसत्ता कांग्रेस और लीग के नेताओं को अलग-अलग सौंपकर दायित्व-मुक्त हो जाना चाहते थे। लॉर्ड माउंटबैटन को ख़ास जल्दी थी। उन्हें हिन्दुस्तान में अपना गुरुतर मिशन पूरा कर लौटने पर इंग्लैंड के राजमुकुट द्वारा ड्यूक ऑफ़ बर्मा की उपाधि से विभूषित किए जाने का आश्वासन दिया गया था। अगस्त, 1945 में जापान ने इंग्लैंड के सामने एटम बम की भीषण विभीषिका झेलते हुए आत्मसमर्पण किया था। उसकी दूसरी वर्षगाँठ पर माउंटबैटन हिन्दुस्तान की सत्ता भारत और पाकिस्तान के दोनों सत्ता केन्द्रों को अलग-अलग हस्तान्तरित कर विश्व इतिहास की एक अत्यन्त महत्त्वपूर्ण घटना का नायक बनने का लोभ संवरण नहीं कर पा रहे थे। लीग और कांग्रेस दोनों के वरिष्ठ नेताओं की बूढ़ी होती हुई पीढ़ी सत्ता-सुख के उपभोग से आगे और वंचित रहने को तैयार नहीं थी। उस समय के राजनीतिक मंच का हर चरित्र विभाजन के 'अघ' का कमोबेश भागीदार है। जिसे सबसे 'अनघ' माना जाता है, इतिहास उसके दोष भी रेखांकित करने से चूकनेवाला नहीं है।

पाकिस्तान और भारत को सत्ता हस्तान्तरित करने की तिथियाँ क्रमशः 14 अगस्त और 15 अगस्त, 1947 निश्चित की गईं। कांग्रेस में लम्बे जनान्दोलन की आँच में तपे तथा गांधी के जीवन-आदर्शों से अनुप्रेरित राष्ट्रीय और प्रान्तीय स्तर पर कर्मठ और योग्य नेताओं की एक लम्बी शृंखला थी। लीग में जिन्ना और लियाक़त अली को छोड़कर राष्ट्रीय स्तर पर स्वीकार्य कोई ऐसा नेता नहीं था, जो उसके अनुयायियों का अपनी योग्यता, कर्मठता नेतृत्व-क्षमता तथा ईमानदारी में विश्वास जगा सकता। लीग के लगभग सभी महत्त्वपूर्ण नए-पुराने नेता पश्चिम से प्रभावित अभिजात एवं सामन्ती जीवन-शैली के अभ्यस्त थे। जिन्ना समेत उनमें से किसी ने भी स्वतन्त्रता-संग्राम की लम्बी अवधि के दौरान एक फूल की छड़ी तक का न तो आघात सहा था और न ही जेल के फाटक तक के दर्शन किए थे। लीग के नेतृत्व की योग्यता और क्षमता की अपर्याप्तता का उन्हें शिद्दत भरा अहसास पहले से ही था। अतः क्रिप्स से उन्होंने सन् 1946 में ही कहा था कि ज़रूरी नहीं है कि अन्तरिम सरकार में वह मन्त्री लीग के नेताओं में से चुनें। वह सिविल सर्विस तथा अन्य महत्त्वपूर्ण क्षेत्रों से सुयोग्य मुसलमानों को मन्त्रिमंडल में लीग के प्रतिनिधि के रूप में भेजने में नहीं हिचकिचाएँगे। पर जिन्ना ऐसा कर नहीं पाए थे। पाकिस्तान अब एक हक़ीक़त था। जिन्ना गम्भीर दायित्वबोध से अभिभूत थे। यद्यपि लीग का संगठन सन् 1937 से सन् 1947 के बीच दिन दूना रात चौगुना व्यापक से व्यापकतर बनता गया था और उसकी जड़ें मुसलमान समुदाय के तृणमूल तक एक हद तक फैल चुकी थीं, पर कांग्रेस की तरह उसके कार्यकर्ता और नेता उसे ऐसा ठोस और सबल आधार नहीं दे पाए थे, जिससे कि वह अपने कन्धों

पर एक नवोदित राष्ट्र का बोझ उठाने और उसे रचनात्मक दिशा देने में समर्थ सिद्ध हो सकती।

लीग का संगठन बंगाल को छोड़कर अन्य मुस्लिम-बहुल प्रान्तों में काफ़ी विलम्ब से विकसित हुआ था। पंजाब, सिन्ध, उत्तर पश्चिमी सीमा-प्रान्त और बलूचिस्तान की राजनीति के ग़ैर कांग्रेसी मुसलमान छत्रप लीग और जिन्ना से केन्द्र में कांग्रेस और हिन्दुओं के विकट एवं सर्वग्रासी वर्चस्व के भय के कारण ही जुड़े थे। पाकिस्तान की माँग स्वीकृत हो जाने के बाद यह भय समाप्त हो गया था। जिन्ना के मन में यह गहरी आशंका थी कि अब स्थानीय राजनीतिक छत्रपों के आपसी ईर्ष्या, द्वेष, उनके व्यक्तिगत और वर्गगत स्वार्थ और महत्त्वाकांक्षाओं के टकराव नवजात राष्ट्र के लिए सबसे बड़ी चुनौती सिद्ध होंगे। इससे निपटने के लिए उन्हें लीग का संगठन निहायत नाकाफ़ी लगा। स्वाभाविक था कि अपने नए राष्ट्र के सामने दरपेश नित नई चुनौतियों का मुक़ाबला करने के लिए उनकी निगाह अंग्रेज़ी राज के सबसे सुव्यवस्थित, अनुशासित और सुप्रशिक्षित अंग सेना की ओर जाती। माउंटबैटन जब लन्दन से दिल्ली के लिए रवाना हो रहे थे तो उन्हें जो निर्देश एटली सरकार ने दिए थे, उसमें एक यह भी था कि यदि अंग्रेज़ों के अधीन हिन्दुस्तान के प्रान्तों का साम्प्रदायिक आधार पर विभाजन अपरिहार्य हो जाता है तो किसी तरह हिन्दुस्तानी सेना की एकता बरक़रार रखी जाए। जिन्ना और लियाक़त को इसका पता था। जिन्ना की दिलचस्पी चमक-दमकपूर्ण एक अनुशासित संगठन के रूप में सेना में पहले से ही थी। लगभग ढाई दशक पूर्व केन्द्रीय विधायिका में एक प्रखर राष्ट्रवादी के रूप में उन्होंने सेना के भारतीयकरण पर अत्यन्त ओजस्वी भाषण दिया था। आज उसी सेना की तीव्र आवश्यकता उन्हें शीघ्र ही अस्तित्व में आनेवाले अपने राष्ट्र के लिए बाहर से कहीं अधिक भीतर की चुनौतियों से निपटने के लिए बहुत गहरे में महसूस हो रही थी। सिद्धान्त रूप में एक बार पाकिस्तान की माँग स्वीकार हो जाने पर उन्होंने सेना के विभाजन की माँग को सर्वोपरि रखा। लियाक़त अली का भी मानना था कि सेना के अभाव में पाकिस्तान ताश के पत्तों के महल की मानिन्द बिखर जाएगा।

जिन्ना का व्यावहारिक विवेक यह अच्छी तरह जानता था कि सेना का विभाजन निहायत जटिल काम है। यह सर्वविदित था कि उसमें पंजाब के लोग उस समय साठ फ़ीसदी से भी अधिक थे। इस साठ फ़ीसदी में भी पंजाबी मुसलमानों की संख्या पचास फ़ीसदी से अधिक थी। संख्या के अलावा उसकी लेनदारी और देनदारी का हिसाब-किताब कम जटिल नहीं था। विभाजन के दौर के इतिहास लेखन तथा तत्कालीन राजनीतिक दाँव-पेंच के विश्लेषण से जुड़े विशेषज्ञों के एक वर्ग का मानना है कि चूँकि पंजाब और बंगाल के विभाजन को जिन्ना अब भी पचा नहीं पा रहे थे, सेना के विभाजन के दरपेश पेचीदगी को मद्देनज़र रखते हुए उन्होंने जान-बूझकर इसके विभाजन की शर्त सामने रखी, जिससे उसमें लगनेवाले समय के दौरान उन्हें अपनी अगली रणनीति विकसित करने के लिए एक लम्बा अन्तराल मिल जाए। माउंटबैटन

के अनुसार सेना का विभाजन पाँच साल से कम अवधि में कर पाना निहायत कठिन था। जी-तोड़ कोशिश के बाद यह काम चौदह महीनों में किया जा सकता था जो कि जून, 1948 की सीमा-रेखा के बाहर जाता था। इस पर जिन्ना का सुझाव था कि वॉयसराय सेना के विभाजन की घोषणा कर उसका आधार सुनिश्चित कर दें। उसका क्रियान्वयन बाद में दोनों पक्षों पर छोड़ दें। देश की आन्तरिक राजनीतिक चुनौतियों से निपटने के लिए राजनीतिक तन्त्र के ऊपर सेना के विकल्प को तरजीह देने के उनके विचार ने अनजाने ही सही, वह दारुण भूमिका तैयार कर दी थी, जिसके फलस्वरूप पाकिस्तान को अयूब, याहिया ख़ाँ और ज़ियाउल हक़ और मुशर्रफ़ के नेतृत्व में कुल मिलाकर उसके अब तक के जीवन का लगभग आधा समय फ़ौजी तानाशाही के फ़ौलादी चंगुल में बिताना पड़ा और अब भी बिताना पड़ रहा है। सेना के विभाजन और उसके आधार की घोषणा यथाशीघ्र कर देने तथा उस पर अमल बाद में करने की बात जिन्ना के मन में चलते अन्तर्द्वन्द्व का संकेत देती है। 'दि सोल स्पोक्समैन' (अकेला प्रवक्ता) नामक पुस्तक में आयशा जलाल का मानना है कि सेना के विभाजन के आधार पर बाद में अमल का विकल्प उन्होंने जान-बूझकर खुला छोड़ दिया था। जलाल के अनुसार जिन्ना अनुभव कर रहे थे कि यदि कुछ साल बाद लीग और कांग्रेस के बीच तनाव कम हुआ और साम्प्रदायिक दुर्भावना घटी तो बहुत सम्भव है कि सेना के विभाजन की ज़रूरत ही न पड़े। 23 अप्रैल, 1947 को माउंटबैटन से जिन्ना ने कहा था कि यदि आपस में समझदारी के सम्बन्ध बने तो हिन्दुस्तानी फ़ौज कन्धे से कन्धा मिलाकर इस महाद्वीप की सीमाओं के पार लीग और कांग्रेस दोनों के दुश्मनों को अनुशासित कर सकेगी। दरअसल, जिन्ना को डर अफ़ग़ानिस्तान से था, जो पश्तोभाषी पख़्तूनों को एक अलग राष्ट्र मानकर उत्तर-पश्चिम सीमा-प्रान्त की तत्कालीन सीमा से छेड़छाड़ कर सकता था। पख़्तून आज भी अपनी नियति से पाकिस्तान में निहायत असन्तुष्ट हैं।

दिल्ली में जो केन्द्रीय संविधान-सभा गठित हुई थी, वह पूरे हिन्दुस्तान के लिए थी, जिसमें उन मुस्लिम-बहुल प्रान्तों का भी प्रतिनिधित्व था, जो पाकिस्तान का अंग बनने जा रहे थे। साम्प्रदायिक आधार पर विभाजित स्वायत्त पाकिस्तान और शेष हिन्दुस्तान के एक संघ की परिकल्पना के संकेत कैबिनेट मिशन तथा तीन जून के माउंटबैटन के प्रस्तावों में थे। दोनों देशों के संघ की कार्यसूची में मोटे तौर पर तीन विषय—सुरक्षा, विदेशी मामले और संचार व्यवस्था रखने की बात चल रही थी। उसके लिए संविधान-सभा की एक 'यूनियन पावर्स कमेटी' का गठन किया गया था। 'यूनियन पावर्स कमेटी' ने 28 अप्रैल, 1947 को जो पहली रिपोर्ट पेश की, उसमें संघ के अधीनस्थ तीनों विषयों के क्षेत्र की इतनी व्यापक व्याख्या थी कि संघ के अधिकार का दायरा लगभग वही बन रहा था, जो उस समय अंग्रेज़ों के अधीन हिन्दुस्तान के केन्द्र का था। मूलाधिकारों का जो रूप इस समय भारतीय संविधान में है, लगभग वही पूरे हिन्दुस्तान के लिए संघ के अधीन प्रस्तावित था। पूरे संघ में कहीं भी आने-जाने और रोज़ी-रोज़गार

तथा उद्योग-धन्धे की आज़ादी के मूलाधिकारों में शामिल किए जाने के प्रस्ताव से लीग के कान खड़े हो गए थे। उसे डर था कि मुसलमान-बहुल प्रान्तों में हिन्दू उद्योगपति और व्यवसायी अपना व्यापक जाल फैलाकर स्थानीय लोगों की प्रगति में बाधक सिद्ध होंगे। मूलाधिकार से टकराव के कारण पंजाब का वह 'एलिनेशन ऐक्ट' समाप्त करना पड़ेगा, जिसके तहत खेती की ज़मीन ग़ैरखेतिहरों और महाजनों के हाथ में जाने पर रोक थी। संघीय सरकार में लीग के साथ सत्ता में बराबर की भागीदारी पर कांग्रेस को पहले से ही सख़्त एतराज़ था। निश्चय ही पाकिस्तान और हिन्दुस्तान की संघीय सरकार का जो संविधान प्रस्तावित था, वह लीग की आशाओं और आकांक्षाओं के एकदम प्रतिकूल था। लीग की एक और गहरी आशंका थी। यदि संघीय सरकार का रिपोर्ट में प्रस्तावित रूप अमल में आता है तो बहुमत के बल पर हिन्दुओं के वर्चस्ववाली कांग्रेस सरकार मुस्लिम-बहुल प्रान्तों की बाँह मरोड़ने से बाज नहीं आएगी। इसके विपरीत जिन्ना के बाद लीग के सबसे वरिष्ठ नेता लियाक़त अली ने माउंटबैटन के उस प्रस्ताव का पुरज़ोर स्वागत किया था, जिसमें एक केन्द्रीय सुरक्षा प्राधिकरण (सेंट्रल डिफेंस अथॉरिटी) के गठन का सुझाव था। प्राधिकरण का आर्थिक व्यय-भार हिन्दुस्तान, पाकिस्तान तथा देशी रियासतों को अपनी जनसंख्या तथा अपनी ज़रूरत की सेना के अनुपात में वहन करना था। लियाक़त के विचार से पाकिस्तान, हिन्दुस्तान और देशी रियासतों को कम-से-कम पाँच वर्ष इंग्लैंड के राष्ट्रकुल (कॉमनवेल्थ) में रहना चाहिए था। वह माउंटबैटन के इस विचार से सहमत थे कि साल भर की स्वतन्त्रता पूर्व के गृहयुद्ध का स्वाद, विभाजन की अकूत कठिनाइयाँ और उससे उपजी अकल्पित जटिलता दोनों स्वायत्त देशों में बहुत सम्भव है कि इतना विवेक जागृत कर दें कि वे एक बार फिर एक साथ रहने के विकल्प पर विचार करने लगें। इस सुझाव से जिन्ना की असहमति का संकेत नहीं मिलता।

पर समसामयिक यथार्थ के धरातल पर स्थिति सर्वथा भिन्न थी। 9 और 10 जून, 1947 को जब दिल्ली में लीग के प्रतिनिधियों की अन्तिम बैठक इम्पीरियल होटल के भव्य हॉल में शुरू हुई तो उग्रवादी ख़ाकसारों का एक अनियन्त्रित समूह घातक हथियारों से लैस वहाँ घुस गया। वे जिन्ना के ख़िलाफ़ नारे लगाते हुए लीग द्वारा स्वीकृत पाकिस्तान को ग़द्दारी का सबूत घोषित करते हुए जिन्ना की ओर बढ़ने लगे। लीग के नेशनल गार्डों और ख़ाकसारों के बीच जमकर घमासान हुआ। पुलिस आँसू गैस और भारी बल प्रयोग के बाद स्थिति पर क़ाबू कर सकी। हत्या के इरादे से घुसे लगभग पचास ख़ाकसार गिरफ़्तार कर लिए गए। उधर 'पाकिस्तान' की अवधारणा के प्रवर्तक रहमत अली कैम्ब्रिज में निहायत उद्विग्न थे। वह इंडिया को 'दीनिया' कहने लगे थे। जिन्ना और लीग द्वारा माने गए पाकिस्तान को मिल्लत के साथ बहुत बड़ी ग़द्दारी घोषित कर उन्होंने दोनों की तीव्र भर्त्सना की। अन्तरिम सरकार की चाल भी निहायत बेढंगी साबित हो रही थी। उसकी पहली ही बैठक में श्रीमती विजय लक्ष्मी पंडित को राजदूत नियुक्त करने के मुद्दे पर नेहरू और लियाक़त के बीच बड़ी ही अशोभनीय झड़प हुई थी। जून के उत्तरार्द्ध और जुलाई के पूर्वार्द्ध में बंगाल, पंजाब, सिन्ध,

उत्तर-पश्चिमी सीमा-प्रान्त तथा बलूचिस्तान ने पाकिस्तान के पक्ष में बहुमत के निर्णय से विभाजन की पुष्टि कर दी। बंगाल और पंजाब के ग़ैर मुस्लिम-बहुल क्षेत्रों ने भी दोनों प्रान्तों के साम्प्रदायिक आधार पर प्रस्तावित विभाजन पर अपनी मुहरें लगा दीं। जहाँ बंगाल, पंजाब और सिन्ध की विधानसभाओं का उपयोग पाकिस्तान और विभाजन की माँगों की पुष्टि के लिए किया गया, बलूचिस्तान में केन्द्रशासित क्षेत्र होने के कारण विधानसभा के अभाव में शाही जिरगा और क्वेटा की नगरपालिका के सदस्यों के निर्णय को स्वीकार किया गया।

यह विचित्र बात है कि उत्तर-पश्चिमी सीमा-प्रान्त में जहाँ डॉ. ख़ान साहब के नेतृत्व में कांग्रेस सरकार कार्यरत थी विधानसभा के सदन को मत-संग्रह के लिए उपयुक्त नहीं माना गया। वहाँ सीधे मतदाताओं के बीच मत-संग्रह किया गया। गवर्नमेंट ऑफ़ इंडिया ऐक्ट 1935 के तहत वहाँ की जनसंख्या के लगभग 15 प्रतिशत नागरिकों को ही मताधिकार प्राप्त था। ख़ान अब्दुल गफ़्फ़ार ख़ान और डॉ. ख़ान साहब के नेतृत्व में संगठित वहाँ के .ख़ुदाई ख़िदमतगार हिन्दुस्तान और पाकिस्तान में शामिल होने के अलावा एक तीसरा विकल्प—स्वतन्त्र पख़्तूनिस्तान का भी चाहते थे। इसकी अनुमति वॉयसराय ने नहीं दी। नतीजतन, .ख़ुदाई ख़िदमतगारों ने मत-संग्रह का बहिष्कार कर दिया। 5,73,000 मतदाताओं में से महज़ 2,93,000 ने ही मतदान में भाग लिया, जिसमें 2,89,000 मतदाताओं ने पाकिस्तान के पक्ष में मत दिया। यदि दूसरे प्रान्तों की ही तरह सीमा प्रान्त की विधानसभा में ही मत-विभाजन किया गया होता या .ख़ुदाई ख़िदमतगारों ने मतदान में भाग लिया होता तो बहुत सम्भव है कि कहानी कुछ दूसरी होती। सीमा प्रान्त की विधानसभा की उपेक्षा कर वहाँ सीधे मतदान के निर्णय का कोई विवेक-संगत आधार नहीं दिया जा सका।

मंच अब अन्तिम दृश्य के लिए साफ़ था। पाकिस्तान की सीमा निर्धारित करने के लिए एक सीमा-आयोग का गठन किया गया। इसके सदस्य हिन्दुस्तान के प्रान्तीय मुख्य न्यायालयों के चार न्यायाधीश बनाए गए, जिनमें दो कांग्रेस और दो लीग द्वारा चुने गए थे। आयोग की अध्यक्षता के लिए जिन्ना ने इंग्लैंड के सुप्रसिद्ध न्यायविद और बैरिस्टर सर सिरिल रैडक्लिफ़ का नाम सुझाया था। उनका सुझाव सर्वसम्मति से मान लिया गया। रैडक्लिफ़ न तो कभी भारत आए थे और न ही उन्हें भारत के बारे में कोई ख़ास जानकारी थी। उन्होंने आयोग की अध्यक्षता का काम बड़ी ही अनिच्छापूर्वक स्वीकार किया था। बाद में नेहरू ने रैडक्लिफ़ के कन्जर्वेटिव पार्टी के साथ सम्पर्क और सम्बन्ध के आधार पर कहा कि सीमा-निर्धारण में अन्तिम निर्णय फ़ेडरल कोर्ट का माना जाए। पर जिन्ना ने इसका तीव्र विरोध किया। रैडक्लिफ़ आठ जुलाई 1947 को दिल्ली पहुँचे। उनके पहले लॉर्ड माउंटबैटन ने 15 अगस्त, 1947 को अंग्रेज़ों के अधीन हिन्दुस्तान की स्वतन्त्रता और साथ ही पाकिस्तान के निर्माण की घोषणा कर दी थी। रैडक्लिफ़ के पास मात्र पाँच सप्ताह का समय था, जिसके दौरान उन्हें हिन्दुस्तान के उत्तर-पश्चिम और उत्तर-पूर्व में एक राष्ट्र के दो स्कन्धों की सीमा निर्धारित करनी थी।

इसी प्रकार प्रशासन तन्त्र और सेना के विभाजन के लिए भी समितियाँ सक्रिय हो गईं। इस बीच साम्प्रदायिक उन्माद का जो अभूतपूर्व रक्तरंजित तांडव हिन्दुस्तान के विभिन्न हिस्सों में हुआ, उस पर फ़िलहाल लिखना सम्भव नहीं है। रैडक्लिफ़ ने अपनी सीमाओं के शिद्दत भरे अहसास के साथ कहा था कि उन्हें भय है कि वह अपने काम को अंजाम देने के लिए सर्जन की कैंची का नहीं, बल्कि एक बेशऊर लकड़हारे की भोथरी कुल्हाड़ी का इस्तेमाल करने को मजबूर होंगे। हुआ भी वही। बहरहाल 15 अगस्त तक विभाजित देश के दोनों राष्ट्रों की सीमाएँ निर्धारित नहीं हो पाई थीं।

जुलाई, 1947 के पूर्वार्द्ध तक जब मुस्लिम-बहुल प्रान्तों ने पाकिस्तान के पक्ष में अपना निर्णय घोषित कर दिया था तो कांग्रेस का कहना था कि अब अन्तरिम सरकार में लीग के प्रतिनिधित्व का कोई औचित्य नहीं रहा। अतः वह वॉयसराय पर केन्द्रीय सरकार के पुनर्गठन हेतु दबाव डाल रही थी। इसके प्रतिरोध में जिन्ना का तर्क था कि जब तक इंग्लैंड की संसद इंडियन इंडिपेंडेंस बिल पास नहीं कर देती, तब तक लीग के प्रतिनिधियों को अलग कर अन्तरिम सरकार का पुनर्गठन नहीं किया जा सकता। वॉयसराय जिन्ना से सहमत थे। जिन्ना जब तक विभाजन की प्रक्रिया पूरी न हो जाए तब तक दिल्ली छोड़ने को तैयार नहीं थे। विभाजन पर सहमति के बाद नेहरू ने माउंटबैटन से आग्रह किया कि वह हिन्दुस्तान के गवर्नर जनरल बने रहें। माउंटबैटन चाहते थे कि कम-से-कम जून 1948 तक वह दोनों देशों के गवर्नर जनरल बने रहें। किन्तु जिन्ना को यह मान्य नहीं था। उनका सुझाव था कि एक निश्चित अवधि तक वह दोनों देशों के सुपर गवर्नर जनरल के रूप में उनके बीच एक सेतु का काम करें। पर गवर्नर जनरल दोनों देशों के अलग-अलग ही रहें। एटली सरकार ने सुपर गवर्नर जनरल पद के लिए स्वीकृति नहीं दी। नतीजतन, हिन्दुस्तान और पाकिस्तान के गवर्नर जनरल के रूप में माउंटबैटन और जिन्ना के नामों पर सर्वसम्मति में कोई बाधा नहीं आई। गवर्नर जनरल का पद सुनिश्चित हो जाने के बाद दिल्ली को अन्तिम अलविदा कहने से पहले जिन्ना ने सुझाव दिया कि दोनों संविधान सभाओं की पहली बैठक दिल्ली की ऐतिहासिक सरज़मीं पर एक साथ आयोजित हों। माउंटबैटन के अनुसार दोनों देशों के बीच भविष्य में सद्भावना और मैत्रीपूर्ण सम्बन्धों के लिए यह सुझाव स्वागत योग्य था। पर कांग्रेस ने इसका तीव्र विरोध किया। नेहरू और पटेल का कहना था कि एक बार विभाजन तय हो जाने के बाद हिन्दुस्तान की भूमि पर पाकिस्तान की संविधान-सभा को बैठक की अनुमति देने का कोई औचित्य नहीं रहा। अन्ततः 7 अगस्त, 1947 को जिन्ना ने दिल्ली को अलविदा कह अपने सपनों के देश पाकिस्तान की तत्कालीन राजधानी कराची की सरज़मीं पर क़दम रखा। पाकिस्तान ज़िन्दाबाद, क़ायदे आज़म ज़िन्दाबाद और फ़ातिमा जिन्ना ज़िन्दाबाद के तुमुल घोष तथा लीग के झंडों के सैलाब से गुज़रते हुए जिन्ना जब अपने लिए निश्चित भव्य आवास की सीढ़ियाँ चढ़ रहे थे तो उन्होंने मुड़कर साथ चल रहे नौसेना के लेफ़्टिनेंट एस.एम. एहसान से अपने दिल का राज़ खोला। वह आहिस्ते से बोले, "मुझे कभी भी उम्मीद नहीं थी कि मैं अपने

जीवन-काल में पाकिस्तान देख पाऊँगा।" निश्चय ही करोड़ों पलकों पर दशकों से पल रहा एक विराट सपना अब ठोस हक़ीक़त बनकर सामने खड़ा था। निःसन्देह यह अकेले इतिहास-पुरुष जिन्ना का ही चमत्कार था।

11 अगस्त, 1947 को पाकिस्तान की संविधान-सभा का उद्‌घाटन करते हुए जिन्ना ने जो मौखिक भाषण दिया था, वह पाकिस्तान के लिए ही नहीं, बल्कि हिन्दुस्तान के लिए भी महत्त्वपूर्ण है। लगभग ढाई दशक बाद जिन्ना का मूल उदार, राष्ट्रवादी और धर्मनिरपेक्ष रूप लगता है, जैसे लौट आया था। यह उनका अन्तिम ग्रन्थिमुक्त भाषण था। राज्य का पहला दायित्व नागरिकों के जान, माल और धार्मिक विश्वासों की रक्षा बताते हुए उन्होंने भ्रष्टाचार, कालाबाज़ारी, भाई-भतीजावाद और सत्ता की दलाली के अभिशापों से प्राणपण से जूझने के लिए आह्वान किया था। पंजाब और बंगाल समेत हिन्दुस्तान के विभाजन को अपरिहार्य बताते हुए उन्होंने कहा था कि संयुक्त हिन्दुस्तान का विचार कभी कारगर नहीं होनेवाला था। इसलिए यहाँ की सवैधानिक समस्या का निदान विभाजन ही था। हिन्दुस्तान और पाकिस्तान दोनों देशों में लोगों का एक वर्ग है, जो इससे सहमत नहीं है। पर इसके अलावा कोई और विकल्प सम्भव और व्यावहारिक नहीं था। उन्होंने विश्वास जताया था कि निश्चय ही इतिहास अपना निर्णय इसके पक्ष में दर्ज करेगा। उनके अनुसार संयुक्त हिन्दुस्तान हम सभी को भयंकर अनर्थ की ओर ले जाता। इसके बाद उन्होंने अपने अन्दर चल रहे द्वन्द्व को न छिपाते हुए कहा था कि सम्भव है, उनका विचार सही हो और सम्भव है ग़लत। यह तो आगे पता चलेगा। जिन्ना ने आगे कहा था—

"अगर आप अपने अतीत को बदल देते हैं और सबके साथ एकजुट होकर इस भावना से काम करते हैं कि चाहे उनका रिश्ता आपके साथ पहले कैसा भी रहा हो, चाहे वे किसी भी रंग, जाति और मज़हब के हों, सभी शुरू से और आख़िर तक इस राज्य के अधिकार, सुविधा और कर्तव्य के क्षेत्र में बराबरी के भागीदार नागरिक हैं, तो आपकी उन्नति की कोई सीमा नहीं होगी। मैं इस पर और अधिक ज़ोर नहीं देना चाहता। अगर आप इस भावना से शुरुआत करते हैं तो कालान्तर में बहुसंख्यक और अल्पसंख्यक, हिन्दू और मुसलमान के बीच व्याप्त अन्तर के आड़े-तिरछे कोने ख़तम हो जाएँगे, क्योंकि ख़ुद मुसलमान में आपको पठान, पंजाबी, शिया और सुन्नी और हिन्दुओं में ब्राह्मण, वैष्णव, खत्री, बंगाली और मद्रासी जैसे कितने ही फ़िरक़े मिलते हैं। अगर आप मुझसे पूछें तो मैं कहूँगा कि हिन्दुस्तान की आज़ादी और स्वाधीनता के रास्ते में ये सबसे बड़ी बाधाएँ थीं और अगर ये न होतीं तो हम कभी के स्वतन्त्र राष्ट्र होते। इसके बिना कोई भी ताक़त एक राष्ट्र को—ख़ासतौर से चालीस करोड़ लोगों के राष्ट्र को अपनी अधीनता की गिरफ़्त में न तो रख सकती थी और न ही उस पर फ़तह हासिल कर सकती थी। और अगर ऐसा हुआ भी तो इसके बिना कोई ताक़त आप पर इतने लम्बे अर्से तक क़ब्ज़ा बनाए रखने में कामयाब नहीं हो सकती थी। इससे हमें अब नसीहत लेनी होगी। अब आप आज़ाद हैं। आप अब आज़ाद हैं पाकिस्तान के राज

में अपने मन्दिर जाने के लिए। आप आज़ाद हैं अपने मस्जिद जाने के लिए या किसी और इबादतगाह की ओर रुख़ करने के लिए। आप किसी भी मज़हब, जाति या विश्वास से ताल्लुक़ रखते हों इससे राज्य के कारोबार का कोई लेना-देना नहीं है।''

जिन्ना ने अपनी बात और साफ़ करने के लिए इंग्लैंड के इतिहास के तज़ुर्बे की ओर इशारा करते हुए कहना आगे जारी रखा–*''जैसाकि आप जानते हैं इंग्लैंड की हालत कुछ समय पहले, जो दशा आज हिन्दुस्तान की है, उससे कहीं बदतर थी। रोमन कैथोलिक और प्रोटेस्टैंट एक दूसरे की जान को पड़े रहते थे। आज भी वहाँ कुछ ऐसे राज्य हैं, जहाँ एक वर्ग विशेष से भेद-भाव का बर्ताव होता है और उन पर रोक लगाई जाती है। अल्लाह का शुक्र है कि हम उस ज़माने में शुरुआत नहीं कर रहे हैं। हम एक ऐसे वक़्त में शुरुआत कर रहे हैं, जिसमें भेदभाव नहीं है। जहाँ एक समुदाय और दूसरे समुदाय के बीच कोई फ़र्क़ नहीं है। जहाँ जाति और मज़हब के नाम पर तरफ़दारी नहीं है। हम इस बुनियादी उसूल से शुरुआत कर रहे हैं कि हम सभी नागरिक हैं और एक ही राज्य के बराबर के नागरिक हैं। आगे वक़्त के दौरान इंग्लैंड की जनता को हालात की हक़ीक़तों का मुक़ाबला करना पड़ा और उन्हें अपने ऊपर अपने मुल्क की सरकार के हाथों डाले गए बोझ और ज़िम्मेदारियों को अंजाम देना पड़ा। वह इम्तहान की आग से क़दम दर क़दम गुज़रे। आज आप बइंसाफ़ कह सकते हैं कि रोमन कैथोलिक और प्रोटेस्टेंट लोगों का अलग-अलग वजूद नहीं रहा। आज जो वज़ूद में हैं वे ये हैं कि हर आदमी नागरिक है–ग्रेट ब्रिटेन का बराबर का नागरिक और सभी एक ही क़ौम के सदस्य हैं। अब मैं सोचता हूँ, हमें इसे अपने सामने बतौर आदर्श रखना चाहिए और तब आप पाएँगे कि हिन्दू हिन्दू नहीं रहेंगे और न ही मुसलमान मुसलमान। ये बात मज़हबी मायने में नहीं समझनी चाहिए, क्योंकि ये तो हर शख़्स के जाती अक़ीदे की बात है, बल्कि इसे सियासी मायने में बतौर मुल्क के नागरिक के जानना चाहिए।''*

जिन्ना के इस उद्‌घाटन भाषण से संविधान सभा के लीगी सदस्य स्तम्भित रह गए थे। जिन्ना का यह अलिखित तात्कालिक भाषण, जिसे सच्चे दिल से निकला ईमानदार एकालाप कहना अनुचित नहीं होगा, कम-से-कम पिछले दस वर्षों में लीग के मंच से दिए जा रहे अविरल तीखे विघटनकारी भाषणों की रीति-नीति का निषेध करता था। लगता था, उनमें गोपाल कृष्ण गोखले और सरोजिनी नायडू का हिन्दू-मुस्लिम एकता का राष्ट्रवादी अग्रदूत एक बार फिर स्पन्दित हो उठा था। विभाजन के पक्ष में इतिहास के निर्णय में विश्वास जताने के बावजूद उन्होंने उससे जुड़े अपने गहरे अन्तर्द्वन्द्व को बहुत सहज भाव से मुखरित हो जाने दिया था। गम्भीर आत्मालोचन की मनोदशा में जैसे स्वयं को तुरन्त सुधारते हुए उन्होंने अपने विचार के सही या ग़लत होने का फ़ैसला ईमानदारी के साथ भविष्य पर छोड़ दिया था। जिन्ना के इस ऐतिहासिक भाषण से सबसे ज़्यादा विचलित लियाक़त अली हुए थे। पाकिस्तान की नवगठित संविधान-सभा के एक मुखर सदस्य मलिक मोहम्मद ज़फ़र के अनुसार जिन्ना का उद्‌घाटन भाषण ख़त्म होते ही लियाक़त अली बिना किसी पूर्व सूचना के जल्दी से उठे और उन्होंने सभा के

सामने तुरन्त पाकिस्तान के राष्ट्रीय ध्वज के प्रारूप को स्वीकृत करने का प्रस्ताव पेश कर दिया। लियाक़त ने सब कुछ इतनी कुशलता और हस्तलाघव से किया कि जिन्ना के उस ऐतिहासिक भाषण की जगह सभा ध्वज के प्रारूप पर चर्चा में व्यस्त हो गई। कांग्रेसी सदस्यों समेत कई सदस्यों ने शिकायत की कि पूर्व सूचना न होने के कारण वह राष्ट्र-ध्वज पर बहस में हिस्सा नहीं ले सके। अतः इस पर विस्तृत विचार के लिए चर्चा आगे और चलनी चाहिए। पर लियाक़त ने किसी की नहीं सुनी। उन्होंने तुरत-फुरत पाकिस्तान के ध्वज का प्रस्तावित प्रारूप सभा द्वारा स्वीकृत करा लिया। लियाक़त एक चतुर खेल खेल रहे थे। उनकी योजना थी कि जिन्ना के भाषण की ख़बर के पहले पाकिस्तान के ध्वज के सभा द्वारा स्वीकृत प्रारूप की सूचना प्रेस के पास जल्द-से-जल्द पहुँच जाए, जिससे उसे अगले दिन उक्त भाषण पर तरजीह मिल सके। लियाक़त अपनी इस कोशिश में काफ़ी हद तक कामयाब साबित हुए। अगले दिन यानी 12 अगस्त, 1947 को ज़्यादातर अख़बारों में पाकिस्तान के स्वीकृत ध्वज की ख़बर मोटी-मोटी सुर्ख़ियों में बतौर पहली ख़बर के छपी। ज़ाहिर है, जिन्ना के भाषण को इस षड्यन्त्र के फलस्वरूप वह अहमियत नहीं मिल पाई, जो सही मायने में उसका हक़ था। 'पाकिस्तान टाइम्स' जैसे महत्त्वपूर्ण अख़बार में तो भाषण की ख़बर तक नहीं छप सकी। अपने उस देश में जिसका अस्तित्व में आना उनके बिना असम्भव था, उनके अलग-थलग पड़ने की यह त्रासद शुरुआत थी। 11अगस्त, 1947 का भाषण निश्चय ही जिन्ना का अन्तिम स्वतःस्फूर्त सहज भाषण था। इसके बाद के उनके भाषणों में दिन-ब-दिन कमज़ोर पड़ती आवाज़ ही उनकी अपनी होती थी। इबारत अक्सर दूसरों की हुआ करती थी। जिन्ना के सामने न तो अब प्रत्यक्षतः लीग की प्रतिद्वन्द्वी कांग्रेस थी और न ही लगातार उनके लिए चुनौती बने इसके नेता। आक्रामकता के तेवर से मुक्त जिन्ना अब निष्कवच थे। शायद इसीलिए विवश और वेध्य भी। जो हिस्सा अब पाकिस्तान था, वहाँ पाकिस्तान का आन्दोलन कभी भी ताक़तवर नहीं रहा। मुस्लिम-बहुल प्रान्तों के नेता यदि एकाएक जिन्ना के नेतृत्व में लीग के झंडे तले इकट्ठा होने लगे थे तो इसके पीछे केन्द्र में हिन्दू कांग्रेस के वर्चस्व का आसन्न ख़तरा ही था। पाकिस्तान बन जाने पर वह ख़तरा ख़त्म हो गया था। इसलिए उनके लिए अब जिन्ना की कोई ख़ास उपयोगिता नहीं रह गई थी। अब अधिक से अधिक सत्ता और सुविधा हथियाने की बेशर्म होड़ शुरू हो गई थी। मुसलमान शरणार्थियों का हुजूम पूर्वी पंजाब, उत्तर प्रदेश, दिल्ली, बिहार तथा हिन्दुस्तान के अन्य क्षेत्रों से पाकिस्तान पहुँच रहा था। साम्प्रदायिक उन्माद और दरिन्दगी का जो नंगा नाच सीमाओं के दोनों तरफ़ चल रहा था, उससे पाकिस्तान में सबसे अधिक जिन्ना ही उद्विग्न थे। पाकिस्तान के ख़जाने में महज़ दो सौ करोड़ रुपए थे। चालीस करोड़ रुपए का बिल उनकी मेज़ पर पड़ा हुआ था। रिज़र्व बैंक ऑफ़ इंडिया से बँटवारे के दौरान जो पचपन करोड़ रुपए पाकिस्तान को मिलने थे वह नहीं मिल पा रहे थे। हिन्दुस्तान की अपनी भयावह समस्याएँ थीं। बाद में महात्मा गांधी के अनशन के बाद वह राशि पाकिस्तान को मिली। बीस करोड़

रुपए निज़ाम हैदराबाद ने कर्ज़ के बतौर पाकिस्तान को दिए। इससे पाकिस्तान का आर्थिक स्वास्थ्य थोड़ा सुधरा। इसी बीच जिन्ना को बिना विश्वास में लिये जिस ढंग से उत्तर-पश्चिमी सीमा-प्रान्त और बलूचिस्तान के पाँच हज़ार कबाइलियों के हथियारबन्द दस्ते पाकिस्तानी फ़ौज की मदद से अक्टूबर, 1947 के अन्तिम सप्ताह में कश्मीर पर क़ब्ज़ा करने के लिए भेज दिए गए उससे हिन्दुस्तान और पाकिस्तान के रिश्तों में उस भयंकर नासूर की शुरुआत हुई, जो अक्सर विस्फोटक स्थिति में पहुँच जाता है। अक्टूबर के पूर्वार्द्ध में कराची से लाहौर रवाना होने के कुछ पहले दो नकाबपोश मुसलमान उग्रवादी युवकों ने हत्या की नीयत से रिवाल्वर से जिन्ना पर हमला करने की कोशिश की थी, जिसे सुरक्षा गार्डों ने नाकाम कर दिया।

जिन्ना अन्दर और बाहर दोनों ओर से घिर गए थे। वह साढ़े आठ बजे ही अपने काम की मेज़ पर बैठ जाते थे। आला दर्जे की क्रैवेन 'ए' सिगरेट और क्यूबा की सिगार के धुएँ से वह अपने यक्ष्मा-आक्रान्त फेफड़े सेंकते हुए फाइलों के अम्बार से देर रात तक जूझते रहते थे। जिन्ना को अपने प्रधानमन्त्री नवाबज़ादा लियाक़त अली ख़ाँ तथा अन्य मन्त्रियों से वह सहयोग नहीं मिल पाता था, जिसकी उन्हें अपेक्षा थी। वह अब लियाक़त की नेहरू से और अपने दूसरे मन्त्रियों की नेहरू के मन्त्रिमंडल के मन्त्रियों से तुलना करने लगे थे। ये ज़ाहिर है कि न तो लियाक़त नेहरू थे और न ही दूसरे मन्त्री नेहरू मन्त्रिमंडल के सदस्यों के सामने अपनी योग्यता, निष्ठा और प्रतिबद्धता में कहीं ठहरते थे। कहाँ लम्बे जनसंघर्ष, गांधीवादी संस्कारों और आदर्शों की आँच में तपे अधिकतर अपरिग्रही कांग्रेसी नेता और कहाँ सुविधाभोगी सामन्ती विलासिता में पले लीग के अधिकांश नेता। गांधी के सादगी के संस्कार को पाखंड कहकर अब टालना सम्भव नहीं था। अतः जिन्ना का निराश और हताश होना स्वाभाविक था। हताशा के साथ तेज़ी से गिरता उनका स्वास्थ्य उन्हें निहायत चिड़चिड़ा बना रहा था। बात-बात पर वह नाराज़ होने लगे थे। अपने मन्त्रियों की योग्यता और क्षमता पर वह अक्सर टिप्पणी कर देते थे। एक बार नवाब बहावलपुर द्वारा दिए गए रात्रिभोज में उन्होंने लियाक़त को निहायत आमियाने क़िस्म का शख़्स (मेडियाकर) सबके सामने कह दिया था। यह पता लगने पर लियाक़त बहुत विचलित हुए थे। उन्होंने जिन्ना से मिलकर अपना इस्तीफ़ा देने की पेशकश की थी। ममदोत के नवाब को पंजाब के मुख्यमन्त्री के रूप में उन्होंने निकम्मा घोषित कर दिया था। लियाक़त के साथ उनके सम्बन्ध लगातार तनावपूर्ण होते जा रहे थे। लियाक़त का पाकिस्तान में कोई जनाधार नहीं था। उत्तर प्रदेश, बिहार और दिल्ली से गए मुसलमान ख़ुद ही ख़स्ताहाल थे। उन पर उनका आश्रित होना असम्भव था। इसलिए वह जोड़-तोड़ और भीतरघात का सहारा लेने लगे थे। ऐसे निहितस्वार्थ तत्त्वों की भी कमी नहीं थी, जो उनके और जिन्ना के बीच खाई पैदा करने की लगातार कोशिश में लगे रहते थे। दोनों के बीच की खाई स्थानीय लीग के नवदीक्षित पर महत्त्वाकांक्षी नेताओं के लिए वरदान साबित हो रही थी।

इसी बीच 21 मार्च, 1948 को जिन्ना ने पहली बार विभाजन के बाद पूर्व

पाकिस्तान की राजधानी ढाका में क़दम रखा और वहाँ तीन लाख बँगला-भाषियों की सभा में अंग्रेज़ी में भाषण दिया। उर्दू पाकिस्तान में बमुश्किल लगभग छः प्रतिशत मोहाजिरों की भाषा रही होगी, जब कि बँगला वहाँ के सबसे बड़े वर्ग की भाषा थी। जिन्ना बँगला को राजभाषा बनाने की माँग पर विचार करने की बात तो दूर उसे उर्दू के साथ सह-राजभाषा बनाने की सम्भावना पर भी कुछ सुनने को तैयार नहीं थे। इस माँग के पीछे उन्हें पाकिस्तान के दुश्मनों यानी हिन्दुस्तान के हिन्दुओं के षड्यन्त्र की बू आती थी। जिन्ना निश्चय ही यह स्वप्न में भी नहीं सोच पाए होंगे कि उन्होंने अपने इस भाषण के ज़रिए संवेदनशील बँगला अस्मिता को कितना गहरा आघात पहुँचाया था। दरअसल, पाकिस्तान के जनक ने लगभग बाईस वर्ष बाद उसके बिखराव और उसके भग्नावशेष पर एक नए राष्ट्र बँगलादेश की आधारशिला अनजाने ही स्वयं रख दी थी।

जिन्ना का स्वास्थ्य बड़ी तेज़ी से गिरता जा रहा था। खाँसी के साथ उनके कफ में ख़ून की मात्रा बढ़ती जा रही थी। स्टेट बैंक ऑफ़ पाकिस्तान के उद्घाटन भाषण से लौटते ही 1 जुलाई, 1948 को वह जूते पहने अपने बिस्तर पर निढाल गिर पड़े थे। उनकी हालत देखकर अमेरिका में पाकिस्तान के नवनियुक्त राजदूत और उनके अनन्य प्रशंसक इस्पहानी रो पड़े थे। अपने यक्ष्माक्रान्त फेफड़ों के लिए स्वस्थ हवा की तलाश में वह फ़ातिमा जिन्ना के साथ छह जुलाई, 1948 को क्वेटा के पास एक छोटे किन्तु रमणीक और शान्त हिल स्टेशन ज़ियारत आ गए थे। वहाँ उनकी नाजुक हालत की ख़बर मिलते ही सेना के सुयोग्य डॉक्टर लेफ़्टिनेंट कर्नल इलाही बख़्श तुरन्त पहुँच गए थे। विस्तृत जाँच के बाद उन्होंने पाया कि जिन्ना के दोनों फेफड़े न केवल यक्ष्मा से, बल्कि कैंसर से भी बुरी तरह आक्रान्त थे। अपनी बीमारी को जिन्ना ने अपने बम्बई के डॉक्टर की मदद से एक अर्से से छिपा रखा था। उसे उन्होंने डॉ. इलाही बख़्श से भी छिपाने की कोशिश की थी। पर अब बहुत देर हो चुकी थी। इसी बीच लियाक़त जिन्ना को देखने ज़ियारत पहुँचे। दोनों के बीच दरार कितनी चौड़ी हो गई थी, इसका अन्दाज़ा जिन्ना की उस प्रतिक्रिया से लगता है, जो उन्होंने लियाक़त के आगमन पर फ़ातिमा जिन्ना को सम्बोधित कर व्यक्त की थी। उन्होंने काँपती आवाज़ में कहा था, "फ़ाती, जानती हो यह शख़्स यहाँ क्यों आया है ? वह यह जानना चाहता है कि मैं कितना बीमार हूँ और कब तक चल पाऊँगा।" यह एक दिलचस्प विडम्बना है कि उधर डॉ. इलाही बख़्श जिन्ना की सेहत को लेकर लियाक़त के छद्म सरोकार से गहरे प्रभावित थे। जिन्ना की भूख लगभग ख़त्म हो गई थी। आमतौर से वह अब चाय और कॉफी की चन्द प्यालियों पर ही निर्भर थे। अन्तिम दिनों में ख़ास फ़रमाइश पर उन्हें उनका प्रिय भोजन हलुआ और पूड़ी खिलाया गया था। 14 अगस्त, 1948 को पाकिस्तान के जन्म और स्वतन्त्रता की पहली वर्षगाँठ थी। जिन्ना के नाम से पाकिस्तान के अवाम को जो सन्देश दिया गया था, उसे भी लेकर राजनीति खेली गई। वहाँ के वित्तमन्त्री गुलाम मोहम्मद जब जिन्ना को देखने ज़ियारत आए तो दोपहर के भोजन पर उन्होंने फ़ातिमा जिन्ना को बताया

कि बतौर गवर्नर जनरल जिन्ना के सन्देश पर अपने सन्देश को तरजीह देते हुए लियाक़त ने प्रधानमन्त्री की हैसियत से अपना सन्देश पाकिस्तान के शहरों और क़स्बों में प्रचार के लिए जगह-जगह चिपकवा दिया था। फ़ातिमा जिन्ना का मन लियाक़त समेत इन नेताओं की ओछी हरकतों के कारण गहरी वितृष्णा से भर गया था।

जिन्ना की हालत दिन-ब-दिन बिगड़ती जा रही थी। अतः 11 सितम्बर, 1948 को उन्हें ज़ियारत से क्वेटा और वहाँ से कराची के निकट एयरफ़ोर्स के मौरीपुर हवाई अड्डे तक एयरफ़ोर्स के ही विमान से लाया गया। उनके साथ यात्रा में कराची के सुप्रसिद्ध डॉक्टर एम.ए. मिस्त्री, क्वेटा के मिलिटरी अस्पताल की अनुभवी नर्स सिस्टर डनहम, कर्नल (डॉ.) इलाही बख़्श और फ़ातिमा जिन्ना थीं। हवाई अड्डे से जिन्ना को सेना की एक एम्बुलैंस में लिटाकर गवर्नर जनरल निवास के लिए रवाना किया गया। ज्ञातव्य है कि जब उन्हें लेकर एयर फ़ोर्स का विमान मौरीपुर उतरा था तो अपने नवजात राष्ट्र के जनक की मिज़ाजपुर्सी के लिए या औपचारिक शिष्टाचारवश ही सही, उनके स्वागत हेतु न तो प्रधानमन्त्री लियाक़त और न ही उनके मन्त्रिमंडल का कोई सदस्य वहाँ उपस्थित था। चार-पाँच मील की यात्रा के बाद ही एम्बुलैंस ख़राब हो गई। पहले तो बताया गया कि पेट्रोल ख़त्म हो गया है, फिर पता चला कि इंजन में ख़राबी थी, जिसका वहाँ ठीक होना सम्भव नहीं था। गवर्नर जनरल की लिमोज़िन कार के पास एम्बुलैंस खड़ी हो गई। सड़क के दोनों ओर अपने सपनों की धरती पर लुट-पिटकर पहुँचे शरणार्थियों की झोंपड़ियाँ थीं। वहाँ बिखरी गन्दगी से उड़कर मक्खियों का झुंड जिन्ना के चेहरे पर भिनभिना रहा था। फ़ातिमा और सिस्टर डनहम हाथ के पंखे से उन्हें उड़ाने की नाकामयाब कोशिशें कर रही थीं। घंटों बाद कराची के पारसी अस्पताल की एम्बुलैंस उन्हें लेने के लिए पहुँची। रोग-जर्जर और अत्यन्त शारीरिक क्षीणता के बावजूद उन्होंने एम्बुलैंस से अपने शयनकक्ष में स्ट्रेचर पर जाने की जगह स्वयं चलकर जाने के लिए उठने की कोशिश की, पर कामयाब नहीं रहे। शाम के गहराते अँधेरे के साथ ही उनकी हालत नाजुक से नाजुकतर होती चली गई। पास बैठी फ़ातिमा जिन्ना बुदबुदा रही थीं—"काश उनके अपने शरीर का पूरा रक्त भाई के शरीर में पम्प किया जा सकता ! काश, उनकी बची उम्र अल्लाह उनके भाई को दे सकता तो वह उस नवजात राष्ट्र की कितनी बड़ी सेवा होती !" प्राणशक्ति लगभग पूरी निचुड़ जाने पर भी इस कृशकाय पर अप्रतिहत योद्धा की चेतना एक हद तक बनी हुई थी। 11 सितम्बर, 1948 की रात लगभग दस बजे फ़ातिमा जिन्ना के अनुसार अत्यन्त क्षीण स्वर में उनके मुँह से निकला था, 'फ़ाती, ख़ुदा हाफ़िज...ला इलाहा इल्लल्लाह मोहम्मदुर्रसूलुल्लाह' और दस बजकर बीस मिनट पर उनके प्राण-पखेरू उड़ गए थे। उनका सर हलका-सा दाईं तरफ़ झुक गया था और आँखें चिरनिद्रा में बन्द हो गई थीं।

कराची की जिस धरती पर भारतीय उपमहाद्वीप के इस नियति पुरुष ने पहली साँस ली थी, वहीं उसने अपनी अन्तिम साँस भी ली। "पहुँची वहाँ पे ख़ाक जहाँ का ख़मीर था।"

अपने जीवन का लगभग अन्तिम एक दशक छोड़कर जिन्ना की छवि एक प्रखर धर्मनिरपेक्ष राष्ट्रवादी की ही रही। अपने अभीष्ट राजनीतिक उद्‌देश्य की प्राप्ति के लिए उनका एक साम्प्रदायिक नेता में अवसान बीसवीं सदी के भारतीय उपमहाद्वीप के इतिहास की एक दारुण त्रासदी है। पाकिस्तान मिलते ही उनकी मूल धर्मनिरपेक्ष प्रकृति एक बार मानो फिर भास्वर हो उठी थी। यदि नियति ने उन्हें जीवन के कुछ और वर्ष दिए होते तो शायद पाकिस्तान उस दिशा में प्रवृत्त न हुआ होता, जिधर जाने को वह अभिशप्त हुआ। पर ये इतिहास के 'यदि' और 'परन्तु' हैं, जिनसे भावी पीढ़ियाँ युगानुयुग जूझती रहेंगी।

इतिहासकारों का एक वर्ग यह मानता है कि जिन्ना की पाकिस्तान की माँग के पीछे मूल उद्‌देश्य था हिन्दू-बहुल भारतीय उपमहाद्वीप में मुसलमानों के लिए अधिक से अधिक संवैधानिक और राजनीतिक विशेषाधिकार हासिल करना, ताकि आगे चलकर यहाँ के सभी नागरिकों को वयस्क मताधिकार मिलने पर अल्पसंख्यक होने के कारण मुसलमानों के हित पूरी तरह सुरक्षित रहें। आयशा जलाल को सन् 1980 में दिए गए अपने साक्षात्कार में पंजाब मुस्लिम लीग के दो वरिष्ठ नेता, मियाँ मुमताज़ दौलताना और शौकत हयात ख़ाँ ने साफ़ कहा था कि जिन्ना की दिलचस्पी हिन्दुस्तान के टुकड़े कर पाकिस्तान हासिल करने में नहीं थी। कई वर्ष पंजाब की संयुक्त सरकार के प्रधानमन्त्री रहे यूनियनिस्ट पार्टी के नेता सिकन्दर हयात ख़ाँ का भी यह मानना था कि पाकिस्तान की माँग को लेकर जो ऊँचे बोल लीग बोल रही थी, वह दरअसल मुसलमानों के लिए अधिक से अधिक राजनीतिक और संवैधानिक विशेषाधिकार के लिए मोलभाव करने के उद्‌देश्य से ही था। डॉ. इक़बाल भी हिन्दुस्तान के अन्दर ही एक मुस्लिम हिन्दुस्तान चाहते थे। जिन्ना समेत मुस्लिम-बहुल प्रांतों के कई नेताओं के मन में पाकिस्तान का वह रूप नहीं था, जो अन्ततः उसने अख़्तियार कर लिया। कैसी विडम्बना है कि महात्मा गांधी अपना शेष जीवन पाकिस्तान में और क़ायदे आज़म जिन्ना अपने जीवन की सन्ध्या बम्बई के माउंट प्लीजेंट रोड स्थित अपने प्यारे बँगले में बिताना चाहते थे। सन् 1946 के अन्त में जब पाकिस्तान का बनना लगभग तय हो गया था, जिन्ना कुल्लू घाटी में व्यास नदी के किनारे शान्त और रमणीक क़स्बे कटराइन में 'दि रिट्रीट' नामक एक सुन्दर बँगला ख़रीदने के लिए बातचीत चला रहे थे। पाकिस्तान का जो नक़्शा उस समय रूपाकार ग्रहण कर रहा था, उसकी सीमा में निश्चय ही कुल्लू घाटी को किसी हालत में नहीं आना था।

पाकिस्तान में हिन्दुस्तान के पहले उच्चायुक्त और बाद में बम्बई के राज्यपाल

श्रीप्रकाशजी ने जिन्ना तथा तत्कालीन पाकिस्तान के बड़े ही आत्मीय और रोचक संस्मरण लिखे हैं। उसमें उन्होंने लिखा है कि विभाजन के बाद जिन्ना के प्रति सद्भावना और सौजन्य के संकेत स्वरूप भारत सरकार ने उनका बम्बई के माउंट प्लीजेंट रोड पर स्थित बँगला अधिग्रहीत नहीं किया था। इसे लेकर संसद (तत्कालीन संविधान-सभा) के अन्दर और बाहर प्रधानमन्त्री पं. नेहरू से बड़े अटपटे सवाल पूछे जाते थे। अन्ततः विवश होकर पं. नेहरू ने श्रीप्रकाश जी से टेलीफ़ोन पर कहा था कि जिन्ना के उक्त बँगले को लेकर उनकी सरकार की स्थिति बड़ी संकोचजनक होती जा रही है। बहुत सम्भव है, जल्द ही उसे अधिग्रहीत करना पड़े, इसलिए वह (श्रीप्रकाश) जिन्ना से मिलकर उनकी इस बारे में ख़्वाहिश का पता कर लें और यह भी जानकारी हासिल कर लें कि वह (जिन्ना) उस बँगले का कितना किराया चाहेंगे। इसका ज़िक्र जब श्रीप्रकाशजी ने जिन्ना से किया तो वह एकाएक अवाक् रह गए थे। फिर थोड़ा सँभलते हुए उन्होंने लगभग कातर स्वर में कहा था ''श्रीप्रकाश, जवाहरलाल से कहो, वह मेरा दिल न तोड़ें। शायद तुम नहीं जानते हो कि बम्बई को मैं कितना प्यार करता हूँ। अभी भी मेरी मंशा बम्बई लौटकर उस बँगले में रहने की है।'' श्रीप्रकाशजी के जिन्ना के साथ सम्बन्ध औपचारिक नहीं थे। वह जिन्ना के अन्तर्गत वकालत का प्रशिक्षण ले चुके थे और उनके स्नेह-भाजन थे। जिन्ना के कहने पर ही नेहरूजी ने उन्हें पाकिस्तान में भारत का पहला उच्चायुक्त नियुक्त किया था। विस्मित और अन्दर ही अन्दर आर्द्र श्रीप्रकाशजी ने उनसे प्रतिप्रश्न किया था, ''सच, जिन्ना साहब तो क्या मैं ऐसा ही नेहरूजी को बता दूँ ?'' इसका जवाब जिन्ना ने 'हाँ' में देते हुए कहा था कि 'ये तुम जवाहरलाल से बेशक कह सकते हो।' जिन्ना के मन में कहीं गहरे विभाजन को लेकर विकट अन्तर्द्वन्द्व चल रहा था। चाहे-अनचाहे पाकिस्तान जो शक्ल अख़्तियार करने लगा था, वह उनकी गम्भीर चिन्ता का सबब बनता जा रहा था। जिन्ना के अन्तिम दिनों के संस्मरण में ले. कर्नल डॉ. इलाही बख़्श ने साफ़ लिखा है कि उन्होंने (जिन्ना ने) गहरी उदासी के आलम में उनसे (बख़्श से) कहा था कि ''डॉक्टर, पाकिस्तान मेरी ज़िन्दगी की सबसे बड़ी भूल है।''

जीवन के अन्तिम दिनों में उनकी मनोदशा की प्रतिच्छाया शायद 'फ़िराक़' के इस शेर में मिल सके—

''फ़िज़ा तबस्सुमे सुबहे बहार थी लेकिन
पहुँच के मंज़िले जाना पे आँख भर आई।''

(वातावरण वसन्त की भोर की मुस्कान था, पर प्रिय के लक्ष्य तक पहुँच कर आँखें भर आईं।)

खंड : दो

जिन्ना की कामना का नील कुसुम–रत्ती जिन्ना

रत्ती की गहन संवेदनशीलता, तीक्ष्ण मेधा, व्यक्तित्व का अप्रतिम सम्मोहन, समस्त प्राणी जगत के लिए करुणाविगलित हृदय, गहरे राजनीतिक-सामाजिक सरोकार और धार्मिक बाह्याडम्बर के प्रति वितृष्णा जैसे गुण उन्हें अपने समय का एक अत्यन्त विशिष्ट व्यक्तित्व सिद्ध करते हैं। उनके और कानजी के बीच निष्कलुष गहन और आत्मीय मैत्री सम्बन्ध का दूसरा उदाहरण हमारे ज्ञात इतिहास में दुर्लभ है। तुलना की खोज में मन ऐसी स्थिति में महाकाव्यों और पुराणों के मिथकीय पात्रों के अरण्य में भटकने लगता है। महाभारत में कृष्ण और द्रौपदी के बीच जो अकारण निर्मल सख्यभाव मिलता है, कानजी और रत्ती के मैत्री सम्बन्ध उसकी याद दिलाते हैं। रत्ती के छोटे से जीवन में बीसवीं सदी के प्रारम्भ में भारत के उगते हुए नारीत्व की दीप्त छवि मिलती है। प्रेमविद्ध उनका विद्रोही, निर्भीक, वर्जनामुक्त और संवेदनशील व्यक्तित्व जीवन-यातना के अपने अंश और दंश के साथ लगभग एक सदी बाद आज भी आधुनिकता की किसी भी कसौटी पर खरा उतरता है।

1

रतनबाई जिन्ना

ठाणे से हमारे मित्र अमीर जालिया का सुबह-सुबह फ़ोन। ''सर बेगम जिन्ना के मज़ार का पता चल गया है। मैं आज आपकी तरफ़ आ रहा हूँ। क्या आप उधर चलना चाहेंगे ?'' आज शनिवार है। छुट्टी का दिन। मेरी निगाह पास टँगे कैलेंडर पर जाती है। 20 फ़रवरी, 2000। मैं थोड़ा उत्तेजित-सा हो उठता हूँ। कैसा संयोग है। आज के ही दिन ठीक सौ साल पहले रत्ती जिन्ना (रतनबाई पेटिट) का जन्म हुआ था और विधि का विधान ! आज के ही दिन ठीक 71 वर्ष पूर्व अपनी उन्तीसवीं वर्षगाँठ पर पति और पिता दोनों से अलग समुद्र के किनारे गेट वे ऑफ़ इंडिया के पास स्थित ताजमहल होटल के एक सूट में एक लम्बी बीमारी से जूझते हुए उन्होंने इस संसार को 'अलविदा' कह दिया था। हिन्दुस्तान की आज़ादी की लड़ाई के दौरान अभी-अभी बीती बीसवीं सदी का घटना-बहुल दूसरा दशक स्मृति में कौंध जाता है। उद्दाम राष्ट्रीयता से स्पन्दित और गहरे राजनीतिक-सामाजिक सरोकारों से आन्दोलित बीसवीं सदी के दूसरे दशक का बम्बई महानगर किसी पुरानी फ़िल्म के अविस्मरणीय दृश्य सा सामने जीवन्त हो उठता है। आज़ादी के सपनों से धकड़ते आन्दोलनों की गहमागहमी के बीच इसी बम्बई में सद्यः अस्तंगत बीसवीं सदी के दूसरे दशक के उत्तरार्ध में एक अद्भुत प्रेम-प्रसंग प्रस्फुटित हो परवान चढ़ा था। और तीसरे दशक के अन्त में उसका त्रासद उपसंहार। नाटक की शब्दावली में कहें तो इस गहन प्रेम-प्रसंग के नायक थे उस समय के सुप्रसिद्ध वकील और प्रबल राष्ट्रवादी नेता प्रौढ़ मोहम्मद अली जिन्ना और नायिका थीं राष्ट्रीयता की उद्दाम भावना में आपादमस्तक डूबी बम्बई के पारसी समाज के अतिसमृद्ध पेटिट परिवार की किशोरी बेटी अनिन्द्य सुन्दरी रतनबाई पेटिट। प्यार से 'रत्तीबाई' कहकर पुकारी जानेवाली इस किशोरी को सरोजिनी नायडू ने 'बम्बई का पुष्प' और 'जिन्ना की कामना का नील कुसुम' कहा था। कुछ क्षण मैं कहीं खो गया था। मैंने अमीर भाई से जितनी जल्दी सम्भव हो आने का आग्रह कर फ़ोन रख दिया था।

अमीर भाई लगभग सवा दस बजे पहुँच गए थे। दरवाज़े की घंटी बजते ही बिना किसी औपचारिकता के तुरन्त बाहर निकल लिफ्ट से हम दोनों नीचे उतर गए थे। भूलाभाई देसाई मार्ग स्थित अपने आवास से लगभग तीस मिनट की ड्राइव के बाद हम आरामबाग़ स्थित शिया मत के खोजा सम्प्रदाय की एक उपशाखा इस्ना अशरी समाज

के क़ब्रिस्तान के मुख्यद्वार पर खड़े थे। आरामबाग़ डॉ. मस्करहन्स रोड पर सीताफल वाड़ी के सामने मझगाँव इलाक़े में स्थित है। कुछ ही क्षणों में हम चहारदीवारी से घिरे स्थल के मुख्यद्वार से अन्दर प्रवेश कर गए थे।

अन्दर काफ़ी साफ़-सुथरा और आश्चर्यजनक रूप से हरा-भरा था। श्मशान और क़ब्रिस्तान के साथ जुड़ी मनहूसियत वहाँ छू तक नहीं गई थी। बीच का रास्ता क़ब्रिस्तान को दो हिस्सों में बाँटता था। दोनों तरफ़ बादाम, शरीफ़े, नारियल, अनन्नास, पपीते, केले, आम और जामुन के पेड़ लगे थे। मेहँदी, टाकला और फाम ट्री भी दिखाई दे रहे थे। क़रीने से बनी क्यारियों में दोनों ओर जसवन्ती, चमेली, मोगरे और जूही के फूलों के साथ कुछ विलायती फूल भी हवा में मस्ती से झूम रहे थे। वृक्षों और पौधों की पत्तियों पर ज़रा भी धूल नहीं थी। उनकी ताज़गी सुखद लग रही थी। सड़क से दूर होने के कारण पूरा वातावरण प्रदूषणमुक्त था। वृक्ष हवा की ताल पर आन्दोलित अपनी टहनियों और पत्तियों सहित प्रफुल्लित प्रतीत हो रहे थे। आगे माली क्यारियों में पानी देते हुए पेड़ों और पौधों को पाइप से धोता जा रहा था। रबर के पाइप के मुँह पर अँगुली रखे रहने से जल का प्रवाह फुहारे की तरह काफ़ी ऊँचाई तक जा रहा था। अमीर भाई ने माली से पूछा था, ''यहाँ जिन्ना साहब की बेगम का मज़ार कहाँ पर है ?'' उसने पहले इशारे से बताया, पर हमारे चेहरे पर ठीक से न समझ पाने का भाव देखकर वह साथ हो लिया था। कुछ ही क्षणों में हम मज़ार के सामने थे। उस पर धूल की मोटी पर्त चढ़ी थी। अमीर भाई के आग्रह पर माली ने उसे धो दिया था। जिस समय माली धुलाई कर रहा था, अमीर भाई फुर्ती से बाहर जाकर ढेर सारे फूल और एक पुष्प-चक्र ले आए थे। आज से ठीक सौ साल पहले जड़ता के गुरुत्वाकर्षण को वेधकर निकली नवजात कली, जिसने अपने कमनीय-तेजस्वी व्यक्तित्व की भीनी-भीनी सुगन्ध बम्बई के अनुपम पुष्प के रूप में यहाँ के राष्ट्रीयता से गहरे स्पन्दित वातावरण में बिखेरी थी, उसकी समाधि पर पुष्पार्पण करते रोमांच का अनुभव हो रहा था। समाधि धुल जाने से खिल-सी उठी थी। उसके आसपास सरसों, जसवन्ती, चमेली, मोगरे और जूही के ढेर सारे फूल खिले थे। चम्पकवर्णी स्त्री की समाधि के सान्निध्य में सारे फूल मुदित-आनन्दित लग रहे थे। पास ही मेहँदी, गुलमोहर, जामुन, नारियल, आम और केले के पत्ते धीरे-धीरे अपने रस-छन्द में डोल रहे थे। प्रकृति उत्सवमग्न-सी प्रतीत हो रही थी। मनुष्य न सही, पर धरती अपनी गोद में चिरनिद्रामग्न उस अनमोल रतन की सौवीं वर्षगाँठ पूरे उत्साह से मनाती लग रही थी। 'ग़ालिब' का एक प्यारा-सा शेर स्मरण हो आया था :

''सब कहाँ, कुछ लाला-ओ-गुल में नुमायाँ हो गईं
ख़ाक में क्या सूरतें होंगी, कि पिन्हाँ हो गईं।''

(''सब कहाँ, उस सौन्दर्य का कुछ अंश ही लाला और गुलाब के फूलों के माध्यम से व्यक्त हो पाया है। मिट्टी के भीतर क्या वह रूप-राशि होगी, जो उसमें समाहित हो चुकी है ?'')

वर्षों की लगातार उपेक्षा और एक लम्बे अर्से से पॉलिश न किए जाने के कारण समाधि के क़ीमती इटालियन संगमरमर का रंग पीला पड़ गया था। निर्माण के समय समाधि-स्थल की सुरक्षा के लिए चेन की भी व्यवस्था थी। पर अब उसके निशान ही बचे थे। लगता है, जैसे-जैसे क़ब्रिस्तान में जगह की कमी पड़ती गई, चेन द्वारा घिरी जगह का उपयोग भी ज़रूरी समझा जाने लगा। अब लगभग समाधि से लगे चारों ओर कई मज़ार बन गए हैं। मज़ार पर फूल चढ़ाकर हम दोनों कुछ देर तक शान्त खड़े रहे। अमीर भाई ने कुछ देर तक अरबी में बुदबुदाते हुए प्रार्थना भी की। मज़ार पर सामने अंग्रेज़ी में और पीछे गुजराती में रतनबाई मुहम्मद अली जिन्ना—जन्म 20 फ़रवरी, 1900 और मृत्यु 20 फ़रवरी, 1929 की इबारत दर्ज थी। जानकार लोगों ने बताया था कि मज़ार की रूपरेखा जिन्ना और रत्ती के पिता ने मिलकर तय की थी। मेरी थोड़ी सी रुचि समाधि के स्थापत्य में भी थी। वह एक छोटी सी निहायत सुन्दर, सादगी भरी कलात्मकता लिए आकर्षक निर्मिति थी। रत्ती के देहावसान के साल-भर बाद क़ब्र की मिट्टी अच्छी तरह जम जाने पर उसका निर्माण शुरू किया गया था। सन् 1930 में जिन्ना प्रथम गोलमेज़ सम्मेलन में भाग लेने के लिए रवाना होने के पूर्व उसके नक़्शे और निर्माण की योजना को अन्तिम रूप देने की पूरी ज़िम्मेदारी अपने ससुर सर दिनशा पेटिट के सुपुर्द कर गए थे। समाधि संगमरमर के छः स्तम्भों पर टिकी थी। स्तम्भों का स्थापत्य दज़ला नदी के किनारे स्थित टेसीफॉन के यज़्दगर्द भवन के अवशिष्ट स्तम्भों की संरचना से प्रेरित था। कहते हैं, सातवीं सदी के उत्तरार्ध में इस्लाम स्वीकार करने के दबाव से बचने और अपने अग्निपूजक, महात्मा ज़रथुस्त्र द्वारा प्रवर्तित, प्राचीन धर्म की रक्षा के लिए कई पारसी परिवारों के साथ पेटिट परिवार भी गुजरात में नवसारी दज़ला और फ़रात के दोआबे से ही पहुँचा था।

समाधि पर फूल चढ़ाने और उसके सामने कुछ क्षण शान्त मौन खड़े रहने के बाद मैंने माली से पूछा था, 'क्या यहाँ कभी कोई आता है ?' माली ने 'न' के साथ सर हिलाते हुए कहा था कि एक अर्से से किसी के आने की बात उसके ध्यान में नहीं आती। बॉम्बे डाईंग समूह के मालिक सुप्रसिद्ध उद्योगपति नुसली वाडिया जिन्ना दम्पति के दौहित्र (नाती) हैं, उनकी एकमात्र सन्तान दीना के बेटे। क्या उन्हें या उनके किसी परिवार-जन को रत्ती की जन्मतिथि और आज उनकी सौवीं वर्षगाँठ का पता होगा ? क्या पेटिट परिवार में, जिसकी वह कन्या-रत्न थीं, कोई ऐसा होगा जिसकी स्मृति में रत्ती का नाम टँका रह गया हो ? त्वरा-आविष्ट निरन्तर स्मृति-विहीनता के गर्त में धँसते जा रहे समाज से क्या अब ऐसे प्रश्नों के उत्तर की अपेक्षा दिमाग़ी दिवालिएपन का द्योतक नहीं है ! मन का अवसाद गहराता जा रहा था।

नज़दीक ही कान्दिवली से आए एक वृद्ध सज्जन अपने किसी प्रिय जन की मज़ार पर फ़ातिहा पढ़कर हाथ बाँधे शान्त चित्त खड़े थे। वह हमारी तरफ़ मैत्रीपूर्ण मुस्कान के साथ मुख़ातिब हुए, 'मैं पहली बार आप लोगों को यहाँ देख रहा हूँ,' उन्होंने धीरे से कहा था। मैंने 'जी' के साथ हामी भरी। इस बार मैंने सवाल किया—'क्या जनाब

अक्सर यहाँ तशरीफ़ ले आते हैं ?' 'हाँ तक़रीबन हर महीने।' उनका संक्षिप्त सा उत्तर था। मैंने उनसे भी जिज्ञासा ज़ाहिर की, 'क्या आपने कभी इस मज़ार पर भी किसी को आते देखा है ?' मैंने रत्ती के मज़ार की ओर इशारा करते हुए पूछा। बहुत सालों से उन्होंने भी किसी को वहाँ आते नहीं देखा था। उन्हें पता था कि वो क़ायदे आज़म जिन्ना साहब की बेगम का मज़ार था। वह थोड़ा खुले। उन्होंने बताया कि उनके चचेरे मामा हुसैन सब्ज़ियाली बम्बई मुस्लिम लीग के सदर सर हुसैन करीम भाई के सन्दर्भ से बताते थे कि क़ायदे आज़म पाकिस्तान जाने के पहले जब भी बम्बई में होते थे, हर बृहस्पतिवार को यहाँ आते थे। कुछ लोग तो उनके पीछे मज़ाक़ में यहाँ तक कहने लगे थे कि "क़ायद रतनबाई से मरने के बाद कुछ ज़्यादा ही मोहब्बत करने लगे हैं।" जीवन के अन्तिम वर्षों में रत्ती के साथ जिन्ना के सम्बन्ध सामान्य नहीं रह गए थे। अतः दोनों अलग रहने लगे थे। इतनी जानकारी तो मुझे भी थी। लेकिन हर बृहस्पतिवार जिन्ना के रतनबाई के मज़ार पर फ़ातिहा पढ़ने के लिए आने की बात मेरी जानकारी में एक सर्वथा नया इज़ाफ़ा था। अमीर भाई ने मेरे फ़्लैट के नीचे मुझे छोड़ते हुए कहा था, "सर आप काफ़ी सेंटीमेंटल हो गए हैं।" ख़ैर...।

2

बीसवीं सदी के पहले तीन दशकों के दौरान बम्बई भारतीय स्वतन्त्रता-आन्दोलन के स्नायु-तन्त्र का धड़कता हुआ केन्द्र था। यहाँ के स्वातन्त्र्य-आन्दोलन के बृहदारण्य से रत्ती के अल्पकालिक जीवन के सूत्रों का सन्धान एक जटिल, पर प्रीतिकर इतिहास-यात्रा है। महात्मा ज़रथुस्त्र के अग्निपूजक अनुयायियों के कई परिवार इस्लाम स्वीकार करने के दबाव से बचने और अपने मूल धर्म की रक्षा के लिए सन् 716 ईस्वी के आसपास हिन्दुस्तान आकर पहले दीव में और लगभग एक-दो दशक बाद वर्तमान गुजरात के संजान नामक स्थान पर बस गए थे। उनमें से अधिकांश तत्कालीन ईरान के सारी नामक नगर से आए थे। अतः अपने मूल स्थान की स्मृति में उन्होंने अपनी एक नई बस्ती का नाम नौसारी (नव सारी अर्थात नया सारी) रख दिया था। रत्ती के पिता सर दिनशा पेटिट के पूर्वज कालान्तर में नव सारी से सूरत पहुँचे थे। परिवार के साथ जुड़े पेटिट नाम के पीछे एक दिलचस्प कहानी है। सर दिनशा पेटिट के प्रपितामह 1785 में एक फ्रांसीसी व्यवसायी प्रतिष्ठान के क्लर्क और दुभाषिए के रूप में सूरत से बम्बई आ गए थे। उनका क़द अपेक्षाकृत छोटा था और वह काफ़ी दुबले-पतले थे। इसलिए प्रतिष्ठान में वह फ्रांसीसी भाषा में 'लॉ पेटिट पारसी' कहकर पुकारे जाने लगे थे। लॉ पेटिट पारसी का अर्थ है छोटा पारसी। यह एक दिलचस्प संयोग है कि जिन्ना और पेटिट दोनों का अर्थ गुजराती और फ्रांसीसी भाषा में छोटा या नन्हा ही होता है। थोड़े से ही समय में पेटिट की दूरदर्शिता और उद्यमशीलता के फलस्वरूप वस्त्र-उद्योग के क्षेत्र में परिवार ने अत्यन्त महत्त्वपूर्ण और सम्मानित स्थान प्राप्त कर लिया था। उनके

पौत्र सर दिनशा मानकजी पेटिट को अंग्रेज़ सरकार ने बैरन का दर्जा देकर 'सर' की उपाधि प्रदान की थी। यह दर्जा और उपाधि वंशानुगत थी। प्रथम सर पेटिट ने बम्बई की पहली कामयाब कपड़ा मिल ताड़देव में मानकजी मिल्स के नाम से शुरू की थी। वह बम्बई के समृद्धतम व्यक्तियों में से थे। बम्बई की राजनीतिक, सामाजिक और सांस्कृतिक संस्थाओं को वह उदारतापूर्वक आर्थिक सहयोग देते रहते थे। दिसम्बर, 1884 में बम्बई में इंडियन नेशनल कांग्रेस (भारतीय राष्ट्रीय कांग्रेस) की स्थापना के पूर्व यहाँ दादाभाई फ्रामजी और दिनशा पेटिट द्वारा स्थापित बॉम्बे एसोशिएशन नाम की एक संस्था होती थी। इसके राजनीतिक उद्‌देश्य से मतभेद होने के फलस्वरूप बदरुद्‌दीन तैय्यबजी, के.टी. तैलंग, दादाभाई नौरोज़ी और सर फ़िरोज़शाह मेहता ने सन 1885 के प्रारम्भ में बॉम्बे प्रेसीडेंसी एसोशिएशन नाम से एक नई संस्था का गठन किया था। इस नई संस्था से जुड़े सभी लोग वर्षान्त में स्थापित भारतीय राष्ट्रीय कांग्रेस के सदस्य बन गए थे। सर दिनशा पेटिट के आर्थिक सहयोग का महत्त्व इसी से समझा जा सकता है कि उनकी संस्था से अलग नई संस्था के आर्थिक आधार की चिन्ता, दादाभाई नौरोज़ी ने सर दिनशा वाचा को 27 अप्रैल, 1888 को लिखे अपने एक पत्र में व्यक्त की थी।

हर दृष्टि से समृद्ध और प्रतिष्ठित इसी पेटिट परिवार में 20 फ़रवरी, 1900 को रतनबाई पेटिट का जन्म हुआ था। सर दिनशा पेटिट और लेडी दीना पेटिट की वह पहली सन्तान थीं। उनके जन्म के कुछ वर्ष बाद उनके छोटे भाई जमशेद पेटिट का जन्म हुआ था। पेटिट परिवार बम्बई के पेडर रोड पर स्थित माउंट पेटिट नाम से विख्यात विशाल बँगले में रहता था। परिवार के बँगले पूना, दार्जिलिंग तथा कई अन्य महत्त्वपूर्ण रमणीक स्थानों पर भी थे। रत्ती एक अत्यन्त मोहक और कुशाग्र-बुद्धि बच्ची थीं। शुरू से ही वह अपनी उम्र से कहीं अधिक मेधावी थीं। कला और साहित्य में उनकी गहरी रुचि के संकेत बचपन से ही मिलने लगे थे। शेक्सपीयर और अंग्रेज़ी के रोमांटिक कवियों के साथ आस्कर वाइल्ड उनके प्रिय रचनाकार थे। उनकी रचनाएँ दस-बारह साल की आयु से ही वह रस लेकर पढ़ने लगी थीं। तरुदत्त और सरोजिनी नायडू की कविताएँ भी उन्हें पसन्द थीं। साहित्य, ख़ासकर कविता में उनकी गहरी रुचि ने उन्हें किशोरावस्था में क़दम रखने के पहले ही अत्यन्त भावप्रवण बना दिया था। देश में स्वतन्त्रता की उद्‌दाम आकांक्षा के नवोन्मेष से भी वह अछूती नहीं थीं। परिवार में दादाभाई नौरोज़ी, फ़िरोज़शाह मेहता, मैडम भीकाजी रुस्तम कामा, बदरुद्‌दीन तैय्यबजी, गोपाल कृष्ण गोखले, महादेव गोविन्द रानाडे, सर दिनशा वाचा, श्रीमती एनी बेसेंट, सरोजिनी नायडू, मुहम्मद अली जिन्ना, अतिया फ़ैज़ी (कविवर इक़बाल की सुविख्यात मित्र और प्रेमिका) और मिस मानेकजी करसेत्जी जैसे महनीय व्यक्तियों का आना-जाना लगातार लगा रहता था। उनकी बातचीत और बहस-मुबाहिसे रत्ती के कानों में लगातार पड़ते रहते थे। उनकी सगी बुआ मिस मामा बाई पेटिट और चचेरी बुआ मिस मिठूबेन पेटिट की राष्ट्रीयता से उद्‌दीप्त राजनीतिक हलचलों में गहरी रुचि थी। उनके साथ वह अक्सर बम्बई की राजनीतिक सभाओं और बैठकों में जाती रहती थीं। सभा की प्रथम

पंक्ति में अपनी बुआ के साथ वह नेताओं के विवेकसंगत, भावपूर्ण भाषण सुनती-गुनती रहती थीं। रत्ती की औपचारिक शिक्षा कुछ ख़ास नहीं थी। पर कविता, नाटक, कला, संगीत तथा स्वतन्त्रता आन्दोलन से जुड़े साहित्य से गहरे सम्पर्क ने उनका मानसिक क्षितिज काफ़ी व्यापक बना दिया था। औपचारिक उदार शिक्षा की कमी उनके अपने स्वाध्याय ने पूरी कर दी थी। अंग्रेज़ी भाषा पर उनका अद्भुत अधिकार था। अपने अग्निपूजक धर्म से गहरे जुड़ाव के बावजूद बम्बई के समृद्ध पारसी समाज ने न केवल रहन-सहन, वेशभूषा, खानपान और भाषा-व्यवहार में बल्कि मानसिक बुनावट में भी पश्चिमी सभ्यता और उसके उदार धर्मनिरपेक्ष संस्कारों को भी विवेकसंगत रचनात्मकता के साथ आत्मसात् कर लिया था। सन् 1906 में बंगाल के विभाजन के फलस्वरूप बंग-भंग विरोधी आन्दोलन ने पूरे देश में एक नई जागृति पैदा कर दी थी। बम्बई के राजनेताओं और बुद्धिजीवियों का भी इससे गहरे उद्वेलित होना स्वाभाविक था। अन्दर पाश्चात्य सभ्यता से रँगे परिवार और बाहर राष्ट्रीयता की उद्दाम भावना से आलोड़ित इसी बम्बई में रत्ती की चेतना ने आँखें खोली थीं। अतः बाहर से आपाद-मस्तक पश्चिमी सभ्यता में रँगे होने के बावजूद उनका मनोजगत राष्ट्रीय भावना, धर्मनिरपेक्ष उदार जीवन-दृष्टि और कला-साहित्य के संवेदनशील तन्तुओं से रचा हुआ था। रत्ती को बाहर से तितली और अन्दर से मधुमक्खी कहना अनुचित नहीं होगा।

बीसवीं सदी के प्रारम्भिक दशकों में इस्माइली सम्प्रदाय के धर्मगुरु आग़ा ख़ाँ सर सुल्तान मुहम्मद थे। मुस्लिम लीग के गठन और उसकी प्रारम्भिक गतिविधियों में उनकी उल्लेखनीय भूमिका सर्वमान्य थी। उनकी माँ का नाम लेडी अलीशाह था। उन्हें सम्मानपूर्वक 'माता सलामत' कहा जाता था। वह ईरानी थीं और शिया सम्प्रदाय के अन्तर्गत इस्ना अशरी मत की अनुयायी थीं। उस समय ईरान और इराक़ के शिया समुदाय में हज़रत इमाम हुसैन की विश्वविख्यात शहादत की घटना की नाटकीय प्रस्तुति की परम्परा थी। माता सलामत हिन्दुस्तान में भी, ख़ासतौर से बम्बई और कराची में, उक्त परम्परा का अनुपालन करते हुए हज़रत इमाम हुसैन की हृदयद्रावक शहादत की घटना की नाटकीय प्रस्तुति का आयोजन मुहर्रम माह में करती थीं। उन्होंने सन् 1914-1915 में भी हसनाबाद में मुहर्रम के अवसर पर कर्बला में हज़रत इमाम हुसैन तथा उनके परम प्रिय सौतेले भाई मौला अब्बास की शहादत की मार्मिक घटना की नाटकीय प्रस्तुति का आयोजन किया था। इसमें विभिन्न धर्मों और सम्प्रदायों के प्रतिष्ठित दर्शक भी आमन्त्रित थे। बम्बई के तत्कालीन गवर्नर लॉर्ड विलिंगडन के साथ सर दिनशा पेटिट भी अपनी पत्नी लेडी दीना पेटिट और किशोरी बेटी रत्ती सहित विशिष्ट अतिथि के रूप में आयोजन में उपस्थित थे। प्रथम पंक्ति में गद्देदार सोफ़े पर माता-पिता के साथ बैठीं संवेदनशील रत्ती ने हज़रत इमाम हुसैन तथा उनके परमप्रिय सौतेले भाई मौला अब्बास के धर्म पर अपने को न्योछावर कर देने की प्रेरक, हृदय-विदारक घटनाओं की मार्मिक प्रस्तुति को बड़े ध्यान से देखा था। हज़रत इमाम हुसैन पैग़म्बर मुहम्मद साहब के दामाद हज़रत अली और बेटी हज़रत फ़ातिमा के

रतनबाई जिन्ना (रत्ती जिन्ना) (1900-1929)
देहान्त के कुछ समय पूर्व का चित्र

मुहम्मद अली जिन्ना (सन् 1927)

रतनबाई (रत्ती) जिन्ना (1900-1929)

मुहम्मद अली जिन्ना और फ़ातिमा जिन्ना

कानजी द्वारकादास (1892-1971)

लेडी अली शाह (आग़ा ख़ाँ द्वितीय अली शाह की पत्नी और आग़ा ख़ाँ तृतीय सुल्तान सर मुहम्मद शाह की माँ)

सरोजिनी नायडू (1879-1949)

फ़ातिमा जिन्ना (1893-1967)

कमला नेहरू (1899-1936)

श्रीमती एनी बेसेन्ट (1847-1933)

रवीन्द्रनाथ ठाकुर (1861-1941)

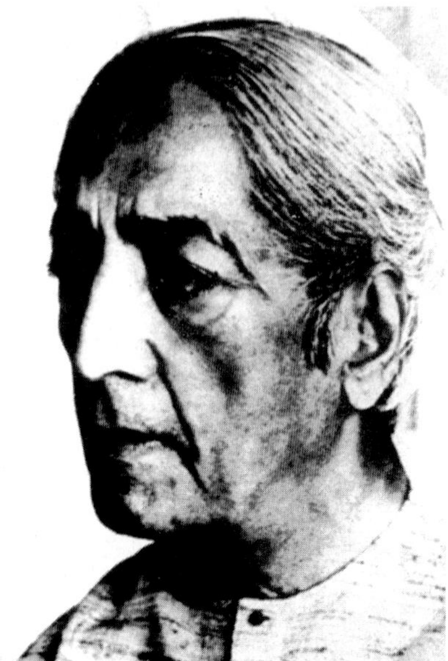

जे. कृष्णमूर्ति (1895-1986)

चार्ल्स जिनराज दास (1875-1953)

डोरोथी ग्राहम जिनराज दास (सी. जिनराज दास की पत्नी)

आरामबाग़ डॉ. मस्करहन्स रोड, मुम्बई स्थित इस्ना अशरी समाज के कब्रिस्तान में निर्मित रतनबाई (रत्ती) जिन्ना की मज़ार

धर्मप्राण पुत्र थे। मौला अब्बास हज़रत अली की दूसरी धर्म-पत्नी उम्मुल बनीन से उत्पन्न दूसरे धर्मप्राण पुत्र थे। हज़रत इमाम हुसैन और मौला अब्बास में राम-लक्ष्मण जैसा आदर्श भातृ-प्रेम था। मौला अब्बास कर्बला के युद्ध में हज़रत इमाम हुसैन के ध्वजवाहक (अलमबरदार) भी थे। कर्बला के युद्ध के दौरान यज़ीद के सैनिकों ने जब हज़रत इमाम हुसैन और उनके परिवारजनों को भूख-प्यास से तड़पा-तड़पाकर मार देने के लिए अन्न-जल के सभी साधनों से उन्हें वंचित कर दिया था तो उस समय उनकी चार वर्षीया पुत्री सकीना की प्यास से व्याकुलता मौला अब्बास से देखी नहीं गई थी। अतः वह यज़ीद के सैनिकों के सख़्त पहरेवाली नहर से किसी तरह पानी भरकर, मशक अपने कन्धे पर लादकर जैसे ही कुछ आगे बढ़े, यज़ीद के सैनिकों ने उनका मशकवाला बाज़ू काट दिया था। उन्होंने एक बाज़ू कटते ही मशक दूसरे कन्धे पर सँभाल लिया था। जब उनका दूसरा बाजू भी आततताइयों ने काट दिया तो उन्होंने मशक दाँत से पकड़ लिया था। इस तरह दृढ़प्रतिज्ञ मौला अब्बास सकीना की प्यास बुझाने को जैसे ही थोड़ा और आगे बढ़े, तीर से मशक और उनकी छाती छलनी कर दी गई थी। इस तरह वीरगति प्राप्त वह धर्म और मानवता की बेदी पर शहीद हो गए थे। रत्ती के संवेदनशील कोमल हृदय पर मौला अब्बास के इस महान आत्म-बलिदान का बड़ा गहरा प्रभाव पड़ा था। इस्लामी वर्ष के रजब मंहीने के सातवें दिन मौला अब्बास का जन्म-दिन पड़ता है। बताते हैं कि रत्ती इस दिन को एक अत्यन्त पवित्र दिन के रूप में मानती थीं। परदुःख-कातरता और करुणा का पहला पाठ सम्भवतः रत्ती ने मौला अब्बास के आत्मबलिदान की प्रेरक घटना से ही पढ़ा था।

3

सामाजिक, राजनीतिक और औद्योगिक क्षेत्र में बम्बई के अनेक दिग्गजों के बीच चालीस पार कर चुके जिन्ना का व्यक्तित्व एकाधिक कारणों से विशिष्ट था। सुरुचिपूर्ण पाश्चात्य जीवन-शैली, सुसंस्कृत व्यवहार, प्रखर राष्ट्रवाद, हिन्दू-मुस्लिम एकता का प्रबल समर्थन, वकालत के क्षेत्र में थोड़े से हीं समय में उनकी अप्रतिम सफलता तथा उनका छरहरा सुन्दर व्यक्तित्व उन्हें अपने समकालीनों से सर्वथा अलग पहचान प्रदान करता था। सर दिनशा पेटिट के यहाँ उनका आना-जाना लगा रहता था। वह रात में देर तक वहाँ रुकते थे। राजनीतिक चर्चा के साथ वह अक्सर रात का भोजन पेटिट परिवार के साथ ही करने के बाद घर लौटते थे। जीवन के सोलहवें बसन्त की दहलीज पार करती रत्ती के मन में धीरे-धीरे अपने पिता से लगभग तीन वर्ष छोटे इस सुदर्शन प्रौढ़ के प्रति कहीं-न-कहीं आकर्षण का एक नन्हा अंकुर फूटने लगा था। जिन्ना भी नन्ही-सी बच्ची से किशोरावस्था में क़दम रखती रत्ती के मनोरम व्यक्तित्व में हो रहे नित नए परिवर्तन को अब अनदेखा करने की स्थिति में नहीं रह गए थे। जिन्ना के व्यक्तित्व से धीरे-धीरे सम्मोहित होती रत्ती अब उनके हर सार्वजनिक कार्यक्रम में शामिल होने लगी थीं।

उपलब्धियों और प्रतिष्ठा के घटाटोप के नीचे जिन्ना के भी अब तक रेत से नीरस मन में तरलता का एक अनजाना सोता मचलने लगा था। जिन्ना और रत्ती दोनों को शेक्सपीयर के नाटक परम प्रिय थे। लगता है, एक दूसरे को बिना बताए दोनों ही अपने अन्दर शेक्सपीयर के अपने पसन्दीदा पात्रों को पूरी गहनता से जीने लगे थे। उपलब्धियों के अब नए रजत शिखर उनकी निगाह की ज़द में थे। मुस्लिम लीग और कांग्रेस के सन् 1916 के लखनऊ समझौते, जिसके जिन्ना प्रमुख शिल्पी थे, के पीछे कहीं-न-कहीं जाने-अनजाने तरलता का यह नया उत्स भी था। दूसरे धर्म की सुन्दर और धर्म-निरपेक्ष दृष्टिकोण की राष्ट्रीयता में पगी जीवन-संगिनी उनके राष्ट्रीय मंच पर बृहत्तर भूमिका का मार्ग प्रशस्त कर सकती थी। इस सम्भावना ने उनमें एक सर्वथा नया उत्साह और आशावाद जागृत कर दिया था। अभी तक धर्म और आयु के लम्बे दुर्लंघ्य अन्तराल के फलस्वरूप दोनों ओर पल रहे अनिवेदित प्यार को अभिव्यक्ति का अवसर नहीं मिल सका था। यह अवसर तब मिला, जब जिन्ना पेटिट परिवार के साथ गर्मी की छुट्टियाँ बिताने अप्रैल, 1916 में दार्जिलिंग पहुँचे। वहाँ हिममंडित एवरेस्ट की चोटियों के सामने पेटिट परिवार का सुरम्य बँगला था। दार्जिलिंग की रमणीकता के बीच मिले एकान्त में पहली बार दोनों ने एक दूसरे को अपनी कोमल भावनाओं का अहसास कराया। प्रेमविद्ध दोनों जब छुट्टियाँ बिताकर जून के अन्त में बम्बई लौटे तो उनकी पलकों पर साथ जीवन बिताने के मनोरम सपने पल रहे थे।

दिसम्बर, 1916 के अन्त में कांग्रेस और मुस्लिम लीग के लखनऊ में आयोजित समान्तर अधिवेशन में भाग लेकर जिन्ना बम्बई लौट आए थे। दोनों दलों के बीच आम सहमति से तैयार लखनऊ समझौते के श्रेय से मंडित उनमें एक अपूर्व आशावाद और उत्साह झलक रहा था। जनवरी, 1917 की एक शाम सर दिनशा पेटिट के बँगले पर विभिन्न धार्मिक समुदायों के बीच एकता और सौमनस्य की समस्या पर चर्चा के दौरान जिन्ना ने उनसे दो भिन्न धर्मों के अनुयायियों के बीच वैवाहिक सम्बन्धों के बारे में राय जाननी चाही थी। सर पेटिट ने इस प्रकार के सम्बन्धों को राष्ट्रीय एकता के विकास और अक्सर भिन्न धार्मिक सम्प्रदायों के बीच टकराव और कलह की समस्या के स्थायी हल की दिशा में एक अत्यन्त महत्त्वपूर्ण क़दम माना था। सर पेटिट ने जिस तरह ज़ोर देकर इस तरह के सम्बन्धों के पक्ष में अपने विचार व्यक्त किए थे, उससे जिन्ना को उनसे रत्ती का हाथ माँगने में काफ़ी बल मिला। दिल की बात ज़ुबाँ तक लाने के इससे बेहतर मौक़े की उम्मीद वह नहीं कर सकते थे। लिहाज़ा रत्ती के साथ विवाह का प्रस्ताव उन्होंने थोड़ा झिझकते हुए सर पेटिट के सामने रख ही दिया। कुछ क्षण पूर्व व्यक्त अपने उदार विचार की इस अप्रत्याशित परिणति पर सर पेटिट का चौंक जाना स्वाभाविक था। वह क्रोध से आगबबूला हो गए। स्वयं अपने से मात्र तीन साल छोटे एक चालीस पार कर चुके प्रौढ़ से अपनी फूल-सी सर्वगुणसम्पन्न 16 वर्षीया बेटी के विवाह की वह स्वप्न में भी कल्पना नहीं कर सकते थे। परिवार के उन्मुक्त वातावरण, आतिथ्य और मैत्री सम्बन्ध का लाभ उठाते हुए पिता की उम्र के एक व्यक्ति द्वारा अपने एक मित्र की

अवयस्क और अपरिपक्व कन्या पर बेटी के अलावा किसी और भाव से निगाह उठाना उन्हें निहायत अनैतिक लगा। उन्होंने इस बेढंगे-बेतुके प्रस्ताव को गुस्से-भरे स्वर में पूरा ज़ोर देते हुए रद्द कर दिया। प्रेमविद्ध, देश के इस शीर्षस्थ वकील की हर अपील और दलील सर पेटिट के सामने नाकामयाब साबित हुई।

सर पेटिट ने इसके बाद फिर जिन्ना से कभी भी मित्रवत् बातचीत नहीं की। विवाह की स्वीकृति की बात तो दूर, मर्माहत और क्षुब्ध सर पेटिट ने रत्ती के जिन्ना से मिलने पर सख़्त रोक लगा दी। आगे तुरन्त ही सर पेटिट के आवेदन पर पारसी विवाह क़ानून के प्रावधान के तहत न्यायालय ने रत्ती को अपने विवाह के सम्बन्ध में किसी भी निर्णय के लिए अक्षम घोषित कर दिया था। न्यायालय के आदेश में जिन्ना के रत्ती से न मिलने देने का भी प्रावधान था। लन्दन में पढ़ाई के दौरान जिन्ना की उत्कट इच्छा थी, शेक्सपीयर के विश्वविख्यात दुखान्त रोमानी नाटक रोमियो और जूलियट में रोमियो की भूमिका करने की। बीस वर्ष बाद अब प्रौढ़ावस्था में नियति की संरचना ने वास्तविक जीवन में उक्त चरित्र को जीने की गहन स्थिति उनके सामने पैदा कर दी थी। जूलियट सी ही दृढ़संकल्प रत्ती ने लगभग दो वर्ष अपने वयस्क होने की प्रतीक्षा की। 20 फ़रवरी, 1918 को पेटिट परिवार में रत्ती के अट्ठारहवें जन्मदिन को धूम-धाम से मनाने की तैयारियाँ चल रही थीं। उसी दिन अट्ठारह की होते ही वह पिता का घर छोड़कर जिन्ना के पास चली गई थीं। मर्माहत और क्षुब्ध सर पेटिट ने स्थानीय अख़बारों में अपनी एकमात्र बेटी की मृत्यु की सूचना प्रकाशित कर उसका 'उठावना' तक कर दिया था। इसके बाद फिर कभी उन्होंने रत्ती से मृत्यु-पर्यन्त कोई सम्पर्क नहीं रखा। कुछ दिनों बाद 9 अप्रैल, 1918 को 'स्टेट्समैन' में रत्ती के इस्लाम धर्म में दीक्षित होने और उसी दिन जिन्ना के साथ उनके निकाह का संक्षिप्त समाचार प्रकाशित हुआ। धर्म-परिवर्तन के बाद रत्ती का नाम मरियम रख दिया गया था। कुछ लोगों का मानना है कि 9 अप्रैल, 1918 की तारीख़ रत्ती ने निकाह के लिए स्वयं चुनी थी। इस तारीख़ को इस्लामी वर्ष के रजब महीने का सातवाँ दिन था, जो मौला अब्बास का पवित्र जन्मदिन माना जाता है। कर्बला के मैदान में मौला अब्बास की शहादत और उनके आदर्श वीरतापूर्ण धीरोदात्त चरित्र की रत्ती के मन पर निश्चय ही गहरी छाप पड़ी थी।

रत्ती के साथ जिन्ना के विवाह में सर दिनशा पेटिट की घोर आपत्ति के अलावा और भी कई बाधाएँ आईं। जिन्ना का परिवार इस्माइली शिया जमात का अनुयायी था। जिन्ना की एक प्रतिष्ठित राष्ट्रवादी नेता और एक शीर्षस्थ वकील के रूप में ऊँची राजनीतिक सामाजिक स्थिति के बावजूद इस्माइली जमात की उच्चतम सभा रत्ती को अपने समाज में शामिल करने में हिचकिचा रही थी। इस्माइली समाज मुख्यतः व्यवसायियों का समाज था। बम्बई में उस समय उद्योग और वाणिज्य में पारसी समाज का वर्चस्व था। सर दिनशा पेटिट सहित पारसी समाज के कई सम्भ्रान्त सदस्य एक दूसरे धर्म के काफ़ी बड़ी उम्र के व्यक्ति के साथ, चाहे वह कितना ही महत्त्वपूर्ण और प्रतिष्ठित क्यों न हो, अपने समाज के एक अत्यन्त कुलीन परिवार की किशोरी के विवाह को पचा

नहीं पा रहे थे। वे इस बात से और भी क्षुब्ध थे कि मुस्लिम क़ानून के तहत रत्ती का धर्म-परिवर्तन किए बिना उक्त विवाह की स्वीकृति असम्भव थी। इस्माइली जमात के लोग अपने सम्वर्ग में रत्ती को शामिल कर प्रभावशाली पारसी समाज का कोपभाजन बनना नहीं चाह रहे थे। कुछ लोगों का मानना है कि इस्माइली समाज के धर्मगुरु तत्कालीन आग़ा ख़ाँ सर सुल्तान मोहम्मद भी, जो अब मुस्लिम लीग से नाता तोड़ चुके थे, अपनी जमात में रत्ती को शामिल कर बम्बई के पारसी समाज के साथ अपने सम्बन्ध बिगाड़ना नहीं चाहते थे। इस स्थिति में इस्माइली जमात से नाता तोड़ लेना ही जिन्ना को श्रेयस्कर लगा। खोजाओं में इस्माइली जमात के अनुयायियों की तादाद सबसे बड़ी थी। इसलिए उसे बड़ी जमात भी कहते थे।

खोजाओं में अपेक्षाकृत छोटी दो और जमातें भी थीं—सुन्नत जमात और इस्ना अशरी जमात। उस समय रेस के धन्धे से जुड़े एक प्रतिष्ठित व्यवसायी काका हुसैन भाई अहमदभाई हबीब रेसवाला जिन्ना को सुन्नत जमात में शामिल करने के लिए जीतोड़ कोशिश में जुट गए थे। ज्ञातव्य है कि जिन्ना की दो बहनें रहमत बाई और मरियम बाई सुन्नत जमात में ही ब्याही हुई थीं। उनके एक भानजे अकबरभाई पीर भाई सुन्नत जमात के प्रमुख सामाजिक कार्यकर्ता थे। इस्ना अशरी जमात जिन्ना और रत्ती को अपने समुदाय में शामिल करने के लिए उनके (जिन्ना के) चचेरे भाई रजबअली भाई इब्राहिम बाटलीवाला के माध्यम से प्रयत्नरत थी। अपने मित्र और प्रशंसक लखनऊ के निकट एक रियासत महमूदाबाद के राजा से विचार-विमर्श के बाद जिन्ना ने इस्ना अशरी जमात में ही शामिल होना उचित समझा। राजा महमूदाबाद भी जिन्ना की ही तरह एक उदार, दृष्टिसम्पन्न राष्ट्रवादी मुसलमान थे। तीन पीढ़ी पहले जिन्ना के पूर्वजों की ही तरह उनके पूर्वजों ने भी (जो क्षत्रिय थे) इस्लाम धर्म स्वीकार कर लिया था। वह स्वयं भी शिया मत के अनुयायी थे। इस्ना अशरी सम्प्रदाय के रीति-रिवाज के अनुसार निकाह की रस्म में जिन्ना का प्रतिनिधित्व राजा महमूदाबाद और रत्ती का प्रतिनिधित्व रजबअली भाई इब्राहिम बाटलीवाला ने किया था। रत्ती को उपहारस्वरूप देने के लिए हीरे की अँगूठी जिन्ना को राजा साहब महमूदाबाद ने ही भेंट की थी। शादी के बाद सुहागरात मनाने वह राजा महमूदाबाद के नैनीताल स्थित बँगले में ही रुके थे। रत्ती के साथ जिन्ना के विवाह के समाचार पर सरोजिनी नायडू ने लिखा था, "इस तरह अन्ततः जिन्ना ने अपनी कामना का नील कुसुम प्राप्त ही कर लिया।" उन्होंने आगे और जोड़ा था कि "इस बच्ची (रत्ती) ने उससे कहीं अधिक बड़ा बलिदान किया है, जितना कि वह आज समझ रही है।"

जिस तरह रत्ती के धर्म-परिवर्तन के बाद जिन्ना ने उनसे विवाह किया था, उसे लेकर जिन्ना की धर्मनिरपेक्षता पर उँगली उठना स्वाभाविक है। निश्चय ही प्रेमविद्ध होने के बावजूद जिन्ना कल्पनाजीवी रोमांटिक प्राणी नहीं थे। उनके पैर हमेशा यथार्थ के ठोस धरातल पर टिके रहते थे। वह बम्बई के पृथक मुस्लिम निर्वाचन क्षेत्र से सेंट्रल लेजिस्लेटिव काउंसिल के सदस्य चुने जाते थे। मुस्लिम समाज में उनकी राष्ट्रीय छवि,

सामाजिक प्रतिष्ठा और राजनीतिक उपलब्धियों के कारण उनसे ईर्ष्या करनेवाले दक़ियानूसी लोगों की कमी नहीं थी। सिविल क़ानून के अन्तर्गत रत्ती से विवाह के विकल्प पर उन्होंने विचार किया था। किन्तु जिस तरह के उसके प्रावधान उस समय थे, उसमें यह घोषणा आवश्यक थी कि वह उन किन्हीं धर्मों के अनुयायी नहीं थे जिनके अपने विवाह सम्बन्धी क़ानून थे। इस प्रकार की घोषणा का अर्थ होता कि वह स्वयं को मुसलमान नहीं मानते थे। स्वयं को मुसलमान न मानना उनके लिए ख़ुद अपने पैरों पर कुल्हाड़ी मारने जैसा होता। इसका नतीज़ा होता पृथक मुस्लिम निर्वाचन क्षेत्र के प्रतिनिधित्व के अधिकार से स्वयं को वंचित कर देना। इस जोखिम के लिए वह निश्चय ही तैयार नहीं थे। यह जानना दिलचस्प होगा कि बाद में जब उनकी पाश्चात्य जीवन-शैली से बिदकनेवाले रूढ़िवादी मुल्लाओं ने उन्हें क़ाफिर कहना शुरू किया तो उनके प्रशंसकों ने शरीयत के तहत रत्ती से निकाह का सन्दर्भ देकर उनका मुँह बन्द कर दिया था। जिन्ना के रत्ती से निकाह के बरअक्स वे अरुणा आसफ़ अली के साथ आसफ़ अली साहब के सिविल क़ानून के अन्तर्गत विवाह का ज़िक्र करते हुए जिन्ना का एक सच्चे मुसलमान के रूप में बचाव करते थे।

सुहागरात मनाने नवविवाहित जिन्ना दम्पति नैनीताल लगभग एक सप्ताह रहे। जिन्ना के अब तक सपाट रेतीले जीवन में पहली बार कोई रसधार फूटी थी। वह उसकी हर बूँद आत्मसात् कर लेना चाहते थे। रत्ती के साथ सुबह-शाम वह झील के किनारे घूमते। उसमें नौकाविहार करते और दिन में घोड़े पर सवार दोनों चीड़-वनों की सघनता में घंटों खो जाते। हिमालय की सुरम्य तलहटी की शीतल छाँव में एक दूसरे के सान्निध्य की अनिर्वचनीय ऊष्मा दोनों अपनी शिराओं में समो लेना चाहते थे। बम्बई से दूर वर्जनामुक्त स्वच्छन्दता का यह प्रथम अनुभव दोनों के लिए नैसर्गिक था। नैनीताल से वह कार से दिल्ली आ गए थे। यहाँ वह लाल किले से थोड़ी दूर पुरानी दिल्ली से बाहर नवनिर्मित भव्य मेरेडियन होटल में रुके। होटल के वातावरण और साज-सज्जा में मुग़ल काल के साथ ब्रिटिश सुरुचि और आधुनिक सुख-सुविधा का सुन्दर समन्वय था। एक अर्से तक आगे चलकर यह होटल जिन्ना के दिल्ली-प्रवास का प्रिय विश्राम-स्थल रहा। गौर वर्ण, काली घनी मूँछ, सुन्दर नाक-नक़्श, लम्बी छरहरी देहयष्टि, उन्नत ललाट, क़ीमती सूट, आत्मविश्वास से दीप्त तेजस्वी आँखें, पश्चिमी शिष्टाचार, अंग्रेज़ी भाषा पर असामान्य अधिकार और असाधारण वाग्मिता से लैस हिन्दुस्तान और इंग्लैंड में एक अत्यन्त सफल और प्रतिष्ठित वकील तथा राजनीति में एक उदार धर्मनिरपेक्ष राष्ट्रवादी नेता की छवि से मंडित बयालीस वर्षीय जिन्ना का वरण आयु के लम्बे अन्तर के बावजूद किशोरावस्था की दहलीज पार कर तरुणाई में क़दम रखती रत्ती ने सोच-समझकर किया था। उस दौर में जिन्ना की छवि के साथ एक असाधारण ग्लैमर जुड़ा हुआ था। रत्ती के जिन्ना के प्रति आकर्षण के पीछे निश्चय ही इस असाधारण ग्लैमर की भूमिका भी थी।

जिन्ना के बरअक्स चम्पकवर्णी रत्ती की कमलनाल-सी कोमल देहयष्टि, लम्बे काले

केश, भावप्रवण तेजोद्दीप्त अनियारी आँखें, तीखे ईरानी नाक-नक़्श, हल्का लम्बोतरा चेहरा, गुलाब की पंखुड़ी से ऐन्द्रिक अधरोष्ठ, सुन्दर-सुडौल ग्रीवा और इन सबसे ऊपर चेहरे की बालसुलभ सरलता उन्हें विशिष्ट बनाती थी। चंचल पहाड़ी झरने-सी उनकी निर्मल हँसी वातावरण में रागात्मक तरलता घोलती थी। बालों में ताज़ा फूल लगाना उन्हें बेहद पसन्द था। वह पश्चिमी और हिन्दुस्तानी दोनों तरह के कपड़े पहनती थीं। चटख लाल, पीले, आसमानी और गुलाबी रंग के सुनहले बॉर्डर के सिल्क के परिधान उन्हें विशेष प्रिय थे। बालों के लिए वह जिस हेयरबैंड का प्रयोग करती थीं उसमें हीरे, पन्ने और लाल जैसे मूल्यवान पत्थर कलात्मकता से जड़े होते थे। उनके ब्लाउज़ ज़्यादातर लोकट होते थे। हाथीदाँत और चाँदी से निर्मित लम्बे नक़्क़ाशीदार फ़िल्टर में विलायती सिगरेट लगाकर पीने का उन्हें ख़ास शौक था। वह अपने समय के बम्बई की शायद सर्वाधिक स्वच्छन्द और ग्रन्थिमुक्त व्यक्तित्व थीं। शादी के समय उनके चारों ओर रागात्मक अभिजात्य का एक विलक्षण प्रभामंडल था। अनायास सरोजिनी नायडू ने उन्हें बम्बई का कमनीय नील कुसुम नहीं कहा था। व्यक्तित्व की इन विशिष्टताओं के साथ और आयु में दो दशकों से भी अधिक अन्तर के बावजूद निश्चय ही रत्ती और जिन्ना अपने समय के हिन्दुस्तान के सर्वाधिक चर्चित और मोहक दम्पति थे।

पर व्यक्तित्व की बाहरी चमक-दमक के नीचे रत्ती बेहद संवेदनशील, कुशाग्रबुद्धि, स्वाभिमानी और धर्मनिरपेक्ष दृष्टि-सम्पन्न राष्ट्रीयता में पगी युवती थीं। उनके पास एक अत्यन्त करुणा-विगलित परदुःख-कातर हृदय था जिसकी व्याप्ति में मनुष्य ही नहीं, पशु-पक्षियों का संसार भी समाया होता था। रत्ती के वैवाहिक जीवन से जुड़े कुछ दिलचस्प क़िस्सों का ज़िक्र ज़रूरी है। इससे रत्ती के बहुआयामी व्यक्तित्व पर महत्त्वपूर्ण प्रकाश पड़ता है। सुहागरात मनाकर नैनीताल से दिल्ली होते हुए जिन्ना-दम्पति बम्बई लौट आया था। जून में बम्बई में बारिश शुरू हो जाती है। उस समय यहाँ का मौसम बड़ा ही आनन्दमय हो उठता है। समुद्र के किनारे रात की बारिश में ठंड का अनुभव होने लगता है। ऐसे ही .ख़ुशनुमा मौसम की एक रात बम्बई प्रान्त के गवर्नर लॉर्ड विलिंगडन ने जिन्ना दम्पति को रात्रिभोज (डिनर) पर आमन्त्रित किया था। रत्ती ने पेरिस में सिला गले से काफ़ी नीचे कटवाला एक अत्याधुनिक डिज़ाइन का गाउन पहन रखा था। डिनर के दौरान बारिश के साथ तेज़ हवा चल रही थी। गवर्नर की पत्नी मेज़बान लेडी विलिंगडन ने अपने वेटर से रत्ती के लिए जल्दी से एक शाल ले आने के लिए कहा। उन्हें शायद लगा कि काफ़ी लोकट का गाउन पहनने के कारण श्रीमती जिन्ना को ठंड लग सकती है। जिन्ना की वार काउंसिल (युद्ध-परिषद्) की मीटिंगों में कई बार लॉर्ड विलिंगडन के साथ नोक-झोंक हो चुकी थी। उन्होंने महसूस किया कि रत्ती का लोकट गाउन गवर्नर-दम्पति को नागवार गुज़रा। जिन्ना के लिए यह बर्दाश्त करना सम्भव नहीं था। उन्होंने वेटर के शाल लेकर लौटने के पहले ही गम्भीर होकर कहा—'इसकी ज़रूरत नहीं है। श्रीमती जिन्ना को अगर ज़रूरत हुई तो वह .ख़ुद कह देंगी।' इसके बाद पूरे डिनर में वह चुप रहे। डिनर समाप्त होते ही वह रत्ती को लेकर

तुरन्त गवर्नर हाउस से चले गए। इसके बाद लॉर्ड विलिंगडन के कार्यकाल में उन्होंने फिर कभी गवर्नर हाउस में क़दम नहीं रखा। रत्ती की उन्मुक्त जीवन-शैली में हस्तक्षेप उन्होंने कभी पसन्द नहीं किया।

लॉर्ड विलिंगडन के बम्बई के गवर्नर के रूप में कार्य-काल-समाप्ति के अवसर पर दिसम्बर, 1918 में बम्बई के टाउन हाल में आयोजित विदाई-समारोह के जिस ऐतिहासिक साहसपूर्ण जन-प्रतिरोध का जिन्ना ने नेतृत्व किया था, उसमें रत्ती की सक्रिय भागीदारी ख़ासतौर से उल्लेखनीय थी। रत्ती का तेजस्वी राष्ट्रवादी स्वरूप इस बहुचर्चित जन-प्रतिरोध के दौरान पहली बार उभरकर बम्बई की जनता के सामने आया था। उन्होंने जिन्ना के साथ सन् 1919 और सन् 1920 में कांग्रेस के कलकत्ता और नागपुर अधिवेशनों में भी हिस्सा लिया था। रौलट क़ानून के विरोध में पूरे देश में जनान्दोलन और प्रतिरोध की जो अभूतपूर्व लहर उठी थी, उससे रत्ती भी गहरे प्रभावित हुई थीं। इस विराट जनान्दोलन को धारदार नेतृत्व प्रदान करने के कारण बम्बई के तत्कालीन गवर्नर जॉर्ज लॉयड ने वॉयसराय के पास महात्मा गांधी, सरोजिनी नायडू, जमनादास द्वारकादास, उमर सोभानी, शंकर लाल बैंकर, जिन्ना और बॉम्बे क्रानिकल के सम्पादक हार्निमन को देश-निकाला देकर बर्मा की जेल में भेजने की संस्तुति की थी। इसमें सबसे पहले टेस्ट के बतौर हार्निमन को देश-निकाला देकर इंग्लैंड भेज दिया गया था। इसके ख़िलाफ़ बम्बई तथा देश के दूसरे हिस्से में काफ़ी प्रदर्शन और विरोध रैलियाँ हुईं। हार्निमन के देश-निकाले के कुछ ही दिन बाद बम्बई के इम्पायर थिएटर में ऑल इंडिया ट्रेड यूनियन कांग्रेस का पहला अधिवेशन हुआ। उसकी अध्यक्षता पंजाब केसरी लाला लाजपत राय ने की थी। अधिवेशन में जवाहरलाल नेहरू, एम.एम. जोशी, बी.पी. वाडिया, दीवान चमनलाल, एस.ए. बरेलवी तथा कानजी द्वारकादास जैसे नेता भी शामिल थे। रत्ती भी थिएटर के साइड बॉक्स में बैठी थीं। उन्होंने अधिवेशन की कार्यवाही के दौरान हार्निमन के देश-निकाले के विरोध में निन्दा का प्रस्ताव पेश करते हुए जो धाराप्रवाह ओजस्वी भाषण दिया था, उसे बम्बई के राजनीतिक हलकों में एक अर्से तक याद किया जाता रहा। यह रत्ती का शायद एकमात्र सार्वजनिक भाषण था।

रत्ती की वाक्पटुता, हाज़िरजवाबी और राष्ट्रीयता को रेखांकित करनेवाली दो घटनाओं की चर्चा ख़ासतौर से की जाती है। जिन्ना और बाद में रत्ती के गहरे मित्र कानजी द्वारकादास, जिन्होंने रत्ती पर एकमात्र पतली-सी पुस्तक लिखी है, ने बताया है कि विवाह के बाद केन्द्रीय विधायिका (सेंट्रल लेजिस्लेटिव काउंसिल) के ग्रीष्मकालीन सत्र में भाग लेने के लिए रत्ती के साथ जिन्ना शिमला गए हुए थे। शिमला अंग्रेज़ों की ग्रीष्मकालीन राजधानी हुआ करती थी। तत्कालीन वॉयसराय लॉर्ड चेम्सफ़ोर्ड ने सत्र के दौरान जिन्ना दम्पति के सम्मान में रात्रिभोज का आयोजन कर रखा था। उक्त अवसर पर जब रत्ती का औपचारिक परिचय उनसे कराया गया तो पश्चिमी ढंग से झुककर अभिवादन करने के बजाय उन्होंने दोनों हाथ जोड़कर उनके प्रति सम्मान व्यक्त किया था। यह वॉयसराय को नागवार गुज़रा था। भोज की समाप्ति पर लॉर्ड चेम्सफ़ोर्ड ने

अपने ए.डी.सी. को इशारा कर रत्ती को अपने पास बुलवाया था। उन्होंने अपनी रोबदार आवाज़ में रत्ती से कहा था कि 'मिसेज जिन्ना आपके पति का राजनीतिक भविष्य बहुत उज्ज्वल है। आपको अपने व्यवहार से उसे ख़राब नहीं करना चाहिए। आपको अपने स्थान के अनुसार व्यवहार करना चाहिए।' ('इन रोम यू मस्ट डू एज रोमंस डू' उनका अन्तिम वाक्य था।) अभिजात पाश्चात्य संस्कारों में पली-बढ़ी होने के बावजूद रत्ती को अपनी राष्ट्रीय अस्मिता का पूरा अहसास था। उन्होंने विनम्र दृढ़ता से तुरन्त उत्तर दिया, "ठीक वही तो किया मैंने, महामहिम्र ! हिन्दुस्तान में मैंने आपका अभिवादन हिन्दुस्तानी ढंग से ही तो किया।" इस उत्तर ने लॉर्ड चेम्सफ़ोर्ड को निरुत्तर कर दिया था। इसके बाद रत्ती फिर कभी लॉर्ड चेम्सफ़ोर्ड के किसी आयोजन में शामिल नहीं हुईं।

दूसरी घटना 1921 की है, जब लॉर्ड रीडिंग हिन्दुस्तान के वॉयसराय थे। उनके द्वारा आयोजित एक औपचारिक लंच के दौरान रत्ती उनके पास बैठी थीं। बातचीत के बीच उन्होंने रत्ती से कहा था कि वह बता नहीं सकते कि उनके मन में जर्मनी जाने की कितनी गहरी इच्छा है। काश, वह वहाँ जा पाते। पर वह वहाँ जा नहीं सकते। रत्ती ने उनसे पूछा था कि महामहिम, आप वहाँ क्यों नहीं जा सकते ? लॉर्ड रीडिंग ने जवाब दिया था कि जर्मन हम अंग्रेज़ों को पसन्द नहीं करते। इसलिए मैं वहाँ जा नहीं सकता। इस पर प्रत्युत्पन्नमति रत्ती की विनोदवृत्ति जागृत हो उठी थी। उन्होंने सहज भाव से लॉर्ड रीडिंग से पूछा था, "महामहिम, फिर आप यहाँ कैसे आ गए ?" रत्ती के इस प्रश्न का व्यंग्यार्थ लॉर्ड रीडिंग तुरन्त समझ गए। कुछ क्षण अवाक् रहने के बाद उन्होंने बातचीत का विषय बदल दिया था।

रत्ती की उद्दाम राष्ट्रीयता का एक और उदाहरण उपलब्ध है। लॉर्ड रीडिंग हिन्दुस्तान के वॉयसराय के रूप में 2 अप्रैल, 1921 को यहाँ पहुँचे थे। वह इंग्लैंड के सम्मानित विधिवेत्ता थे और मुख्य न्यायाधीश रह चुके थे। उनके पहले के वॉयसराय लॉर्ड चेम्सफ़ोर्ड की पृष्ठभूमि इंग्लैंड के एक बड़े सैनिक अधिकारी की थी। जिन्ना की और उनकी प्रकृति, पेशे और पृष्ठभूमि में भारी अन्तर था। इसलिए दोनों के बीच कभी भी सहज सम्बन्ध विकसित नहीं हो पाए थे। लॉर्ड रीडिंग की क़ानूनी पृष्ठभूमि जिन्ना को उनके निकट लाने में काफ़ी कारगर साबित हुई। एक दूसरे के प्रति परस्पर सम्मान भाव के कारण लॉर्ड रीडिंग को लगा कि चेम्सफ़ोर्ड के कार्यकाल में प्रथम विश्व महायुद्ध के बाद हिन्दुस्तान के राजनेताओं के साथ जो संवाद-सेतु टूट गया था, उसे पुनर्जीवित करने में जिन्ना की भूमिका महत्त्वपूर्ण हो सकती है। अतः दोनों के बीच धीरे-धीरे बहुत अच्छे सम्बन्ध विकसित हो गए थे। सन् 1928 में हिन्दुस्तान के वॉयसराय के रूप में उनका कार्यकाल ख़त्म हो रहा था। केन्द्रीय विधायिका (सेंट्रल लेजिस्लेटिव असेम्बली) में जिन्ना के उल्लेखनीय योगदान तथा उनके राजनीतिक और सार्वजनिक क़द को ध्यान में रखते हुए लॉर्ड रीडिंग ने दिसम्बर, 1928 में जिन्ना से कहा था कि यदि वह ब्रिटेन के सर्वोच्च नागरिक सम्मान 'सर' की उपाधि (नाइटहुड) के लिए अपनी सहमति दे सकें तो इसके लिए वह उनके नाम की संस्तुति सम्राट से करना चाहेंगे। सोचने के लिए बिना

एक पल का समय लिए जिन्ना ने तुरन्त लॉर्ड रीडिंग को धन्यवाद देते हुए उत्तर दिया था कि 'वह अब तक सीधे-सादे मिस्टर जिन्ना के रूप में ही जिए हैं और आगे भी उसी तरह सीधे-सादे मिस्टर जिन्ना बने रहना बेहतर समझते हैं। उसी तरह सीधे-सादे मिस्टर जिन्ना बने रहकर इस दुनिया को अलविदा कहने की उम्मीद रखते हैं।'

इसके बाद जब रत्ती से एक दिन पूछा गया कि यदि उन्हें 'लेडी जिन्ना' कहकर सम्बोधित किया जाए तो वह कैसा अनुभव करेंगी, तब उन्होंने बात को बीच से ही काटते हुए कहा था कि "अगर मेरे पति ने 'सर' का ख़िताब मंज़ूर किया तो मैं उनसे सम्बन्ध-विच्छेद कर लूँगी।" राष्ट्रीयता के इस प्रबल गौरव-भाव से रत्ती आजीवन आप्लावित रहीं।

4

'गांधी-समग्र' और महादेवभाई देसाई की डायरी में रत्ती जिन्ना का 'श्रीमती जिन्ना' के रूप में एकाधिक बार सन्दर्भ आता है। रत्ती के मन में जिन्ना से विवाह के पहले से ही महात्मा गांधी के प्रति गहरा आदरभाव था। उन्हीं के परिवार के आवासीय परिसर पेटिट मैन्सन के लॉन में दक्षिण अफ़्रीका से हिन्दुस्तान लौटने पर महात्मा गांधी का जिन्ना की अध्यक्षता में गुर्जर सभा द्वारा अभिनन्दन किया गया था। यह सही है कि वह गांधी के सादे, कठोर जीवन को अपनी चचेरी बुआ मिठूबेन पेटिट की तरह आदर्श मानकर अपना नहीं सकी थीं, पर गांधी के जीवन-मूल्यों, दक्षिण अफ़्रीका और हिन्दुस्तान में उनके कार्यों के प्रति उनका सम्मानभाव उल्लेखनीय था। यह जानना दिलचस्प होगा कि गांधी ने रत्ती को चिट्ठी लिखकर जिन्ना को विदेशी वस्तुओं के बहिष्कार के लिए प्रेरित करने के लिए कहा था। इसके बावजूद वह अपने पति जिन्ना की ही तरह गांधी के विदेशी माल ख़ासकर विदेशी वस्त्रों के साथ सरकार, स्कूल-कॉलेजों और न्यायालयों के बहिष्कार के आह्वान से सहमत नहीं थीं। असहयोग आन्दोलन के दौरान गांधी के बहिष्कार के आह्वान को अभूतपूर्व सफलता मिली थी। पर इससे असहमति दर्ज करानेवालों की संख्या नगण्य नहीं थी। इसमें सबसे प्रमुख थे रवीन्द्रनाथ ठाकुर। 2 मार्च, 1921 को रवीन्द्रनाथ ने लिखकर असहयोग और बहिष्कार-आन्दोलन पर अपनी सुचिन्तित भावपूर्ण टिप्पणी की थी—

"असहयोग का विचार एक राजनीतिक तपस्या है। हमारे छात्र (इसके दौरान) अपनी-अपनी बलि किस वेदी पर दे रहे हैं? निश्चय ही पूर्णतर शिक्षा की नहीं, बल्कि अशिक्षा की वेदी पर। इसके पीछे विनाश का एक भीषण आह्लाद है। मैं पूर्व और पश्चिम के मिलन में विश्वास करता हूँ। प्रेम आत्मा का सर्वोच्च सत्य है। हमें उस सत्य को आहत होने से बचाने के लिए अपनी शक्ति-भर सभी कुछ करना चाहिए और सभी विरोधों के बावजूद उसकी ध्वजा ऊपर उठाए रखनी चाहिए। असहयोग का विचार उस सत्य को अनावश्यक रूप से आहत करता है। यह हमारे चूल्हे की आग नहीं, बल्कि

वह आग है, जो हमारा सारा-का-सारा घर-बार भस्म कर देती है।''

रवीन्द्रनाथ ने पत्रों और लेखों के अलावा अपनी एक रचना 'घरे-बाहिरे' में असहयोग और बहिष्कार से जुड़े प्रश्नों को गहरी रचनात्मकता से उठाया था। आगे चलकर सत्यजीत रे ने उस पर एक बड़ी ही मर्मस्पर्शी फ़िल्म बनाई थी। श्रीमती एनी बेसेंट के विचार भी स्पष्ट रूप से इस आन्दोलन के ख़िलाफ़ थे। उनके और उनकी थियोसॉफ़िकल सोसाइटी के सम्पर्क में रत्ती अपने मित्र कानजी द्वारकादास के ज़रिए आई थीं। श्रीमती एनी बेसेंट और श्रीमती सरोजिनी नायडू के साथ रत्ती के अपने आत्मीय व्यक्तिगत सम्पर्क थे। श्रीमती नायडू के ज़रिए वह रवीन्द्रनाथ ठाकुर और कानजी द्वारकादास के ज़रिए श्रीमती बेसेंट के असहयोग-विरोधी विचारों और तर्कों से भली-भाँति परिचित थीं। वह एक अत्यन्त संवेदनशील और समझदार नवयवुती थीं। असहयोग और बहिष्कार के प्रति उनके विचारों को मात्र जिन्ना के विचारों की प्रतिच्छाया मानना उचित नहीं होगा। वह एक स्वतन्त्रचेता तरुणी थीं। अपने विवेक के अनुसार अपने विचार बनाने की क्षमता से पूरी तरह लैस।

महादेवभाई देसाई ने अपनी डायरी के दूसरे खंड में 6.6.1919 को श्रीमती सरोजिनी नायडू, श्री रामास्वामी और श्रीमती (रत्ती) जिन्ना का इंग्लैंड के लिए बम्बई से प्रस्थान दर्ज किया है। लन्दन पहुँचते ही जिन्ना ने गांधी को एक आत्मीय पत्र लिखा था, जिसमें उन्होंने मान्टेग्यू-चेम्सफ़ोर्ड सुधार विधेयक पर उनकी प्रतिक्रिया जानने और विदेश प्रवास के दौरान हिन्दुस्तान की हलचलों से अवगत कराते रहने का आग्रह किया था। गांधी ने 28 जून, 1919 को जिन्ना को उस पत्र का जवाब दिया था। जिन्ना को सम्बोधित यह पत्र यहाँ ख़ासतौर से इसलिए भी उल्लेखनीय है, क्योंकि उसमें रत्ती के लिए भी एक व्यक्तिगत सन्देश था। गांधी ने लिखा था कि "मैं प्रार्थना करता हूँ कि आप श्रीमती जिन्ना से कहें कि मैं (गांधी) उनके हिन्दुस्तान लौटने पर उम्मीद करूँगा कि वह श्रीमती बैंकर सीनियर और पंजाबी महिला श्रीमती रमाबाई द्वारा चलाई जा रही सूत कातने की कक्षा में ज़रूर शामिल होंगी।" 30 अप्रैल, 1920 को गांधी ने रत्ती को अलग से पत्र लिखा था, जिसमें उन्होंने कहा था कि "कृपया श्री जिन्ना को मेरी याद दिलाएँ और उनसे हिन्दुस्तानी या गुजराती सीखने का आग्रह ज़रूर करें। अगर आपकी जगह मैं होता तो मैं उनसे गुजराती या हिन्दुस्तानी में बातें करने लगता। कम-से-कम आपको न तो अपनी अंग्रेज़ी भूलने का कोई ख़तरा है और न ग़लत समझे जाने की गुंजाइश। क्या आप यह कर सकेंगी ? हाँ, मैं आपसे यह माँग कर सकता हूँ क्योंकि मैं जानता हूँ, आपके मन में मेरे लिए प्यार है।" पत्रों की यह बानगी गांधी और रत्ती के बीच आत्मीयता की ऊष्मा का निर्विकार संकेत देती है।

13 अप्रैल, 1921 को जलियाँवाला बाग के लोमहर्षक हत्याकांड से केवल हिन्दुस्तानी ही नहीं, बल्कि पूरा सभ्य-जगत विचलित था। यह हत्याकांड रौलट क़ानून के विरुद्ध उपजे स्वतःस्फूर्त देशव्यापी प्रतिरोध के बददिमाग़ दमन का चरम बिन्दु था। जिन्ना ने यद्यपि रौलट क़ानून के विरुद्ध अपनी तीखी प्रतिक्रिया बड़े धारदार शब्दों में

व्यक्त की थी, पर जलियाँवाला बाग कांड की निर्दयता पर उनकी संयत प्रतिक्रिया थोड़ा विलम्ब से आई थी। रत्ती इस नृशंस नरसंहार से गहरे विचलित थीं। जब कांग्रेस के नेताओं ने गांधी के नेतृत्व में उस स्थल पर निरपराध और निर्दोष लोगों की स्मृति में एक राष्ट्रीय स्मारक खड़ा करने का निर्णय लिया तो रत्ती ने उसका ज़ोरदार स्वागत किया। स्मारक के लिए गठित कोष में रत्ती ने दिल खोलकर आर्थिक सहयोग दिया था। स्मारक के लिए गांधी की पहल का इंग्लैंड के कुछ हलकों में विरोध भी किया गया था। लन्दन से प्रकाशित 'ईस्ट एंड वेस्ट' नामक पत्रिका में इस सम्बन्ध में गांधी पर एक टिप्पणी छपी थी, जिसका शीर्षक था 'ना सन्त ना राजनीतिज्ञ' (नाइदर ए सेंट नॉर ए पॉलिटीशियन)। इसमें कहा गया था कि बुद्ध और ईसा ने जिस शान्तिमय सहकार और सहजीवन का मार्ग दिखाया था, वर्तमान काल में उसी मार्ग-निर्देश की सम्भावना गांधी में भी थी। लेकिन एक त्रासद घटना का स्मारक खड़ा करने के प्रयास से क्या वह अहिंसा और सामंजस्य का मार्ग प्रशस्त कर रहे हैं ? गांधी द्वारा हड़ताल और असहयोग के आह्वान तथा आन्दोलनों के दौरान जगी देशभक्ति की भावना को भी टिप्पणी में शान्ति और परस्पर सहयोग के मार्ग में बाधा बताया गया था। उक्त टिप्पणी की कतरन गांधी के पास उनके एक प्रशंसक ने भेज दी थी। 12.5.1920 के 'यंग इंडिया' के अंक में गांधी ने वह पूरी टिप्पणी जस-की-तस उद्धृत करते हुए उसका जवाब देते हुए एक भावपूर्ण, पर तर्कसंगत लेख लिखा था। इस लेख में गांधी ने कहा था कि "हम एक नृशंस दुष्कृत्य का स्मारक नहीं, बल्कि निरीह, निहत्थे और निर्दोष लोगों की मृत्यु का स्मारक खड़ा करना चाहते हैं, जो नहीं जान सके कि उन्हें क्यों मारा गया। हम चाहते हैं कि आनेवाली पीढ़ियाँ हमें कम-से-कम इस रूप में याद करें कि इन निर्दोष मौतों के साक्षी हम कृतघ्नतापूर्वक उनकी स्मृति को चिरस्थायी बनाना भूल नहीं गए थे।" 'यंग इंडिया' के इस लेख में गांधीजी ने स्मारक-कोष के लिए मुक्तहस्त दान देते हुए श्रीमती (रत्ती) जिन्ना के उस मार्मिक कथन का उल्लेख भावुक मन से किया है, जिसमें उन्होंने कहा था कि "प्रस्तावित स्मारक कम-से-कम हमें जीने का एक बहाना तो देगा।" रत्ती का यह संक्षिप्त मर्मस्पर्शी कथन उनकी उस गहरी संवेदनशीलता का अहसास कराता है, जिससे वह स्वतन्त्रता के लिए छटपटाते देश की आशा-आकांक्षाओं और उसकी भावनात्मक उथल-पुथल से जुड़ी थीं।

सन् 1919 की मई के अन्त में रत्ती सरोजिनी नायडू और जिन्ना के साथ लन्दन पहुँच गई थीं। वहाँ जिन्ना ने रीजेंट्स पार्क के निकट किराए पर एक फ़्लैट ले लिया था। रत्ती गर्भवती थीं। अगस्त-सितम्बर में प्रसव की सम्भावना थी। जिन्ना एक कमीशन के सामने गवाही देने गए थे। अपनी पहली सन्तान के कुछ ही महीनों में आगमन की प्रतीक्षा करते हुए वह कुछ राजनीतिक कार्य भी पूरा कर रहे थे। रत्ती को प्रसन्न रखने के लिए वह हर दृष्टि से प्रयत्नशील रहते थे। वह रत्ती को पुस्तकें पढ़कर सुनाते, चुटकुलों और छोटी कहानियों से उनका मनोरंजन करते तथा नाटक दिखाने के लिए उन्हें थिएटर ले जाते। जिन्ना दम्पति के मित्र और सुप्रसिद्ध क़ानूनवेत्ता दीवान चमनलाल

भी उस समय लन्दन में ही थे। इस दौरान चुटकुले और कहानियों के ज़रिए बातचीत में रस घोलते जिन्ना की उन्मुक्त हँसी का ज़िक्र उन्होंने अपनी आत्मकथा में किया है। इसी बीच 14 अगस्त की शाम को रत्ती के साथ जिन्ना एक मनपसन्द नाटक देखने के लिए थिएटर गए थे। लौटने पर 14-15 अगस्त के बीच की रात रत्ती ने एक बेटी को जन्म दिया जिसका नाम दीना रखा गया। दीना जिन्ना दम्पति की एकमात्र सन्तान थीं।

तीन माह की बेटी दीना और पति जिन्ना के साथ रत्ती नवम्बर, सन् 1919 में लन्दन से बम्बई लौट आईं। जिन्ना दम्पति का जीवन दीना के आगमन से हर्षोल्लास से भर गया था। लगभग 44 वर्ष की उम्र में प्रौढ़ जिन्ना ने अपनी पहली और एकमात्र सन्तान का मुख देखा था। अतः उनके लिए दीना का जन्म महत्त्व रखता था। दीना का जन्म जिन्ना दम्पति के लिए एक और विशिष्ट कारण से भी महत्त्वपूर्ण था। यद्यपि रत्ती के पिता ने उन्हें जीवनपर्यन्त क्षमा नहीं किया किन्तु नातिन के जन्म से रत्ती की माँ (लेडी पेटिट) अपनी बेटी से और अधिक कटी नहीं रह सकीं। उन्होंने रत्ती से फिर से मिलना-जुलना प्रारम्भ कर दिया। जिन्ना को उन्होंने दामाद के रूप में स्वीकार कर लिया था। रत्ती के छोटे भाइयों के लिए भी धीरे-धीरे अपनी बहन से और अधिक अलग रहना सम्भव नहीं रह गया था। जिन्ना और पेटिट परिवार के बीच दीना के आगमन ने एक पुल का काम किया था। रत्ती के सबसे छोटे भाई जमशेद पेटिट का बहन से ख़ास लगाव था। जमशेद कलकत्ताँ के एम.एम. इस्पहानी उद्योग समूह के उत्तराधिकारी मिर्ज़ा अबुल हसन इस्पहानी के कैम्ब्रिज में सहपाठी थे। दोनों सन् 1920 में एक साथ कैम्ब्रिज में दाख़िल हुए थे। इस्पहानी जिन्ना के राष्ट्रवादी और धर्मनिरपेक्ष दृष्टिकोण के कारण हिन्दुस्तान के पश्चिमी उदार शिक्षा प्राप्त अनेक मुसलमान तरुणों की तरह जिन्ना के अनन्य प्रशंसक थे। सन् 1920 में जब जिन्ना और रत्ती लन्दन पहुँचे तो इस्पहानी के चाचा ने लन्दन के अपने 'पुटनी हिल' स्थित आवास पर उनके सम्मान में एक भव्य रात्रिभोज का आयोजन किया था। इसमें इस्पहानी और जमशेद सहित हिन्दुस्तान के अभिजात परिवारों के अनेक तरुण शामिल हुए थे। वह (इस्पहानी) 1936 में जिन्ना के व्यक्तिगत निमन्त्रण पर मुस्लिम लीग और उसकी संसदीय समिति के सदस्य बने। वह मुस्लिम लीग के उन बहुत थोड़े से सदस्यों में से थे जिन्होंने, सन् 1936 में जिन्ना की साम्प्रदायिक हिंसा भड़कानेवाली सीधी कार्यवाही के आह्वान की खुलकर आलोचना की थी। इसके बावजूद अन्त तक वह जिन्ना के विश्वासपात्र बने रहे। आगे चलकर उन्हें नए राष्ट्र पाकिस्तान का संयुक्त राज्य अमेरिका में पहला राजदूत नियुक्त किया गया था। रत्ती और दीना के साथ जिन्ना स्वयं को अत्यन्त भरा-पूरा अनुभव कर रहे थे। उन्हें अपनी शामों का ख़ालीपन भरने के लिए अब क्लब की सदस्यता की ज़रूरत नहीं रह गई थी। ओरिएंट क्लब की सदस्यता से हिन्दुस्तान आकर उन्होंने इस्तीफ़ा दे दिया था।

सितम्बर, 1920 में 'असहयोग' और 'ख़िलाफ़त-आन्दोलन' पर विचार करने के

लिए कांग्रेस और मुस्लिम लीग के विशेष समान्तर अधिवेशन साथ-साथ कलकत्ता में बुलाए गए थे। उसके काफ़ी पहले रत्ती लन्दन से जिन्ना के साथ लौट आई थीं। उक्त अधिवेशन में वह जिन्ना के साथ शामिल हुई थीं। चितरंजन दास, विपिनचन्द्र पाल और मदनमोहन मालवीय सहित जिन्ना की प्रबल असहमति के बावजूद गांधी का प्रस्ताव आन्दोलन के पक्ष में पारित हो गया था। अधिवेशन के समापन के समय प्रस्ताव के समर्थकों और विरोधियों के बीच किसी बात को लेकर मारपीट शुरू हो गई थी। इसमें स्वयंसेवकों ने भी जमकर हिस्सा लिया था। मारपीट के दौरान रत्ती ने कानजी द्वारकादास (जिन्ना और रत्ती दोनों के अन्तरंग मित्र और शुभचिन्तक) से यह तमाशा निकट से देखने की बहुत ज़िद की थी। कानजी द्वारकादास के साथ अस्सी वर्षीया श्रीमती एनी बेसेंट भी थीं जिनकी अटैची और काग़ज़ात उन्होंने सँभाल रखे थे। अन्ततः समझाने पर रत्ती ने अपनी ज़िद छोड़ दी थी। रत्ती की यह सहज कौतुकप्रियता काफ़ी समय तक बरक़रार रही। दरअसल, वह जीवन को उसकी समग्रता से जीना चाहती थीं।

रत्ती एक वर्जनामुक्त तरुणी थीं—नैतिकता के बाह्य विधि और निषेध के आडम्बरों से सर्वथा आज़ाद। अपनी राजनीतिक प्रतिबद्धताओं के बावजूद जिन्ना अपनी वकालत की उपेक्षा कभी नहीं करते थे। उनकी राजनीति दरअसल उनकी सफल वकालत के पेशे की बाई-प्रोडक्ट थी। विवाह के तुरन्त बाद उन्होंने साल-डेढ़-साल तक रत्ती को पूरा समय दिया। दीना के जन्म के पश्चात् उन्हें लगा कि रत्ती को वह पर्याप्त व्यस्त रखेगी। शाम को मुवक्किलों के साथ उनकी बैठकें अब फिर देर तक चलने लगीं। बचा समय वह राजनीति को देने लगे। रत्ती सब कुछ छोड़कर जिन्ना के पास आई थीं। शेक्सपीयर ने बड़े प्यारे ढंग से कहा है 'मर्द' 'जब प्यार करते हैं तो वसन्त (एप्रिल) होते हैं और शादी होते ही शीत ऋतु (डिसेम्बर) में बदल जाते हैं।" ('मेन ऑर एप्रिल व्हेन दे वू, दे ऑर डिसेम्बर व्हेन दे मैरी') कुछ ऐसा ही शायद जिन्ना के साथ भी हुआ। रत्ती शामें जिन्ना के साथ बिताना चाहती थीं। पर जिन्ना देर रात तक वकालत और राजनीति में व्यस्त रहते थे। रत्ती अक्सर शाम को फ़ैशनेबुल पश्चिमी कपड़ों में सजी जिन्ना के चैम्बर में पहुँच जाती थीं। जिस समय जिन्ना किसी मुवक्किल या जूनियर से विचार-विमर्श करते होते, वह उनकी मेज़ पर अपने सुन्दर पैर नीचे लटकाकर बड़ी बेतकल्लुफ़ी से विराजमान हो जाती थीं। धीरे-धीरे मस्ती से पैर हिलाते वह जिन्ना के ख़ाली होने का इन्तज़ार करती रहती थीं, जिससे दोनों साथ-साथ बाहर जा सकें। मुस्लिम लीग में जिन्ना के युवा सहयोगी तथा वकालत में उनके जूनियर और भारत के सुप्रसिद्ध न्यायविद् मुहम्मद करीम छागला ने अपनी आत्मकथा 'दिसंम्बर में गुलाब' (रोज़ेज़ इन दिसम्बर) में इसका ज़िक्र करते हुए लिखा है कि जिस समय रत्ती जिन्ना के चैम्बर में इस तरह आतीं, उनका वस्त्र-विन्यास आज के आधुनिक मानदंडों के हिसाब से भी काफ़ी आगे की चीज़ होता था। जिन्ना ने जो कि स्वयं पश्चिमी वेशभूषा के शौक़ीन थे, कभी भी रत्ती के वस्त्र-विन्यास और फ़ैशनेबुल रहन-सहन पर आपत्ति नहीं

की थी। रत्ती जब उनके चैम्बर में आकर बेतकल्लुफ़ी से उनकी मेज़ पर बैठ जाती थी तो हल्का-सा मुस्कुराकर वह अपना आवश्यक कार्य पूरा करते रहते थे। निश्चय ही रत्ती का यह व्यवहार उनके धैर्य की कड़ी परीक्षा लेता था। पर वह शान्त और संयत रहते थे।

छागला ने अपनी आत्मकथा में रत्ती से सम्बन्धित दो और प्रसंग दर्ज किए हैं। एक प्रसंग बम्बई के 'ग्लोब थिएटर' में आयोजित मुस्लिम लीग की एक बैठक का है। छागला लीग के सचिव के रूप में आयोजन-स्थल पर व्यवस्था के सिलसिले में पहले ही पहुँच गए थे। रत्ती ऊपर वर्णन की गई वेशभूषा में बैठक में पहुँचकर मंच पर निहायत अनौपचारिक ढंग से विराजमान हो गई थीं। पूरा सभागार दाढ़ीधारी मौलानाओं से भरा हुआ था। जिन्ना मुस्लिम लीग के अध्यक्ष थे। रत्ती का वस्त्र-विन्यास निश्चय ही परम्परागत मुसलमान नारी की शालीन वेशभूषा से मेल नहीं खाता था। हॉल में बैठे मौलाना-समाज ने नाराज़गी के साथ छागला से पूछा कि "यह औरत कौन है ? इसे तुरन्त बाहर जाने को कहें ?" जब उन्हें बताया गया कि वह लीग के अध्यक्ष जिन्ना की बीवी हैं और उन्हें वह (छागला) बाहर जाने के लिए नहीं कह सकते तो अवाक् मौलाना लोगों के चेहरों के भाव की कल्पना की जा सकती है।

दूसरी घटना सन् 1926 की है। जिन्ना बम्बई के मुस्लिम निर्वाचन क्षेत्र से केन्द्रीय विधायिका (सेंट्रल लेजिस्लेटिव असेम्बली) की सदस्यता के लिए प्रत्याशी थे। उनके विरुद्ध बम्बई के दो और प्रभावशाली समृद्ध गुजराती मुसलमान—हुसैनभाई लालजी और सालेह भाई बारूदवाला खड़े थे। मतदान के दिन दोनों ने जिन्ना को सन्देश भेजा कि यदि वह (जिन्ना) उनसे आग्रह करें तो वह जिन्ना के पक्ष में चुनाव से हट जाएँगे। जिन्ना ने अपने प्रचार में कोई ख़ास रुचि नहीं प्रदर्शित की थी। वह कहते थे कि यह चुनाव मतदाताओं का इम्तहान है। उनका प्रचार कार्य रत्ती, सर पुरुषोत्तम दास ठाकुरदास और कानजी द्वारकादास देख रहे थे। जिन्ना की धर्म-निरपेक्ष छवि का अन्दाज़ा इसी से लगाया जा सकता है कि चुनाव के दिन सुबह-सुबह उनके सौ से अधिक हिन्दू मित्रों और प्रशंसकों ने अपनी गाड़ियाँ ड्राइवरों के साथ मतदाताओं को ले जाने ले आने के लिए उनके उपयोग के लिए छोड़ दी थीं। जिन्ना का जीतना निर्विवाद था। इस बीच जब हुसैनभाई लालजी और सालेहभाई बारूदवाला के उनके (जिन्ना के) आग्रह पर चुनाव से हट जाने के प्रस्ताव आए तो मुदित मन जिन्ना ने उन्हें अपना शौक पूरा कर लेने का सन्देश देते हुए उन्हें उपकृत करने से मना कर दिया था। इसी दिन दोपहर में जिन्ना के लिए लंच लेकर रत्ती टाउन हॉल पहुँचीं। जिन्ना एक कमरे में बैठे कुछ विशिष्ट लोगों के साथ विचार-विमर्श कर रहे थे। लिमोजिन से उतरकर नौकर के हाथ में लंच की टोकरी के साथ कमरे में प्रवेश करते ही उत्साहपूर्वक उन्होंने कहा था, "जिन्ना, ज़रा अन्दाज़ लगाओ मैं तुम्हारे वास्ते लंच के लिए क्या लाई हूँ ?" जिन्ना के यह कहने पर कि यह वह कैसे बता सकते हैं, रत्ती ने कहा था—"बड़ी प्यारी हैम की सैंडविचेज़।" विस्मित जिन्ना लगभग चीख़ पड़े थे, "माई गॉड, ये तुमने क्या किया ? क्या तुम चाहती हो कि मैं चुनाव हार जाऊँ ?

मैं अलग मुसलमान निर्वाचन क्षेत्र से खड़ा हूँ। अगर वोटरों को यह भनक मिल गई कि मैं लंच में हैम की सैंडविचेज खाने जा रहा हूँ तो क्या तुम सोचती हो कि इस चुनाव में मेरी जीत की ज़रा भी गुंजाइश बच पाएगी ?" ज्ञातव्य है कि हैम इस्लाम में वर्जित सूअर के मांस को सुखाकर तैयार किया जाता है। जिन्ना की बात सुनकर रत्ती का मुँह लटक गया था। वह टोकरी के साथ जल्दी-जल्दी सीढ़ियाँ उतरते हुए लौट गई थीं। छागला के अनुसार बाद में वह और जिन्ना लंच के लिए टाउन हॉल के पास ही एक सुप्रसिद्ध रेस्तराँ में गए थे और वहाँ जिन्ना के ख़ास आग्रह पर दोनों ने कॉफी के साथ पेस्ट्री और पोर्क सासेज खाया था। विदित है कि पोर्क भी हैम की तरह सूअर का मांस ही होता है। छागला द्वारा वर्णित घटना से रत्ती की विधि-निषेध के संस्कारों से मुक्त निश्छल निर्मल प्रकृति की एक और बानगी मिलती है।

5

रत्ती के छोटे से जीवन की गहन कथा अधूरी रह जाएगी, यदि जिन्ना और उनके अन्तरंग मित्र और शुभचिन्तक कानजी द्वारकादास की चर्चा न की जाए। रत्ती पर जो एकमात्र बासठ पृष्ठों की पतली सी पुस्तक उपलब्ध है वह कानजी द्वारकादास द्वारा ही लिखी गई है। मई, सन् 1892 में जन्मे कानजी द्वारकादास बम्बई के एक समृद्ध गुजराती परिवार के बेटे थे। वह और उनके बड़े भाई जमनादास द्वारकादास बम्बई की राजनीतिक, सामाजिक और सांस्कृतिक गतिविधियों से सक्रिय रूप से जुड़े थे। उनके पिता द्वारकादास धरम सिंहजी का भी राजनीति से गहरा जुड़ाव था। वह कांग्रेस के संस्थापक सदस्यों में से एक थे। वह जामनगर (गुजरात) से द्वारिका जानेवाले मार्ग पर (जामनगर से लगभग 32 मील दूर) स्थित जाम खम्भारिया नामक क़स्बे के मूल निवासी थे। वह भाटिया जाति के थे। चूँकि उनका निवास हालार क्षेत्र में आता था, इसलिए उनके पूर्वजों को हालाई भाटिया कहा जाता था। उनका परिवार परम्परागत रूप से राजस्थान स्थित श्रीनाथद्वारा के श्रीनाथ जी का भक्त था। अतः आस्था और संस्कार से परिवार वैष्णव था। मझोले से थोड़ा उभरते हुए क़द के कानजी गौर वर्ण के थे। सौम्य, हँसमुख और संवेदनशील वह अत्यन्त आकर्षक व्यक्तित्व के धनी थे। सन् 1897 में जब लोकमान्य तिलक को राजद्रोह के आरोप में पहली बार गिरफ़्तार किया गया था तो कानजी के पिता द्वारकादासजी ने ही 1,25,000 रु. की अपनी व्यक्तिगत ज़मानत पर उन्हें छुड़ाया था। यह राशि उन्नीसवीं सदी के अन्त में निश्चय ही बहुत बड़ी राशि होती थी। इससे द्वारकादासजी की उस समय की आर्थिक हैसियत और समृद्धि का सहज अनुमान लगाया जा सकता है। उनके सबसे बड़े बेटे का नाम त्रिकमदास द्वारकादास था। वह एक प्रतिष्ठित वकील थे और बम्बई की सुप्रसिद्ध क़ानून की फ़र्म मेसर्स कांगा एंड कम्पनी के सीनियर पार्टनर थे। आयकर सम्बन्धी मामलों के वह विशेषज्ञ माने जाते थे।

कानजी के दूसरे बड़े भाई जमनादासजी उस समय बम्बई से प्रकाशित तेजस्वी राष्ट्रीय पत्र 'यंग इंडिया' के कन्हैयालाल माणिकलाल मुंशी के साथ सह सम्पादक थे। वैचारिक मतभेद के कारण बाद में श्री मुंशी इस पत्र से अलग हो गए थे। जमनादास ने इसका सम्पादन सन् 1919 तक किया। इसी वर्ष यह पत्र गांधीजी को सौंप दिया गया था। कुछ समय तक उन्होंने यह पत्र 'यंग इंडिया' के नाम से निकालने के बाद इसका प्रकाशन 'हरिजन' नाम से शुरू कर दिया था। कानजी श्रीमती एनी बेसेंट की थियोसॉफ़िकल सोसाइटी से भी सक्रिय रूप से जुड़े थे। श्रीमती एनी बेसेंट का उनके ऊपर पुत्रवत् स्नेह था। श्रीमती बेसेंट 'न्यू इंडिया' नाम से होमरूल लीग का एक अख़बार निकालती थीं। सन् 1915 में जब राजद्रोह के आरोप में उन्हें नज़रबन्द किया गया तो उसका सम्पादन पी.के. तैलंग नामक बम्बई के एक प्रबुद्ध सज्जन ने सँभाला था। वह जस्टिस के.टी. तैलंग के बेटे थे तथा कांग्रेस, होमरूल लीग और थियोसॉफ़िकल सोसाइटी से गहरे जुड़े थे।

सन् 1916 में होमरूल लीग की ही एक बैठक में तैलंग ने पहली बार कानजी का जिन्ना से परिचय श्रीमती बेसेंट के मार्गदर्शन में काम कर रहे 'एक तरुण थियोसॉफ़िस्ट' के रूप में कराया था। 42 वर्षीय जिन्ना ने थोड़ा झुककर 24 वर्षीय कानजी का अभिवादन स्वीकार करते हुए उन्हें राजनीति को गम्भीरतापूर्वक ग्रहण करने की राय देते हुए मेहनत से काम करने के लिए कहा था। कानजी एक स्वतन्त्रचेता व्यक्ति थे। प्रारम्भ में वह गांधीजी के असहयोग और बहिष्कार आन्दोलन से सक्रिय रूप से भी जुड़े रहे। पर जब सन् 1924 में इंग्लैंड में लेबर पार्टी की सरकार बनी तो उन्होंने उसकी सदाशयता में विश्वास जताते हुए असहयोग और बहिष्कार से न केवल नाता तोड़ लिया बल्कि उससे (सरकार से) पूरा सहयोग करने की वकालत भी की। होमरूल लीग की गतिविधियों के सिलसिले में उसके सचिव शंकरलाल बैंकर और उमर सोभानी के साथ कानजी अक्सर जिन्ना से मिलते रहते थे। एक दिन जिन्ना ने उनसे बड़े आत्मीय ढंग से पूछा था कि "कानजी, तुम काम करना चाहते हो कि भाषण देना।" कानजी ने बिना किसी हिचकिचाहट के जवाब दिया था कि 'वह काम करना चाहते हैं।' इस पर जिन्ना ने उन्हें आगाह करते हुए कहा था कि, "तब यह ख़याल रखना कि तुम्हारा नाम कभी प्रचारित नहीं होगा।" कानजी ने आजीवन आत्म-विज्ञापन और राजनीतिक मंच की चकाचौंध से अपने को दूर रखा। लेकिन सैद्धान्तिक राजनीति और समाज-सेवा के क्षेत्र में एक कर्मठ तथा संवेदनशील कार्यकर्त्ता की छवि के साथ एक प्रखर बुद्धिजीवी के रूप में उनकी साख बम्बई में आजीवन बनी रही। वह मज़दूर-आन्दोलन, ज़रूरतमन्द, विपन्न, उपेक्षित स्त्रियों, ब्रच्चों ख़ासतौर से देह-व्यापार से जुड़ी औरतों के कल्याण और पुनर्वास के कार्य से सक्रिय रूप से जीवनपर्यन्त जुड़े रहे। वह ऑल इंडिया ट्रेड यूनियन कांग्रेस के संस्थापक सदस्य रहे। जिन्ना के अलावा गांधीजी, सरोजिनी नायडू, पं. जवाहरलाल नेहरू, वल्लभभाई पटेल, विट्ठलभाई पटेल, जे. कृष्णमूर्ति, भूलाभाई देसाई तथा बीसवीं सदी के पूर्वार्ध में स्वतन्त्रता-संग्राम से जुड़ी अनेक महत्त्वपूर्ण हस्तियों के वह अन्तरंग

और विश्वासपात्र रहे। जिन्ना से वह अन्त तक जुड़े रहे। रत्ती के साथ उनके सम्बन्ध इतने प्रगाढ़, आत्मीय और अन्तरंग रहे कि सन् 1927 के अन्त में जब जिन्ना और रत्ती अलग रहने लगे तो दोनों के बीच वह एकमात्र सेतु सिद्ध हुए। रत्ती के प्रति उनकी आत्मीयता और मैत्रीभाव को लोग किस आदर-भाव से देखते थे इसका अनुमान इसी से लगाया जा सकता है कि जब सन् 1929 में रत्ती का मात्र 29 वर्ष की उम्र में लम्बी बीमारी के बाद देहावसान हुआ तो एनी बेसेंट, सरोजिनी नायडू और जे. कृष्णमूर्ति जैसे कई महत्त्वपूर्ण लोगों ने सान्त्वना और शोक का सन्देश जिन्ना या रत्ती के किसी परिवारजन को भेजने के बजाय कानजी को भेजा था।

6

सन् 1914 में एक दिन बम्बई के एलफिस्टन कॉलेज से ओवल मैदान पार कर क्वींस रोड टेनिस कोर्ट की तरफ़ जाते 22 वर्षीय कानजी ने 14 वर्षीया किशोरी रत्ती को चौपाटी की ओर से एक छोटी-सी बग्घी में आते हुए पहली बार देखा था। जब तक बग्घी आँख से ओझल नहीं हो गई कानजी उस अनिन्द्य किशोरवय सुन्दरी को एकटक देखते रहे। उस मनोहर रूप को वह एक लम्बे अर्से तक भूल नहीं पाए थे। कुछ महीने बाद अख़बार में छपे एक फ़ोटो के आधार पर उन्हें पता चला कि बग्घी में दिखी वह किशोरी बम्बई के सुप्रसिद्ध नागरिक तथा राजनीतिक-सामाजिक क्षेत्र में एक सम्मानित उद्योगपति सर दिनशा पेटिट की बेटी रतनबाई पेटिट थी। दूसरी बार रत्ती को उन्होंने दिसम्बर, 1916 में देखा था, जब वह बम्बई के सुप्रसिद्ध विधिवेत्ता और राजनेता भूलाभाई देसाई के साथ रेल से कांग्रेस के वार्षिक अधिवेशन में शामिल होने के लिए लखनऊ जा रहे थे। उनके बग़लवाले डिब्बे में अपनी बुआ हमाबाई के साथ रत्ती भी यात्रा कर रही थीं। उस डिब्बे में बम्बई के सुप्रसिद्ध बैरिस्टर डी.एन. बहादुरजी भी यात्रा कर रहे थे। यात्रा के दौरान बड़े जंक्शनों पर जब गाड़ी कुछ ज़्यादा समय के लिए रुकती तो रत्ती प्लेटफ़ॉर्म पर बहादुरजी के साथ चहलक़दमी करती नज़र आती थीं। रत्ती ने सन् 1916 के लखनऊ में आयोजित कांग्रेस के ऐतिहासिक अधिवेशन में अपनी बुआ के साथ भाग लिया था। उसी समय मुस्लिम लीग का अधिवेशन भी लखनऊ में आयोजित था। कांग्रेस अधिवेशन में श्रीमती एनी बेसेंट, लोकमान्य तिलक, पं. मोतीलाल नेहरू, जिन्ना, तेज बहादुर सप्रू और सरोजिनी नायडू जैसे नेता शामिल हुए थे। इसमें गांधीजी भी एक सामान्य पर्यवेक्षक की हैसियत से उपस्थित थे। उन्होंने अधिवेशन की कार्यवाही में कोई सक्रिय हिस्सा नहीं लिया था। जिन्ना के ही प्रयास से कांग्रेस-लीग समझौते का प्रारूप अस्तित्व में आया था। इस समझौते के प्रारूप के असली शिल्पी वही थे। रत्ती ने इस अधिवेशन में जिन्ना की प्रतिष्ठा का ग्राफ़ एक नई बुलन्दी छूते हुए देखा था। कानजी की मुलाक़ात अभी भी रत्ती से रू-ब-रू नहीं हो पाई थी। दरअसल, अप्रैल, 1918 में जिन्ना से विवाह के तुरन्त बाद पहली बार रत्ती से कानजी की साक्षात्

भेंट सम्भव हो सकी थी। यह भेंट आगे चलकर रत्ती और कानजी के बीच लगभग ग्यारह वर्ष के अनूठे मैत्री सम्बन्ध की आधारशिला बनी।

16 जून, सन् 1917 को जब राजद्रोह के अभियोग में श्रीमती एनी बेसेंट को अंग्रेज़ सरकार ने नज़रबन्द कर दिया था तो उनके द्वारा स्थापित होमरूल लीग की शाखाएँ बड़ी तेज़ी से देश के विभिन्न हिस्सों में खुलने लगी थीं। जिन्ना उसकी बम्बई शाखा के संस्थापक अध्यक्ष चुने गए थे। उनके साथ बम्बई में क़ानून के पेशे से सम्बद्ध अनेक महत्त्वपूर्ण व्यक्ति होमरूल लीग की गतिविधियों से जुड़ गए थे। बम्बई के राजनीतिक सामाजिक क्षेत्र में सक्रिय दो प्रमुख व्यक्ति उमर सोभानी और शंकर लाल बैंकर उसके सचिव और कानजी उसके कोषाध्यक्ष चुने गए थे। होमरूल लीग के काम से कानजी का जिन्ना के यहाँ आना-जाना अब काफ़ी बढ़ गया था। माउंट प्लीजैंट रोड पर 'साउथ कोर्ट' नाम का एक पुराना बँगला जिन्ना ने कुछ वर्षों पूर्व ख़रीद लिया था। रत्ती से विवाह के बाद जिन्ना की कांग्रेस और होमरूल लीग से सम्बन्धित गतिविधियाँ अपेक्षाकृत और बढ़ गई थीं। कानजी का उसी अनुपात में जिन्ना से मिलना-जुलना भी काफ़ी बढ़ गया था। अब वह लगभग हर हफ़्ते कम-से-कम एक बार रात का भोजन जिन्ना और रत्ती के साथ करने लगे थे। इन्हीं मुलाक़ातों के दौरान कानजी और रत्ती की दोस्ती परवान चढ़ी थी।

शीघ्र ही कानजी रत्ती की रुचियों और रुझानों से परिचित हो चले थे। वह रत्ती को उनकी पसन्द की पुस्तकें और पत्रिकाएँ उपलब्ध कराते। महत्त्वपूर्ण कृतियों का सारांश लिखकर देते और समान रुचि के विषयों पर देर तक गम्भीर चर्चाएँ करते। इन बढ़ती मुलाक़ातों के दौरान कानजी रत्ती के सुन्दर-सुकोमल बाह्य व्यक्तित्व से कहीं अधिक उनकी गहरी संवेदनशीलता, गहनतर भावप्रवणता, कुशाग्र मेधा, बेजुबान और वंचितों के लिए असीम करुणा के साथ उनकी उदार राष्ट्रीयता, निश्छल आत्मीयता और पारदर्शी ईमानदारी से गहरे प्रभावित थे। एक वरिष्ठ राजनेता और शीर्षस्थ वकील के रूप में जैसे-जैसे जिन्ना की व्यस्तताएँ बढ़ती गईं, वैसे-वैसे उनके पास रत्ती के लिए समय दिन-ब-दिन कम बचने लगा। इसके फलस्वरूप रत्ती धीरे-धीरे भावनात्मक और बौद्धिक दोनों रूप से ज़्यादातर कानजी पर ही आश्रित होती गईं। कानजी थियोसॉफ़िकल सोसाइटी और श्रीमती एनी बेसेंट से गहरे जुड़े थे। रत्ती श्रीमती बेसेंट और उनकी सोसाइटी से यद्यपि पहले से परिचित थीं पर उनके निकट सम्पर्क में वह कानजी के माध्यम से ही आई थीं। सोसाइटी की गतिविधियों में भाग लेने के दौरान वह उससे जुड़े कुछ अन्य महत्त्वपूर्ण व्यक्तियों के सम्पर्क में भी आईं। इनमें जे. कृष्णमूर्ति, श्रीमती जेम्स कजिंस, सी. जिनराज दास और उनकी पत्नी डोरोथी जिनराज दास प्रमुख थे। कानजी की अनुपस्थिति में श्रीमती कजिंस रत्ती को जिनराज दास के भाषण में ले गई थीं। वहाँ रत्ती ने पहली बार डोरोथी जिनराज दास को देखा था। डोरोथी के चेहरे पर व्याप्त विशिष्ट कान्ति ने रत्ती को सम्मोहित कर लिया था। बाद में उन्होंने कानजी को लिखा था कि जीवन में पहली बार उन्होंने ऐसा आभामंडित चेहरा देखा था। उन्हें पहली बार अनुभव

हुआ था कि एक दीप्त (रेडिएंट) मुखमंडल कैसा हो सकता है, जो मात्र बाह्य नहीं, बल्कि आन्तरिक प्रभा से भी उद्दीप्त हो, जो ऊपर से देखे जाने के बजाय अन्तर में उतरने के लिए प्रेरित करे। डोरोथी के चुम्बकीय व्यक्तित्व से रत्ती अभिभूत थीं। उन्होंने कानजी को श्रीमती कजिंस के ज़रिए नारीत्व के एक अत्यन्त मोहक और अनूठे आद्यरूप से सम्पर्क का अवसर प्रदान करने के लिए भूरि-भूरि धन्यवाद दिया था। डोरोथी अपने पति जिनराजदास के साथ थियोसॉफ़िकल सोसाइटी के अलावा देह-व्यापार में संलग्न स्त्रियों के कल्याण और वेश्यालयों (ब्रॉथेल्स) के नियमन हेतु एक प्रभावी क़ानून बनाने के लिए भी मद्रास में एक अर्से से प्रयत्नशील थीं। उनके सहयोग से सन् 1925 में सुप्रसिद्ध न्यायविद् शेष अयंगर ने मद्रास विधानसभा में पेश करने के लिए एक विशेष विधेयक तैयार किया था। कानजी इस दिशा में बम्बई में सक्रिय थे। रत्ती की इस विषय में गहरी रुचि कानजी और डोरोथी के सम्पर्क से ही विकसित हुई थी। इस सम्बन्ध में बम्बई विधानसभा में भी विधेयक लाने के लिए कानजी, जिन्ना और रत्ती के बीच अक्सर गम्भीर विचार-विमर्श चलता रहता था। अपने बारे में रत्ती की भावनाओं से अवगत होने पर डोरोथी की भी अभिरुचि रत्ती में बढ़ गई थी।

सी. जिनराजदास मूलतः श्रीलंका के निवासी थे। अध्यात्म और दर्शन के क्षेत्र में वह बचपन से ही जिज्ञासु थे। श्रीमती एनी बेसेंट से उनकी पहली भेंट तेरह वर्ष की आयु में श्रीलंका में सन् 1888 में हुई थी। वह बौद्ध थे। बौद्ध धर्म के साथ-साथ उन्होंने विश्व के अन्य प्रमुख धर्मों और उनके आध्यात्मिक-धार्मिक आधारों का गम्भीर और विशद् अध्ययन कर रखा था। वह हिन्दुस्तान में श्रीमती एनी बेसेंट और अरुंडेल दम्पति (डॉ. जॉर्ज सिडनी अरुंडेल और उनकी विदुषी नृत्यांगना पत्नी श्रीमती रुक्मिणी देवी अरुंडेल) के बाद थियोसॉफ़िकल सोसाइटी के सबसे महत्त्वपूर्ण व्यक्ति माने जाते थे। वह एक गम्भीर आध्यात्मिक चिन्तक, कवि और ओजस्वी वक्ता थे। कला तथा सौन्दर्य के प्रति उनके आन्तरिक लगाव के कारण उन्हें कला और सौन्दर्य का देवदूत कहा जाता था। पूरे विश्व में घूमते हुए वह अध्यात्म, कला और थियोसॉफी पर व्याख्यान देते रहते थे। थियोसॉफ़िकल सोसाइटी के सम्बन्ध में भी थोड़ी-सी जानकारी यहाँ उपयोगी होगी। विज्ञान के क्षेत्र में हुई अप्रत्याशित उन्नति और दिन दूने रात चौगुने बढ़ते औद्योगिकीकरण से पैदा बददिमाग़ भौतिकता के विरुद्ध पश्चिम में कई संवेदनशील व्यक्ति और छोटे-बड़े संगठन उन्नीसवीं सदी के अन्तिम दशकों में सक्रिय होने लगे थे। इस प्रक्रिया के तहत उनका ध्यान पूर्व के प्राचीन धर्मों और हिन्दुस्तान की आध्यात्मिक और दार्शनिक परम्परा की ओर भी आकृष्ट हो रहा था। हिन्दू और बौद्ध धर्म उनके आकर्षण के ख़ास केन्द्र थे। भौतिकता से आक्रान्त सभ्यता की विकृतियों के निराकरण और प्रतिरोध के लिए पश्चिम में सितम्बर, 1875 में थियोसॉफ़िकल सोसाइटी की स्थापना हुई थी। रूसी मूल की मैडम हैलेना पेत्रोवना ब्लॉवत्सकी और अमेरिका के एक पूर्व सैनिक अधिकारी कर्नल हैनरी स्टील ऑल्कॉट इसके प्रमुख संस्थापक थे। जाति, धर्म, नस्ल, लिंग और रंगभेद से मुक्त विश्व-बन्धुत्व की भावना का विकास और प्रसार, विभिन्न धर्म-दर्शनों,

आचारशास्त्रों तथा विज्ञान के समन्वित और तुलनात्मक अध्ययन को प्रोत्साहन तथा प्रकृति के अबूझ नियमों और मनुष्य में सन्निहित नैसर्गिक शक्ति की खोज इसके मुख्य उद्देश्य थे। कर्म और पुनर्जन्म के सिद्धान्त में सोसाइटी की आस्था विशेष रूप से उल्लेखनीय है। शीघ्र ही उसकी शाखाएँ अमेरिका, योरोप, ऑस्ट्रेलिया, अफ़्रीका और एशिया के अनेक नगरों में खुलने लगीं। हिन्दुस्तान में इसकी शाखा सर्वप्रथम बम्बई में मैडम ब्लॉवत्स्की और कर्नल ऑल्कॉट द्वारा ही सन् 1879 में यहाँ के प्रबुद्ध नागरिकों के सहयोग और प्रोत्साहन से स्थापित की गई थी। यह जानकारी दिलचस्प होगी कि प्रारम्भ में आर्य समाज और उसके संस्थापक स्वामी दयानन्द सरस्वती भी इससे जुड़े थे। बीसवीं सदी के प्रारम्भिक तीन दशकों में हिन्दुस्तान की थियोसॉफ़िकल सोसाइटी का काम श्रीमती एनी बेसेंट के नेतृत्व और मार्गदर्शन में आगे बढ़ा।

रत्ती, कानजी द्वारकादास, जिनराजदास दम्पति, जे. कृष्णमूर्ति और श्रीमती बेसेंट के ज़रिए ही थियोसॉफ़िकल सोसाइटी से जुड़ी थीं। उन्हें लगता था कि परम्परागत संगठित धर्मों में अध्यात्म धीरे-धीरे गौण होता जा रहा है। वह बाह्य आडम्बरों और कर्मकांडों का विग्रह बनकर रह गया है। पारम्परिक धर्म में इसी अनास्था के कारण रत्ती ने थियोसॉफ़िकल सोसाइटी में रुचि लेना शुरू किया था। कानजी द्वारकादास को लिखे एक पत्र में डोरोथी जिनराजदास ने थियोसॉफ़ी और स्वयं अपने में रत्ती द्वारा गहरी रुचि प्रदर्शित करने पर प्रसन्नता व्यक्त की थी। पत्र से पता चलता है कि डोरोथी के मन में रत्ती की आन्तरिक शक्ति और बुद्धिमत्ता के प्रति गहरा सम्मान-भाव था। रत्ती ने लगता है कभी स्वयं डोरोथी को सीधे पत्र नहीं लिखा था। उनके आग्रह पर कानजी ने डोरोथी से पत्र लिखकर अडयार (मद्रास) स्थित थियोसॉफ़िकल सोसाइटी की लड़कियों के स्कूल के सम्बन्ध में जानकारी माँगी थी। रत्ती अपनी छः वर्षीया इकलौती बेटी दीना को वहाँ पढ़ाने पर विचार कर रही थीं। एक दूसरे में इतनी रुचि के बावजूद रत्ती और डोरोथी के बीच सीधे पत्र-व्यवहार का न होना एक पहेली-सा लगता है।

थियोसॉफ़िकल सोसाइटी की गतिविधियों से रत्ती के प्रारम्भिक गहरे जुड़ाव का अनुमान कानजी द्वारा उल्लिखित एक घटना से लगाया जा सकता है। सन् 1925 की क्रिसमस की छुट्टियों के दौरान अडयार (मद्रास) में थियोसॉफ़िकल सोसाइटी का एक विशेष अधिवेशन आयोजित था। उसी समय अलीगढ़ में मुस्लिम लीग की एक ख़ास बैठक होने जा रही थी। जिन्ना रत्ती को भी अलीगढ़ साथ ले जाना चाह रहे थे। पर रत्ती ने थियोसॉफ़िकल सोसाइटी के अधिवेशन में भाग लेने के लिए अलीगढ़ जाने से मना कर दिया था। हालाँकि रत्ती उक्त अधिवेशन में भी भाग नहीं ले सकी थीं। उनकी प्रिय बिल्ली उसी समय बीमार पड़ गई थी। नतीजतन, उन्हें मद्रास जाने का अपना कार्यक्रम स्थगित करना पड़ा था। बिल्ली के ठीक होने पर ही एक सप्ताह बाद वह मद्रास पहुँच सकी थीं। थियोसॉफ़िकल सोसाइटी के अधिवेशन में भाग लेने के लिए जिस रत्ती ने अपने पति के साथ अलीगढ़ जाने से मना कर दिया था, उसी ने अपनी बिल्ली की बीमारी के फलस्वरूप उसे छोड़कर मद्रास जाना उचित नहीं समझा

था। यह रत्ती के करुणा-विगलित हृदय का एक मर्मस्पर्शी प्रमाण है।

पूर्व निश्चित समय के बाद जब रत्ती अडयार पहुँची थीं तो उन्हें जिनराज दास ने परामर्श दिया था कि अधिवेशन के प्रतिनिधियों के लिए बनी अस्थायी कुटिया में रुकने की बजाय वह निकट के एक सुविधा-सम्पन्न होटल में रुकें। जिनराज दास रत्ती की अभिजात जीवनशैली से परिचित थे। वह नहीं चाहते थे कि अडयार-प्रवास के दौरान रत्ती को कोई असुविधा हो। रत्ती ने कानजी से एकाधिक बार थियोसॉफ़ी में दीक्षित होने की अपनी इच्छा प्रकट की थी। वह चाहती थीं, यह दीक्षा उन्हें स्वयं श्रीमती एनी बेसेंट द्वारा प्राप्त हो। अडयार में वह सोसाइटी के प्रायः हर कार्यक्रम में हिस्सा लेती थीं। वह नियमित रूप से प्रवचनों को सुनती थीं और थियोसाफ़ी के साहित्य का अध्ययन करती थीं। कानजी द्वारा श्रीमती बेसेंट को स्वयं उनके हाथों थियोसॉफ़ी में दीक्षा की रत्ती की इच्छा का पता चल गया था। एक दिन शाम को प्रवचन के बाद श्रीमती बेसेंट रत्ती को अपने कमरे में ले गईं। वहाँ आधे घंटे तक दोनों के बीच सम्बन्धित विषय पर विस्तारपूर्वक गम्भीर चर्चा हुई। रत्ती के अडयार-प्रवास के दौरान ही सोसाइटी ने विभिन्न धर्मग्रन्थों से चुनकर एक सर्वधर्म प्रार्थना तैयार की थी। इस सार्वभौम प्रार्थना का पाठ कुछ समय पहले ही सोसाइटी की प्रातःकालीन सभा में प्रारम्भ किया गया था। रत्ती को यह बाह्य आडम्बर-सा लग रहा था। रत्ती ने श्रीमती बेसेंट को अपने मन की बात बताने में ज़रा भी संकोच नहीं किया। उन्होंने साफ़-साफ़ कहा कि इस तरह के अध्यात्मशून्य प्रदर्शनों से बचने के लिए ही वह थियोसॉफ़ी की ओर उन्मुख हुई हैं और यदि उन्हीं परम्परागत धर्मों के आडम्बरपूर्ण कर्मकांडों से उन्हें यहाँ भी मुक्ति नहीं मिलती तो उन्हें थियोसॉफ़िकल सोसाइटी की दीक्षा के अपने पूर्व निर्णय पर पुनर्विचार करना होगा।

एक नेत्री और विदुषी होने के साथ ही श्रीमती बेसेंट अत्यन्त उदारमना अनुभवी और समझदार महिला थीं। रत्ती के मनोभाव और ईमानदार प्रतिक्रिया को उन्होंने सही परिप्रेक्ष्य में लिया। उन्होंने रत्ती से कहा कि उनके जैसे गम्भीर और सच्चे अन्वेषी के लिए सोसाइटी की औपचारिक सदस्यता आवश्यक नहीं थी। रत्ती का थियोसॉफ़िकल सोसाइटी से पहला परिचय कानजी के ही ज़रिए हुआ था। अतः श्रीमती बेसेंट से अपने दिल की बात कहने के बाद उन्होंने (रत्ती ने) कानजी से पूछा था कि वह उसके (रत्ती के) निर्णय से कहीं आहत तो नहीं होंगे। यदि श्रीमती बेसेंट के सामने व्यक्त प्रतिक्रिया उन्हें (कानजी को) नागवार लगी हो तो वह (रत्ती) सोसाइटी की औपचारिक सदस्यता ख़ुशी से निःसंकोच ग्रहण कर लेंगी। वह अपने किसी भी व्यवहार से कानजी का दिल दुखाना नहीं चाहती थीं। कानजी ने रत्ती से सहमति जताते हुए कहा था कि वह स्वयं आध्यात्मिकता के अलावा इस पर लादे गए बाह्य आडम्बरों के पक्ष में नहीं थे। श्रीमती बेसेंट के मन में रत्ती के प्रति गहरा आत्मीय भाव था। उनका खान-पान और रहन-सहन बहुत संयत और अनुशासित था। बाहर खाना-पीना उन्हें क़तई पसन्द नहीं था। रत्ती के प्रति उनके विशेष स्नेहभाव का अन्दाज़ा इसी से लगाया जा सकता है कि वह उनके

भोजन के निमन्त्रण को कभी अस्वीकार नहीं कर पाती थीं। उनकी अनुभवी आँखों से रत्ती के जीवन में गहराती अवसाद की छाया छिप नहीं सकी थी। अडयार में उन्होंने कानजी से कहा था कि 'अपने इस महान मित्र का ध्यान रखना। वह दुखी लगती हैं।' कानजी ने इस कथन पर जब आश्चर्य व्यक्त किया था तो उन्होंने विस्मय के साथ जोड़ा था–'उसे देखो, क्या उसकी आँखों में दुःख नहीं झलकता ?' श्रीमती एनी बेसेंट रत्ती के सम्पर्क में आनेवालों में सर्वप्रथम थीं, जिन्हें इस सुकुमार और संवेदनशील युवती के जीवन में घुलते दुःख का पूर्वाभास हो गया था।

7

यह जानकारी दिलचस्प होगी कि रत्ती ने भले ही स्वयं को संगठित धर्मों और सम्बद्ध सम्प्रदायों के खोखले आडम्बरों से पूर्णतः मुक्त मान लिया हो, पर थियोसॉफ़िकल सोसाइटी से जुड़े अपने निकटस्थ मित्रों और परिचितों के ज़रिए उनमें इहलौकिक स्थूल संसार से परे सूक्ष्म पारलौकिक जगत के रहस्य-लोक के सम्पर्क की अत्यन्त उत्कट इच्छा विकसित हो गई थी। इसके लिए वह जोखिम-भरे प्रयोग भी करने को तैयार थीं। थियोसॉफ़ी और फ्रीमैसन से जुड़े लोगों में प्रचलित पश्चिमी तन्त्र-मन्त्र का ज्ञान प्राप्त करने के लिए वह सम्बन्धित आध्यात्मिक गोष्ठियों में भाग लेने लगी थीं। उस पर उपलब्ध साहित्य वह ढूँढ़-ढूँढ़कर पढ़ने लगी थीं। श्रीमती एच.पी. ब्लॉवत्स्की और श्रीमती एनी बेसेंट द्वारा इस विषय पर लिखी पुस्तकें उन्हें कानजी के सौजन्य से प्राप्त होती रहती थीं। इस विषय में ज्ञान और सीधे अनुभव की उनकी प्यास दिन-प्रतिदिन बढ़ती जा रही थी। 21 नवम्बर, 1924 के अपने एक पत्र में उन्होंने कानजी से अशरीरी आत्माओं से संवाद के विषय में तेज़ी से विकसित हो रही अपनी रुचि और उसके सत्य तक पहुँचने की अपनी उत्कट इच्छा का ज़िक्र किया था। किसी सम्प्रदाय और मत में अपनी अनास्था के बावजूद जाने-अनजाने वह अभौतिक आत्मिक जगत की अनन्त गहराइयों में उतरने के लिए अत्यन्त तीव्रता से अन्तःप्रेरित अनुभव कर रही थीं। जिज्ञासा-विकल उन्होंने कानजी को लिखा था कि वह दूसरों के अनुभव से स्वयं को सन्तुष्ट करने की स्थिति में नहीं रह गई थीं। इस विषय से अपने गहरे जुड़ाव की बात करते हुए उन्होंने जोड़ा था कि उक्त दिशा में बिना स्वयं निजी अनुभव प्राप्त किए वह अपना प्रयास अधूरा नहीं छोड़ना चाहतीं। पत्र में उन्होंने यह बात निःसंकोच स्वीकार की थी कि ऐसे मामलों में ज़रूरी नहीं था कि आदमी को हमेशा वह सबूत हासिल हो जाए, जिसकी उसे तलाश रही हो। अपने प्रयोग के लिए उन्हें एक अतीन्द्रीय (क्लेयर वायेंट) विश्वस्त माध्यम (मीडियम) की ज़रूरत थी। इसे ढूँढ़ने के लिए उन्होंने कानजी की सहायता माँगी थी। पर तलाश के दौरान वह अपनी पहचान ज़ाहिर नहीं होने देना चाहती थीं। इसके लिए कानजी से उन्होंने विशेष आग्रह किया था। स्वयं कानजी की आस्था और जानकारी इस विषय में काफ़ी गहरी थी। पर रत्ती जिस मनोदशा में इस

विषय में उलझ रही थीं, कानजी उससे बहुत आशंकित थे।

अडयार-प्रवास के दौरान एक रात जिनराजदास दम्पति के घर खाने पर कानजी और रत्ती दोनों उपस्थित थे। बातचीत के दौरान रत्ती ने जिनराजदास से आग्रह किया था कि वह किसी वस्तु में मन्त्रशक्ति का संचार कर उसे दे दें, जो उसकी रक्षा और सहायता कर सके। इसके उत्तर में जिनराजदास ने तुरन्त कहा था कि "इस बारे में मुझसे क्या कहना, यह काम आपके मित्र कानजी स्वयं भली-भाँति कर सकते हैं।" इससे यह अच्छी तरह पता चलता है कि थियोसॉफ़ी की अध्यात्म-साधना में कानजी की क्या स्थिति थी। सन् 1926 के पूर्वार्ध में जिन्ना को 'सैंडहर्स्ट कमेटी' की बैठक में भाग लेने के लिए इंग्लैंड और वहाँ से योरोप जाना पड़ा। रत्ती को भी उनके साथ जाना था। यात्रा पर जाने से पहले रत्ती ने कानजी से कहा था कि इस यात्रा के प्रवास में वह (कानजी) उनकी सहायता और रक्षा के लिए उपलब्ध नहीं रहेंगे। इसलिए वह किसी चीज़ में मन्त्र-संचार कर उसे दे दें, जिससे कि उनके साथ उसका (रत्ती का) सम्पर्क बना रहे। कानजी ने लिखा है कि पहले तो इस आग्रह पर वह स्वयं हिचकिचाए, घर रत्ती के बहुत ज़ोर देने पर उन्होंने उनसे (रत्ती से) कोई मूल्यवान पत्थर (रत्न) उपलब्ध कराने के लिए कहा और उन्हें आश्वस्त किया कि उनकी इच्छानुसार वह पूरी कोशिश करेंगे। उक्त कार्य के लिए रत्ती ने कानजी को हरे रंग का एक सुन्दर मूल्यवान रत्न लाकर दिया था, जिसे उन्होंने प्यार-भरे मन से उनकी सुरक्षा के लिए मन्त्राभिषिक्त कर उन्हें लौटा दिया था। यह कार्य करते हुए कानजी ने इसका ख़ास ध्यान रखा था कि प्रवास के दौरान अशरीरी आत्माओं से सम्पर्क के लिए आध्यात्मिक गोष्ठियों के अनिष्टकारी प्रभाव से वह (रत्ती) मुक्त रहें।

अगस्त, 1926 के अन्तिम सप्ताह में जब वह हिन्दुस्तान लौटीं तो कानजी ने जानना चाहा कि क्या उन्होंने अपने प्रवास के दौरान किसी आध्यात्मिक गोष्ठी में हिस्सा लिया था ? उनका प्रश्न सुनते ही रत्ती अपने सोफ़े पर से उछल पड़ी थीं। उन्होंने प्रतिप्रश्न करते हुए कानजी से पूछा था कि वह सच-सच बताएँ कि उस मूल्यवान पत्थर में उन्होंने कौन-सा मन्त्र अभिषिक्त किया था। फिर उन्होंने विस्तारपूर्वक बताया था कि तीन बार उन्होंने उन गोष्ठियों में शामिल होने का मन बनाया था। पहली बार ट्रेन छूट गई थी, दूसरी बार प्रयोग का माध्यम नहीं आ पाया था और तीसरी बार वह स्वयं उक्त कार्यक्रम में जाना भूल गई थीं। इस प्रकार की गोष्ठियों के अनिष्टकारी प्रभाव से मुक्त रखने के कानजी के प्रयास के प्रति अपनी कृतज्ञता व्यक्त करते हुए रत्ती ने इसके आगे फिर कभी ऐसी गोष्ठियों में भाग लेने का विचार सदा के लिए त्याग दिया था। जिन्ना की आस्था इस तरह की चीज़ों में होने का कोई सवाल ही नहीं था। इसे लेकर वह अक्सर कानजी और रत्ती पर हँसते थे। साथ ही रत्ती को इस तरह की तान्त्रिक बैठकों के आकर्षण से मुक्त करने के लिए वह कानजी के प्रति कृतज्ञता का अनुभव भी करने लगे थे। फिर भी उन्होंने रत्ती का मन रखने के लिए उनके आग्रह पर थियोसॉफ़ी और उसकी अध्यात्म-साधना पर लिखी गई मैडम

ब्लॉवत्स्की की प्रसिद्ध पुस्तक 'सीक्रेट डॉक्ट्रिन' और एक अन्य पुस्तक 'दि स्पिरिट ऑफ़ आइरीन' पढ़ने की कोशिश की थी। रत्ती के शब्दों में इन पुस्तकों को जिन्ना ने उल्लेखनीय (रिमार्केबुल) और उनमें दिए गए तर्कों और प्रमाणों को अकाट्य (इर्रिफ्युटेबुल) माना था।

कानजी ने रत्ती पर अपनी संक्षिप्त पुस्तक में एक दिलचस्प, पर विचित्र घटना का उल्लेख किया है। घटना सन् 1922 के पूर्वार्ध की है। कानजी उस समय मज़दूर-हितों के प्रतिनिधि के रूप में बम्बई विधान परिषद् (लेजिस्लेटिव काउंसिल) के सदस्य थे। उसकी गतिविधियों में अत्यधिक व्यस्तता के कारण एक अर्से तक वह रत्ती से मिल नहीं सके थे। मई की एक रात उन्होंने सपना देखा कि रत्ती एक पुराने ढंग के सोफ़े पर बीमार लेटी हुई हैं। सोफ़े से सटी दीवार पर बिजली की फ़िटिंग का एक बोर्ड है और उसके ऊपर एक प्राकृतिक दृश्य का चित्र टँगा है। रत्ती उन्हें आवाज़ दे रही हैं, "कानजी, मुझे बचाओ।" सुबह कानजी यह सपना भूल गए। दूसरी रात उन्होंने फिर वही सपना देखा। इस बार व्यस्तताओं के बावजूद वह शाम को जिन्ना के तत्कालीन आवास 'साउथ कोर्ट' पहुँचे। इसके पहले वह कभी भी पूर्वसूचना के बिना जिन्ना या रत्ती से मिलने नहीं गए थे। जिन्ना के नौकर ने बताया कि रत्ती बीमार थीं। कानजी उनके आराम में बाधा नहीं डालना चाहते थे। इसलिए अपने नाम का कार्ड नौकर को देकर वह जाने लगे। नौकर ने उनसे इन्तज़ार करने का आग्रह कर अन्दर जाकर कार्ड रत्ती को दे दिया। उल्टे पाँव वह भागता हुआ आया और बोला कि वह आपको तुरन्त अन्दर ले आने को कह रहीं हैं। अन्दर कानजी के आश्चर्य का ठिकाना न था। सपने में जैसे बिजली के बोर्ड और चित्र के नीचे पुरानी शैली के सोफ़ानुमा दीवान पर बीमार रत्ती को लेटे उन्होंने देखा था, हू-ब-हू वैसे ही दीवार पर लगे स्विच बोर्ड और चित्र के नीचे सोफ़ानुमा दीवान पर बीमारी की हालत में वह लेटी हुई थीं। जितना ख़याल कानजी को रत्ती का था, उतना ही ख़याल रत्ती को कानजी का था। दोनों परस्पर एक दूर-संवेदी सूक्ष्म तार से (टेलीपैथी) जुड़े हुए थे। इसका संकेत देते हुए कानजी ने अपने को सम्बोधित रत्ती के एक भावप्रवण पत्र की कुछ पंक्तियाँ उद्धृत की हैं, जिनका कुछ अंश इस प्रकार है :

"पिछली रात से तुमने जब हमारे साथ खाना खाया था, तब से यह विचार मेरा पीछा नहीं छोड़ रहा है कि तुम दुखी हो। इस विचार को मैंने अपनी बिगड़ती सेहत से पैदा एक अनर्गल भ्रम मानकर परे करने की बड़ी कोशिशें कीं, पर मैं इससे छुटकारा पाने में कामयाब नहीं हो पा रही हूँ। विपरीत कोशिश के बावजूद अपनी सहज प्रवृत्ति के प्रति ईमानदारी बरतते हुए मैं तुम्हें यह पत्र लिख रही हूँ।

"मैं मानती हूँ कि हम सभी के जीवन में गहरी निराशा के ऐसे क्षण आते हैं, जब सभी कुछ अधर में लटकता हुआ प्रतीत होता है और कुछ भी घटता हुआ नहीं लगता। एक तरह प्रतीक्षा की मनोदशा बनी रहती है। आदमी बस प्रतीक्षा, उसके आगे और प्रतीक्षा करता हुआ जीवन में विश्वास खो बैठता है।

"पर मैं अनुभव कर रही हूँ कि तुम दुखी हो, दुखी और बहुत दुखी। इस ख़याल से मैं स्वयं भी व्याकुल और दुखी हो उठती हूँ।"

ये पंक्तियाँ कानजी के प्रति रत्ती के गहरे आत्मीय भाव का संकेत देती हैं। उनके अन्तर्द्वन्द्व और मन के रहस्यों के एकमात्र सहभागी कानजी ही थे। उन्हीं को लिखे रत्ती के पत्रों से पता चलता है कि अपने जीवन के अन्तिम पाँच वर्षों में रत्ती किन दारुण मनोदशाओं और आन्तरिक उथल-पुथल से गुज़र रही थीं। अपनी आध्यात्मिक खोज में वह निरन्तर गहरे उतरती जा रही थीं, पर उन्हें अपने लक्ष्य का ओर-छोर कहीं नहीं मिल पा रहा था। विकल मन से उन्होंने 7 अप्रैल, 1925 की आधी रात कानजी को अपने पत्र में लिखा था :

"मेरी आत्मा चारों ओर से बुरी तरह घिर गई है। ईश्वर ही जानता है कि कितनी ईमानदारी और शिद्दत के साथ मैं अपनी खोज की मंज़िल तक पहुँचने के लिए इच्छुक और लालायित हूँ। पर अभी तक इस दिशा में फूल तो दूर काँटे तक मेरे हाथ नहीं आ सके हैं। मैं विचित्र व्याकुलता का अनुभव कर रही हूँ। मैं सोचती हूँ कि काश आत्मिक शक्ति-सम्पन्न कोई व्यक्ति मेरी सहायता कर सकता।"

आगे पत्र की भाषा और भी काव्यात्मक हो गई है :

"मेरी गर्वीली आत्मा इस विषय में विस्तार और गहनता के सामने अपनी क्षुद्रता के बोध से विनम्र है। मेरे विचार से हममें से वे, जिनके पास सामान्य से अलग एक दूसरी दृष्टि है और वे, जिनके पास एक विशिष्ट मनोशक्ति है, विश्व के कवियों और गायकों की श्रेणी में स्थान के अधिकारी हैं, क्योंकि उनकी प्रतिभा जितनी अधिक बोधगम्य है, उतनी ही अधिक नैसर्गिक। इस तरह के मनीषियों और सन्तों का स्थान संसार के ईश्वरीय दूतों (पैग़म्बरों और नबियों) के बीच होना चाहिए। सब कुछ के बाद अपनी वर्तमान स्थिति में हम इतने अन्धे बने रहते हैं और बहुत हद तक देखकर भी इतनी अनदेखी करते रहते हैं कि हम उसे समझ सकने में अपने को अक्षम पाने लगते हैं। जिसे मनोशास्त्र हमारी अर्धविक्षिप्त इन्द्रियों के माध्यम से उद्घाटित करता है, पर जिसे स्वीकार करने से हमारा मस्तिष्क मना कर देता है और अक्सर जिसे मानने से वह विद्रोह कर बैठता है, उसे ही हमारा अन्तर्मन निश्चित सहजता से अंगीकार कर लेता है। यह अपेक्षाकृत अधिक विचारशील लोगों को चिन्तन के लिए प्रेरित करता रहता है; मानो उसमें कोई प्राचीन और मूलभूत ज्ञान सन्निहित हो।"

इसके बाद पत्र में अपनी बीमारी की ओर इशारा करते हुए उन्होंने लिखा :

"इसके पहले कि मैं अपने को इस बारे में निराश मानने का दुस्साहस करूँ कि क्योंकर वे कुछ लक्षण और संकेत प्रकट नहीं हो पा रहे हैं, जिनके लिए मैं प्रयत्नशील और लालायित हूँ, मुझे लगता है कि ऐसा बहुत कुछ है, जो अभी साफ़ होना है और जिसे सुधारने की गुंजाइश है। पर मैं कमज़ोर और प्यार से बिगड़ी हुई हूँ और उक्त दिशा में अपने को प्रेरित करने का काम ऐसा है, जिसके लिए सुस्पष्ट कारणवश मैंने अपने लिए कोई समय सीमा निर्धारित नहीं की है।"

रत्ती जिन्ना को प्यार से 'जे' कहती थीं। वह उनको भी अपने रंग में रँग लेना चाहती थीं। इस उद्देश्य से उन्होंने जिन्ना को 'दि स्पिरिट ऑफ़ आइरीन' नामक एक पुस्तक पढ़ने के लिए प्रेरित किया था। इस तरह के अमूर्त विषयों में जिन्ना की रुचि का कोई प्रश्न ही नहीं था। किन्तु रत्ती के सुझाव और दबाव के अलावा यदि उन्होंने इस पुस्तक को पढ़ना स्वीकार किया था तो उसका एक महत्त्वपूर्ण कारण था एक नृशंस हत्याकांड से जुड़ी उसकी क़ानूनी विषयवस्तु। पुलिस द्वारा जाँच के दौरान अपराधी का कोई सुराग हाथ न लगने पर क़ानून के इतिहास में पहली बार मृतक की आत्मा से सम्पर्क के लिए प्रेतविद्या का सहारा लिया गया था। इंग्लैंड के आपराधिक इतिहास में इसे 'बॉस्काम्ब हत्याकांड' के नाम से जाना जाता है। लन्दन से आइरीन नाम की एक सुन्दर, किन्तु अत्यन्त ग़रीब लड़की को बावर्ची की नौकरी पर बॉस्काम्ब लाया गया था। वह अभागी लड़की वहाँ दरिन्दगी भरी वासना की शिकार हुई। इसके बाद उसकी हत्या कर दी गई। हत्या इतनी चालाकी और सुनियोजित ढंग से की गई थी कि पुलिस हर सम्भव प्रयास के बाद अपनी जाँच में नाकामयाब रही। हारकर पुलिस ने उस लड़की की आत्मा से सम्पर्क के लिए जानकार लोगों के सुझाव पर एक आध्यात्मिक गोष्ठी के आयोजन के लिए अपनी सहमति दी। उस गोष्ठी में पुरुष की पाशविक वासना और बाद में हत्या की शिकार उस लड़की की आत्मा से जो विवरण प्राप्त हुए उसके आधार पर की गई जाँच के दौरान जो सबूत और गवाह मिले, उनकी सहायता से अभियोजन पक्ष ने हत्यारे के ख़िलाफ़ मुकदमा चलाया। अन्ततः उस हत्यारे को फ़ाँसी की सज़ा मिली। विश्व के क़ानूनी इतिहास में यह एक अनूठी घटना थी। रत्ती के अनुसार जिन्ना जैसे तार्किक विधिवेत्ता को इस हत्याकांड की अदालती कार्यवाही और फ़ैसले में कहीं कोई ख़ामी नज़र नहीं आई थी। रत्ती ने 'दि स्पिरिट ऑफ़ आइरीन' की इस दिलचस्प विषयवस्तु की चर्चा कानजी को लिखे 12 अप्रैल, 1924 के अपने एक पत्र में की है। आत्माओं से सम्पर्क की विद्या में रत्ती की आस्था कितनी गहरी थी, यह पत्र उसकी और भी पुष्टि करता है।

कानजी विचित्र अन्तर्विरोधों के विग्रह थे। एक ओर तो वह न केवल थियोसॉफ़िकल सोसाइटी की सर्वधर्म प्रार्थना को ढकोसला मानते थे, बल्कि गांधीजी की भी इस तरह की प्रार्थनाओं को वह एक राजनीतिक नाटक बताने में नहीं हिचकते थे, दूसरी ओर स्वयं वह प्रेतविद्या, आत्मा से सम्पर्क और अनिष्ट से रक्षा के लिए वस्तुओं को मन्त्राभिषिक्त करने जैसी अवैज्ञानिक चीज़ों में गहरी आस्था रखते थे। पर इसमें कोई शक नहीं कि वह एक प्रखर बुद्धिजीवी होने के साथ एक अत्यन्त तरल और सरल हृदय भी रखते थे। शायद यही उनके व्यक्तित्व के अन्तर्विरोध का स्रोत था। रत्ती के मन में उनके प्रति गहरा आत्मीय भाव था। उनके स्वभाव की नारीसुलभ गहरी संवेदनशीलता को रेखांकित करते हुए रत्ती ने थोड़ा मज़ाक़ के लहज़े में उन्हें अपने एक पत्र में लिखा था :

"तुम बहुत प्यारे हो। मैं जितना ही तुम्हारे बारे में सोचती हूँ, उतना ही अधिक यह अनुभव करती हूँ कि तुम्हें इस संसार में धोती के पहनावे के लिए जन्म लेने की

क़तई ज़रूरत नहीं थी। इतनी सूक्ष्म संवेदनशील प्रकृति के लिए भौगोलिक आवश्यकता के अनुसार साड़ी या स्कर्ट कहीं अधिक उपयुक्त परिधान होता।"

8

रत्ती का नवनीत-सा कोमल मन सिर्फ़ मनुष्यों के लिए ही नहीं, बल्कि समस्त प्राणि-जगत् के लिए विचलित होता था। पशु-पक्षियों के लिए उनके मन में अगाध प्यार था। उन्होंने घर में कई कुत्ते और बिल्लियाँ पाल रखी थीं। उनकी देख-रेख और सेवा वह स्वयं करती थीं। इसके बावजूद जब उनमें से कोई बीमार पड़ जाता था या मर जाता तो वह बहुत दुखी होती थीं। इस दुःख से उबरने और सामान्य होने में उन्हें हफ़्तों लग जाते थे। रत्ती की करुणा के पात्र केवल उनके अपने पाले हुए जानवर ही नहीं होते थे। किसी भी बीमार जानवर के लिए वह दयार्द्र हो उठती थीं। कानजी ने लिखा है कि जब भी रास्ते में कोई जानवर घायल और बीमार पड़ा होता था तो लोगों का मानना था कि पता चलते ही रत्ती उसका कष्ट दूर करने के लिए कुछ-न-कुछ अवश्य करेंगी।

लावारिस घायल और बीमार पशुओं के आश्रय स्थल भूलेश्वर, चेम्बूर और कल्याण के पिंजरापोलों की जो दारुण स्थिति उस समय थी, उनमें भयंकर चर्मरोगों और घावों से बिलबिलाते, भूख-प्यास से छटपटाते तथा मृत्यु के कगार पर पहुँचे कुत्ते तथा अन्य पशु जिस नारकीय जीवन के लिए अभिशप्त थे और उन बदक़िस्मत जानवरों को जिस आपराधिक उपेक्षा और हृदयहीनता से रखा जाता था, इसकी जानकारी से रत्ती को मर्मान्तक पीड़ा होती थी। इससे उनका संवेदनशील मन विचलित हो उठता था। इसके फलस्वरूप उन्होंने और कानजी ने पिंजरापोलों की स्थिति में सुधार के लिए उनसे जुड़े न्यासियों को व्यावहारिक सुझाव देते हुए कई पत्र लिखे थे। इस सम्बन्ध में जनमत जागृत करने के लिए दोनों ने अख़बारों का भी सहारा लिया था। रत्ती और कानजी के ज़रिए पिंजरापोलों में जानवरों की दयनीय स्थिति के बारे में जानकर सरोजिनी नायडू भी द्रवित हो उठी थीं। उन्होंने न केवल स्वयं उनका निरीक्षण किया था, बल्कि अख़बारों को भी उनकी त्रासद स्थिति के सम्बन्ध में लिखा था। इस बारे में कानजी को लिखे अपने एक पत्र में उन्होंने कहा था कि बम्बई के पिंजरापोलों में अभागे जानवरों की आर्त चीत्कार अगर दान्ते (विश्वविख्यात इतालवी महाकाव्य 'डिवाइन कामेडी' के प्रणेता) ने सुनी होती तो अपनी नरक (इनफर्नो) की अवधारणा में उन्होंने उनके लिए एक अलग कोना निर्धारित कर दिया होता। कानजी को लिखे श्रीमती नायडू के इस मार्मिक पत्र को उस समय बम्बई के प्रतिष्ठित दैनिक पत्र 'दि इंडियन डेली मेल' ने अपनी टिप्पणी के साथ 12 सितम्बर, 1927 को छाप दिया था।

रत्ती, कानजी और सरोजिनी नायडू के गहरे सरोकारों और पत्रों के प्रभाव के फलस्वरूप प्रान्तीय सरकार का आसन अन्ततः डिगा। इसने बम्बई प्रेसीडेंसी के चीफ़ मजिस्ट्रेट को तत्काल जाँच का आदेश देकर समुचित कार्यवाही हेतु रिपोर्ट मँगाई। रिपोर्ट

आने पर समय से सरकारी हस्तक्षेप के परिणामस्वरूप बम्बई के पिंजरापोलों में व्यापक गुणात्मक सुधार किए गए। कानजी और श्रीमती नायडू के सक्रिय सहयोग से रत्ती की इस दिशा में दयालुता भरी कोशिश काफ़ी हद तक कामयाब हुई। रत्ती के कोमल मन में निश्चय ही जीव मात्र के लिए अगाध करुणा का यह संकेत-भर है।

डोरोथी जिनराजदास मद्रास के वेश्यालयों की स्थिति में सुधार तथा देह-व्यापार से जुड़ी स्त्रियों और उनके बच्चों के रहन-सहन तथा स्वास्थ्य से सम्बन्धित कल्याण-कार्यों से गहरे जुड़ी थीं। बम्बई में कानजी भी इस क्षेत्र में सक्रिय थे। कानजी का मानना था कि श्रीमती एनी बेसेंट के बाद रत्ती ही इस दिशा में उनकी सक्रियता और प्रयत्नशीलता के पीछे मुख्य प्रेरणास्रोत थीं। रत्ती इस क्षेत्र में कानजी की गतिविधियों से सीधे जुड़ना चाहती थीं। वह चकलाघरों तथा वहाँ देह-व्यापार में संलग्न स्त्रियों की हालत की स्वयं सीधी जानकारी हासिल करने में दिलचस्पी रखती थीं। 28 अगस्त, 1927 को अपने एक पत्र में उन्होंने कानजी से पूछा था कि वह उन्हें (रत्ती को) कब उस इलाक़े में ले जा रहे हैं, जहाँ वह स्वयं देख सकें कि वे असहाय औरतें किस हालत में और कैसी ज़िन्दगी जी रही हैं। रत्ती ने कानजी को ख़ास हिदायत दी थी कि उनकी दिलचस्पी उन्हीं जगहों को देखने में है जिन्हें आमतौर से चकलाघर कहा जाता है न कि उन जगहों को, जहाँ लड़कियाँ स्वेच्छा से स्वतन्त्र रूप से धन्धा करती हैं। कानजी अकेले रत्ती को वहाँ ले जाने में सम्भवतः हिचकिचा रहे थे। इसलिए उन्होंने उमरखंडी स्थित बच्चों के सुधारगृह की सचिव मिस कैथलीन डेविस को भी साथ लेना उचित समझा था। मिस कैथलीन एक अंग्रेज़ महिला थीं, जो सुधारगृह में ही रहती थीं। वह दिन में लगभग पन्द्रह घंटे काम करती थीं। उनके अथक परिश्रम से ही सुधारगृह सुचारु रूप से चल रहा था। कानजी और मिस डेविस के साथ रत्ती ने एक के बाद एक कई चकलाघरों में घूमकर उनके तथा उनमें देह-व्यापार के लिए अभिशप्त स्त्रियों की हृदय-द्रावक स्थिति की सीधी जानकारी हासिल की थी। रत्ती और जिन्ना की प्रेरणा और सहयोग से ही कानजी लेजिस्लेटिव काउंसिल के सदस्य के रूप में 'बॉम्बे चिल्ड्रेन ऐक्ट' पास कराने में कामयाब रहे जिसे मई, 1927 में लागू किया गया। रत्ती और मिस डेविस के साथ कानजी ने चकलाघरों की स्थिति का जायज़ा लेते हुए पाया था कि उनमें कार्यरत औरतों की बात तो दरकिनार, किशोरवय के अनेक लड़के-लड़कियाँ, जो उनकी अपनी अभिशप्त सन्तानें थीं, भी भयावह यौनरोगों से ग्रस्त थीं। रत्ती, कानजी और मिस डेविस के अथक प्रयासों से चकलाघरों के इलाक़े से सोलह वर्ष तक की आयु के सभी लड़के-लड़कियों को वहाँ से हटाकर सन् 1928 के अन्त तक सुरक्षित सुधारगृहों में भेज दिया गया था। रत्ती के गहन मानवीय सरोकारों का यह एक और पहलू है।

9

रत्ती जिन्ना की प्रेयसी-पत्नी थीं। उन्होंने जिन्ना के आधे-अधूरे जीवन को पूर्णता से

भर दिया था। जिन्ना के आवास 'साउथ कोर्ट' में रत्ती के प्रवेश के पहले वहाँ फ़ातिमा जिन्ना का वर्चस्व था जहाँ भाई-बहन दोहरा एकाकीपन जी रहे थे। वहाँ रत्ती के प्रवेश से फ़ातिमा का एकछत्र राज्य टूटा था। उनका वर्चस्व आहत हुआ था। अतः रत्ती के प्रति उनके मन में गहरा तिरस्कार-भाव था। इस बात की पुष्टि लम्बे समय तक जिन्ना के ड्राइवर रहे मुहम्मद आज़ाद ने अपने एकाधिक साक्षात्कारों में की है। वस्तुतः न केवल रत्ती से, बल्कि रत्ती के देहावसान के बाद जिन्ना दम्पति की एकमात्र सन्तान दीना से भी फ़ातिमा की नहीं बनती थी। जिन्ना के घर पर जिस प्रकार के एकाधिकार की फ़ातिमा आदी थीं, उसमें दीना की उपस्थिति और उसकी स्वतन्त्र उन्मुक्त जीवनशैली से बाधा पहुँचती थी। अक्सर बुआ-भतीजी में ठन जाती थी और मुहम्मद आज़ाद को हस्तक्षेप कर बीच-बचाव करना पड़ता था। एक सीमा के बाद दीना के लिए फ़ातिमा के साथ घर में रह पाना सम्भव नहीं रह गया था। अतः वह अपने नाना-नानी के साथ रहने लगी थी। रत्ती से बिछुड़ने के बाद जो रहा-सहा तरलता का स्रोत जिन्ना के जीवन में बचा था, दीना के जाने के बाद वह भी सूख गया था। रत्ती के प्रति फ़ातिमा जिन्ना के तिरस्कार-भाव की चर्चा पाकिस्तान के पहले प्रधानमन्त्री लियाक़त अली ख़ाँ की बेगम राना लियाक़त अली ख़ाँ ने भी की है। राना के दादा नैनीताल के पन्त ब्राह्मण थे जिन्होंने बाद में ईसाई धर्म स्वीकार कर लिया था। राना दिल्ली में एक मिशनरी स्कूल में शिक्षिका थीं। लियाक़त अली ख़ाँ से प्रेम-सम्बन्ध विकसित होने पर उन्होंने इस्लाम धर्म में दीक्षित हो उनसे विवाह कर लिया था। वह एक सुन्दर बुद्धिमती, सुरुचि-सम्पन्न और शिष्टाचार कुशल महिला थीं। लियाक़त साहब के साथ वह अक्सर जिन्ना से मिलती रहती थीं। जिन्ना उनके मोहक व्यक्तित्व से ख़ासे प्रभावित थे। ज्ञातव्य है कि आत्म-निर्वासित जिन्ना से मिलने और उनसे हिन्दुस्तान लौटने का आग्रह करने, 1933 में जब लियाक़त साहब लन्दन पहुँचे थे तो राना भी उनके साथ थीं। लियाक़त साहब के साथ राना ने भी जिन्ना से हिन्दुस्तान लौटने का आग्रह किया था। उन्होंने बताया है कि किस कदर फ़ातिमा रत्ती से ईर्ष्या करती थी और उनके (फ़ातिमा के) दिल में रत्ती के प्रति कितनी गहरी नफ़रत थी। दरअसल, फ़ातिमा अपने भाई जिन्ना से मिलनेवाली हर स्त्री को शक की नज़र से देखती थीं। फ़ातिमा के शक्की स्वभाव और व्यवहार में रूखेपन के कारण जिन्ना से मिलनेवाली स्त्रियों ने उन्हें 'दुष्ट चुड़ैल' का नाम दे रखा था। रत्ती के देहान्त के कई वर्षों बाद एक बार राना ने जिन्ना को फिर शादी का सुझाव दिया था। इस पर जिन्ना ने मुसकुराकर जवाब दिया था कि वह उनका सुझाव मानने को तैयार हैं, बशर्ते वह एक दूसरी राना ढूँढ़कर ला दें।

वकालत के पेशे और राजनीतिक गतिविधियों से गहरे जुड़ाव और दिन-ब-दिन बढ़ती जा रही व्यस्तताओं के कारण निश्चय ही जिन्ना रत्ती को उतना समय दे पाने की स्थिति में नहीं रह गए थे, जितने का वह स्वयं को हक़दार मानती थीं। धीरे-धीरे वह ख़ुद को उपेक्षित-सा अनुभव करने लगी थीं। दूसरी ओर फ़ातिमा का नीरस ईर्ष्यालु

व्यवहार उनके लिए अब असह्य साबित होने लगा था। फलस्वरूप, जनवरी 1928 में रत्ती ने जिन्ना से अलग रहने का निर्णय ले लिया था। ताज होटल में एक सूट बुक कराकर वह उसमें अलग रहने चली गई थीं। जिन्ना ने अपना सार्वजनिक-राजनीतिक जीवन एक उदारमना धर्मनिरपेक्ष राष्ट्रवादी राजनेता के रूप में शुरू किया था। जब तक रत्ती उनके साथ रहीं, उनके धर्मनिरपेक्ष उदार राष्ट्रवादी दृष्टि को बल प्रदान करती रहीं। रत्ती से अलग होने पर बदलती राजनीतिक ज़रूरतों और परिस्थितियों के दबावों के अलावा जिन्ना के साम्प्रदायिक राजनीतिक रुझान को काफ़ी हद तक फ़ातिमा ने ही हवा दी थी। मुहम्मद करीम छागला ने अपनी आत्मकथा 'दिसम्बर में गुलाब' (रोज़ेज़ इन डिसेम्बर) में यह बात बड़े ही दोटूक शब्दों में कही है। छागला बताते हैं कि जिन्ना रत्ती के घर छोड़ने के बाद महत्त्वपूर्ण अवसरों पर दिए जानेवाले अपने भाषणों का पूर्वाभ्यास (रिहर्सल) फ़ातिमा को श्रोता मानकर घर पर ही करते थे। उन भाषणों में अक्सर कांग्रेस, हिन्दुओं, गांधी, नेहरू और आज़ाद के ख़िलाफ़ ज़्यादा-से-ज़्यादा विष घोलने की अनिष्टकारी भूमिका फ़ातिमा की ही होती थी। जिन्हें वह अपना प्रतिद्वन्द्वी मानते थे, उनके ख़िलाफ़ उनके भाषणों में बढ़ती कटु आक्रामकता के पीछे यह एक महत्त्वपूर्ण रहस्य था। जिन्ना के जीवन से रत्ती का जुड़ना और अलग होना एक रूपक (मेटॉफर) सदृश था। रत्ती से कटकर जिन्ना दरअसल अभी तक के अपने राजनीतिक-सार्वजनिक जीवन के उन सारे मूल्यों—उदारवादिता, प्रखर राष्ट्रीयता और साम्प्रदायिक एकता के प्रति अपनी प्रबल प्रतिबद्धता से बड़ी तेज़ी से कटते जा रहे थे और यह प्रक्रिया शीघ्र ही पूरी हो गई थी।

अलग रहने के बावजूद रत्ती के मन में अभी भी जिन्ना के प्रति आत्मीय भाव और चिन्ताएँ बनी हुई थीं। दोनों के बीच अब कानजी ही एक सेतु बचे हुए थे। रत्ती से अलग रहने के बाद जिन्ना ने अपने को और अधिक व्यस्त कर लिया था। वह घर पर देर रात तक काम करते तथा बाहर राजनीतिक बैठकों और सभाओं से देर रात घर लौटते। घर पर एक के बाद एक आने-जानेवालों से मिलते, उनसे विविध विषयों ख़ासकर राजनीतिक मुद्दों पर विचार-विमर्श करते और अपने स्वास्थ्य और विश्राम के प्रति लापरवाह रहते। रत्ती इसकी पूरी जानकारी रखतीं और चिन्तित रहतीं। अख़बारों से लगातार उन्हें जिन्ना के बदलते राजनीतिक तेवर और उनके साम्प्रदायिक राजनीति के प्रति बढ़ते रुझान का पता चलता रहता था। इससे वह बहुत गहरे व्यथित होती थीं। उन्हें जिन्ना में आए इस अप्रत्याशित बदलाव पर विस्मय और अविश्वास दोनों होता था। अक्सर वह कानजी से इस बारे में तथ्य और सत्य जानने के लिए पूछताछ भी करतीं। कानजी स्वयं जिन्ना में तेज़ी से उभरते इन परिवर्तनों को लेकर दुविधा की स्थिति में रहते। पर रत्ती के पूछने पर वह उन्हें और अधिक दुःखी न करने के उद्देश्य से समझाते कि दरअसल ऐसा नहीं था। हिन्दू और कांग्रेसी अख़बार जिन्ना के सम्बन्ध में अनेक बातें तिल का ताड़ बनाकर पेश कर रहे थे। पर कानजी की बातों से रत्ती आश्वस्त नहीं हो पाती थीं। जिन्ना के स्वास्थ्य और उनके तेज़ी से बदलते राजनीतिक रुझान को लेकर उनकी चिन्ता अन्त तक बनी रही।

शायद रत्ती यदि जिन्ना के जीवन में थोड़ा और लम्बे अर्से के लिए बनी रहतीं तो सम्भवतः जिन्ना इतनी तेज़ी से साम्प्रदायिक राजनीति की ओर उन्मुख न हुए होते।

10

जिन्ना से अलग रहकर रत्ती का पहले से ही ख़राब स्वास्थ्य और तेज़ी से गिरने लगा। रत्ती अन्दर-ही-अन्दर टूट गई थीं। धीरे-धीरे उनकी जीवन-शक्ति क्षीण होती जा रही थी। 10 अप्रैल, 1928 को वह अपनी माँ के साथ इलाज के लिए पेरिस रवाना हुईं। उन्हें अक्सर ज्वर रहने लगा था, जो कभी-कभी बहुत तेज़ हो जाता था। उनके फेफड़े क्षयग्रस्त होने लगे थे। जानकार सूत्रों के अनुसार उनकी बड़ी आँत में सूजन रहने लगी थी। इसके कारण वह अक्सर दर्द से छटपटा उठती थीं। रत्ती के पेरिस रवाना होने के लगभग एक माह बाद मई में जिन्ना भी योरोप और इंग्लैंड के लिए एस.एस. राजपुताना नामक पानी के जहाज़ से रवाना हुए। उनके साथ मद्रास के सुप्रसिद्ध कांग्रेस नेता और ओजस्वी वक्ता श्रीनिवास अय्यर और बम्बई के बैरिस्टर और श्रमिक विषयों के विशेषज्ञ दीवान चमनलाल भी थे। दीवान चमनलाल जेनेवा में आयोजित अन्तर्राष्ट्रीय श्रम संगठन (इंटरनेशनल लेबर आर्गनाइजेशन, संक्षेप में आई.एल.ओ.) के अधिवेशन में भाग लेने जा रहे थे। वह जिन्ना के उन थोड़े से मित्रों और प्रशंसकों में से बचे रह गए थे, जो उनके व्यक्तित्व की बारीकियों और अन्तर्विरोधों को समझते थे। दुर्भाग्यवश ऐसे लोगों की संख्या अब नगण्य हो चली थी। उन्होंने जिन्ना से सम्बन्धित अपने संस्मरण में लिखा है कि एक के बाद एक जिस तरह उनके (जिन्ना के) ईमानदार राजनीतिक प्रयासों को पिछले कई वर्षों में धक्का लगा था, उससे वह बहुत दुखी थे। उनका मन बड़ा ही कटु हो गया था। यात्रा के दौरान उन्होंने चमनलाल से कहा था कि उनके राजनीतिक कार्यक्रम से सहमत यदि तीन नेता भी उनका साथ देने के लिए तैयार हो जाते तो स्वराज एक सपना न रहकर राजनीतिक यथार्थ बन सकता था। जिन्ना की असन्दिग्ध ईमानदारी की चर्चा करते हुए चमनलाल ने उनके दिन-प्रतिदिन अत्यन्त एकाकी पड़ते जाने की स्थिति पर हार्दिक क्षोभ प्रकट किया था।

जिन्ना को वस्तुतः इंग्लैंड में कोई ख़ास काम नहीं था। लगभग दस वर्षों तक रत्ती के सान्निध्य की ऊष्मा में रहने के बाद अब उनसे अलग हो वह गहरे अवसाद से ग्रस्त रहने लगे थे। अतः वह इंग्लैंड और आयरलैंड में अपने राजनीतिक मित्रों, शुभचिन्तकों तथा हिन्दुस्तान की आशाओं-आकांक्षाओं के प्रति सहानुभूति रखनेवाले राजनेताओं और सांसदों से मिलकर अपनी आगे की कार्य-दिशा निर्धारित करना चाहते थे। कुछ समय के लिए वह आयरलैंड की राजधानी डबलिन में हिन्दुस्तान की आज़ादी की लड़ाई से हमदर्दी रखनेवाले हाल ही में वहाँ के दौरे से लौटे एक सांसद फेनर ब्रॉकवे से विचार-विमर्श के लिए रुक गए थे। पूर्व निश्चित कार्यक्रम के अनुसार दीवान चमनलाल को भी वहाँ पहुँचना था। उनकी योजना जेनेवा के अधिवेशन में शामिल होकर पेरिस

होते हुए लौटने की थी। वहाँ से वह बीमार रत्ती और लेडी पेटिट से मिलते हुए जिन्ना के पास पहुँचना चाहते थे। वहाँ वह अपने होटल के कमरे में अभी पहुँचे ही थे कि उन्हें सूचना मिली कि रत्ती गम्भीर रूप से अस्पताल में बीमार हैं। वह रत्ती के अनन्य प्रशंसक थे। उन्हीं के शब्दों में "संसार में ऐसी कोई दूसरी स्त्री नहीं थी, जो उनकी (रत्ती की) सुन्दरता और मोहकता को दिया दिखा सके। वह बड़ी ही प्यारी और अतिशय दुलार के कारण ज़रा बिगड़ी हुई सी लड़की थीं। जिन्ना की अन्तर्प्रकृति की संरचना कुछ ऐसी थी कि वह उन्हें समझने में सक्षम नहीं हो सकते थे।" अस्पताल पहुँचने पर उन्होंने पाया कि रत्ती 106 डिग्री बुख़ार में अपने बिस्तर पर बुत पड़ी थीं। वह बमुश्किल हिलने-डुलने की स्थिति में थीं। पर वह उतने तेज़ बुख़ार की हालत में भी हाथ में कविता की एक पुस्तक लिए हुए थीं। उन्होंने बड़ी धीमी आवाज़ में चमनलाल से कहा, "चैम, इसे पढ़कर मुझे सुनाओ।" रत्ती उन्हें आत्मीयता से 'चैम' कहती थीं। चमनलाल ने जब रत्ती के हाथ से वह पुस्तक ली तो उन्होंने पाया कि वह ऑस्कर वाइल्ड की कविताओं का एक संकलन था। पुस्तक 'हार्लोट्स हाउस' शीर्षक कविता के पृष्ठ पर खुली थी। बुख़ार के असर से रत्ती की आवाज़ और धीमी हों गई थी।

उन्होंने लगभग बुदबुदाते हुए बड़ी ही मन्द आवाज़ में फिर कहा, "कृपया यह कविता मुझे सुनाओ न, चैम।" चमनलाल मुग्ध भाव से उक्त शीर्षक की कविता रत्ती के निकट बैठकर पढ़ने लगे। उसके अन्तिम चरण का अनुवाद कुछ इस तरह बन पाएगा :

"और लम्बी-शान्त गली में
पैरों में पहने
चाँदी की सैंडिल
डोल रही थी सुबह
सहमी-डरी बालिका जैसी
धीरे-धीरे।"

चमनलाल की दृष्टि पढ़ते समय कविता पर ही टिकी हुई थी। उसके अन्तिम चरण पर पहुँच उनका ध्यान रत्ती की तरफ़ गया। उन्होंने पाया कविता सुनते-सुनते रत्ती कोमा में चली गई थीं। उन्होंने (चमनलाल ने) तुरन्त डॉक्टर को बुलाया। काफ़ी देर बाद रत्ती को होश में लाया जा सका। रत्ती की हालत में लगातार उतार-चढ़ाव चल रहा था। कोमा से उबरने के बाद उनकी तबीयत थोड़ी बेहतर लग रही थी। चमनलाल को अपनी पूर्वनिश्चित योजना के अनुसार जिन्ना से मिलने डबलिन पहुँचना था। अब जिन्ना से मिलने की उन्हें थोड़ी और जल्दी थी। वह जल्दी-से-जल्दी रत्ती की बीमारी का सीधा हाल उन्हें बताना चाहते थे। डबलिन पहुँचते ही उन्होंने जिन्ना को रत्ती की नाजुक सेहत के बारे में बताया। उन्होंने इसका भी ज़िक्र किया कि किस तरह उनका बुख़ार 106 डिग्री तक पहुँच गया था और वह सन्निपात की स्थिति में पहुँच गई थीं। दो दिन के

अन्दर ही जिन्ना और चमनलाल पेरिस के उस अस्पताल में पहुँच गए थे, जहाँ रत्ती भर्ती थीं। रत्ती उस समय दवा के असर में सो रही थीं। लेडी पेटिट ने उन्हें बताया कि उनकी (रत्ती की) तबीयत थोड़ा बेहतर थी। इस जानकारी के बाद थके-माँदे जिन्ना हॉटल लौट गए थे। पेटिट परिवार से उनके सम्बन्ध अभी भी सहज नहीं बन सके थे। हालाँकि लेडी पेटिट दीना के जन्म के बाद से उनसे बोलने लगी थीं, पर सम्बन्धों में औपचारिकता बनी हुई थी। जिन्ना के चले जाने के बाद भी चमनलाल कुछ देर के लिए लेडी पेटिट के पास रुक गए थे। जिन्ना के जाने के कुछ देर बाद जब रत्ती की आँख खुली तो वह दर्द से बेचैन हो उठी थीं। उनकी तबीयत एकाएक बहुत अधिक बिगड़ी हुई लग रही थी। चमनलाल जल्दी से जिन्ना के पास पहुँचे और उन्होंने रत्ती की बिगड़ी हुई गम्भीर हालत की सूचना उन्हें दी। उन्होंने बताया कि रत्ती मरणासन्न थीं। इस सूचना से जिन्ना कुछ क्षणों के लिए स्तब्ध रह गए थे। फिर थोड़ा सँभलते हुए उन्होंने चमनलाल से कहा कि वह अस्पताल से सम्बन्धित डॉक्टर या नर्स से ज़रा उनकी टेलीफ़ोन पर बात करा दें। टेलीफ़ोन पर नर्स ने भी चमन द्वारा बताई गई बात की पुष्टि की। कुछ देर मौन रहने के बाद जिन्ना कुर्सी के हत्थे पर ज़रा ज़ोर से हाथ मारकर झटके से उठ खड़े हुए। चमनलाल के कन्धे पर हाथ रखकर उन्होंने कहा कि चलो जल्दी चलें, हमें रत्ती को किसी भी हालत में बचाना है।

अस्पताल पहुँचकर जिन्ना ने अकेले रत्ती और लेडी पेटिट से बातचीत और विचार-विमर्श किया। उन्होंने लगभग तीन घंटे का समय इन दोनों के साथ बिताया। इस दौरान चमनलाल एक नज़दीक के काफ़ी हाउस में उनकी प्रतीक्षा करते रहे। लौटकर जिन्ना ने उन्हें बताया कि उन्होंने एक बेहतर डॉक्टर और नर्सिंग होम की व्यवस्था रत्ती के इलाज के लिए कर दी है। उन्हें विश्वास था कि यह नई व्यवस्था हर दृष्टि से बेहतर और निस्बतन अधिक कारगर साबित होगी। जिन्ना का विश्वास सही साबित हुआ। इस नई व्यवस्था का रत्ती की सेहत पर चमत्कारिक असर पड़ा। नए डॉक्टर की देख-रेख में कुछ ही हफ़्तों में उनके स्वास्थ्य में अप्रत्याशित सुधार हुआ। लगभग एक महीने जिन्ना नर्सिंग होम में रत्ती के साथ ही रहे। उन्होंने रत्ती की देखभाल और सेवा-सुश्रूषा में कोई भी कोर-कसर नहीं छोड़ी। रत्ती ने कानजी को बाद में बताया था कि जब तक जिन्ना उनके साथ नर्सिंग होम में रहे, उन्होंने अस्पताल का वही परहेज़ी खाना खाया, जो रत्ती खाती थीं। जिस दौरान रत्ती नर्सिंग होम में स्वास्थ्य लाभ कर रही थीं, चमनलाल कनाडा चले गए थे। कुछ हफ़्ते बाद वह फिर पेरिस लौटे और जिन्ना से मिलने गए। उन्होंने एक पूरा दिन जिन्ना के साथ बिताया। उन्होंने पाया कि जिन्ना अकेले थे। यह उन्हें अप्रत्याशित लगा। उन्होंने पूछा, "रत्ती कहाँ है ?" उदास मन जिन्ना ने बताया कि उनके बीच झगड़ा हो गया और रत्ती माँ के साथ बम्बई लौट गईं। यह अन्तिम संयोग था, जब पेरिस-प्रवास के दौरान दोनों कुछ सप्ताह साथ-साथ रहे। इसके बाद फिर उनका साथ रहना सम्भव नहीं हो सका। कुछ दिनों बाद हताश-उदास जिन्ना भी बम्बई लौट आए थे।

बम्बई लौट आने पर रत्ती से जब कानजी मिले थे तो उन्होंने पाया था कि रत्ती अभी भी पूरी तरह स्वस्थ नहीं हुई थीं और वह निहायत कमज़ोर हो गई थीं। बम्बई लौटकर रत्ती फिर ताज होटल के सूट में ही चली गई थीं। वहाँ कानजी उनसे लगातार लगभग नित्य मिलते रहते थे। कानजी रत्ती के कारण बम्बई किसी भी हालत में छोड़ना नहीं चाहते थे। इसका उन्हें शिद्दत भरा अहसास था कि अब वह एकमात्र ऐसे व्यक्ति थे, जिस पर रत्ती न केवल भावनात्मक रूप से आश्रित थीं, बल्कि जिसके साथ वह अपने मन की बात में हिस्सेदारी कर सकती थीं। अतः जब मोतीलाल नेहरू रिपोर्ट पर कलकत्ता की सर्वदलीय बैठक में विचार-विमर्श हेतु भाग लेने के लिए श्रीमती बेसेंट के आदेश पर उन्हें कुछ दिनों के लिए बम्बई छोड़ना पड़ा तो ऐसा वह अत्यन्त अनिच्छापूर्वक बड़े ही उदास मन से कर पाए। इसके बाद कानजी ने फिर रत्ती की मृत्युपर्यन्त बम्बई नहीं छोड़ा। रत्ती का स्वास्थ्य फिर तेज़ी से गिरने लगा था। बम्बई में उनका इलाज डॉ. फ़िरोज़शाह मोदी, जर्मन मूल के यहूदी डॉक्टर लेंसनर और रिश्ते में उनकी (रत्ती की) बहन स्त्री रोग विशेषज्ञ डॉ. होमी वाडिया द्वारा किया जा रहा था। रत्ती के मोहक व्यक्तित्व के सम्पर्क में आए हर व्यक्ति के लिए रत्ती की बिगड़ती सेहत चिन्ता का विषय बनती जा रही थी। सरोजिनी नायडू, श्रीमती एनी बेसेंट, जे. कृष्णमूर्ति, जिनराजदास दम्पति, मिस कसिंस, लेडी एमिली ल्युटेंस (नई दिल्ली के वास्तुकार सर ल्युटेंस की पत्नी) और श्रीमती रुक्मिणी अरुंडेल अक्सर रत्ती के स्वास्थ्य के बारे में कानजी और स्वयं रत्ती के पत्रों और टेलीफ़ोन से जानकारी हासिल करती रहती थीं। जिन्ना अब लगभग रोज़ रत्ती से मिलने होटल आने लगे थे। दिन पर दिन रत्ती कमज़ोर होती चली जा रही थीं। अब वह बमुश्किल होटल के कमरे से बाहर निकल पाती थीं। कानजी के आग्रह और प्रोत्साहन पर वह चन्द क़दम होटल के लॉन में ही टहल पाती थीं। रत्ती, कानजी और जिन्ना देर तक अक्सर पिछले समय की घटनाओं और समान रुचि के विषयों पर बातें करते रहते थे। एक अर्से बाद जिन्ना और रत्ती को साथ-साथ देखकर उनके शुभचिन्तकों के मन में आशा की एक हल्की-सी किरण फूटी थी कि सम्भव है, यह दोनों के फिर साथ-साथ रहने की भूमिका साबित हो। पर यह सम्भव नहीं हो सका।

अध्यात्म-चिन्तक और दार्शनिक जे. कृष्णमूर्ति भी रत्ती के प्रति आत्मीय भाव रखते थे। रत्ती के स्वास्थ्य के सम्बन्ध में वह अक्सर कानजी से पूछते रहते थे। थियोसॉफ़िकल सोसाइटी में श्रीमती बेसेंट के बाद एक समय उनका सर्वोच्च स्थान था। श्रीमती बेसेंट जे. कृष्णमूर्ति को भगवान मैत्रेय का अवतार मानकर उन्हें विश्वस्तर पर जगतगुरु के रूप में प्रचारित करना चाहती थीं। उन्हें और उनके भाई जे. नित्यानन्द को बाल्यावस्था से ही एक अध्यात्मगुरु के रूप में प्रशिक्षित करने के प्रयास किए गए थे। नित्यानन्द का अल्पायु में ही देहान्त हो गया था। स्वतन्त्रचेता जे. कृष्णमूर्ति ने किसी पूर्व निश्चित साँचे में ढलने की प्रक्रिया से अपने को आगे चलकर मुक्त कर लिया था। फिर युवावस्था में ही उन्होंने एक स्वतन्त्र विचारक के रूप में विश्वस्तर पर ख्याति अर्जित कर ली थी।

फिर भी सोसाइटी से उन्होंने पूरा सम्बन्ध विच्छेद नहीं किया था। उनके स्वतन्त्र चिन्तन, किसी संगठन के बन्धन से मुक्त उनकी आध्यात्मिकता और उनके सहज चुम्बकीय व्यक्तित्व से रत्ती बहुत प्रभावित थीं। सन् 1929 की जनवरी के अन्त में उनका बम्बई आने का कार्यक्रम था। रत्ती की बड़ी उत्कट इच्छा उनसे मिलने की थी। उन्होंने कानजी से पूछा था कि क्या वह जे. कृष्णमूर्ति को उनके साथ चाय पीने के लिए राजी कर सकते हैं। रत्ती की भावना का सम्मान करते हुए पहली फ़रवरी की शाम को पाँच बजे जे. कृष्णमूर्ति अपने सचिव जदुनन्दन प्रसाद तथा कानजी के साथ रत्ती के यहाँ न केवल चाय पर पहुँचे, बल्कि अपने बम्बई के आतिथेय उद्योगपति रतनजी डी. मोरारजी के घर पर उन्हें (रत्ती को) कानजी और श्रीमती कानजी के साथ रात्रिभोज पर भी निमन्त्रित किया। ल़म्बी बीमारी और दुर्बलता के बावजूद रत्ती रात्रिभोज पर गईं और देर तक जे. कृष्णमूर्ति से बातें करती रहीं। जिन्ना और कानजी के अलावा यह किसी भी महत्त्वपूर्ण व्यक्ति से रत्ती की अन्तिम भेंट थी। इसके बाद उनका स्वास्थ्य बड़ी तेज़ी से गिरने लगा।

11

सन् 1929 के फ़रवरी के मध्य बम्बई में साम्प्रदायिक दंगे शुरू हो गए। कानजी को सरकार ने क़ानून-व्यवस्था की स्थिति बनाए रखने में सहायता के लिए भायखला क्षेत्र के लिए आनरेरी प्रेसीडेंसी मैजिस्ट्रेट नियुक्त कर रखा था। 16-17 फ़रवरी को दंगों की तीव्रता की वजह से वह अत्यन्त व्यस्त रहे। इसी बीच मद्रास से पधारी श्रीमती बेसेंट से भी उन्हें मिलना था। उन्हें रेलवे स्टेशन पर विदा कर जैसे ही वह घर पहुँचे, गहरी पीड़ा और अवसाद से ग्रस्त रत्ती भी उनके आवास पर आ पहुँचीं। रत्ती को अपने यहाँ देख कानजी के आश्चर्य का ठिकाना न रहा। निश्चय ही रत्ती का स्वास्थ्य ऐसा नहीं था कि वह होटल के अपने सूट से कानजी के फ्लैट पर आसानी से पहुँच सकतीं। जैसे स्नेहक्षीण दीपक शान्त होने के पूर्व अपनी समस्त ऊर्जा निचोड़कर एक बार अन्तिम रूप में भभककर जल उठता है, वैसी स्थिति रत्ती की हो रही थी। रत्ती ने लगभग चार घंटे कानजी के साथ बिताए। कानजी ने जब शाम सात बजे रत्ती को ताज होटल के सूट में छोड़ा तो उन्होंने कानजी को स्वयं अपने हाथ से चाय बनाकर पिलाने के बाद ही जाने दिया। कानजी रत्ती के शरीर में एकाएक पैदा इस असामान्य शक्ति से चकित और चिन्तित हो उठे थे। रात में श्रीमती बेसेंट को मद्रास रवाना होने के लिए विदा कर लगभग सवा दस बजे जब वह रत्ती के ताज स्थित सूट में पहुँचे तो उन्होंने पाया कि वह बेहोश थीं। काफ़ी प्रयास के बाद वह उन्हें होश में ला पाए। कानजी को अब इसका अहसास हो गया था कि रत्ती की जीवनशक्ति बड़ी तेज़ी से क्षीण हो रही थी। दूसरे दिन 18 फ़रवरी को रत्ती ने कानजी से फ़ोन पर आग्रह किया कि वह ऑफ़िस जाते समय उनसे मिलते हुए जाएँ। कानजी जब रत्ती के सूट में पहुँचे तो उन्होंने उन्हें (रत्ती को) एक ही रात में कई गुना और भी कमज़ोर और भयावह अवसाद से ग्रस्त

पाया। कानजी ने अपने सामर्थ्य भर उन्हें आश्वस्त करने की कोशिश की। ऑफ़िस जाने के लिए न चाहते हुए भी उठते हुए कानजी ने उनसे कहा कि रात में वह फिर मिलने आएँगे। अत्यन्त क्षीण आवाज़ में हल्की-सी मुस्कान के साथ रत्ती ने जोड़ा था, "हाँ, यदि मैं ज़िन्दा रही।" कातर स्वर में रत्ती ने दो वाक्य और कहे थे, "कानजी, मेरी बिल्लियों की देखभाल करना। उन्हें किसी को देना नहीं।" ये रत्ती के कानजी के लिए अन्तिम शब्द थे।

18 फ़रवरी, 1929 को निश्चित ही रत्ती को अपनी आसन्न मृत्यु का पूर्वाभास हो गया था। जीवन की इस असमय गोधूलि में हर्ष-विषाद की अनेक गहन स्मृतियाँ एकाएक उनके मन में कौंधने लगी थीं। प्रेम पुरुष के जीवन की मात्र एक घटना हो सकता है, लेकिन वह स्त्री के जीवन का सम्पूर्ण इतिहास होता है। यद्यपि रत्ती लगभग एक साल से जिन्ना से अलग रह रही थीं, किन्तु उनके दिल में अभी भी अपने प्रियतम 'जे' के लिए तरलता का स्रोत सूखा नहीं था। मृत्यु के लगभग दो माह पूर्व जिन्ना को लिखे उनके अन्तिम पत्र की इन पंक्तियों में दलित द्राक्षा-सा उनका विगलित निष्कलुष हृदय सहज रूप से अपने 'जे' के लिए बिछा हुआ है, "मेरे डार्लिंग, मैंने तुम्हें इतना प्यार किया है, जितना शायद ही अब तक किसी पुरुष को किया गया होगा। अब तुमसे मेरी यही प्रार्थना है कि जिस ट्रेजेडी का प्रारम्भ प्रेम से हुआ था, उसका अवसान भी प्रेम से ही हो। डार्लिंग गुडनाइट, गुडबाई (प्रियवर शुभरात्रि, अलविदा)।" इस पत्र का एक-एक शब्द प्रेम की गहनता का अवसाद-भरा छन्द है।

16, 17 और 18 फ़रवरी को कानजी को देर रात तक जागना पड़ा था। दरअसल 18 फ़रवरी की रात कानजी जब अँधेरी से एक मित्र परिवार के यहाँ से खाना खाकर लौटे तो वह रत्ती के ताज होटल स्थित सूट से लगभग सवा ग्यारह बजे होते हुए घर पहुँचे। उस समय रत्ती गहरी नींद में सोई थीं। उन्होंने उनकी निद्रा में बाधा डालना उचित नहीं समझा। दूसरे दिन सुबह मिलने का मन बनाकर वह घर लौट आए। लगभग तीन दिनों की थकान और नींद पूरी न होने के कारण कानजी 19 फ़रवरी को देर तक सोते रहे। तीसरे पहर जैसे ही वह ताज होटल जाने के लिए तैयार हुए उन्हें टेलीफ़ोन से सूचना मिली कि रत्ती बेहोश थीं और अब उनके बचने की उम्मीद नहीं रह गई थी। कानजी तुरन्त उनके होटल स्थित आवास पर पहुँचे। पर उनका रत्ती को देखना सम्भव नहीं हो पाया। दूसरे दिन 20 फ़रवरी थी। रत्ती का उन्तीसवाँ जन्मदिवस। सुबह से पेटिट परिवार के सदस्यों और मित्रों तथा रत्ती के अपने व्यक्तिगत प्रशंसकों और शुभचिन्तकों का उन्हें देखने और उन्हें जन्मदिन की बधाई देने के लिए ताँता लगा हुआ था। सुबह-सुबह ताज होटल के संस्थापक जमशेदजी टाटा ने स्वयं रत्ती के लिए जन्मदिन का केक उपहारस्वरूप भेजा था। पर वह इन सबसे बेख़बर अचेतावस्था में मृत्यु से जूझते जीवन की अन्तिम घड़ियाँ गिन रही थीं। और अन्ततः जीवन के उन्तीसवें वसन्त की शाम को जिन्ना की कामना का यह अपूर्व नील कुसुम इहलौकिक अस्तित्व के वृन्त से सदैव के लिए टूटकर अलग हो गया। प्रेम और सौन्दर्य, भावना और बुद्धि के इस

अनुपम समाहार को जड़ और चेतन ने आपस में बाँट लिया।

केन्द्रीय विधायिका का सन् 1929 का बजट अधिवेशन प्रारम्भ हो चुका था। जिन्ना उसमें हिस्सा लेने के लिए नई दिल्ली पहुँच चुके थे। वह अपने मित्र दीवान चमनलाल के साथ अपने वेस्टर्न कोर्ट स्थित सरकारी आवास पर बातचीत में तल्लीन थे। 20 फ़रवरी की शाम ढल चुकी थी। एकाएक टेलीफ़ोन की घंटी घनघनाई। बताया गया कि बम्बई से ट्रंककाल है। जिन्ना उधर की आवाज़ सुनकर अचरज में आ गए थे। लगभग ग्यारह वर्ष बाद उनके ससुर सर दिनशा पेटिट उनसे बात कर रहे थे। उन्होंने जिन्ना को सूचना दी थी कि रत्ती बहुत गम्भीर रूप से बीमार थीं और उन्हें तुरन्त बम्बई के लिए रवाना हो जाना चाहिए। जिन्ना ने चमनलाल को बताया था कि रत्ती से शादी के बाद उनसे उनके ससुर ने आज पहली बार बात की थी। चमनलाल के परामर्श पर उसी दिन रात की गाड़ी से न चलकर जिन्ना दूसरे दिन सुबह फ्रंटियर मेल से रवाना हुए। फ़ोन पर रत्ती के देहान्त की सूचना देना सर पेटिट ने उचित नहीं समझा था। इसलिए उन्होंने जिन्ना को उनकी (रत्ती की) बीमारी की ही बात बताई थी। जिन्ना ग्रांट रोड रेलवे स्टेशन पर बम्बई 22 फ़रवरी की सुबह पहुँचे। कानजी कुछ मित्रों और शुभचिन्तकों के साथ वहाँ उन्हें लेने पहुँच गए थे। इस्माइली खोजा सम्प्रदाय के कुछ प्रतिनिधि और जिन्ना के दो-तीन निकट सम्बन्धी भी उनको वहीं मिल गए थे। 20 फ़रवरी की रात को ही रत्ती का पार्थिव शरीर जमशेदजी जीजाभाई अस्पताल (जे.जे. अस्पताल) के शवगृह में बर्फ में दबाकर जिन्ना के पहुँचने तक सुरक्षित रख दिया गया था। 22 फ़रवरी को शुक्रवार का दिन था। जिन्ना को सीधे जे.जे. अस्पताल ले जाया गया था। रास्ते में कानजी ने जिन्ना से कहा था कि रत्ती की इच्छा अपने पार्थिव शरीर के दाह संस्कार की थी, जिसका सम्मान किया जाना चाहिए। पर जिन्ना ने इसका कोई उत्तर नहीं दिया था। जे.जे. अस्पताल में रत्ती के शव के रूबरू जिन्ना धीर-गम्भीर बने रहे। उनके अस्पताल पहुँचने के थोड़ी ही देर बाद शव इस्माइली शिया समुदाय की परम्परा के अनुसार स्नान तथा अन्य संस्कारों के लिए पाला गली मस्जिद में स्थानान्तरित कर दिया गया। इन धर्मविहित संस्कारों के उपरान्त जुमे की नमाज़ पूरी हो जाने पर तीसरे पहर बम्बई के मुज़्तहिद शेख़ साहब ने नमाज़े जनाज़ा अदा की। इसके बाद अन्तिम यात्रा के लिए रत्ती के कफ़न लिपटे शव को अर्थी पर लिटाकर पाला गली मस्जिद के द्वार पर एक घोड़ागाड़ी पर रखा गया। मस्जिद के बाहर एक तरफ़ काले वस्त्रों में खोजा-सम्प्रदाय की स्त्रियाँ और दूसरी तरफ़ पेटिट-परिवार तथा पारसी समुदाय की स्त्रियाँ परम्परागत पारसी शोक परिधान सफ़ेद वस्त्रों में भारी संख्या में खड़ी थीं।

आर्द्रनयन सभी ने बम्बई के इस फूल को अन्तिम यात्रा के लिए विदा दी। रास्ते में जगह-जगह स्त्री-पुरुषों का समूह अपनी शोकांजलि देने के लिए एकत्रित था। मोहम्मद अली रोड के मकानों पर शोक-प्रदर्शन के लिए काले झंडे लगाए गए थे। इस क्षेत्र में जिन्ना के अनुयायियों और प्रशंसकों की संख्या सर्वाधिक थी। शवयात्रा मोहम्मद अली

रोड, जे.जे. अस्पताल रोड से होते हुए भायखला के पुल से गुज़रते हुए मझगाँव पहुँची। वहाँ पर इस्माइली शिया सम्प्रदाय की एक उपशाला इस्ना अशरी समुदाय के आरामबाग़ स्थित क़ब्रिस्तान में रत्ती का अन्तिम संस्कार होना था। आरामबाग़ में जिन्ना के अनुयायियों, प्रशंसकों, मित्रों और सहयोगियों की भारी भीड़ थी। प्रमुख पारसी परिवारों के प्रतिनिधि भी वहाँ उपस्थित थे। आरामबाग़ में बम्बई के सभी वर्गों, समुदायों और धर्मों के महत्त्वपूर्ण व्यक्तियों के अलावा हाईकोर्ट के न्यायाधीश, बार के वरिष्ठ सदस्य, और प्रमुख सरकारी अधिकारी मौंजूद थे। उस दिन अपने बार के एक परम विशिष्ट सदस्य की पत्नी के देहान्त पर शोक जताते हुए मुम्बई हाईकोर्ट ने अपना कार्य स्थगित कर दिया था। घोड़ागाड़ी से अर्थी नंगे पैर जिन्ना और उनके भानजे अकबर अली पीरभाई ने मिलकर उतारी थी। ज़मीन पर उसे रखने के बाद रत्ती के शव का मुख जिन्ना ने काबा की ओर कर दिया था। शेख़ साहब ने इसके बाद तलक़ीन का पाठ किया था। अन्तिम संस्कार की पूरी व्यवस्था की देख-रेख इस्ना अशरी समुदाय के दो सम्मानित सदस्य हाजी दाऊदभाई नासिर और रजबअली भाई इब्राहिम बाटलीवाला कर रहे थे।

इस्माइली शिया सम्प्रदाय के रीति-रिवाज़ों के अनुसार आरामबाग़ में अन्तिम संस्कार की प्रक्रिया देर तक चलती रही। इस बीच बाहरी तौर पर जिन्ना शान्त और संयत बने रहे। तनाव-भरी-ख़ामोशी के बीच उन्होंने भावनात्मक दुर्बलता का कोई लक्षण अभी तक प्रकट नहीं होने दिया था। कानजी इस दौरान लगातार उनके साथ, उनके पास बने रहे। निश्चय ही जिन्ना के मन में उस समय भावनाओं और स्मृतियों का ज्वार उमड़ रहा था। इससे अपने चित्त को हटाने के लिए वह विषयान्तर करते हुए कानजी से बातें करने लगे। उन्होंने पिछले सप्ताह केन्द्रीय विधायिका (सेंट्रल असेम्बली) में अपने काम की चर्चा शुरू कर दी। वह थोड़ा विस्तारपूर्वक कानजी को बताने लगे कि किस तरह असेम्बली के अध्यक्ष (स्पीकर) विठ्ठलभाई पटेल किसी बात पर सरकार से उलझ गए थे और उन्होंने (जिन्ना ने) कैसे उस स्थिति से उन्हें (विट्ठलभाई को) उबरने में मदद दी। आत्म-प्रवंचना के इस करुण प्रयास में जिन्ना देर तक कामयाब नहीं रह पाए। जैसे ही रत्ती के पार्थिव शरीर को क़ब्र में नीचे रखने की अन्तिम प्रक्रिया शुरू हुई, जिन्ना को उसे हाथ लगाने के लिए कहा गया। जिन्ना ने अपनी दिवंगता प्रेयसी-पत्नी की मृणाल-सी कोमल पर बर्फ़-सी ठंडी बाँह का अन्तिम बार काँपती हथेली से स्पर्श किया था। उनका रोम-रोम झनझना उठा था और अन्दर वर्षों से जमा बहुत कुछ एकाएक पिघल उठा था। शव को क़ब्र में रखने के बाद मिट्टी की पहली मुट्ठी दिवंगता रत्ती के पति होने के नाते उन्होंने ही डाली। उसके बाद उनके धैर्य और संयम का बाँध एकाएक टूट गया। वह एक अबोध बच्चे की तरह फूट-फूटकर रो पड़े और काफ़ी देर तक अपने को संयत नहीं कर पाए। इस मार्मिक घटना का ज़िक्र कानजी, दीवान चमनलाल और मुहम्मद करीम छागला तीनों ने अपने संस्मरणों में किया है। जिन्ना आपादमस्तक बुद्धि और तर्क थे। उनके अन्तर्जगत और बाह्य व्यक्तित्व की संरचना कुछ ऐसी थी—जिससे भावना और भावुकता का रंचमात्र संकेत मिलना भी असम्भव था।

पास की मस्जिद से मुअज़्ज़िन ने असर की नमाज़ के लिए अब अज़ान दे दी थी। जिन्ना की हिचकी सुबकने में बदल गई थी और रजबअली भाई इब्राहिम बाटलीवाला ने हाथों का सहारा देकर जिन्ना को उठाया था। यह शायद पहला और अन्तिम अवसर था, जब वर्षों से अपने दिल की धड़कन रही प्रेम और सौन्दर्य की भावप्रवण प्रतिमा रत्ती की पार्थिव काया को धरती की गोद में सदा के लिए समर्पित करते हुए उन्होंने सार्वजनिक रूप से अपनी भावनात्मक दुर्बलता प्रकट होने दी थी।

जिन्ना-दम्पति की इकलौती सन्तान दीना ने बाद में एक साक्षात्कार में बताया था कि मानो उनके जीवन-नाटक के एक महत्त्वपूर्ण अंक का पर्दा एकाएक गिर गया था। रत्ती के साथ ही उनमें जो कुछ भी तरल, सहज और आर्द्र था, कहीं गहरे मिट्टी में दफ़न हो गया था। विवश वध्य और वेध्य जिन्ना अब निपट अकेले थे और सामने था लगभग दो दशकों का विकराल राजनीतिक बीहड़। अगर साथ कुछ बचा था तो वह था दैन्य और विनय से सर्वथा अछूता उनका एकमात्र दुर्धर्ष विजयकामी मन जिससे जय अन्ततः उन्हीं को मिली और हार गए अभिशप्त भारतीय उपमहाद्वीप के करोड़ों बेबस, बेनाम, बेजुबान और मासूम लोग।

12

जिन्ना और रत्ती के बीच बढ़ती दूरी और फिर जिन्ना से अलग रत्ती के लगभग साल-भर ताज होटल में रहने की बात उनसे परिचित हलकों में लोगों को अच्छी तरह मालूम थी। इस तरह एक बड़ी संख्या में लोग असमंजस में रहे कि वे रत्ती के दुःखद निधन पर शोक सन्देश किसे दें और किससे सहानुभूति प्रकट करें। रत्ती के अन्तिम संस्कार के बाद जिन्ना तुरन्त केन्द्रीय विधायिका (सेंट्रल लेजिस्लेटिव असेम्बली) की चालू सभा में भाग लेने के लिए दिल्ली चले गए थे। जाने के पहले वह रत्ती से सम्बन्धित सभी वस्तुएँ—कपड़े, आभूषण, पुस्तकें, समय-समय पर मिले उपहार और फ़ोटोग्रॉफ़ सभी कुछ बड़ी-बड़ी कई सन्दूकों में रखवाकर बन्द कर गए थे। उनके ड्राइवर मुहम्मद आज़ाद के अनुसार आगे चलकर अपने राजनीतिक जीवन और पेशे से जुड़ी गतिविधियों के सिलसिले में कई दिनों के बाहर प्रवास के बाद जिन्ना जब अपने आवास पर लौटते तो रात में अक्सर उन सन्दूकों को खुलवाकर रत्ती द्वारा उपयोग की गई चीज़ों को अपलक निहारते अतीत की गहन स्मृतियों में खो जाते थे। रत्ती के साथ कानजी के प्रगाढ़ आत्मीय सम्बन्ध की बात काफ़ी लोगों को पता थी। इसलिए कई लोगों ने शोक सन्देश कानजी को ही भेजे। इनमें सरोजिनी नायडू और जे. कृष्णमूर्ति द्वारा कानजी को लिखे पत्र विशेष उल्लेखनीय हैं। सरोजिनी नायडू से रत्ती के बड़े ही आत्मीय सम्बन्ध थे। वह जब बम्बई आती थीं तो अक्सर ताज होटल में ही रुकती थीं। जिन्ना के प्रति श्रीमती नायडू की प्रारम्भिक कोमल भावनाओं की रत्ती को निश्चय ही जानकारी थी। किन्तु इसे लेकर रत्ती के मन में न तो कोई ग्रन्थि थी और न ही स्त्री-सुलभ सहज ईर्ष्या

का भाव। श्रीमती नायडू के बम्बई प्रवास के दौरान रत्ती घंटों उनके साथ बिताती थीं। साहित्य, राजनीति और कल्याण-कार्यों में रत्ती की रुचि उन्हें सरोजिनी से कहीं गहरे जोड़ती थी। कानजी के अलावा रत्ती का मन सरोजिनी गहरी संवेदनशीलता से समझती थीं। रत्ती की बीमारी के अन्तिम चरण में सरोजिनी नायडू हिन्दुस्तान में नहीं थीं। उन्हें कांग्रेस के कार्य से अमेरिका जाना पड़ा था। 18 मार्च, 1929 को उनकी बम्बई के किसी सज्जन से टेलीफ़ोन पर हुई बातचीत के दौरान ही उन्हें 20 फ़रवरी को हुए रत्ती के निधन का पता चल पाया। वह बहुत विचलित हुईं। 20 मार्च को उन्होंने कानजी को बड़ा ही मार्मिक पत्र लिखा :

होटल अलांक्विन
44वीं गली, पश्चिम
न्यूयार्क सिटी
मार्च 20, 1929

मेरे प्रिय कानजी,

दुःख के मारे एकाएक गूँगी हो गई सी लगती हूँ। मेरी पूरी शक्ति ने मेरा साथ छोड़ दिया है। उस सुन्दर चेहरे पर जिसे मैं किस हद तक प्यार करती थी, अब एक माह का मिट्टी का बोझ कितना भारी पड़ रहा होगा। और इसके बारे में मैं सिर्फ़ दो दिन पहले ही जान पाई...यह बात मुझे महज़ दो दिन पहले किसी ने यों ही बड़े चलते ढंग से टेलीफ़ोन पर बतायी जिसे पता नहीं था कि यह छोटी बच्ची मुझे कितनी प्यारी थी।...तुमने मुझे तार क्यों नहीं भेजा ? पर मैंने स्वयं ही अन्तःप्रेरित सहजबुद्धि से उस संकेत को क्यों नहीं समझा जो मेरे अन्तःकरण से मुझे लगातार मिल रहा था...मैंने स्वयं ही तार क्यों नहीं किया...20 फ़रवरी को जो रत्ती का जन्मदिन था और उस दिन दरअसल अपशकुन और पूर्वशंका के बोध ने मुझे इतना अभिभूत कर दिया था कि मैं किंकर्तव्यविमूढ़ हो गई थी...वे सभी पूर्वशंकाएँ और अपशकुन सही साबित हुए। पर जैसा मैंने ख़ुद से कहा था, मैं अपने को बेवक़ूफ़ी भरा व्यवहार नहीं करने देना चाहती थी। अब मैं सोचती हूँ, काश मैंने ऐसा किया होता...उसके जन्मदिन के लिए लिखा मेरा पत्र हिन्दुस्तान उसी हफ़्ते पहुँचता, जिसमें उसका निधन हुआ...बेचारी बच्ची, दुःख की मारी वह अद्भुत प्यारी बच्ची।

अब मैं तुम्हें यह पत्र दिलासा देने के लिए और कृतज्ञता व्यक्त करने के लिए लिख रही हूँ—उसके प्रति तुम्हारी उस अटूट निष्ठावान मैत्री और आत्मीय स्नेह के लिए। उसके लिए यह मित्रता अत्यन्त मूल्यवान थी, जिस पर वह बहुत भरोसा करती थी और इसका उपकार मानती थी। तुम उन निहायत थोड़े लोगों में से रहे हो, जो समझते थे कि वह कितनी विरल, साहसी और उदात्त आत्मा थी, जिसका मूल्य अधिकांश लोग न तो जान सके और न ही उसे समझ पाए। ऐसा होना नहीं चाहिए था...तुम्हें मेरे

धन्यवाद—उसके नाम में मेरी ओर से मेरे लिए...क्योंकि तुम जानते हो वह मेरे दिल से कितनी जुड़ी हुई थी।

कोई दूसरा रास्ता नहीं था...उसकी शक्तिशाली यातना झेलती आत्मा की मुक्ति का, जो हमेशा स्वतन्त्रता की तलाश में रहती थी। उसकी माँ और उसके पति दोनों इस समय मेरे विचारों में हैं। उनकी क्षति और शोक में मैं सहभागी हूँ। मैं तुम्हें अपनी स्नेहभरी अनुभूतियाँ सम्प्रेषित करती हूँ। जो मित्रता और प्यार उसने (रत्ती ने) तुम्हें प्रदान किया, उसके सत्पात्र तुम सदैव बने रहो।

—सरोजिनी नायडू

जे. कृष्णमूर्ति भी रत्ती के प्रति गहरा आत्मीय भाव रखते थे। रत्ती की बीमारी के दौरान वह उनके कुशल क्षेम की जानकारी लेते रहते थे। 30 नवम्बर, 1928 को उन्होंने कानजी को निम्नलिखित पत्र लिखा था :

मेरे प्रिय कानजी,

मुझे आशा है, अब श्रीमती जिन्ना काफ़ी बेहतर हैं। कृपया मेरा प्यार उन्हें दें। यही एक ऐसी चीज़ है, जो वह मुझसे प्राप्त कर सकती हैं। कृपया उन्हें बता दें कि मैं लगातार उनके बारे में सोचता रहता हूँ। आशा है, वह बेहतर हैं।

आशा करता हूँ कि आप और आपका परिवार सभी तरह से कुशलपूर्वक हैं।

ढेर सारे स्नेह के साथ

—कृष्ण

उन्हें श्रीमती सरोजिनी नायडू की तरह रत्ती के देहावसान की ख़बर अमेरिका प्रवास के दौरान विलम्ब से मिली थी। पहली अप्रैल, 1929 को उन्होंने कानजी को नीचे उद्धृत पत्र लिखा था :

आर्य विहार, ओजाई
कैलिफोर्निया

मेरे प्रिय कानजी,

मुझे यह पत्र तुम्हें बहुत पहले लिखना चाहिए था। मुझे दुःख है कि मैं ऐसा नहीं कर सका।

तुम्हारे लिए स्थिति बड़ी भयावह रही होगी और इसे लेकर मैं बहुत दुखी हूँ। बेचारी श्रीमती जिन्ना। जब पिछली बार मैं उनसे मिला था तो सोच रहा था कि वह जल्द ही ठीक हो जाएँगी। वह कितनी तो बेहतर लग रही थीं। जब से तुम्हारा तार मिला है, मैं उनके और जो कुछ उनके साथ हुआ उसके बारे में ही सोचता रहा हूँ। कम-से-कम मुझे इसकी .खुशी तो है कि अन्त में उन्हें लम्बी यातना से नहीं गुज़रना पड़ा। उनका न होना निश्चय ही तुम्हें सबसे अधिक खलेगा और इस कारण अगर मैं कहूँ तो तुम्हीं

मेरी गहनतम संवेदना के सर्वाधिक हक़दार हो।

आशा है, बाक़ी सब अब ठीक चल रहा होगा। अपनी पत्नी और चन्दा को मेरा प्यार देना।

.ख़ुद तुम्हारे लिए ढेर सारे प्यार के साथ

—कृष्ण

13

जिन्ना से अनमेल विवाह कर और फिर उनसे अलग होकर रत्ती ने जिस यातना का वरण किया था, उसे कानजी, चमनलाल, सरोजिनी नायडू और जे. कृष्णमूर्ति जैसे थोड़े-से विरल संवेदनशील व्यक्ति ही समझ सकते थे। रत्ती एक लम्बे अर्से तक अन्दर ही अन्दर घुलती रही थीं। उनकी लम्बी बीमारी और अन्ततः उनका भरी जवानी में इस संसार से असामयिक उठ जाना उसकी तर्कसंगत परिणति थी। हिन्दुस्तान के स्वतन्त्रता-संग्राम के अरण्य में अब गुम-सा होता रत्ती सा ही एक और कोमल भावप्रवण चरित्र था। वह था क्षीणकाय, किन्तु दृढ़प्रतिज्ञ कर्मठ कमला नेहरू का कुछ-कुछ रामायण की उपेक्षिता उर्मिला-सा चरित्र। आयु में वह रत्ती से एक साल से कुछ कम ही बड़ी थीं। कमला का जन्म सन् 1899 का था, जब कि रत्ती का सन् 1900 का। सत्रह वर्षीया कमला का छब्बीस वर्षीय जवाहरलाल नेहरू से विवाह आठ फ़रवरी, 1916 को हुआ था। अठारह वर्षीया रत्ती का विवाह तैंतालीस वर्षीय जिन्ना से 9 अप्रैल, 1918 को। कमला और जवाहरलाल की उम्र में विवाह के समय अन्तर लगभग नौ साल का था, जब कि रत्ती और जिन्ना के बीच उम्र का अन्तर था तेईस साल का। कमला पुरानी दिल्ली के एक सुसंस्कृत मध्यवर्गीय कश्मीरी ब्राह्मण (कौल) परिवार की कन्या थीं, जबकि रत्ती उस समय के बम्बई के समृद्धतम पाश्चात्य सभ्यता में पगे एक अत्यन्त प्रतिष्ठित पारसी (पेटिट) परिवार की बेटी थीं। कमला और जवाहरलाल का विवाह दोनों के माता-पिता ने तय किया था, जब कि रत्ती ने अपने परिवार से विद्रोह कर इस्माइली खोजा सम्प्रदाय में जन्मे धर्मनिरपेक्ष राष्ट्रवादी बैरिस्टर जिन्ना का वरण स्वेच्छा से। पिता की उम्र के एक दूसरे धर्म के अनुयायी समाज के व्यक्ति से विवाह का प्रबल विरोध रत्ती के परिवार और समुदाय द्वारा किया जाना स्वाभाविक था। रत्ती एक भरे-पूरे परिवार और आधुनिक विचारों और पाश्चात्य जीवनशैली में रच-बस गए समाज को छोड़कर जिन्ना के आवास पर पहुँची थीं, जहाँ उनसे उम्र में सात साल बड़ी फ़ातिमा जिन्ना के अलावा और कोई सदस्य नहीं था। फ़ातिमा ने बम्बई में ईसाई मिशनरी के कान्वेंट की शिक्षा होस्टल में रहकर प्राप्त की थी। इसके बाद उन्होंने कलकत्ते से दाँत के डॉक्टर की डिग्री हासिल की थी। आधुनिक शिक्षा प्राप्त पच्चीस वर्षीया ननद फ़ातिमा का साथ अठारह वर्षीया रत्ती के लिए अत्यन्त मूल्यवान और आश्वस्तिकारक साबित हो सकता था। पर ऐसा सम्भव नहीं हो सका।

भाई-बहनों में फ़ातिमा अकेली थीं, जिन्हें बड़े भाई जिन्ना का स्नेह और संरक्षण प्राप्त था। उन्हें जिन्ना प्यार से 'फ़ाती' कहते थे। वह भी अपने से उम्र में अठारह साल बड़े सुदर्शन, तेजस्वी और हर दृष्टि से सफल भाई पर अब तक अपना एकाधिकार मानती थीं। रत्ती के घर में प्रवेश से उनका वह एकाधिकार समाप्त हो गया था। बेगम राना लियाक़त अली, बेगम शाहनवाज़ ख़ाँ और जिन्ना के विश्वस्त ड्राइवर ने बताया है कि वह रत्ती को नफ़रत करने की हद तक नापसन्द करती थीं। उनका रत्ती के प्रति व्यवहार ठेठ हिन्दुस्तानी ननद से भी कुछ ज़्यादा ही कटु था। लगभग कुछ ऐसी ही स्थिति से कमोबेश इलाहाबाद के आनन्द-भवन में किशोरी वधू कमला को भी गुज़रना पड़ रहा था। बारह वर्षीय भोलीभाली सुन्दर, कोमलांगी, बच्चों-सी निर्मल मुस्कान बिखेरती चम्पकवर्णी कमला को पं. मोतीलाल नेहरू ने अपने लाड़ले बेटे जवाहर के लिए काफ़ी खोजबीन के बाद पसन्द किया था। कमला को अंग्रेज़ी की प्रारम्भिक जानकारी के अलावा यदि ठीक से कोई भाषा आती थी तो वह हिन्दी ही थी। सत्रह साल की उम्र में विवाह पूर्व कुछ समय के लिए मोतीलाल नेहरू ने उन्हें अपनी बेटियों की अंग्रेज़ गवर्नेस से पश्चिमी शिष्टाचार और खाने की मेज़ पर कार्य-व्यापार तथा व्यवहार की बारीकियों की शिक्षा के लिए इलाहाबाद में ही एक रिश्तेदार के यहाँ बुलाकर रख लिया था। पर पश्चिमी सभ्यता में रचे-बसे नेहरू परिवार की बेटियों तथा अन्य सदस्यों की सी तराश उनमें कैसे आ सकती थी। शादी के बाद जब कमला आनन्द-भवन पहुँचीं तो वहाँ उनकी सास स्वरूप रानी और दो ननदों—विजयलक्ष्मी और कृष्णा के अलावा सास की बाल विधवा बड़ी बहन बीबी अम्मा भी थीं। सास और बीबी अम्मा की ओर से जहाँ कमला से परम्परागत बहू की तरह व्यवहार की अपेक्षा की जाती थी, वहीं ननदों की अपेक्षा होती थी कि वह उनकी तरह आधुनिक और पश्चिमी ढंग से रहें। ऐसा न कर पाने पर उन्हें सिरचढ़ी ननदों के मखौल और व्यंग्य-बाण झेलने पड़ते थे। वह अक्सर रो पड़ती थीं। कमला के अंग्रेज़ी न जानने को लेकर ख़ासतौर से विजयलक्ष्मी और कृष्णा अक्सर ताने देती रहती थीं। दोनों उन्हें सुनाकर कहती थीं कि "भाई को अंग्रेज़ी कविता का कितना शौक है, पर बेचारा अपनी अनपढ़ बीवी के साथ उसका आनन्द कैसे शेयर कर सकता है।" कम-से-कम इस तरह के व्यवहार रत्ती को नहीं झेलने पड़े थे।

कमला के बरअक्स रत्ती अत्यन्त नागर पश्चिमी रहन-सहन और सभ्यता से पूरी तरह परिचित तथा उसमें पारंगत, अंग्रेज़ी भाषा और साहित्य में निष्णात एक स्वतन्त्रचेता स्वाभिमानी तरुणी थीं। फ़ातिमा उनके प्रति हर नफ़रत के बावजूद उनके साथ इस तरह के दुर्व्यवहार का दुस्साहस कभी नहीं कर सकती थीं। पर कमला में भी निश्चय ही उस कोमल वय में भी यथास्थिति से विद्रोह और अनुचित अपेक्षाओं के सामने न झुकने का संकल्प-बीज था। बीबी अम्मा और सास के लाख समझाने और ज़ोर-दबाव के बावजूद वह उस समय के उत्तर भारतीय परिवारों में प्रचलित बहुओं द्वारा घूँघट निकालने की प्रथा का अनुपालन न करने की अपनी ज़िद पर अडिग रहीं। यह उनका पहला नारीवादी विद्रोह था। आगे चलकर उन्होंने स्वतन्त्रता-संग्राम में पूरे

उत्साह के साथ सक्रिय भाग लिया और जेल गईं। पश्चिमी सभ्यता में पगी एक मुक्तमना आधुनिका की छवि के बावजूद रत्ती की भी स्वतन्त्रता आन्दोलन की गतिविधियों में गहरी रुचि रही। मौक़ा आने पर उन्होंने अपने ढंग से उसमें तन-मन-धन से योगदान दिया। हाँ, कमला नेहरू की तरह वह जेल नहीं गईं। वह जिन्ना की सहचरी थीं और जिन्ना का राजनीतिक मुहावरा संवैधानिक था, जिसमें सत्याग्रह कर जेलयात्रा की अवधारणा के लिए जगह नहीं थी।

रत्ती और कमला दोनों की साहित्य में गहरी रुचि थी। रत्ती को पुस्तकों के पहले संस्करणों को एकत्रित करने का बहुत शौक था। वह किताबें ख़रीदती भी थीं और पुस्तकालयों से भी मँगाती थीं। कविता और पश्चिमी तन्त्र-मन्त्र में उनकी गहरी रुचि थी। अंग्रेज़ी भाषा का उनका ज्ञान और समझ अद्‌भुत थी। कमला ने बंकिम, शरद और रवीन्द्र की कहानियाँ और उपन्यास हिन्दी अनुवाद के माध्यम से लगभग सभी पढ़ रखे थे। देवकीनन्दन खत्री और मुंशी प्रेमचन्द की रचनाएँ भी उन्होंने पढ़ी थीं। पं. जवाहरलाल नेहरू स्वयं हिन्दी कम ही पढ़ते थे। पर वह कमलाजी के लिए उनकी रुचि की पुस्तकें हिन्दी में उपलब्ध कराते रहते थे। रूसी कथाकारों—टालस्टाय, तुर्गनेव और चेखव को भी उन्होंने हिन्दी अनुवादों के ज़रिए पढ़ा था। कभी-कभी इन्हें वह अंग्रेज़ी में भी पढ़ती थीं। कई बार रिश्ते में अपने चचेरे देवर बृजकुमार नेहरू (बी.के. नेहरू) से वह रूसी और अंग्रेज़ी कथाकारों की कृतियाँ पढ़वाकर सुनती थीं। इलाहाबाद और बनारस के साहित्यकारों से वह व्यक्तिगत रूप से भी परिचित थीं। काशी नागरी प्रचारिणी सभा की एक साहित्यिक गोष्ठी में वह पं. जवाहरलाल नेहरू के साथ शामिल हुई थीं। इसमें उस समय के हिन्दी साहित्य के दिग्गज बाबू श्यामसुन्दर दास, आचार्य रामचन्द्र शुक्ल, मुंशी प्रेमचन्द, जयशंकर प्रसाद, विनोदशंकर व्यास, शान्तिप्रिय द्विवेदी और जैनेन्द्र जैसे लोगों ने भाग लिया था। इस अवसर का एक चित्र काशी नागरी प्रचारिणी सभा में सुरक्षित है। परिवार में हिन्दी की उस समय की पत्रिकाएँ ख़ासतौर से 'सरस्वती,' 'चाँद,' 'विशाल भारत' और 'माधुरी' आती थीं, जिन्हें कमला समेत घर की लगभग सभी महिलाएँ चाव से पढ़ती थीं। पं. पद्मकान्त मालवीय और गणेश शंकर विद्यार्थी द्वारा सम्पादित और क्रमशः इलाहाबाद और कानपुर से प्रकाशित तेजस्वी पत्र—'अभ्युदय' और 'प्रताप' भी आनन्द भवन नियमित रूप से आते थे, जिन्हें पं. जवाहरलाल भी पढ़ते थे। रत्ती अंग्रेज़ी की और कमला हिन्दी की पत्र-पत्रिकाओं के ज़रिए देश की राजनीतिक, सामाजिक और सांस्कृतिक गतिविधियों का परिचय प्राप्त करती रहती थीं। गांधी के लिए दोनों के मन में गहरा आदर-भाव था। गांधी व्यक्तिगत पत्रों द्वारा समय मिलने पर न केवल उनके कुशलक्षेम की जानकारी लेते थे, बल्कि उन तक अपनी बात पहुँचाने की कोशिश भी करते थे। प्रारम्भ से ही कमला के गांधी के प्रति लगाव की चर्चा न केवल पं. जवाहरलाल नेहरू और उनके जीवनीकार ने की है, बल्कि उनकी इकलौती बेटी इन्दिरा ने भी एकाधिक बार इसका ज़िक्र किया है। गांधी से कमला का सम्पर्क एक आध्यात्मिक अनुभव हुआ करता था।

रत्ती और कमला दोनों की आध्यात्मिकता में गहरी रुचि थी। पश्चिमी शिक्षा और बम्बई के उदार धर्म-निरपेक्ष वातावरण के प्रभावस्वरूप धर्म की परम्परागत अवधारणा और उसके कर्मकांडीय स्वरूप में रत्ती की रंचमात्र भी आस्था नहीं थी। इसके बरअक्स मध्यवर्गीय हिन्दू संस्कारों में पली-बढ़ी कमला की धर्म में पूरी आस्था थी। वह 'रामचरित मानस' का पाठ करती थीं और विवेकानन्द तथा स्वामी रामकृष्ण परमहंस की हिन्दी में अनूदित पुस्तकें चाव से पढ़ती थीं। धीरे-धीरे बढ़ती आयु और व्यापकतर अध्ययन के दायरे के साथ उनके विचारों में परिपक्वता आने लगी थी और उनका मन अद्वैत-दर्शन तथा रामकृष्ण मिशन की ओर आकृष्ट होने लगा था। रत्ती की परम्परागत संगठित धर्मों के प्रति वितृष्णा, किन्तु आध्यात्मिकता के प्रति उनका बढ़ता झुकाव उन्हें थियोसॉफ़िकल सोसाइटी की ओर ले गया था और वहाँ भी धीरे-धीरे पनपती रूढ़ियों और कर्मकांडों को उनका सत्यान्वेषी मन स्वीकार करने को तैयार नहीं था। इसके बावजूद थियोसॉफ़िकल सोसाइटी के प्रति उनके मन में गहरा आदरभाव था। वह अपनी इकलौती बेटी दीना को थियोसॉफ़िकल सोसाइटी द्वारा मद्रास में संचालित स्कूल में ही पढ़ाना चाहती थीं। पर यह सम्भव नहीं हो सका। जिन्ना के पास कांग्रेस और होमरूल लीग के इस्तीफ़े के बाद राजनीति के लिए अब एकमात्र मंच मुस्लिम लीग का ही बचा था। धर्मनिरपेक्षता में अभी भी अविचलित आस्था के बावजूद उनके लिए अब उनकी मुस्लिम पहचान पहले से कहीं अधिक मूल्यवान थी। अतः अपनी इकलौती सन्तान को एक ऐसी संस्था में शिक्षा के लिए भेजने पर उनकी सहमति कठिन थी, जहाँ उसकी जो कुछ भी थोड़ी-बहुत मुस्लिम पहचान बची थी, वह और भी क्षीण हो सकती थी। रत्ती ने भी इस बात को अधिक तूल देना उचित नहीं समझा था। दूसरी ओर कमला और जवाहरलाल दोनों ने अपनी इकलौती बेटी इन्दिरा को शान्ति-निकेतन में पढ़ाने का निर्णय लिया था। दोनों वहाँ जाकर उसके संस्थापक अधिष्ठाता रवीन्द्रनाथ ठाकुर से मिल आए थे। शान्ति-निकेतन का उन्मुक्त वातावरण इन्दिरा के व्यक्तित्व के सर्वांगीण विकास के लिए आगे चलकर बहुत मूल्यवान सिद्ध हुआ। रत्ती और कमला के बीच एक और दिलचस्प समानता रही। दोनों के देहावसान के बाद इकलौती बेटियों ने जीवनसाथी के रूप में पारसी नवयुवकों को ही चुना—दीना ने नेविल वाडिया को और इन्दिरा ने फ़िरोज़ गांधी को।

रत्ती एक अत्यन्त समृद्ध परिवार की बेटी थीं। उन्हें हीरे-जवाहरात जड़े क़ीमती आभूषणों और आधुनिकतम परिधानों का बेहद शौक था। उन्हें ऐशोआराम की ज़िन्दगी पसन्द थी। वह बहुत ऊँचे दर्जे की जीवनशैली की अभ्यस्त थीं। समृद्ध माँ-बाप अपनी इस दुलारी बेटी का हर शौक पूरा करते थे। अतिशय प्यार-दुलार की वजह से उन्हें काफ़ी हद तक एक बिगड़ी हुई सन्तान भी माना जा सकता है। जिन्ना से विवाह के बाद उनके महँगे शौक़ और ऊँची पसन्द में किसी भी तरह का फ़र्क़ आने का कोई सवाल ही नहीं उठता था। जिन्ना की समृद्धि अपनी अर्जित की हुई थी। वह स्वयं भी पश्चिमी शैली के ऊँचे दर्जे के रहन-सहन के अभ्यस्त हो चुके थे। पर वह पैसे को बहुत

समझ-बूझ के साथ ख़र्च करते थे। इसके बावजूद उन्होंने रत्ती की शाहखर्ची पर कभी भी किसी तरह की रोक लगाने की कोशिश नहीं की। उस दौर के उनके परिचितों ने बताया है कि जिन्ना रत्ती के हर ख़र्च के बिल खुशी से भर देते थे। रत्ती को पैसे की किसी भी तरह की कमी उन्होंने अपनी ओर से कभी भी नहीं होने दी। मोहम्मद करीम छागला ने भी 'दिसम्बर में गुलाब' (रोज़ेज़ इन डिसेम्बर) में इसकी पुष्टि की है। इसके बरअक्स कमला एक उच्च मध्यवर्गीय सुरुचि-सम्पन्न परिवार की बेटी थीं, जहाँ कोई कमी न होने के बावजूद रत्ती जैसी शाहखर्ची की सुविधा और गुंजाइश सम्भव नहीं थी। विवाह के बाद निश्चय ही वह समृद्ध नेहरू परिवार की इकलौती बहू बनकर आई थीं। उनके ससुर पं. मोतीलाल नेहरू को भी जिन्ना की ही तरह समृद्धि विरासत में नहीं मिली थी। गांधी के हिन्दुस्तान की राजनीति में उदय के पूर्व दोनों कांग्रेस में साथ थे और उसकी गतिविधियों में बढ़-चढ़कर हिस्सा लेते थे। दोनों एक दूसरे के प्रशंसक भी थे। मोतीलाल नेहरू अपने अध्यवसाय और परिश्रम से अपने समय के उत्तर भारत के सबसे कामयाब वकील बन गए थे। उनका रहन-सहन भी राजसी था। समृद्धि अर्जित करनेवाले वह परिवार के पहले व्यक्ति थे। किन्तु जब उनके इकलौते होनहार बेटे जवाहर ने वकालत के पेशे में आने के उनके सुझाव को अस्वीकार कर दिया और राजनीति में भाग लेने की अपनी दृढ़ इच्छा प्रकट की तो हारकर उन्हें उसे मानना ही पड़ा। फलस्वरूप वह स्वयं गांधीजी के सम्पर्क में आए और जवाहरलाल को उनके सुपुर्द कर दिया।

गांधीजी से जुड़ते ही उनकी जीवनशैली में आमूल-चूल परिवर्तन आना स्वाभाविक था। वकालत के जिस पेशे से उन्होंने इतनी समृद्धि अर्जित की थी अब उसकी ओर पहले सा ध्यान और झुकाव सम्भव नहीं रह गया था। फलस्वरूप समृद्धि का यह व्यक्तिगत अध्यवसाय से अर्जित स्रोत जहाँ एक ओर सूखने लगा था, वहीं दूसरी ओर उनका विशाल आवास आनन्दभवन (जो अब 'स्वराजभवन' बन गया था) राजनीतिक गतिविधियों का केन्द्र बनता जा रहा था। वहाँ हरदम देश के बड़े-बड़े नेताओं और कार्यकर्ताओं का जमघट लगा रहता था। मनस्वी मोतीलाल किसी की आवभगत में कोई कोर-कसर नहीं रखते थे। उनके बाद जवाहरलाल राजनीति में इतने गहरे धँसते गए थे कि यदि वह चाहते भी तो अब निराला के शब्दों में 'अर्थागमोपाय' नहीं कर सकते थे। एक बार तो स्थिति यहाँ तक पहुँच गई थी कि सख़्त ज़रूरत आ पड़ने पर पं. जवाहरलाल नेहरू ने कमला के गहने बेचने तक का निर्णय ले लिया था। रत्ती के बरअक्स कमला अत्यन्त सादगी पसन्द महिला थीं। गांधीजी के संस्कारों में पूरे परिवार के साथ वह भी रँग गई थीं। जेवरों का इस्तेमाल उन्होंने लम्बे अर्से से छोड़ दिया था। दरअसल, जेवरों से उन्हें रंचमात्र भी मोह नहीं रह गया था। फिर भी अपने प्रिय पति के निर्णय से उन्होंने असहमति दर्ज कराई थी। अपने जेवर उन्होंने हर हिन्दुस्तानी माँ की तरह अपनी बेटी इन्दु के लिए सुरक्षित रखना चाहा था। रत्ती और कमला दोनों के सन्दर्भ में इतना तो असन्दिग्ध है कि तन की सौ सुख-सुविधाओं के बीच उनका मन सदैव

वनवास दिया सा अनुभव करता था।

रत्ती और कमला दोनों अपने पतियों जिन्ना और जवाहर से अनिर्वचनीय प्यार करती थीं। और उनके पतियों का भी उनके प्रति प्यार कम नहीं था। पर दोनों के पति बला के महत्त्वाकांक्षी थे। जहाँ जिन्ना की महत्त्वाकांक्षा के क्षेत्र में उनके पेशे के साथ उनकी राजनीति भी थी, वहीं जवाहरलाल की राजनीति में राष्ट्रीय के अलावा अन्तर्राष्ट्रीय आयाम भी थे। वह हिन्दुस्तान की राजनीति को विश्व राजनीति के परिप्रेक्ष्य में सोचने-समझने की कोशिश करते थे। नतीजतन, न तो जिन्ना के पास और न ही जवाहर के पास अपनी संवेदनशील पत्नियों के लिए उतना समय होता था, जितने का वे अपने को अधिकारिणी मानती थीं। अतः दोनों का अवसादग्रस्त होना स्वाभाविक था। कमला एक भरे-पूरे परिवार की बेटी थीं और उससे भी अधिक भरे-पूरे संयुक्त परिवार में ब्याहकर आई थीं, जहाँ उनके ससुर के बड़े भाइयों वंशीधर नेहरू और नन्दलाल नेहरू के परिवार भी साथ रहते थे। पति जवाहर बहनों के साथ सुबह घुड़सवारी पर निकल जाते थे। प्रायः दिन में देर से दोपहर से थोड़ा ही पहले नाश्ते की मेज़ पर वह बहनों के साथ पहुँच पाते थे। नवविवाहिता कमला तब तक बिना कुछ खाए-पीए उनकी प्रतीक्षा करते मुरझा जाती थीं। पर शीघ्र ही उन्होंने अपने अवसाद का उदात्तीकरण कर लिया था। हिन्दी की पत्र-पत्रिकाओं और कहानी-उपन्यासों के अलावा शीघ्र ही उन्होंने आज़ादी की लड़ाई की गतिविधियों में रुचि विकसित कर ली थी। शादी के बाईस महीने बाद इन्दिरा के जन्म से उनके जीवन का ख़ालीपन भर गया था। दूसरी ओर रत्ती अपने पैतृक परिवार से दुल्हन की तरह विदा होकर नहीं, बल्कि अपनी अठारहवीं वर्षगाँठ के समारोह का तिरस्कार कर, उसे छोड़कर जिन्ना के पास पहुँची थीं। उनके इस अप्रत्याशित व्यवहार से क्षुब्ध और आहत पिता ने उन्हें मृत घोषित कर उनका 'उठावना' तक कर दिया था। पतिगृह में साथ के लिए ख़ुश्क-मिज़ाज और बहुत कम बोलनेवाली मनहूसतबीयत फ़ातिमा के अलावा कोई और नहीं था। उन्हें भी अपने प्रिय भाई पर अपने एकाधिकार को चुनौतीस्वरूप रत्ती का घर में प्रवेश निश्चय ही सुहाया नहीं था। अतः रत्ती को कई गुना भावनात्मक रूप से जिन्ना के अखंड-अनाहत ध्यान की ज़रूरत थी, जो सम्भव नहीं हो पाया था। शादी के लगभग उन्नीस माह बाद बेटी दीना के जन्म ने यक़ीनन उनके जीवन का भी ख़ालीपन कुछ हद तक भर दिया था। पर अपनी भावनात्मक ज़रूरत के अनुसार पति का साथ और समय न मिल पाना उन्हें कहीं बहुत गहरे आहत करता था। दीना के जन्म का एक स्वागतयोग्य परिणाम और हुआ था। जिन्ना और रत्ती सन् 1920 में जब छः माह की अपनी बेटी दीना के साथ हिन्दुस्तान लौटे तो बताते हैं कि लेडी दीना पेटिट के लिए अपनी बेटी और नतिनी से न मिलने की बन्दिश और अधिक बर्दाश्त नहीं हो सकी थी। रत्ती के भी मन में माँ के लिए गहरी ममता थी। अकारण उन्होंने अपनी बेटी के लिए माँ का ही नाम नहीं चुना था। लेडी दीना पेटिट ने बम्बई के विलिंगडन क्लब में जिन्ना और रत्ती के साथ अपनी नतिनी से एक लम्बे अर्से

बाद मिलने की योजना कार्यान्वित की, जिसमें अनिच्छापूर्वक ही सही, सर दिनशा पेटिट भी शामिल हुए। पर यह मिलना अक्सर नहीं हो पाता था। रत्ती अभी भी अपने को आधी-अधूरी ही अनुभव करती थीं। कमला की तरह वह सक्रिय राजनीति की ओर उन्मुख नहीं हो सकीं। हाँ, उन्होंने अपने ख़ालीपन को भरने के लिए तरह-तरह के पशु-पक्षी पाल लिए थे, जिनसे वह बेहद प्यार करती थीं और जिनके सुख-दुःख उनके अपने सुख-दुःख हो जाते थे। अतिसंवेदनशील प्रकृति और परिस्थितियों के दबाव के फलस्वरूप रत्ती और कमला दोनों धीरे-धीरे अन्तर्मुखी होती गई थीं। अन्दर-ही-अन्दर टूटते और छीजते जाना उनकी नियति बन गई थी। इसकी करुण परिणति दोनों की लम्बी बीमारी और अन्ततः अकाल मृत्यु में हुई। समकालीन होने और अपने समय के दो महत्त्वपूर्ण राजनेताओं की पत्नियाँ होने के कारण दोनों निश्चय ही एक दूसरे से परिचित रही होंगी। पर उनकी आपस में मुलाक़ात का कोई संकेत नहीं मिलता।

सन् 1924 के पूर्वार्ध में गम्भीर बीमारी के दौरान ऑपरेशन के बाद गांधी को पूना जेल से छः साल की सज़ा के मात्र दो साल पूरे करने के बाद रिहा कर दिया गया था। पूने से वह बम्बई आ गए थे और एक मित्र परिवार के जुहू-तट स्थित आवास पर स्वास्थ्य-लाभ कर रहे थे। नज़दीक ही एक कॉटेज में जवाहरलाल भी कमला और छः वर्षीया इन्दिरा के साथ रुके हुए थे। इस प्रवास के दौरान उनकी गांधी से नित्य प्रति लम्बी भेंट और विभिन्न विषयों पर चर्चा होती थी। वह बम्बई के अन्य महत्त्वपूर्ण नेताओं, विभिन्न संगठनों के महत्त्वपूर्ण व्यक्तियों और राजनीतिक कार्यकर्ताओं से भी मिलते रहते थे। उस समय जिन्ना कांग्रेस छोड़ चुके थे। यदि वह कांग्रेस में बने रहते तो सम्भव है, जवाहरलाल कमला और इन्दिरा के साथ जिन्ना और रत्ती से भी मिलते। इस तरह कमला और रत्ती की मुलाक़ात सम्भव हो सकती थी। आगे चलकर यद्यपि जिन्ना के व्यक्तिगत सम्बन्ध पं. मोतीलाल नेहरू के साथ राजनीतिक मतभेद के बावजूद सामान्य और मैत्रीपूर्ण रहे, पर उनके (जिन्ना के) और जवाहरलाल के बीच हरदम छत्तीस का रिश्ता रहा। इसके फलस्वरूप सामाजिक और पारिवारिक स्तर पर दोनों के बीच सम्बन्ध विकसित नहीं हो पाए। पर जवाहरलाल रत्ती के सुन्दर और तेजस्वी व्यक्तित्व के अलावा उनके राजनीतिक विचारों से भी परिचित थे। मई, 1919 में जब बम्बई के एम्पायर थिएटर में पहली अखिल भारतीय ट्रेड यूनियन कांग्रेस की सभा लाला लाजपतराय की अध्यक्षता में हुई तो उसमें जवाहरलाल भी शामिल हुए थे। सभा के दौरान 'बॉम्बे क्रॉनिकल' के सम्पादक हार्निमैन के देशभक्तिपूर्ण और साम्राज्यविरोधी लेखों और भाषणों से क्षुब्ध अंग्रेज़ सरकार द्वारा उनके देशनिकाले के आदेश के विरुद्ध प्रस्ताव के दौरान रत्ती ने अपना पहला और अन्तिम सार्वजनिक भाषण दिया था। निश्चय ही जवाहरलाल रूपवती रत्ती की राष्ट्रीय भावना, तेजस्विता और राजनीतिक प्रतिबद्धता से प्रभावित हुए बिना नहीं रहे होंगे। इसके बावजूद उनके और जिन्ना के परिवार के बीच कोई ऐसा सम्पर्क सेतु नहीं बन पाया, जिसके फलस्वरूप रत्ती और कमला की परस्पर भेंट और निकटता सम्भव हो पाती। यदि दोनों एक दूसरे से मिल पातीं तो निश्चय ही

उनके बीच प्रगाढ़ आत्मीय सम्बन्ध विकसित हो सकते थे। अन्तर्वेदना के अग्निवृत्तों से लगातार गुज़रती राष्ट्रीयता से ओतप्रोत अपने समय की ये दोनों तेजस्वी और संवेदनशील सुन्दरियाँ निश्चय ही एक दूसरे की अन्तरंग हमदर्द और हमराज़ सिद्ध हो सकती थीं और शायद उससे उनकी अकथ आन्तरिक यन्त्रणा का भार कुछ हल्का होता। और दोनों के बहुमूल्य जीवन में कुछ अमूल्य समय और जुड़ जाता ! खैर...। यह सम्भव नहीं हो सका।

14

रत्ती के जीवन की कथा अधूरी रह जाएगी यदि उनकी इकलौती सन्तान दीना की चर्चा न की जाए। रत्ती और जिन्ना की इस एकमात्र सन्तान का जन्म लन्दन में 14-15 अगस्त की रात सन् 1919 में हुआ था। ठीक 28 वर्ष बाद इसी तारीख़ को जिन्ना का मानस पुत्र पाकिस्तान भी अस्तित्व में आया था। रत्ती ने अपनी बेटी का नाम दीना अपनी माँ लेडी दीना बाई पेटिट के नाम पर रखा था। दीना माँ की तरह अत्यन्त सुन्दर, सुकुमार, आकर्षक और छरहरे बदन की लड़की थीं। बड़ी-बड़ी काली आँखें और मनोहर मुस्कानवाली दीना स्वभाव से चंचल और आत्मविश्वास से भरी होने के साथ ही माँ की तरह अतिशय प्यार-दुलार के कारण थोड़ी ज़िद्दी और कुछ-कुछ बिगड़ी हुई सी लड़की थीं। जब माँ का देहान्त हुआ तो दीना मात्र साढ़े नौ साल की थीं। अतः मातृविहीना अपनी इस इकलौती बेटी के लिए पिता का अतिरिक्त प्यार उमड़ना स्वाभाविक था। अक्टूबर, 1930 में दीना और फ़ातिमा के साथ जिन्ना लगभग स्थायी रूप से बसने के इरादे से लन्दन आ गए थे। इसकी पुष्टि इस बात से भी होती है कि सन् 1931 के सितम्बर में उन्होंने जो अपना नया पासपोर्ट बनवाया था, उसमें अपना स्थायी पता हिन्दुस्तान का न देकर इंग्लैंड का दिया था। हैम्पस्टेड के वेस्ट हीथर रोड पर उन्होंने एक विशाल बँगला किराए पर ले लिया था और पास के ही एक बहुत अच्छे पब्लिक स्कूल में उन्होंने दीना को भर्ती करा दिया था। माँ की तरह दीना का भी पशु-पक्षियों ख़ासतौर से कुत्तों से बहुत लगाव था। बेटी के लिए जिन्ना ने डरावना-सा दिखनेवाला एक काला डॉबर मैन और दूसरा सफ़ेद वेस्ट हाईलैंड टेरियर पाल रखा था।

जिन्ना के भावनात्मक आधार के रूप में अब मात्र दीना ही बची थीं। वह भी होस्टल में रहती थीं। छुट्टियों में जब वह आती थीं तो उनका सूनापन आत्मीयता की ऊष्मा से दीप्त हो उठता था। कुछ लोगों ने जिन्ना को एक भावनाशून्य और निहायत ठंडे क़िस्म का पिता साबित करने की कोशिश की है। किन्तु ऐसा नहीं था। बाद में कई साक्षात्कारों में दीना ने इसका खंडन किया है। दीना छुट्टियों में जब घर लौटती थीं तो जिन्ना की पूरी कोशिश होती थी कि वह अपना अधिक-से-अधिक समय अपनी बेटी के साथ बिताएँ। वह उन्हें कहानियाँ सुनाते थे, पुस्तकें पढ़कर सुनाते थे और नाटक दिखाने ले जाते थे। नवम्बर, 1932 में जिन्ना ने एच.सी. आर्म्सस्ट्रांग द्वारा लिखी गई

आधुनिक तुर्की के निर्माता मुस्तफ़ा अतातुर्क की जीवनी 'ग्रे वुल्फ़' पढ़ी थी। मुस्तफ़ा अतातुर्क ने किस तरह युगों से चली आ रही ख़लीफ़ा की संस्था (ख़िलाफ़त) का अन्त कर तुर्की को एक धर्मनिरपेक्ष आधुनिक राष्ट्र बना दिया था, उससे जिन्ना पहले से ही परिचित थे। पर आर्म्सस्ट्रांग द्वारा लिखी जीवनी से वह इतने प्रभावित हुए थे कि न केवल बाहर, बल्कि घर में भी वह उसकी चर्चा करते रहते थे। 'ग्रे वुल्फ़' उन्होंने बारह वर्षीय दीना को भी पढ़ने के लिए दिया था। दीना अक्सर लाड़ में पिता को 'ग्रे वुल्फ़' कहने लगी थीं। जब वह पिता से थिएटर ले जाने की ज़िद करतीं तो कहतीं "आओ 'ग्रे वुल्फ़' मैं छुट्टी में घर आई हूँ। क्या मुझे ड्रामा दिखाने नहीं ले चलोगे ?" फ़ुर्सत के क्षणों में जिन्ना बेटी को शेक्सपियर के नाटकों के अंश भी सुनाया करते थे। दीना ने अपने एक साक्षात्कार में बताया है कि बातचीत के दौरान अक्सर वह समझाते हुए शेक्सपियर के 'हैमलेट' की अपनी निम्नलिखित प्रिय पंक्तियाँ उद्धृत करते थे :

"समझ लो इस सबसे पहले,
सच्चे रहो स्वयं अपने प्रति,
और जैसे दिन के बाद
आती है रात
वैसा ही निश्चित होगा
इसका परिणाम
तब तुम कभी भी
नहीं हो सकोगे झूठे
किसी और के प्रति।"

लियाक़त अली के आग्रह पर मार्च 1934 में जब जिन्ना हिन्दुस्तान की राजनीति में एक बार फिर क़िस्मत आजमाने हिन्दुस्तान लौटे तो फ़ातिमा और दीना को भी साथ ले आए। दीना ने अब किशोरावस्था में प्रवेश कर लिया था। हिन्दुस्तान लौटकर जिन्ना आपाद-मस्तक राजनीति में डूब गए थे। साथ ही वह अपने पेशे की ओर भी पूरा ध्यान देते थे। अतः अपनी बेटी दीना के लिए उनके पास अब लन्दन जैसा समय उपलब्ध नहीं रह गया। फ़ातिमा जिन्ना का बात-बात पर टोकना और अपनी स्वतन्त्र जीवनशैली में उनका हस्तक्षेप किशोरी दीना को सहन नहीं होता था। जैसे इन्दिरा गांधी ने अपनी माँ कमला के प्रति दुर्व्यवहार के लिए अपनी दोनों बुआ ख़ासकर विजयलक्ष्मी पंडित को अन्त तक माफ़ नहीं किया था, उसी तरह दीना ने भी रत्ती के प्रति दुर्व्यवहार के लिए फ़ातिमा को कभी माफ़ नहीं किया। किशोरी और बाद में तरुणी दीना और फ़ातिमा के बीच अक्सर घर में तकरार चलती रहती थी। जिन्ना के ड्राइवर मुहम्मद आज़ाद ने एकाधिक साक्षात्कार में बताया है कि उन्हें अक्सर बीच-बचाव करना पड़ता था। जिन्ना इस स्थिति से अनजान रहे हों, यह विश्वसनीय नहीं लगता। पर उनके पास इसके लिए न तो समय था और न वह इसे गम्भीरतापूर्वक लेते थे। घर के इस अप्रीतिकर वातावरण

का बोझ अक्सर दीना पर भारी पड़ने लगता था। फलस्वरूप वह निकट ही अपने ननिहाल (पेटिट परिवार के पास) चली जाती थीं। वहीं उनकी भेंट एक पारसी युवक नेविल वाडिया से हुई। नेविल ने अपना मूल पारसी धर्म छोड़कर ईसाई धर्म स्वीकार कर लिया था। दोनों की मुलाक़ातें धीरे-धीरे बढ़ने लगीं और उनके बीच प्रेम-बेल विकसित होने लगी। अन्ततः अठारह वर्ष की दहलीज पार करते ही वयस्क दीना ने पिता के सामने नेविल वाडिया से विवाह का अपना इरादा ज़ाहिर कर दिया। यह बात सन् 1938 की है। जिन्ना मुस्लिम लीग के आजीवन अध्यक्ष चुन लिए गए थे। सन् 1937 के चुनाव में लीग प्रत्याशित सफलता से कोसों दूर रह गई थी। साम्प्रदायिक राजनीति अपने पूरे उफ़ान पर थी। इस दौरान जिन्ना को अपनी मुस्लिम पहचान पर ज़रा भी आँच न आने देना अत्यन्त आवश्यक लग रहा था। इस बीच जब दीना ने एक गैर-मुस्लिम युवक से विवाह का मन्तव्य उनके सामने प्रकट किया तो उनका अवाक् और हतप्रभ रह जाना स्वाभाविक था। लगभग बीस वर्ष पूर्व का उनका अपने जीवन का ही इतिहास इतनी जल्दी स्वयं को उन्हीं के सामने दोहराएगा, इसकी उन्होंने स्वप्न में भी कल्पना नहीं की थी।

मोहम्मद करीम छागला ने 'दिसम्बर में गुलाब' (रोज़ेज़ इन डिसेम्बर) में इस घटना का दिलचस्प वर्णन किया है। जब दीना ने पिता से नेविल वाडिया से विवाह की अनुमति माँगी, तो उनका उत्तर अप्रत्याशित नहीं था। उन्होंने एक पिता के अधिकार से कहा था, "हिन्दुस्तान में लाखों तुम्हारे लायक मुसलमान लड़के हैं। उनमें से तुम किसी को भी चुन सकती हो।" पर दीना अपनी ज़िद्दी माँ और उससे भी कहीं अधिक ज़िद्दी पिता की सन्तान थीं। अतः उन्होंने जो प्रत्युत्तर पिता को दिया, वह निश्चय ही उनके लिए भी अप्रत्याशित था। दीना ने कहा था "पापा, हिन्दुस्तान में लाखों मुसलमान लड़कियाँ थीं। फिर आपने उनमें से किसी से शादी क्यों नहीं की ?" जिन्ना को अपनी इस लाड़ली इकलौती बेटी के जवाब ने निरुत्तर कर दिया था। अवाक्, हतप्रभ जिन्ना अपनी अकेली सन्तान के इस निर्णय से आजीवन आहत रहे। फिर कभी उनके सम्बन्ध बेटी से सहज नहीं हो सके। दीना के नेविल से विवाह के बाद एक लम्बे अर्से तक जिन्ना ने दीना से बातचीत तक का रिश्ता नहीं रखा। बाद में सम्बन्धों में जमी बर्फ़ थोड़ी पिघली तो दीना की ओर से सम्बन्धों में सहज आत्मीयता लाने के हर प्रयास के बावजूद जिन्ना अपने व्यवहार में निहायत औपचारिक बने रहे। जहाँ दीना अपने पत्रों में उन्हें मेरे प्रिय पापा (माई डार्लिंग पापा) और पापा प्यारे (पापा डार्लिंग) कहकर सम्बोधित करती थीं, वहीं जिन्ना उन्हें (दीना को) प्रिय श्रीमती वाडिया (डियर मिसेज वाडिया) सम्बोधन के साथ चिट्ठियाँ लिखते थे। लगभग एक दशक पूर्व प्रकाश में आए पिता को सम्बोधित दीना के दो पत्रों की बानगी से गुज़रना दिलचस्प अनुभव होगा। सन् 1947 के प्रारम्भ में पाकिस्तान की माँग सिद्धान्ततः स्वीकार कर ली गई थी। दीना को इसकी ख़बर समाचारपत्रों से मिली थी। अपने पिता की इस महान उपलब्धि पर प्रसन्नता व्यक्त करते हुए उन्होंने 28 अप्रैल, 1947 को लिखा था :

"मेरे प्यारे पापा,

सबसे पहले मुझे आपको बधाई देनी है—हमें पाकिस्तान मिल गया, कहने का मतलब कि सिद्धान्ततः उसे मान लिया गया है। मुझे आपको लेकर बहुत ही गर्व और प्रसन्नता है—इसके लिए आपने कितनी कठिन मेहनत की थी।...

मुझे उम्मीद है कि आप अच्छी तरह हैं—मुझे आपके बारे में ढेर सारी ख़बरें अख़बारों से मिलती रहती हैं। बच्चों को काली खाँसी से थोड़ी राहत है। उन्हें पूरी तरह ठीक होने में अभी एक महीना और लगेगा।

मैं गुरुवार को उन्हें लगभग एक माह के लिए जुहू ले जा रही हूँ। आप क्या लौटकर यहाँ (बम्बई) आ रहे हैं ? अगर आप आ रहे हैं तो मैं उम्मीद करूँगी कि आप जुहू आएँगे और अपनी इच्छा के मुताबिक़ वह दिन हमारे साथ बिताएँगे। जैसा भी हो वहाँ मेरे पास फ़ोन होगा। अगर आप नहीं निकलना चाहेंगे तो आपको फ़ोन कर आपसे मिलने मैं स्वयं आ जाऊँगी। अपना ख़याल रखें, पापा प्यारे ! ढेर सारे चुम्बन और प्यार।"

—दीना

अन्ततः हिन्दुस्तान के विभाजन और पाकिस्तान के निर्माण की औपचारिक घोषणा 3 जून, 1947 को की गई। दीना ने अपने जुहू स्थित बँगले से इस घोषणा को सुनने के बाद तुरन्त पिता को दिल्ली चिट्ठी लिखी :

"पापा प्यारे,

सचमुच यह आपका प्यार है, जिससे आपने यह चिट्ठी लिखी, क्योंकि यह अच्छी तरह समझती हूँ कि इस समय आप कितने व्यस्त हैं। इस समय आप वॉयसराय के पास होंगे। मुझे यह ज़रूर कहना है कि पिछले कुछ सालों में आपने जो हासिल किया है, वह अद्भुत है। मैं आपको लेकर कितना गर्व और कितनी प्रसन्नता अनुभव कर रही हूँ। निकट के दौर में हिन्दुस्तान में आप अकेले व्यक्ति हैं, जो एक यथार्थवादी और ईमानदार तथा प्रतिभासम्पन्न रणनीतिकार सिद्ध हुआ है। मेरी चिट्ठी आपको फैन-मेल (प्रशंसापत्र) जैसी लग रही होगी। क्यों, ऐसा ही है न ?

अपना ध्यान रखिएगा। ढेर सारा प्यार, बहुत सारे चुम्बन और एक लम्बा प्यार भरा आलिंगन।"

—दीना

दीना के ये पत्र पिता के प्रति एक बेटी के सहज आत्मीय भाव के संकेत देते हैं। जिन्ना यद्यपि बेटी के पत्रों के जवाब नियमित रूप से देते रहे, पर उनमें आत्मीयता की वह ऊष्मा नहीं रहती थी, जो एक पिता के अपनी इकलौती बेटी को सम्बोधित पत्र में सामान्यतया अपेक्षित है। वस्तुतः नेविल से विवाह के बाद वह दीना के प्रति फिर कभी

सहज नहीं हो सके। एक ग़ैर-मुस्लिम से दीना के विवाह को लेकर वह इतने असहज हो गए थे कि वह कभी भी मित्रों और परिचितों के बीच अपनी पुत्री के रूप में उनका ज़िक्र तक नहीं करते थे। लेडी रामाराव, जो जिन्ना से भली-भाँति परिचित थीं, ने लॉस एंजेलेस में जिन्ना के अमेरिकी जीवनीकार स्टैनली वोलपर्ट से एक चर्चा के दौरान बताया था कि वह (जिन्ना) यह मानते तक नहीं थे कि उनकी कोई सन्तान भी थी।

जिन्ना के अंग्रेज़ जीवनीकार हेक्टर बोलिथो ने उनसे सम्बन्धित एक मार्मिक प्रसंग का उल्लेख किया है, जो सम्भवतः दीना के नेविल से विवाह के कुछ समय बाद का है। गर्मियों की छुट्टियों में उनके किसी दोस्त का बेटा अपने एक सहपाठी के साथ उनके बम्बई के मालाबार हिल स्थित आवास पर रुका था। बम्बई से वापस जाने के एक दिन पहले जब दोनों लड़के सोने ही वाले थे कि उनके कमरे का दरवाज़ा धीरे से खुला, बिजली का बटन धीरे से दबा और कमरे में उजाला हो गया। लड़कों ने देखा कि पाजामे और ड्रेसिंग गाउन में सामने जिन्ना खड़े हैं। उनसे (दोनों लड़कों से) नींद में बाधा पहुँचाने के लिए माफ़ी माँगते हुए उन्होंने कहा था, "मैं सो नहीं सका क्योंकि तुम दोनों कल यहाँ से जा रहे हो।" लड़कों के पास बैठकर उन्होंने देर तक कराची और लन्दन में अपने बचपन और किशोरावस्था की ढेर सारी बातें कीं। कुछ समय बाद उठकर जाते समय उन्होंने लड़कों से उन्हें देर तक जगाए रखने के लिए माफ़ी माँगी। कमरे की बिजली बुझाते हुए उन्होंने धीरे से कहा, "काश, मेरे भी एक बेटा होता।" अपनी इकलौती बेटी से हाथ लगी निराशा ने उनके मन में एक पुत्र की कामना जागृत कर दी थी। वित्तेषणा और लोकेषणा के साथ पुत्रेषणा सहज भारतीय मन की प्रवृत्ति रही है। उनका पुष्ट आर्थिक आधार, उनकी समृद्धि और न केवल हिन्दुतान में, बल्कि अन्तर्राष्ट्रीय स्तर पर एक महान नेता के रूप में उनकी ख्याति और प्रतिष्ठा उनकी वित्तेषणा और लोकेषणा को सन्तुष्ट करने के लिए पर्याप्त थी। पर उनकी पुत्रेषणा की सन्तुष्टि सम्भव नहीं थी। उनका दुर्ललित अहं अपने नाती नुस्ली में पुत्र की छवि देखने में निश्चय ही बाधक सिद्ध हुआ। जवाहरलाल नेहरू की तरह अपनी बेटी की सन्तानों से अपने जीवन का ख़ालीपन भर पाना उनके भाग्य में नहीं था।

15

दीना जिन्ना के जीवन में रत्ती की एकमात्र स्मृतिचिह्न थीं। पाकिस्तान और दीना की जन्मतिथि एक ही थी। दोनों का जन्म चौदह अगस्त को हुआ था। पाकिस्तान के जन्म के समय अट्ठाईस वर्षीया दीना विवाहित थीं और एक पुत्र तथा एक पुत्री की माँ भी। उनके पति नेविल वाडिया बॉम्बे डाइंग उद्योग समूह के प्रमुख थे। विभाजन के बाद दीना का अपने पति और बच्चों के साथ हिन्दुस्तान में रहने का निर्णय स्वाभाविक था। स्वतन्त्रता-प्राप्ति के दिन उन्होंने अपने आवास पर हिन्दुस्तान और पाकिस्तान दोनों के झंडे फहराए थे। दीना का अपने पति और बच्चों के साथ हिन्दुस्तान में रहने का निर्णय

एक रूपक की सम्भावना जगाता है। जिन्ना में जो कुछ सृजनात्मक, जीवन्त, अविरल, स्पन्दनशील और गत्यात्मक था, वह हिन्दुस्तान ही रह गया था। पाकिस्तान अगर कुछ गया था तो वह था उनका रोग-जर्जर, लगातार तेज़ी से क्षीण-से-क्षीणतर होता भौतिक शरीर। पर निश्चय ही अपने दिन-ब-दिन ग़ारत होते जा रहे यक्ष्माक्रान्त फेफड़े को सेंकनेवाले सिगरेट व सिगार के धुएँ और राख में छिपाकर वह कम-से-कम एक अनमोल चीज़ तो ले ही गए थे, वह थी एक 'हसरते तामीर'—एक आधुनिक कल्याणकारी राष्ट्र-राज्य के निर्माण का दमकता हुआ सपना। पर वह सपना दुर्भाग्यवश लगभग उन्हीं के साथ दफ़न हो गया। उनके और लियाक़त अली के बाद वह अभिशप्त नवजात राष्ट्र सत्तालोलुप स्वार्थ समूहों के हाथ की बेबस कठपुतली बनकर रह गया। दूर-दूर तक इस दुर्नियति का अन्त आज भी नज़र नहीं आता। आज़ादी के कुछ वर्षों बाद दीना का नेविल वाडिया से सम्बन्ध विच्छेद हो गया था। अब वह अपनी बेटी के साथ एक लम्बे अर्से से न्यूयार्क में शान्तिपूर्ण, लगभग सन्यस्त-सा जीवन बिता रही हैं। एक साक्षात्कार के दौरान उन्होंने हिन्दुस्तान और पाकिस्तान दोनों की स्थिति पर भावभीनी टिप्पणी की थी। उन्होंने कहा था कि पाकिस्तान के लोगों की रुचि आज जिन्ना के आदर्शों और विचारों में क़तई नहीं रह गई है। अक्सर उनसे मिलनेवाले मात्र यह जानने के लिए उत्सुक रहते हैं कि क्या जिन्ना शराब पीते थे ? और क्या वह 'हैम' और 'पोर्क' (सूअर के मांस से निर्मित खाद्य पदार्थ) खाते थे ? उन्होंने दुःख के साथ जोड़ा था कि 'जब हिन्दुस्तान में गांधी को भुला दिया गया है तो पाकिस्तान में जिन्ना के भुलाए जाने पर उन्हें अचरज नहीं है, जहाँ अज्ञान की मात्रा हिन्दुस्तान से कई गुना ज़्यादा है।' लगातार बढ़ते भूमंडलीय तापमान की तरह दिन-ब-दिन पूरे बिश्व में बढ़ती धार्मिक कट्टरता और उससे पैदा बददिमाग़ हिंसा तथा हिन्दुस्तान और पाकिस्तान में लगातार बढ़ते भ्रष्टाचार पर भी उन्होंने गहरी चिन्ता व्यक्त की है। दीना पाकिस्तान पहली बार जिन्ना के अन्तिम संस्कार में शामिल होने के लिए गई थीं। इसके बाद उनका पाकिस्तान से कोई सम्पर्क नहीं रहा। आज पाकिस्तान में एक बड़ा वर्ग ऐसा भी है, जो जिन्ना की काफ़िरा बीवी और बेटी के सभी स्मृतचिह्न उनके जीवन से मिटा देने पर आमादा है। जिन्ना निश्चय ही बेटी के किसी मुसलमान युवक क़े बजाय एक पारसी से विवाह करने पर गहरे आहत थे, पर इस विवाह के बाद लिखी गई अपनी वसीयत में उन्होंने नाराज़गी के बावजूद दीना को उनके प्राप्य से वंचित नहीं किया था। उन्होंने दीना के लिए अपनी सम्पत्ति में उचित भाग देने का प्रावधान पूरी सावधानी से किया था। जिन्ना जब अपने जीवन का अन्तिम समय पाकिस्तान के किसी शहर के बजाय बम्बई के अपने बँगले में बिताने की इच्छा रखते थे तो क्या उनके अवचेतन में अपनी इकलौती सन्तान से निकटता की चाह भी कई कारणों में से एक नहीं थी ? कौन जानता है ?

मार्च, 2004 में भारत-पाक क्रिकेट मैच के दौरान पचासी वर्षीया दीना अपने उद्योगपति बेटे नुस्ली वाडिया के साथ दूसरी बार पाकिस्तान गईं। कराची में अपने पिता के मज़ार पर श्रद्धांजलि अर्पित करने के बाद उन्होंने आगन्तुक-पुस्तिका में जो टिप्पणी

लिखी वह ध्यान देने योग्य है। उन्होंने लिखा कि "यह अवसर मेरे लिए अत्यन्त अवसादपूर्ण और अद्भुत रहा। (ईश्वर करे) पाकिस्तान के बारे में उनका (जिन्ना का) सपना सच हो।" नुस्ली वाडिया ने लिखा, "मेरा यहाँ आने का सपना पूरा हुआ। उनका सपना सच होता देखने मैं फिर आऊँगा।" ये दोनों टिप्पणियाँ अत्यन्त सारगर्भित हैं। जिन्ना पाकिस्तान को धर्मनिरपेक्षता और समानता के मूल्यों से स्पन्दित एक लोकतन्त्र के रूप में देखना चाहते थे; जहाँ धार्मिक आस्था, क्षेत्रीयता, जाति और नस्ल के आधार पर कोई भेदभाव न हो। उनके देहान्त के बाद पाकिस्तान जिस तरह उनके आदर्शों के सर्वथा विपरीत दिशा में भटकने के लिए अभी तक अभिशप्त है, उससे निश्चय ही उनकी आत्मा अत्यन्त सन्तप्त होगी। निःसन्देह अपने पिता के सपनों के पाकिस्तान की कामना दीना की आगन्तुक-पुस्तिका में दर्ज़ उदास टिप्पणी के मूल में है। दीना का जीवन रत्ती के जीवन का विस्तार लगता है। रूप, रंग और प्रकृति में ही नहीं, बल्कि एक सीमा तक जीवन-मूल्यों में भी।

रत्ती की गहन संवेदनशीलता, तीक्ष्ण मेधा, व्यक्तित्व का अप्रतिम सम्मोहन, समस्त प्राणि-जगत के लिए करुणा-विगलित हृदय, गहरे राजनीतिक-सामाजिक सरोकार और धार्मिक बाह्याडम्बर के प्रति वितृष्णा जैसे गुण उन्हें अपने समय का एक अत्यन्त विशिष्ट व्यक्तित्व सिद्ध करते हैं। उनके और कानजी के बीच निष्कलुष, गहन और आत्मीय मैत्री-सम्बन्ध का दूसरा उदाहरण हमारे ज्ञात इतिहास में दुर्लभ है। महाभारत में कृष्ण और द्रौपदी के बीच जो अकारण निर्मल सख्यभाव मिलता है, कानजी और रत्ती के मैत्री-सम्बन्ध उसकी याद दिलाते हैं। रत्ती के छोटे से जीवन में बीसवीं सदी के प्रारम्भ में भारत के उगते हुए नारीत्व की दीप्त छवि मिलती है। प्रेमविद्ध उनका विद्रोही, निर्भीक, वर्जनामुक्त तथा संवेदनशील व्यक्तित्व जीवन के उत्सव एवं यातना के अपने अंश और दंश के साथ पौन सदी बाद आज भी आधुनिकता की किसी भी कसौटी पर खरा उतरता है।

खंड : तीन

जिन्ना और उनके समकालीन

1.
गांधी और जिन्ना

2.
जिन्ना, गांधी और भाषा

3.
जिन्ना और मोतीलाल नेहरू

4.
जिन्ना और जवाहरलाल नेहरू

5.
जिन्ना और भगत सिंह

6.
जिन्ना और इक़बाल

जिन्ना के व्यक्तित्व का आकलन करते हुए सरोजिनी नायडू ने लिखा है कि "जिन्ना की प्रतिभा सर्वतोन्मुखी नहीं थी। उनके पास न तो परिपक्व विद्वत्ता थी और न ही जनसेवा और धार्मिक सुधार की ज्वलन्त भावना। अपनी पृथक रुचियों और स्वभाव के कारण वह एक निहायत अकेले व्यक्ति थे, जिनके राजनीतिक अनुयायियों की संख्या विशाल थी, पर घनिष्ठ मित्र कोई नहीं। क़ानून और राजनीति—इन दो क्षेत्रों के बाहर उनके बौद्धिक संसाधन और उपलब्धियाँ नगण्य थीं। पर इनकी महानता की कसौटी उनके ज्ञान और अनुभव की विविधता और व्यापकता में नहीं, बल्कि उनके सूक्ष्म मस्तिष्क और मनोभाव के निर्दोष बोध और अकलुष परिष्कार में थी। उनकी शक्ति का स्रोत उद्देश्यों की बहुलता और विराट व्यक्तित्व की चुनौती में नहीं, बल्कि उदात्त और सच्चे उद्देश्य की एकनिष्ठता में था। उनकी महत्ता उनके साहसी कर्त्तव्य और संयत, पर प्यारे निजी सम्मान और सार्वजनिक ईमानदारी की प्रीतिकर संहिता से अनुप्राणित चरित्र के स्थायी सम्मोहन में थी।"

1

गांधी और जिन्ना

गांधी और जिन्ना सामान्यतया दो विपरीत ध्रुवान्त माने जाते हैं। दोनों की विशेषताएँ और उनके आचार-व्यवहार में मूलभूत अन्तर इसके लिए पर्याप्त आधार प्रदान करते हैं। इतिहास के एक ही परिवर्तन-विकल दौर और लगभग एक ही भौगोलिक अंचल की देन इन दोनों में कुछ समानताएँ भी रेखांकित की जा सकती हैं। दोनों व्यवसायी परिवारों से थे। जिन्ना के पितामह गुजरात के काठियावाड़ क्षेत्र के पानेली नामक जिस स्थान के निवासी थे, उससे लगभग तीस किलोमीटर दूर ही उत्तर की ओर गांधी का पैतृक स्थान और जन्म-स्थल पोरबन्दर था। दोनों की मातृभाषा गुजराती थी। दोनों का बाल-विवाह हुआ था। दोनों ने अपने देश के औपनिवेशिक महाप्रभुओं के देश की राजधानी लन्दन में क़ानूनी शिक्षा प्राप्त की थी। दोनों ने किशोरवय में क़ानूनी शिक्षा के लिए घर छोड़ा था। दोनों ने पश्चिम को अपने-अपने ढंग से आत्मसात किया था। देश में दोनों का राजनीतिक जीवन कांग्रेस के मंच से प्रारम्भ हुआ था। उदारवादी कांग्रेस नेता गोपालकृष्ण गोखले ने दोनों को चुम्बक की तरह अपनी ओर आकर्षित किया था। दोनों के राजनीतिक व्यक्तित्व को रचने में ग़ोखले की महत्त्वपूर्ण भूमिका थी। दोनों स्वभावतः किसी भी प्रकार की कट्टरता और पूर्वाग्रह से मुक्त थे। बीसवीं सदी के प्रारम्भिक दो दशकों में दोनों ने कांग्रेस और होमरूल लीग के मंच से 'स्वराज' के लिए कन्धे से कन्धा मिलाकर काम किया था। जिस तरह गांधी ने बीसवीं सदी के दूसरे दशक में कांग्रेस को देश की अनपढ़ और ग़रीब जनता से जोड़कर उसे एक विराट जनान्दोलन का मंच बना दिया था, वैसे ही आगे चलकर जिन्ना ने मुस्लिम लीग को चौथे दशक में अपने व्यक्तित्व और जुझारूपन से बदलकर देश के मुसलमानों के बहुत बड़े वर्ग की आशाओं-आकांक्षाओं को साकार करने का धारदार हथियार बना देने में कामयाबी हासिल की थी। दोनों बला के ज़िद्दी थे। ये समानताएँ थोड़ा और आगे जाती हैं। इनके ख़ून-पसीने से सिंचे नेतृत्व की छाया में उभरे दोनों देशों में इन्हें अलग-अलग राष्ट्रपिता का दर्जा हासिल हुआ। कम-से-कम एक मुद्दे पर इन दोनों के देशों के बीच एक जाना-अनजाना समझौता हुआ। इसके तहत कट-पिटकर आज़ाद हुए दोनों देशों के शासकों ने उनके उसूलों और मूल्यों को कूड़ेदान के सुपुर्द कर उन्हें मुर्दा इतिहास का एक स्मृतिशेष हिस्सा बना देने में कोई कोर-कसर नहीं छोड़ी।

खैर, इन सतही समानताओं के बावजूद दोनों थोड़ा गहरे और व्यापक तुलनात्मक विशेषण के हक़दार हैं। किशोरावस्था की दहलीज पार करते हुए दोनों ने साम्राज्यवाद के चरमोत्कर्ष की ओर अग्रसर विक्टोरिया-युगीन इंग्लैंड में क़दम रखा था। वह पुराने के टूटने और नए के न पनप पाने के संक्रमण का युग था। सामन्तवाद के अवशेष पर उभरी पूँजी-पुष्ट औद्योगिक सभ्यता अपने साथ उभरे नए सामाजिक, राजनीतिक, आर्थिक और नैतिक प्रश्नों से जूझने के लिए तैयार हो रही थी। मार्क्स के द्वन्द्वात्मक भौतिकवाद और वर्ग-संघर्ष के वैज्ञानिक ऐतिहासिक चिन्तन के साथ-साथ एक उदार मानवतावादी सोच साम्राज्यवादी विचारधारा के समान्तर रूपाकार ग्रहण कर रहा था। संक्रमण के इस दौर में अपने को पुनर्परिभाषित करने के लिए पश्चिम को, जिसका इंग्लैंड एक अविभाज्य अंग था, अपने बरअक्स एक 'दूसरे' की ज़रूरत बड़े शिद्दत से महसूस हो रही थी। इसके लिए पश्चिमी प्राच्यवादियों ने पूरब की प्राचीन संस्कृतियों की अपने विवेक के अनुसार नई निर्मितियाँ खड़ी कर ली थीं। औद्योगिक विकास ने जो मसले और सवाल उछाले थे, वे हल और जवाब की माँग कर रहे थे। इंग्लैंड में रस्किन, कार्लाइल, जॉन स्टुअर्ट मिल और रूस में काउंट लियो टालस्टाय जैसे सृजनधर्मी विचारक अपने-अपने ढंग से उन सवालों से जूझ रहे थे। नई वैज्ञानिक खोज और सोच ने ईसाई धर्म को एक बार पुनर्व्याख्यायित करने की पीठिका तैयार कर दी थी। संक्रमण के इस दौर में बाहर काफ़ी कुछ सामान्य, स्थिर और चमक-दमक भरा लग रहा था। पर अन्दर ही अन्दर विचारों की गहरी हलचल अनुभव की जा रही थी। इसी इंग्लैंड में कच्ची उम्र के दोनों किशोरों ने थोड़े-थोड़े अन्तराल पर सात समुन्दर पार कर अपने क़दम रखे थे। दोनों पहले सतह के ही सम्पर्क में आए थे। पर गांधी उसमें थोड़ा और गहरे उतरने के लिए अभिशप्त थे। क़ानून के विद्यार्थी के रूप में जिन्ना इंग्लैंड के संवैधानिक साँचे और ढाँचे से अभिभूत थे, जिसने आगे चलकर उनके राजनीतिक मुहावरे गढ़ने में महत्त्वपूर्ण भूमिका निभाई। वहाँ की वैचारिक उथल-पुथल से जिन्ना लगभग अछूते रहे। इसके बरअक्स गांधी ने वहाँ के सामाजिक, नैतिक और वैचारिक स्पन्दन को स्वयं में कहीं गहरे अनुभव किया था, जिसने आगे चलकर उनके सोच के रगोरेशे को रचने और उपनिवेशवाद से लड़ने के हथियार चुनने में विशेष योगदान दिया। जिन्ना ने शेक्सपियर के नाटकों को रस लेकर पढ़ने और उनमें अभिनय करने में गहरी रुचि दिखाई थी। गांधी ने रस्किन, कार्लाइल, मिल, टालस्टाय के साथ इस्लाम, ईसाई, यहूदी और बौद्ध धर्मों को ध्यानपूर्वक पढ़ने की कोशिश की थी। गीता का विधिवत् अनुशीलन भी गांधी ने अपने लन्दन-प्रवास के दौरान ही प्रारम्भ किया था। वह लन्दन में ही सब धर्मों की मौलिक एकता को रेखांकित करनेवाले थियोसॉफ़ी-आन्दोलन के सम्पर्क में आए थे। तुलनात्मक धर्म के अनुशीलन में भी उन्होंने गहरी रुचि ज़ाहिर की थी। कार्लाइल की फ्रांसीसी क्रान्ति पर पुस्तक और उनके 'हीरो एंड हीरोवरशिप' में पैग़म्बर साहब पर लिखे निबन्ध से गांधी गम्भीर रूप से प्रभावित हुए थे।

रस्किन के 'अन्टू द लास्ट' का उन पर इतना गहरा असर पड़ा था कि उन्होंने आगे

चलकर उसका 'सर्वोदय' के नाम से गुजराती में अनुवाद कर डाला था। टालस्टाय से पत्र-व्यवहार के माध्यम से आगे चलकर उनके गहरे आत्मीय और आध्यात्मिक सम्बन्ध विकसित हो गए थे। इसके बरअक्स क़ानून की पुस्तकों के अलावा किसी अन्य विषय में जिन्ना की ख़ास रुचि के संकेत नहीं मिलते। बताते हैं कि उनकी प्रिय पुस्तक उद्धरणों के संकलन की एक किताब थी, जिसका उपयोग आगे वह अपने भाषणों को धारदार बनाने के लिए करते थे। दरअसल, गांधी ने लन्दन और उसके ज़रिए पश्चिम की तह को छूने की कोशिश की थी, जबकि जिन्ना ने उसकी सतह को।

पूने में अर्थशास्त्र और अंग्रेज़ी के प्राध्यापक और प्रसिद्ध सर्वेंट ऑफ़ इंडिया सोसाइटी के संस्थापक गोपाल कृष्ण गोखले के प्रति गांधी और जिन्ना दोनों का गहरा आकर्षण और विशेष आदर-भाव भी विचारणीय है। गोखले की कुशाग्र मेधा और धर्मनिरपेक्ष दृष्टि, संवैधानिक रास्ते से देश को स्वशासन में अधिक-से-अधिक हिस्सा दिलाने की अथक कोशिशें, उनकी संसदीय कुशलता और अतिवादमुक्त स्वभाव, उनकी ओर जिन्ना को खींचने के लिए पर्याप्त था। गोखले से जिन्ना की पहली भेंट बम्बई में कांग्रेस अधिवेशन के दौरान सन् 1904 में हुई थी। तरुण जिन्ना और प्रौढ़ गोखले को कांग्रेस ने सन् 1913 में राजनीतिक लॉबी बनाने के लिए लन्दन भेजा था। लन्दन से लौटने पर गोखले ने सरोजिनी नायडू से वह प्रसिद्ध वाक्य कहा था जिसमें उनके व्यक्तित्व के धर्मनिरपेक्ष पहलू को रेखांकित करते हुए उन्हें हिन्दू-मुस्लिम एकता का राजदूत बताया गया था। गोखले के साथ ही जिन्ना के मन में लोकमान्य तिलक के लिए भी गहरा सम्मान-भाव था। तिलक के वकील के रूप में जिन्ना ने उनकी रिहाई में अपूर्व भूमिका अदा की थी। महामति गोविन्द रानाडे के साथ गोखले को भी लाला लाजपतराय हिन्दू नहीं मानते थे। सन् 1924 में नवम्बर-दिसम्बर के दौरान 'पंजाब-ट्रिब्यून' में प्रकाशित अपनी लेखमाला में उन्होंने इसका साफ़ संकेत दिया है। लालाजी के इस कथन के पीछे कोई दुर्भाव या अवमानना का भाव नहीं था। गोखले की नास्तिकता और धर्मनिरपेक्षता को ही उन्होंने अपने कथन द्वारा रेखांकित करने का यत्न किया था। गोखले का व्यक्तित्व जिन्ना के मन में रूपाकार ग्रहण कर रहे मूल्यों और आदर्शों के सर्वथा अनुरूप था। जिन्ना ने यह स्वयं स्वीकार किया है कि वह मुस्लिम गोखले बनना चाहते थे। वह गोखले द्वारा स्थापित सर्वेंट्स ऑफ़ इंडिया सोसाइटी के सक्रिय सदस्य थे। गोखले की प्रथम पुण्यतिथि पर अपने मार्मिक भाषण में तत्कालीन राजनीतिक परिस्थितियों का वस्तुनिष्ठ विश्लेषण करते हुए गांधी के सत्याग्रह-आन्दोलन को मूलतः आध्यात्मिक बताते हुए उसके 'अतिवादी विध्वंसक पक्ष' को रेखांकित कर उन्होंने कहा था कि यदि गोखले जीवित होते तो उससे क़तई सहमत न होते। गोखले को जिन्ना ने एक महान राजनीतिक ऋषि कहा था।

इसके बरअक्स गांधी की गोखले से पहली मुलाक़ात दक्षिण अफ़्रीका में सन् 1912 में हुई थी, जहाँ उन्हें कांग्रेस ने हिन्दुस्तानियों की वास्तविक स्थिति का जायज़ा लेने और गांधी के प्रयासों को हिन्दुस्तान में सहयोग और समर्थन देने के लिए भेजा था। गोखले

का दक्षिण अफ़्रीका में अतिथि-सत्कार सरकारी स्तर पर भी हुआ था। गोखले के हिन्दुस्तान लौटते समय गांधी उनके साथ जंजीबार तक आए थे। गोखले ने उन्हें हिन्दुस्तान की आर्थिक, सामाजिक, राजनीतिक और सांस्कृतिक उथल-पुथल का काफ़ी कुछ आभास अपनी लौटती यात्रा में बातचीत के दौरान दे दिया था। हिन्दुस्तान की राजनीति का पहला सबक गांधी ने गोखले से ही सीखा था। लौटकर गोखले ने बम्बई में एक भाषण के दौरान कहा था कि अपने आस-पास के आम आदमी को हीरो और शहीद बना देने की गांधी में अद्भुत आध्यात्मिक क्षमता है। गोखले की वस्तुनिष्ठता गांधी को एक आलोचक की दृष्टि से भी देखती थी। वह गांधी को कभी-कभी झिड़क भी देते थे। गांधी के हिन्दुस्तान लौटने पर गोखले ने पहली मुलाक़ात में उन्हें आदेश-सा देते हुए कहा था कि वह पहला साल हिन्दुस्तान में कान खुले और ज़ुबान बन्द रखकर बिताएँ। गांधी ने अपनी आत्मकथा में गोखले से अपनी पहली भेंट का दिलचस्प ज़िक्र किया है। उन्होंने लिखा है कि "जहाँ सर फ़िरोज़शाह उन्हें हिमालय जैसे ऊँचे और लोकमान्य तिलक समुद्र जैसे गम्भीर लगे, गोखले उन्हें गंगा सरीखे प्रतीत हुए, जिसकी गोद में खेला जा सकता था और डोंगी से सैर की जा सकती थी।" गांधी के मन में गोखले की रीतियों-नीतियों और उनके व्यक्तित्व के प्रति अद्वितीय श्रद्धा थी। स्पष्ट है कि गोखले हिन्दुस्तान में गांधी और जिन्ना दोनों के राजनीतिक जीवन के प्रस्थान-बिन्दु थे। कैसी विचित्र विडम्बना है कि उस समान बिन्दु से विकसित दोनों के राजनीतिक मुहावरों की समान्तर रेखाओं ने एक दूसरे को आगे चलकर फिर कभी नहीं छुआ। उनकी परस्पर अस्पृश्यता ने भारतीय उपमहाद्वीप की लम्बी त्रासदी की दारुण भूमिका लिख दी।

जिन्ना और गांधी के बीच गहरा अन्तर उनकी धर्म और अध्यात्म-विषयक दृष्टियों से सर्वाधिक रेखांकित होता है। जिन्ना एक धर्मनिरपेक्ष राजनीतिक मुसलमान थे। गांधी मूलतः धर्म और अध्यात्म के व्यक्ति थे। हिन्दू धर्म की आत्मा को उन्होंने गहराई से समझा था। उन्होंने ईसाई, इस्लाम और बौद्ध धर्म के मर्म को भी समझने की ईमानदार कोशिशें की थीं। दरअसल, राजनीति उनका आपद्धर्म था। जिन्ना की राजनीति उनकी सफल वकालत के पेशे की बाईप्रोडक्ट थी। गांधी की राजनीति सत्य की दिशा में उनकी सतत यात्रा में एक पड़ाव मात्र थी, जिन्ना की राजनीति उनकी महत्त्वाकांक्षा और उनके अभीष्ट लक्ष्य की प्राप्ति का एक जरिया। गांधी साध्य के साथ साधन की पवित्रता में गहरी आस्था रखते थे, जिन्ना साध्य की प्राप्ति के लिए कोई भी रास्ता चुनने को तत्पर थे। एकाधिक बार अपनी ज़िद के तहत उन्होंने सीधी कार्यवाही जैसे घातक क़दमों का आह्वान किया था, जिसने भयंकर हिन्दू-मुस्लिम दंगों का रूप ले लिया था। गांधी मात्र जन्म के संयोग से ही नहीं, बल्कि अपने अन्तर्जगत और आस्था से भी सनातनी हिन्दू थे। उन्होंने सन् 1925 में एक बार कहा था कि उनके अस्तित्व का रेशा-रेशा हिन्दू है। जिन्ना महज़ जन्म के संयोग से मुसलमान थे। आचार-विचार, खान-पान और जीवन-शैली में वह आपाद-मस्तक पश्चिमी सभ्यता में रँगे हुए थे। इस्लाम में आस्था

के संकेत उनके जीवन में दूर-दूर तक नहीं मिले। यहाँ तक कि इस्लाम में कड़ाई से वर्जित खाद्य भी उनके लिए अखाद्य नहीं था। इसके बावजूद अपनी मुसलमान पहचान का उन्होंने आगे चलकर ग़ज़ब के रणकौशल के साथ अपने अभीष्ट की प्राप्ति के लिए इस्तेमाल किया। बीसवीं सदी के पूर्वार्ध में हिन्दुस्तान के जितने भी बड़े इस्लाम के मर्मज्ञ मौलाना थे, प्रायः सभी गांधी के साथ थे। तृणमूल स्तर पर जनता से जुड़े मुसलमान नेता स्वयं को गांधी का शिष्य-सा ही मानते थे। ख़िलाफ़त-आन्दोलन के दौरान गांधी के नैतिक बल से अभिभूत मौलाना मोहम्मद अली ने तो यहाँ तक कह दिया था कि पैग़म्बर मोहम्मद साहब के बाद वह गांधी को ही मानते थे। मौलाना हुसैन अहमद मदनी, मौलाना अबुल कलाम आज़ाद, मौलाना अब्दुल बारी, प्रारम्भ में अली बन्धु, **अब्दुस्समद ख़ाँ, मौलाना मज़हरुल हक़, जी.एम. सैयद, डॉ. सैफ़ुद्दीन किचलू, डॉ. ज़ाकिर हुसैन, हाफ़िज़ मुहम्मद इब्राहिम और डॉ. के.जी. सैयदैन जैसे नेता उनके** प्रमुख समर्थक और अनुयायी थे। दिलचस्प बात यह है कि मौलाना मौदूदी तक जिन्ना के सख़्त विरोधी थे, जिन्हें पाकिस्तान बनने के बाद लम्बे अर्से तक वहाँ की जेल में रहना पड़ा। दरअसल अपनी बात गाँव और क़स्बे की सामान्य जनता तक पहुँचाने के लिए गांधी जिस आध्यात्मिक और धार्मिक मुहावरे और प्रतीकों का इस्तेमाल करते थे, उससे जिन्ना बिदकते थे। पर ऐसा नहीं था कि जिन्ना इस बात को समझते नहीं थे। कांग्रेस छोड़ने के बाद जैसे-जैसे उन्हें अपने राजनीतिक अस्तित्व की रक्षा के लिए औज़ारों और हथियारों की ज़रूरत महसूस हुई, उन्होंने गांधी के धार्मिक और आध्यात्मिक मुहावरों की व्याख्या हिन्दू राज स्थापित करने की उनकी चालाक कोशिश के रूप में कर मुसलमानों को कांग्रेस विमुख करने का ज़ोरदार अभियान शुरू किया। इसमें उन्हें अभूतपूर्व सफलता मिली थी। गांधी द्वारा 'रामराज्य' की स्थापना के सपने को उन्होंने सामान्य मुसलमान जनता में भयंकर असुरक्षा का भाव जगाने के लिए इस्तेमाल किया। गांधी ने मुस्लिम लीग और जिन्ना के इस भ्रामक प्रचार का प्रतिकार करते हुए कहा था कि रामराज्य से उनका मतलब ईश्वरीय राज्य या इंसाफ़-राज्य से है, जो आदमी और आदमी के बीच न्याय पर आधारित होगा। वस्तुतः गांधी की धर्म की अवधारणा धर्मों और धार्मिक सम्प्रदायों की सीमाओं का अतिक्रमण करती थी। यह अनायास नहीं था कि उनकी मृत्यु पर शिकागो विश्वविद्यालय की शोकसभा में मिल्टन मेगेर ने अपनी श्रद्धांजलि में कहा था कि ईसा के बाद गांधी पहले ईसाई राजनेता थे।

जिन्ना की राजनीति भद्रजनोन्मुखी थी, जबकि गांधी की राजनीति लोकोन्मुखी। जिन्ना राजनीतिक समस्याओं का हल संविधान और क़ानून में खोजते थे। स्वराज की प्राप्ति के लिए जनसंघर्ष के रास्ते में उनकी आस्था नहीं थी। खेत-खलिहानों की धूल, गन्दी बस्तियों और गाँवों के कीचड़-गोबर तथा बदबू के सम्पर्क में आना उनके लिए सम्भव नहीं था। महँगे पहनावे, रुचि के अनुसार खाने-पीने की अच्छे-से-अच्छी चीज़ें, सुरुचिपूर्ण बँगले की नायाब सुविधाएँ और अपने युग के सबसे बड़े वकील के पेशे से जुड़ी ख्याति और समृद्धि को छोड़ना उनके लिए नामुमकिन था। पसीने से गँधाते खादी

पहने कांग्रेसी कार्यकर्ताओं के बीच वह सहज नहीं रह सकते थे। कांग्रेस को भी वह पढ़े-लिखे भद्रजनों की ही संस्था के रूप में देखना चाहते थे। बताते हैं कि एक बार उन्होंने कांग्रेस की सदस्यता कम-से-कम दसवीं पास लोगों को ही देने का सुझाव दिया था। वह काफ़ी दुनियादार आदमी थे। अचल सम्पत्ति और शेयरों में उन्होंने बड़े सूझबूझ के साथ निवेश किया था। इसके बरअक्स गांधी का अन्दाज़ फ़क़ीराना था। उनका अपरिग्रह-भाव बेमिसाल था। उन्होंने गाँवों के सदियों की विपन्नता, शोषण, अशिक्षा, अन्याय और अन्धविश्वास के अँधेरे को धुनकर, प्रकाश का ऐसा सूत कातकर तैयार कर दिया था, जिससे निर्मित दिव्य वस्त्र में मनुष्य की नग्नता ढकने की अपूर्व क्षमता थी। उनके क़दमों की आहट मात्र से करोड़ों बेजुबान और असहाय लोग बेबसी की लम्बी मूर्च्छा से आँख मलते हुए उठ खड़े हुए थे। संघर्ष की बेताबी से ऊर्जस्वित गांधी के आह्वान पर वे कुछ भी करने को कृतसंकल्प थे। सामान्य जन के साथ गांधी-सा संवादी विश्व में विरला ही मिलेगा। आभिजात्य और अहम जिन्ना का स्थायी भाव था, सत्य और अहिंसा गांधी का।

गांधी ने दक्षिण अफ्रीका से लेकर नोआखाली और बिहार तक अपने लगभग साठ साल के लम्बे सार्वजनिक जीवनकाल में अनेक विराट जनान्दोलनों का स्वयं व्यक्तिगत स्तर पर सक्रिय नेतृत्व किया था। उनके आन्दोलनों के अकसर महाकाव्यात्मक आयाम होते थे। इसके बरअक्स जिन्ना के जीवन की मात्र एक ऐसी घटना रेखांकित की जा सकती है, जिसमें उन्होंने स्वयं व्यक्तिगत रूप से सक्रिय अकेले नेतृत्व प्रदान किया था। प्रथम विश्वयुद्ध के दौरान जिन्ना का रुख़ अंग्रेज़ों के युद्ध-प्रयासों के विरुद्ध निहायत सख़्त था। इसके चलते तत्कालीन बम्बई के गवर्नर लॉर्ड विलिंगडन से उनकी कई बार नोंक-झोंक हो चुकी थी। इस पृष्ठभूमि में उन्होंने 11 दिसम्बर, 1918 को सेवानिवृत्त लॉर्ड विलिंगडन के विदाई-समारोह के विरोध और बहिष्कार का निश्चय किया था। पर उन्होंने इसकी सार्वजनिक घोषणा नहीं की थी। बम्बई के टाउन हॉल में वह अपनी नवविवाहिता अठारह वर्षीया पत्नी रत्ती और अपने होमरूल लीग के युवा साथियों के साथ आयोजन प्रारम्भ होने के काफ़ी पहले पहुँच गए थे। सभी ने हॉल की आगे की सीटों पर क़ब्ज़ा कर लिया था। जैसे ही समारोह में स्वागत-भाषण का प्रारम्भ हुआ; जिन्ना, रत्ती और उनके युवा साथी ज़ोर-ज़ोर से विरोध में नारे लगाने लगे। कृतसंकल्प जिन्ना, रत्ती और उत्साही युवकों को बाहर निकालने में पुलिस कमिश्नर को काफ़ी कठिनाइयों का सामना करना पड़ा। शाम को जिन्ना ने एक विशाल जनसभा को सम्बोधित किया और रात में उन्होंने एक विरोध प्रदर्शन का नेतृत्व किया। इस घटना को जिन्ना ने अपने ओजस्वी भाषण में बम्बई के देशभक्त नागरिकों की महान ऐतिहासिक विजय की संज्ञा दी थी। जिन्ना की तेजस्विता से उपस्थित जनसमूह इतना प्रभावित और अभिभूत था कि सभास्थल पर ही एक-एक रुपए के दान से तुरन्त 35 हज़ार रुपए एकत्रित हो गए थे। इस राशि का उपयोग 30 हज़ार रुपए और जोड़कर बम्बई कांग्रेस मुख्यालय के प्रांगण में इस वीरता-भरी घटना की स्मृति में पीपुल्स जिन्ना

जिन्ना और गांधी

मौलाना मुहम्मद अली (1878-1931) द्वारका पीठ के शंकराचार्य भारत कृष्ण तीर्थ मौलाना शौकत अली और नीचे बैठे डॉ. सैफ़ुद्दीन किचलू

सरदार वल्लभ भाई पटेल (1875-1950)

मौलाना अबुल कलाम आज़ाद (1888-1958)

सुभाष चन्द्र बोस (1897-1945)

ख़ान अब्दुल गफ़्फ़ार ख़ाँ (1890-1988)

हॉल के निर्माण में किया गया। यह हॉल आज भी जिन्ना के उस शौर्य की कथा कह रहा है। इसके बाद जिन्ना ने आगे चलकर फिर किसी जनान्दोलन का स्वयं व्यक्तिगत रूप से नेतृत्व नहीं किया।

जिन्ना की गांधी से पहली मुलाक़ात 14 अगस्त 1914 को लन्दन के सेसिल होटल में हुई थी। वह कांग्रेस के नवनियुक्त अध्यक्ष, बंगाल के भूपेन्द्रनाथ बसु और लाला लाजपत राय के साथ एक प्रतिनिधिमंडल के तेजस्वी सदस्य के रूप में वहाँ हिन्दुस्तान को ब्रिटिश साम्राज्य के अन्तर्गत स्वशासन में अधिक-से-अधिक भागीदारी प्रदान करने के लिए ठोस सुझावों से लैस होकर गए थे। किन्तु इसी बीच प्रथम विश्वयुद्ध प्रारम्भ हो जाने के कारण किसी को वहाँ इस विषय पर विचार-विनिमय की फ़ुरसत नहीं थी। दक्षिण अफ़्रीका से हिन्दुस्तान के लिए निकले गांधी ने इस स्थिति में लन्दन में होना अधिक उचित समझा। रंगभेद और सामान्य नागरिक अधिकारों के अमानवीय दमन का जो नंगा रूप गांधी ने दक्षिण अफ़्रीका में झेला था, उसके बरअक्स अंग्रेज़ अपने उपनिवेशवासियों की आशाओं-आकांक्षाओं के प्रति उन्हें अधिक उदार, संवेदनशील और सभ्य लगे। फलस्वरूप लन्दन पहुँचकर उन्होंने अपने देशवासियों से संकट की उस घड़ी में अंग्रेज़ों की हर प्रकार से सहायता करने के लिए आह्वान किया। दक्षिण अफ़्रीका में उनके सत्याग्रह और अन्य साहसिक प्रयासों ने उन्हें विश्व-स्तर पर चर्चित बना दिया था। अतः उनके भारतीय और अंग्रेज़ प्रशंसकों ने सेसिल होटल में उनके सम्मान में एक भव्य समारोह आयोजित कर रखा था। हिन्दुस्तान के प्रतिनिधिमंडल के सदस्य के रूप में जिन्ना भी उस समारोह में उपस्थित थे। गांधी और जिन्ना की इस पहली मुलाक़ात का कोई विवरण उपलब्ध नहीं है। उनकी दूसरी मुलाक़ात 14 जनवरी, 1915 को फिर बम्बई के एक शानदार समारोह में हुई, जिसका आयोजन इस बार जिन्ना की ही अध्यक्षता में वहाँ की गुर्जर-सभा ने गांधी के हिन्दुस्तान आगमन पर उनके दक्षिण अफ़्रीका के महान सत्याग्रह की सफलता की सराहना के लिए किया था। जिन्ना ने गांधी और कस्तूरबा का हार्दिक अभिनन्दन करते हुए जो भाव-भीना भाषण उस समारोह में दिया था, उसे महज़ आयोजन के शिष्टाचार की औपचारिकता मानकर टालना अनुचित होगा। विभिन्न सम्प्रदायों और वर्गों के हिन्दुस्तानियों के नागरिक अधिकारों की प्रतिष्ठा के लिए दक्षिण अफ़्रीका में जिस महाकाव्यात्मक संघर्ष का सफल नेतृत्व गांधी ने किया था, उससे जिन्ना निश्चय ही अभिभूत थे। गांधी जब दक्षिण अफ़्रीका पहुँचे थे तो वहाँ हिन्दुस्तान से गए मुसलमान, हिन्दू, पारसी तथा धर्म परिवर्तन कर ईसाई बन गए लोग अलग-अलग समुदायों में बँटे थे। आर्थिक रूप से मुसलमान अपने व्यापार के कारण अपेक्षाकृत अधिक सम्पन्न थे। पर सभी हिन्दुस्तानियों को वहाँ 'कुली' ही कहा जाता था। इस अपमानजनक शब्द से बचने के लिए मुसलमान अपने को अरब बताने लगे थे। पारसी अपने को पर्शियन कहते थे। गांधी को स्वयं 'कुली बैरिस्टर' कहा जाने लगा था। हिन्दुओं और धर्म परिवर्तित कर ईसाई बने हिन्दुस्तानियों की स्थिति बड़ी दुविधाजनक थी। उनके लिए अपनी पहचान छिपाने का कोई रास्ता नहीं

था। गांधी ने इन सभी को एकजुट कर उनमें हिन्दुस्तानीपन और आत्मसम्मान का भाव जगाया था। गोखले से जिन्ना को गांधी के सम्बन्ध में ये जानकारियाँ मिल चुकी थीं। अतः उन्होंने अपने भाषण में गांधी और कस्तूरबा को इस महान और प्राचीन देश हिन्दुस्तान की ऐसी सन्तानें बताया था, जिन पर कोई भी देश गर्व कर सकता था। जिस तरह दक्षिण अफ़्रीका में गांधी के संघर्ष के समर्थन में देश के हिन्दू-मुसलमान एकमत थे और जिस तरह दोनों समुदायों के लोगों ने एकजुट होकर उस समय चल रहे प्रथम विश्व महायुद्ध में अंग्रेज़ों को समर्थन और सहयोग प्रदान किया था, उसी प्रकार की दोनों समुदायों के बीच सतत सहमति और सहयोग की हार्दिक कामना जिन्ना ने गांधी की ओर मुखातिब होते हुए व्यक्त की थी, जिससे एकमत से हिन्दुस्तान अपनी माँगें ज़ोरदार ढंग से आगे रख सके। निश्चय ही जिन्ना का यह अध्यक्षीय भाषण मात्र भावुकता और शिष्टाचार प्रेरित नहीं था। वे दिल से निकली ईमानदार बातें थीं, इसलिए उनमें असर था। गांधी ने अपने अत्यन्त संक्षिप्त गुजराती भाषा में दिए गए जवाब में कहा था कि दक्षिण अफ़्रीका में गुजरातियों से सिर्फ़ हिन्दुओं का बोध होता था। उससे मुसलमानों और पारसियों का संकेत नहीं मिलता। इसलिए उन्हें इस बात से हार्दिक प्रसन्नता थी कि उनके अपने ही इलाक़े के एक मुसलमान भाई न केवल गुर्जर-सभा के सदस्य थे बल्कि उस समारोह की अध्यक्षता भी कर रहे थे। जिन्ना के सबसे महत्त्वपूर्ण जीवनीकार स्टेनली वॉलपोर्ट का मानना है कि इस अवसर पर धर्मनिरपेक्ष जिन्ना गांधी द्वारा अपनी मुसलमान पहचान रेखांकित किए जाने से मर्माहत हुए थे। पर यह सच है कि इसका प्रत्यक्ष या परोक्ष कोई संकेत न तो जिन्ना ने और न ही उनके सम्पर्क में आनेवाले उनके किसी अन्य समकालीन ने दिया है। जिन्ना के राजनीतिक तेवर में गांधी के प्रति जो बदलाव लगभग पाँच वर्ष बाद आया, उसके आधार पर गांधी के इस भाषण पर जिन्ना पर आरोपित सम्भावित प्रतिक्रिया दरअसल, वॉलपोर्ट की सर्वथा निजी व्याख्या और काफ़ी हद तक दूर की कौड़ी लाने जैसी है, जिसका कोई प्रामाणिक आधार नहीं मिलता।

हिन्दुस्तान लौटने पर बिहार में चम्पारन और गुजरात में खेड़ा के आन्दोलनों की सफलता ने गांधी के मन में न केवल देश की साधारण जनता में, बल्कि अंग्रेज़ उच्चाधिकारियों के एक वर्ग की सदाशयता में भी अच्छा विश्वास पैदा कर दिया था। फिर भी निचले स्तर पर अंग्रेज़ अधिकारियों का रुख़ कमोबेश जनविरोधी ही था। ग्रामीण इलाक़ों में काफ़ी दमन और आतंक का वातावरण था। सामान्य नागरिक अधिकारों पर कठोर प्रतिबन्ध लगा दिए गए थे। लोगों के हथियार जमा करा लिए गए थे। इसके विरुद्ध राजनीतिक हलचल देश में अनेक स्थानों पर शुरू हो चुकी थी। ज़मीनी सच्चाई से गांधी के जुड़ाव के कारण देश में हर आन्दोलन की सफलता के लिए लोग उनका मुँह देखने लगे थे। नैतिक मूल्यों के प्रति अपनी प्रतिबद्धता के कारण गांधी युद्ध में उलझे अंग्रेज़ों की नाज़ुक स्थिति से कोई लाभ नहीं उठाना चाहते थे। लन्दन-प्रवास के दौरान ही उन्होंने युद्ध में घायलों की सेवा के लिए एम्बुलैंस से लैस एक प्रशिक्षित

और समर्पित सेवादल संगठित कर उसे फ्रांस रवाना कर दिया था। यहाँ हिन्दुस्तान में तिलक और अली बन्धुओं के बिना वॉयसराय की युद्ध-परिषद् में भाग लेने में उन्होंने प्रारम्भिक अनिच्छा व्यक्त की थी। ख़िलाफ़त-आन्दोलन से जुड़ाव के कारण अली बन्धु जेल में थे। गांधी उनकी रिहाई के लिए सतत प्रयत्नशील थे। इस उद्देश्य से उन्होंने अलीगढ़ मुस्लिम विश्वविद्यालय में और कलकत्ता के मुस्लिम लीग के अधिवेशन में अपने भाषणों में उनकी रिहाई की ज़ोरदार वकालत की थी। वह इस सम्बन्ध में वॉयसराय से भी सम्पर्क में थे। वॉयसराय से बातचीत के बाद जिन्ना के साथ उन्होंने वक़्त के तक़ाज़े को ध्यान में रखकर युद्ध परिषद् की दिल्ली-बैठक में हिस्सा लेने का निर्णय लिया। युद्ध के प्रयासों में हिन्दुस्तानियों की भागीदारी और ख़ासकर रंगरूटों की भर्ती के प्रस्ताव का उन्होंने अपने संक्षिप्त हिन्दुस्तानी भाषण में समर्थन किया। गांधी और जिन्ना दोनों अन्दर से भरे हुए थे। पर गांधी को वहाँ कुछ और कहने की व्यर्थता का अहसास था। समर्थन कर वह चुप हो गए। पर दुर्दम्य जिन्ना ने वॉयसराय के प्रस्ताव में संशोधन के लिए जैसे ही बोलने का प्रयास किया, उन्हें रोक दिया गया। बैठक के तुरन्त बाद जहाँ गांधी ने शिमला चले गए वॉयसराय को एक लम्बा पत्र लिखा, वहीं जिन्ना ने एक लम्बा तार भेज़कर अपनी बात कही। गांधी ने अपने पत्र में लिखा कि जिन सुधारों को तुरन्त अमल में लाने की उम्मीद वॉयसराय ने जताई है, उनमें मुस्लिम लीग और कांग्रेस की माँगों को शामिल किया जाए। देश के समझदार वर्ग के होमरूल (स्वराज) के लिए किसी भी तरह के बलिदान के संकल्प को दोहराते हुए उन्होंने कहा कि वर्तमान सहायता की नींव भविष्य की आशा पर टिकी है। रंगरूटों की भर्ती के बारे में सहमति जताते हुए उन्होंने जनता द्वारा आर्थिक सहयोग के सम्बन्ध में साफ़ असमर्थता व्यक्त की। घर के झगड़े को भूल जाने की वॉयसराय की सलाह का प्रतिवाद करते हुए उन्होंने अधिकारियों के अपकृत्यों और अत्याचारों को आगे और सहना असम्भव मानते हुए किसी भी संगठित अत्याचार का प्रतिरोध पूरे जी-जान से करना अपना परमधर्म बताया। चम्पारन और खेड़ा का सन्दर्भ देते हुए गांधी ने वॉयसराय से आग्रह किया कि वे अधिकारियों को लोकमत का आदर करना सिखाएँ। ख़िलाफ़त के सम्बन्ध में मुसलमानों की भावनाओं का सम्मान करने के लिए उन्होंने स्पष्ट आश्वासन की माँग की। मुसलमानों के दुख को उन्होंने अपना ही दुख मानते हुए वॉयसराय से हिन्दुस्तान की होमरूल (स्वराज) की माँग स्वीकार करने का आग्रह किया, जिससे अंग्रेज़ों की-सी वफ़ादारी हिन्दुस्तानियों में भी जग सके।

जिन्ना ने अपने तार में अपनी विशिष्ट दो टूक शैली में कहा कि हम अपने नौजवानों को उन उसूलों के लिए लड़ने के लिए नहीं कह सकते, जिनको लागू करने से उन्हें स्वयं वंचित रखा गया है। एक पराधीन प्रजा दूसरों के लिए उसी जी-जान से नहीं लड़ सकती, जिससे एक स्वाधीन जाति अपनी और दूसरों की आज़ादी के लिए लड़ सकती है। अगर हिन्दुस्तान को अंग्रेज़ी साम्राज्य की रक्षा के लिए महान कुर्बानी देनी है तो वह उस साम्राज्य के एक भागीदार के बतौर होगी न कि उसके

एक आश्रित के तौर पर। उसकी यह लड़ाई उतनी ही अपनी आज़ादी के लिए भी है जितनी कि अंग्रेज़ों के राजमुकुट के अन्तर्गत स्वतन्त्र देशों के राष्ट्रमंडल की आज़ादी के लिए। तभी हिन्दुस्तान अपनी पूरी ताक़त से आख़िरी दम तक इंग्लैंड की मदद के लिए खड़ा रह सकता है। इसके लिए जिन्ना ने आगे अपने तार में कहा कि कांग्रेस और मुस्लिम लीग की योजना के तहत सबसे पहले देश में क़ानून द्वारा निश्चित अवधि में एक पूरी तरह ज़िम्मेदार सरकार की स्थापना की जानी चाहिए। इसके लिए इंग्लैंड की संसद में तुरन्त बिल पेश किया जाना लाज़िम है।

वॉयसराय को भेजी गई गांधी की चिट्ठी और जिन्ना के तार के विश्लेषण से यह स्पष्ट हो जाता है कि दोनों ने युद्ध में सहायता के बदले देश के लिए जल्द-से-जल्द स्वशासन के अधिकार की माँग की थी। इसका आधार दोनों ने कांग्रेस और लीग की योजनाओं को बनाने के लिए कहा था। पर गांधी के पत्र में ख़ासियत यह है कि उन्होंने रंगरूटों की भर्ती के लिए जहाँ अपनी सहमति जताई थी, वहीं ख़िलाफ़त को लेकर देश के मुसलमानों की आहत भावनाओं को ध्यान में रखकर वॉयसराय से आग्रह किया था कि ब्रिटिश मन्त्रिमंडल को इस सम्बन्ध में स्पष्ट आश्वासन के लिए लिखें। दिलचस्प बात यह है कि जिन्ना के तार में ख़िलाफ़त के सम्बन्ध में कोई ज़िक्र नहीं था। यह एक बार फिर साफ़ संकेत देता है कि वह ख़िलाफ़त के सवाल को मुसलमानों की धार्मिक संवेदना से जुड़ा मानते थे और उसे हिन्दुस्तान की आज़ादी की धर्मनिरपेक्ष राजनीतिक माँग से जोड़ना उचित नहीं समझते थे। मुस्लिम लीग के सामन्ती और भद्रलोकीय सदस्यों का एक महत्त्वपूर्ण वर्ग ख़िलाफ़त के सवाल से जुड़कर अंग्रेज़ों की नाराज़गी का शिकार नहीं बनना चाहता था। अतः ख़िलाफ़त-आन्दोलन के लिए अलग से ख़िलाफ़त कांफ्रेंस का गठन किया गया। पर जिन्ना में भय और क्षुद्र स्वार्थों के लिए कोई जगह नहीं थी। उन्होंने 4 सितम्बर, 1918 को लन्दन में मुसलमानों के प्रतिनिधिमंडल के नेता के रूप में ख़िलाफ़त और तुर्क साम्राज्य के सम्बन्ध में ब्रिटिश प्रधानमन्त्री को एक लम्बा ज्ञापन दिया था। अकारण चार साल से क़ैद अली बन्धुओं की रिहाई के लिए उन्होंने भी आवाज़ उठाई थी और 19 जनवरी, 1919 को देश के प्रायः सभी प्रमुख मुसलमान और हिन्दू नेताओं के विशाल प्रतिनिधिमंडल के सदस्य के रूप में, जिनमें गांधी, स्वामी श्रद्धानन्द, मालवीय जी और मोतीलाल नेहरू भी शामिल थे, उन्होंने एक बार फिर सबके साथ ख़िलाफ़त के सवाल पर वॉयसराय से न्यायोचित और विवेकसंगत रुख़ की माँग की थी। रंगरूटों की भर्ती के समर्थन के लिए उन्हें (जिन्ना को) गांधी ने कुछ समय बाद ही जो पत्र लिखा था, उसमें उन्होंने यह ज़ोरदार उम्मीद जताई थी कि इससे संवैधानिक अधिकारों के लिए संघर्ष और कांग्रेस और मुस्लिम लीग की योजना के पास होने में सहायता मिलेगी। जिन्ना की यथार्थपरक दृष्टि अंग्रेज़ों की असलियत गांधी से बेहतर समझती थी। अतः जिन्ना ने गांधी के पत्र का जवाब देना ज़रूरी नहीं समझा था। खेड़ा में रंगरूटों की भर्ती के लिए घूमते हुए गांधी को इस बारे में अपनी भूल का अहसास जल्दी ही हो गया था। इस सबके बावजूद दोनों

के बीच अभी कोई दिखनेवाली दरार नहीं पैदा हुई थी। दोनों के बीच अच्छे सम्पर्क-सम्बन्ध बरक़रार थे। गांधी और जिन्ना ने देश के स्वशासन की माँग को लेकर वॉयसराय को युद्ध के दौरान सहयोग के प्रश्न पर यदि एक साथ और एकमत लिखा होता तो सम्भव है उसका असर कुछ भिन्न होता।

इसी के साथ द्वितीय विश्व महायुद्ध के दौरान ब्रिटिश राज के प्रति गांधी और जिन्ना के रुख़ पर विचार कर लेना उचित होगा। 1939 में द्वितीय विश्व महायुद्ध शुरू होने के लगभग अठारह वर्ष पहले जिन्ना अपनी तरुणाई के रगोरेशे से रचे कांग्रेस और होमरूल लीग से सम्बन्ध तोड़ चुके थे। अब उनकी राजनीति के लिए केवल मुस्लिम लीग का मंच ही उपलब्ध था। गांधी भी रचनात्मक कार्यों को राजनीति पर तरजीह देते हुए अब कांग्रेस से औपचारिक नाता तोड़ चुके थे। हालाँकि गाढ़े वक़्त पर वह परामर्श आदि के लिए अब भी उपलब्ध थे। सन् 1937 के चुनाव में सिन्ध को छोड़कर सभी मुस्लिम-बहुल प्रान्तों में लीग की सत्ता की तलाश न केवल मृगतृष्णा साबित हुई थी, बल्कि वहाँ उसका शक्ति-प्रदर्शन दयनीय माना जा रहा था। पंजाब और बंगाल को छोड़कर कांग्रेस की अपने बूते पर सभी प्रान्तों में सत्ता थी। हिन्दू-बहुल प्रान्तों में जहाँ मुस्लिम लीग का प्रदर्शन अपेक्षाकृत बेहतर था, जिन्ना की कांग्रेस के साथ सत्ता में भागीदारी दिवास्वप्न सिद्ध हुई थी। जिन्ना अब वस्तुतः अस्तित्व की लड़ाई के लिए अभिशप्त थे। अंग्रेज़ों की सद्‌भावना के बिना इस लड़ाई का कारगर होना नामुमकिन था। राजनीति को शरीफ़ों का खेल माननेवाले जिन्ना उसे अब शब्दशः शरीफ़ों के खेल शतरंज और ताश जैसा ही खेलने को विवश थे। राजनीति अब एक ऐसी लड़ाई थी, जो उन्हें अंग्रेज़ों के ख़िलाफ़ कम और कांग्रेस के ख़िलाफ़ कहीं अधिक रणकौशल के साथ लड़नी थी। प्रेम की तरह इस युद्ध में भी उनके लिए सफलता हेतु हर चाल जायज थी। इसके लिए कांग्रेस की प्रान्तीय सरकारों को उन्होंने घोर मुस्लिम-विरोधी के रूप में प्रचारित कर मुसलमानों में भयावह असुरक्षा का भाव जगाया। जो माँगें स्वयं उन्होंने अंग्रेज़ों से प्रथम विश्व महायुद्ध के दौरान की थीं, लगभग उसी कड़ी में की गई माँगों के स्वीकृत न किए जाने के कारण द्वितीय विश्व महायुद्ध के प्रारम्भ होते ही कांग्रेस के प्रान्तीय मन्त्रिमंडलों ने इस्तीफ़ा दे दिया था। कांग्रेस इस दौरान अंग्रेज़ों से युद्ध के प्रयासों में किसी भी सूरत सहयोग के लिए तैयार नहीं थी। प्रथम विश्व महायुद्ध के दौरान भारतीय रंगरूटों की भर्ती में सहायता के लिए प्रतिबद्ध गांधी इस बार यद्यपि युद्ध में किसी सक्रिय सहयोग के पक्ष में नहीं थे, पर वहीं अंग्रेज़ों की बर्बादी की नींव पर हिन्दुस्तान की आज़ादी का भवन खड़ा करने का विचार उनकी अन्तरात्मा को स्वीकार्य नहीं था। युद्ध के दौरान एक आज़ाद लोकतान्त्रिक हिन्दुस्तान ही दूसरे आज़ाद देशों के साथ आक्रमण के ख़िलाफ़ आपसी सुरक्षा और आर्थिक सहकार के लिए जुड़ सकता था। यह कांग्रेस के 14 सितम्बर, 1939 के युद्ध-विषयक प्रस्ताव का निचोड़ था। सशर्त समर्थन को अनैतिक मानते हुए भी गांधी ने इस प्रस्ताव को स्वीकार कर लिया था। गांधी युद्ध के अहिंसक और शान्तिपूर्ण प्रतिरोध की बात कर रहे थे, जो फ़िलहाल

नक़्क़ारखाने में तूती की आवाज़ साबित हो रही थी। सुभाषचन्द्र बोस, आचार्य नरेन्द्र देव और जयप्रकाश नारायण का कहना था कि युद्ध के दोनों पक्ष घोर साम्राज्यवादी थे और अपने उपनिवेशों पर अपना चंगुल और गहरा गड़ाए रखने तथा दूसरों के हिस्से अधिक-से-अधिक हड़पने की नीयत से जूझ रहे थे। अतः किसी भी पक्ष का समर्थन उचित नहीं था। इसके बरअक्स जवाहरलाल नेहरू का कहना था कि यदि अंग्रेज़ प्रजातन्त्र और स्वतन्त्रता के उसूलों के लिए लड़ रहे थे तो उन्हें साबित करना चाहिए कि वह अपने उपनिवेशों में साम्राज्यवाद का अन्त और हिन्दुस्तान में पूरा प्रजातन्त्र लागू करने के लिए कृतसंकल्प हैं। नेहरू का यह भी कहना था कि अंग्रेज़-शासन को साफ़-साफ़ बताना चाहिए कि युद्ध के अन्त में वह अपनी स्वतन्त्रता और प्रजातन्त्र के प्रति प्रतिबद्धता के उद्देश्य को हिन्दुस्तान में कैसे कार्यान्वित करेंगे।

कांग्रेस के प्रस्ताव और नेहरू के विचारों का मखौल-सा उड़ाते हुए इंग्लैंड के तत्कालीन दुर्धर्ष प्रधानमन्त्री चर्चिल ने कहा था कि वह अपने सम्राट के प्रधानमन्त्री उनके साम्राज्य को मटियामेट करने के लिए नहीं बने हैं। 17 अक्टूबर, 1935 की वॉयसराय लॉर्ड लिनलिथगो की प्रतिक्रिया कांग्रेस को और भी नकारात्मक तथा विघटनकारी लगी। उन्होंने देशी रियासतों और मुस्लिम लीग के कांग्रेस से सर्वथा प्रतिकूल तेवर को रेखांकित करते हुए कांग्रेस के प्रस्ताव और नेहरू के झुकाव के सन्दर्भ में ब्रिटेन के युद्ध-विषयक उद्देश्यों को परिभाषित करने से साफ़ इनकार कर दिया। उधर भारत मन्त्री जेटलैंड ने हाउस ऑफ़ लार्ड्स में बयान के दौरान साफ़ कहा कि हिन्दुस्तान में अंग्रेज़ों के शासन के अन्त की सम्भावना दूर-दूर तक नहीं है। इसके बारे में जितनी कम बात की जाए, उतना ही ठीक है। उन्होंने हिन्दुस्तानियों के बीच ख़ासतौर से तीखे मतभेदों का ज़िक्र करते हुए कांग्रेस को ख़ालिस हिन्दू संगठन करार दिया। चर्चिल, लिनलिथगो और जेटलैंड की बातों का फलितार्थ साफ़ था। अंग्रेज़ युद्ध के बाद भी हिन्दुस्तान पर अपना औपनिवेशिक चंगुल गड़ाए रखना चाहते थे। कांग्रेस की इस पर तल्ख़ प्रतिक्रिया स्वाभाविक थी। गांधी ने, जो अंग्रेज़ों के संकट से किसी प्रकार का लाभ उठाने को नितान्त अनैतिक मान रहे थे और एक हद तक उन्हें बिना शर्त सहयोग देने की दिशा में मन बना रहे थे, सबसे तीखी प्रतिक्रिया व्यक्त की। कांग्रेस का आहत युवा और युवतर वर्ग बहुमत में न होते हुए भी एक बार फिर आन्दोलन और सत्याग्रह शुरू करने के लिए कसमसा रहा था। गांधी समेत कांग्रेस की प्रौढ़ पीढ़ी इसके पक्ष में नहीं थी।

वामपन्थी संगठन भी आन्दोलन के पक्ष में थे। इसके लिए सुभाषचन्द्र बोस को कांग्रेस के दो हिस्सों में बँट जाने देने में भी कोई एतराज़ नहीं था। पर वामपंथी इस पर सहमत नहीं थे। गहरे अन्तर्द्वन्द्व से गुज़रकर कांग्रेस ने गांधी के नेतृत्व में सीमित व्यक्तिगत सत्याग्रह का निर्णय लिया। विनोबा पहले और नेहरू दूसरे सत्याग्रही चुने गए। गांधी ने युद्ध में सहयोग के नाम पर "न एक भाई न एक पाई" का नारा दिया। कांग्रेस और गांधी दोनों का रुख़ अब दूसरे विश्व महायुद्ध के दौरान लगभग वही था, जो जिन्ना

का अंग्रेज़ों के प्रति पहले विश्व महायुद्ध के दौरान था। पर जिन्ना की प्राथमिकताएँ अब बदल गई थीं। जहाँ एक ओर गांधी युद्ध के प्रयासों के सम्बन्ध में कांग्रेस के दृष्टिकोण के प्रचार की स्वतन्त्रता चाहते थे, वहीं जिन्ना अंग्रेज़ों के युद्ध-प्रयासों को हर तरह का सहयोग देने को वचनबद्ध थे। कांग्रेस के युद्ध-प्रयासों के विरुद्ध अभियान के दमन के लिए अंग्रेज़ सरकार हर तरह से कृतसंकल्प थी। अंग्रेज़ों के सामने जिन्ना और मुस्लिम लीग पर निर्भर रहने के अलावा कोई विकल्प नहीं दिख रहा था। जैसे-जैसे कांग्रेस के युद्ध-विरोध और स्वतन्त्रता की माँग के आन्दोलन में तेज़ी आती गई, जिसका चरमोत्कर्ष अगस्त, 1942 के भारत-छोड़ो आन्दोलन में हुआ, जिन्ना और अंग्रेज़ी शासन के बीच निकटता लगातार बढ़ती गई। इसी के साथ जिन्ना की ज़ुबान में कांग्रेस और ख़ासतौर से गांधी के ख़िलाफ़ तल्ख़ी में भी दिन-ब-दिन इज़ाफा होता चला गया। इस सबके बावजूद जिन्ना मौलाना मोहम्मद अली की तरह गांधी की आलोचना में अमर्यादित नहीं हुए। ज्ञातव्य है कि मौलाना मोहम्मद अली ने आगे चलकर आवेश में इस्लाम में आस्थावान एक व्यभिचारी और बलात्कारी मुसलमान तक को गांधी से बेहतर मानने की बात कही थी।

पर जिन्ना किसी भावावेश में बहनेवाले शख़्स नहीं थे। वह अब एक सोची-समझी रणनीति के तहत कांग्रेस को एक हिन्दू संगठन और गांधी को एक हिन्दू नेता घोषित करने के मौक़े से कभी नहीं चूकते थे। भारत-छोड़ो आन्दोलन को उन्होंने हिन्दू राज की स्थापना के लिए खुले विद्रोह का ऐलान कहा था। जिन्ना की प्राथमिकता अब पाकिस्तान की स्वीकृति और गांधी की प्राथमिकता हिन्दुस्तान की पूरी आज़ादी हासिल करने की थी। अपने अभीष्ट के लिए दोनों किसी से कोई भी समझौता करने को तैयार थे। गांधी ने 8 अगस्त, 1942 को लिखा था कि यदि मुस्लिम लीग बिना शर्त कांग्रेस की तुरन्त आज़ादी की माँग में सहयोग देती है तो कांग्रेस को इस पर कोई एतराज़ नहीं होगा, अगर ब्रिटिश सरकार पूरे हिन्दुस्तान की हुकूमत उसे सौंप देती है। मुस्लिम लीग की सरकार में कांग्रेस हिस्सा लेने को भी तैयार होगी। जिन्ना का विश्वास कांग्रेस और गांधी से डिग चुका था। इसलिए वह इस प्रस्ताव से सहमत होने की स्थिति में नहीं थे। पर जो प्रचंड समर्थन भारत-छोड़ो आन्दोलन को पूरे देश में मिल रहा था, उससे मुस्लिम लीग पुनर्विचार के लिए विवश-सी हो रही थी। पंजाब के ग़ैर लीगी प्रधानमन्त्री सिकन्दर हयात ख़ाँ ने जहाँ अपने गवर्नर को आगाह किया था कि गांधी जिन्ना से समझौता करने के लिए पाकिस्तान की माँग मंज़ूर कर अंग्रेज़ सरकार के ख़िलाफ़ एक संयुक्त मोर्चा खोल सकते थे, वहीं वॉयसराय की मन्त्रिपरिषद् के सूचना और प्रसारण मन्त्री सर सी.पी. रामास्वामी अय्यर ने लिनलिथगो को बताया था कि मुस्लिम लीग के हाथ-पाँव फूल रहे हैं और जिन्ना गांधी से समझौते के लिए मन बना रहे हैं। उन्होंने राय दी कि सरकार को चाहिए कि वह जिन्ना को इस दिशा में बढ़ने से रोके। और सरकार यक़ीनन इसमें कामयाब साबित हुई। जेल में गांधी के अनशन से जब पूरा देश विचलित और विकल था, जिन्ना ने सर तेज बहादुर सप्रू की पहल पर आयोजित

सर्वदलीय सम्मेलन में यह कहकर भाग लेने से मना कर दिया था कि गांधी के अनशन से उत्पन्न स्थिति से निपटना दरअसल हिन्दुओं की समस्या है।

2

दोनों विश्वयुद्ध के दौरान जिन्ना और गांधी की स्थितियों पर विहंगम दृष्टि के बाद उन बीच की घटनाओं की पड़ताल निहायत ज़रूरी है, जिनकी वजह से जिन्ना ने गांधी और उनके नेतृत्व में सर्वथा नई हरारत से कसमसाती कांग्रेस से नाता तोड़ने का निर्णय ले लिया था। यह सामान्यतः सर्वविदित है कि स्वराज के लिए क़ानूनी और संवैधानिक मार्गों से लड़ाई के पक्षधर जिन्ना सन् 1920-21 में गांधी और उनसे सहमत नेताओं द्वारा असहयोग और ख़िलाफ़त-आन्दोलन की योजना के नितान्त विरुद्ध थे। इन दोनों प्रस्तावित आन्दोलनों के विरोधी जिन्ना अकेले नहीं थे। श्रीमती एनी बेसेंट, मोतीलाल नेहरू, लाला लाजपत राय, पंडित मदनमोहन मालवीय और चितरंजन दास जैसे वरिष्ठ अनुभवी नेता भी विभिन्न तर्कों के आधार पर इस आन्दोलन से सहमत नहीं थे। पर इसमें कोई शक नहीं कि इसका सबसे मुखर और सशक्त विरोध जिन्ना ने ही किया। कितनी दिलचस्प बात है कि जिस जिन्ना ने 27 दिसम्बर, 1919 से 1 जनवरी, 1920 तक चलनेवाले कांग्रेस के ऐतिहासिक अमृतसर अधिवेशन के दौरान हिन्दुस्तान को पूरे ज़िम्मेदार शासन के अधिकार की माँग के प्रस्ताव में गांधी के संशोधन का जितना ज़ोरदार समर्थन किया था, उसी जिन्ना ने 8 सितम्बर, 1920 को कलकत्ते में कांग्रेस के विशेष अधिवेशन में गांधी के असहयोग एवं ख़िलाफ़त-आन्दोलन के प्रस्ताव का उतना ही ज़ोरदार विरोध किया था।

7 सितम्बर, 1920 को जिन्ना ने कलकत्ता में ही साथ आयोजित मुस्लिम लीग के अधिवेशन में रौलट क़ानून, जलियाँवाला बाग हत्याकांड और ख़िलाफ़त से सम्बन्धित अंग्रेज़ों की दुर्नीति का पर्दाफाश करते हुए ख़िलाफ़त-सभा द्वारा समर्थित गांधी के असहयोग आन्दोलन की योजना उपस्थित प्रतिनिधियों के विचारार्थ रखी थी। उन्होंने साफ़ कहा था कि योजना का कार्यान्वयन उनमें से सभी को व्यक्तिगत रूप से प्रभावित करेगा। इसलिए इस पर गम्भीर विचार-विमर्श के बाद ही निर्णय लेना चाहिए। असहयोग की योजना में अंग्रेज़ों द्वारा दिए गए ख़िताबों को लौटाना, अंग्रेज़ी माल, शिक्षण संस्थाओं और अदालतों का बहिष्कार तथा विधानसभा और सरकारी संस्थाओं से इस्तीफ़ा भी शामिल था। अभिजन मुसलमानों की संस्था मुस्लिम लीग निश्चय ही उस हद तक जाने को तैयार नहीं थी। जिन्ना ने उन्हें चेताया था कि एक बार सोच-समझकर निर्णय लेने के बाद फिर किसी सूरत में पीछे नहीं हटना होगा। जलियाँवाला बाग, रौलट क़ानून तथा ख़िलाफ़त से सम्बन्धित अपराध का जो उत्सव अंग्रेज़ सरकार मना रही है, उसे आदमियों के अल्फाज़ और औरतों के आँसू किसी हाल में धो नहीं सकते हैं। उन्होंने कहा था कि प्रथम विश्वयुद्ध के संकट की घड़ी में हमारे ही दिए गए सोने और ख़ून का इस्तेमाल

तुर्क़ी को तोड़ने और रौलट क़ानून की जंजीरें गढ़ने में किया गया। जहाँ अमृतसर में मुस्लिम लीग, कांग्रेस और ख़िलाफ़त-सभा अंग्रेज़ों से हिन्दुस्तान के लिए पूरे ज़िम्मेदार स्वशासन की माँग पर एकमत थीं, वहीं कलकत्ते में तीनों के बीच असहयोग की योजना पर सहमति नहीं बन पाई। ख़िलाफ़त-सभा पूरी तरह गांधी की असहयोग-योजना के पक्ष में थी। किन्तु न तो मुस्लिम लीग और न ही कांग्रेस के वरिष्ठ नेता इससे सहमत थे। एनी बेसेंट, विपिनचन्द्र पाल, लाला लाजपत राय, चितरंजन दास, मदन मोहन मालवीय और मोतीलाल नेहरू जहाँ इसके विरोध में थे, वहीं वल्लभभाई पटेल, सरोजिनी नायडू, राजेन्द्र प्रसाद, राजगोपालाचारी, मौलाना अबुल कलाम आज़ाद तथा जवाहरलाल नेहरू उसके पक्ष में थे। जिन्ना को अपनी स्थिति स्पष्ट करने में थोड़ा समय लगा। पर निश्चय ही वह कांग्रेस की पुरानी पीढ़ी के नेताओं के साथ थे। अधिवेशन में शामिल होने के लिए हावड़ा रेलवे स्टेशन पर पहुँचते ही जिन्ना से मोतीलाल नेहरू ने गांधी की योजना को पराजित करने की रणनीति में योगदान के लिए कहा था। गांधी ने 8 अगस्त को जब अपना प्रस्ताव अधिवेशन में विचारार्थ प्रस्तुत किया तो उसमें बाबू विपिनचन्द्र पाल ने एक संशोधन पेश किया, जिसमें असहयोग की योजना को सिद्धान्ततः स्वीकार करते हुए उसे अमली जामा पहनाने के लिए एक समिति के गठन का सुझाव था। जिन्ना ने उक्त संशोधन का तार्किक समर्थन किया था। उन्होंने ख़िलाफ़त-सभा समर्थित गांधी के प्रस्ताव की ओर संकेत करते हुए कहा था कि उसमें यह कहा गया है कि ख़िलाफ़त के सवाल पर मुसलमानों के साथ कन्धे से कन्धा मिलाकर मज़बूती के साथ खड़े होने से कांग्रेस को हटना नहीं चाहिए। अपने आपको भी एक मुसलमान बताते हुए उन्होंने जोड़ा था कि दोनों की एकता के लिए उन्होंने ख़ुद एक लम्बे अर्से से काम किया है। ख़िलाफ़त के सन्दर्भ में उन्होंने कहा था कि इसे लेकर मुसलमानों को गुमराह नहीं करना चाहिए। जिन्ना का कहना था कि जिस रूप में गांधी की असहयोग-योजना प्रस्तुत की गई थी, वह अव्यावहारिक थी। उनके अनुसार विपिनचन्द्र पाल का संशोधन आदर्श असहयोग का प्रारूप पेश करता था। उनका मानना था कि एक निश्चित अवधि में तैयारी के बाद ही असहयोग की दिशा में बढ़ना उचित होगा। उन्हें आशंका थी कि ऐसा न हो कि अंग्रेज़ों के प्रशासन को असम्भव बनाने की बजाए कहीं कांग्रेस का अपना ही अस्तित्व असम्भव न हो जाए। उनका सुझाव था कि सरकारी अदालतों और शिक्षण संस्थाओं की वैकल्पिक व्यवस्था कर ली जाए। ख़िलाफ़त-सभा द्वारा समर्थित गांधी के प्रस्ताव के विरोध से मौलाना शौक़त अली को इतना गुस्सा आ गया था कि हाथापाई पर आमादा वह जिन्ना के प्रति हिंसक हो उठे थे। उन्होंने जिन्ना की गर्दन पकड़ ली थी। निकटस्थ लोगों के बीच-बचाव से ही स्थिति पर क़ाबू पाया जा सका था। पर जिन्ना इन अप्रिय स्थितियों में भी शान्त और संयत बने रहे थे।

जिन्ना के प्रशंसक और मित्र तथा होमरूल लीग और कांग्रेस में उनके साथ सक्रिय कानजी द्वारकादास ने अपनी पुस्तक 'इंडियाज फ़ाइट फ़ार फ्रीडम' में बताया है कि गांधी का प्रस्ताव बहुत ही थोड़े से बहुमत से अधिवेशन में पास हो सका था। इसके लिए

बम्बई के ख़िलाफ़त-समर्थक और गांधी-प्रशंसक सुप्रसिद्ध व्यवसायी मियाँ मोहम्मद छोटानी ने पूरे देश से प्रतिनिधियों को इकट्ठा कर अधिवेशन में भेजा था। कानजी द्वारकाकदास के अनुसार बम्बई के ही उमर सोभानी और शंकरलाल बैंकर ने प्रस्ताव पर मत-विभाजन के समय आसन्न हार की आशंका को ध्यान में रख उसी दिन सुबह तुरन्त बाहर से सौ से कुछ अधिक नए लोगों को प्रतिनिधियों के रूप में पंडाल में दाख़िल करा दिया था। नतीजतन मत-विभाजन के समय उनका मत गांधी के प्रस्ताव के पक्ष में निर्णायक सिद्ध हुआ। इसका ज़िक्र डॉ. अम्बेडकर ने भी किया है। यह भी उल्लेखनीय है कि जिन मोतीलाल नेहरू ने गांधी के प्रस्ताव को असफल बनाने के लिए कांग्रेस के वरिष्ठ नेताओं के साथ रणनीति बुनने के लिए कलकत्ता पहुँचते ही जिन्ना का सक्रिय सहयोग माँगा था, उन्होंने ही मत-विभाजन के समय अपने पुत्र जवाहरलाल नेहरू के प्रभाव के फलस्वरूप पुत्र-मोह में प्रस्ताव के पक्ष में मत दिया था। गांधी के प्रति धीरे-धीरे जबकि अन्य वरिष्ठ नेताओं का मत बदल गया था, श्रीमती एनी बेसेंट, पंडित मदनमोहन मालवीय और जिन्ना प्रस्तावित असहयोग आन्दोलन के विरोध में अटल रहे। गांधी से जिन्ना का यह पहला टकराव था।

गांधी से जिन्ना की दूसरी मुठभेड़ तुरन्त 3 अक्टूबर, 1920 को बम्बई की होमरूल लीग की शाखा के अधिवेशन में हुई। कलकत्ते से बम्बई दोनों एक ही ट्रेन से साथ-साथ पहुँचे थे। होमरूल लीग की संस्थापक-अध्यक्ष श्रीमती एनी बेसेंट ने अपने पद से इस्तीफ़ा दे दिया और गांधी अब उसके नवनिर्वाचित अध्यक्ष थे। संगठन का नाम होमरूल लीग से बदलकर स्वराज-सभा करने का गांधी का प्रस्ताव बिना बहस के स्वीकार कर लिया गया था। किन्तु जब उसके विधान की धारा दो में संशोधन कर उसके उद्देश्य में आमूल परिवर्तन का प्रस्ताव आया तो उस पर लम्बी गरमागरम बहस हुई। उक्त प्रस्ताव के संशोधन में जिन्ना ने कहा था कि होमरूल लीग (अब स्वराज-सभा) भारतीय राष्ट्रीय कांग्रेस के अन्तर्गत उससे सम्बद्ध एक संस्था बन गई थी। कांग्रेस के विधान की धारा एक के अन्तर्गत तब तक ब्रिटिश राष्ट्रमंडल के अधीनस्थ सवैधानिक और क़ानूनी रास्ते से ही देश के लिए स्वशासन की प्राप्ति उसका उद्देश्य था। जिन्ना का तर्क था कि जब तक कांग्रेस के विधान में मूलभूत परिवर्तन नहीं होता और उसके फलस्वरूप स्वराज-सभा के भी उद्देश्य संशोधित नहीं कर लिए जाते तब तक प्रस्तावित असहयोग आन्दोलन को अमली जामा पहनाना मुनासिब नहीं होगा। वह 'स्वराज' शब्द की भी स्पष्ट व्याख्या चाहते थे। क्या स्वराज का अर्थ ब्रिटिश शासन के तहत स्वशासन के अधिकार से था या उससे सर्वथा मुक्त पूर्ण स्वतन्त्र राज्य उसका उद्देश्य था ? यदि पूर्ण स्वतन्त्रता का ही अब हमारा उद्देश्य था तो उसके तहत ब्रिटिश शासन से सम्बन्ध विच्छेद के बाद हमारी सरकार का साँचा-ढाँचा क्या होगा ? जिन्ना इस पर तर्कसंगत और ठंडे दिलो-दिमाग़ से चर्चा के बाद कोई निर्णय चाहते थे। उन्होंने एक और संशोधन पेश किया था जिसके अनुसार स्वराज का अर्थ ज़िम्मेदार सरकार से था। जिन्ना ने यह भी कहा था कि सभा के विधान में संशोधन इसकी परिषद् के

दो-तिहाई बहुमत से ही सम्भव था। सभा के अध्यक्ष गांधी ने इस पर व्यवस्था दी थी कि सामान्य बहुमत से सभा के उद्देश्य बदले जा सकते थे। जिन्ना की कोई बात नहीं मानी गई थी। जिन्ना के एक अन्यतम सहयोगी जमनादास द्वारकादास के सवाल के जवाब में गांधी ने दो टूक कहा था कि जो सभा के संशोधित उद्देश्य से सहमत नहीं थे और बदली हालत में जिनके लिए उसका सदस्य बने रहना दुश्वार था, वे सभा से इस्तीफ़ा देने के लिए आज़ाद थे। जिन्ना होमरूल लीग की बम्बई शाखा के संस्थापक अध्यक्ष थे। गांधी की ये बात उनके और उनके बम्बई के सहयोगियों और समर्थकों के दिल में तीर-सी चुभी थी। उन्होंने होमरूल लीग को अपने ख़ून-पसीने से खड़ा किया था। दुखी और आहत जिन्ना ने अपने प्रमुख अठारह सहयोगियों के साथ आख़िरकार 25 अक्टूबर, 1920 को गांधी को संयुक्त पत्र लिखकर सभा के परिवर्तित उद्देश्य से गहरी असहमति जताते हुए इस्तीफ़ा दे दिया था। इस्तीफ़ा देनेवालों में एम.आर. जयकर, के.एम. मुंशी, जमनादास द्वारकादास, कानजी द्वारकादास और मंगलदास पकवासा प्रमुख थे।

गांधी ने उक्त इस्तीफ़े की गम्भीरता को समझते हुए उसी दिन उक्त पत्र के जवाब में लिखा कि यद्यपि वह स्वयं ब्रिटिश-सम्बन्ध के ख़िलाफ़ नहीं थे पर उसे वह किसी हठधर्मिता का आधार भी नहीं बनाने देना चाहेंगे। इस सम्बन्ध को बनाए रखने के लिए वह एक भी मिनट की गुलामी भी बर्दाश्त नहीं करेंगे। इसी तरह उन्होंने अपने संवैधानिक और क़ानूनी शब्दों को भी हठधर्मिता का विषय न बनाने का आग्रह करते हुए जिन्ना से कहा था कि बदली हुई परिस्थितियों के फलस्वरूप देश में जो एक नई ज़िन्दगी की शुरुआत हुई है उसमें वह अपना हिस्सा बँटाएँ। जिन्ना ने एक बार फिर गांधी के विचारों से अपनी कड़ी असहमति जताकर उनका आग्रह अस्वीकार करते हुए कहा था कि उन्होंने (गांधी ने) देश के सार्वजनिक जीवन तथा उन सभी संगठनों में, जिनके वह सम्पर्क में आए, फूट पैदा कर दी। उन्होंने (गांधी ने) हिन्दुओं और मुसलमानों के बीच ही नहीं, बल्कि मुसलमानों-मुसलमानों और हिन्दुओं-हिन्दुओं के बीच भी दरार डाल दी। बाप-बेटों के रिश्ते तक उस फूट से नहीं बचे। गांधी की योजना को अराजकतावादी और देश के लिए विनाशकारी करार देते हुए जिन्ना ने राष्ट्रवादी नेताओं के सहयोग से एक सर्वमान्य कार्यक्रम तैयार करने की अपनी प्रतिबद्धता को दोहराया था, जिससे जल्द-से-जल्द पूरी तरह ज़िम्मेदार सरकार हासिल करने का ध्येय प्राप्त किया जा सके। कलकत्ता और दिल्ली ब्रिटिश शासन तथा उससे जुड़ी राजनीतिक गतिविधियों के केन्द्र रहे। वहाँ पहले से विद्यमान सामन्ती और थोड़ा आगे चलकर औपनिवेशिक दाँव-पेंच ने इन दोनों शहरों के संस्कार गढ़े थे। इनके बरअक्स बम्बई की संस्कृति पर पारसियों और गुजरातियों के व्यावसायिक और औद्योगिक संस्कार का प्रबल प्रभाव था। इसके फलस्वरूप यहाँ के अभिजन, जिनके हाथों में राजनीतिक नेतृत्व की बागडोर भी थी, सामान्यतया टकराव और अतिवाद से बचकर चलना अधिक श्रेयस्कर मानते थे। गोखले और तिलक के देहान्त के बाद निश्चय ही जिन्ना यहाँ के

वरिष्ठतम नेता थे। जहाँ गोखले और तिलक की मनोरचना में पूना के संस्कार का प्रबल योगदान था, जिन्ना बम्बई की अतिवादमुक्त मध्यममार्गी संस्कृति के प्रतिनिधि थे। दरअसल उन्हें सन् 1920 के आसपास की बम्बई की अन्तरात्मा की आवाज़ माना जा सकता था। गांधी दक्षिण अफ़्रीका के अहिंसक जुझारूपन के तेवर से लैस हो बम्बई के रास्ते ही परिवर्तन-विकल भारत में प्रविष्ट हुए थे। दोनों का राजनीतिक मुहावरा अलग होना स्वाभाविक था। बम्बई की स्वराज-सभा (होमरूल लीग) से नाता तोड़ लेने के कारण दोनों के बीच एक जीवन्त कड़ी टूट गई थी। यह उनके बीच दूसरा टकराव था।

एक ही दल के सदस्य के रूप में जिन्ना का गांधी से आख़िरी सीधा टकराव दिसम्बर, 1920 को नागपुर कांग्रेस के अधिवेशन के दौरान हुआ। गांधी के असहयोग आन्दोलन के पक्ष में उमड़ते अपूर्व जनसमर्थन के ज्वार को देखकर, जबकि उनसे असहमत वरिष्ठ नेता या तो उनके साथ हो लिए थे या चुप बैठ गए थे, जिन्ना ने अभी भी हार नहीं मानी थी। उनके साथ अब श्रीमती एनी बेसेंट, मदनमोहन मालवीय और सर आशुतोष चौधरी ही रह गए थे। ब्रिटेन की लेबर पार्टी के प्रतिनिधि कर्नल वेजवुड ने बतौर मित्र पर्यवेक्षक के बम्बई के होमरूल लीग और नागपुर में कांग्रेस के अधिवेशनों में भाग लिया था। बम्बई में असहयोग आन्दोलन की योजना के ख़िलाफ़ बोलना शुरू करते ही जिस तरह अस्सी वर्षीया श्रीमती एनी बेसेंट को शोर मचाकर बैठा दिया गया था उसकी कर्नल वेजवुड ने अपनी रिपोर्ट में कड़ी भर्त्सना की थी। उनका मानना था कि श्रीमती एनी बेसेंट को फिर बोलने का मौक़ा देना आवश्यक था। यह निश्चय ही उनके लिए नहीं, बल्कि एक प्रजातान्त्रिक संगठन में अभिव्यक्ति की स्वतन्त्रता के अधिकार की रक्षा के लिए ज़रूरी था। मालवीयजी और सर आशुतोष चौधरी को भी उत्साही प्रतिनिधियों की ओर से अमर्यादित व्यवहार का सामना करना पड़ा था। अभिव्यक्ति की स्वतन्त्रता को प्रजातन्त्र की आधारशिला बताते हुए उन्होंने जिन्ना और उनकी राजनीतिक प्रतिबद्धता को अच्छी तरह न जानते हुए भी उनके साहस की भूरि-भूरि प्रशंसा की थी। नागपुर अधिवेशन में पचास हज़ार श्रोताओं और प्रतिनिधियों के बीच जिन्ना अन्त तक असहमति की अकेली साहसिक आवाज़ थे। कर्नल वेजवुड ने आश्वस्ति के भाव के साथ कहा था कि हिन्दुस्तान निश्चय ही आज़ादी की राह पर बहुत आगे निकल गया था, क्योंकि उसमें कम-से-कम एक ऐसा आदमी पैदा करने की क्षमता थी, जिसमें इतना चरित्र-बल था कि वह घोर विरोध के बीच बिना किसी समर्थन के अपने सोच पर अडिग रहकर अपने विश्वास के अनुसार अपनी बात निर्भीक होकर कह सकता था। नागपुर अधिवेशन में जिन्ना का भाषण दरअसल, उनके कलकत्ता और बम्बई के भाषणों का विस्तार था। नियति-अभिशप्त तथा दैन्य और विनय से सर्वथा अनभिज्ञ जिन्ना के नागपुर भाषण में वैचारिक आस्था की अपूर्व दीप्ति थी।

जिन्ना के नागपुर भाषण की काफ़ी चर्चा हुई है। पर इस चर्चा के मूल में इसकी ओजस्विता, निर्भीकता और वैचारिकता कम रही है। इसकी अधिक चर्चा जिन्ना द्वारा

गांधी को महात्मा न कहकर उन्हें मिस्टर कहने की तथाकथित ज़िद को दर्शाने के लिए की गई है। यह अत्यन्त दुखद है कि इस बात को इतना तूल देने से पहले अधिकांश लोगों ने उक्त भाषण से गुज़रना आवश्यक नहीं समझा। जिन्ना के सबसे महत्त्वपूर्ण जीवनीकार स्टैनली वॉलपोर्ट तक लगता है, इस भाषण को बिना पढ़े उस पर टिप्पणी कर बैठे हैं। निश्चय ही असहमत होते हुए भी जिन्ना के उक्त भाषण से रू-ब-रू होना एक रोमांचक अनुभव है। इस भाषण में जिन्ना ने गांधी का सन्दर्भ ग्यारह बार दिया है, जिसमें सात बार महात्मा शब्द का प्रयोग किया है और चार बार मिस्टर शब्द का। सात बार में दो बार महात्मा शब्द का प्रयोग श्रोताओं द्वारा टोके जाने के बाद भूल सुधारते हुए मिस्टर शब्द के स्थान पर हुआ है। इसे ध्यान में रखना ज़रूरी है कि रहन-सहन, वेश-भूषा, खान-पान और बातचीत की पाश्चात्य शैली जिन्ना के व्यक्तित्व का अविभाज्य अंग बन गई थी। नतीज़तन, किसी के नाम के पहले मिस्टर शब्द का प्रयोग उनकी ज़ुबान के लिए अपेक्षाकृत अधिक सहजस्फूर्त सिद्ध होता था। अपने आदर्श गोखले के नाम के पहले भी वह मिस्टर शब्द का ही प्रयोग करते थे। फिर भी ज़रा-सी चूक पर श्रोताओं का हुजूम चीख-चीखकर उनसे महात्मा शब्द के प्रयोग के लिए आवाज़ लगाता था। गांधी, तिलक, गोखले, मालवीयजी, मोतीलाल नेहरू, लाजपत राय, चितरंजन दास और विपिनचन्द्र पाल उनकी पीढ़ी के उम्र में उनसे बड़े नेता थे। सबके साथ-साथ उन्होंने कन्धे से कन्धा मिलाकर काम किया था। इसलिए उनके प्रति बनावटी विनम्रता और छद्म शिष्टाचार उन्हें रुचता नहीं था। फिर भी वह तिलक को लोक तिलक, मालवीयजी को पंडित मालवीय, लाजपत राय को लाला लाजपत और गांधी को महात्मा गांधी कहने में किसी संकोच का अनुभव नहीं करते थे। पर आगे चलकर ज़िद्दन उन्होंने गांधी के नाम के पहले महात्मा शब्द के प्रयोग से परहेज़ करना शुरू कर दिया। नागपुर कांग्रेस में जो स्थिति गांधी के नाम के पहले महात्मा की जगह मिस्टर शब्द के प्रयोग को लेकर पैदा हुई थी, वही स्थिति मोहम्मद अली के नाम के पहले मौलाना की जगह मिस्टर शब्द के इस्तेमाल से भी पेश आई थी। पर लाख शोर-शराबे के बावजूद जिन्ना यहाँ अडिग रहे। उन्होंने मोहम्मद अली के नाम से पहले मिस्टर की जगह मौलाना शब्द का प्रयोग करके नहीं दिया। इसे लेकर अपने भाषण के दौरान दख़लन्दाज़ी करनेवालों को उन्होंने न केवल झिड़क दिया था कि अपने रवैये से वे लोग उन्हें (जिन्ना को) उस आज़ादी से महरूम कर रहे हैं, जो वे ख़ुद अपने लिए चाहते हैं। इस पूरे प्रसंग का सबसे दुखद पक्ष यह था कि जब श्रोताओं की भीड़ में से जिन्ना के भाषण के दौरान लगातार बाधाएँ पैदा की जा रही थीं तथा उनकी ओर शर्म-शर्म, बुज़दिल और राजनीतिक धूर्त जैसे फ़िकरे उछाले जा रहे थे, तब न तो अध्यक्ष ने और न ही गांधी तथा मुहम्मद अली ने हस्तक्षेप की कोशिश की थी। इसके बावजूद उन्होंने अपने इस ऐतिहासिक भाषण में गांधी के प्रति किसी भी प्रकार की अवमानना का भाव परिलक्षित नहीं होने दिया था। भाषण के अन्त में उन्होंने स्वीकार किया था कि देश की नियति उस समय जिन दो लोगों के हाथ में थी, महात्मा गांधी निश्चय ही उनमें

से एक थे। दूसरे नाम का संकेत उन्होंने नहीं किया था। बाद का इतिहास साक्षी है कि दूसरे जिन्ना स्वयं थे।

एक ही दल के सदस्य के रूप में एक ही मंच से गांधी और जिन्ना का यह अन्तिम टकराव था। अपने भाषण के उपरान्त नागपुर अधिवेशन को अधूरा छोड़ जिन्ना साथ ही आयोजित मुस्लिम लीग के अधिवेशन में भाग लिए बिना हताश बम्बई लौट गए थे। पर अभी भी कहीं आशा की चिनगारी बची हुई थी। असहयोग और ख़िलाफ़त-आन्दोलन के अहिंसक और शान्तिपूर्ण बने रहने का गांधी का विश्वास चौरीचौरा कांड के फलस्वरूप चकनाचूर हो गया था। देश के विभिन्न हिस्सों में साम्प्रदायिक दंगे बढ़ रहे थे। जिन्ना समेत कई वरिष्ठ नेताओं ने इस सम्भावना से गांधी और उनके उत्साही समर्थकों को आगाह किया था। कई कट्टर मौलानाओं की निगाह में तुर्की के ख़लीफ़ा के विरुद्ध अन्यायपूर्ण रवैये के कारण हिन्दुस्तान काफ़िरों द्वारा शासित एक काफ़िर देश हो गया था। इसलिए 1920 के पूर्वार्ध में उत्तर भारत से बड़ी संख्या में मुसलमानों ने अपनी धार्मिक आस्था बचाने के लिए निकटस्थ पड़ोसी मुसलमान देश अफ़ग़ानिस्तान की ओर प्रस्थान करना शुरू कर दिया था। इस पर यहाँ की सरकार ने जल्द ही प्रतिबन्ध लगा दिया था। दिसम्बर 1921 में अहमदाबाद में कांग्रेस और मुस्लिम लीग का अधिवेशन अन्तिम बार एक साथ आयोजित हुआ। इससे पहले 2 अप्रैल, 1921 को इंग्लैंड के सुप्रसिद्ध यहूदी क़ानूनवेत्ता लॉर्ड रीडिंग भारत वॉयसराय बनकर आ गए थे। जिन्ना से उनकी पहले भी मुलाक़ात हो चुकी थी। इसलिए वह जिन्ना के ज़रिए हिन्दुस्तान के महत्त्वपूर्ण राजनेताओं के साथ एक नए सिरे से संवाद शुरू करना चाहते थे। इस पृष्ठभूमि में बम्बई के ही एक अन्य महत्त्वपूर्ण और उदार कांग्रेस नेता डॉ. एम. आर. जयकर के साथ जिन्ना ने गांधी को फिर सत्याग्रह का आग्रह छोड़ सवैधानिक मार्ग अपनाने की ज़रूरत पर विचार करने के लिए राजी करने की कोशिश की। प्रान्तों की स्वायत्तता और केन्द्रीय शासन में भागीदारी प्रदान करने के लॉर्ड रीडिंग के प्रस्ताव पर गांधी ने शान्तमन गम्भीरता से विचार कर उस पर अपनी सहमति जताई। पर अपने युवा तथा सख़्त रास्ते के पैरोकार समर्थकों के दबाव में उन्होंने अपना मन बदल दिया। उन्होंने बाद में कहा कि वह न केवल उन्हें 'बधिया' करने की रीडिंग की कोशिश थी बल्कि इसमें हिन्दुस्तान से उसका पौरुष सदा के लिए छीन लेने की साजिश की बू आती थी। अहमदाबाद अधिवेशन के लगभग दो माह बाद फ़रवरी 1922 के प्रारम्भ में जब गांधी ने चौरी-चौरा की भीषण सामूहिक हिंसा के बाद आन्दोलन वापस ले लिया तो जयकर, जिन्ना और सर होरमस जी वाडिया उदास और हताश गांधी से फिर मिले। पहली बार जिन्ना का व्यवहार गांधी के प्रति इस मुलाक़ात के दौरान अवमाननापूर्ण लगा। जयकर ने अपनी आत्मकथा में जिन्ना और वाडिया के गांधी के प्रति रुख़ को निहायत अशिष्टतापूर्ण बताया है। इसके बाद जिन्ना की भाषा गांधी के लिए दिन-ब-दिन तल्ख़ से तल्ख़तर होती गई।

गांधी और जिन्ना एक-दूसरे के बारे में क्या सोचते थे, इस पर भी एक विहंगम

दृष्टि दिलचस्प होगी। गांधी की आत्मकथा में जिन्ना का ज़िक्र चार बार आता है। गांधी ने जिन्ना का पहला ज़िक्र सन् 1915 में अपने सम्मान में आयोजित गुर्जर सभा के स्वागत समारोह में गुजराती के नाते जिन्ना की भी उपस्थिति दर्ज़ करते हुए किया है। उक्त सभा में जिन्ना बतौर सभापति या मुख्य वक्ता के रूप में उपस्थित थे, गांधी को इसकी ठीक याद नहीं रह गई थी। पर उन्हें इसकी साफ़ याद थी कि उन्होंने (जिन्ना ने) अपना छोटा और मीठा भाषण अंग्रेज़ी में दिया था। दूसरी और तीसरी बार जिन्ना का ज़िक्र उन्होंने सन् 1919 के अन्त में अमृतसर में आयोजित कांग्रेस के अधिवेशन में अपने प्रस्ताव के समर्थक के रूप में किया है जब जिन्ना मालवीयजी के साथ उनके (गांधी के) प्रस्ताव के पक्ष में बोले थे। चौथी बार गांधी ने उनका ज़िक्र नागपुर कांग्रेस के दौरान फिर मालवीयजी के साथ किया है। दोनों वक्ता (जिन्ना और मालवीय) इस बात के समर्थन में बोले थे कि हिन्दुस्तान को ब्रिटिश साम्राज्य के अन्तर्गत ही स्वराज-प्राप्ति के लिए प्रयास करना चाहिए। इसके अलावा दोनों के एक दूसरे के सम्बन्ध में विचार आगे चलकर उनके बयानों और उनके पत्र-विनिमय से ही पता चलते हैं। सन् 1937 में जब उत्तर प्रदेश और बम्बई में कांग्रेस के साथ मुस्लिम लीग की सत्ता में भागीदारी का जिन्ना का सपना बुरी तरह छिन्न-भिन्न हो गया था और गांधी इसमें उनकी कोई सहायता नहीं कर पाए थे तब से जिन्ना के तेवर में दिन-ब-दिन गांधी और कांग्रेस के ख़िलाफ़ आश्चर्यजनक उग्रता आती गई थी। एक बार गांधी के ख़िलाफ़ जिन्ना के किसी कथन की तुर्शी पर जब दुर्गादास ने उनसे कहा था कि इससे गांधी आहत हो सकते हैं तो जिन्ना ने कहा था कि दुर्गा, गांधी यही भाषा समझते हैं। अब उन्हें कांग्रेस और गांधी की हर चीज़ से नफ़रत हो चली थी। प्रत्यक्षतः इसे ज़ाहिर करने का कोई मौक़ा वह हाथ से जाने नहीं देते थे। इसका एक दिलचस्प ज़िक्र चौधरी खलीकुज़्ज़मा ने 'पाथ वे टु पाकिस्तान' में किया है। सन् 1937 में मुस्लिम लीग ने अपने लखनऊ अधिवेशन में 'पूरी आज़ादी' (कम्पलीट इंडिपेंडेंस) के ध्येय को जब अपने उद्देश्यों में शामिल करने के प्रस्ताव पर विचार करना शुरू किया तो जिन्ना ने इसका विरोध किया था। जब चौधरी खलीकुज़्ज़मा ने उन्हें समझाया कि इसके विरोध का मतलब मुस्लिम लीग के ख़ातमे की पहल होगी तो वह मान गए थे। पर उन्होंने पूरी आज़ादी (कम्पलीट इंडिपेंडेंस) की जगह मुकम्मल आज़ादी (फुल इंडिपेंडेंस) शब्द के प्रयोग पर सहमति जताई थी। पूरी आज़ादी या 'पूर्ण स्वराज' (कम्पलीट इंडिपेंडेंस) जैसे शब्द पर उन्हें लगता है, इसलिए आपत्ति थी क्योंकि इसका प्रयोग सन् 1929 के लाहौर कांग्रेस के अधिवेशन में जवाहरलाल नेहरू ने रावी के किनारे पास किए गए अपने प्रस्ताव में किया था।

जिन्ना अब कहने लगे थे कि कांग्रेस के धर्मनिरपेक्ष संगठन को सबसे ज़्यादा नुकसान गांधी ने पहुँचाया था जो मुस्लिम हितों के विरुद्ध कार्यरत थी। लखनऊ अधिवेशन में दिया गया जिन्ना का भाषण आद्योपान्त पढ़कर गांधी ने जिन्ना को लिखा था कि वह युद्ध की घोषणा थी, जिसमें वह (गांधी) उनका (जिन्ना का) पुराना राष्ट्रवादी

रूप ढूँढ़ नहीं पा रहे थे। गांधी ने आगे उनसे पूछा था कि क्या वह अब भी वही जिन्ना थे ? जिन्ना ने इसका करारा जवाब देते हुए लिखा था कि वह उनके (गांधी के) बारे में यह नहीं कहना चाहेंगे कि उनके सम्बन्ध में लोग सन् 1915 में क्या कहते थे और अब क्या कहने लगे हैं। जिन्ना के दिमाग़ में निश्चय ही उस समय सन् 1915 में गुर्जर सभा में दिया गया अपना भाषण कौंध गया था। अब जिन्ना को अपने को सम्प्रदायवादी कहे जाने पर भी कोई आपत्ति नहीं रह गई थी। उन्होंने सन् 1938 में मुस्लिम लीग की एक सार्वजनिक सभा में ऐलान किया था कि "अगर हिन्दुस्तान के मुसलमानों की सामाजिक, आर्थिक और राजनीतिक तरक़्क़ी के लिए आवाज़ उठाने के कारण उन्हें सम्प्रदायवादी कहकर दागा जाता है तो उन्हें इस पर गर्व है।" गांधी जिन्ना को सन् 1938 के बाद के पत्र-व्यवहार में 'प्रिय क़ायदे आज़म' कहने लगे थे। पर जिन्ना की भाषा में लगातार व्यक्तिगत संस्पर्श लुप्त होता जा रहा था। 1940 के प्रारम्भ में गांधी ने 'हरिजन' में जिन्ना को अपना पुराना साथी बताते हुए उनसे आग्रह किया था कि वह देश की सभी कांग्रेस-विरोधी शक्तियों को नेतृत्व प्रदान करें, जिनमें अम्बेडकर और रामास्वामी नायकर के अनुयायी भी शामिल थे। गांधी के मन में अभी भी एक हल्की-सी आशा की किरण बची हुई थी। यदि जिन्ना का सोच उक्त दिशा में सक्रिय हो पाता तो उनका और लीग का मुस्लिम अलगाववाद पर ज़ोर कुछ कम हो सकता था। पर गांधी के इस सुझाव का मर्म जिन्ना समझते थे। अतः इससे उनकी सहमति का कोई सवाल ही नहीं पैदा होता था।

सन् 1940 में मौलाना आज़ाद के कांग्रेस अध्यक्ष बनने से जिन्ना बेहद ख़फ़ा हो गए थे। इसे वह अपने और लीग के मुसलमानों के एकमेव प्रतिनिधित्व के दावे पर कुठाराघात मानते थे। इसे भी वे गांधी की चाल बता रहे थे। इसके बावजूद वह गांधी के लेखों, भाषणों और पत्रों से लगातार सम्पर्क बनाए रखते थे। गांधी के हर नए क़दम की जानकारी को वह निहायत महत्त्वपूर्ण मानते थे। मुस्लिम लीग के छात्र संगठन के पहले सचिव मोहम्मद नोमान ने लिखा है कि जब वह सन् 1940 के प्रारम्भिक महीने में जिन्ना से मिलने उनके निवास पर गए तो उन्हें अलस्सुबह अपने बिस्तर पर बैठा हुआ पाया। वह गांधी का एक भाषण पढ़ रहे थे। उन्होंने नोमान को बताया था कि वह रात में एक झपकी तक नहीं ले पाए। पूरी रात उनकी यह जानने की कोशिश में बीत गई कि दरअसल गांधी के दिमाग़ में है क्या। गांधी की 'चाल' के प्रति वह हरदम सशंकित रहने लगे थे। पर गांधी और कुछ हो सकते, कम-से-कम वह चालबाज़ नहीं थे। 'भारत-छोड़ो' आन्दोलन प्रारम्भ करने के पूर्व गांधी ने अपने भाषण में 'जिन्ना साहब को पहले का कांग्रेसी' बताकर उनके लम्बे जीवन की प्रार्थना करते हुए कहा था कि उनकी कामना है कि वह उनके बाद भी जीवित रहें। उन्होंने कातर हो जोड़ा था कि निश्चय ही एक दिन ऐसा आएगा, जब वह (जिन्ना) यह समझेंगे कि उन्होंने (गांधी ने) उनके या मुसलमानों के साथ कभी भी कुछ ग़लत नहीं किया है। उन्होंने आगे कहा था कि वह (गांधी) तुरन्त आज़ादी के उपभोग के लिए जिन्ना साहब की सहमति का

और अधिक इन्तज़ार करने की स्थिति में नहीं थे।

जिन्ना अपने समय की इस उपमहाद्वीप की राजनीति के सबसे कुशल रणनीतिकार थे। गांधी और कांग्रेस उनके लिए एक दूसरे के पर्याय थे। गांधी को एक हिन्दू नेता सिद्ध किए बिना वह अपने को एकमेव मुस्लिम प्रतिनिधि नेता माने जाने का औचित्य साबित नहीं कर सकते थे। सन् 1938 से लेकर सन् 1947 के प्रारम्भ तक गांधी को मात्र हिन्दुओं के प्रतिनिधि नेता के रूप में बारम्बार पेश करना उनकी चतुर रणनीति का अविभाज्य अंग था। उन्हें इसका पूरा अहसास था कि गांधी के प्रति उनके रुख़ में ज़रा-सी नरमी बना बनाया खेल ख़राब कर देगी। वह एक आर-पार की लड़ाई लड़ रहे थे और यह भली-भाँति जानते थे कि उसमें भावना के लिए कोई स्थान नहीं था। आगे विभाजन के दौरान गांधी ने भारत में अल्पसंख्यकों की सुरक्षा और उनकी हितरक्षा के लिए जिस तरह अपने प्राणों की बाज़ी लगा दी थी, उससे वह अनजान नहीं थे। यह अकारण नहीं था कि पाकिस्तान में मुस्लिम लीग की कार्यसमिति में बोलते हुए उन्होंने कहा था कि गांधी मुसलमानों के सच्चे मित्र थे और हिन्दुस्तान के मुसलमानों को पूरी ताक़त से उनके साथ खड़ा होना चाहिए। अन्ततः जिन्ना को मान लेना पड़ा था कि गांधी ने उनके या हिन्दुस्तान के मुसलमानों के साथ कभी और कुछ भी बुरा नहीं किया था। अपना अभीष्ट लक्ष्य पाकिस्तान पा लेने के बाद वह फिर कभी गांधी के प्रति आक्रामक नहीं हुए। अन्ततः गांधी का मुसलमानों के एक सच्चे मित्र के रूप में उनका आकलन उनकी उस मूल उदार प्रकृति के अनुकूल था, जिसके विरुद्ध वह राजनीतिक विवशताओं के फलस्वरूप अन्दर ही अन्दर लगातार लड़ रहे थे। पाकिस्तान को 55 करोड़ रुपए के भारत द्वारा भुगतान में आनाकानी की ख़बर पर गांधी के आमरण अनशन से पूरा पाकिस्तान अभिभूत था। 13 जनवरी, 1948 को पश्चिमी पंजाब (पाकिस्तान) की विधानसभा में गांधी के अनशन पर चर्चा के दौरान फ़िरोज ख़ाँ नून (जो आगे चलकर पाकिस्तान के प्रधानमन्त्री बने) ने कहा था कि संसार के किसी भी देश ने, धर्म-प्रवर्तकों को यदि अलग कर दें तो, महात्मा गांधी से बड़ा महापुरुष नहीं पैदा किया था। निश्चय ही नून ने पाकिस्तान की करोड़ों जनता की भावनाओं को अपने भाषण में वाणी प्रदान की थी। यक़ीनन जिन्ना इन भावनाओं से अछूते नहीं थे। पर भावनाओं की अभिव्यक्ति में वह अक्सर कंजूस रहे। पश्चिमी पाकिस्तान की विधानसभा में उक्त भावनापूर्ण चर्चा के 17 दिन बाद गांधी की हत्या कर दी गई। जिन्ना इस त्रासद समाचार से विचलित हुए थे। हालाँकि उन्होंने अपने औपचारिक शोक-सन्देश में गांधी को हिन्दू समाज द्वारा पैदा किए गए महानतम लोगों में से एक कहा था, किन्तु एकाधिक लोगों से व्यक्तिगत तौर पर उन्होंने गांधी की महानता स्वीकार करते हुए यह निःसंकोच माना था कि उनकी (गांधी की) मौत मुसलमानों की बहुत बड़ी क्षति थी।

सन् 1939 के बाद जिन्ना के सम्बन्ध में गांधी के विचारों पर भी एक निगाह ज़रूरी है। लुई फिशर ने गांधी की जीवनी में स्वतन्त्रता-प्राप्ति के पूर्व अपने एक साक्षात्कार में

इसकी दिलचस्प झलक दी है। गांधी ने लुई फिशर को बताया था कि कभी जिन्ना और लीग के अधिकांश अन्य प्रमुख मुसलमान नेता कांग्रेस के ही सदस्य थे। उन्होंने कांग्रेस को हिन्दुओं के उस पर बढ़ते वर्चस्व की वजह से ही छोड़ा था। हिन्दुओं के अलगाववाद ने कांग्रेस और मुस्लिम लीग के बीच खाई चौड़ी करने में महत्त्वपूर्ण भूमिका अदा की थी। जिन्ना को एक 'अनिष्ट प्रतिभा' (ईविल जीनियस) बताते हुए उन्होंने कहा था कि वह अपने को एक पैग़म्बर मानने लगे हैं। सन् 1944 में अठारह दिनों की लगातार मुलाक़ातों के दौरान अपने अनुभव के आधार पर उन्होंने आगे कहा था कि दरअसल वह (जिन्ना) ख़ुद को इस्लाम का उद्धारक समझते थे। लुई फिशर ने मुसलमानों की प्रकृतिगत गर्मजोशी और दोस्ताना स्वभाव के विपरीत ज़िन्ना को एक दुबला-पतला, निहायत ठंडा और भावशून्य व्यक्ति बताया था। उनके अनुसार जिन्ना किसी उद्देश्य का प्रचार नहीं करते थे, बल्कि मुकदमे की दलील-सी पेश करते थे। गांधी ने लुई फिशर से आंशिक सहमति जताते हुए कहा था कि दुबले-पतले व्यक्ति तो ख़ैर वह थे, पर निश्चय ही वह धोखेबाज़ नहीं थे। गांधी का कहना था कि जिन्ना ने भोले-भाले मुसलमानों पर सम्मोहन कर दिया था। गांधी लुई फिशर के इस विचार से सहमत थे कि वस्तुतः हिन्दू-मुस्लिम समस्या की जड़ में वह उभरता हुआ नया मुस्लिम मध्यवर्ग था, जो अल्पविकसित हिन्दुस्तान में अपनी जगह खोज रहा था, जहाँ ग़रीबों के लिए फ़िलहाल कोई जगह नहीं थी। जिन्ना ने उदीयमान मुसलमान मध्यवर्ग में पहले से स्थापित हिन्दू मध्यवर्ग के मुक़ाबले एक गहरी स्पर्धा का भाव जगा दिया था। अब आगे वह मुसलमान ज़मींदारों और किसानों के बीच खाई पाटने में लग गए थे। यह काम उन्होंने पाकिस्तान के ज़रिए किया था। गांधी ने लुई फिशर को बताया था, जिन्ना मुसलमान किसानों को हालाँकि अभी तक जीत नहीं पाए थे, पर जीतने की कोशिश में लगे हुए थे। गांधी का मानना था कि मुसलमान किसानों और ज़मींदारों के हित और उनकी समस्याएँ अलग-अलग थीं। फिशर ने गांधी को यह भी बताया था कि जिन्ना 8 अगस्त, 1942 को प्रारम्भ किए गए भारत-छोड़ो आन्दोलन को हिन्दू-राज की स्थापना के उद्देश्य से प्रेरित मानते थे। इस पर गांधी की दोटूक प्रतिक्रिया थी कि वह (जिन्ना) एक झाँसा देनेवाले वकील सरीखा बोल रहे थे। एक पागल ही इस तरह के आरोपों का सहारा ले सकता था। लुई फिशर ने आगे फिर सवाल किया था कि "जिन्ना से उन्हें अठारह दिनों में क्या जानकारी मिली ?" इस पर गांधी का दिलचस्प जवाब था कि उन्हें लगा कि जिन्ना पागल हो गए थे। इसके बावजूद साक्षात्कार के अन्त में गांधी ने ज़ोर देकर कहा था कि "जिन्ना ईमानदार और बहादुर थे।"

जिन्ना मित्रविहीन, एकाकी और प्रकृति से नितान्त अन्तर्मुखी थे। हिन्दुस्तान के मुसलमानों में उनके अनुयायियों और प्रशंसकों की संख्या सन् 1939 के बाद दिन दूनी रात चौगुनी बढ़ती चली गई। पर उन्हें प्यार करनेवालों की संख्या नगण्य थी। उनका हमराज़ कोई नहीं था। अपनी अविवाहिता छोटी बहन फ़ातिमा जिन्ना के साथ वह अन्त तक रहे। पर दोनों ने साथ-साथ एक दोहरा एकाकीपन ही जिया। अपने प्रशंसकों

और अनुयायियों के निरन्तर बढ़ते सैलाब में वह एक दुर्गम द्वीप थे। पत्नी रत्ती (मरियम) सन् 1929 में ही नहीं रहीं। राजनीति की विवशताओं के फलस्वरूप कभी हमराज़ रहीं सरोजिनी नायडू से कांग्रेस छोड़ने के बाद सम्पर्क-सेतु कब का टूट चुका था। बेटी दीना ने उनके विरोध के बावजूद बम्बई में ही पारसी से ईसाई बने एक प्रमुख उद्योगपति नेविल वाडिया से शादी कर ली थी। शादी के बाद दीना के साथ उनके रिश्ते मात्र औपचारिक रह गए थे। इस इकलौती बेटी को जिन्ना पत्रों में मिसेज वाडिया कहकर सम्बोधित करने लगे थे। उनकी छवि यद्यपि एक खुले हुए, हँसमुख व्यक्ति की कभी नहीं थी, पर शिखर पर चढ़ते हुए वह दिन-ब-दिन और भी बन्द और लगातार और तनहा होते चले गए थे। जिन्ना से सम्बन्धित प्रायः सभी काग़ज़ात, दस्तावेज़ और उनके पत्र-व्यवहार 'जिन्ना पेपर्स' के नाम से छप गए हैं। उनसे गुज़रते हुए यह साफ़ लगता है कि जितने पत्र लोगों ने उन्हें लिखे उनका शतांश भी उन्होंने दूसरों को नहीं लिखा। उनके जो भी पत्र हैं, उनसे व्यक्तिगत सम्बन्धों की गर्माहट की खलनेवाली कमी के साथ अकसर कुछ न कुछ साबित करने या अपनी बात मनवाने की कोशिश का आभास मिलता है। उनके प्रायः सभी पत्र राजनीतिक या कामकाजी हैं। निर्वैक्तिकता जिनकी काफ़ी हद तक पहली शर्त है। उनके हँसते, मुस्कुराते या सहज प्रसन्न चित्र बमुश्किल मिलेंगे। उनके भिंचे हुए होठों, भौहों और आँखों से संजीदगी के साथ एक गहरी उदासी का भाव झलकता है। यह उदासी उनके अन्तर्मन में चलते उस गहरे अन्तर्द्वन्द्व से उपजी लगती है, जिसका आभास उनकी बन्द प्रकृति की वजह से किसी को भी मिल पाना असम्भव था। अपने राजनीतिक जीवन के प्रारम्भिक बीस वर्षों में जिस धर्मनिरपेक्षता और राष्ट्रवाद को वह समर्पित थे, उसकी ओर पाकिस्तान की ज़िद पूरी होते ही वह लौट आए थे। 11 अगस्त, 1947 को पाकिस्तान की संविधान-सभा में दिया गया उनका भाषण इसका साक्ष्य है। ज़ाहिर तौर पर अपनी इस मूल प्रतिबद्धता को नकारते और झुठलाते हुए सन् 1937 से सन् 1947 तक की अपने पाकिस्तान की लड़ाई उन्होंने लड़ी थी। इस बाहरी लड़ाई के समान्तर निश्चय ही उन्हें स्वयं अपने से भी अन्दर ही अन्दर कम जूझना नहीं पड़ा होगा। उनका शब्दातीत अवसाद उनके यक्ष्माक्रान्त छीजते स्वास्थ्य से मिलकर उनके अव्यक्त गहरे अन्तर्द्वन्द्व से ही उपजा लगता है। जिन्ना के व्यक्तित्व में विनोदप्रियता के संकेत दुर्लभ हैं। एक बार अपनी विनोदप्रियता प्रदर्शित करने के प्रयास में उन्होंने स्वयं को उपहासास्पद बना लिया था। लॉर्ड और लेडी माउंटबैटन के साथ भोज के बाद उनका चित्र लिया जाना था। वह सोचकर गए थे कि जब वह माउंटबैटन दम्पति के बीच फ़ोटो के लिए खड़े होंगे तो कहेंगे कि दो गुलाबों के बीच एक काँटा। फ़ोटोग्राफर के निर्देश के मुताबिक़ जिन्ना की जगह बीच में लेडी माउंटबैटन को खड़ा होना पड़ा। पर जिन्ना पहले से तैयार किया गया अपना चुस्त फिकरा प्रयोग करने का लोभ संवरण नहीं कर पाए। काँटा अपनी जगह उन्होंने लेडी माउंटबैटन को बताया था। ज़ाहिर है, स्वयं सहित उन्होंने तीनों के लिए एक संकोचजनक स्थिति पैदा कर दी थी। वस्तुतः विनोदप्रियता उनके व्यक्तित्व से मेल नहीं खाती थी।

जिन्ना के बरअक्स गांधी नितान्त बहिर्मुखी, हँसमुख, सहज, स्नेही और हाज़िर जवाब थे। उनकी विनोदप्रियता संक्रामक थी। उनके प्रेमी, प्रशंसक, भक्त और अनुयायी पूरी दुनिया में थे, हैं और रहेंगे। उनका पारिवारिक जीवन भी जिन्ना की तरह दुखद था। अपनी एकमात्र सन्तान दीना के स्वतन्त्र निर्णय के अनुरूप विवाह से जहाँ जिन्ना दुखी थे, वहीं अपने बड़े पुत्र हरीलाल की गतिविधियाँ गांधी के लिए एक के बाद एक समस्याएँ खड़ी करती रहती थीं। दोनों को इसका श्रेय देना होगा कि अपने व्यक्तिगत जीवन के दुख से उन्होंने अपने सार्वजनिक जीवन को ज़रा भी प्रभावित नहीं होने दिया। गांधी की विनोदप्रियता, चुहल और हाज़िरजवाबी के सैकड़ों उदाहरण समय-समय पर पूरी दुनिया में छपे विभिन्न लेखों, संस्मरणों और समाचारों में बिखरे पड़े हैं। हास्य-रसावतार विश्वविश्रुत अभिनेता चार्ली चैपलिन तक को गांधी ने मुलाक़ात के दौरान बारम्बार हँसाया था। सबसे स्वस्थ, निर्दोष और संक्रामक हँसी स्वयं अपने ऊपर की हँसी होती है। और यह निर्विवाद है कि अपने ऊपर हँसने की कला में गांधी बेजोड़ थे। अपरिग्रही, अनासक्त गांधी का जीवन रचनात्मकता का एक अविरल त्योहार था। खादी, चरखा, छुआछूत-निवारण, साम्प्रदायिक एकता, ग्राम स्वायत्तता, बुनियादी तालीम, हिंसामुक्त समाज, जीव-दया और विश्वयारी उनके जीवन के उत्सव-पर्व के अपरिहार्य अंग थे। गांधी के आसपास मनहूसियत फटक नहीं सकती थी। जीवन के अन्तिम वर्षों में देश के दारुण विभाजन और भीषण साम्प्रदायिक दंगों के बीच उनके सपने चकनाचूर हो गए थे। इससे अवसन्न और हताश वह शीघ्र ही मृत्यु की कामना करने लगे थे। फिर भी उनकी विनोदवृत्ति और हँसी ने उनका साथ नहीं छोड़ा था। इंदिरा गांधी ने उनके अन्तिम दिनों के दन्तविहीन मुख की शिशुवत मुस्कान और हँसी को नैसर्गिक (डिवाइन) बताया है। जीवन और जगत के प्रति जिन्ना के सरोकार निहायत सीमित थे। इसके विपरीत अपने समय और संसार का शायद ही कोई पहलू गांधी से अछूता बचा था। उनके जीवन-काल का शायद ही कोई विवाद रहा हो, जो अन्ततः हस्तक्षेप के लिए उन तक न पहुँचा हो। यह जानना दिलचस्प होगा कि जब पांडेय बेचन शर्मा 'उग्र' का समलैंगिकता पर केन्द्रित कहानी संग्रह 'चाकलेट' प्रकाशित हुआ था तो उसे लेकर हिन्दी जगत में इस तरह के 'घासलेटी साहित्य' के विरोध में एक बहुत बड़ा वितंडा खड़ा हो गया था। पंडित बनारसी दास चतुर्वेदी द्वारा सम्पादित 'विशाल भारत' इसका मंच था। 'उग्र' जी का उक्त संकलन दूसरी बार गांधी की टिप्पणी के साथ ही छप सका था। जीवन और जगत के प्रति उनके अद्‌भुत और असीम सरोकार के साक्ष्य उनके पत्रों, लेखों और भाषणों में बिखरे पड़े हैं। जिन्ना के पत्रों के विपरीत गांधी के अधिकांश पत्रों में आत्मीय संस्पर्श की प्यारी गुनगुनाहट छिपाए नहीं छिपती।

3

जिन्ना और गांधी के बीच कुछ अल्पज्ञात प्रसंगों की चर्चा दिलचस्प होगी। सन् 1944

के सितम्बर-अक्तूबर महीने में गांधी और जिन्ना के बीच अठारह मुलाक़ातें हुईं। दोनों ने परस्पर सहमति से निश्चित किया था कि प्रत्येक दिन की बातचीत की दोनों अपने-अपने पत्रों से पुष्टि करेंगे। 15 सितम्बर को गांधी ने लिखा कि वह अब तक के इतिहास में ऐसी कोई दूसरी मिसाल नहीं पाते, जबकि धर्म-परिवर्तन किए हुए लोग और उनके वंशजों ने स्वयं को एक अलग राष्ट्र माने जाने का दावा पेश किया हो। अगर हिन्दुस्तान इस्लाम के आगमन के पहले एक राष्ट्र था तो उसके एक बड़े वर्ग और उनकी सन्तानों के धर्म-परिवर्तन के बावजूद उसे एक राष्ट्र ही माना जाएगा। गांधी ने अपने 15 सितम्बर के पत्र में जिन्ना से अपने उक्त तर्क को आगे बढ़ाते हुए पूछा था कि अगर धर्म ही राष्ट्र का आधार है तो उसे मानकर देश के विभाजन के बाद यदि कालान्तर में पूरे देश ने इस्लाम स्वीकार कर लिया तो क्या दोनों राष्ट्र फिर एक हो जाएँगे ? 17 सितम्बर के अपने पत्र में जिन्ना ने अपनी अलग सभ्यता, संस्कृति, भाषा, साहित्य, कला, स्थापत्य, नाम, मूल्यों, क़ानून, परम्परा, इतिहास, रीति-रिवाज, कैलेंडर और जीवन के प्रति दृष्टिकोण के आधार पर देश के दस करोड़ मुसलमानों को सर्वथा एक पृथक राष्ट्र सिद्ध करने के प्रयास किए थे। उन्होंने आगे जोड़ा था कि अन्तर्राष्ट्रीय क़ानून के सभी सिद्धान्तों के अनुसार हिन्दुस्तान के मुसलमान एक अलग राष्ट्र थे। 24-25 सितम्बर को उनकी बातचीत का रुख़ कठोर यथार्थ की ओर बढ़ा। गांधी ने जिन्ना को 24 सितम्बर को लिखा कि वह अपने पत्र में दी गई चार शर्तों के साथ मुस्लिम लीग के सन् 1940 के लाहौर प्रस्ताव को मानने की सिफ़ारिश कांग्रेस से करने को तैयार थे।

गांधी की पहली शर्त थी हिन्दुस्तान को दो या दो से अधिक राष्ट्र मानने के बजाय उसे कई सदस्य समुदायों का एक परिवार माना जाए। देश के मुस्लिम-बहुल प्रान्तों को हिन्दू-बहुल प्रान्तों से अलग होने का अधिकार दिया जाए। बंगाल, पंजाब और आसाम प्रान्तों के मुस्लिम-बहुल हिस्से ही उसमें लिए जाएँ। जिन्ना ने इस शर्त को अस्वीकार करते हुए कहा कि इस आधार पर तो इन तीनों प्रान्तों का कटा-पिटा हिस्सा ही पाकिस्तान में आएगा। नतीजतन मुसलमानों के हाथ उनकी माँग का छिलका ही लगेगा। गांधी की दूसरी शर्त थी कि पाकिस्तान की सीमा का निर्धारण लीग और कांग्रेस की सहमति से गठित एक आयोग द्वारा किया जाए। सीमा-निर्धारण के पहले सम्बन्धित क्षेत्र की जनता की राय वयस्क मताधिकार या इसी तरह के किसी दूसरे आधार पर जान ली जाए। इस दूसरी शर्त के बारे में शिकायत के लहज़े में जिन्ना ने गांधी को लिखा कि इसका मतलब होगा कि पंजाब, बंगाल और आसाम के जो खंडित हिस्से पाकिस्तान के लिए प्रस्तावित हैं, वहाँ भी आत्मनिर्णय का अधिकार सिर्फ़ मुसलमानों को न होकर वहाँ के सभी निवासियों को प्राप्त होगा। गांधी की शर्त का तीसरा मुद्दा था कि अगर आत्मनिर्णय पर मतदान के फलस्वरूप बहुमत अलगाव के पक्ष में आया तो इस पर लीग और कांग्रेस की सहमति होगी कि जैसे ही हिन्दुस्तान को आज़ादी मिलेगी, यथासम्भव जल्दी-से-जल्दी देश को दो स्वतन्त्र सार्वभौम राज्यों में विभाजित कर दिया जाएगा।

जिन्ना को यह शर्त भी मंजूर नहीं थी। उनका प्रस्ताव था कि विभाजन और उससे जुड़ी समस्या पर सभी निर्णय आज़ादी मिलने के पहले ही हो जाना चाहिए। तभी दोनों दल एक साथ जल्द-से-जल्द आज़ादी हासिल करने के लिए एकजुट होकर प्रयास कर सकेंगे। गांधी की चौथी शर्त थी कि लीग और कांग्रेस के बीच अलगाव के लिए समझौते का जो मसौदा बनेगा, उसमें विदेशी मामले, सुरक्षा, आन्तरिक संचार-सुविधाएँ, कस्टम और व्यापार तथा इसी तरह के कुछ अन्य क्षेत्रों से सम्बन्धित विभाग कुशल और प्रभावी प्रशासन की दृष्टि से दोनों देशों की सहमति से उनके संघ (फ़ेडरेशन) द्वारा संचालित होंगे। जिन्ना को यह चौथी शर्त भी स्वीकार नहीं थी। उन्होंने लीग के लाहौर प्रस्ताव का हवाला देते हुए गांधी को लिखा था कि इस सम्बन्ध में निर्णय का अधिकार दोनों देशों की संविधान-सभाओं को ही होगा। 4 अक्तूबर, 1944 को लन्दन के 'न्यूज़ क्रॉनिकल' के प्रतिनिधि को अपने साक्षात्कार में जिन्ना ने बताया था कि दरअसल हिन्दू कुछ इस तरह का समझौता चाह रहे हैं, जिससे हमारे ऊपर उनका नियन्त्रण किसी-न-किसी रूप में बना रहे। वे किसी ऐसे समाधान के लिए तैयार नहीं हैं, जिसके तहत हमें पूरी आज़ादी मिल सके।

कानजी द्वारकादास ने गांधीजी से अपनी मुलाक़ातों तथा उनसे सम्बन्धित बातचीत को विस्तारपूर्वक दर्ज करते हुए एक डायरी लिखी है, जो 'गांधीजी–मेरी डायरी के पन्नों में' ('गांधीजी–थ्रू माई डायरी लीव्ज') नाम से प्रकाशित है। 17 अक्तूबर, 1944 को उन्होंने जिन्ना से गांधी के साथ चली उनकी लम्बी मुलाक़ातों का जायज़ा लेने के लिए भेंट की थी। जिन्ना बहुत थके और बीमार लग रहे थे। वह अत्यन्त धीमी आवाज़ में बोल रहे थे कि यदि गांधी के पास कोई बेहतर प्रस्ताव नहीं था तो वह उनसे मिलने क्यों आए थे। इस पर कानजी ने उनसे पूछा था कि क्या वह ऐसा सोचते हैं कि गांधी उनसे जनता में उन्हें ग़लत पेश करने की नीयत से और उनके ख़िलाफ़ नकारात्मक जनमत का वातावरण बनाने के नज़रिए से मिलने आए थे ? इस पर जिन्ना ने कानजी से स्पष्ट कहा था, "नहीं, नहीं, गांधी ने बहुत खुले मन से बातें की थीं। हमारे बीच बहुत अच्छी बातें हुईं।"

इन मुलाक़ातों के दौरान एक दिल को छू लेनेवाला प्रसंग ख़ासतौर से उल्लेखनीय है। प्रायः हर मुद्दे पर असहमति के बावजूद ये मुलाक़ातें अत्यन्त शिष्ट, शालीन और मैत्रीपूर्ण वातावरण में हुईं। इसी बीच एक दिन जब गांधी जिन्ना से मिलने गए तो निर्धारित मुद्दों पर बातचीत के बाद दोनों अपने व्यक्तिगत जीवन और दिनचर्या पर बातें करने लगे। लगता था राजनीतिक मुद्दों पर बातें करते-करते दोनों थक जाते थे। उनकी हालत निचुड़ चुके उन परस्पर-स्पर्धी मुक्केबाज़ों जैसी हो गई थी, जो स्पर्धा के अन्त में अलग होते हुए एक दूसरे से मैत्रीपूर्ण हाथ मिलाकर निहायत राहत का अनुभव करते थे। इन्हीं व्यक्तिगत बातों के दौरान जिन्ना ने अपनी सेहत और बीमारियों की चर्चा की थी। उन्होंने उस समय पैदा हुई एक नई समस्या का ज़िक्र किया। उनके एक पैर में काफ़ी तकलीफ़देह चकत्ते उभर आए थे, जिनका ताल्लुक़ अन्दर नसों से था।

जिन्ना से उनकी इस तकलीफ़ का ज़िक्र सुनकर गांधी कुर्सी से उतरकर फ़र्श पर बैठ गए थे और उन्होंने जिन्ना से उस पैर का जूता और मोज़ा उतारने का आग्रह किया था। उनके बार-बार मना करने के बाद जब गांधी ने स्वयं उनके जूते और मोज़े धीरे से उतारने चाहे थे तो गहरे संकोच के साथ जिन्ना ने ख़ुद उन्हें उतारकर वह पैर गांधी के हवाले कर दिया था। यह दृश्य अद्भुत रहा होगा। पूरी पश्चिमी वेशभूषा में कुर्सी पर बैठे संकोच से लाल जिन्ना और फ़र्श पर बैठे शान्तचित्त आधे नंगे बदन खादी की धोती और चद्दर में गांधी। गांधी में कहीं-न-कहीं कुछ करुणामय प्रभु ईसा मसीह का अंश था। सेवाग्राम में कुष्ठरोग-पीड़ित परचुरे शास्त्री की मलहम-पट्टी और सेवा जिस तरह से वह स्वयं नित्य करते थे, वह इसका शायद एक जीवन्त संकेत था। जिन्ना का वह तकलीफ़देह पैर अपने हाथ में लेकर उसे ध्यानपूर्वक देखते हुए गांधी ने कहा था कि वह समझ गए हैं कि क्या समस्या है और इसमें किस चीज़ से फ़ायदा होगा। कल वह इसकी दवा भेज देंगे। और दूसरे दिन गत्ते के एक छोटे से डिब्बे में उन्होंने पिसी हुई मिट्टी का एक मिश्रण जिन्ना के पास भेज दिया। साथ में भेजे गए एक छोटे से नोट में उन्होंने उसके प्रयोग की विधि लिख दी थी। ज्ञातव्य है कि गांधी की प्राकृतिक चिकित्सा में गहरी आस्था थी। अगले दिन जब बातचीत के लिए वह जिन्ना के आवास पर फिर पहुँचे तो जिन्ना ने उन्हें धन्यवाद देते हुए बताया कि उस तकलीफ़ के लिए वह जो पहले से दवा ले रहे थे, उससे काफ़ी आराम था। अतः उनके द्वारा भेजी गई दवा के इस्तेमाल की ज़रूरत नहीं पड़ी। जिन्ना गांधी की इस आत्मीयता से अभिभूत थे।

इस घटना के बरअक्स एक और घटना है। अक्तूबर, 1929 में गांधी की साठवीं वर्षगाँठ हिन्दुस्तान के कोने-कोने में उनके भक्तों और प्रशंसकों द्वारा पूरे उत्साह और श्रद्धा के साथ मनाई गई थी। उस समय कराची के उनके समर्थकों और प्रशंसकों ने सिन्ध हाईकोर्ट के सामने गोल पार्क में उनकी एक मूर्ति स्थापित करने का निर्णय लिया था। 2 अक्तूबर, 1931 को वहाँ गांधी की एक सुन्दर कांस्य प्रतिमा स्थापित की गई। तब से वह मूर्ति वहाँ विराजमान थी। जनवरी, 1948 में विभाजन के बाद जब उत्तर भारत से बड़ी संख्या में शरणार्थी वहाँ पहुँचने लगे तो कराची समेत पूरे सिन्ध में हिन्दुओं के ख़िलाफ़ भयंकर दंगे शुरू हो गए। परिणामस्वरूप भारी संख्या में हिन्दू सिन्ध ख़ासकर कराची छोड़कर हिन्दुस्तान की ओर भागने लगे थे। सिन्ध हाईकोर्ट के आसपास के मोहल्लों में दंगे की आग बुरी तरह भड़क चुकी थी। ऐसे ही एक दंगे के दौरान जिन्ना जब अपने सचिव एस.एम. यूसुफ़ के साथ कार से गांधी की मूर्ति के पास से गुज़रे तो उन्हें लगा कि मुसलमान दंगाई, जिनमें शरणार्थी भी शामिल थे, गांधी की मूर्ति को नुकसान पहुँचा सकते थे। अतः उन्होंने यूसुफ़ को निर्देश दिया कि वह गांधी की मूर्ति वहाँ से उठवाकर जब तक स्थिति सामान्य नहीं हो जाती, तब तक किसी सुरक्षित स्थान पर रखवा दें। विभाजन के पहले लगभग ढाई दशक तक वह प्रबलतम गांधी-विरोधी रहे थे, किन्तु जब उनका पाकिस्तान उन्हें मिल गया तो गांधी के प्रति उनका मन साफ़

हो गया था। अब वह व्यक्तिगत और सार्वजनिक रूप से इसे मानने में ज़रा भी संकोच नहीं करते थे कि गांधी से बड़ा हिन्दुस्तान के मुसलमानों का कोई दूसरा हितैषी नहीं था। गांधी की प्रतिमा के सम्बन्ध में जिन्ना के निर्देश पर एस.एम. यूसुफ़ ने कराची के प्रसिद्ध पारसी उद्योगपति जमशेद नौशेरवानजी से सम्पर्क किया था और मूर्ति को सिन्ध हाईकोर्ट के सामने से हटवाकर उसे सुरक्षित स्थान पर रखने में उनकी सहायता माँगी थी। नौशेरवानजी ने इस काम के लिए कराची के सुप्रसिद्ध पारसी विद्यालय–बी.वी.एस. पारसी स्कूल के पुराने छात्रों को संगठित कर उन्हें मूर्ति को हटाने के लिए आवश्यक औज़ार और लॉरी प्रदान की थी। रात के अँधेरे में मूर्ति को हटाकर नज़दीक ही एक दूसरे पारसी उद्योगपति अरदेशर कावसजी के बँगले के गैराज में रखवा दिया गया था। बाद में उसे पारसी स्कूल के छात्रों को बढ़ईगिरी का प्रशिक्षण देने के लिए उसकी एक कक्षा में रखे लकड़ी के बड़े-बड़े कुन्दों और लट्ठों के पीछे छिपा दिया गया था। एक अरसे बाद वह मूर्ति कराची स्थित भारतीय उच्चायोग के परिसर में स्थापित कर दी गई थी। अब वह मूर्ति इस्लामाबाद स्थित भारतीय उच्चायोग के परिसर में विराजमान है। निश्चय ही यदि जिन्ना ने स्वयं व्यक्तिगत रुचि नहीं ली होती तो गांधी की उस मूर्ति का भी वही हश्र होता, जो पाकिस्तान स्थित मन्दिरों में स्थापित देवी-देवताओं की अनगिनत मूर्तियों का हुआ। जिन्ना के मन में कहीं-न-कहीं गांधी के लिए एक प्रच्छन्न आदर-भाव था, जिसे राजनीतिक कारणों से वह प्रकट नहीं करते थे। अन्यथा उनकी मूर्ति की सुरक्षा में वह इतनी व्यक्तिगत रुचि न लेते।

जिन्ना के मन में गांधी के प्रति दरअसल एक चिड़चिड़ा स्नेह-भाव था। वह गांधी के राजनीतिक विचारों को आध्यात्मिक कहते थे, जिसका राजनीति के यथार्थ से कुछ लेना-देना नहीं था। गांधी अक्सर अन्तःकरण के निर्देश पर निर्णय लेते थे। इसके फलस्वरूप गांधी के कई क़दम और कार्य उन्हें अपनी स्थूल बुद्धि के परे लगते थे। पर यह बात ख़ासतौर से ध्यान देने योग्य है कि उनके और गांधी के बीच कोई व्यक्तिगत द्वेषभाव नहीं था। उनकी बेटी दीना वाडिया ने बताया है कि उनके पिता और गांधी के बीच किसी भी प्रकार की कटुता या बैर-भाव नहीं था। उनके मतभेद मात्र राजनीतिक थे। दीना ने एक साक्षात्कार में बताया है कि गांधी का व्यक्तित्व मधुर, आकर्षक और सम्मोहनकारी था। उनमें अत्यन्त प्यारी विनोदवृत्ति थी। दीना ने अपने साक्षात्कार में आगे हँसते हुए जोड़ा था कि गांधी के पास सुन्दर लड़कियों के लिए एक ख़ास नज़र थी। उनसे वह स्नेपूर्ण आत्मीयता से व्यवहार करते थे। मुदित मन दीना ने अपने प्रति गांधी के स्नेहपूर्ण व्यवहार की स्मृति ताज़ा करते हुए बताया था कि जब वह उनसे (गांधी से) पहली बार मिली थीं तो वह स्वयं भी जवान और सुन्दर थीं। लगता है दीना ने गांधी में वह सब कुछ पाया था, जिसकी कमी उन्हें अपने पिता में खलती थी।

जिन्ना के सम्बन्ध में यह अक्सर कहा जाता है कि वह गांधी को महात्मा न कहने की ज़िद पर अडिग थे। यह सही नहीं है। इस सन्दर्भ में अक्सर जिन्ना के सन् 1920 के नागपुर अधिवेशन में दिए गए भाषण की चर्चा की जाती है। हम देख चुके हैं कि

यह ग़लतफ़हमी भाषण के मूल को ध्यानपूर्वक न देखने के कारण पैदा हुई है। वस्तुतः पिछली सदी के तीस के दशक तक उन्होंने अनेक बार गांधी के नाम के पहले महात्मा शब्द का प्रयोग किया था। यहाँ तक कि वह सन् 1937 के मुस्लिम लीग के लाहौर प्रस्ताव के पहले कांग्रेस से गहरे मतभेद के बावजूद उसे मात्र एक हिन्दू संगठन नहीं मानते थे। उसके राष्ट्रीय चरित्र के बारे में तब तक उन्होंने खुलेआम कोई शंका व्यक्त नहीं की थी। बाद में जब उन्हें अपनी राजनीतिक लड़ाई तेज़ करनी पड़ी और कांग्रेस के साथ सत्ता में भागीदारी का उनका सपना साकार नहीं हो सका तो उन्हें अपने राजनीतिक तेवर बदलने पड़े और भाषा दिन-ब-दिन तल्ख़ से तल्ख़तर करनी पड़ी। अब गांधी को महात्मा और कांग्रेस को एक राष्ट्रीय राजनीतिक मंच कहने का जोखिम वह नहीं उठा सकते थे। गांधी को एक हिन्दू नेता और कांग्रेस को एक हिन्दू संगठन घोषित किए बग़ैर वह अपने को मुसलमानों का एकमात्र मसीहा और मुस्लिम लीग को मुस्लिम हितों का अकेला हितरक्षक राजनीतिक संगठन सिद्ध नहीं कर सकते थे। अब गांधी को महात्मा कहने के ख़तरे से वह वाक़िफ़ हो चले थे। 'महात्मा' शब्द गांधी को एक आध्यात्मिक ऊँचाई प्रदान करता था। यह शब्द गांधी को इस देश की गौरवशाली सन्त-परम्परा की एक समकालीन महत्त्वपूर्ण कड़ी सिद्ध करता था। 'महात्मा' शब्द के चमत्कार के सामने उनके नाम के साथ जुड़ा 'क़ायदे आज़म' विशेषण भारी-भरकम होने के बावजूद निहायत हल्का साबित होता था।

'महात्मा' विशेषण की जो अपील थी, उसका चमत्कारिक प्रभाव जिन्ना के अनुयायी और प्रशंसक भली-भाँति समझते थे। अतः उनमें से कुछ सीधे-सादे लोगों ने जिन्ना के नाम के पहले मौलाना शब्द जोड़ने की कोशिश की थी। उनके सम्मान में निकाले गए एक जुलूस में जब उत्साही भीड़ ने 'मौलाना मुहम्मद अली जिन्ना ज़िन्दाबाद' के नारे लगाने शुरू किए तो जिन्ना ने नाराज़गी के साथ उन्हें रोकते हुए कहा था कि '' 'मौलाना' एक मज़हबी ख़िताब है। वह उनके मज़हबी नहीं, बल्कि सियासी रहनुमा हैं।'' इन अल्फ़ाज़ के साथ उन्होंने सख़्ती के साथ ये नारे बन्द करा दिए थे। जिन्ना के जीवनकाल में और उनकी मृत्यु के बाद उनके कई प्रशंसक उनके राजनीतिक प्रतिद्वन्द्वी महात्मा गांधी की आध्यात्मिक सन्त छवि से इतने अभिभूत रहे कि उनके समान्तर वह जिन्ना को भी 'वली' के रूप में पेश करने लगे थे। ये प्रयास अभी भी जारी हैं। कौंसिल ऑफ़ इस्लामिक आइडियोलॉजी ऑफ़ पाकिस्तान की सदस्य और वहाँ की पूर्व सांसद डॉ. सादिया चिश्ती इस तरह की एक थीसिस पर काम कर रही हैं, जिससे जिन्ना को एक 'वली' साबित किया जा सके। वह जिन्ना से मिली थीं और उनके आध्यात्मिक प्रभाव से अभिभूत थीं। उन्होंने ऐसी कई घटनाओं का ज़िक्र किया है, जिनमें कई लोगों ने जिन्ना को मुहम्मद साहब के साथ सपने में देखा था। बहरहाल जिन्ना ने आगे चलकर गांधी के नाम के साथ महात्मा शब्द का प्रयोग लगभग त्याग दिया था। गांधी को महात्मा मानना या कहना उन्हें एक आध्यात्मिक प्रभामंडल से मंडित करता था। जिन्ना इसमें अब अपना योगदान देकर अपने 'क़ायदे आज़म' के

पैरों पर कुल्हाड़ी मारने को तैयार नहीं थे।

देश के विभाजन के बाद गांधी ने अपना शेष जीवन पाकिस्तान में बिताने की इच्छा व्यक्त की थी। इस इच्छा का आदर करते हुए जिन्ना ने उनके सामने दो शर्तें रखी थीं। पहली थी कि वह (गांधी) सरकार द्वारा प्रदान की गई सुरक्षा स्वीकार करेंगे। दूसरी थी कि वह पाकिस्तान में दो राष्ट्रों के सिद्धान्त के ख़िलाफ़ कुछ भी नहीं बोलेंगे। गांधी को दोनों शर्तें स्वीकार्य थीं। उधर जिन्ना ने पाकिस्तान में भारत के पहले उच्चायुक्त श्रीप्रकाशजी से कहा था कि वह लौटकर अपना शेष जीवन फिर बम्बई में माउंट प्लीजेंट रोड स्थित अपने बँगले में बिताना चाहते हैं। पर नियति दोनों के सपने साकार न होने देने के लिए कृतसंकल्प थी। अन्ततः विजय उसी की हुई।

स्वतन्त्रता-प्राप्ति के तुरन्त बाद गांधी और जिन्ना दोनों का विचार था कि जिन राजनीतिक दलों के मंच से उन्होंने अपने उद्देश्य की प्राप्ति के लिए संघर्ष किए थे, उन दलों का उनके पूर्व रूप में अस्तित्व बनाए रखने का औचित्य समाप्त हो गया था। गांधी ने यद्यपि तीस के दशक के प्रारम्भ में कांग्रेस की सदस्यता छोड़ दी थी और वह अपना अधिकांश समय सामाजिक और रचनात्मक कार्यों में लगाने लगे थे, पर उसकी जन्म-नाल आज़ादी मिलने तक उनसे जुड़ी रही। विभाजन के सम्बन्ध में सिद्धान्ततः उसे मान लेने के अतिरिक्त कांग्रेस कोई भी महत्त्वपूर्ण निर्णय गांधी की सहमति के बिना नहीं लेती थी। अपवादतः केवल विभाजन के निर्णय के ठीक पहले कांग्रेस के बड़े नेताओं ने उन्हें विश्वास में लिया था। उसकी पुष्टि की औपचारिकता पूरी करने की बैठक में उन्हें विशेष रूप से अवश्य बुलाया गया था। पर तब तक उनके लिए कुछ बचा नहीं था। सन् 1937 के कांग्रेसी मन्त्रिमंडल के कई मन्त्रियों के सम्बन्ध में जो ख़बरें उन्हें मिलती रही थीं, उनके आधार पर उनका विश्वास था कि कांग्रेस के आज़ादी के बाद सत्ता में आने पर उन्हें कांग्रेसियों से जिस चरित्र की उम्मीद थी, उसकी कसौटी पर उनमें से अधिकांश खरे नहीं उतरेंगे। अतः वह अपने और अनेक ज्ञात-अज्ञात लोगों की त्याग-तपस्या की नींव पर खड़ी कांग्रेस को क्षुद्र स्वार्थ का मंच बनते हुए देखना नहीं चाहते थे। कांग्रेस-संगठन स्वतन्त्रता-प्राप्ति के उद्देश्य से जुड़े विभिन्न विचारधाराओं वाले लोगों का अब तक एक शक्तिशाली मंच था। प्रजातन्त्र में राजनीतिक दलों की बहुलता के महत्त्व को वह भली-भाँति समझते थे। अतः उन्होंने सुझाव दिया था कि कांग्रेस को भंग कर उसे लोकसेवा के अराजनीतिक मंच में परिवर्तित कर दिया जाए। प्रजातन्त्र की ज़रूरत के हिसाब से लोग अपने विचारों के अनुसार दल संगठित करें, ऐसा गांधी का सोच था। पर लगभग आधी सदी के इस विराट संगठन के पुण्य का फल भोगने के प्रलोभन से कांग्रेसी नेता बच नहीं सके। आगे चलकर हुआ वही, जिसकी गांधी को आशंका थी।

लियाक़त और लीग के कुछ अपने अनन्य प्रशंसकों के आग्रह पर तीस के दशक के मध्य में जब जिन्ना हिन्दुस्तान लौटे थे, तब से लेकर आज़ादी मिलने तक लगभग बारह साल वह लीग के अध्यक्ष रहे। 14-15 अगस्त, 1947 को लीग की अन्तिम बैठक

हुई, जिसमें उसकी काउंसिल के 300 सदस्यों ने हिस्सा लिया। इनमें 160 सदस्य हिन्दुस्तान से और 140 सदस्य पाकिस्तान से थे। लियाक़त अली के संयोजकत्व में लीग का नया संविधान बनाने के लिए एक् समिति गठित की गई। जिन्ना के अनुसार संविधान को इस तरह बनाना आवश्यक था, जिससे पार्टी और सरकार को अलग रखकर काम किया जा सके। 25 फ़रवरी, 1948 को जब दल के नए संविधान के प्रारूप पर विचार और पुष्टि के लिए काउंसिल के पाकिस्तानी सदस्यों की बैठक हुई, तो उसके दौरान दल में जिन्ना की विशिष्ट स्थिति को ध्यान में रखते हुए उनके गवर्नर जनरल होते हुए भी उन्हें उसका अध्यक्ष बनाए रखने की पेशकश की गई। जिन्ना ने इस पेशकश को ख़ारिज करते हुए कहा कि गवर्नर जनरल के लिए एक स्वयं घोषित साम्प्रदायिक दल का अध्यक्ष बनना न्यायोचित नहीं होगा। बाद में लखनऊ से गए चौधरी खलीकुज़्ज़मा को लीग का अध्यक्ष चुना गया। जिन्ना का कहना था कि चूँकि लीग अपने सर्वाधिक महत्त्वपूर्ण लक्ष्य पाकिस्तान की प्राप्ति में सफल हो गई थी, अब उसका गठन इस तरह से होना चाहिए, जिससे वह अपने साम्प्रदायिक चरित्र से मुक्त हो सके और उसके द्वार पाकिस्तान के सभी सम्प्रदायों और समुदायों के लिए खुल सकें। तेज़ी से लगातार गिरते स्वास्थ्य, नवजात राष्ट्र की अनेक समस्याओं की जटिल गुत्थियों को सुलझाने के प्रयासों में व्यस्तता और सरकार में शामिल अधिकांश मन्त्रियों की अयोग्यता और स्वार्थलोलुपता के कारण मोहभंग की दारुण प्रक्रिया से जिन्ना को लीग का साम्प्रदायिक चरित्र बदलने का समय नहीं मिल सका। पर इस दिशा में उनकी सदाशयता असन्दिग्ध थी। इस तरह कांग्रेस और लीग के चरित्र को बदलने में गांधी और जिन्ना के सोच को अमली जामा पहनाने में कामयाबी नहीं मिल सकी। धीरे-धीरे दोनों दल अपनी पतनशील प्रवृत्तियों के बोझ तले चरमराने लगे। कांग्रेस के पास फिर भी आदर्शवादी और अपरिग्रही नेताओं का एक छोटा-सा वर्ग अभी भी था जिससे आगे चलकर लगभग दो दशक तक उसका मूल साँचा-ढाँचा किसी-न-किसी रूप में बरक़रार रहा। पर मुस्लिम लीग जिन्ना की मृत्यु और लियाक़त की हत्या के बाद लगभग छिन्न-भिन्न हो गई। चौधरी खलीकुज़्ज़मा का मुहाजिर होना संगठन के लिए अनिष्टकारी सिद्ध हुआ। लीग के प्रान्तीय छत्रपों ने ख़ासकर सरहदी सूबे और पूर्वी पाकिस्तान (अब बँगला देश) में 'अवामी' विशेषण के साथ नए राजनीतिक दलों के गठन कर लिए। लीग पाकिस्तान की राष्ट्रीय एकता का मज़बूत सूत्र साबित नहीं हो सकी। नतीजतन अस्तित्व में आने के ढाई दशक के अन्दर पाकिस्तान टूट गया। इस सम्बन्ध में महर्षि अरविन्द की भविष्यवाणी सही सिद्ध हुई।

विभाजन के दौरान कुछ भयावह साम्प्रदायिक दंगों और उनमें हुई जान-माल की दहला देनेवाली हानि से हिन्दुस्तान और नवनिर्मित पाकिस्तान का हर संवेदनशील व्यक्ति मर्माहत था। दंगों के दौरान हुई अनेक जघन्य घटनाओं से लगता था कि मनुष्य जानवर से भी बदतर हो गया था। इस सम्बन्ध में गांधी की चिन्ता जगज़ाहिर है। उनकी चिन्ता में सहभागी हिन्दुस्तान में बड़ी संख्या में लोग थे, जिनके अथक परिश्रम के

फलस्वरूप हिन्दुस्तान से मुसलमानों का पलायन उतनी बड़ी संख्या में नहीं हुआ, जितना कि पाकिस्तान से हिन्दुओं और सिक्खों का हुआ और आगे भी होता रहा। पाकिस्तान में हिन्दुओं और सिक्खों के विरुद्ध जो अनवरत हत्याओं और लूट-पाट का भयंकर वातावरण एक लम्बे अरसे तक बना रहा, उससे निश्चय ही जिन्ना सर्वाधिक मर्माहत थे। दुर्भाग्यवश उनकी दुश्चिन्ता में भागीदार लोगों की संख्या वहाँ नगण्य थी। 30 अक्तूबर, 1947 और 9 जनवरी, 1948 को क्रमशः लाहौर और कराची में पाकिस्तान के अल्पसंख्यकों के ख़िलाफ़ जारी अनवरत हिंसा, बलात्कार और लूट-पाट की भीषण घटनाओं से उद्विग्न उनके भाषण इसके सबूत हैं। जिन्ना प्रकृति से भावुक नहीं थे, किन्तु कराची और उसके आसपास के हिन्दुओं और सिक्खों की जो दारुण स्थिति उन्होंने शरणार्थी शिविरों में जाकर देखी थी, उससे वह इतने विचलित हुए थे कि उनके लिए अपने आँसुओं पर क़ाबू पाना मुश्किल हो गया था। वहाँ के अभागे अल्पसंख्यक शरणार्थियों की हालत का जायज़ा लेने के दौरान उनके गालों पर ढुलके आँसुओं की चर्चा एकाधिक लोगों ने की है। कराची के उद्योगपति मेयर और जिन्ना के मित्र जमशेद नौशेरवानजी और एक हिन्दुस्तानी पत्रकार एम.एस. शर्मा जो उस समय जिन्ना के साथ थे, ने इसकी पुष्टि की है। जिन्ना की दिली इच्छा थी कि हिन्दू और सिख पाकिस्तान छोड़कर न जाएँ और उस नवजात राष्ट्र के विकास में अपना मूल्यवान योगदान दें। पर पिछले दस सालों में अपने राजनीतिक उद्‌देश्यों की प्राप्ति के लिए उन्होंने और लीग ने जो वातावरण बनाया था, उसकी पृष्ठभूमि में अब यह व्यावहारिक नहीं रह गया था।

साम्प्रदायिक राजनीति की ओर उन्मुख होने के बाद जिन्ना का प्रभाव और उनकी अपील एक समुदाय विशेष तक सीमित होकर रह गई थी। गांधी के प्रभाव और अपील से समकालीन हिन्दुस्तान के जीवन का शायद ही कोई क्षेत्र, वर्ग और कोना अछूता रहा हो। वस्तुतः अपने जीवनकाल में न केवल हिन्दुस्तान, बल्कि समूचे विश्व में गांधी की व्याप्ति अद्वितीय थी। जहाँ भी किसी समुदाय और देश को अन्याय और अत्याचार के विरुद्ध संघर्ष करना पड़ा उनके लिए गांधी एक अप्रतिम मशाल सिद्ध हुए। कला, साहित्य, संगीत, दर्शन और विज्ञान के क्षेत्र की विश्व की सर्वश्रेष्ठ विभूतियाँ गांधी के प्रशंसकों में थीं, यहाँ तक कि उर्दू (जिसे जिन्ना ने मात्र इस्लाम और मुसलमानों से जोड़कर पाकिस्तान की राजभाषा घोषित कर दिया था) के अनेक कवियों ने गांधी के जीवनकाल में उन पर बड़ी प्रेरक कविताएँ लिखी थीं। 'अकबर' इलाहाबादी का 'गांधीनामा' यहाँ ख़ासतौर से ज़िक्र के क़ाबिल है। असहयोग और ख़िलाफ़त-आन्दोलन के दौरान 'अकबर' का यह शेर ख़ासकर चर्चा का विषय बना रहता था :

'बुद्धू मियाँ भी हज़रते गांधी के साथ हैं
गोया कि मुश्ते खाक़ हैं पर आँधी के साथ हैं'

निश्चय ही गोस्वामी तुलसीदास की "गगन चढ़इ रज पवन प्रसंगा' की उक्ति चरितार्थ करते हुए अगणित दीन-हीन, बेनाम-बेचेहरा जन गांधी के प्रसंग से आकाश छूने की उद्‌दाम आकांक्षा से आप्लावित हो उठे थे। हल्के व्यंग्य के पुट के साथ 'अकबर'

ने अपने शेर में यही सच दर्ज करने की कोशिश की थी। सम्पर्क में आने के बाद जिस कवि-चिन्तक 'इक़बाल' को जिन्ना ने पाकिस्तान की अवधारणा के पोषक होने के कारण अपना 'आध्यात्मिक गुरु' घोषित किया था, उन्होंने भी गांधी की ओर अपनी कविताओं में एक से अधिक बार इशारा किया है। गांधी के अनशनों और अहिंसा के मार्ग से वह पूर्णतया सहमत नहीं थे, जैसा कि उनके इस शेर से स्पष्ट है :

'ऋषी के फ़ाक़ों से टूटा न बरहमन का तिलिस्म
असा न हो तो कलीमी है कारे बेबुनियाद।'

बरहमन का तात्पर्य यहाँ दक़ियानूसी हठी लोगों और संवेदनाशून्य सत्ताधीशों से है, जिनके गोरखधन्धे का इन्द्रजाल गांधी जैसे ऋषि के अनशन और त्याग-तपस्या से टूटना मुमकिन नहीं था। यदि हज़रत मूसा के हाथ में उनका चमत्कारी दंड न होता तो उनका ईश्वर के साथ संबादी होना निराधार सिद्ध होता। 'इक़बाल' के इस शेर का संक्षेप में आशय है कि 'शठ' विनय और 'खल' प्रेम की भाषा नहीं समझते।

एक और प्रसंग का ज़िक्र अली सरदार जाफ़री ने किया है। 'इक़बाल' की निगाह से एक बार एक अंग्रेज़-सरकार के वफ़ादार अख़बार में छपा कार्टून गुज़रा। इसमें भारतमाता की आँख पर पट्टी बँधी हुई दिखाया गया था, जो उत्ताल-तरंग समुद्र के किनारे खड़ी थीं। गांधी उन्हें लेकर उस समुद्र में कूदने पर आमादा दिखाए गए थे। 'इक़बाल' ने उस कार्टून के नीचे अपनी सुप्रसिद्ध रचना 'पयामे मशरिक़' की ये पंक्तियाँ लिख दी थीं :

''मयारा बज़्म बर साहिल कि आँजा
नवा - ए - ज़िन्दगानी नर्म - ख़ेज़स्त
ब दरिया ग़ल्त-ओ-बामौजश दरावेज़
हयाते-जाविदाँ अन्दर सतेज़स्त।''

इसका अनुवाद कुछ इस तरह बनेगा :

''उधर कगार पर
मत सजाओ अपनी गोष्ठी
जीवन की स्वरलहरी
बहुत मद्धिम है वहाँ,
आलोड़ित होने दो स्वयं को
समुद्र की उत्ताल तरंगों के मध्य
शाश्वत जीवन मिलेगा
तीव्र धारा के बीच।''

'इक़बाल' की इन काव्य-पंक्तियों ने कार्टून का समूचा व्यंग्यार्थ ही बदल दिया था। गांधी के जनान्दोलनों की नकारात्मक व्याख्या एक गहन सकारात्मकता में परिवर्तित हो गई थी।

गांधी की तरह जिन्ना ने अपने जीवनकाल में किसी महत्त्वपूर्ण कवि-रचनाकार का

ध्यान अपनी ओर आकर्षित किया हो, इसके संकेत नहीं मिलते। जहाँ तक उनके और 'इक़बाल' के बीच सम्बन्ध की बात है, इस पर अलग चर्चा जिन्ना और इक़बाल उपखंड में की गई है। हाँ, सन् 1915 में बम्बई में आयोजित कांग्रेस के वार्षिक अधिवेशन में कवयित्री सरोजिनी नायडू ने 'अवेक' (जागो) शीर्षक से एक उद्‌बोधनात्मक कविता ज़रूर पढ़ी थी, जिसे उस समय के तेजस्वी राष्ट्रवादी नेता मोहम्मद अली जिन्ना को समर्पित किया गया था। गांधी का साँचा अपने समकालीनों से बिल्कुल अलग था। दक्षिण अफ़्रीका में अपने अहिंसक सत्याग्रह के अपने अभिनव प्रयोग से उन्होंने पश्चिम का ध्यान अपनी ओर 25-26 साल की उम्र में ही आकर्षित कर लिया था। कुछ ही दिनों में कई लोग उन्हें छोटा ईसा कहने लगे थे। त्याग-तपस्या का उनका जीवन और कर्म सुकरात, बुद्ध, ईसा और मुहम्मद का स्मरण दिलाता है। जिस पश्चिमी सभ्यता से जिन्ना आजीवन चिपके रहे, उसकी सीमाओं और अन्तर्विरोध का पूर्वाभास गांधी को बहुत पहले हो गया था। सन् 1909 में लिखे उनके 'हिन्द स्वराज' के अंग्रेज़ी अनुवाद को पढ़कर टॉलस्टाय ने 20 अप्रैल, 1910 को अपनी डायरी में लिखा था, "सभ्यता के बारे में गांधी को पढ़ा। अद्‌भुत।" गांधी अपने नाम के साथ महात्मा, सन्त या संन्यासी विशेषण जोड़े जाने के सख़्त ख़िलाफ़ थे। वह अपने को 'सत्य की खोज में लगा एक विनम्र शोधी' मानते थे। इसीलिए वह अक्सर शंकाग्रस्त भी रहते थे। जिन्ना में शंका की रंचमात्र गुंजाइश नहीं थी। गांधी ने धर्म, कर्म, राजनीति, सभ्यता और राष्ट्रीयता को नए अर्थ प्रदान किए। राष्ट्रीयता विश्वबन्धुत्व की ओर उनकी यात्रा में एक पड़ाव मात्र थी। सभ्यता और संस्कृति के गूढ़तर प्रश्न जिन्ना के सोच की परिधि में नहीं आते थे। जीवन और जगत के प्रति जिन्ना की दृष्टि निहायत इकहरी और स्थूल थी। गांधी का जीवन और उनका चिन्तन मानव सभ्यता की अमूल्य निधि है। जिन्ना की प्रासंगिकता मुख्यतः मात्र उस देश के लिए है, जिसे अस्तित्व में लाने का श्रेय अकेला उन्हें ही जाता है। जिन्ना उस देश और अपने युग के हैं। गांधी समस्त विश्व और युगों-युगों के।

2

जिन्ना, गांधी और भाषा

मनुष्य की भाषा उसकी संस्कृति है। इस दृष्टि से गांधी और जिन्ना के भाषा सम्बन्धी नज़रिए और उससे जुड़े उनके व्यवहार पर एक निगाह डालना दिलचस्प होगा। दोनों मूलतः गुजरात के काठियावाड़ क्षेत्र के गुजराती थे। अतः दोनों की मातृभाषा गुजराती थी। यद्यपि व्यवसाय के सिलसिले में जिन्ना के पिता कराची आ गए थे, किन्तु गुजराती संस्कृति और भाषा से उनका सरोकार लगातार बना रहा। अतः घर में जिन्ना गुजराती ही बोलते थे। लन्दन से पढ़ाई कर लौटने के बाद उनकी पश्चिमी जीवन-शैली से अंग्रेज़ी अविभाज्य रूप से जुड़ गई थी। अंग्रेज़ी भाषा पर उनका अद्‌भुत अधिकार था। उन्हें हिन्दुस्तान की भाषाओं में कामचलाऊ उर्दू और मराठी भी आती थी जिन्हें वह कुछ हद तक बोल भर लेते थे। पर औपचारिक बातचीत के दौरान और औपचारिक अवसरों पर वह अंग्रेज़ी का ही प्रयोग करते थे। छुट्टियाँ बिताने के लिए फ्रांस उनका प्रिय योरोपीय देश था। बीसवीं सदी के दूसरे दशक में कुछ महीनों के लिए वह हर साल वहाँ जाते थे। फ्रांस-प्रवास के दौरान उन्होंने अपने ही शब्दों में 'टूटी-फूटी फ्रेंच भी सीख ली थी।' हिन्दुस्तान की भाषाओं के प्रति उनके प्रारम्भिक दृष्टिकोण का पता रॉयल कमीशन फॉर सिविल सर्विसेज (नागरिक सेवाओं के लिए राजकीय आयोग) के सामने 11 मार्च, 1913 को बम्बई में दी गई उनकी गवाही से मिलता है। यह जानकारी रोचक होगी कि इस कमीशन के एक सदस्य जिन्ना के प्रिय नेता और आदर्श गोपाल कृष्ण गोखले भी थे। हिन्दुस्तान की भाषाओं को अंग्रेज़ तथा योरोपीय लोग वर्नाक्युलर कहते थे। ज्ञातव्य है कि हमारी भाषाओं के लिए वर्नाक्युलर शब्द के प्रयोग पर पं. जवाहरलाल नेहरू को सख़्त एतराज़ था क्योंकि इस शब्द का व्यवहार रोम के सामन्त और कुलीन अपने गुलामों की बोलियों के लिए करते थे। जिन्ना सन् 1906 से सन् 1919 तक लगातार इम्पीरियल लेजिस्लेटिव काउंसिल (तत्कालीन केन्द्रीय विधायिका) के सदस्य रहे। सिविल सर्विसेज (नागरिक सेवाओं) में हिन्दुस्तानियों की अधिक-से-अधिक नियुक्ति के लिए वह कई बार विधायिका के अन्दर और बाहर अपना मत व्यक्त कर चुके थे। तब तक इसकी प्रतियोगितात्मक परीक्षाएँ लन्दन में ही होती थीं। इसकी वजह से सामान्य हिन्दुस्तानी नवयवुक उसमें भाग नहीं ले पाते थे। कुछ अन्य महत्त्वपूर्ण हिन्दुस्तानी नेताओं के साथ जिन्ना ने इन परीक्षाओं का आयोजन हिन्दुस्तान में किए

जाने के लिए ज़ोरदार आवाज़ उठाई थी। इसी पृष्ठभूमि में देश के महत्त्वपूर्ण लोगों का विचार जानने और उनकी गवाही दर्ज़ करने कमीशन के सदस्य हिन्दुस्तान आए थे।

11 मार्च, 1913 को कमीशन ने अपने सामने जिन्ना की गवाही दर्ज की थी। अपनी गवाही में जिन्ना ने साफ़ कहा था कि अंग्रेज़ प्रशासकों के लिए (जुडीशियरी समेत) हिन्दुस्तान की स्थानीय भाषाओं का अच्छा ज्ञान अत्यन्त आवश्यक है। इसके लिए हिन्दुस्तानी भाषा का एक पर्चा न केवल भर्ती के अवसर पर अनिवार्य होना चाहिए बल्कि उसकी परीक्षा का स्तर काफ़ी ऊँचा होना चाहिए। सिर्फ़ प्रारम्भिक ज्ञान के आधार पर उन्हें सम्बन्धित भाषा की परीक्षा में उत्तीर्ण नहीं मानना चाहिए। जिन्ना ने कहा था कि सिविल सर्विस के अंग्रेज़ तथा ग़ैर हिन्दुस्तानी सदस्य कोई प्रान्तीय भाषा न तो पूरी तरह समझते थे, न ही इसका इतना ज्ञान प्राप्त करने की कोशिश करते थे कि वह प्रवाहपूर्वक उसमें स्थानीय लोगों से बातचीत कर सकें। दफ़्तर के बाहर का उनका समय जिमख़ाना तथा इसी तरह के दूसरे क्लबों में बीतता था, जहाँ पर हिन्दुस्तानी सदस्यों की संख्या नगण्य होती थी। जो थोड़ी-बहुत भाषा जानते थे, उससे वो बमुश्किल अपने नौकरों से बात कर पाते थे। गवाही के दौरान उन्हें बताया गया कि सिविल अधिकारी अपना अच्छा-ख़ासा समय दूर-दराज के इलाक़े में अपने दौरों के बीच कैम्पों में बिताते थे। इसके आधार पर उनसे पूछा गया था कि क्या वह सोचते हैं कि बिना स्थानीय भाषा की अच्छी जानकारी के वो (अधिकारीगण) जनता से संवाद कर सकते थे ? इसके उत्तर में जिन्ना ने कहा था कि "वो जनता से अपने नौकरों के ज़रिए संवाद करते हैं। नौकर अपने साहबों के साथ रहकर टूटी-फूटी अंग्रेज़ी भी सीख लेते हैं। अतः साहब लोग एक मिली-जुली बोली में किसी तरह अपनी बात अपने नौकरों से कह देते हैं। जिसे अपनी समझ के मुताबिक़ वे जनता को बता देते हैं।"

"भाषा सीखने के लिए ज़रूरी है कि अंग्रेज़ (और योरोपीय) अधिकारी जनता से मिलें-जुलें। सिर्फ़ जिमख़ाना और क्लबों तक सीमित रहकर वे स्थानीय भाषा ठीक तरह से नहीं सीख सकते।" इस पर ज़ोर देते हुए जिन्ना ने कहा था कि "अगर कोई चाहेगा तभी वह भाषा सीख सकता है। न चाहने पर भाषा सीखना बहुत मुश्किल है।" अपना उदाहरण देते हुए उन्होंने कहा था कि फ़्रांस में रहते हुए भी उनकी फ़्रेंच सीखने की इच्छा नहीं थी। इसलिए वह उसे अच्छी तरह नहीं सीख पाए। वहाँ अपना काम वह किसी तरह टूटी-फूटी फ़्रेंच से चला लेते हैं। पर टूटी-फूटी फ़्रेंच भी जो सीख पाए तो इसलिए कि वह वहाँ के समाज से मिलने-जुलने का रिश्ता रखते थे। इसके बरअक्स हिन्दुस्तान के ग़ैर-हिन्दुस्तानी अधिकारी यहाँ के समाज से कोई सम्पर्क नहीं रखते। इसलिए वे उनके फ़्रेंच की जानकारी के बराबर भी स्थानीय भाषाएँ नहीं सीख पाते। उन्होंने ऐसे अनेक जजों के बारे में बताया था, जिनके सामने वह पेश हुए थे और जिन्हें स्थानीय भाषा का ज़रा भी ज्ञान नहीं था। वह अपना काम दुभाषियों और अनुवादकों के सहारे चलाते थे। जिन्ना के यह कहने पर कि अंग्रेज़ अधिकारी अपनी भाषा अपने नौकरों से सीखते हैं, उनसे पूछा गया कि "क्या वह मानते हैं कि वह भाषा गँवारों और

अनपढ़ लोगों से सीखते हैं न कि शिक्षित वर्ग से ?'' जिन्ना ने हामी भरते हुए कहा था दरअसल, ऐसा ही था। पर वह उनसे भी कुछ ख़ास नहीं सीखते। गवाही के दौरान जिन्ना ने कहा था कि ''शिक्षित व्यक्ति सिर्फ़ उसी को नहीं मानना चाहिए, जिसे अंग्रेज़ी आती है। शिक्षित आमतौर से उन्हें भी मानना चाहिए, जो स्थानीय भाषा भली-भाँति जानते हैं और व्यवसाय तथा किसी अन्य पेशे में महत्त्वपूर्ण स्थान रखते हैं।''

आयोग के एक सदस्य सर थियोडोर मॉरिसन ने उनसे पूछा था कि क्या उनकी (जिन्ना की) अपनी भाषा उर्दू थी ? इसके उत्तर में उन्होंने बताया था कि उनकी अपनी भाषा गुजराती थी। पर वह कामचलाऊ उर्दू भी बोल लेते थे। मराठी के बारे में उन्होंने कहा था कि वह उसे थोड़ी-बहुत ही बोल पाते हैं। कन्नड़ के बारे में पूछे जाने पर उन्होंने कहा था कि इसका ज्ञान उन्हें नहीं था। उर्दू के बारे में उन्होंने बताया था कि ''इससे पूरे हिन्दुस्तान में काम चल सकता है। इसे पूरे देश में किसी-न-किसी रूप में बोला और समझा जाता है। भले ही वह लखनऊ की नफ़ीस उर्दू न हो।'' पर अपनी शिकायत को ख़ासतौर से दर्ज कराते हुए उन्होंने कहा था कि अंग्रेज़ अधिकारी बम्बइया उर्दू तक नहीं जानते। जिन्ना ने अपनी गवाही के दौरान बताया था कि बमुश्किल एक प्रतिशत अंग्रेज़ अधिकारी बम्बई प्रेसीडेंसी में स्थानीय भाषा अच्छी तरह समझते थे और उसे प्रवाहपूर्वक बोल सकते थे। चूँकि उस समय पूरे प्रान्त में उनकी संख्या दो सौ थी, इसलिए उनके अनुसार ऐसे दो ही अधिकारी थे, जिन्हें स्थानीय भाषा अधिकारपूर्वक बोलने, लिखने और पढ़ने की क्षमता प्राप्त थी। उनसे आगे पूछा गया था कि अगर उनके अनुसार स्थानीय भाषा की विभागीय परीक्षा का स्तर बहुत नीचा था, तो क्या वह कभी स्वयं उन परीक्षाओं के परीक्षक रहे थे ? इसका उत्तर 'ना' में देते हुए उन्होंने बताया था कि ''यह बात उन्होंने श्री मिर्ज़ा अली अब्बास बेग और श्री कादरी से हुई बातचीत के आधार पर कही है। श्री बेग लम्बे समय तक इन परीक्षाओं के परीक्षक और श्री कादरी एक भाषाविद् और पूरब की भाषाओं के अंग्रेज़ी अनुवादक थे।'' गवाही के दौरान जिन्ना को प्रभावित करने के लिए आयोग के एक सदस्य लॉर्ड रोनाल्डशे ने उन्हें बताया था कि शायद उन्हें मालूम नहीं है कि उनके पास ऐसे आठ अंग्रेज़ अधिकारियों की सूची है, जिन्होंने उच्च प्रवीणता के साथ स्थानीय भाषाओं की विभागीय परीक्षाएँ उत्तीर्ण की थीं। उन्होंने ख़ासतौर से दो अंग्रेज़ अधिकारी मि. सेडॉन और मि. वॉइल्ड के नाम का ज़िक्र किया था, जिन्होंने क्रमशः फ़ारसी और संस्कृत की परीक्षाएँ सम्मान (ऑनर्स) के साथ उत्तीर्ण की थीं। इसके अलावा मि. वॉइल्ड ने गुजराती की परीक्षा भी उच्च प्रवीणता के साथ पास की थी। इस सूचना के बाद जिन्ना ने कहा था कि अभी तक वह सिर्फ़ एक अंग्रेज़ अधिकारी के सम्पर्क में आए थे, जो ठीक से एक स्थानीय भाषा बोल लेता था। उन्होंने आगे यह भी जोड़ा था कि वह वर्तमान आधुनिक हिन्दुस्तानी भाषाओं की बात कर रहे थे, न कि फ़ारसी या संस्कृत जैसी शास्त्रीय भाषाओं की। जिन्ना ने अपने बयान में ज़ोर देकर कहा था कि स्थानीय भाषा का अंग्रेज़ अधिकारियों को मात्र नाम के लिए ज्ञान नहीं होना चाहिए। उन्हें उस भाषा के व्याकरण

और साहित्य की भी अच्छी जानकारी होनी चाहिए। रॉयल कमीशन के सामने गवाही के दौरान जिन्ना के भाषा सम्बन्धी विचारों की पहली अन्तरंग झलक मिलती है। प्रशासन को जनोन्मुख बनाने के लिए उनका दृढ़ विश्वास था कि अधिकारियों को जनता की भाषा का अच्छा ज्ञान होना चाहिए, जिससे कि उनकी भाषा में वो उनकी बातें सुन सकें और उनसे सार्थक संवाद स्थापित कर सकें।

5 मार्च, 1918 को केन्द्रीय विधायिका (इंडियन लेजिस्लेटिव काउंसिल) में संस्कृत, अरबी और फ़ारसी को भी लैटिन और ग्रीक के साथ आई.सी.एस. (इंडियन सिविल सर्विस) की परीक्षा में शामिल किए जाने के लिए दिया गया जिन्ना का भाषण भी ध्यान देने योग्य है। विधायिका के एक और हिन्दुस्तानी सदस्य सर दिनशा वाचा (जो बम्बई के एक प्रतिष्ठित पारसी नागरिक और फ़ारसी भाषा के विद्वान थे) ने सदन में हिन्दुस्तान में प्रयुक्त इन तीनों शास्त्रीय भाषाओं को आई.सी.एस. की परीक्षा में सम्मिलित करने के लिए एक सुचिन्तित प्रस्ताव रखा था। जिन्ना ने उक्त प्रस्ताव का ज़ोरदार समर्थन करते हुए कहा था कि इंग्लैंड के बच्चे ग्रीक और लैटिन शुरू से ही सीखते हैं। अतः वह उसमें आगे चलकर बहुत अच्छी निपुणता हासिल कर लेते हैं। किन्तु हिन्दुस्तान के लड़कों के लिए इन भाषाओं का उच्च स्तरीय ज्ञान, उसे काफ़ी विलम्ब से सीखने के कारण, अर्जित करना अत्यन्त कठिन साबित होता है। इसके फलस्वरूप जब आई.सी.एस. की प्रतियोगिता में ये भाषाएँ लेकर हिन्दुस्तानी युवक बैठते हैं तो उनके लिए अंग्रेज़ युवकों की स्पर्धा में इन भाषाओं में सफल हो पाना असम्भव सिद्ध होता है। अतः आई.सी.एस. की परीक्षा के लिए संस्कृत, अरबी और फ़ारसी को भी विषयों के रूप में शामिल किया जाना अत्यन्त आवश्यक है। जिन्ना ने ज़ोर देते हुए कहा था कि उन्हें पूरी उम्मीद है कि सदन के सभी सदस्य रॉयल कमीशन के इन तीनों भाषाओं को प्रतियोगिता के स्वीकृत विषयों की सूची में न रखने के सुझाव का ज़ोरदार विरोध करेंगे और उसमें उन्हें रखने के लिए श्री वाचा के प्रस्ताव को पूरा समर्थन देंगे। अपने भाषण के अन्त में उन्होंने स्वयं श्री वाचा के प्रस्ताव का ज़ोरदार समर्थन किया था। यहाँ यह स्मरणीय है कि श्री अरविन्द घोष (बाद में महर्षि अरविन्द के नाम से विख्यात) ने लैटिन को एक विषय के रूप में लेकर आई.सी.एस. की परीक्षा में सफलता प्राप्त की थी।

सन् 1913 और सन् 1918 में जिन्ना के भाषा सम्बन्धी उक्त विचारों की पृष्ठभूमि में यह जानकारी आवश्यक है कि जिन्ना का स्वयं का अपनी भाषा का ज्ञान कितना था और वह किस सीमा तक उसके उपयोग में सक्षम थे। इसमें कोई सन्देह नहीं कि वह अपनी मातृभाषा गुजराती अच्छी तरह जानते थे और बम्बइया उर्दू में बातचीत कर लेते थे। उन्हें मराठी भी थोड़ी-बहुत आती थी। पर इनमें से किसी भाषा में भी वह भाषण देने में सक्षम नहीं थे। उन्होंने सदैव अपना भाषण अंग्रेज़ी में ही दिया। यहाँ तक कि अनपढ़ मुसलमानों के बीच भी वह पाकिस्तान की माँग पर अपने भाषण के दौरान अंग्रेज़ी ही बोलते थे, जिसे बिना समझे उनके व्यक्तित्व से अभिभूत अधिकांश श्रोता

मंत्रमुग्ध सुनते थे। यहाँ यह जानकारी दिलचस्प होगी कि जुलाई, 1917 में गुजरात-सभा के गोधरा में आयोजित राजनीतिक-सम्मेलन में गांधीजी के आग्रह पर उन्होंने गुजराती में भाषण देना स्वीकार तो कर लिया था, पर उन्होंने उसे बड़े मनोरंजक ढंग से शुरू किया था। उन्होंने कहा था कि "सज्जनो, गांधीजी के हुक्म से आज मैं गुजराती में बोल रहा हूँ। अब अपने भाषण का पहला हिस्सा गुजराती में देने के बाद, मैं अपना बाक़ी भाषण अंग्रेज़ी में पूरा करूँगा।" जिन्ना के इस दिलचस्प कथन पर सभी श्रोता ठठाकर हँस पड़े थे। शायद अपनी मातृभाषा गुजराती में भाषण का उनका यह पहला और अन्तिम प्रयास था। ज्ञातव्य है कि इस सभा में लोकमान्य तिलक ने बड़ा ही विचारोत्तेजक भाषण मराठी में दिया था, जिसका खापर्डे ने गुजराती अनुवाद प्रस्तुत किया था। गोधरा के बाद जिन्ना के किसी हिन्दुस्तानी भाषा में भाषण का दूसरा उदाहरण लगभग सवा तीस साल बाद 30 अक्टूबर, 1947 को मिलता है। यह भाषण उन्होंने विभाजन के परिणामस्वरूप पाकिस्तान के हिस्से में रह गए पंजाब में हिन्दुओं और सिक्खों की हत्या और लूटपाट की घटनाओं से आहत हो लाहौर रेडियो स्टेशन से दिया था। पर यह भाषण भी पूरा अंग्रेज़ी में ही था। उसका उपसंहार करते हुए उन्होंने कहा था कि वह चन्द अल्फाज़ उर्दू में भी बोलना चाहेंगे। वह लगभग अट्ठारह पंक्तियाँ इस तरह उर्दू में भी बोले। यह वस्तुतः लिखित भाषण था, जो उन्होंने रेडियो प्रसारण हेतु पढ़ा था। जिन्ना लिखकर बहुत कम बोलते थे। निश्चय ही उनके इस भाषण का उर्दू अंश उनका अपना नहीं था। वह लिखकर उन्हें पढ़ने के लिए दिया गया था।

14 अगस्त, 1947 को पाकिस्तान की संविधान-सभा के उद्घाटन के बाद विधिवत उसकी कार्यवाही शुरू हुई। उस समय सभा के कांग्रेसी सदस्य भीमसेन सच्चर ने जैसे ही हिन्दी में बोलना शुरू किया, उन्हें जिन्ना ने यह कहकर बोलने नहीं दिया कि सदन की भाषा अंग्रेज़ी है, इसलिए उन्हें अंग्रेज़ी में ही बोलना चाहिए। ज्ञातव्य है कि विभाजन के तुरन्त बाद कुछ महीने पाकिस्तान की संविधान-सभा में कांग्रेसी और भारत की संविधान-सभा में मुस्लिम लीग के कई सदस्य थे। कुछ दिलचस्प उदाहरण ऐसे भी लोगों के थे, जो दोनों देशों की संविधान-सभाओं के सदस्य थे। पूर्वी पाकिस्तान (अब बँगलादेश) के मुस्लिम लीग के नेता हुसैन शहीद सुहरावर्दी उनमें से एक थे। 21 मार्च, 1948 को ढाका की एक विशाल जनसभा में जिन्ना ने पाकिस्तान की एकजुटता और उसकी राजभाषा या सम्पर्क-भाषा के बारे में विस्तारपूर्वक चर्चा की थी। उन्होंने कहा था कि इस बात को लेकर प्रान्त में (पूर्वी बंगाल/पूर्वी पाकिस्तान में) काफ़ी उत्तेजना है कि प्रान्त और पाकिस्तान की राजभाषा उर्दू होगी या बँगला। इसे लेकर कुछ राजनीतिक अवसरवादी और अविश्वसनीय तत्त्व यहाँ के छात्रों को प्रशासन को परेशान करने के लिए अपना औज़ार बना रहे हैं। उन्होंने अपने लम्बे भाषण में स्पष्ट करते हुए कहा था कि जहाँ तक प्रान्त (पूर्वी बंगाल) की राजभाषा बँगला रखने का सवाल है, इस पर निर्णय प्रान्तीय विधायिका के निर्वाचित सदस्यों को लेना होगा। लेकिन जहाँ

तक पाकिस्तान की राजभाषा का सवाल है, 'मैं स्पष्ट कर देना चाहता हूँ कि वह उर्दू होने जा रही है न कि कोई और भाषा'।

भाषा के प्रश्न पर जिन्ना के विचारों में एक बहुत साफ़ अन्तर्विरोध था। एक तरफ़ जहाँ वह प्रान्तीय भाषा पर निर्णय की सुविधा और अधिकार स्थानीय विधायिका के प्रतिनिधियों को देने की घोषणा कर रहे थे, वहीं पूरे पाकिस्तान की राजभाषा पर निर्णय का अधिकार वह पाकिस्तान की संविधान-सभा को देने के लिए तैयार नहीं थे। निश्चय ही उन्हें गहरी आशंका थी कि यदि इस प्रश्न का हल देश की संविधान-सभा पर छोड़ दिया जाएगा तो निश्चय ही बहुमत उर्दू के पक्ष में नहीं होगा। बंगाली सदस्यों की संख्या संविधान-सभा में सर्वाधिक थी। सिन्धी और पश्तो भाषी सदस्य उर्दू के पक्ष में जानेवाले नहीं थे। केवल पंजाबी सदस्यों का बहुमत उर्दू के पक्ष में जा सकता था। ऐसी स्थिति में बहुमत के निर्णय से (जो निश्चय ही बंगालियों के बहुमत के कारण बँगला के पक्ष में होता) उर्दू की जगह बँगला नवोदित पाकिस्तान की राजभाषा बनती। अतः जिन्ना ने इस प्रश्न पर संविधान-सभा में बिना किसी विचार-विमर्श के पहले ही अपनी ओर से उर्दू को पाकिस्तान की सम्पर्क भाषा घोषित कर दिया था। अपने भाषण के दौरान उन्होंने उर्दू को पाकिस्तान की राजभाषा और सम्पर्क भाषा बनाने के चार तर्क दिए थे। पहला तर्क था कि इस भाषा को पूरे हिन्दुस्तानी उपमहाद्वीप के दस करोड़ मुसलमानों द्वारा पाल-पोसकर समृद्ध किया गया था। दूसरा तर्क था कि अन्य प्रान्तीय भाषाओं की अपेक्षा यह पूरे पाकिस्तान में सर्वाधिक समझी जाती थी। तीसरा तर्क जो कि उनके अनुसार सर्वोपरि था, वह था कि अन्य प्रान्तीय भाषाओं की तुलना में इस भाषा ने इस्लामी संस्कृति और मुस्लिम परम्परा में जो कुछ सर्वश्रेष्ठ था, उसे आत्मसात् कर रखा था। इसके अलावा जिन्ना ने हिन्दू-बहुल हिन्दुस्तान से उर्दू के निष्कासन और उसकी लिपि के सरकारी कामकाज से बहिष्कार की चर्चा कर पाकिस्तान खासकर पूर्वी पाकिस्तान की मुस्लिम-बहुल जनता से उसके समर्थन में सहानुभूति हासिल करने की कोशिश की थी। यह दरअसल उनका तुरुप का पत्ता था, जिसे उन्होंने इस प्रश्न की चर्चा के अन्त में चला था। पर दुर्भाग्यवश उनकी यह चाल कामयाब नहीं रही। इसके बाद उन्होंने पूर्वी बंगाल के बँगला-भाषियों की इस माँग की चर्चा की थी, जिसके अनुसार यदि पाकिस्तान के बहुसंख्यक वर्ग की भाषा होने के बावजूद बँगला को पूरे देश की राजभाषा घोषित करना अस्वीकार्य था तो उसे उर्दू के साथ देश की सहराजभाषा बनाने का आग्रह किया गया था। इसको भी जिन्ना ने अपने भाषण में यह कहकर खारिज कर दिया था कि पाकिस्तान की राजभाषा केवल एक ही भाषा हो सकती है और वह सिर्फ़ उर्दू ही होगी, दूसरी भाषा नहीं।

यहाँ हिन्दी के सम्बन्ध में भी उनके विचारों की एक झलक ज़रूरी है। सन् 1937 में जो कांग्रेसी सरकारें आठ प्रान्तों में बनी थीं, उन्होंने अपने-अपने प्रान्तों के स्कूलों में राष्ट्रीय एकता के सूत्र के रूप में हिन्दी की पढ़ाई अनिवार्य कर दी थी। जिन्ना और मुस्लिम लीग ने कांग्रेस की मुस्लिम समुदाय के विरुद्ध ज़्यादतियों की जो सूची वॉयसराय

को दी थी उसमें यह भी एक महत्त्वपूर्ण मुद्दा था। उन्होंने मुसलमानों को हिन्दी पढ़ाए जाने पर सभी प्रान्तों में एतराज़ किया था, पर उन्हें ख़ास एतराज़ था पिचानवें फ़ीसदी मुसलमान जनसंख्यावाले सीमान्त प्रान्त में हिन्दी पढ़ाए जाने पर। मद्रास में द्रविड़ आन्दोलन के नेताओं के साथ कांग्रेस और ब्राह्मण विरोधी मंच पर बैठकर उन्होंने कांग्रेसी सरकारों द्वारा त्यागपत्र दिए जाने के उपलक्ष्य में आयोजित सभा में अपने भाषण में ख़ुदा का शुक्र अदा करते हुए कहा था कि यह बड़ी ख़ुशी की बात है कि हिन्दी अभी वहाँ नहीं घुस पाई थी। यह भाषा और संस्कृति की उनकी निहायत इकहरी समझ ही थी, जिसके कारण वह उर्दू को सिर्फ़ मुसलमानों से और हिन्दी को सिर्फ़ हिन्दुओं से जोड़कर देखने और सोचने को अभिशप्त थे। अगर उनके पास भाषा और संस्कृति को धार्मिक पहचान से ज़रा अलग रखकर सोचने-विचारने की थोड़ी बेहतर क्षमता होती तो निश्चय ही वह एक प्रजातान्त्रिक व्यवस्था में (जिसकी पाकिस्तान में स्थापना के लिए वह कृतसंकल्प थे) भाषायी और सांस्कृतिक बहुलता का महत्त्व आसानी से समझ पाते। और तब एक नवजात राष्ट्र के बहुत बड़े वर्ग की भाषायी और सांस्कृतिक अस्मिता इतनी जल्दी आहत न होती जिसके कारण उसके मोहभंग की प्रक्रिया तुरन्त प्रारम्भ हो गई थी और जन्म के साथ ही उस देश के विघटन के बीज पड़ गए थे। अगर इतिहास और भूगोल के यथार्थ को जिन्ना ने ध्यान में रखा होता तो एक राष्ट्र और दो भाषा के औचित्य की उन्होंने उपेक्षा न की होती। ज्ञातव्य है कि पिछली सदी के छठवें दशक के दौरान जब भारत के उत्तर में हिन्दी के समर्थन और अंग्रेज़ी के विरोध में तथा दक्षिण में अंग्रेज़ी के समर्थन और हिन्दी के विरोध में हिंसक प्रदर्शन हो रहे थे तो देश की एकता को गम्भीर ख़तरा पैदा हो गया था। उस समय आचार्य विनोबा भावे ने कहा था कि हमें एक देश के लिए दो भाषा की बात मान लेनी चाहिए, बजाय दो देश के लिए एक भाषा की ज़िद पर अड़े रहने के। विनोबाजी का तात्पर्य था कि अपनी-अपनी ज़िद पर यदि उत्तर और दक्षिण के लिए भाषा को लेकर अड़े रहे तो देश दो हिस्सों में बँटने के जोखिम का शिकार हो सकता था। पर जिन्ना इस प्रकार के विवेकसंगत लचीलेपन के लिए उस समय तैयार नहीं थे। परिणाम साफ़ था—अस्तित्व में आने के पच्चीस वर्ष के अन्दर ही उनका मानसपुत्र पाकिस्तान टूट गया था।

जिन्ना के बरअक्स गांधी बहुभाषाविद् थे। उन्हें हिन्दुस्तान की भाषाओं में गुजराती, हिन्दी, उर्दू, मराठी, बंगला और तमिल का अच्छा ज्ञान था। अंग्रेज़ी के अलावा वह कामचलाऊ फ्रेंच भी जानते थे। संस्कृत भी वह अच्छी तरह समझ लेते थे। गुजराती जिन्ना की ही तरह उनकी भी मातृभाषा थी। अंग्रेज़ी के प्रभाव से उन्नीसवीं सदी में प्रायः सभी भारतीय भाषाओं में आधुनिक ज्ञान के प्रचार-प्रसार के लिए गद्य-लेखन को भारी प्रोत्साहन मिला था। ज्ञान-विज्ञान के विभिन्न विषयों पर लेखन के लिए नए शब्दों की तलाश में प्रायः सभी भाषाओं का (उर्दू के अलावा) संस्कृत पर आश्रित होना स्वाभाविक था। अतः भाषाओं की शब्दावली संस्कृतनिष्ठ होने से बच नहीं सकती थी। गुजराती इसका अपवाद नहीं थी। गांधी की रुचि गुजराती में रचनात्मक साहित्य का

सृजन करने में नहीं थी। वह उसके माध्यम से अपनी बात सरल-सहज बोधगम्य भाषा में साधारण गुजराती-भाषी जनता तक पहुँचाना चाहते थे। इसलिए संस्कृतनिष्ठ साहित्यिक भाषा की जगह उन्होंने सामान्य बोलचाल की गुजराती का ही प्रयोग अपने लेखन में किया। इस तरह गांधी ने गुजराती में गद्य की सरल-सुगम भाषा का सूत्रपात किया, जिस पर उनके सच्चे और सीधे-सादे पारदर्शी व्यक्तित्व की गहरी छाप थी। उन्होंने गुजराती की वर्तनी (स्पेलिंग) के मानकीकरण का न केवल सफल प्रयास किया था, बल्कि स्वयं उसका एक मानक शब्दकोश भी तैयार कराया था। गांधी ने उन्नीसवीं सदी के अंग्रेज़ी के रचनाकारों और उसमें उपलब्ध विचारकों की कृतियों को दिलचस्पी और मनोयोग के साथ उसका बहुत कुछ आत्मसात करते हुए पढ़ा था। अंग्रेज़ी के रोमांटिक कवियों में उनकी गहरी रुचि थी। अतः उनके अंग्रेज़ी में किए गए लेखन में साहित्यिकता का पुट नज़रअन्दाज़ नहीं किया जा सकता। पर उनकी गुजराती किसी भी प्रकार की साहित्यिकता और विदग्धता के प्रयास से पूरी तरह मुक्त है। उसमें मात्र एक ही प्रयास है कि कैसे अपनी बात और विचार सीधे-सीधे लोगों तक निर्विकार पहुँचाए जा सकें। साफ़ है कि गांधी ने जिस तरह राजनीतिक संघर्ष के अपने अभूतपूर्व मौलिक हथियार स्वयं गढ़े थे, उसी तरह जनता से (जिनमें भारी संख्या में अनपढ़ थे) सार्थक संवाद की सीधी-सादी ईमानदार भाषा की प्रकृति भी उन्होंने .खुद निर्धारित की थी। गांधी की गुजराती-सी सरल भाषा का उदाहरण उस समय की किसी भारतीय भाषा में नहीं मिलता है। सरलता में उनकी भाषा के साथ मुक़ाबले में सिर्फ़ ईसाई मिशनरियों के धर्म-प्रचार की भाषा ही ठहरती है। अपनी मातृभाषा या किसी हिन्दुस्तानी भाषा में संवाद की क्षमता में जिन्ना उनके सामने कहीं नहीं ठहरते। गांधी के आग्रह पर गोधरा में दिया गया उनका दो वाक्यों का गुजराती भाषण इसका दिलचस्प उदाहरण है।

14 जनवरी, 1915 को मंगलदास हाउस के उद्यान में जब गुर्जर-सभा द्वारा गांधी का दक्षिण अफ़्रीका से लौटने पर अभिनन्दन हुआ था तो उसकी अध्यक्षता जिन्ना ने ही की थी। सभा का संचालन कन्हैयालाल माणिकलाल मुंशी ने किया था। उसकी पूरी कार्यवाही अंग्रेज़ी में की गई थी। जिन्ना के अंग्रेज़ी में अध्यक्षीय भाषण के बाद अपने अभिनन्दन के उत्तर में गांधीजी गुजराती में बोले थे। गुजरातियों की सभा की कार्यवाही और उसमें दिए गए भाषणों में अंग्रेज़ी के प्रयोग से गांधी निश्चय ही .खुश नहीं हुए होंगे। गांधी को जिन्ना का अंग्रेज़ी मोह अटपटा लगता था। अतः उनकी कोशिश रहती थी कि वह (जिन्ना) गुजराती और हिन्दुस्तानी अच्छी तरह जानें। इस दृष्टि से जिन्ना-दम्पति के लन्दन प्रवास के दौरान रत्ती जिन्ना (जिन्ना की पारसी पत्नी) को लिखा गया गांधी का 30 अप्रैल, 1920 का पत्र विशेष उल्लेखनीय है। इसमें उन्होंने कहा था कि "कृपया श्री जिन्ना को मेरी याद दिलाएँ और उनसे हिन्दुस्तानी या गुजराती सीखने का आग्रह ज़रूर करें। अगर आपकी जगह मैं होता तो उनसे गुजराती या हिन्दुस्तानी में बात करने लगता। कम-से-कम आपको न तो अपनी अंग्रेज़ी भूलने का कोई ख़तरा है और न ग़लत समझे जाने की गुंजाइश। क्या आप यह कर सकेंगी ? हाँ,

मैं आपसे यह माँग कर सकता हूँ, क्योंकि मैं जानता हूँ कि आपके मन में मेरे लिए प्यार है।" पर जिन्ना के लिए गुजराती या हिन्दुस्तानी अच्छी तरह सीख पाना सम्भव नहीं हो सका। गांधी अपने और जिन्ना के बीच समान मातृभाषा के सूत्र को बहुत महत्त्व देते थे। सन् 1943-1944 के बीच जब जिन्ना के मन में गांधी के प्रति कटुता चरम पर थी और उनकी और लीग की धर्म के आधार पर देश के विभाजन की माँग दिन दूनी-रात चौगुनी ज़ोर पकड़ती जा रही थी, तब गांधी ने उनके (जिन्ना के) मन के तार को मातृभाषा गुजराती की कोमल अँगुली से छूने की कोशिश की थी। 17 जुलाई, 1944 को गांधी ने श्रीनगर में छुट्टियाँ बिता रहे जिन्ना को गुजराती में लिखा था :

"भाई जिन्ना,

कभी वो दिन भी थे जब मैं, आपको मातृभाषा गुजराती में बोलने के लिए प्रेरित करता था। आज मैं साहस जुटाकर उसी मातृभाषा में आपको (यह पत्र) लिख रहा हूँ। जब मैं जेल में था तो मैंने मिलने के लिए आपको निमन्त्रित किया था। जेल से छूटने के बाद मैं आपको लिख नहीं सका। पर आज मेरा दिल कहता है कि मैं आपको लिखूँ। आप जहाँ चाहेंगे हम वहाँ मिल सकते हैं। कृपया मुझे इस्लाम और इस देश के मुसलमानों का दुश्मन न मानें। मैं न केवल आपका, बल्कि पूरी दुनिया का मित्र और सेवक हूँ। कृपया मुझे निराश न करें।"

जिन्ना ने इस पत्र का जवाब श्रीनगर से लौटते हुए अंग्रेज़ी में ही दिया था। उनसे गुजराती में जवाब की उम्मीद शायद गांधी को भी नहीं थी।

गुजराती, हिन्दी, उर्दू, बँगला, अरबी, फ़ारसी, संस्कृत और अंग्रेज़ी के सम्बन्ध में जिन्ना के नज़रिए की बानगी के बाद गांधी के भाषा सम्बन्धी विचारों पर एक विहंगम दृष्टि उपयोगी होगी। गांधी ने अपना लेखन मुख्यतः गुजराती, अंग्रेज़ी और हिन्दी में किया है। वस्तुतः उनकी अक्षर-देह विराट है। अपनी मातृभाषा गुजराती में उनके हज़ारों लेखों और पत्रों के अलावा कई पुस्तकें भी हैं। उन्होंने अपनी आत्मकथा गुजराती में ही लिखी थीं। सन् 1909 में दक्षिण अफ्रीका से लौटते समय यात्रा के दौरान 'हिन्दस्वराज' भी उन्होंने जहाज़ पर गुजराती में ही लिखा था। 'अनासक्त योग' के नाम से उन्होंने गीता का भाष्य भी गुजराती में लिखा था। वह अंग्रेज़ी से गुजराती में बहुत अच्छा अनुवाद करते थे। रस्किन के 'अनटू द लास्ट' का 'सर्वोदय' के नाम से गुजराती अनुवाद इसका प्रमाण है। भाषा के बारे में उनके विचार की पहली झलक 'हिन्दस्वराज' में मिलती है। उसके शिक्षा-खंड में वह कहते हैं कि कितने दुःख की बात है कि हम स्वराज की बात भी पराई भाषा (अंग्रेज़ी) में करते हैं। कांग्रेस का कारोबार अंग्रेज़ी में चलने देने से वह सहमत नहीं थे। उन्नीसवीं सदी के अन्त में जिस तरह इंग्लैंड में वेल्स भाषा के पुनरुद्धार के प्रयास किए जा रहे थे, उससे गांधी ने हिन्दुस्तानियों को सीख लेने की सलाह दी थी। भाषा के बारे में अपने विचारों का निचोड़ गांधी ने 'हिन्दस्वराज' में इस प्रकार दिया है :

"हमें अपनी सभी भाषाओं को उज्ज्वल-शानदार बनाना चाहिए। हमें अपनी भाषा में ही शिक्षा लेनी चाहिए—इसके क्या मानी हैं, इसे ज़्यादा समझाने का यह स्थान नहीं है। जो अंग्रेज़ी पुस्तकें काम की हैं, उनका हमें अपनी भाषा में अनुवाद करना होगा। बहुत से शास्त्र सीखने का दम्भ और वहम हमें छोड़ना होगा। सबसे पहले तो धर्म की शिक्षा या नीति की शिक्षा दी जानी चाहिए। हर एक पढ़े-लिखे हिन्दुस्तानी को अपनी भाषा का, हिन्दू को संस्कृत का, मुसलमानों को अरबी का, पारसी को फ़ारसी का और सबको हिन्दी का ज्ञान होना चाहिए। कुछ हिन्दुओं को अरबी और कुछ मुसलमानों और पारसियों को संस्कृत सीखनी चाहिए। उत्तरी और पश्चिमी हिन्दुस्तान के लोगों को तमिल सीखनी चाहिए। सारे हिन्दुस्तान के लिए जो भाषा चाहिए, वह तो हिन्दी ही होनी चाहिए। उसे उर्दू या नागरी लिपि में लिखने की छूट रहनी चाहिए। हिन्दू-मुसलमानों के सम्बन्ध ठीक रहें, इसलिए बहुत से हिन्दुस्तानियों को इन दोनों लिपियों को जान लेना ज़रूरी है। ऐसा होने से हम आपस के व्यवहार में से अंग्रेज़ी को निकाल सकेंगे।"

हिन्दुस्तान की भाषाओं के साहित्य से गांधी का अच्छा परिचय था। भक्तिकाल के साहित्य में उनकी गहरी रुचि थी। उनके हिन्दुस्तान की राजनीति में प्रवेश के साथ अब तक भद्रलोक तक सीमित देश की राजनीति जनोन्मुखी हो उठी थी। इसका हिन्दुस्तान की सभी भाषाओं के साहित्य पर व्यापक प्रभाव पड़ा था। देश की सभी भाषाएँ एक नई चेतना और रचनात्मकता से स्पन्दित हो उठी थीं। प्रायः सभी भाषाओं के महत्त्वपूर्ण रचनाकार किसी-न-किसी रूप में उनके सम्पर्क में थे। मलयालम के बल्लतोल, तमिल के सुब्रमणियम भारती, पंजाबी के भाई बीर सिंह, हिन्दी के मैथिलीशरण गुप्त, पं. रामनरेश त्रिपाठी, पं. सोहनलाल द्विवेदी, पं. माखनलाल चतुर्वेदी, पं. बनारसीलाल चतुर्वेदी, उर्दू के अकबर इलाहाबादी, जोश मलीहाबादी, फ़िराक़ गोरखपुरी, मराठी के केशवसुत, भा.रा. ताँबे, साने गुरुजी तथा अन्य हिन्दुस्तानी भाषाओं के अनेक रचनाकारों से उनका व्यक्तिगत परिचय था। रवीन्द्रनाथ ठाकुर से उनके अत्यन्त आत्मीय सम्बन्ध थे। अनेक विषयों पर उनमें असहमति भी होती थी। असहयोग आन्दोलन और विदेशी माल के बहिष्कार को लेकर दोनों के बीच दिलचस्प पत्र-व्यवहार हुए थे। अवधी के कवि पं. वंशीधर शुक्ल ने उनके आग्रह पर प्रभात-फेरी के लिए उनका प्रिय भजन "उठ जाग मुसाफ़िर भोर भई, अब रैन कहाँ जो सोवत है" लिखा था। विक्रम सेठ ने इसका बड़ा प्यारा अंग्रेज़ी अनुवाद 'ए सूटेबुल ब्वॉय' में किया है। अपनी अत्यन्त व्यस्त दिनचर्या में से समय निकालकर वह अपने पास भेजी गई पुस्तकों को पढ़ने का प्रयास करते थे और उन पर सम्मति भेजते थे। यहाँ एक जानकारी रोचक होगी कि पं. रामनरेश त्रिपाठी का प्रसिद्ध खंडकाव्य 'पथिक' उन्होंने आद्योपान्त पढ़ा था और इस पर उन्होंने अपने हाथ से उन्हें पत्र भी लिखा था। उस पत्र की छाया प्रतिलिपि मेरे पास सौभाग्य से है, समय आने पर कभी उनकी ही हस्तलिपि में उसे छापने में मुझे आत्मिक प्रसन्नता होगी। त्रिपाठीजी और देवेन्द्र सत्यार्थी के ग्राम-गीतों पर किए गए काम के वह प्रशंसक थे। देश की भाषाओं से उनका यह गहरा जुड़ाव

दरअसल देश की असंख्य सीधी-सादी जनता से उनके गहरे लगाव का एक पक्ष था।

गांधी के बरअक्स जिन्ना का किसी भी हिन्दुस्तानी भाषा या उसके रचनाकार से कोई जुड़ाव और लगाव नहीं था। डॉ. इक़बाल से उनका सम्पर्क बहुत बाद में हुआ, जब वह धर्म के आधार पर देश के विभाजन की दिशा में सोचने लगे थे। इस सम्पर्क के पीछे साहित्यिक नहीं, बल्कि राजनीतिक कारण ही थे। इक़बाल की कोई भी रचना यहाँ तक कि उसके किसी अंग्रेज़ी अनुवाद के भी उनके पढ़ने के संकेत दूर-दूर तक नहीं मिलते। रवीन्द्रनाथ ठाकुर से वह परिचित अवश्य थे, पर उनकी किसी भी रचना का कोई भी टुकड़ा (उसके अंग्रेज़ी अनुवाद में) उन्होंने शायद ही पढ़ा हो। ज्ञातव्य है कि जलियाँवाला बाग के भीषण हत्याकांड के बाद उसकी भर्त्सना में पूरे देश के कोने-कोने में सभाएँ हुईं। इसके साथ ही कांग्रेस ने एक राष्ट्रीय सप्ताह के आयोजन की घोषणा की थी। बम्बई में इस सप्ताह के आयोजन के अन्तिम चरण में फ्रेंच ब्रिज के नीचे ख़ाली जगह में एक विशाल जनसभा जिन्ना की अध्यक्षता में 13 सितम्बर, 1919 को आयोजित की गई। उसमें बम्बई के सभी छोटे-बड़े नेताओं के अलावा गांधी और सी.एफ़. एंड्रूज़ भी शामिल हुए थे। इसमें भाग लेने के लिए रवीन्द्रनाथ ठाकुर को भी निमन्त्रित किया गया था। सभा के प्रारम्भ में जिन्ना ने बताया था कि उनका (रवीन्द्रनाथ ठाकुर का) आना सम्भव नहीं हो सका था। किन्तु सभा के लिए उन्होंने अपना लिखित सन्देश भेजा था। अध्यक्ष के आग्रह पर उसे श्री एंड्रूज़ ने पढ़कर सुनाया था। सन्देश अत्यन्त काव्यात्मक और मार्मिक था। फ़िलहाल उसे उद्धृत करने के लोभ से बचना ही श्रेयस्कर होगा। रवीन्द्रनाथ ठाकुर के साथ जिन्ना के प्रत्यक्ष-परोक्ष (इसे चाहे जो मानें) सम्पर्क का मात्र यह अकेला उदाहरण है।

किसी भी हिन्दुस्तानी भाषा के इतिहास और साहित्य से अपरिचित जिन्ना बीसवीं सदी के उर्दू के सर्वाधिक लोकप्रिय कवि और चिन्तक इक़बाल के सम्पर्क में 1936 के प्रारम्भ में आए थे। निश्चय ही इक़बाल की ओजस्वी कविता और उनके दार्शनिक लेख जिन्ना के आकर्षण के कारण नहीं थे। हिन्दुस्तान के मुसलमानों को एक अलग राष्ट्र मानने के जो बीज सर सैयद अहमद ख़ाँ ने अपने बाद के दिनों में बोए थे, इक़बाल ने आगे चलकर उन्हें एक दार्शनिक आधार देकर सुचिन्तित रूप से पुष्पित और पल्लवित करने की कोशिश की थी। उर्दूभाषी मुसलमानों ख़ासकर उत्तर भारत में इक़बाल की लोकप्रियता अद्वितीय थी। एक कारगर और धारदार राजनीतिक हथियार की तलाश जिन्ना को इक़बाल की ओर ले आई थी। कभी धर्मनिरपेक्षता और राष्ट्रीय एकता के पक्षधर गोखले को अपने गुरु के रूप में स्वीकार करनेवाले जिन्ना ने अब राजनीतिक ज़रूरत के अनुसार इक़बाल को अपना 'आध्यात्मिक गुरु' (स्पिरिचुअल मेंटर) घोषित कर दिया था। बहरहाल किसी हिन्दुस्तानी भाषा या यों कहें कि किसी भी देश और भाषा के किसी भी रचनाकार से उनके व्यक्तिगत सम्पर्क का यह अकेला उदाहरण है। जिन्ना ने अंग्रेज़ी के अलावा कभी किसी को शायद ही गुजराती में कोई पत्र या सन्देश दिया हो, इसका कोई प्रमाण या संकेत नहीं मिलता। सम्भव है, किशोर जिन्ना ने जब

वह पहली बार पढ़ने लन्दन गए थे तो अपनी माँ को गुजराती में पत्र लिखा हो, किन्तु ऐसा कोई पत्र उपलब्ध नहीं हो सका है। जिन्ना के सार्वजनिक जीवन में प्रारम्भ से अन्त तक व्यवहार की भाषा अंग्रेज़ी ही रही। इसे लेकर उनके मन में कोई ग्रन्थि कभी नहीं रही।

गांधी के लिए अंग्रेज़ी, जैसा कि 'हिन्दस्वराज' के 'छुटकारा' शीर्षक खंड में उन्होंने कहा है, लाचारी की भाषा थी। वह इसे अच्छी तरह जानते थे कि एक विदेशी भाषा के ज़रिए चाहे उस पर कितना ही अच्छा अधिकार क्यों न हो, देश की सामान्य जनता के दिलोदिमाग़ तक नहीं पहुँचा जा सकता। पूर्व क्रान्तिकारी और बाद में गम्भीर दार्शनिक-आध्यात्मिक चिन्तक महर्षि अरविन्द तथा महान कलाविद् डॉ. आनन्द कुमार स्वामी के लेखन से वह अच्छी तरह परिचित थे। गांधी का मानना था कि चूँकि इन दोनों मनीषियों ने अपना लेखन अंग्रेज़ी के माध्यम से किया था, इसलिए उनका कृतित्व मुट्ठी-भर अंग्रेज़ी जाननेवालों के बीच सिमटकर रह गया था। गुर्जर-सभा द्वारा आयोजित सन् 1915 में अपने अभिनन्दन समारोह में, जहाँ सभी अंग्रेज़ी में बोल रहे थे, गांधी ने गुजराती में बोलकर सभी को सुखद आश्चर्य में डाल दिया था, यह हम देख चुके हैं। इसके बाद सन् 1917 के उत्तरार्ध में वॉयसराय द्वारा बुलाई गई युद्ध-परिषद् की दिल्ली में आयोजित बैठक में उन्होंने अपना संक्षिप्त भाषण हिन्दुस्तानी में ही दिया था। इसे उन्होंने स्वयं ही अंग्रेज़ी में अनूदित कर दिया था। यह तब तक के इतिहास में पहली बार हुआ था, जब इतने वरिष्ठ अंग्रेज़ अधिकारियों और शीर्षस्थ राजपुरुषों की बैठक में किसी ने हिन्दुस्तान की एक भाषा में अपना भाषण दिया था। इसके लिए गांधी को बहुत बधाइयाँ मिली थीं। पर इन बधाइयों से ख़ुश होने के बजाय वे उदास हो गए थे। अपने ही देश में अपनी भाषा के प्रयोग पर बधाइयाँ पाकर उनकी ग्लानि स्वाभाविक थी। गांधी आजीवन देश में देश की ही भाषा के प्रयोग और प्रचलन के प्रबल समर्थक रहे। यह अकारण नहीं था कि 15 अगस्त, 1945 को आज़ादी की घोषणा के बाद जब वह कलकत्ता में साम्प्रदायिक दंगों से जूझ रहे थे तो एक पत्रकार-सभा में विदेशी पत्रकारों के अंग्रेज़ी प्रश्नों के शुरू होते ही उन्होंने कहा था कि कृपया आप जाएँ और पूरी दुनिया को बता दें कि गांधी अंग्रेज़ी भूल गया है (''प्लीज गो एंड टेल द पीपुल ऑफ़ द वर्ल्ड दैट गांधी हैज़ फॉरगॉटन इंग्लिश'')। भाषा के प्रति गांधी और जिन्ना के नज़रिए की यह झाँकी उनकी अलग-अलग मानसिक बुनावट और सोच के रगो-रेशे को समझने में काफ़ी सहायक सिद्ध हो सकती है। भाषा के प्रति उनका अलग-अलग दृष्टिकोण न केवल उनके राजनीतिक मुहावरे का गहरा अन्तर संकेतित करता है, बल्कि वह उनके जीवन और जगत के प्रति सर्वथा भिन्न दृष्टि का परिचायक भी है।

3

जिन्ना और मोतीलाल नेहरू

बीसवीं सदी के पूर्वार्द्ध में भारतीय उपमहाद्वीप के नियति-निर्धारण में गांधी और जिन्ना के साथ नेहरू-द्वय की भूमिका अत्यन्त महत्त्वपूर्ण रही। जिन्ना पं. मोतीलाल नेहरू (सन् 1861-1932) से उम्र में लगभग पन्द्रह साल छोटे और पं. जवाहरलाल (सन् 1889-1964) से लगभग तेरह साल बड़े थे। सन् 1910 में जब जवाहरलाल कैम्ब्रिज में अपनी बी.एस-सी. (ऑनर्स) की पढ़ाई पूरी कर रहे थे, उस समय उनके पिता मोतीलाल के साथ जिन्ना कलकत्ता में सेंट्रल लेजिस्लेटिव काउंसिल (केन्द्रीय विधायिका) के सदस्य के रूप में दक्षिण अफ्रीका में गांधी के सत्याग्रह-आन्दोलन के समर्थन में अपना पहला तेजस्वी भाषण दे रहे थे। मोतीलाल और जिन्ना एक दूसरे से अच्छी तरह परिचित थे। पाश्चात्य जीवन-शैली में आपाद-मस्तक रँगे उनचास वर्षीय मोतीलाल उस समय उत्तर भारत के सफलतम वकील के रूप में प्रतिष्ठित थे। चौंतीस वर्षीय जिन्ना न केवल उन्हीं की तरह पश्चिमी सभ्यता में पूरी तरह रँगे थे, बल्कि उन्होंने उस समय बम्बई के एक नामी वकील, ओजस्वी वक्ता और प्रखर राष्ट्रवादी के रूप में दादाभाई नौरोज़ी, फ़िरोज़ शाह मेहता, लोकमान्य तिलक, गोपाल कृष्ण गोखले और बदरुद्दीन तैयबजी जैसे प्रख्यात राष्ट्र-नेताओं के बीच अपनी एक विशिष्ट जगह बना ली थी। अपने क्षेत्र में शीर्षस्थ सफलता के मानदंडस्वरूप स्थापित मोतीलाल और जिन्ना दोनों को अपनी पश्चिमी जीवन-शैली के कारण अपने रूढ़िवादी और ईर्ष्यालु सहधर्मियों की ओर से अक्सर तीखी आलोचनाएँ झेलनी पड़ती थीं। सन् 1910 के काउंसिल के चुनाव में जब मोतीलाल नेहरू खड़े हुए तो उनके विरोधियों ने उन्हें गोमांस-भक्षक, म्लेच्छ मुसलमानों का पक्षधर और गो-हत्या का समर्थक बताकर उनकी धर्मनिरपेक्ष छवि पर आघात पहुँचाने की भरसक कोशिशें की थीं। जिन्ना का कर्मक्षेत्र मुम्बई यद्यपि उत्तर भारत की अपेक्षा कहीं अधिक उदार, धर्मनिरपेक्ष और सहिष्णु था, पर यहाँ का मुस्लिम-समाज उनकी आधुनिकता और आला दर्जे के पश्चिमी रहन-सहन को पचा नहीं पा रहा था। उन्होंने जब अपनी छोटी बहन फ़ातिमा को ईसाई मिशनरी द्वारा संचालित कान्वेंट में शिक्षा के लिए हॉस्टल में भर्ती कराया तो रूढ़िवादिता में जकड़े स्थानीय मुस्लिम-समाज की भौहें तन गई थीं। उन्हें केवल क़ाफ़िर ही नहीं, बल्कि आगे चलकर क़ायदे आज़म की तर्ज़ पर काफ़िरे आज़म जैसे अनुदार फ़िकरे अक्सर झेलने पड़ते थे। पर ये दोनों

राजनेता इस प्रकार की ओछी टिप्पणियों से कभी भी विचलित नहीं हुए।

प्रौढ़ मोतीलाल तरुण जिन्ना के आकर्षक व्यक्तित्व और प्रगतिशील तथा उदार राजनीतिक, सामाजिक विचारों के प्रति गहरा प्रशंसा-भाव रखते थे। दोनों ने पाँच वर्ष लेजिस्लेटिव काउंसिल के सदस्य के रूप में साथ-साथ काम किया था। दोनों के मन में श्रीमती एनी बेसेंट के प्रति गहरा आदर-भाव था। उनके द्वारा स्थापित राजनीतिक दल होमरूल लीग की शाखाएँ दोनों ने अपने-अपने शहरों में प्रारम्भ की थीं और उनकी गतिविधियों से एक लम्बे अर्से तक पूरी सक्रियता से जुड़े रहे। दोनों सन् 1916 में दोबारा निर्वाचित होकर एक बार फिर साथ केन्द्रीय विधायिका में पहुँचे थे। स्वराज की दिशा में संवैधानिक रास्ते से आगे बढ़ने के लिए दोनों ने अपने-अपने ढंग से राजनीतिक प्रयास तेज़ कर दिए थे। कांग्रेस और लीग के प्रस्ताव पर विचार करने के लिए उनसे जुड़े नेताओं को जब मोतीलाल नेहरू ने इलाहाबाद स्थित अपने भव्य आवास आनन्द-भवन आमन्त्रित किया था तो उसमें जिन्ना भी एक महत्त्वपूर्ण नेता के रूप में शामिल हुए थे। मोतीलाल ने अपने मित्रों और सहयोगियों से जिन्ना का परिचय 'ज़्यादातर मुसलमानों से अलग एक प्रखर राष्ट्रवादी' के रूप में कराया था, "जिसकी देश के प्रति प्रतिबद्धता किसी से भी कम नहीं थी।" वह (जिन्ना) मोतीलाल के शब्दों में "अपने समुदाय को हिन्दू-मुस्लिम एकता का मार्ग दिखा रहे थे।" मोतीलाल द्वारा दिया गया आनन्द-भवन में जिन्ना का यह परिचय निश्चय ही इस तरुण तेजस्वी नेता के प्रति उनका गहरा प्रशंसा-भाव रेखांकित करता है।

मुस्लिम लीग और कांग्रेस के बीच दिसम्बर, 1916 में लखनऊ में समझौते के जिस प्रारूप पर सहमति हुई थी उसके प्रमुख शिल्पी जिन्ना ही थे। वह दोनों दलों के एकमात्र ऐसे नेता थे जिन्हें इन संगठनों के अधिकांश सदस्यों का विश्वास प्राप्त था। लखनऊ-समझौता वस्तुतः दोनों राजनीतिक दलों की सहमति से तैयार हिन्दुस्तान के संविधान का भावी प्रारूप था। इसके अनुसार जिन प्रान्तों में मुसलमान अल्पसंख्यक थे, उनकी विधायिकाओं (असेम्बलीज़) तथा केन्द्रीय विधायिका (सेंट्रल लेजिस्लेटिव असेम्बली) में उनके लिए तीस प्रतिशत सीट सुरक्षित रखने का प्रावधान था। साथ ही सन् 1909 के संविधान के अनुसार मुसलमानों का आगे भी अलग निर्वाचन क्षेत्र से चुने जाने का अधिकार स्वीकार कर लिया गया था। मदनमोहन मालवीय, बी.एस. मुँजे तथा कई अन्य हिन्दू नेता इन प्रावधानों के पक्ष में नहीं थे। पर हिन्दू धर्म, संस्कृति और दर्शन के प्रखर विद्वान तथा उस समय देश के सबसे तेजस्वी नेता लोकमान्य तिलक का इस समझौते को पूरा समर्थन प्राप्त था। दरअसल, श्रीमती एनी बेसेंट और तिलक ने कांग्रेस में इस पर सहमति पैदा करने में अत्यन्त महत्त्वपूर्ण योगदान दिया था। जिन्ना ने लखनऊ मुस्लिम लीग के मंच से अपने को कट्टर कांग्रेसी और राष्ट्रवादी घोषित किया था। अतः मोतीलाल नेहरू तथा उनके जैसे कांग्रेस के अनेक महत्त्वपूर्ण नेताओं के दिल में युवक जिन्ना के प्रति प्रशंसा-भाव जगना स्वाभाविक था। सन् 1917 के उत्तरार्ध में प्रथम विश्वयुद्ध निर्णायक दौर में पहुँच गया था। सन् 1918 के पूर्वार्ध में जब वह समाप्त

हुआ तो इंग्लैंड के विरुद्ध जर्मनी का साथ देने के कारण तुर्की के ख़लीफ़ा को भी पराजय का मुँह देखना पड़ा। अंग्रेज़ों ने ख़लीफ़ा के साथ जो व्यवहार किया, उससे मुसलमानों की भावनाएँ गहरे आहत हुई थीं। अतः उनके समर्थन में ख़िलाफ़त-आन्दोलन की शुरुआत हुई। गांधी तथा कांग्रेस के कई बड़े नेता अंग्रेज़ों की वादाख़िलाफ़ी और खोटे आश्वासनों से ठगा हुआ सा अनुभव कर रहे थे। फलस्वरूप, बहिष्कार और असहयोग-आन्दोलन की रूपरेखा तैयार कर उसे ख़िलाफ़त-आन्दोलन के साथ चलाने की तैयारी शुरू कर दी गई। चित्तरंजन दास, लाला लाजपत राय, एनी बेसेंट, मदन मोहन मालवीय और मोतीलाल नेहरू इस आन्दोलन के पक्ष में नहीं थे। जिन्ना भी इसके प्रबल विरोधी थे। जब सितम्बर, 1920 में इस पर विचार के लिए कांग्रेस और मुस्लिम लीग का अधिवेशन साथ-साथ कलकत्ता में आयोजित हुआ तो इस सम्बन्ध में गांधी और उनके समर्थकों के दोनों आन्दोलनों के प्रस्ताव को विफल करने के उद्देश्य से जिन्ना का सक्रिय समर्थन प्राप्त करने के लिए मोतीलाल नेहरू उनसे हावड़ा रेलवे स्टेशन पर ही मिल लिए थे। पर जब प्रस्ताव पर बहस शुरू हुई तो उसके विरोध में मोतीलाल का स्वर इतना मज़बूत नहीं था, जितना मालवीय जी, चित्तरंजन दास, लाला लाजपत राय, श्रीमती एनी बेसेंट और स्वयं जिन्ना का। प्रस्ताव पर जब मतदान हुआ तो ख़िलाफ़त समर्थक मुसलमान नेताओं तथा कांग्रेस के तरुण नेताओं के साथ मोतीलाल नेहरू ने भी उसके पक्ष में राय दी। इससे जिन्ना का आहत होना स्वाभाविक था। संविधानमार्गी मोतीलाल और जिन्ना दोनों के बीच पहली दरार यहीं पड़ी। इसके बाद दोनों धीरे-धीरे एक दूसरे से दूर होते चले गए।

मदनमोहन मालवीय, चित्तरंजन दास, विपिनचन्द्र पाल और लाजपत राय सहित मोतीलाल और जिन्ना, दोनों गांधी और उनके अनुयायियों के असहयोग और ख़िलाफ़त-आन्दोलन के औचित्य से असहमत थे। ये सभी सवैधानिक मार्ग से स्वराज हासिल करने के प्रयास के पक्षधर थे। किन्तु जिन्ना के अलावा ये सभी नेता गांधी की दिन दूनी रात चौगुनी बढ़ती लोकप्रियता से अभिभूत थे। गांधी के 'बहिष्कार' के आह्वान से असहमत स्वराज पार्टी के नेताओं ने जब केन्द्रीय विधायिका की सदस्यता स्वीकार कर ली थी तो जिन्ना को कुछ उम्मीद बँधी कि वह असहयोग और ख़िलाफ़त-आन्दोलन के ज़रिए जनता में पागलपन पैदा किए जाने की कोशिशों के अकेले विरोधी नहीं थे। पर यह उम्मीद जल्द ही बेबुनियाद साबित हुई। स्वराज पार्टी के सदस्यों ने विधायिका की प्रारम्भिक सभा में ही साफ़ कर दिया था कि उसे अंग्रेज़ी शासन के एक औज़ार के रूप में चलने देने में उनकी क़तई दिलचस्पी नहीं थी। वह विधायिका की कार्यवाहियों में लगातार बाधाएँ पैदा करते हुए उसे अन्दर से छिन्न-भिन्न करने के लिए कृतसंकल्प थे। इसकी निःसंकोच घोषणाएँ वह सदन में कई बार कर चुके थे। प्रबल संविधानमार्गी जिन्ना का इससे निराश होना स्वाभाविक था। सन् 1925 के वित्त-विधेयक (फाइनांस बिल) पर 15 मार्च को बहस के दौरान जिन्ना ने स्वराजवादियों के इस बाधक रवैए की भर्त्सना की थी। विधेयक पर बहस के दौरान जिन्ना और मोतीलाल के बीच नोक-झोंक

की नीचे दी गई बानगी उनके बीच बढ़ती दूरी और मनमुटाव का साफ़ संकेत देती है :

मोतीलाल नेहरू : मुझे अनुमति दें कि मैं अपने माननीय मित्र की सूचना के लिए यह पूरी तरह साफ़ कर सकूँ कि हमें देश का स्पष्ट और सीधा जनादेश प्राप्त है कि यदि विधायिका में सुधार नहीं होता तो उसे नष्ट कर दिया जाए।

मुहम्मद अली जिन्ना : मैं इससे इनकार करता हूँ और इसे चुनौती दे सकता हूँ।

मोतीलाल नेहरू : हम इसी आधार पर चुनकर आए हैं, वही हमारे चुनाव का घोषणा-पत्र था।

मुहम्मद अली जिन्ना : मैं इसे चुनौती देता हूँ। माननीय पंडित यहाँ अभी बहुमत में नहीं हैं। मैं इसे चुनौती देता हूँ और चाहता हूँ कि अगर ऐसा है तो देश इसकी घोषणा करे।

(एक दूसरे माननीय सदस्य द्वारा श्री जिन्ना से प्रतिप्रश्न : ''क्या आप बहुमत में हैं ?'')

श्यामलाल नेहरू : क्या मैं माननीय सदस्य को बताऊँ कि हम यहाँ बहुमत में हैं। अगर सरकार द्वारा मनोनीत तीस सदस्यों को न गिनें तो सदन में हमारा बहुमत है।

मुहम्मद अली जिन्ना : महोदय, सच्चाई से बचने की कोशिश का कोई फ़ायदा नहीं है। मैं अपने स्वराजवादी दोस्तों से सवाल पूछना चाहता हूँ। मैं जो कुछ कह रहा हूँ, उसकी पुष्टि के लिए पूरी तरह तैयार हूँ। अगर हमारे दोस्त मोतीलाल नेहरू की यही नीति है और उनका यही कार्यक्रम है कि वह असेम्बली की कार्यवाहियों में आदि से अन्त तक बाधाएँ पैदा करें, अपनी ज़िद पर अडिग और अड़ियल बने रहें, अनुदान तक की कार्यवाही में हिस्सा लेने से इनकार कर दें, जैसा कि हमारे दोस्त श्री चमनलाल ने सही फ़रमाया है कि वह इस सरकार का काम नामुमकिन बना देना चाहते हैं और जिसकी श्री अभ्यंकर ने अभी बहुत सही ताईद की है, तो मैं कहना चाहता हूँ कि मैं इसके ख़िलाफ़ हूँ। महोदय, आज यही मसला हमारे सामने है। मैं अनुरोध करता हूँ और मैं क़ायल हूँ और आप मुझे यहाँ यह कहने की इजाज़त दें और मैं उम्मीद करता हूँ कि आप मुझ पर यक़ीन करेंगे कि मैं पूरी ईमानदारी से यह मानता हूँ कि आपके लिए इस सरकार को नामुमकिन बनाना फ़िलहाल क़तई मुमकिन नहीं है। और अगर आप इसे सही तरह से न समझने की ग़लती करेंगे तो आपको ज़ोरदार झटका लगेगा।

पं. मोतीलाल नेहरू : हौसला रखें।

मुहम्मद अली जिन्ना : मेरे माननीय दोस्त कह रहे हैं 'हौसला रखें'—उन्हें मेरा जवाब है, आप जैसी इस परिपक्व उम्र में मैं इस तरह के उतावलेपन में हिस्सेदार नहीं बनना चाहता। मैं कहता हूँ कि यह हद दर्जे का उतावलापन ही है, जो मुझे ख़ुद को इससे दूर रख रहा है। पर मैं आपको बता दूँ कि आप मुझे अपनी विघ्न और बाधा की नीति पर राज़ी नहीं कर सकते, जो कि महज़ तोड़-फोड़ और उतावलेपन की राह का सहारा लेने की नीति है।

पं. मोतीलाल नेहरू : हम आपके भरोसे नहीं हैं।

जिन्ना और मोतीलाल के बीच यह वाक्-विनिमय उनके राजनीतिक मुहावरों में लगातार बढ़ते अन्तर को साफ़ रेखांकित करता है। जिन्ना का विश्वास संवैधानिक मार्ग से स्वराजप्राप्ति के प्रयास और उसकी सम्भावित सफलता में अडिग था। उनके भाषण का एक-एक शब्द संविधान मार्ग के प्रति उनकी गहरी प्रतिबद्धता और उनकी ईमानदार वैचारिक पारदर्शिता की साफ़ झलक देता है। मोतीलाल नेहरू और उनके जैसे अनेक लोगों के राजनीतिक मुहावरों में गांधी के बढ़ते राजनीतिक प्रभाव के कारण तेज़ी से बदलाव आ रहा था। यह बदलाव मात्र राजनीतिक विचारधारा तक सीमित नहीं था। लोगों की सम्पूर्ण जीवन-दृष्टि और शैली में गांधी के प्रभाव के फलस्वरूप आमूल-चूल परिवर्तन साफ़ दिखने लगा था। मोतीलाल नेहरू इससे अछूते नहीं रह सके थे। उन्होंने पश्चिमी ढंग के वस्त्रों, रहन-सहन और खान-पान को त्यागकर सरल, सहज और सादगी का जीवन बिताने का संकल्प ले लिया था। उनके खादी के वस्त्र पहनने के साथ पूरा परिवार खादीमय हो गया था। इसके बरअक्स जिन्ना के पश्चिमी ढंग के रहन-सहन, खान-पान और वेशभूषा में कोई परिवर्तन अकल्पनीय था। वस्तुतः संविधानमार्गी जिन्ना हिन्दुस्तान की ब्रिटिश साम्राज्य से पूर्णतः मुक्ति नहीं चाहते थे। उनके विचार बम्बई के नरमदलीय नेताओं—फ़िरोज़शाह मेहता, दादाभाई नौरोज़ी और गोपालकृष्ण गोखले के विचारों से प्रेरित और पुष्ट हुए थे। स्वतन्त्रता की जगह दरअसल वह अंग्रेज़ी शासन में हिन्दुस्तानियों की अधिक-से-अधिक भागीदारी चाहते थे। यहाँ तक कि लोकमान्य तिलक की राष्ट्रभक्ति के प्रति गहरा आदरभाव रखने के बावजूद वह उनकी (तिलक की) "स्वतन्त्रता हमारा जन्मसिद्ध अधिकार है" की घोषणा के अपने अन्य समकालीनों की तरह उत्साही समर्थक नहीं थे। पर देश के हितों को सर्वोपरि रखने में वह किसी से पीछे नहीं थे। इसका एक ज्वलन्त उदाहरण है, सन् 1925 के वित्त-विधेयक पर उनके भाषण का एक अंश जो उन्होंने 25 जनवरी को दिया था। वॉयसराय की कार्यकारिणी के वित्तीय मामलों के सदस्य (आज के वित्तमन्त्री के समकक्ष) सर बेसिल ब्लैकेट पर आरोप लगाते हुए उन्होंने सदन में कहा था कि उनका विधेयक ऐसी नीति से प्रेरित है, जो हिन्दुस्तान की जगह इंग्लैंड के हितों को अधिक-से-अधिक तरजीह देता है। उन्होंने सर बेसिल को चुनौती देते हुए कहा था कि वह इस सच्चाई से इनकार नहीं कर सकते। सर बेसिल ने जब इस आरोप का तुरन्त खंडन किया तो जिन्ना ने उनसे कहा था कि वह यह बात अपने दिल पर हाथ रखकर कहें। सीने पर हाथ रखकर यह बात सर बेसिल द्वारा दोहराए जाने पर जिन्ना ने गम्भीरतापूर्वक, पर नाटकीय अन्दाज़ में कहा था कि "तब ऐसी स्थिति में मैं निवेदन करना चाहूँगा कि माननीय वित्तीय सदस्य के पास दिल नहीं है।"

कांग्रेस और होमरूल लीग से नाता तोड़ने के बाद जिन्ना पर आरोप लगने लगा था कि वह देश की आज़ादी की जगह मुसलमानों के हित को कहीं अधिक तरजीह देते हैं। पर अब सिर्फ़ मुस्लिम लीग के मंच से राजनीतिक गतिविधियों में संलग्न जिन्ना अभी भी राष्ट्रवादी थे और हिन्दू-मुस्लिम एकता के प्रबल पक्षधर। मुस्लिम लीग प्रथम विश्व

महायुद्ध के बाद निस्तेज हो गई थी। उसके दमहीन नेतृत्व से निराश राजा महमूदाबाद जैसे इसके समर्थकों ने अपने को इससे अलग कर लिया था। मौलाना हसरत मोहानी जैसे जिन्ना के प्रबल विरोधी ने मुस्लिम लीग को अब एक पुराने कैलेंडर से कुछ अधिक मानने से इनकार कर दिया था। जिन्ना का एक राष्ट्रीय नेता के रूप में इस देश के सर्वमान्य संविधान का प्रारूप तैयार करने का सपना अभी भी जीवित था। इसके लिए उन्होंने जनवरी, 1922 में बम्बई में एक सर्वदलीय सम्मेलन आयोजित किया था। इसमें पूरे देश से लगभग तीन सौ प्रतिनिधि शामिल हुए थे। गांधीजी भी इसमें अनौपचारिक रूप से सम्मिलित हुए थे। पर उनका उद्देश्य नरमपन्थी संविधानमार्गियों को अपने सत्याग्रह के रास्ते पर सहमत करना था। इस सम्मेलन का कोई ख़ास नतीजा नहीं निकला। इस बीच चौरीचौरा कांड के दौरान लोमहर्षक हिंसा के फलस्वरूप गांधीजी ने पूरे वेग से समूचे देश में चल रहे सत्याग्रह-आन्दोलन को फ़रवरी के प्रारम्भ में वापस ले लिया था। इससे देश में अत्यन्त गहरी हताशा का भाव व्याप्त हो गया था। इस पृष्ठभूमि में जिन्ना ने नरमपन्थी संविधानमार्गी नेताओं को एक बार पुनः संगठित करने की कोशिश की। इसमें सहयोग के लिए उन्होंने मोतीलाल नेहरू और डॉ. एम.आर. जयकर को विशेष रूप से आमन्त्रित किया। पर दोनों ने जिन्ना के इस प्रयास में सहभागी होने में असमर्थता व्यक्त कर दी।

नवम्बर, 1923 में जिन्ना पुनः केन्द्रीय विधायिका में बम्बई से निर्विरोध चुनकर पहुँच गए थे। वहाँ उन्होंने 23 स्वतन्त्र सदस्यों को संगठित कर मोतीलाल और चित्तरंजन दास के नेतृत्व में क्रियाशील बयालीस सदस्योंवाली स्वराज पार्टी के साथ एक संयुक्त मोर्चा बनाने में सफलता हासिल की, फलस्वरूप केन्द्रीय विधायिका में एक पैंसठ सदस्यों का राष्ट्रवादी दल अस्तित्व में आ गया। अंग्रेज़ सरकार इस पर चकित थी। उसके द्वारा मनोनीत इकत्तीस सदस्यों पर इन पैंसठ सदस्यों का भारी पड़ना स्वाभाविक था। लखनऊ समझौते के शिल्पी जिन्ना का राष्ट्रीय मंच पर एक सार्थक भूमिका का सपना एक बार फिर जीवित हो उठा था। इस राष्ट्रवादी दल में देश के कई विद्वान, तेजस्वी और प्रतिष्ठित नेता थे। जिन्ना के ही प्रयासों से यह दल अस्तित्व में आया था। अतः एक ओजस्वी वक्ता, अनुभवी संसदीय परम्परा के ज्ञाता तथा प्रखर संविधानविद् के रूप में उनकी दल में विशेष प्रतिष्ठा थी। जो स्थिति गोखले की कलकत्ता स्थित केन्द्रीय विधायिका में थी, लगभग वही स्थिति जिन्ना की दिल्ली स्थित विधायिका में थी। पैंसठ सदस्यों के दल के एक प्रतिष्ठित नेता के रूप में जिन्ना के सन् 1924 के पूर्वार्ध में विधायिका के सत्रों में दिए गए भाषणों में एक राष्ट्रीय नेता का गहरा आत्मविश्वास झलकता है। यही झलक उनके मई, 1924 में लाहौर में आयोजित मुस्लिम लीग के विशेष अधिवेशन के अध्यक्षीय भाषण में भी मिलती है। उसमें जिन्ना ने कहा था कि "स्वराज वस्तुतः हिन्दू-मुस्लिम एकता का ही दूसरा नाम है।"

फ़रवरी, 1922 में यद्यपि चौरीचौरा की हिंसा के फलस्वरूप गांधी ने सत्याग्रह-आन्दोलन वापस ले लिया था, पर विधायिका की सदस्यता और सरकारी संस्थाओं के बहिष्कार

का उनका कार्यक्रम जारी था। कांग्रेस के अन्दर ही स्वराज पार्टी एक उपसंगठन के रूप में क्रियाशील थी। मोतीलाल नेहरू और चित्तरंजन दास इसके मान्य नेता थे। गांधीजी ने मई, 1924 में एक बयान जारी कर स्वराज पार्टी के विचार और अपने बहिष्कार की नीतियों की विस्तृत व्याख्या की थी। कांग्रेस का बहुमत और देश निश्चय ही गांधी के साथ था। स्वराज पार्टी के नेताओं की पकड़ कांग्रेस में दिन-प्रतिदिन ढीली पड़ती जा रही थी। उनका जनाधार खिसकता जा रहा था। इसी वर्ष चित्तरंजन दास के देहान्त के फलस्वरूप स्वराज पार्टी का और कमज़ोर पड़ना स्वाभाविक था। मोतीलाल नेहरू ने विधायिका की सदस्यता के ज़रिए राष्ट्रीय हित की साधना का महत्त्व गांधीजी को समझाने की बड़ी कोशिश की, किन्तु उन्हें कामयाबी नहीं मिली। अन्ततः मोतीलाल नेहरू और उनके स्वराज पार्टी के सहयोगियों को गांधीजी के कार्यक्रम से सहमत होना पड़ा। इसके फलस्वरूप मोतीलाल नेहरू ने केन्द्रीय विधायिका में उन सभी विधेयकों को बाहर फेंक देने का आह्वान किया, जिसके ज़रिए नौकरशाही अपनी ताक़त और बढ़ाने पर आमादा थी। स्वराज पार्टी की ओर से की गई यह घोषणा नवगठित राष्ट्रवादी दल के मूल पर गहरा कुठाराघात सिद्ध हुई। जिन्ना के नेतृत्व में स्वतंत्र पार्टी से जुड़े तेईस स्वतन्त्र सदस्यों को यह नया बदला हुआ रास्ता मान्य नहीं था। अन्ततः मोतीलाल नेहरू से जिन्ना का रास्ता एक बार फिर अलग हो गया। 15 मार्च, 1925 को वित्त-विधेयक पर बहस के दौरान मोतीलाल और जिन्ना के बीच की नोक-झोंक को इस पृष्ठभूमि में बेहतर समझा जा सकता है। जिन्ना के राष्ट्रीय सपने को एक बार फिर गहरा आघात लगा था। पर सन् 1928 के प्रारम्भ में साइमन कमीशन के बहिष्कार का जो आह्वान कांग्रेस ने किया था, उसका मुस्लिम लीग के कई सरकार-समर्थक नेताओं द्वारा विरोध किए जाने के बावजूद जिन्ना ने ज़ोरदार समर्थन किया था। जिस कुशलता और तेजस्विता से उन्होंने बम्बई में साइमन कमीशन का ज़ोरदार विरोध संगठित किया था, उसकी एक स्वर से मोतीलाल नेहरू, जवाहरलाल नेहरू तथा महात्मा गांधी समेत सभी महत्त्वपूर्ण नेताओं ने मुक्तकंठ प्रशंसा की थी। जिन्ना एक बार फिर राष्ट्रीय राजनीति के केन्द्र में थे।

मुम्बई में साइमन कमीशन के विरोध को जिन्ना ने जो धारदार नेतृत्व प्रदान किया था, उसकी प्रशंसा से उत्साहित वह दिल्ली में 12 फ़रवरी, 1928 को सर्वदलीय सम्मेलन में एक नई आशा के साथ शामिल हुए थे। इस सम्मेलन की पृष्ठभूमि में जो कई कारण थे, उनमें से सबसे महत्त्वपूर्ण था वॉयसराय लॉर्ड इर्विन का वह बयान, जिसमें उन्होंने हिन्दुस्तान के नेताओं को चुनौती दी थी कि हर सरकारी कोशिश में महज़ अड़ंगा लगाने और उसकी नकारात्मक आलोचना के बजाय वे स्वयं एक अपने बनाए संविधान का प्रारूप तैयार कर दिखाएँ। यह वस्तुतः हिन्दुस्तानियों के राष्ट्रीय स्वाभिमान और उनकी बौद्धिक क्षमता को एक बड़ी चुनौती थी। कांग्रेस, मुस्लिम लीग और हिन्दू महासभा के प्रायः हर देशाभिमानी नेता ने यह चुनौती स्वीकार कर ली थी। इस पृष्ठभूमि में एक के बाद एक सर्वदलीय सम्मेलनों की श्रृंखला प्रारम्भ हुई। जिन्ना ने साफ़ शब्दों में घोषित

किया था कि उनका राष्ट्रीय स्वाभिमान उन्हें तब तक चैन नहीं लेने देगा, जब तक वह हिन्दुस्तान के संविधान का एक सर्वसम्मत प्रारूप तैयार नहीं कर लेंगे। उन्होंने इस पर फ़रवरी, 1928 के सम्मेलन के पूर्व ही काम शुरू कर दिया था। सन् 1927 के बजट सत्र के दौरान दिल्ली में उन्होंने इसकी रूपरेखा तैयार कर ली थी। मार्च, 1927 में मुस्लिम लीग ने और मई में कांग्रेस ने उसे स्वीकार कर लिया था। संविधान के इस प्रारूप के प्रावधानों को दिल्ली मुस्लिम प्रस्ताव (डेल्ही मुस्लिम प्रपोजल्स) के नाम से जाना गया। मुसलमानों के लिए अलग निर्वाचन क्षेत्र की माँग को इसमें त्याग दिया गया था। हिन्दुओं और मुसलमानों के लिए एक संयुक्त निर्वाचन क्षेत्र का इसमें प्रावधान था। हिन्दू-बहुल प्रान्तों में मुसलमानों और मुस्लिम-बहुल प्रान्तों में हिन्दुओं के लिए प्रान्तीय विधान सभाओं में समुचित प्रतिनिधित्व सुनिश्चित करने के लिए सीटें सुरक्षित रखने की इसमें संस्तुति की गई थी। केन्द्रीय विधायिका में मुसलमानों को एक-तिहाई प्रतिनिधित्व देने का एक विशेष उल्लेखनीय सुझाव भी इसमें सन्निहित था। आगे चलकर यह सुझाव कांग्रेस और लीग के बीच ख़ासा विवाद का विषय बना। इसके अलावा बम्बई प्रेसिडेंसी से सिन्ध को अलग कर एक मुस्लिम-बहुल प्रान्त बनाने तथा बलूचिस्तान और उत्तर-पश्चिम सीमान्त प्रदेश में अंग्रेज़ी शासन के अन्तर्गत अन्य हिन्दुस्तानी प्रान्तों की तरह प्रशासनिक और क़ानूनी सुधार की प्रक्रिया प्रारम्भ कर, उन्हें संघीय शासन से मुक्त कर अन्य प्रान्तों जैसे अधिकार देने की माँग भी उसमें की गई थी।

मुस्लिम लीग और कांग्रेस दोनों की प्रारम्भिक सहमति से आशान्वित जिन्ना दिल्ली के सर्वदलीय सम्मेलन में भाग लेने पहुँचे थे। इसकी अध्यक्षता डॉ. एम.ए. अंसारी ने की थी। इसमें लाला लाजपत राय, पं. मदनमोहन मालवीय, मौलाना अबुल कलाम आज़ाद, चौधरी खलीक़ुज़्ज़मा, आसफ़ अली, सुभाषचन्द्र बोस, मुहम्मद करीम छागला, डॉ. एम.आर. जयकर, श्रीनिवास अयंगार, मोतीलाल नेहरू और जवाहरलाल नेहरू जैसे महत्त्वपूर्ण नेताओं ने भाग लिया था। महात्मा गांधी की इस सम्मेलन में अनुपस्थिति ख़ासतौर से उल्लेखनीय थी। जिन्ना और मोतीलाल इस पर एकमत थे कि प्रस्तावित संविधान में हिन्दुस्तान को ब्रिटेन के राजमुकुट के अधीनस्थ (डोमिनियन स्टेट्स) स्वीकार करते हुए स्वराज का प्रावधान किया जाए, पर जवाहरलाल, सुभाष, आज़ाद और अयंगार पूर्ण स्वतन्त्रता की माँग पर अड़े थे। बहरहाल, विचार-विमर्श के बाद इस प्रश्न का हल निकल आया। पर हिन्दू-मुस्लिम मसले पर उलझन बनी रही। मदनमोहन मालवीय, लाला लाजपत राय और एम.आर. जयकर जैसे वरिष्ठ नेता जहाँ पृथक निर्वाचन क्षेत्र को पूरी तरह अमान्य करने के लिए कृतसंकल्प थे, वहीं इसके बदले मुसलमानों को दिल्ली-प्रस्ताव के अनुसार रियायत देने के पक्ष में भी नहीं थे। सिन्ध, उत्तर-पश्चिम सीमा-प्रान्त और बलूचिस्तान के प्रश्न पर कांग्रेस के वरिष्ठ हिन्दू नेताओं की उदासीनता मुस्लिम लीग के प्रतिनिधियों को बहुत गहरी खलनेवाली थी। इस तरह मई, 1927 में मूलतः स्वीकृत दिल्ली मुस्लिम प्रस्तावों को अन्ततः कांग्रेस ने हिन्दू

महासभा से जुड़े नेताओं के दबाव के फलस्वरूप अमान्य कर दिया था। मोतीलाल नेहरू यद्यपि स्वयं इन प्रस्तावों के विरुद्ध नहीं थे, किन्तु उन्होंने उस पर सर्वसहमति के लिए कोई कारगर प्रयास नहीं किया। जिन्ना का इससे एक बार फिर आहत होना स्वाभाविक था।

हताश-निराश जिन्ना मई, 1928 के पहले सप्ताह में लन्दन और योरोप की यात्रा पर रवाना हो गए। उनका मुख्य उद्देश्य लन्दन और डब्लिन में हिन्दुस्तान के साथ सहानुभूति रखनेवाले अंग्रेज़ों और आइरिश नेताओं से मिलकर साइमन कमीशन का प्रतिकार करते हुए स्वराज के लिए कोई कारगर संवैधानिक विकल्प ढूँढ़ना था। जहाज़ पर उनके सहयात्री दीवान चमनलाल और श्रीनिवास अयंगार थे। उनसे यात्रा के दौरान जिन्ना ने कहा था कि दिल्ली प्रस्ताव पर सहमत यदि तीन महत्त्वपूर्ण कांग्रेसी नेता उनका साथ देने को तैयार हो जाएँ तो स्वराज का सपना जल्द ही हक़ीक़त में बदला जा सकता है। बहरहाल, जिन्ना की अनुपस्थिति में 18 मई, 1928 को एक बार फिर डॉ. अंसारी की ही अध्यक्षता में सर्वदलीय सम्मेलन बम्बई में आयोजित हुआ। सम्मेलन में मोतीलाल नेहरू को एक राष्ट्रीय संविधान का प्रारूप तैयार करने के लिए अधिकृत किया गया। श्रीमती एनी बेसेंट, सरोजिनी नायडू, सर तेज बहादुर सप्रू, जवाहरलाल नेहरू और मुहम्मद करीम छागला के सहयोग से राष्ट्रीय संविधान का प्रारूप तैयार किया गया। इसे नेहरू-रिपोर्ट के नाम से जाना जाता है। यह रिपोर्ट जब अगस्त में प्रकाशित हुई तो जिन्ना पेरिस में थे। उसकी एक प्रति उन्हें हिन्दुस्तान लौटते हुए पेरिस में प्राप्त हुई। बम्बई पहुँचने पर जिन्ना ने रिपोर्ट पर तुरन्त प्रतिक्रिया व्यक्त करने में सावधानी बरती। उन्होंने कहा कि वह रिपोर्ट अभी ठीक से नहीं देख पाए हैं। पर उन्होंने उम्मीद ज़ाहिर की कि रिपोर्ट पर हस्ताक्षर करनेवालों ने हिन्दू-मुस्लिम एकता का पूरा ध्यान रखा होगा। उन्होंने आगे जोड़ा था कि रिपोर्ट तैयार करने में जो महान प्रयास किए गए हैं, उसकी तारीफ़ किए बिना नहीं रहा जा सकता। पर रिपोर्ट और उसके निर्णय को उन्होंने अन्तिम शब्द मानने से इनकार कर दिया। जिन्ना की नेहरू-रिपोर्ट पर प्रतिक्रिया एक सजग कूटनीतिज्ञ की प्रतिक्रिया थी।

उनके दिल्ली मुस्लिम प्रस्ताव का जो हश्र हुआ था, उसने उन्हें अपेक्षाकृत अधिक यथार्थवादी और चतुर बना दिया था। लगभग दो महीने तक जिन्ना ने नेहरू-रिपोर्ट पर अपनी ज़बान खोलना उचित नहीं समझा। इस दौरान उन्होंने मुस्लिम लीग के कुछ अन्य समझदार सदस्यों के साथ नेहरू-रिपोर्ट के विभिन्न सुझावों और सिफ़ारिशों पर संशोधन की एक सूची तैयार कर ली। इनसे लैस वह अपने मुस्लिम लीग के सहयोगियों के साथ 28 दिसम्बर, 1928 को कलकत्ता में आयोजित तीसरे सर्वदलीय सम्मेलन में भाग लेने पहुँचे। उनके नेतृत्व में मुस्लिम लीग का प्रतिनिधिमंडल कलकत्ता पहुँचा था। उसमें कई ऐसे महत्त्वपूर्ण नेता थे, जो नेहरू-रिपोर्ट के पक्ष में थे। तसद्दुक अहमद शेरवानी, डॉ. मुहम्मद आलम, डॉ. सैयद महमूद, राजा साहब महमूदाबाद, मुहम्मद करीम छागला, नवाब छतारी, आसफ़ अली और चौधरी ख़लीक़ुज़्ज़मा नेहरू-रिपोर्ट के प्रमुख समर्थकों

में से थे। जिन्ना ने नेहरू-रिपोर्ट की कमियों और अल्पसंख्यक मुसलमानों के राजनीतिक हितों की सुरक्षा की दृष्टि से उसकी ख़ामियों को रेखांकित करते हुए बहुत ही शान्त और संयत ढंग से अपनी बातें सम्मेलन के सामने रखीं। उन्होंने याद दिलाया कि किस तरह उनके दिल्ली-मुस्लिम-प्रस्ताव पर बम्बई में कांग्रेस की कार्यकारिणी ने और उसके तुरन्त बाद मद्रास के खुले अधिवेशन में कांग्रेस ने स्वीकृति की मुहर लगा दी थी। उन्होंने बताया कि उन सुनिश्चित स्वीकृत प्रस्तावों को नेहरू-रिपोर्ट में किस तरह दरकिनार कर दिया गया था। दिल्ली-मुस्लिम-प्रस्ताव पर ध्यान केन्द्रित करते हुए जिन्ना ने एक बार फिर केन्द्रीय विधायिका के दोनों सदनों में मुसलमानों के एक-तिहाई प्रतिनिधित्व और सिन्ध, उत्तर-पश्चिम सीमा-प्रान्त तथा बलूचिस्तान के सम्बन्ध में दिए गए सुझावों को नेहरू-रिपोर्ट में शामिल करने की ज़ोरदार वकालत की। उनके तुरन्त बाद सर तेज बहादुर सप्रू बोले, "उन्होंने कहा था कि अगर जिन्ना एक बिगड़े हुए बच्चे की तरह मुसलमानों के एक-तिहाई प्रतिनिधित्व की ज़िद्द पर अड़े हैं तो उनकी बात मानकर क़िस्सा ख़त्म किया जाए।" सप्रू ने सम्मेलन का ध्यान इस तथ्य की ओर दिलाया था कि केन्द्रीय विधायिका में इस समय मुसलमानों का प्रतिनिधित्व पहले से ही सत्ताईस प्रतिशत तो था ही। पर सप्रू के बाद अपने भाषण में डॉ. जयकर ने इसका विरोध किया। उनका कहना था कि मुसलमान नेताओं का बहुमत नेहरू-रिपोर्ट के पक्ष में था। उनके बरअक्स जिन्ना एक अत्यन्त सीमित और संकुचित अल्पमत का प्रतिनिधित्व कर रहे थे। अतः छोटी-छोटी बातों पर, उनकी आपत्तियों पर ध्यान नहीं देना चाहिए। जिन्ना ने इस पर तुरन्त अपनी प्रतिक्रिया व्यक्त की थी कि वह नेहरू-रिपोर्ट में संशोधन की पेशकश "एक ज़िद्दी शरारती बच्चे के बतौर नहीं कर रहे हैं" और अगर ये छोटी-छोटी बातें हैं तो उन्हें मान क्यों नहीं लिया जाता। जिन्ना ने आगे जोड़ा था कि अल्पसंख्यक मुसलमानों की ओर से वह माँगें इसलिए कर रहे हैं, क्योंकि अल्पसंख्यक बहुसंख्यकों को कुछ देने की स्थिति में नहीं होते। जिन्ना के अनुसार उनके संशोधन न केवल अल्पसंख्यकों की हितरक्षा की दृष्टि से मान्य थे, बल्कि उनमें समूचे देश का हित सन्निहित था।

अन्ततः कलकत्ता सर्वदलीय सम्मेलन ने जिन्ना के किसी भी संशोधन को माने बिना नेहरू-रिपोर्ट पर स्वीकृति की मुहर लगा दी। मोतीलाल नेहरू को पूरी उम्मीद थी कि उनकी रिपोर्ट को धर्मनिरपेक्ष और उदारवादी जिन्ना का पूरा समर्थन प्राप्त होगा। अतः जिन्ना द्वारा उसके विरोध से इस बार उनका उदास और निराश होना स्वाभाविक था। पर मोतीलाल शायद भूल रहे थे कि जिन्ना के दिल्ली-मुस्लिम-प्रस्तावों को कांग्रेस ने दो बार स्वीकार करने के बावजूद किस तरह अकारण हिन्दूमहासभाई रुझानवाले कांग्रेस-नेताओं के दबाव में बेरहमी से दरकिनार कर दिया था और मोतीलाल स्वयं उस समय मात्र मूक दर्शक बनकर रह गए थे। जिन्ना की उदासी और हताशा मोतीलाल से कई गुना गहरी और वेधक थी। मुस्लिम लीग और मुस्लिम-समाज में इस समय उनके समर्थकों की संख्या नगण्य प्रतीत हो रही थी। हारे और हरे से जिन्ना सम्मेलन में

एकाएक उठ खड़े हुए थे। अपने सुरुचिपूर्ण सवाइल रो सूट में विभूषित सिर पर हैट लगा, वह एकाकी विषण्ण-मन पंडाल से बाहर आ गए थे। अलग-थलग पड़े जिन्ना उस समय कितने दुखी और हताश थे, इसका ज़िक्र सम्मेलन में मौजूद कराची के सुप्रसिद्ध पारसी उद्योगपति, जो बाद में वहाँ के मेयर बने, जमशेद नौशेरवानजी ने किया है। उनके अनुसार जिन्ना हिन्दू-मुस्लिम एकता के प्रबल हामी थे। वह जब मुस्लिम हितों के संरक्षण की बात करते थे तो उनका विश्वास था कि मुसलमानों में सुरक्षा का भाव पैदा करने के लिए उनके (जिन्ना के) सुझावों को अमली जामा पहनाना ज़रूरी था। जब तक मुसलमानों में असुरक्षा की भावना बनी रहेगी, उनके और हिन्दुओं के बीच सच्ची एकता मुमकिन नहीं थी। नौशेरवानजी ने बताया है कि जिन्ना भावुक नहीं थे। इसलिए वह अपने आँसुओं के बारे में बहुत कृपण थे। उन्होंने बताया है कि जिन्ना की आँखों में उन्होंने मात्र दो बार आँसू देखे थे। पहली बार तब जब कलकत्ता के सर्वदलीय सम्मेलन में उनके सभी संशोधन नामंजूर कर दिए गए थे और एक मुस्लिम प्रतिनिधि ने जले पर नमक छिड़कते हुए उस पर बड़ी बेरहमी से कहा था कि जिन्ना किसी की भी नुमाइन्दगी नहीं करते, इसलिए उन्हें मुसलमानों की ओर से बोलने का कोई हक़ नहीं है। दूसरी बार उनकी आँखों में आँसू तब देखे थे जब विभाजन के समय शरणार्थी शिविर में कराची छोड़कर जा रहे हिन्दुओं की दुर्दशा का भयावह दृश्य उनसे बर्दाश्त नहीं हो पाया था। बहरहाल दूसरे दिन जिन्ना सुबह की ट्रेन से बम्बई के लिए रवाना हो गए थे। फ़र्स्ट क्लास के दरवाज़े पर खड़े जब जिन्ना ने विदा देने आए नौशेरवानजी से हाथ मिलाया तो उनकी आँखों में आँसू छलछला आए थे। आँसू रोकने की असफल कोशिश करते हुए भग्नहृदय जिन्ना ने कहा था, "जमशेद, यह रास्ता अलग होने का मुक़ाम है।"

जिन्ना इतने आहत, एकाकी और दुखी थे कि उन्होंने पहली जनवरी, 1929 को दिल्ली में आयोजित सर्वदलीय मुस्लिम सम्मेलन में भाग लेने से पहले इनकार कर दिया था। इस सम्मेलन के औचित्य पर प्रश्नचिह्न लगाते हुए उन्होंने कहा था कि यह सम्मेलन उस मुस्लिम लीग की तौहीन है, जिसने पिछले दो दशकों से लेकर आज तक मुसलमानों के हित के संरक्षण के लिए महत्त्वपूर्ण भूमिका का निर्वाह किया था। शुभचिन्तकों की राय पर अन्ततः उन्होंने उसमें भाग लेने का मन बनाया था। प्रिंस आग़ा ख़ाँ इसके अध्यक्ष थे। जिन्ना द्वारा इस सम्मेलन में हिस्सा न लेने की ख़बर उसके आयोजकों तक पहुँच गई थी। अतः जिन्ना को सम्मेलन में उपस्थित देखकर सभी को सुखद आश्चर्य हुआ। जिन्ना ने इस सम्मेलन में भी अपना राष्ट्रवादी एजेंडा नहीं छोड़ा। पर उन्हें ऐसा लगने लगा था कि उनकी सदाशयता तथा धर्मनिरपेक्षता और राष्ट्रीयता में पूरी आस्था और तदनुकूल ईमानदार आचरण के बावजूद कांग्रेस जैसे हिन्दू-बहुल संगठन में उनके लिए जगह नहीं रह गई थी। प्रिंस आग़ा ख़ाँ ने भी अपने संस्मरणों में इसकी पुष्टि की है। पंजाब के दो महत्त्वपूर्ण मुस्लिम नेता वहाँ के प्रधानमन्त्री फ़ज़्ले हुसैन और सर मुहम्मद शफ़ी जो कि वहाँ के बड़े ज़मींदार भी थे, जिन्ना की लोकप्रियता, उदार राष्ट्रवादी छवि और ग़ैर-मुसलमानों के बीच उनकी प्रतिष्ठा के कारण उनके प्रति गहरा

ईर्ष्या-भाव रखते थे। इनकी राजनीतिक रुचि मात्र पंजाब तक सीमित थी, जबकि जिन्ना का एक बड़ा राष्ट्रीय क़द था। हिन्दुस्तान के बाहर इंग्लैंड और योरोप में भी देश के एक बड़े नेता के रूप में उनकी प्रतिष्ठा थी। सन् 1921 की जनगणना के बाद पंजाब में मुसलमान बहुसंख्यक हो गए थे। अतः राष्ट्रीय मुख्यधारा से कटकर अलगाववादी साम्प्रदायिक नीति दोनों के स्वार्थ के अनुकूल थी। जिन्ना को मुस्लिम लीग से हटाने में ये दोनों अपने को असमर्थ पाते थे। अतः उन्होंने मुस्लिम लीग को मुसलमानों का मात्र एक प्रतिनिधि संगठन मानने से इनकार कर दिया था और अलग से अपना एक मुस्लिम राजनीतिक दल बनाना चाहते थे। इस सम्मेलन में जिन्ना ने जो विचार व्यक्त किए थे, उसके अनुसार मुसलमानों के साम्प्रदायिक हितरक्षण की वकालत और राष्ट्रीयता में कोई असंगति नहीं थी। देश की एकता और अखंडता को वह हिन्दू और मुसलमान दोनों के हित में मानते थे। सम्मेलन के अलावा यही बात उन्होंने इसी दौरान 'डेली टेलीग्रॉफ़' को अपने साक्षात्कार में भी कही थी। भाषा, धर्म, जाति, नस्ल, संस्कृति और भौगोलिक विविधता को उन्होंने देश की एकता और स्वराज के रास्ते में बाधक मानने से इनकार कर दिया था। कई आघात-प्रतिघात के बावजूद देश की एकता और अखंडता में उनकी आस्था अभी भी अडिग थी।

नेहरू-रिपोर्ट पर पेश अपने सभी संशोधनों की अस्वीकृति का जिन्ना का घाव अभी भरा नहीं था। मार्च 1929 के पहले सप्ताह में केन्द्रीय विधायिका में मोतीलाल ने वॉयसराय की कैबिनेट के दौरे के ख़र्चों में कटौती का एक प्रस्ताव पेश किया था। बहस का रुख़ चाहे-अनचाहे ऐसी दिशा में मुड़ गया, जिस पर नेहरू-रिपोर्ट पर चर्चा का द्वार खुल गया था। जिन्ना को उस रिपोर्ट पर अपनी तीखी प्रतिक्रिया व्यक्त करने का मौक़ा बिन माँगे मिल गया था। जिन्ना ने अपने भाषण में दोटूक शब्दों में कहा था कि रिपोर्ट में हिन्दू-मुस्लिम समस्या का कोई समाधान नहीं दिया गया है। इसलिए देश के लिए एक सर्वसम्मत संविधान बनाने की उसमें की गई कोशिशें अब एक मुर्दा मसला है। जब मोतीलाल ने इस पर सफ़ाई देने की कोशिश की तो जिन्ना ने कहा था कि मैं जानता हूँ कि नेहरू-रिपोर्ट मेरे माननीय मित्र का प्रिय शिशु है। पर मैं बहुत ठंडे दिलोदिमाग़ से कह रहा हूँ और मैं चाहता हूँ कि वह इसे अच्छी तरह जितनी जल्दी समझ लें, उतना ही बेहतर है कि वह रिपोर्ट मुसलमानों को क़तई नामंज़ूर है। जिन्ना को डॉ. जयकर की बात लग गई थी, जब उन्होंने कहा था कि वह मुसलमानों के अत्यन्त अल्पमत का प्रतिनिधित्व करते हैं। उस पर एक मुस्लिम प्रतिनिधि के उस कथन ने जले पर नमक छिड़कने का काम किया था, जब उसने अपने भाषण में कहा था कि जिन्ना मुसलमानों में किसी की भी नुमाइन्दगी नहीं करते। उन्हें अब धुन सवार थी कि वह जयकर समेत अपने सभी विरोधियों के सामने यह साबित कर दें कि वह मुसलमानों के हित के अकेले संरक्षक थे, अतः उन्हें उनके प्रतिनिधित्व का पूरा हक़ हासिल था। इसके लिए उन्होंने प्रिंस आग़ा ख़ाँ की चार पुरानी माँगों के साथ अपने दिल्ली प्रस्ताव को जोड़कर तथा उसमें कुछ और माँगें मिलाकर एक चौदह सूत्रीय प्रस्ताव तैयार किया। उनका विश्वास

था कि उन्होंने अब एक ऐसी नाव तैयार कर ली है, जिस पर सवार होकर सभी पार उतर सकते हैं। पर उन चौदह सूत्रीय प्रस्तावों के प्रकाशन के बाद उन्हें प्रशंसा की जगह उपहास का ही सामना करना पड़ा। मुस्लिम लीग में उनके प्रबल विरोधी फ़ज़्ले हुसैन ने उन प्रस्तावों को नई बोतल में ऐसी पुरानी शराब बताया, जिसका ज़ायक़ा बुरी तरह बिगड़ चुका था। मोतीलाल नेहरू ने कांग्रेस को उन प्रस्तावों को नज़रअन्दाज़ कर देने की सलाह दी। आग़ा ख़ाँ ने तो उसे ग़ौरतलब तक मानने से इनकार कर दिया था।

जहाँ कांग्रेस नेताओं और जिन्ना के बीच संविधान की मान्य रूपरेखा पर सहमति असम्भव होती जा रही थी, वहीं अंग्रेज़ सरकार हिन्दुस्तानियों में लगातार गहराते असन्तोष से चिन्तित थी। गतिरोध दूर करने के लिए प्रधानमन्त्री रैम्जे मैक्डोनाल्ड और वॉइसराय ने कांग्रेस के कुछ संविधानमार्गी नेताओं और जिन्ना को अलग-अलग पत्र लिखे थे। उनमें सुझाव था कि लन्दन में हिन्दुस्तान के सभी दलों और विचारों के प्रतिनिधियों को आमन्त्रित कर अंग्रेज़ सरकार के प्रतिनिधियों के साथ एक व्यापक गोलमेज़ सम्मेलन आयोजित किया जाए, जिसमें हिन्दुस्तान के संविधान के प्रारूप पर विशद चर्चा के बाद सर्वसम्मत निर्णय लिए जा सकें। गांधीजी की शर्त थी कि जब तक हिन्दुस्तान को औपनिवेशिक स्वायत्तता (डोमिनियन स्टेटस) देने का आश्वासन नहीं दिया जाता, इस प्रकार के सम्मेलन से कुछ सिद्ध नहीं होनेवाला है। मोतीलाल नेहरू भी उनसे सहमत थे। तेज बहादुर सप्रू और जिन्ना ने मैकडोनाल्ड तथा इर्विन के सुझाव को सकारात्मक रूप में लिया था। दोनों ने एक साथ मोतीलाल और गांधी को समझाने की भरसक कोशिश की कि पहले वह सम्मेलन में शामिल होने के लिए अपनी सहमति दे दें, इसके बाद सम्मेलन में इस मुद्दे सहित और भी जो मुद्दे वह उठाना चाहेंगे, उन्हें उठाने के लिए वे पूरी तरह स्वतन्त्र होंगे।

जिन्ना ने सरकार और कांग्रेस नेताओं के बीच मध्यस्थता की ईमानदार कोशिश की थी। इसके फलस्वरूप अन्ततः एक प्रतिनिधिमंडल 23 दिसम्बर, 1929 को सायंकाल लॉर्ड इर्विन से मिला। इसके सदस्य मोतीलाल नेहरू, सर तेज बहादुर सप्रू, वल्लभभाई पटेल और स्वयं जिन्ना थे। जहाँ गांधी के अलावा कांग्रेस के संविधानमार्गी सदस्य, जिनमें मोतीलाल प्रमुख थे, औपनिवेशिक स्वायत्तता (डोमिनियन स्टेटस) के लिए सहमत थे, वहीं कांग्रेस का युवा वर्ग पूर्ण स्वतन्त्रता की माँग पर दृढ़ था। इनमें जवाहरलाल नेहरू, मौलाना आज़ाद, वल्लभभाई पटेल, सुभाषचन्द्र बोस, आचार्य नरेन्द्र देव और सरोजिनी नायडू के नाम विशेष उल्लेखनीय हैं। इन तेजस्वी युवा नेताओं की उपेक्षा मोतीलाल और गांधी के लिए असम्भव थी। फलस्वरूप 'पूर्ण स्वतन्त्रता' की माँग की सहानुभूति में इन दोनों नेताओं के बयानों से जिन्ना बहुत निराश थे। गांधीजी का राजनीतिक मुहावरा सबसे अलग था। जिन्ना यह भली-भाँति जानते थे। पर मोतीलाल से उन्हें ऐसी उम्मीद नहीं थी। दोनों के बीच एक दूसरे के सुचिन्तित और ईमानदार प्रस्तावों को निर्णायक घड़ी में परस्पर समर्थन न देने के कारण एक बहुत गहरी दरार पड़ गई थी जो फिर कभी नहीं पट सकी। लॉर्ड इर्विन से मुलाक़ात का यह अन्तिम

अवसर था, जब किसी राजनीतिक समाधान को लेकर जिन्ना और मोतीलाल साथ आए थे। इसके बाद दोनों के बीच लगातार बढ़ती दूरी के अलावा मोतीलाल के तेज़ी से गिरते स्वास्थ्य के कारण (जिसके फलस्वरूप उनका फ़रवरी, 1931 में देहान्त हो गया) फिर उनकी परस्पर मुलाक़ात सम्भव नहीं हो सकी। यह हिन्दुस्तान के आधुनिक इतिहास की त्रासद विडम्बना थी कि हर ईमानदारी और सदाशयता के बावजूद लखनऊ-समझौते, दिल्ली-मुस्लिम-प्रस्ताव और नेहरू-रिपोर्ट पर जिन्ना और मोतीलाल नेहरू के बीच सहमति विकसित नहीं हो सकी। यदि जिन्ना के दिल्ली-मुस्लिम-प्रस्ताव और मोतीलाल की नेहरू-रिपोर्ट में थोड़े फेरबदल के साथ सन् 1929-30 के दौरान दोनों के बीच मतैक्य सम्भव हो सकता, तो अविभाजित हिन्दुस्तान के स्वराज का सपना बिना बहुत ज़्यादा ख़ून-ख़राबे के डेढ़-दो दशक पहले साकार हो सकता था।

4

जिन्ना और जवाहरलाल नेहरू

जिन्ना को जवाहरलाल नेहरू ने पहली बार अप्रैल, 1916 में देखा था, जब मोतीलाल नेहरू के निमन्त्रण पर वह अन्य महत्त्वपूर्ण नेताओं के साथ आनन्द-भवन में उनके अतिथि के रूप में रुके थे। इसी वर्ष दिसम्बर के अन्तिम सप्ताह के दौरान कांग्रेस के लखनऊ अधिवेशन में उन्होंने गांधीजी को भी पहली बार देखा था। इस अधिवेशन में जवाहरलाल और गांधी दोनों की किसी सक्रिय भागीदारी के संकेत नहीं मिलते। वहाँ उनकी हैसियत जहाँ एक तरह मौन पर्यवेक्षक की थी, वहीं जिन्ना उस अधिवेशन के केन्द्रबिन्दु थे। लखनऊ-समझौते के मुख्य शिल्पी के रूप में जिन्ना का योगदान इतिहास के पृष्ठों में आदर के साथ दर्ज है। सितम्बर, 1920 में जब ख़िलाफ़त और असहयोग-आन्दोलनों पर विचार के लिए कांग्रेस और मुस्लिम लीग के विशेष अधिवेशन कलकत्ता में हुए तो जवाहरलाल कांग्रेस के नई पीढ़ी के नेताओं के साथ गांधी के आन्दोलन के प्रस्ताव के समर्थन में और जिन्ना संविधानमार्गियों के साथ पूरी वैचारिक प्रतिबद्धता से लैस उसके प्रबल विरोध में थे। वस्तुतः जिन्ना और जवाहरलाल के बीच छत्तीस का रिश्ता रहा। उनके बीच सामान्य शिष्टाचार के सम्बन्धों के संकेत भी बमुश्किल मिलते हैं। उनके बीच राजनीतिक विवशताओं के चलते काफ़ी पत्र-व्यवहार हुए, पर उनमें व्यक्तिगत ऊष्मा का दुःखद अभाव है। जवाहरलाल नेहरू ने अपनी आत्मकथा में जिन्ना को निम्नलिखित शब्दों में याद किया है :

"कलकत्ता के कांग्रेस-अधिवेशन के बाद कई पुराने नेता कांग्रेस से अलग हो गए थे। इनमें एक लोकप्रिय और सुप्रसिद्ध नाम था श्री मुहम्मद अली जिन्ना का। सरोजिनी नायडू ने उन्हें 'हिन्दू-मुस्लिम एकता का राजदूत' कहा था। बीते समय में मुस्लिम लीग को कांग्रेस के निकट लाने का श्रेय अधिकांशतः उन्हें ही जाता है। लेकिन कांग्रेस के नए घटनाक्रम से, जिसमें असहयोग-आन्दोलन और उसका नया संविधान शामिल था और जिसने उसे अत्यन्त लोकप्रिय और जनोन्मुख संगठन बना दिया था, वह क़तई सहमत नहीं थे। यद्यपि उनकी असहमति राजनीतिक आधार पर थी, पर यह मात्र राजनीति नहीं थी, जिसकी वजह से वह उससे दूर होते चले गए। कांग्रेस में अभी भी ऐसे कई लोग थे, जो राजनीतिक तौर पर इनसे बहुत पीछे थे, पर स्वभाव से वह नई कांग्रेस में फ़िट नहीं हो पा रहे थे। खादी पहने हुए लोगों की भीड़ से, जो हिन्दुस्तानी

में भाषण की माँग करती थी, वह सामंजस्य बैठाने की स्थिति में नहीं थे। बाहर जनता का उत्साह उन्हें सामूहिक पागलपन लगता था। हिन्दुस्तान की जनता और उनके बीच उतना ही अधिक अन्तर था, जितना लन्दन के सवाइल रो और बांड स्ट्रीट* तथा कच्ची मिट्टी के झोंपड़ियोंवाले हिन्दुस्तानी गाँवों के बीच। एक बार निजी तौर पर उन्होंने सुझाव दिया था कि कांग्रेस में सिर्फ़ मैट्रिक पास लोगों को ही लेना चाहिए। पता नहीं अपना यह उल्लेखनीय सुझाव देते समय वह कितने गम्भीर थे, पर उनके आम नज़रिए से यह काफ़ी मेल खाता था। इस तरह वह कांग्रेस से दूर होते चले गए और हिन्दुस्तान की राजनीति में निस्बतन एक निहायत अकेली शख़्सियत बनकर रह गए। आगे चलकर हिन्दू-मुस्लिम एकता के इस राजदूत ने अत्यन्त दुःखद ढंग से .खुद को मुस्लिम साम्प्रदायिकता के प्रबलतम प्रतिक्रियावादी तत्त्वों से जोड़ लिया।"*

जिन्ना के बारे में जवाहरलाल की यह टिप्पणी काफ़ी हद तक उनके वस्तुनिष्ठ मूल्यांकन की कोशिश है, पर निजी बातचीत के दौरान जिन्ना का प्रसंग आने पर वह उतने वस्तुनिष्ठ नहीं रह पाते थे। इसका संकेत राजा महमूदाबाद अमीर अली ख़ाँ के संस्मरणों से मिलता है। उत्तर प्रदेश (तत्कालीन संयुक्त प्रान्त) की राजधानी लखनऊ के निकट महमूदाबाद रियासत के एक प्रतिष्ठित ज़मींदार थे सर अली मोहम्मद ख़ान (सन् 1879-1931)। प्रान्त की राजनीतिक और सामाजिक गतिविधियों में गहरी रुचि के साथ वह मुस्लिम लीग के महत्त्वपूर्ण नेता होने के अलावा जिन्ना के गहरे मित्र और प्रशंसक भी थे। उनके नेहरू-परिवार से भी घरेलू और आत्मीय सम्बन्ध थे। वह कांग्रेस के भी सक्रिय सदस्य थे। दो-तीन पीढ़ी पहले उनके पूर्वज हिन्दू राजपूत थे, जिन्होंने मुस्लिम शिया मत स्वीकार कर लिया था। नवाब कहलाने के बजाय वह राजा कहलाना बेहतर समझते थे। इन्हीं राजा महमूदाबाद के बेटे थे अमीर अली ख़ान, जिन्हें सन् 1931 में अपने वालिद के इन्तक़ाल के बाद राजा महमूदाबाद का पारिवारिक ख़िताब हासिल हुआ। ये जवाहरलाल नेहरू और जिन्ना दोनों के प्रशंसक थे। 22 साल की उम्र में वह सन् 1936 में मुस्लिम लीग की कार्यकारिणी के सदस्य बन गए थे। उन्होंने अपने व्यक्तिगत संस्मरण में लिखा है कि जिन्ना और मुस्लिम लीग के सम्बन्ध में जवाहरलाल नेहरू बहुत ही आक्रामक और तिरस्कारपूर्ण ढंग से बातें किया करते थे। वह जिन्ना और मुस्लिम लीग के पक्ष को धैर्यपूर्वक समझने को तैयार नहीं थे। इसका परिणाम यह हुआ कि प्रान्त के कई मुसलमान युवक, जो जवाहरलाल नेहरू के व्यक्तित्व से अच्छे-ख़ासे प्रभावित थे, कांग्रेस से बिदकने लगे और मुस्लिम लीग की ओर मुख़ातिब होने लगे।

मनुष्य का व्यक्तित्व उसकी समस्त भावसत्ता और मानसिक बुनावट के साथ उसके बाह्य रूप-रंग का समाहार होता है। इस तथ्य को ध्यान में रखते हुए जिन्ना और जवाहरलाल नेहरू को एक दूसरे के बरअक्स रखकर समझने की कोशिश एक दिलचस्प

---

*लन्दन के दो मशहूर स्ट्रीट, सवाइल रो कपड़ों की सर्वश्रेष्ठ सुरुचिपूर्ण सिलाई के लिए और बांड स्ट्रीट फ़ैशन के लिए विख्यात।

कुछ सुधी विज्ञ इसे तथ्यतः गलत बताते हैं।

अनुभव होगा। जिन्ना का गौर वर्ण और खाँडे-सा छरहरा शरीर उन्हें अपने समकालीनों में एक अलग पहचान देता था। उनके घने काले बाल, प्रशस्त ललाट, सुतवाँ नाक, ऐन्द्रिक अधरोष्ठ के साथ उनकी घनी काली मूँछें, तेजोद्दीप्त आँखें और गझिन भौंहें उनके हल्के लम्बोतरे तरुण चेहरे को एक विशिष्ट कमनीयता प्रदान करती थीं। अपने सुरुचिपूर्ण पश्चिमी परिधान और अंग्रेज़ी भाषा पर अद्भुत अधिकार के साथ पश्चिमी शिष्टाचार में पारंगत जिन्ना नवयुवतियों से लेकर अधेड़ अवस्था तक की स्त्रियों के आकर्षण के सहज केन्द्र बने रहते थे। उनकी पारदर्शी आँखें छल-छद्म से मुक्त उनके व्यक्तित्व का आईना थीं। बेगम लियाक़त अली ख़ान ने उनकी आँखों को सच्चाई के दो दीपक बताया है, जिनमें सिर्फ़ सच्चे और ईमानदार लोग ही सीधे झाँक सकते थे। उनके हाथों और अँगुलियों की सुन्दरता की भी उनसे मिलनेवाली कई सुरुचिपूर्ण महिलाओं ने बहुत तारीफ़ की है। वॉयसराय लॉर्ड वेवल की पत्नी लेडी वेवल ने जिन्ना को उन सभी पुरुषों में सबसे सुन्दर पाया था, जिनसे वह जीवन में कभी भी मिली थीं। उनके साफ़ और तीखे नाक-नक़्श लगभग यूनानियों जैसे थे, जो पश्चिमी सौन्दर्य की विशेषता है, जिसके साथ उनमें पूरब की शालीनता और शिष्ट चाल-ढाल का सुन्दर समन्वय था। मेजर जनरल जी.एच.बी. फ्रीथ की पत्नी श्रीमती फ्रीथ ने शिमला के वाइस लीगल लॉज में जिन्ना को मई, 1929 के एक रात्रिभोज में पहली बार देखा था। श्रीमती फ्रीथ ने 29 मई, 1929 को लन्दन अपनी माँ को एक पत्र में लिखा था कि किस तरह उनके सम्मान में सोने के जितने भी पात्र थे, सब खाने की मेज़ पर सजा दिए गए थे। रात्रिभोज के बाद उन्हें जिन्ना से बात करने का सुअवसर मिला था। श्रीमती फ्रीथ के अनुसार जिन्ना एक अत्यन्त महत्त्वपूर्ण मोहक व्यक्तित्व के धनी थे। वह अत्यन्त तराशी हुई अंग्रेजी में बात करते थे। आचरण, व्यवहार और कपड़ों में उनके आदर्श सुप्रसिद्ध अभिनेता ड्यू मॉरियर और अंग्रेज़ी भाषा के प्रयोग में उनके आदर्श एडमंड बर्क थे। अगर हिन्दुस्तान की विभिन्न सेवाओं के हिन्दुस्तानीकरण की प्रक्रिया जारी रही तो वह निश्चय ही यहाँ के भावी वॉयसराय होंगे। उस समय की बम्बई की कई भद्र महिलाओं ने बताया है कि वह ड्राइंग रूम में और डाइनिंग टेबल पर श्रेष्ठतम शिष्ट व्यवहार का परिचय देते थे। महिलाओं की प्रशंसा स्वीकार करते हुए और उनकी प्रशंसा करते हुए वह शालीनतापूर्वक हल्का-सा झुक जाते थे। सरोजिनी नायडू ने उनके व्यक्तित्व की चर्चा के दौरान 'उनकी सार्वजनिक ईमानदारी और व्यक्तिगत सम्मान की प्यारी संहिता' का विशेष उल्लेख किया है। अकारण नहीं था कि उनके व्यक्तित्व के प्रति उस समय नारीत्व की श्रेष्ठतम उदाहरण सरोजिनी नायडू, बेगम लियाक़त अली ख़ान, बेगम शाहनवाज़ ख़ाँ और सबसे ऊपर रत्ती जिन्ना जैसी सुन्दर, शालीन और बुद्धिमती महिलाएँ चुम्बक की तरह आकर्षित होती थीं। उनके व्यक्तित्व के साथ एक अपूर्व ग्लैमर जुड़ा हुआ था, जो रत्ती को उनकी ओर आकर्षित करने का एक अत्यन्त महत्त्वपूर्ण कारण बना।

जिन्ना के बरअक्स जवाहरलाल नेहरू उम्र में उनसे लगभग डेढ़ दशक और क़द में उनसे कुछ इंच छोटे होने के बावजूद उन्हीं की तरह अद्भुत या यों कहें उनसे कहीं

अधिक बहुआयामी चुम्बकीय व्यक्तित्व के धनी थे। रवीन्द्रनाथ ठाकुर ने उन्हें 'भारत का ऋतुराज' कहा था। स्वतन्त्रता-संग्राम की आपाधापी, लम्बी जेल-यात्राओं, पिता के देहान्त के बाद आर्थिक तंगी और व्यक्तिगत तथा सार्वजनिक जीवन के तनावों के बावजूद उनके व्यक्तित्व में सदैव एक ताज़गी बनी रहती थी। अकारण नहीं था कि लोगों को प्रायः लगता था, मानो ओस, मधु और चन्दन को प्रातःकालीन समीर एवं फूलों की ताज़गी में मिलाकर प्रकृति उन्हें नित नया रचती थी। आज़ादी के बाद के हिन्दुस्तान की धरती, आकाश, सूर्य, चन्द्रमा और नक्षत्रमंडल के साथ वह लगभग हर हिन्दुस्तानी के जीवन के अविभाज्य अंग-से बन गए थे। उनका दमकता कश्मीरी रूप-रंग, प्रशस्त ललाट, सामने से निरन्तर क्षीणतर होते केश, घनी भौंहें, चेहरे के अनुपात में अपेक्षाकृत छोटी, पर औसत कश्मीरियों के निस्बतन बड़ी, अत्यन्त भावप्रवण तेजस्वी आँखें, सुघड़ नुकीली छोटी-सी संवेदनशील नाक, रुपहले ऐन्द्रिक होंठ और भावव्यंजक चेहरे को थोड़ा लम्बोतरा बनाता सुन्दर, सुडौल चिबुक कई दशकों तक अपनी जीवन्त छवि के साथ हिन्दुस्तान और हिन्दुस्तान के बाहर उनके कोटिशः प्रशंसकों के मन में गहराई से अंकित रहा। वेशभूषा के सम्बन्ध में सुरुचि जवाहरलाल को विरासत में मिली थी। मोतीलाल नेहरू अपने योरोपीय ठाट-बाट के रहन-सहन और वेशभूषा के लिए पूरे देश में मशहूर थे। अतः योरोपीय ढंग की जीवन-शैली और पहनावे के वह बचपन से अभ्यस्त थे। शिक्षा के लिए सात साल के इंग्लैंड-प्रवास ने पश्चिमी रहन-सहन और वेशभूषा में उनकी रुचि और परिष्कृत कर दी थी। पर हिन्दुस्तान लौटने पर जैसे-जैसे वह गांधी के प्रभाव में अधिक-से-अधिक आते गए, उनकी और उन्हीं के साथ उनके पिता समेत पूरे परिवार की जीवन-शैली और वस्त्र-विन्यास तेज़ी से बदलता गया। गांधीजी के आह्वान पर पश्चिमी वस्त्रों की होली जलाने में इलाहाबाद में नेहरू परिवार सबसे आगे रहा। उसकी जगह खादी ने ले ली थी। उस समय अपने हाथ के कते सूत से बनी खादी को पहनना प्रतिष्ठा का विषय माना जाता था। सन् 1921, असहयोग आन्दोलन से थोड़ा पहले जवाहरलाल तत्कालीन अवध के फ़ैज़ाबाद, प्रतापगढ़ और रायबरेली ज़िले के ग़रीब किसानों के सम्पर्क में आ चुके थे। गांधी और किसानों की दारुण स्थिति से प्रभावित वह चरखा कातने लगे थे और खादी की धोती और कुर्ता पहनने लगे थे। प्रारम्भ में उनके अपने हाथ का सूत काफ़ी मोटा होता था। उससे बने कपड़े का भी मोटा होना स्वाभाविक था। वे खुर्जा (बुलन्दशहर, उत्तर प्रदेश) में सन् 1921 में एक बार सुप्रसिद्ध सन्त प्रभुदत्त ब्रह्मचारी के पास दिल्ली से बरेली जाते समय रुके थे। ब्रह्मचारीजी ने अपने एक आत्मीय संस्मरण में लिखा है कि मोटे खादी के वस्त्र की रगड़ से यात्रा के दौरान उनका शरीर लाल हो गया था।

जवाहरलाल के बरअक्स जिन्ना के लिए अपनी पश्चिमी जीवन-शैली और फ़ैशनेबुल सवाइल रो सूट के व्यामोह से मुक्त होना अकल्पनीय था। अपने समय के हिन्दुस्तानी नेताओं में जिन्ना बम्बई के पारसी नेताओं की तरह योरोपीय रहन-सहन के सर्वाधिक अभ्यस्त थे। जवाहरलाल ने अपनी आत्मकथा में सही लिखा है कि उनके

(जिन्ना के) लिए हिन्दुस्तानी में बोलने की माँग करती खादी में लिपटी भीड़ से तालमेल बैठा पाना असम्भव था। हिदुस्तान के बाहर यद्यपि योरोप और इंग्लैंड के प्रवास में जवाहरलाल सूट और टाई वहाँ की ठंडी जलवायु को ध्यान में रखकर अभी भी पहन लेते थे, किन्तु हिन्दुस्तान में वह खादी का धोती-कुर्ता, गांधी टोपी और जाड़े में ऊनी खादी का जैकेट और शॉल ही इस्तेमाल करते थे। इन वस्त्रों में वह अत्यन्त मनोहर लगते थे। उनकी छवि देश की जनता में भोग-विलास के जीवन को जनता के लिए त्याग देनेवाले एक तरुण संन्यासी राजकुमार की सी थी। पर इसी जन-छवि के चारों ओर कितने ही मनोरम मिथक उनके जीवनकाल और बाद में भी रचे जाते रहे। सन् चालीस के आसपास उन्होंने शेरवानी और चूड़ीदार पायजामा पहनना शुरू कर दिया था। लगभग इसी समय अपनी मुस्लिम पहचान को रेखांकित करने के लिए मुस्लिम लीग की सभाओं में जिन्ना ने भी अलीगढ़ी पायजामा (बाद में पंजाबी सलवार), शेरवानी और बालदार टोपी पहनना शुरू कर दिया था। यह टोपी आगे चलकर जिन्ना कैप के नाम से मशहूर हुई, ठीक वैसे ही जैसे जवाहरलाल द्वारा पहनी जा रही जैकेट को उनके युवा अनुयायियों और प्रशंसकों ने जवाहर जैकेट नाम देकर स्वीकार किया था। बताते हैं कि जिन्ना के पास दो सौ से अधिक सवाइल रो सूट थे। इसके बरअक्स नेहरू के पास कपड़ों की संख्या और उनकी स्थिति का अन्दाज़ा निजलिंगप्पा की आत्मकथा में चर्चा में आए एक प्रसंग से लगाया जा सकता है। कश्मीरी पशमीने की एक पुरानी शेरवानी जवाहरलाल को बहुत पसन्द थी, उसे रूस-यात्रा में वह साथ ले जाना चाहते थे। पुरानी पड़ जाने के कारण उसमें एकाध छेद हो गया था। उसे रफ़ू के लिए भेजा गया था। निजलिंगप्पा की उपस्थिति में जवाहरलाल नेहरू ने अपने नौकर से कई बार पूछा कि शेरवानी रफ़ूगर के यहाँ से आई कि नहीं। उनकी इस चिन्ता को देखकर निजलिंगप्पा ने सुझाव दिया था कि वह पशमीने की एक शेरवानी और क्यों नहीं बनवा लेते। जवाहरलाल ने थोड़ा गम्भीर होते हुए कहा था कि पशमीना बहुत महँगा है और उनके लिए इतना पैसा ख़र्च करना मुमकिन नहीं है।

उक्त घटना से जवाहरलाल की व्यक्तिगत आर्थिक स्थिति का पता चलता है। इंग्लैंड से लौटने के बाद कुछ दिनों तक उन्होंने इलाहाबाद हाईकोर्ट में प्रैक्टिस की थी, जिसे उन्होंने जल्द ही छोड़ दिया था। मोतीलाल भी जैसे-जैसे आज़ादी की लड़ाई में गहरे उतरते गए, प्रैक्टिस कम करते गए थे, और अन्ततः उसे बन्द ही कर दिया था। उनके जीवन-काल में ही परिवार की आय का स्रोत धीरे-धीरे सूखने लगा था। उनके देहान्त के बाद पत्नी कमला की बीमारी और इलाज तथा बेटी इन्दिरा की शिक्षा पर ख़र्च के बाद परिवार का बचा-खुचा आर्थिक आधार भी दरक गया था। जवाहरलाल ने धीरे-धीरे पुस्तकों और पत्रिकाओं की ख़रीद बहुत कम कर दी थी। आर्थिक तंगी से थोड़ा राहत पाने के लिए उन्होंने कमला के गहने बेचने तक के विकल्प पर विचार शुरू कर दिया था। उनके कई उद्योगपति प्रशंसकों ने जब आर्थिक सहायता की पेशकश की थी तो उन्होंने उसे अस्वीकार कर दिया था। इसका एक दिलचस्प उदाहरण है रामकृष्ण

डालमिया द्वारा एक पत्र के साथ सहायता हेतु भेजा गया कुछ हज़ार रुपए का चैक, जिसे उन्होंने सख़्ती से पत्र द्वारा स्वयं लेने से मना करते हुए उनसे जानना चाहा था कि यदि वह चाहें तो उसका उपयोग कांग्रेस के अन्तर्गत गठित किसान सभा के लिए किया जा सकता था। इसके विपरीत जिन्ना का आर्थिक आधार बहुत सुदृढ़ था। वह सन् 1944 तक प्रैक्टिस करते रहे। ठाट-बाट के साथ पश्चिमी रहन-सहन के बावजूद वह फ़िज़ूलख़र्ची बिल्कुल नहीं करते थे। यहाँ तक कि राहत कोष जैसे आकस्मिक आपदा कोष में सहायता के लिए भी वह अपना पर्स नहीं खोलते थे। अपने साथ काम कर रहे जूनियर लोगों को यद्यपि उनका नियमानुसार प्राप्य वह पूरी ईमानदारी से देते थे, पर शुरू-शुरू में आर्थिक कठिनाइयों से जूझते नए जूनियरों की ज़रूरतों को समझकर थोड़ा उदार सहायता करना उनके स्वभाव का हिस्सा नहीं था। मुहम्मद करीम छागला ने इसका ज़िक्र थोड़ा तफ़सील के साथ अपनी आत्मकथा 'दिसम्बर में गुलाब' (रोज़ेज़ इन डिसम्बर) में आहत मन के साथ किया है। जिन्ना पूरी समझदारी से शेयरों और अचल सम्पत्ति में निवेश करते थे। इस सम्बन्ध में वह निहायत दुनियादार आदमी थे। मुसलमानों की फ़िज़ूलख़र्ची को वह पसन्द नहीं करते थे। एक बार अपने लन्दन-प्रवास के बाद जब वह हिन्दुस्तान के लिए रवाना होने के लिए हवाई अड्डे पहुँच चुके थे तो उनसे मिलाने के लिए एक बुजुर्ग मुसलमान सज्जन को उनके पास लाया गया। वह लन्दन के पूर्वी कोने से टैक्सी से लगभग हाँफते हुए वहाँ पहुँचे थे—अपने जीवन की एक बहुत बड़ी अभिलाषा पूरी करने के लिए। वह एक बार जिन्ना से हाथ मिलाना चाहते थे। जिन्ना को पता चला कि टैक्सी के किराए पर उक्त सज्जन ने कई पाउंड ख़र्च किए थे। जिन्ना ने उन्हें निराश नहीं किया था, पर उन्हें झिड़की पिलाते हुए कहा था कि तुम मुसलमान लोग कितने फ़िज़ूलख़र्च हो। उनकी बेटी दीना ने बताया है कि उनके पिता ने एक बार हिन्दुओं और मुसलमानों की ख़र्च की आदतों पर टिप्पणी करते हुए कहा था कि अगर एक मुसलमान को दस रुपए मिल जाएँ तो वह उसे अपना मनपसन्द स्कार्फ़ ख़रीदने और बिरयानी खाने पर उड़ा देगा, जबकि वही पैसा अगर एक हिन्दू के हाथ लग जाए तो उसे जतन से बचाकर किसी धन्धे में लगा देगा। पाकिस्तान जाने पर गवर्नर हाउस में भी वह निहायत किफ़ायतशारी का परिचय देते थे। कर्मचारियों द्वारा बिजली जलाकर बेवजह छोड़ देने पर वह अक्सर नाराज़ होते थे। कई बार उन्हें ख़ुद उठकर बिजली बुझाते हुए देखा जा सकता था। कंजूसी की हद तक किफ़ायतशारी फ़ातिमा में भी थी। गवर्नर हाउस में वह मेज़बान होती थीं। भोजन और नाश्ते पर निमन्त्रित लोगों की संख्या को ध्यान में रखकर वह केले और सन्तरे लाने का आदेश देती थीं। अगर खाने की मेज़ पर छः आदमी होते थे तो गिनकर छः केले और छः सन्तरे ही मँगाए जाते थे। इस कंजूसी से गवर्नर हाउस का स्टाफ़ और सप्लायर दोनों नाराज़ रहते थे। पर इसे मात्र किफ़ायतशारी की ख़ब्त और कंजूसी मानकर टालना उचित नहीं होगा। जिन्ना को अपने नवजात राष्ट्र की आर्थिक तंगी का पूरा अहसास था। उसका एक पैसा भी वह फ़िज़ूलख़र्ची में ज़ाया नहीं होने देना चाहते थे। इसके बरअक्स

मोतीलाल के देहान्त के बाद भी आनन्द-भवन में अतिथि-सत्कार में आर्थिक कठिनाइयों के बावजूद कोई कमी नहीं आई थी। स्वयं जवाहरलाल नेहरू के अलावा उनकी माँ स्वरूपरानी और कमला अतिथियों की रुचियों और ज़रूरतों का पूरा ध्यान रखती थीं। वस्तुतः जवाहरलाल और जिन्ना में इस सम्बन्ध में अन्तर का कारण उनके जातिगत मूल परम्परागत पैतृक पेशे में ढूँढ़ा जा सकता है। जिन्ना के पूर्वज हिन्दू लोहाना बनिए थे, जो व्यवसाय के अतिरिक्त ब्याज पर लेन-देन का काम भी करते थे। स्वयं उनके पिता जिन्नाभाई पुंजाभाई भी कराची में व्यवसाय ही कर रहे थे। जवाहरलाल के पूर्वज कश्मीरी ब्राह्मण थे, जो युगों से पठन-पाठन में संलग्न धर्म, दर्शन और साहित्य की बारीकियों की अपनी समझ और कुशलता से ख्याति और जीविका अर्जन करते आए थे। अठारहवीं सदी के दूसरे दशक में फ़र्रुख़सियर के निमन्त्रण पर मोतीलाल के प्रपितामह राज कौल दिल्ली आए थे। वह संस्कृत और फ़ारसी की अपनी असाधारण विद्वत्ता के कारण ही फ़र्रुख़सियर का ध्यान आकर्षित कर सके थे। दिल्ली, आगरा और कानपुर में परिवार क़ानून के पेशे से ही जुड़ा रहा। इसके बरअक्स जिन्ना अपने ख़ानदान के पहले व्यक्ति थे, जो पैतृक व्यवसाय को छोड़कर क़ानून के पेशे में आए थे। अतः आनुवांशिक संस्कार की भूमिका दोनों के व्यक्तित्व और वित्त-विषयक मानसिकता की संरचना में महत्त्वपूर्ण सिद्ध हुई। ज्ञातव्य है कि एक जगह ज़रूर ऐसी थी, जहाँ जिन्ना किसी भी तरह की किफ़ायतशारी नहीं बरतते थे। रत्ती की शाहख़र्ची जग-ज़ाहिर थी। उनके महँगे शौक को पूरा करने में वह ज़रा भी कोताही नहीं होने देते थे। रत्ती के सभी बिल वह ख़ुशी से अदा कर देते थे।

जिन्ना और जवाहरलाल के बीच एक दिलचस्प समानता थी। दोनों अपने-अपने धर्म के अनुयायी समाज में अल्पसंख्यक थे। सुन्नी-बहुल मुस्लिम-समाज में जिन्ना शिया समुदाय में पैदा हुए थे, जो हिन्दुस्तानी मुसलमानों में अल्पसंख्यक था और शिया समाज में भी वह खोजा थे, जो सामान्यतः इस्लामी धर्मगुरु आग़ा ख़ाँ के अनुयायी होने के कारण आग़ाख़ानी कहे जाते हैं। उसमें भी एक और अल्पसंख्यक मत था, जो इस्ना अशरी के नाम से जाना जाता है। जिन्ना का परिवार उसी मत का अनुयायी था। जवाहरलाल कश्मीरी ब्राह्मण थे, जो कश्मीर में तो अल्पसंख्यक थे ही, वहाँ की घाटी और पहाड़ छोड़ने के बाद उनके पूर्वज दिल्ली, आगरा, कानपुर और इलाहाबाद में भी स्थानीय हिन्दुओं के बीच अपने रूप-रंग, रहन-सहन, भाषा-बोली, खानपान और रीति-रिवाजों के कारण अल्पसंख्यक ही रहे। जिन शहरों में नेहरू परिवार रहा, वहाँ उनकी विशिष्टता बनी रही। क़ानूनी पेशे और बाद में राजनीतिक गतिविधियों की वजह से पुरुषों का अन्य समुदायों से मिलना-जुलना और सामाजिक विनिमय स्वाभाविक था, किन्तु परिवार की स्त्रियों की सामाजिक गतिविधियाँ सामान्यतः कश्मीरी ब्राह्मण परिवारों तक ही सीमित थीं। कश्मीरी परिवार अपने शहरों में मुख्यधारा से अलग विशिष्टता के स्पृहणीय द्वीप बने रहे। परिवार का मन और संस्कार गढ़ने में यह निर्विवाद है कि स्त्रियों की भूमिका सर्वाधिक उल्लेखनीय रही है। शायद यह एक महत्त्वपूर्ण कारण है कि जिन्ना

और नेहरू जिन वर्ग और समुदाय के थे, वह अपने-अपने बृहत्तर धर्म समाज की मुख्यधारा का हिस्सा कभी भी नहीं बन सका। दोनों की मानसिक बुनावट और संस्कार की संरचना में उनकी इस विशेष स्थिति का सूक्ष्म योगदान रहा। जिन्ना मुसलमान होते हुए भी मुसलमान नहीं थे और जवाहरलाल हिन्दू होते हुए भी हिन्दू नहीं थे। इंग्लैंड की उदार शिक्षा और वहाँ के धर्मनिरपेक्ष सोच की दोनों का मन गढ़ने में उल्लेखनीय भूमिका रही। धर्म की परम्परागत अवधारणा में नेहरू की रुचि का कोई सवाल ही नहीं था। पर एक जीवन्त सतत प्रवहमान धारा के रूप में संस्कृति के क्षेत्र में वह पश्चिम से कभी भी अभिभूत नहीं हुए, हिन्दुस्तान की संस्कृति की इकहरी समझ और उसकी एकांगी व्याख्या की निरर्थकता को शायद उनकी पीढ़ी का कोई अन्य व्यक्ति और विचारक उतनी शिद्दत से अनुभव नहीं कर सका, जितना कि वह कर सके, जहाँ वह अरविन्द, विवेकानन्द और गांधी से सर्वथा अलग और अद्वितीय हैं। भारत की राष्ट्रीयता को स्वतन्त्रता के बाद उन्होंने किसी धर्म-भाषा, जाति और क्षेत्र से जुड़ने नहीं दिया। यह उनकी इस देश की बहुलतामूलक संस्कृति की रचनात्मक समझ का ही फल था, जो स्वतन्त्र भारत की सर्वग्राही राष्ट्रीयता के सूक्ष्म तन्तुओं को निरन्तर पुष्ट और प्राणवान बनाने में प्रयुक्त हुई। किसी ठोस साँचे-ढाँचे में ढालने के बजाय उन्होंने भारतीय राष्ट्रीयता को बहुलतामूलक भारतीय संस्कृति का पर्याय बना दिया, तरलता और लचीलापन जिसके दो सर्वाधिक महत्त्वपूर्ण गुण हैं। इसी के फलस्वरूप भारतीय राष्ट्रीयता आज़ादी के बाद, अनेक घात-प्रतिघात और चुनौतियों का सामना करते हुए हर अग्निपरीक्षा के बाद एक नई दीप्ति के साथ बार-बार अप्रतिहत उभरकर आती रही।

जवाहरलाल नेहरू के बरअक्स जिन्ना की राष्ट्र, राष्ट्रीयता और संस्कृति की समझ दयनीय रूप से इकहरी थी। इसका मुख्य कारण था इतिहास, दर्शन और संस्कृति के सूक्ष्म तत्त्वों से टकराने का कि उनके पास न तो धैर्य था और न ही समय। उनके पेशे और राजनीति की व्यस्तताएँ उनका सब समय और प्राणशक्ति चूस लेती थीं। यह तय है कि वह दिल से धर्म को राष्ट्रीयता का आधार नहीं मानते थे। पर राजनीतिक विवशता के फलस्वरूप जब उन्होंने धर्म के आधार पर हिन्दुओं और मुसलमानों को दो अलग राष्ट्र घोषित किया, तो राष्ट्रीयता की इकहरी अवधारणा का शिकार होने से उनका बचना सम्भव नहीं था। यही नहीं, राष्ट्रीयता को एक धर्म विशेष से जोड़ने के अलावा उन्होंने उसे एक भाषा विशेष से जोड़ने की भी भयंकर भूल की। नवनिर्मित पाकिस्तान के बहुसंख्यक वर्ग की भाषा बँगला थी। उसके बाद पंजाबी का नम्बर था। वह जानते थे, पाकिस्तान के एक क्षेत्र की भाषा दूसरे क्षेत्र के भाषा-भाषियों को किसी भी क़ीमत पर स्वीकार नहीं होगी। नतीजतन, उन्होंने उर्दू को, जो मूलतः वहाँ के सात प्रतिशत (भारत से गए) मोहाज़िरों की भाषा थी, इस्लामी सभ्यता और संस्कृति की सर्वश्रेष्ठ वाहिका बताते हुए उस नवजात राष्ट्र की राष्ट्रभाषा घोषित कर दिया। इसके पीछे शायद एक कारण यह भी रहा हो कि उर्दू वह भाषा थी, जिसके एक महान कवि और चिन्तक डॉ. मुहम्मद इक़बाल ने पाकिस्तान की विचारधारा को एक दार्शनिक आधार देने की

नेहरू और जिन्ना

लेडी एडविना एश्ले माउंट बैटन
(1901-1960)

लार्ड लुई माउंट बैटन
(1900-1979)

लार्ड माउंट बैटन, जवाहर लाल नेहरू और लेडी माउंट बैटन
(उन्मुक्त विनोद मुद्रा में)

कोशिश की थी। बहरहाल, बँगला की सहराष्ट्रभाषा या द्वितीय भाषा की माँग तक को उन्होंने अराष्ट्रीय कहकर झिड़की देते हुए टाल दिया था। जिन्ना को स्वयं उर्दू का ज्ञान बिल्कुल नहीं था। दरअसल, उन्हें हिन्दुस्तान की किसी भी भाषा पर इतनी महारत हासिल नहीं थी, जिसे वह कुशलतापूर्वक लिख, बोल और पढ़ सकें। उर्दू न बोल पाने के लिए उन्हें मौलाना हसरत मोहानी जैसे उर्दू के जानकारों के ताने अक्सर मुस्लिम लीग के अधिवेशनों और सभाओं में झेलने पड़ते थे। इसके बरअक्स जवाहरलाल नेहरू को हिन्दी और उर्दू का बहुत अच्छा ज्ञान था। वह हिन्दुस्तानी में भी बहुत अच्छा प्रभावशाली भाषण दे लेते थे। जिन्ना मुस्लिम लीग की जनसभाओं में अशिक्षित मुसलमानों के बीच भी अंग्रेज़ी में ही भाषण देते थे। यह मज़हब का ही नारा था, जो उन्हें न समझनेवाले मुसलमानों को भी उनकी सभा से हिलने नहीं देता था। बहरहाल, जवाहरलाल नेहरू के विपरीत धर्म और भाषा विशेष को पाकिस्तानी राष्ट्रीयता से जोड़कर उन्होंने उस नवजात राष्ट्र के शीघ्र ही टूटने की भूमिका तैयार कर दी थी। परिणाम सर्वथा प्रत्याशित था। इस्लाम के अनुयायी होने के बावजूद भाषा की और सांस्कृतिक अस्मिता की रक्षा के लिए पाकिस्तान का बहुसंख्यक बँगला-भाषी खंड उसके अस्तित्व में आने के पच्चीस साल के अन्दर ही उससे अलग हो गया। धर्म को राष्ट्रीयता की धुरी प्रचारित करने का तब तक इक़बाल का दर्शन और उसे अमली जामा पहनाने का कुछ समय के लिए कामयाब जिन्ना का प्रयास जल्द ही चूर-चूर हो गया। राष्ट्रीयता को धर्म और भाषा विशेष से जोड़ने और उसे उनसे मुक्त रखने के जिन्ना और नेहरू के क्रमशः पाकिस्तान और भारत में प्रयोगों और उनके परिणामों की ओर अगर श्रीलंका में ज़रा भी ध्यान दिया गया होता तो वह शान्त, सुन्दर देश लगभग ढाई दशकों के भीषण गृहयुद्ध की विभीषिका से बच सकता था। बहुसंख्यक सिंहलियों द्वारा यदि अपने धर्म और भाषा को राष्ट्रीयता का पर्याय मानकर तमिलभाषी हिन्दुओं पर लादने की कोशिश न की गई होती तो निश्चय ही श्रीलंका का इतिहास आज इतना रक्तरंजित न होता।

जिन्ना और नेहरू के राजनीतिक और आर्थिक सोच पर एक निगाह उपयोगी होगी। गांधी के अनुयायी होने के बावजूद नेहरू गांधी की ग्राम-केन्द्रित अर्थव्यवस्था से, जिसका उन्होंने 'हिन्दस्वराज' और आगे चलकर अपने कई सुचिन्तित लेखों में प्रतिपादन किया था, सहमत नहीं थे। औद्योगीकरण और केन्द्र से नियन्त्रित योजनाबद्ध विकास की अवधारणा के वह आजीवन पक्षधर रहे। रूस तथा दूसरे साम्यवादी देशों में मार्क्सवादी आर्थिक सोच को जिस तरह अमली जामा पहनाने के प्रयास चल रहे थे, नेहरू उससे गहरे प्रभावित थे। स्वतन्त्र देश के योजनाबद्ध विकास और औद्योगीकरण के अपने सोच में वह अकेले नहीं थे। सुभाषचन्द्र बोस भी इस दिशा में उनके चिन्तन में सहभागी थे। सन् 1937 में जब बोस कांग्रेस के अध्यक्ष बने थे तो स्वतन्त्र भारत के आर्थिक और औद्योगिक विकास की नीति तैयार करने के लिए उसी विचारसरणि के अनुरूप उन्होंने दल के विशेषज्ञों की एक समिति का गठन किया था। समाजवाद के गहरे प्रशंसक होने के बावजूद नेहरू उसकी अतियों और रूढ़ियों के प्रति सजग थे।

व्यक्ति-स्वातंत्र्य को नेहरू साम्यवादी रूढ़ियों की वेदी पर बलिदान करने को तैयार नहीं थे। नेहरू के आर्थिक और सामाजिक सोच के बरअक्स न तो जिन्ना और न ही मुस्लिम लीग में कोई सुव्यवस्थित सोच था। वस्तुतः लीग के प्रायः सभी बड़े नेता और प्रमुख सदस्य बड़े ज़मींदार थे, जिनके सोच में पश्चिमी शिक्षा के बावजूद कोई परिवर्तन नहीं आया था। ज़मींदारी उन्मूलन जैसी कांग्रेसी योजना को वे लोग अपने निहित स्वार्थ पर सीधा आघात मानते थे। अतः अल्लाह और रसूल में अडिग आस्था रखनेवाले मुसलमानों के बीच नेहरू और उनके साथियों को वह ईश्वर और धर्म विरोधी कम्युनिस्ट के रूप में प्रचारित करते थे। पर मुस्लिम लीग से साधारण मुसलमान जनता के न जुड़ने के तथ्य से डॉ. इक़बाल गहरी चिन्ता में थे। 28 मई, 1937 को उन्होंने जिन्ना को लिखा था कि लीग को आख़िर यह फ़ैसला लेना होगा कि क्या उसे महज़ ऊँचे तबक़े के मुसलमानों की ही एक पार्टी बनकर रहना है। साधारण मुसलमान जनता के लिए रोटी का सवाल बहुत गहरा होता जा रहा है। वे अपनी ग़रीबी के लिए हिन्दू महाजनों और पूँजीवाद को अमूमन ज़िम्मेदार मानते हैं। यह बात अभी तक उनको समझाई नहीं जा सकी है कि पिछले दो सौ सालों में लगातार उनकी बद से बदतर होती जा रही हालत लम्बी विदेशी हुकूमत की वजह से भी है। पहली बात जो ख़ासतौर से इस पत्र में ध्यान देने की है वह है, उनका यह कहना कि जवाहरलाल नेहरू के नास्तिक समाजवाद की ओर आम मुसलमान कोई ख़ास ध्यान नहीं देनेवाला है, इसके बाद समस्या के हल के लिए उनका सुझाव है कि अगर इस सम्बन्ध में इस्लामी क़ानून को सही तरह समझकर उसे अमल में लाया जाए तो सभी के गुज़र-बसर के हक़ की हिफ़ाज़त की जा सकती है। इस तरह जहाँ डॉ. इक़बाल जवाहरलाल के नास्तिक समाजवाद को मुसलमानों की रोटी की समस्या का हल मानने को तैयार नहीं थे, वहीं जिन्ना के तेवर नेहरू के नेतृत्व में क्रियाशील कांग्रेस के वामपन्थी समाजवाद प्रेरित विचारधारा के विरुद्ध काफ़ी तीखे थे। उन्होंने 19 मार्च, 1944 को लाहौर के मुस्लिम छात्रों को सम्बोधित करते हुए तीखे शब्दों में कहा था, ''मैं कम्युनिस्टों को चेतावनी देता हूँ कि वह मुसलमानों से अपने हाथ दूर रखें। इस्लाम ही उनका मार्गदर्शक और उनके जीवन की पूरी आचार-संहिता है। उन्हें किसी और वाद (इज़्म) की दरकार नहीं है।''

दरअसल, जब सन् 1937 के चुनाव के बाद कांग्रेस ने आम मुसलमानों में अपनी पैठ और साख बनाने के लिए अपनी प्रगतिशील भूमिसुधार और ज़मींदारी उन्मूलन जैसी योजनाओं के प्रचार के साथ अभियान शुरू किया, तो जिन्ना के कान खड़े हो गए थे। नेहरू ने अपने राजनीतिक जीवन की शुरुआत ही अवध के किसानों के बीच घुल-मिलकर प्रारम्भ की थी। जिन्ना ने मुस्लिम लीग के चुनाव प्रचार के दौरान सन् 1936 में तत्कालीन संयुक्त प्रान्त (वर्तमान उत्तर प्रदेश) के कुछ गाँव पहली बार देखे थे, जिनके निवासियों को एक जून का खाना भी मयस्सर नहीं होता था। कांग्रेस में वामपन्थी विचारधारा की बढ़ती लोकप्रियता और ग़रीब जनता के दुःख-दर्द से उसके नेताओं के जुड़ाव की अनदेखी करना उनके लिए बहुत देर तक सम्भव नहीं रह गया

था। आख़िरकार 24 अप्रैल, 1943 को मुस्लिम लीग के दिल्ली अधिवेशन में उन्होंने मुसलमान ज़मींदारों और पूँजीपतियों को चेतावनी देते हुए कहा था कि जनता का शोषण उनके ख़ून का हिस्सा बन गया है। गाँव में लाखों लोगों को एक वक़्त का भी खाना न मिल पाने की हक़ीक़त का ज़िक्र करते हुए उन्होंने पूछा था कि क्या लोग इस्लाम की सीख भूल गए हैं ? वामपन्थी विचारधारा की बढ़ती लोकप्रियता से वह विचलित हो गए थे। पर उसके विकल्प के रूप में ग़रीबी तथा पिछड़ेपन के निवारण तथा प्रगति की कोई सुचिन्तित रूपरेखा किसी वैज्ञानिक सोच के आधार पर तैयार करने के बजाय उसका हल वह इस्लामी दर्शन में ढूँढ़ने की बात करते थे।

इस्लाम की शिक्षा और दर्शन के अनुरूप शोषण, ग़रीबी, भूख से मुक्ति और आर्थिक, सामाजिक तथा औद्योगिक विकास का कोई नक़्शा न तो इक़बाल, न ही जिन्ना और न ही मुस्लिम लीग का कोई दूसरा विचारवान सदस्य तैयार कर पाया था। इसके बरअक्स सोवियत रूस और पश्चिमी योरोप के समाजवादी देशों की सन् 1927 में यात्रा के बाद नेहरू स्वतन्त्र देश की ग़रीबी, पिछड़ेपन और विकास की समस्याओं से निपटने के लिए आज़ादी की लड़ाई की आपाधापी के बीच भी विभिन्न विकल्पों पर गम्भीरतापूर्वक विचार करते रहते थे। स्वतन्त्रता के बाद उनका मिश्रित अर्थव्यवस्था का प्रयोग उनकी पश्चिम के विभिन्न मॉडेलों के अध्ययन और रचनात्मक समझ का ही परिणाम था। दुर्भाग्य से जिन्ना के पास इस दिशा में सोचने का न तो मौक़ा था और न ही वह इतिहास-बोध जिसने नेहरू के प्रयोग को सम्भव बनाया। परिणाम यह हुआ कि किसी सुनिश्चित दिशाबोध के अभाव में जिन्ना के असमय निधन के बाद पाकिस्तान के पास अपनी समस्याओं के निदान और प्रगति का कोई दीर्घकालीन योजनाबद्ध कार्यक्रम उपलब्ध नहीं हो सका। यहाँ तक कि एक लम्बे अर्से तक पाकिस्तान सुचिन्तित और सुव्यवस्थित संविधान तक से वंचित रहा और जो संविधान किसी तरह बना भी तो वह लगातार सैनिक तानाशाहों के हाथों की कठपुतली बनकर रह गया। जिन आदर्शों और मूल्यों को लेकर कांग्रेस के नेतृत्व में आज़ादी की लड़ाई लड़ी गई थी, जिसमें लगभग ढाई दशक तक स्वयं जिन्ना का भी महत्त्वपूर्ण योगदान रहा, नेहरू ने उन्हें साकार करने के लिए रचनात्मक संस्थाओं की बुनियाद रख यह सिद्ध कर दिया कि लोकतन्त्र एक ग़रीब, पिछड़े और समस्या-जटिल समाज में भी सम्भव है। दुर्भाग्यवश सुविचारित और रचनात्मक सोच के अभाव में जिन्ना पाकिस्तान में किसी ऐसी ज़रख़ेज़ ज़मीन की सम्भावना नहीं छोड़ पाए, जिसमें सही और स्वस्थ लोकतान्त्रिक संस्थाएँ पनप सकतीं। नतीजतन पाकिस्तान 'शाख़े नाजुक' पर बना 'नापायेदार नशेमन' साबित हुआ।

जिन्ना के व्यक्तित्व का आकलन करते हुए सरोजिनी नायडू ने लिखा है कि "जिन्ना की प्रतिभा सर्वतोन्मुखी नहीं थी। उनके पास न तो परिपक्व विद्वत्ता थी और न ही जनसेवा और धार्मिक सुधार की ज्वलन्त भावना। अपनी पृथक रुचियों और स्वभाव के कारण वह एक निहायत अकेले व्यक्ति थे, जिनके राजनीतिक अनुयायियों

की संख्या विशाल थी, पर घनिष्ठ मित्र कोई नहीं। क़ानून और राजनीति–इन दो क्षेत्रों के बाहर उनके बौद्धिक संसाधन और उपलब्धियाँ नगण्य थीं। पर इनकी महानता की कसौटी उनके ज्ञान और अनुभव की विविधता और व्यापकता में नहीं, बल्कि उनके सूक्ष्म मस्तिष्क और मनोभाव के निर्दोष बोध और अकलुष परिष्कार में थी। उनकी शक्ति का स्रोत उद्देश्यों की बहुलता और विराट व्यक्तित्व की चुनौती में नहीं, बल्कि उदात्त और सच्चे उद्देश्य की एकनिष्ठता में था। उनकी महत्ता उनके साहसी कर्त्तव्य और संयत, पर प्यारे निजी सम्मान और सार्वजनिक ईमानदारी की प्रीतिकर संहिता से अनुप्राणित चरित्र के स्थायी सम्मोहन में थी।'' एक कवयित्री के काव्यात्मक गद्य में किए गए इस आकलन से इतना स्पष्ट है कि उनके अनुसार जिन्ना की अभिरुचियों का दायरा अत्यन्त सीमित था और व्यक्तित्व सम्मोहक और शालीन। अपना समय और शक्ति कई दिशाओं और क्षेत्रों में बिखेरने के बजाय वह एक ही अभीष्ट लक्ष्य पर केन्द्रित करने में विश्वास रखते थे, ''एकै साधे सब सधै सब साधे सब जाय'' के सिद्धान्त में उनकी गहरी आस्था थी। यही कारण था कि अकेले अपने दम पर उन्होंने अपने लक्ष्य की प्राप्ति से पूरे संसार को चमत्कृत और स्तब्ध कर दिया। ऐसे प्रतापी व्यक्तित्व इतिहास में बहुत कम मिलेंगे, जिन्होंने अपनी एकनिष्ठता से अकेले मात्र एक दशक के प्रयास से भूगोल के वक्ष पर नए राष्ट्र का नक्शा खींच दिया हो।

जिन्ना और वल्लभभाई पटेल स्वतन्त्रता-संग्राम के दौरान दो ऐसे बड़े नेता थे, जिनकी अपने पेशे और राजनीति के अलावा किसी और क्षेत्र में कोई ख़ास रुचि नहीं थी। वहीं जवाहरलाल नेहरू का व्यक्तित्व और उनकी अभिरुचियाँ आश्चर्यजनक रूप से अत्यन्त व्यापक और बहुआयामी थीं। इतिहास, दर्शन, साहित्य, अन्तर्राष्ट्रीय सम्बन्ध, संस्कृति, अर्थशास्त्र और विज्ञान जैसे विविध विषयों में उनकी रुचि बहुत गहरी थी। इसी से उनका मनोजगत बहुत समृद्ध था। फलस्वरूप उन्होंने स्वयं में आत्मनिरीक्षण और आत्मविवेचन की एक अद्भुत क्षमता विकसित कर ली थी। उनमें गहन चिन्तनशीलता और प्रश्नाकुलता थी, जो उनके समकालीनों में उन्हें विशिष्ट बनाती थी। जिन्ना सौभाग्यवश अपने इकहरे सोच के कारण किसी गहरे अन्तर्द्वन्द्व और प्रश्नाकुलता की यन्त्रणा से मुक्त थे। नेहरू अपने को पूर्व और पश्चिम का एक विलक्षण सम्मिश्रण पाते थे। उन्हें लगता था कि वह पूरब के बजाय पश्चिम के ज़्यादा निकट थे। पर साथ ही वह यह भी पाते थे कि भारत उनके साथ अनेकशः अविभाज्य रूप से संश्लिष्ट है। अपने अवचेतन में जहाँ एक ओर वह चिन्तनशील ब्राह्मणों की पीढ़ियों-दर-पीढ़ियों का स्पन्दन अनुभव करते थे, वहीं उनको इसका शिद्दत-भरा अहसास था कि पश्चिमी शिक्षा और लन्दन प्रवास, और योरोपीय सम्पर्क के फलस्वरूप अक्सर वह जीवन और जगत को अंग्रेज़ों की निगाह से देखने लगे थे। उन्हें लगता था कि जहाँ वह अपने अवचेतन में रचे-बसे युगों-युगों से प्रवहमान अतीत के दाय से मुक्त नहीं हो सकते, वहीं पश्चिम से जो कुछ उन्होंने आत्मसात किया था, उसका परित्याग भी उनके लिए असम्भव था। उनके मनोजगत की यह उभयमुखता एक ओर पूर्व और पश्चिम दोनों जगह सहायक

सिद्ध होती थी, वहीं दूसरी ओर जहाँ वह पश्चिम में स्वयं को अजनबी और परदेशी अनुभव करते थे, वहीं अपने देश में भी कभी-कभी उनमें एक निर्वासित की सी अनुभूति होती थी। पूर्व और पश्चिम की यह उभयमुखता उनमें एक आध्यात्मिक अकेलेपन का भाव जगाती थी—केवल सार्वजनिक गतिविधियों में ही नहीं, बल्कि जीवन में भी। यह आत्मविश्लेषण नेहरू ने स्वयं अपनी आत्मकथा के उपसंहार (एपिलॉग) में किया है। अभिरुचियों और बौद्धिक समृद्धि का यह व्यापक दायरा ही था, जो नेहरू को दृष्टि और सोच के इकहरेपन से बचा सका था। वस्तुतः नेहरू अपने समय के उन सम्वेदनशील हिन्दुस्तानियों के एक जीवन्त रूपक थे, जिन्होंने उदार पश्चिमी शिक्षा के साथ देश की सांस्कृतिक और बौद्धिक परम्परा में, जो कुछ अजस्र और स्पन्दनशील था, उसे गहरी रचनात्मकता के साथ आत्मसात करने का प्रयास किया था। इसके बरअक्स जिन्ना उस वर्ग के रूपक सिद्ध होते हैं, जिसने पश्चिम को तह की बजाय सतह पर छुआ था और उस प्रक्रिया में अपनी जड़ों से उसका कोई सघन रिश्ता नहीं रह गया था। वस्तुतः मुस्लिम लीग के अधिकांश नेता डॉ. इक़बाल को छोड़कर पश्चिम की सतही समझवाले ही थे। डॉ. इक़बाल मुस्लिम लीग में अकेले ऐसे व्यक्तित्व थे, जिन्होंने अपने भीतर पूर्व और पश्चिम के अन्तर्द्वन्द्व को झेला था और उसे एक काव्यात्मक अभिव्यक्ति दी थी। यद्यपि नेहरू के समाजवादी सोच में वह मुसलमानों की ग़रीबी और पिछड़ेपन की समस्या के हल की सम्भावना नहीं देखते थे और उसका निराकरण इस्लाम में ढूँढ़ने के पक्षधर थे, पर वह नेहरू और जिन्ना के व्यक्तित्व और मानसिक बुनावट के अन्तर को समझने की क्षमता रखते थे। इसकी पुष्टि 'भारत की खोज' (डिस्कवरी ऑफ़ इंडिया) में मृत्यु के कुछ दिन पहले इक़बाल के साथ नेहरू की भेंट की उस चर्चा से होती है, जिसमें भावुक हो उन्होंने (इक़बाल ने) कहा था कि "आप (नेहरू) और जिन्ना में क्या समानता हो सकती है ? जिन्ना एक राजनीतिज्ञ हैं और आप एक देशभक्त।" यहाँ यह स्पष्ट कर देना उचित होगा कि सन् 1930 तक राजनीतिक विवशता और गहरे दबाव के फलस्वरूप साम्प्रदायिक राजनीति की ओर उन्मुख होने के बावजूद जिन्ना की राष्ट्रीयता असन्दिग्ध थी।

यह एक विडम्बना है कि नेहरू जब कांग्रेस में शीर्ष पर पहुँचे तो जिन्ना साम्प्रदायिक राजनीति की ओर उन्मुख हो चुके थे और उनकी प्रखर राष्ट्रवादी छवि धुँधली पड़ने लगी थी। धीरे-धीरे कांग्रेस में नेहरू की स्थिति गांधी के बाद सर्वाधिक महत्त्वपूर्ण बनती जा रही थी। उधर हर ईमानदार कोशिश के बावजूद जिन्ना देश की राजनीतिक मुख्यधारा को अपने ढंग से प्रभावित नहीं कर पा रहे थे। देश की राजनीति में अपने से लगभग डेढ़ दशक जूनियर नेहरू की सभी समुदायों और वर्गों में लोकप्रियता का ऊपर चढ़ता ग्राफ़ कहीं-न-कहीं जिन्ना के मन में प्रतिद्वन्द्विता का भाव भी जगा रहा था। इसे वह प्रत्यक्षतः स्वीकार नहीं कर सकते थे। उनका दुर्ललित अहम इसमें आड़े आता था। वह स्वयं को मोतीलाल नेहरू का सहकर्मी मानते थे। उनके बेटे से सार्वजनिक प्रतिद्वन्द्विता की बजाय उनके (मोतीलाल के) देहान्त के बाद जिन्ना ने स्वयं

को कांग्रेस की शक्ति के सबसे बड़े स्रोत गांधी का सीधा प्रतिद्वन्द्वी सिद्ध करना ज़्यादा उचित समझा। पर इसके लिए वह अपने राजनीतिक औज़ार निहायत अपर्याप्त पाते थे। सन् 1930 तक उनकी पूरी कोशिश रही कि हिन्दू-मुस्लिम एकता के राष्ट्रीय प्रयास को बिना आँच आने दिए वह मुसलमानों के राजनीतिक हितों की सुरक्षा पर सहमति बना सकें। अभी भी उन्हें मुस्लिम लीग की सदस्यता स्वीकार करते समय सरोजिनी नायडू की उपस्थिति में दिया गया वह भाषण याद था, जिसमें उन्होंने कहा था कि राष्ट्रीय हितों और मुसलमानों के हितों के टकराव की स्थिति में वह राष्ट्रीय हितों के पक्षधर रहेंगे। कांग्रेस के सदस्य के रूप में वह पूरे देश पर छा गए गांधी से स्वयं को वरिष्ठ समझते थे। गांधी के राजनीतिक मुहावरे से असहमत वह कांग्रेस में दोयम और अब नेहरू के उत्थान के बाद उससे भी नीचे की स्थिति स्वीकार नहीं कर सकते थे। गांधी के नेतृत्व में चले राष्ट्रव्यापी जनान्दोलनों से ऊर्जस्वित कांग्रेस के सामने मुस्लिम लीग मुर्दा और निस्तेज पड़ी हुई थी। मुस्लिम-बहुल प्रान्तों में तो लीग की हालत बहुत ख़स्ता थी। सिन्ध में अल्लाह बख़्श, जी.एम. सैयद, गुलाम हुसैन, पंजाब में फ़जले हुसैन, मुहम्मद शफ़ी और सिकन्दर हयात ख़ाँ, बंगाल में फजलुल हक़ और हुसैन शहीद सुहरावर्दी जैसे महत्त्वपूर्ण मुसलमान नेता और स्थानीय छत्रप अभी उनके नेतृत्व को मानने के लिए तैयार नहीं थे।

सीमान्त प्रदेश में ख़ान अब्दुल गफ़्फ़ार ख़ाँ और डॉ. ख़ान साहब के नेतृत्व में कांग्रेस का जनाधार ठोस था। वहाँ लीग और जिन्ना के समर्थक नगण्य थे। ऐसी हालत में हताशा की मनोदशा में जिन्ना के सामने एक ही विकल्प था कि वह लन्दन में व्यवस्थित होकर प्रिवी काउंसिल में क़ानून की प्रैक्टिस करें और गोखले से पहले अपने आदर्श दादाभाई नौरोज़ी की तरह वहाँ की संसद की सदस्यता के लिए प्रयास करें। नतीजतन, सन् 1931 के प्रारम्भ में बेटी दीना और बहन फ़ातिमा के साथ लन्दन पहुँचकर वहाँ उन्होंने अपना नया जीवन प्रारम्भ किया। सन् 1934 के प्रारम्भ में जब वह बदली हुई राजनीतिक परिस्थितियों में लियाक़त अली के आग्रह पर मुस्लिम लीग की कमान सँभालने हिन्दुस्तान लौटे तो नेहरू और गांधी से उनके टकराव का असली और निर्णायक दौर शुरू हुआ।

गवर्नमेंट ऑफ़ इंडिया ऐक्ट 1935 के तहत सन् 1937 के चुनाव-अभियान के दौरान ही जिन्ना और नेहरू के बीच कटुता उभरने लगी थी। कांग्रेस में राष्ट्रीय स्तर के लगभग एक दर्जन ऐसे तेजस्वी नेता थे, जो पूरे देश में प्रभावशाली ढंग से चुनाव-प्रचार कर सकते थे। इनमें जवाहरलाल नेहरू, सुभाष चन्द्र बोस, सरदार वल्लभभाई पटेल, मौलाना आज़ाद, सरोजिनी नायडू और राजगोपालाचारी प्रमुख थे। नेहरू और सुभाष की लोकप्रियता सर्वाधिक थी, जबकि मुस्लिम लीग के पास मात्र जिन्ना ही ऐसे नेता थे जिनकी राष्ट्रीय स्तर पर उपयोगिता हो सकती थी। चुनाव-प्रचार के लिए जिन्ना यद्यपि अधिक-से-अधिक सम्भव समय दे रहे थे पर वह अपने पेशे की उपेक्षा नहीं कर सकते थे। जिस तूफ़ानी गति से नेहरू चुनाव-प्रचार के दौरान पूरे देश

में घूम रहे थे, वह जिन्ना के लिए सम्भव नहीं था। पूरे देश में हवा का रुख़ कांग्रेस के पक्ष में था। इसका बहुत कुछ श्रेय नेहरू को जाता था। नेहरू मुसलमानों के बीच भी ख़ासे लोकप्रिय थे। अतः नेहरू से चिढ़ने के जिन्ना के पास एकाधिक कारण थे। देश में व्यापक जनसमर्थन से उत्साहित नेहरू ने जनवरी, 1937 में कलकत्ता में आयोजित कांग्रेस की विराट जनसभा में घोषित किया था कि देश में दो ही शक्तियाँ हैं—एक कांग्रेस और दूसरी सरकार। सरकार से लड़ने में केवल कांग्रेस ही सक्षम है। कांग्रेस उम्मीदवार के ख़िलाफ़ वोट देने का मतलब है अंग्रेज़ी राज को इस देश में क़ायम रखने का समर्थन। कांग्रेस-विरोधी अपने निहित स्वार्थों से एक दूसरे से जुड़े हैं। उन्हें साधारण जनता की भलाई से कुछ लेना-देना नहीं है। नेहरू के इस भाषण से जिन्ना का नाराज़ होना स्वाभाविक था। बम्बई में उन्होंने तुरन्त एक बयान में कहा कि वह नेहरू के सरलीकृत विश्लेषण से सहमत नहीं हो सकते। कांग्रेस की राह को नामंजूर करते हुए उन्होंने कहा कि देश में कांग्रेस और अंग्रेज़ सरकार के अलावा तीसरा पक्ष मुसलमानों का है, जिसका प्रतिनिधित्व मुस्लिम लीग करती है। पर नेहरू ने इस तर्क को अनसुना कर मुस्लिम-बहुल उन शहरों, क़स्बों और गाँवों की जनसभाओं में भी अपना चुनावी भाषण ज़ारी रखा, जो लीग की पहुँच और उसके विचारों से अभी भी अछूते थे। ज़मींदारी-उन्मूलन, भूमि-सुधार तथा किसानों और मज़दूरों के हित में कांग्रेस की योजनाओं की चर्चा भी इन जनसभाओं में विस्तारपूर्वक होती थी। अवध के किसानों में काम करते हुए नेहरू ने बहुत नज़दीक से देखा था कि हिन्दू और मुसलमान किसानों और खेतिहर मज़दूरों की समस्या एक जैसी थी। उनके हित एक दूसरे से जुड़े थे। सामन्ती दमन और शोषण की चक्की में दोनों एक साथ पिस रहे थे। अतः मुसलमान भी उनकी सभाओं में बड़ी संख्या में आते थे और उनके भाषण से प्रभावित होते थे। यद्यपि ग़रीब किसानों और खेतिहर मज़दूरों के पास वोट का अधिकार नहीं था, पर जनमत को प्रभावित करने और पार्टी के उम्मीदवारों के पक्ष में हवा बनाने में उनकी बड़ी संख्या में उपस्थिति का निर्विवाद महत्त्व था। निम्नवर्गीय मुसलमानों में कांग्रेस की इस पैठ की ख़बर से जिन्ना गहरे विचलित थे। वह मुसलमानों पर अपना और लीग का एकाधिकार मानने लगे थे। उन्होंने लीग की एक जनसभा में कांग्रेस और नेहरू को चेतावनी देते हुए कहा था कि "वे मुसलमानों से दूर हट जाएँ। उनके मामले में दख़ल देने से बाज़ आएँ।"

पर नेहरू अदम्य थे। वह कहाँ बाज़ आनेवाले थे। उन्होंने एक दूसरी सभा में कहा कि "मिस्टर जिन्ना ने मुसलमानों के मामले में कांग्रेस की दख़ल-अन्दाज़ी पर एतराज़ जताया है। उन्होंने फ़रमाया है कि कांग्रेस मुसलमानों को अकेला छोड़ दे। मुसलमान कौन हैं ? क्या वही जो मिस्टर जिन्ना और लीग के पीछे चलते हैं ?" नेहरू ने पूछा था कि "मुस्लिम लीग का मक़सद क्या है ? क्या उसका मक़सद हिन्दुस्तान की आज़ादी हासिल करना है ? क्या वह साम्राज्यवाद के ख़िलाफ़ है ? मेरा यक़ीन है कि ऐसा नहीं है। मुस्लिम लीग दरअसल उच्च मध्यवर्ग के थोड़े से मुसलमानों की नुमाइन्दगी करती

है, जो आम मुसलमान जनता से कोई निस्बत नहीं रखते। यहाँ तक कि निम्न मध्यवर्ग के मुसलमानों से भी उनका बमुश्किल कोई सम्पर्क रहता है। मैं मिस्टर जिन्ना को बता दूँ कि किसी भी मुस्लिम लीग के मेम्बर से कहीं ज़्यादा मैं आम मुसलमान जनता के सम्पर्क में रहता हूँ।'' नेहरू के भाषण की यह तल्ख़ सच्चाई जिन्ना के कलेजे में तीर-सी चुभी थी। वह तिलमिला उठे थे। उन्हें पहली बार मुस्लिम लीग का जनाधार व्यापक बनाने की ज़रूरत महसूस हुई। गाँव, क़स्बे और छोटे शहरों की आम मुसलमान जनता की समस्याओं पर विचार और उनका हल ढूँढ़ने की तरफ़ लीग ने कभी ध्यान नहीं दिया था। इस्लाम की बराबरी की शिक्षा के बावजूद भूमिहीन मुसलमान किसान, छोटे काश्तकार, खेतिहर मज़दूर, छोटे-मोटे व्यवसायी, पुश्तैनी धंधे में लगे कारीगर और मिस्त्री अभी मुस्लिम लीग के सोच की ज़द में नहीं थे।

ज्ञातव्य है कि इस्लामिक यूनिवर्सिटी बहावलपुर (पाकिस्तान) में इतिहास और पाकिस्तान विषयक अध्ययन विभाग के अध्यक्ष डॉ. मुहम्मद सलीम अहमद ने ऑल इंडिया मुस्लिम लीग के अपने इतिहास में अविभाजित हिन्दुस्तान के मुसलमान समाज को दो वर्गों में बाँटा है—अशराफ़ और अज्लाफ़। अरबी मूल का शब्द अशराफ़ 'शरीफ़' का बहुवचन है, जिसका अर्थ है कुलीन, ख़ानदानी सभ्य या सुशील। 'अज्लाफ़' भी अरबी मूल का ही शब्द है, जो 'जिल्फ़' का बहुवचन है। इसका अर्थ है कमीना या नीच। बीसवीं सदी के प्रारम्भ में अशराफ़ की संख्या मुसलमानों में चालीस लाख के आसपास थी, जो उस समय के मुसलमानों की जनसंख्या का लगभग सात प्रतिशत ही था। अशराफ़ उन्हें माना जाता था, जो अपने को सही या ग़लत बाहर से आए मुसलमान विजेताओं और शासकों का वंशधर मानते आए थे। अज्लाफ़ की श्रेणी में तिरानबे प्रतिशत स्थानीय मूल के बहुसंख्यक मुसलमान थे, जिनके पूर्वजों ने या जिन्होंने स्वयं अपना पूववर्ती धर्म छोड़कर इस्लाम की दीक्षा ली थी। उनकी ज़िन्दगी और जड़ें हिन्दुस्तान की मिट्‌टी से जुड़ी थीं। उनमें बड़ी संख्या उन लोगों की थी, जो हिन्दू समाज में निचले वर्ग के थे और जो सम्मान और समानता की उम्मीद के साथ इस्लाम की ओर उन्मुख हुए थे। समान धर्म के अलावा 'अशराफ़' और 'अज्लाफ़' के बीच कोई मज़बूत सामाजिक सम्पर्क का सेतु नहीं था। लीग अशराफ़ में भी एक विशिष्ट उच्चवर्गीय मुसलमानों का संगठन था, जिनमें से अधिकांश की सामन्ती पृष्ठभूमि थी और उन्होंने इंग्लैंड या योरोप में शिक्षा प्राप्त की थी। इस तरह लीग का जनाधार निहायत सीमित था। जिन्ना अभी तक लीग के अल्पसंख्यकों में भी अल्पसंख्यक इन्हीं 'अशराफ़' के एक उच्चवर्ग के सम्पर्क में थे। नेहरू की निगाह तिरानबे प्रतिशत 'अज्लाफ़' और 'अशराफ़' के भी एक महत्त्वपूर्ण वर्ग पर थी, जिन्हें कांग्रेस की ओर आकर्षित करने में वह ज़्यादा कठिनाई का अनुभव नहीं करते थे। ख़िलाफ़त और असहयोग आन्दोलन के दौरान उनका एक बहुत बड़ा वर्ग कांग्रेस के साथ रह चुका था। कांग्रेस उनके लिए नई नहीं थी। जिन्ना इससे भली-भाँति परिचित थे। इसलिए उनकी तिलमिलाहट का कारण समझ पाना कठिन नहीं है।

अभी तक लीग ने आम मुसलमानों की समस्याओं की ओर कोई ध्यान नहीं दिया था। उसके नेताओं की कोशिशें सत्ता में अपने लिए अधिक-से-अधिक भागीदारी हासिल करने तक ही सीमित थीं। पर नेहरू के नेतृत्व में कांग्रेस के चुनावी प्रचार ने उनके कान खड़े कर दिए थे। लीग के नेताओं में इससे खलबली मच गई थी। 28 मई, 1937 का डॉ. इक़बाल का जिन्ना को लिखा पत्र इसी का परिचायक है। चुनाव सिर पर थे। आम मुसलमान जनता को लीग की ओर खींचने के लिए किसी सुनियोजित कार्यक्रम का समय नहीं रह गया था। अतः जिन्ना के नेतृत्व में लीग को चुनाव की इस घड़ी में आम मुसलमान की मज़हबी भावना को उभारकर हिन्दू-बहुल कांग्रेस के राज में इस्लाम के ख़तरे में होने का नारा बहुत काम का लगा। धर्म की दृष्टि से निहायत संवेदनशील सीधे-सादे साधारण मुसलमानों के बीच यह नारा बहुत कारगर साबित हुआ। लीग के चुनाव-प्रचार का तेवर इस नारे से रातोंरात बदल गया। नतीजतन, साम्प्रदायिकता की विष-बेल देश की राजनीति में तेज़ी से पनप उठी।

नेहरू राष्ट्रीय समस्याओं के सम्बन्ध में अन्तर्राष्ट्रीय परिप्रेक्ष्य में भी सोचते थे। अतः वह अन्तर्राष्ट्रीय घटनाओं पर भी अक्सर अपनी प्रतिक्रियाएँ व्यक्त करते थे। मुसलमानों के मामले में दख़लअन्दाज़ी से बाज़ आने की अपनी चेतावनी को नेहरू द्वारा अनसुनी किए जाने से चिढ़े जिन्ना उनके (नेहरू के) विभिन्न राष्ट्रीय और अन्तर्राष्ट्रीय विषयों पर व्यक्त विचारों को हर मामले में उनका ग़ैरज़रूरी टाँग अड़ाना मानने लगे थे। नेहरू के प्रति उनका तिरस्कार-भाव उनके मन में लगातार गहराती नेहरू के प्रति उनकी नफ़रत का संकेत देता है। सन् 1937 के चुनाव के बाद अपने एक साक्षात्कार में उन्होंने नेहरू पर व्यंग्य करते हुए कहा था, ''इस दस्तंदाज कांग्रेस प्रेसिडेंट के बारे में मैं क्या कहूँ ? लगता है पूरी दुनिया की ज़िम्मेदारी वह अपने कन्धों पर उठाए हुए हैं। अपने काम के अलावा हर बात में नाक घुसेड़ने की उनकी आदत बन गई है।'' ज्ञातव्य है कि नेहरू उस समय कांग्रेस के अध्यक्ष थे।

मुस्लिम लीग की गतिविधियों का सबसे सक्रिय केन्द्र संयुक्त प्रान्त (वर्तमान उत्तर प्रदेश) ही था। सन् 1914 में मुस्लिम लीग का मुख्यालय अलीगढ़ से लखनऊ आ गया था। इससे उसे प्रान्त में पैर जमाने में और मदद मिली। लखनऊ में शिया मुसलमान काफ़ी संख्या में थे, जिनमें कई ऐसे थे, जो पश्चिमी शिक्षा प्राप्त थे और राजनीतिक रूप से जागरूक थे। अतः लीग में स्थानीय शिया नेताओं का स्थान महत्त्वपूर्ण था। सन् 1937 के चुनाव में लीग ने अपने साम्प्रदायिक पत्ते खेलने शुरू कर दिए थे। इसका परिणाम यह हुआ कि अब तक कांग्रेस में रहे कई राष्ट्रवादी मुसलमान नेताओं को यह विश्वास हो चला था कि उनका कांग्रेस में रहकर उसके टिकट पर जीतना सम्भव नहीं था। इनमें चौधरी ख़लीक़ुज़्ज़मा, नवाब इस्माइल ख़ाँ, हाफ़िज मुहम्मद इब्राहीम और सैयद अली ज़हीर प्रमुख थे। अतः इन लोगों ने लीग की सदस्यता ग्रहण कर ली और उसी के टिकट पर चुनाव लड़े। कांग्रेस से लीग में गए नेताओं का सम्पर्क कांग्रेस में अपने साथियों से बना हुआ था। कांग्रेस के प्रतिष्ठित नेता रफ़ी अहमद किदवई और चौधरी

ख़लीक़ुज़्ज़मा आपस में गहरे मित्र थे। ख़लीक़ुज़्ज़मा कांग्रेस की अखिल भारतीय कार्यकारिणी के सदस्य रह चुके थे। मुस्लिम लीग ने ग्रामीण क्षेत्र में सत्ताईस और शहरी क्षेत्र में बारह उम्मीदवार खड़े किए थे। यह जानकारी दिलचस्प होगी कि कांग्रेस ने शहरी क्षेत्र के लीग के उम्मीदवारों के ख़िलाफ़ अपने उम्मीदवार खड़े नहीं किए थे। इससे इस बात की पुष्टि होती है कि कांग्रेस और लीग के बीच एक अलिखित समझौता था। कांग्रेस में अभी भी प्रान्तीय और ज़िला स्तर पर कई प्रभावशाली मुसलमान नेता थे। अतः शहरी क्षेत्र के लीग के उम्मीदवारों का विरोध न कर कांग्रेस ने उसके प्रति सद्भावना का ही संकेत दिया था। ग्रामीण और शहरी क्षेत्र की कुल चौंसठ (64) मुसलमान सीटें थीं, जिनमें से उनतालीस (39) सीटों से मुस्लिम लीग ने उम्मीदवार खड़े किए थे। उनमें से उसे तीस सीटों (29 सामान्य और एक विशेष) पर सफलता प्राप्त हुई थी। यह लीग की पूरे हिन्दुस्तान में सबसे बड़ी चुनावी उपलब्धि थी। इसके बरअक्स कांग्रेस को एक सौ चौंसठ (164) सीटों में से एक सौ चवालीस (138 सामान्य और 8 विशेष) पर विजय मिली थी। इस तरह कांग्रेस को उत्तर प्रदेश सहित आठ प्रान्तों में स्पष्ट बहुमत मिल गया था।

जिन्ना के नेतृत्व में लीग का प्रदर्शन अधिकांश मुस्लिम-बहुल प्रान्तों में नगण्य ही नहीं, बल्कि दयनीय रहा। मद्रास और बम्बई प्रेसिडेंसी तथा उत्तर प्रदेश—इन तीन हिन्दू-बहुल प्रान्तों में लीग की जीती हुई सीटों से जिन्ना को थोड़ी सान्त्वना ज़रूर मिली। लीग इन तीनों प्रान्तों में कांग्रेस की कृपा से ही सत्ता-सुख का स्वाद ले सकती थी। चूँकि बम्बई प्रेसिडेंसी और उत्तर प्रदेश में मुस्लिम लीग को उनतालीस (39) और चौंसठ (64) सीटों में क्रमशः बीस (20) और तीस (30) सीटें मिली थीं, जिन्ना की दृष्टि इन्हीं दो प्रान्तों में सत्ता में कांग्रेस के साथ भागीदारी पर टिकी हुई थी। इन्हीं दो प्रान्तों में मुस्लिम लीग का संगठन व्यापक और ठोस था। जिन्ना के कांग्रेस के साथ सत्ता में लीग की भागीदारी के सोच को उनके उन सदाशय प्रयासों की पृष्ठभूमि में समझना चाहिए, जिसके फलस्वरूप जब वह दोनों के सदस्य थे तो लीग और कांग्रेस के कई अधिवेशन एक ही समय और एक ही स्थान पर साथ-साथ हुए थे। उत्तर प्रदेश चूँकि लीग का गढ़ सिद्ध हुआ था, जिन्ना के लिए वहाँ के लीग के नेताओं का उल्लेखनीय महत्त्व था। इसलिए उनकी वहाँ के सत्ता-सुख में भागीदारी की उत्कट इच्छा को समझ पाने में कठिनाई नहीं होनी चाहिए। उनके आकर्षण के परिणामस्वरूप ही कई प्रतिष्ठित नेता कांग्रेस छोड़कर लीग में आए थे। अतः वहाँ की सत्ता में उनकी सम्मानजनक भागीदारी जिन्ना को अपने अनुयायियों की दृष्टि में अपनी साख और विश्वसनीयता की कसौटी लग रही थी। उत्तर प्रदेश के गठित होनेवाले मन्त्रिमंडल में दो मुसलमान सीटें थीं। जिन्ना और उनके सहयोगी लीग को प्रान्त के मुसलमानों का एकमेव प्रतिनिधि मानकर मन्त्रिमंडल की दोनों मुसलमान सीटें अपने दो नेताओं, चौधरी ख़लीक़ुज़्ज़मा और नवाब इस्माइल ख़ाँ के लिए चाहते थे। पर कांग्रेस में लीग की इस माँग को लेकर गहरा अन्तर्द्वन्द्व चल रहा था। प्रान्तीय कांग्रेस ख़ासकर नेहरू का मानना था कि दोनों

मुसलमान सीटें लीग को देने का मतलब होगा उसके मुसलमानों के एकमेव प्रतिनिधि होने के दावे को मान लेना। और इस प्रकार जिन्ना के कांग्रेस को मात्र हिन्दुओं का दल घोषित किए जाने के आरोप को स्वीकार कर लेना।

अभी भी कांग्रेस में काफ़ी मुसलमान कार्यकर्ता और नेता थे। भले ही उनमें से सिर्फ़ रफ़ी अहमद किदवई ही चुनाव जीत पाए थे, किन्तु उनकी कांग्रेस में सक्रिय भागीदारी अभी भी उल्लेखनीय थी। लीग की दोनों सीटों के दावे को मानने से निश्चय ही कांग्रेस के निष्ठावान मुसलमान कांग्रेसी आहत होते। अतः कांग्रेस एक सीट चुनाव जीतकर आए रफ़ी अहमद किदवई को देना चाहती थी। शेष एक सीट लीग को देने के लिए वह तैयार थी। लीग का कहना था कि अगर कांग्रेस अपने एक मुसलमान सदस्य को मन्त्रिमंडल में शामिल करने को बज़िद थी तो उसे वह सीट ग़ैरमुस्लिम सदस्यों में से देनी चाहिए। लीग को प्रान्त के मुसलमानों का एकमात्र प्रतिनिधि मानना कांग्रेस के लिए इसलिए भी सम्भव नहीं था, क्योंकि लीग को मुसलमानों की चौंसठ (64) सीटों में से केवल तीस सीटें ही प्राप्त हुई थीं। शेष चौंतीस (34) सीटों में से निर्दलीय को चौबीस (24) और नेशनलिस्ट एग्रीकल्चरिस्ट पार्टी (प्रान्त के बड़े ज़मींदारों का दल) तथा कांग्रेस को दस (10) सीटें गई थीं। लीग को कुल मुसलमान सीटों में से केवल तैंतालीस प्रतिशत (43%) सीटें ही मिली थीं। अतः उसको दोनों मुस्लिम सीटों में से एक ही देना कांग्रेस के नेताओं को न्यायसंगत लग रहा था।

जवाहरलाल नेहरू पर बाद के कई इतिहासकारों ने उँगली उठाते हुए कहा है कि यदि जिन्ना की ज़िद मानकर उत्तर प्रदेश के मन्त्रिमंडल की दोनों मुसलमान सीटें लीग को दे दी गई होतीं तो लीग की अलगाववादी राजनीति में इतनी उग्रता न आती और पाकिस्तान की माँग को इतना बल न मिलता। यह बात मौलाना आज़ाद ने 'इंडिया विंस फ्रीडम' (भारत ने आज़ादी जीती) नामक अपनी बहुचर्चित पुस्तक में विस्तारपूर्वक कही है। नेहरू के जीवनीकार एस. गोपाल और उस समय के सुप्रसिद्ध पत्रकार फैंक मोरेस ने भी यही मत व्यक्त किया है। यहाँ पर यह तथ्य अच्छी तरह ध्यान में रखने लायक़ है कि मौलाना आज़ाद के प्रयासों से ही प्रान्त के उलेमा चुनाव में कांग्रेस के साथ रहे। अपने प्रभावशाली गरिमामय व्यक्तित्व, इस्लाम धर्म तथा इस्लामी संस्कृति के व्यापक और गम्भीर ज्ञान के साथ ओजस्वी वक्तृता और विचारपूर्ण लेखन के लिए हिन्दुस्तान ही नहीं, बल्कि प्रायः सभी मुस्लिम देशों में मौलाना आज़ाद की भारी प्रतिष्ठा थी। ज्ञान और प्रतिष्ठा में कोई भी मुस्लिम लीग का नेता उनके घुटने तक नहीं आता था। डॉ. इक़बाल निश्चय ही एकमात्र अपवाद थे। पर वह सन् 1937 के चुनाव के बाद दिवंगत हो चुके थे। उन्होंने पंजाब के बाहर चुनाव सभाओं में भाग भी नहीं लिया था। जिन्ना की प्रतिष्ठा सिर्फ़ पश्चिमी शिक्षा प्राप्त भद्रलोकीय मुसलमानों में ही थी। साम्प्रदायिक पत्ते खेलने के पहले सामान्य मुसलमान जनता में जिन्ना की पहुँच सम्भव नहीं हो सकी थी। इस पृष्ठभूमि में जमीयतुल उलेमा के तत्त्वावधान में उत्तर प्रदेश के प्रायः सभी उलेमा कांग्रेस के साथ रहे। ख़िलाफ़त-आन्दोलन के दौरान जिन्ना की

भूमिका लोग अभी भूले नहीं थे।

अपनी पुस्तक 'पाकिस्तान की राह' (पाथ वे टु पाकिस्तान) में चौधरी खलीक़ुज़्ज़मा ने बताया है कि चुनाव के बाद मौलाना आज़ाद ने उनसे कहा था कि कांग्रेस को उन्हें अपने मन्त्रिमंडल में शामिल करने में निहायत ख़ुशी होगी, अगर वह (चौ. खलीक़ुज़्ज़मा) सुनिश्चित कर सकें कि लीग एक अलग राजनीतिक दल के रूप में अपना अस्तित्व समाप्त कर कांग्रेस के विधायक दल का हिस्सा बन जाय। इसके लिए खलीक़ुज़्ज़मा तथा लीग के अन्य विधायकों का तैयार होना असम्भव था। सिर्फ़ हाफ़िज़ मोहम्मद इब्राहीम मात्र ऐसे विधायक थे जिन्होंने न केवल लीग से, बल्कि विधायक पद से भी इस्तीफ़ा देकर कांग्रेस के टिकट पर पुनः चुनाव लड़ा और उसके बाद मन्त्री बने। स्वतन्त्रता के बाद भी वह उत्तर प्रदेश और केन्द्र में लम्बे अरसे तक मन्त्री रहे। जिन्ना ने मुस्लिम लीग का प्रान्त में अस्तित्व ही समाप्त करने की मौलाना आज़ाद की कोशिश के लिए उन्हें आजीवन माफ़ नहीं किया। मौलाना आज़ाद के लिए कटुतम भाषा और अपमानजनक विशेषण इसके बाद वह हमेशा इस्तेमाल करते रहे। मौलाना आज़ाद ने जहाँ नेहरू पर जिन्ना और लीग के प्रान्त के मन्त्रिमंडल की दोनों मुसलमान सीटों के दावे को नामंज़ूर कर पाकिस्तान का मार्ग प्रशस्त करने का दोषारोपण किया है, वहीं उन्होंने इसका ज़रा-सा भी ज़िक्र नहीं किया है कि उनके लीग के विधायक-दल को कांग्रेस विधायक-दल में विलय करने की शर्त ने लीग और जिन्ना के तेवर उग्र से उग्रतर करने और उसकी अलगाववादी राजनीति की गति तेज़तर करने में कितना दुर्भाग्यपूर्ण योगदान दिया।

संयुक्त प्रान्त के मन्त्रिमंडल की दोनों मुसलमान सीटों पर लीग के दावे को नेहरू द्वारा न मानने के पीछे कौन-सी परिस्थितियाँ थीं, इस पर दुर्भाग्यवश अधिकांश इतिहासकारों का ध्यान अभी तक नहीं गया है। पाकिस्तानी मूल की इतिहासकार (जो पहले इंग्लैंड में, अब अमेरिका में भारतीय उपमहाद्वीप के आधुनिक इतिहास के विद्वत्तापूर्ण और खोजपूर्ण अध्ययन के लिए प्रतिष्ठित हैं) आयशा जलाल अभी तक मात्र अकेली हैं, जिन्होंने पूरी स्थिति की गहराई में जाकर इस पर अपने विचार दिए हैं। उनके अनुसार आठ प्रान्तों में कांग्रेस अपना मन्त्रिमंडल बनाने जा रही थी। उसके अपने ही अन्दर पहले से बने वाम और दक्षिणपंथी गुटों में टकराव की स्थिति बनी रहती थी। अतः एक सर्वथा दूसरे दल के हाईकमान से संचालित एक स्वतन्त्र अलग दल के दो प्रतिनिधियों को मन्त्रिमंडल में शामिल कर कांग्रेस अपनी मुसीबतें और नहीं बढ़ाना चाहती थी। आयशा जलाल ने अपनी बात सूत्रवत कही है। इस पर भाष्य आवश्यक है। कांग्रेस में हर प्रान्त के गुटों के बीच आपसी घात-प्रतिघात के कई स्थानीय कारण थे। पर सभी प्रान्तों में एक समान कारण था। वह था दल में वामपन्थी और दक्षिणपन्थी सोच के बीच तेज़ी से होता ध्रुवीकरण। सभी प्रान्तों में नेहरू की छत्रछाया में समाजवादी विचारधारा से प्रेरित युवा कांग्रेसियों का एक वामपन्थी गुट तैयार हो गया था। विभिन्न प्रान्तों में इसके महत्त्वपूर्ण नेता थे—आचार्य नरेन्द्र देव, जयप्रकाश नारायण, अच्युत

पटवर्धन, अशोक मेहता, यूसुफ़ मेहरअली, फरीदुल हक़ अंसारी, डॉ. राम मनोहर लोहिया, उषा मेहता, अरुणा आसफ़ अली, कमलादेवी चट्टोपाध्याय, मीनू मसानी, ई.एम.एम. नम्बूदरीपाद, ए.के. गोपालन, ज़ेड. ए. अहमद, मियाँ मोहम्मद इफ़्तखारुद्दीन, एन.जी. गोरे, एस.एम. जोशी और डॉ. सम्पूर्णानन्द आदि। डॉ. रफ़ी अहमद किदवई भी इसमें शामिल थे। नेहरू ने अवध के किसानों के ज़मींदारों द्वारा दमन और शोषण को बहुत नज़दीक से देखा था और इससे गहरे विचलित हुए थे। अतः सत्ता में आने पर अपने समाजवादी सोच से प्रेरित वह भूमि विषयक क़ानूनों में व्यापक सुधार लाना चाहते थे, जिससे ज़मींदारों की ज़्यादती से मज़लूम किसानों और खेतिहर मज़दूरों को राहत मिल सके। इस तरह के सोच का कांग्रेस का यथास्थितिवादी और दक्षिणपन्थी धड़ा सक्रिय विरोध कर रहा था। सामन्ती संस्कारों और किसी भी प्रगतिशील सोच से अछूते दो यथास्थितिवादी मुस्लिम लीग के मन्त्रियों को मन्त्रिमंडल में शामिल कर नेहरू अपनी मुसीबत में कोई इज़ाफ़ा नहीं करना चाहते थे। इस पृष्ठभूमि में संयुक्त प्रान्त के मन्त्रिमंडल की दोनों मुसलमान सीटों पर लीग के दावे को न मान पाने की नेहरू की विवशता को समझने का प्रयास ज़्यादा तर्कसंगत और यथार्थपरक होगा।

नेहरू द्वारा लीग की दोनों मन्त्रिमंडलीय सीटों की माँग की अस्वीकृति को पाकिस्तान निर्माण का प्रेरक मानना निहायत इकहरे और सरलीकृत सोच का परिचायक होगा। एक बात और ख़ासतौर से ध्यान देने योग्य है। अभी तक इस विषय पर विचार के समय पाकिस्तान में हुए लेखन की ओर ध्यान नहीं दिया गया है। जिन्ना वस्तुतः बहुत ऊँचे दाँव का जुआ खेल रहे थे। वह कांग्रेस और उसके नेताओं—विशेष रूप से गांधी, नेहरू और आज़ाद को मुसलमानों की निगाह में खलनायक सिद्ध करने की अत्यन्त सुविचारित रणनीति तैयार करने में लगे थे। संयुक्त प्रान्त के अलावा लीग का प्रदर्शन बॉम्बे प्रेसिडेंसी में भी बहुत अच्छा था। वहाँ उसे उनतालीस में बीस (20) सीटें मिली थीं। यह जिन्ना का अपना कार्यक्षेत्र था। कांग्रेस ने यहाँ का चुनाव बी.जी. खेर के नेतृत्व में लड़ा था। खेर को पता था कि जिन्ना की सद्भावना के बिना यहाँ सरकार चलाना काफ़ी मुश्किल होगा। उन्हें मुस्लिम लीग को मन्त्रिमंडल की मुस्लिम सीटें देने पर एतराज़ नहीं था। इस पर बातचीत के लिए उनके और लीग के सहयोग हेतु जब वह जिन्ना से मिले तो उन्होंने (जिन्ना ने) फ़िलहाल टालने के लिए कहा कि पहले गांधी से कहो मुझसे बात करें। इस दौर के राजनीतिक घटनाक्रम के कई पाकिस्तानी विश्लेषकों ने जिन्ना को एक कुशल राजनीतिक रणनीतिकार सिद्ध करते हुए बताया है कि वह अपने पत्ते सीने से लगाकर रखते थे। वह क्या चाहते थे, यह ज़ाहिर नहीं होने देते थे। जब तक मुसलमानों की निगाह में वह कांग्रेस को एक हिन्दू दल सिद्ध कर अपनी और लीग की पैठ उनमें अधिक-से-अधिक बढ़ा न लेते, तब तक वह दरअसल इसे ज़ाहिर नहीं होने देना चाहते थे। अगर कांग्रेस और नेहरू संयुक्त प्रान्त में उनकी और लीग की अलिखित माँगें मान भी लेते, तो वह अपनी रणनीति के तहत उनमें कुछ और भी माँगें जोड़ देते। चौ. खलीक़ुज़्ज़मा की पुस्तक 'पाकिस्तान की राह' (पाथ वे टु पाकिस्तान)

से इस विचार की पुष्टि होती है। चौधरी खलीक़ुज़्ज़मा ने एक और दिलचस्प तथ्य का उद्‌घाटन किया है। उन्होंने बताया है कि दरअसल अन्दर से जिन्ना स्वयं संयुक्त प्रान्त में लीग और कांग्रेस के बीच सहकार के पक्ष में इसलिए नहीं थे क्योंकि इस दिशा में प्रान्त के लीग के नेताओं ने प्रयास उनकी (जिन्ना की) पूर्वानुमति के बिना प्रारम्भ किए थे। कन्हैयालाल माणिकलाल मुंशी (जोकि बम्बई प्रेसिडेंसी के पहले गृहमन्त्री बने) ने बताया है कि धीरे-धीरे यह बात कांग्रेस के नेताओं को पता चल गई थी। ऐसी स्थिति में लीग के मन्त्रियों को कांग्रेस के मन्त्रिमंडलों में शामिल करने का मतलब था कि हर निर्णय पर जिन्ना की पूर्वानुमति की शर्त के पालन के लिए तैयार रहना। लीग के मन्त्रियों के माध्यम से इस तरह पूरा कांग्रेसी मन्त्रिमंडल जिन्ना के हाथ की कठपुतली बनकर रह जाता। कांग्रेस को अपनी स्वायत्तता की क़ीमत पर इस विषम और दुर्भाग्यपूर्ण स्थिति को न्योता देना स्वीकार नहीं था। इस प्रकार समूची वस्तुस्थिति को ध्यान में रखकर तत्कालीन संयुक्त प्रान्त के मन्त्रिमंडल की दोनों सीटें मुस्लिम लीग को न देने के फलस्वरूप पाकिस्तान के निर्माण का मार्ग प्रशस्त करने का जवाहरलाल पर दोषारोपण एकांगी और असंगत प्रतीत होता है।

मार्च, 1938 में इकतालीस वर्ष की उम्र में सुभाष चन्द्र बोस कांग्रेस के अध्यक्ष निर्वाचित हुए। लीग और जिन्ना ने कांग्रेसी मन्त्रिमंडलों के विरुद्ध एक अत्यन्त दुर्भावनापूर्ण अभियान पूरे देश में चला रखा था जिसके दौरान विभिन्न कांग्रेस-शासित प्रान्तों में कांग्रेसियों द्वारा मुसलमानों के विरुद्ध अनेक प्रकार की ज़्यादतियों का दुष्प्रचार किया जा रहा था। गांधी इससे चौंक गए थे। उन्होंने इसकी जाँच हिन्दुस्तान के चीफ़ जस्टिस से कराने का प्रस्ताव रखा। पर जिन्ना इसके लिए रॉयल कमीशन की नियुक्ति पर ज़ोर दे रहे थे। बाद में वॉयसराय ने स्वयं जाँच कराने के बाद लगभग सभी आरोपों को निराधार पाया। मुसलमानों की धार्मिक भावनाओं को उत्तेजित करने के लिए जिस प्रकार साम्प्रदायिक आधार पर जिन्ना और लीग का दुष्प्रचार पूरे देश को विषाक्त बना रहा था, उससे कांग्रेस के सभी ज़िम्मेदार नेता विचलित थे।

जिन्ना और नेहरू के विचारों और अन्तर्सम्बन्धों की एक झाँकी उनके बीच हुए पत्र-विनिमय से मिलती है। 25 फ़रवरी, 1938 को नेहरू ने जिन्ना को लिखा था कि "डरते हुए ही सही, मुझे इस बात को ज़रूर मान लेना चाहिए कि अभी तक मैं यह जान नहीं पाया कि विवाद के मूल मुद्‌दे क्या हैं। इस कारणवश मैं आपसे आग्रह करता आया हूँ कि आप उन्हें स्पष्ट करें। अभी तक मुझे इस दिशा में कोई मदद नहीं मिल पाई है।" कांग्रेस का अध्यक्ष पद सुभाष को सौंपने के ठीक पहले 8 मार्च, 1938 को नेहरू ने जिन्ना को एक और विस्तृत पत्र लिखा, जिसमें उन्होंने उन विवादास्पद मुद्‌दों को उनसे (जिन्ना से) बताने का आग्रह किया, जिनके कारण दोनों समुदायों में दरार आ रही थी और जिनके निराकरण से हिन्दू-मुस्लिम एकता का मार्ग प्रशस्त हो सकता था। नेहरू ने अपने पत्र में विशेष रूप से कहा था कि "प्रभावी ढंग से काम करने के लिए या किसी कार्य के बारे में सोचने के पहले मेरा दिमाग़ स्पष्टता चाहता है।

अस्पष्टता या असली मुद्दे से कतराने से सन्तोषजनक नतीज़े पर नहीं पहुँचा जा सकता। यह अजीब लगता है कि मेरे बार-बार आग्रह के बावजूद मुझे यह नहीं बताया गया कि वह कौन से मुद्दे हैं, जिन पर विचार-विमर्श होने हैं।'' जिन्ना ने उत्तर में लिखे अपने 17 मार्च, 1938 के पत्र में यद्यपि नेहरू के पत्र के इस अंश को उद्धृत किया था किन्तु उन्होंने कोई भी स्पष्ट सुझाव या शिकायतों का विवरण देने से यह कहकर मना कर दिया था कि एक पेटीशनर (याचिकाकर्ता) के बतौर वह सभी शिकायतें और सुझाव इकट्ठा कर उनके (नेहरू) और उनके साथियों के विचार के लिए पेश नहीं कर सकते। जिन्ना ने आगे जोड़ा था कि चूँकि वह (नेहरू) अब कांग्रेस के अध्यक्ष नहीं रह गए थे, इसलिए उन्हें चाहिए कि वह अपनी पार्टी से कहें कि वह आधिकारिक रूप से उनसे (जिन्ना से) इस संम्बन्ध में सम्पर्क करें, जिससे कि वह मुस्लिम लीग की कार्यकारिणी के सामने पूरे मामले को रख सकें। नेहरू को मार्च, 1938 में ही जिन्ना ने अपने एक और तल्ख़ पत्र में लिखा था कि ''मैं आपके अज्ञान पर चकित हूँ। ये मामले वही हैं, जिनसे देश के लगभग सभी प्रमुख नेता सन् 1925 से 1938 तक जूझते रहे हैं और अब तक इसका कोई हल नहीं निकल पाया है। मेरा आपसे निवेदन है कि आत्मतुष्टि का मार्ग छोड़कर आप उनका अध्ययन करें और अगर आप इस मामले में गम्भीर हैं तो मैं नहीं मानता कि विवाद के असली मुद्दे समझने में आपको कोई परेशानी दरपेश आएगी।''

नेहरू ने उक्त पत्र से यह स्पष्ट समझ लिया था कि जिन्ना का इशारा मुस्लिम लीग की पिछले पन्द्रह वर्षों के दौरान समय-समय पर की गई माँगों की ओर है। अतः कांग्रेस का अध्यक्ष पद छोड़ने के बावजूद उन्होंने 6 अप्रैल, 1938 को जिन्ना को फिर लिखा—''ज़ाहिर है मुस्लिम लीग एक महत्त्वपूर्ण साम्प्रदायिक संगठन है और उसके साथ हम इसी आधार पर बातचीत करते रहे हैं। पर हमें अपनी निगाह की ज़द में आनेवाले सभी संगठनों और व्यक्तियों से बातचीत करनी पड़ती है...अपरिहार्य रूप से जितना महत्त्वपूर्ण संगठन होता है, उतना ही अधिक ध्यान उसकी ओर दिया जाता है। पर यह महत्त्व बाह्य स्वीकृति से नहीं, बल्कि उसकी अन्तर्निहित शक्ति से पैदा होता है। दूसरे संगठन जो ज़्यादा पुराने नहीं हैं और छोटे हैं, उनकी उपेक्षा सम्भव नहीं है।'' जिन्ना को कांग्रेस अध्यक्ष नेहरू के पत्र का व्यंग्यार्थ समझने में ज़रा भी देर नहीं लगी। निश्चय ही नेहरू का संकेत जमीयतुल उलमा द्वारा प्रेरित आज़ाद मुस्लिम कांफ़्रेंस, ख़ुदाई ख़िदमतगार, शिया पोलिटिकल कांफ़्रेंस, मज्लिसे इस्लाम, मोमिन कांफ़्रेंस, कृषक प्रजा पार्टी, अंजुमनेवतन तथा अहरार पार्टी जैसे राजनीतिक-सामाजिक मुसलमान संगठनों की ओर था, जो मुस्लिम लीग की विचार-सरणि से सर्वथा असहमत थे। जिन्ना इस पत्र से तिलमिला उठे थे। 16 अप्रैल, 1938 को नेहरू को लिखा उनका पत्र इसका प्रत्यक्ष प्रमाण है। एक हद तक इस पत्र के प्रारम्भ की भाषा अशालीन मानी जा सकती है—''मुझे ऐसा लगता है कि आप मेरा पत्र सही तरह से समझ तक नहीं सकते...आपके पत्र की भाषा और उसके लहज़े से आपका वही पहलेवाला अहंकार और उग्र भाव

झलकता है। उससे ऐसा लगता है कि कांग्रेस मानो एक सार्वभौम सत्ता है...मैंने सार्वजनिक रूप से अक्सर कहा है कि जब तक कांग्रेस मुस्लिम लीग को पूरी तरह समानता के स्तर पर स्वीकार नहीं करती और इस आधार पर हिन्दू-मुस्लिम समस्या के निराकरण पर बातचीत नहीं करती, तब तक हम इन्तज़ार करेंगे और अपनी 'अन्तर्निहित' शक्ति पर भरोसा रखेंगे...आपकी मानसिकता को ध्यान में रखते हुए आपको स्थिति के बारे में और आगे समझा पाना मेरे लिए दरअसल निहायत मुश्किल हो रहा है।"

अपनी माँगों, सुझावों और शर्तों को ज़ाहिर न करना और दूसरे पक्ष से मिल सकनेवाली रियायतों और सुविधाओं की ज़्यादा-से-ज़्यादा जानकारी हासिल कर अपनी माँगें और बोल चतुराई से और ऊँचे उठाते जाना जिन्ना का चिर-परिचित खेल बन गया था। इसे वे पूरी कुशलता से खेल रहे थे। हर एक बात को एक वकील की पैनी निगाह से देखना और हर क़दम एक कुशल राजनीतिज्ञ के सोचे-समझे दाँव के तहत उठाना अब जिन्ना के व्यक्तित्व का महत्त्वपूर्ण हिस्सा था। निश्चय ही उदारमना भावुक और सरलहृदय नेहरू इस क्षेत्र में जिन्ना के सामने कहीं नहीं ठहरते थे। जिन्ना लिखित रूप से कुछ देकर बँधना नहीं चाहते थे। दूसरी ओर वे नेहरू और तत्कालीन कांग्रेस अध्यक्ष सुभाष से बातचीत कर अपने अनुयायियों की निगाह में अपना क़द किसी भी हालत में घटाना नहीं चाहते थे। कांग्रेस की प्राथमिक सदस्यता से गांधी के अलग हो जाने के बावजूद उन्हें पक्का विश्वास था कि कांग्रेस की कुंजी गांधी के ही पास थी। कांग्रेस को एक प्रतिनिधि हिन्दू संगठन और गांधी को एक सर्वाधिक महत्त्वपूर्ण हिन्दू नेता सिद्ध करते हुए वह लीग को एकमेव प्रतिनिधि मुस्लिम संगठन और स्वयं को गांधी के समकक्ष सर्वाधिक महत्त्वपूर्ण मुस्लिम नेता के रूप में लन्दन से लौटने के बाद लगातार पेश करते आए थे। अतः गांधी से बातचीत करने से उनका क़द देश और विदेश दोनों जगह बढ़ता था। गांधी इस समय वर्धा में अस्वस्थ थे। उन्होंने अपनी बीमारी का सन्दर्भ देते हुए जिन्ना से आग्रह किया था कि कलकत्ता से बम्बई लौटते समय वह एक दिन के लिए वर्धा में उनसे मिलते हुए जाएँ। जिन्ना के कुछ पाकिस्तानी प्रशंसकों ने लिखा है कि गांधी का यह आग्रह उन्होंने इसलिए स्वीकार नहीं किया, क्योंकि उनके और लीग के अनुयायियों की निगाह में इसे उनकी कमज़ोरी समझे जाने की आशंका थी। बहरहाल अस्वस्थ गांधी उनसे मिलने स्वयं उनके घर बम्बई पहुँचे। वार्ता का कोई परिणाम नहीं निकला। गांधी ने वार्ता के दौरान कुछ नोट लिए थे। वे उन्होंने जवाहरलाल नेहरू को भेज दिए। इसके बाद नेहरू के सुझाव पर सुभाष कांग्रेस अध्यक्ष के रूप में जिन्ना से मिले। पर मुद्दों की स्पष्टता के अभाव में यह भेंट भी निष्फल रही।

नेहरू और जिन्ना के आपसी सम्बन्ध सामान्य कभी नहीं रहे। हैक्टर बोलिथो ने जिन्ना की जीवनी में एक दिलचस्प प्रसंग का उल्लेख किया है। इब्राहीम हबीबुल्लाह नामक बम्बई का एक तरुण विद्यार्थी ऑक्सफ़ोर्ड यूनिवर्सिटी से पढ़ाई ख़त्म कर तुरन्त लौटा था। वह जिन्ना के एक दोस्त का भतीजा था। एक सभा में नेहरू और जिन्ना

दोनों को एक ही मंच से भाषण देना था। भाषण के बाद वह जिन्ना के साथ लौट रहा था, रास्ते में जिन्ना ने उससे कहा कि क्या तुम नहीं सोचते कि नेहरू बकवास कर रहे थे ? हबीबुल्लाह ने प्रतिवाद करते हुए कहा कि "नहीं, मैं उनके सभी विचारों से सहमत हूँ।" इसके बाद नेहरू के भाषण के किसी अंश का सन्दर्भ देते हुए उन्होंने कहा, "जंगल का क़ानून हमेशा से चला आया है। जब तक तुम इसे नहीं समझ जाते, तुम सनकी रहोगे।" हबीबुल्लाह ने नेहरू से सम्बन्धित भाषण के अंश का समर्थन करते हुए कहा कि, "हम अपने को मनुष्य मानते हैं, क्योंकि हम जंगल के क़ानून से मुक्त हो चुके हैं। अगर आप इसे नहीं मानते तो आप यक़ीनन सनकी हैं।" क्षण-भर के लिए जिन्ना स्तब्ध रह गए थे। फिर तुरन्त ख़ुश होते हुए बोले, "वाह, मुझे तुम जैसे नौजवानों की ही ज़रूरत है। तुम मेरे साथ आ जाओ।"

जिन्ना और नेहरू एक मंच से अन्तिम बार सन् 1936 के प्रारम्भ में लखनऊ में आयोजित ऑल इंडिया स्टूडेंट्स कांफ्रेंस के मंच से बोले थे। इस छात्र संगठन के पहले अधिवेशन में नेहरू उसके उद्‌घाटन के लिए और जिन्ना अध्यक्षता के लिए निमन्त्रित थे। सन् 1937 में ऑल इंडिया मुस्लिम स्टूडेंट्स फ़ेडरेशन के संस्थापक सचिव मुहम्मद नोमान भी इस अधिवेशन में अलीगढ़ मुस्लिम विश्वविद्यालय के छात्रों के प्रतिनिधि के रूप में शामिल हुए थे। अधिवेशन में आए छात्रों में मुसलमान छात्रों की संख्या नगण्य थी। इसके बावजूद जिन्ना ने कांग्रेस को हिन्दू हितों की एक राजनीतिक संस्था सिद्ध करने में ज़रा भी संकोच नहीं किया था। उसके तुरन्त बाद उनकी प्रेरणा से मुस्लिम छात्र महासंघ का गठन हुआ। नोमान उसके सचिव बने।

द्वितीय विश्व महायुद्ध के दौरान अंग्रेज़ सरकार ने सितम्बर, 1939 के पहले सप्ताह में इंग्लैंड के साथ हिन्दुस्तान को भी जर्मनी के ख़िलाफ़ युद्धरत घोषित कर दिया था। युद्ध के प्रारम्भ में कांग्रेस की सहानुभूति अंग्रेज़ सरकार के साथ थी। 5 सितम्बर को गांधी ने कहा था, "फ़िलहाल मैं हिन्दुस्तान की मुक्ति के बारे में नहीं सोच रहा हूँ। थोड़ी आगे-पीछे वह हमें मिलेगी ही। पर उस समय क्या होगा, जब इंग्लैंड और फ़्रांस आततायी जर्मनी के हाथों पराजित हो जाएँगे।" युद्ध जब प्रारम्भ हुआ था तो नेहरू चीन में थे। लौटकर 8 सितम्बर को नेहरू ने कहा था कि कांग्रेस इस युद्ध के दौरान अंग्रेज़ों की कठिनाइयों से किसी भी तरह का लाभ नहीं उठाना चाहती। प्रजातन्त्र और फ़ासीवाद के बीच टकराव में कांग्रेस हमेशा प्रजातन्त्र की पक्षधर है। पर 11 अक्तूबर को नेहरू ने कांग्रेस की कार्यकारिणी की वर्धा में आयोजित बैठक में कहा कि "एक गुलाम हिन्दुस्तान अंग्रेज़ों की सहायता में स्वयं को असमर्थ पाता है। अतः अंग्रेज़ों को चाहिए कि वह हिन्दुस्तान की आज़ादी का एलान करें। आज़ाद हिन्दुस्तान ही अपनी पूरी ताक़त से उनकी मदद कर सकता है।" एकाएक कांग्रेस ने गांधी और नेहरू के आश्वासन के बावजूद यदि स्वतन्त्रता और प्रजातन्त्र की घोषणा की शर्त युद्ध में सहयोग के लिए लगा दी थी तो इसके पीछे लेबर पार्टी का वह आश्वासन था जिसके अनुसार इन माँगों का मान लिया जाना सम्भव प्रतीत हो रहा था। 11 अक्तूबर, 1939 को सर

स्टैफोर्ड क्रिप्स का नेहरू को लिखा पत्र उसका साक्षी है, जिसमें स्वतन्त्रता और प्रजातन्त्र की माँग को लेकर कांग्रेस को चट्टान की तरह दृढ़ और अडिग खड़े रहने की राय एकाधिक बार दी गई थी। अंग्रेज़ इस समय अपने इतिहास का कठिनतम युद्ध लड़ रहे थे। अतः लेबर पार्टी के प्रयासों और आश्वासनों के बावजूद हिन्दुस्तान की आज़ादी उनकी पहली प्राथमिकता नहीं हो सकती थी। अपनी माँग अन्ततः न मानने से नाराज़ कांग्रेस की सभी आठ प्रान्तों (आसाम, बिहार, बम्बई, मध्य भारत, मद्रास, उड़ीसा, संयुक्त प्रान्त (उ.प्र.), सीमान्त प्रदेश) की सरकारों ने नवम्बर के पूर्वार्ध में इस्तीफ़ा दे दिया। इस स्थिति का पूरा लाभ मुस्लिम लीग और जिन्ना को मिला। अंग्रेज़ सरकार से निकटता विकसित करने का उन्हें एक अभूतपूर्व मौक़ा मिल गया। कांग्रेस से निराश अंग्रेज़ों को अब अधिक-से-अधिक युद्ध प्रयासों में सहायता के लिए लीग तथा हिन्दुस्तान के रजवाड़ों पर आश्रित होना पड़ा। 2 दिसम्बर, 1939 को जिन्ना ने एक बयान देकर 22 दिसम्बर को कांग्रेस के मुस्लिम दमनकारी शासन से छुटकारा पाने के लिए मुक्ति और धन्यवाद दिवस मनाने की घोषणा की। 22 दिसम्बर को शुक्रवार था—सामूहिक नमाज़ का दिन। जिन्ना के बयान की भाषा घोर साम्प्रदायिक थी। इससे मुसलमानों की धार्मिक भावनाएँ गम्भीर रूप से भड़क सकती थीं। कांग्रेस के सभी नेता इससे चिन्तित और विचलित थे। 7 दिसम्बर को नेहरू ने जिन्ना को लिखा था कि वह जल्दी बम्बई आनेवाले हैं और उनसे मिलने की उम्मीद रखते हैं। तब तक नेहरू को लीग के 22 दिसम्बर के कार्यक्रम की जानकारी नहीं थी। 8 दिसम्बर के अख़बारों में इसके बारे में विस्तृत जानकारी छपी। विचलित नेहरू ने 9 दिसम्बर को जिन्ना को लिखा कि "समस्या के बारे में उनकी ख़्वाहिश और रोशनी की रही है पर वह उन्हें अभी मिल नहीं सकी।" नेहरू के दिमाग़ में जिन्ना के साथ हुए उनके पूर्ववर्ती पत्र-व्यवहार घूम रहे थे, जिसमें उन्होंने उन मुद्दों को स्पष्ट करने का आग्रह जिन्ना से किया था, जिन पर बातचीत सुविचारित ढंग से सम्भव हो सके और जिसे जिन्ना सुनियोजित ढंग से अस्पष्ट रखना चाहते थे।

नेहरू के 9 दिसम्बर, 1939 के पत्र का जवाब चार दिन बाद जिन्ना ने अपने 13 दिसम्बर के पत्र से दे दिया। उस समय नेहरू बम्बई में ही थे। उन्होंने तुरन्त उसका उत्तर दूसरे ही दिन 14 दिसम्बर को रवाना कर दिया। लगता है जिन्ना उनके पत्र की प्रतीक्षा ही कर रहे थे। उन्होंने पत्र मिलते ही 15 दिसम्बर को एक छोटा सा पत्र नेहरू को भेजा। इस श्रृंखला का आख़िरी पत्र थोड़ा विस्तार के साथ नेहरू ने 16 दिसम्बर को लिखा। जिस त्वरा के साथ नेहरू और जिन्ना के बीच इन पाँच पत्रों का विनिमय हुआ वह अपने आप में एक अनूठी मिसाल है। अपने पत्रों में जिन्ना का एक ही आग्रह था कि मुस्लिम लीग को अल्पसंख्यक मुसलमानों की एकमात्र प्रतिनिधि संस्था मानकर उसे बराबरी का दर्जा देते हुए हिन्दुस्तान के बहुसंख्यकों की प्रतिनिधि संस्था के रूप में कांग्रेस हिन्दू-मुस्लिम विवाद के हल के लिए उनसे बात करे। जिन्ना का कहना था कि कांग्रेस देश में सभी का प्रतिनिधित्व नहीं करती। नेहरू का कहना था कि "निश्चय

ही कांग्रेस उनका प्रतिनिधित्व नहीं करती, जो उसके विचारों से असहमत थे। वह सिर्फ़ अपने अनुयायियों और सदस्यों का ही प्रतिनिधित्व करती है। ठीक उसी तरह लीग भी अपने सदस्यों और सहानुभूति रखनेवालों का ही प्रतिनिधित्व करती है।'' उन्होंने बताया कि जिस तरह उनका (जिन्ना का) कहना था कि कांग्रेस सभी हिन्दुस्तानियों का प्रतिनिधित्व नहीं करती, उसी तरह हिन्दू महासभा भी यह एलान करती आई है कि कांग्रेस सभी हिन्दुओं का प्रतिनिधित्व नहीं करती। लीग और कांग्रेस का अन्तर स्पष्ट करते हुए नेहरू ने जोड़ा था कि ''जहाँ लीग की सदस्यता का द्वार सिर्फ़ मुसलमानों के लिए खुला था, कांग्रेस की सदस्यता देश के सभी धर्मों, वर्गों और पूरे समाज के सदस्यों के लिए उपलब्ध थी। इस तरह कांग्रेस का एक राष्ट्रीय आधार था, जिसे वह अपने अस्तित्व का अन्त किए बिना किसी भी हालत में छोड़ नहीं सकती थी।'' जिन्ना और नेहरू के बीच इस पत्र-व्यवहार से एक बात और भी उभरकर सामने आती है। नेहरू इनमें एकाधिक बार निष्कवच होते हैं और आत्मनिरीक्षण की मनोदशा का संकेत देते हैं। 8 अक्तूबर के अपने पत्र में वह जिन्ना को लिखते हैं कि वह उनके इस विचार से पूर्णतः सहमत हैं कि हिन्दू-मुस्लिम समस्या का अब तक कोई मैत्रीपूर्ण हल न निकल पाना एक ट्रैजेडी है। वह कहते हैं—''मैं ख़ुद को लेकर भयानक रूप से दुखी और शर्मिन्दा अनुभव करता हूँ कि मैं अब तक इस समस्या के हल की दिशा में कोई सार्थक योगदान नहीं दे पाया। मैं आपसे यह क़बूल करता हूँ कि मुझे लगता है कि इस मामले में मैंने अपना आत्मविश्वास खो दिया है, हालाँकि अमूमन मेरे साथ ऐसा होता नहीं है। मेरा अपना दिमाग़ दूसरे स्तर पर संचालित होता है, जबकि मेरी अधिकांश रुचियों की दिशाएँ एकदम अलग हैं। और इस तरह यद्यपि मैंने इस समस्या पर बहुत सोचा है और इसकी अधिकांश उलझनों को मैं समझता हूँ, फिर भी मुझे लगता है कि इस बारे में मानो मैं एक बाहरी व्यक्ति हूँ और अन्तर्मन से एक अजनबी।'' एक ओर नेहरू जहाँ अपने पत्रों में अपना मन खोलकर रख दे रहे थे, वहीं जिन्ना दूसरी ओर चतुर शतरंज के खिलाड़ी की तरह अपनी एक-एक चाल किसी स्पष्ट मुद्दे पर बिना वचनबद्ध हुए अत्यन्त सुनियोजित ढंग से खेल रहे थे। वह नेहरू के पत्रों या किसी बयान से कोई वाक्य एक वकील की कुशलता से चुन लेते थे और इसे सन्दर्भ से अलग कर उन्हें (नेहरू को) कटघरे में खड़ा करने की कोशिश करते थे। उदाहरणार्थ 17 मार्च, 1938 के अपने पत्र में हरिपुरा कांग्रेस के अधिवेशन के एक सत्र में नेहरू का निम्नलिखित कथन उन्होंने उद्धृत किया है—

''मैंने तथाकथित साम्प्रदायिक सवाल को दूरबीन से परखा है और अगर वहाँ कुछ नहीं है तो आप क्या देख सकते हैं।''

नेहरू वस्तुतः जिन्ना की अपनी माँगों और शिकायतों को स्पष्ट रूप से न बताने और किसी बात से बँधे बिना संवाद चलाने की रणनीति की ओर संकेत कर रहे थे। पर इसे जिन्ना ने एक कुशल वकील के वाक्-कौशल से एक उलटा रंग देने की कोशिश की थी। अपने पत्र के साथ उन्होंने 'स्टेट्समैन' और 'न्यू टाइम्स' में छपे दो लेखों की

कतरनें लगा दी थीं। इसके अलावा एम.एस. अणे के एक इंटरव्यू का भी उन्होंने सन्दर्भ दिया था, जिसमें मुस्लिम लीग की सम्भावित माँगों का ज़िक्र था। यह निहायत दिलचस्प है कि अपनी बात सीधे न कहकर दूसरे क्या कह रहे थे, उसे पढ़ने और समझने की वह नेहरू से उम्मीद कर रहे थे। पर हर सदाशयता के बावजूद शायद पारदर्शी और भावुक नेहरू का जिन्ना को उपकृत करने का धैर्य अब तेज़ी से चूकता जा रहा था।

मार्च, 1942 में प्रधानमन्त्री चर्चिल ने सर स्टैफोर्ड क्रिप्स को हिन्दुस्तानी नेताओं से मिलकर यहाँ चल रहे राजनीतिक गतिरोध का हल तलाशने के लिए भेजा था। क्रिप्स इस समय लेबर पार्टी से नाता तोड़ हाउस ऑफ़ कामन्स में सत्तारूढ़ दल के नेता बन गए थे। क्रिप्स के अनेक सुझावों में एक महत्त्वपूर्ण सुझाव यह भी था कि जो प्रान्त प्रस्तावित संघात्मक (फ़ेडरल) व्यवस्था के सदस्य नहीं रहना चाहेंगे, उन्हें उससे अलग होने का प्रावधान संविधान में सन्निहित रहेगा। जिन्ना इसे एक तरह से अपनी पाकिस्तान की माँग की स्वीकृति मानते थे। कांग्रेस ने क्रिप्स के प्रस्तावों को यह कहकर नामंज़ूर कर दिया था कि उसमें निर्वाचित जनप्रतिनिधियों को समुचित अधिकार देने का प्रावधान नहीं था। गांधी ने क्रिप्स के प्रस्तावों को एक तेज़ी से गिरती साखवाली दिवालिया होती बैंक के नाम बाद की तारीख़ का चेक कहा था (ऐ पोस्टडेटेड चेक इन दी नेम ऑफ़ ए क्रैशिंग बैंक)। क्रिप्स कांग्रेस और उसके बड़े नेताओं ख़ासकर गांधी और नेहरू के प्रशंसक, मित्र और शुभचिन्तक थे। उन्हें इस बात से बहुत धक्का लगा कि उन्हें कांग्रेस और उसके नेताओं से किसी प्रकार का सहयोग नहीं मिल पाया। गांधी और नेहरू की प्रतिक्रियाओं से उन्हें विशेष निराशा हुई। अप्रैल के अन्त में निराश क्रिप्स लन्दन लौट गए। अगस्त, 1942 में गांधी के 'अंग्रेज़ो, भारत-छोड़ो' आन्दोलन और 'करो या मरो' नारों के साथ क्रान्ति की प्रबल चिनगारी पूरे देश में फैल गई। इस अप्रत्याशित जनरोष से विचलित अंग्रेज़ इस देशव्यापी हलचल पर अपनी दृढ़ दमनकारी नीतियों के फलस्वरूप क़ाबू पाने में जल्द ही कामयाब हो गए।

जुलाई, 1945 में क्लेमेंट एटली के प्रधानमन्त्रित्व में समाजवादी रुझान की लेबर पार्टी इंग्लैंड में चुनाव जीतकर सत्तारूढ़ हुई। अगस्त, 1945 में जापान के बिना शर्त आत्मसमर्पण के साथ द्वितीय विश्व महायुद्ध का पूर्णतः पटाक्षेप हो गया। लेबर पार्टी की सरकार और उसके सांसदों में एटली समेत अनेक ऐसे सदाशय उदारचेता सदस्य थे, जो हिन्दुस्तान की आज़ादी और प्रजातन्त्र की माँग के प्रति सहानुभूति रखते थे। उनके सत्ता में आते ही हिन्दुस्तान में राजनीतिक प्रक्रिया शुरू करने की दिशा में त्वरित प्रयास जोरों से प्रारम्भ हो गए। लेबर पार्टी की सरकार का एक प्रारम्भिक महत्त्वपूर्ण निर्णय था सन् 1946 के प्रारम्भ में हिन्दुस्तान में आम चुनाव कराना। इस चुनाव में जिन्ना ने मुस्लिम लीग में प्राण फूँकने और उसे मुसलमानों की एक व्यापक जनाधारवाली पार्टी बनाने की जो जीतोड़ कोशिशें सन् 1937 के चुनाव के बाद की थीं, वे रंग लाईं। मुस्लिम-बहुल प्रान्तों में 1937 में लीग का जो दयनीय प्रदर्शन था वह अब इतिहास बन चुका था। सन् 1946 के प्रारम्भ में हुए आम चुनाव में अब सिन्ध, पंजाब,

बंगाल और सीमा-प्रान्त में लीग को क्रमशः 28, 75, 115, 17 सीटें मिली थीं। सन् 1937 की तुलना में निश्चय ही मुस्लिम-बहुल प्रान्तों में लीग का प्रदर्शन बहुत अच्छा था। पर जहाँ सीमा-प्रान्त में कांग्रेस को फिर स्पष्ट बहुमत प्राप्त हो गया था, मुस्लिम लीग वहीं किसी भी प्रान्त में अपने बूते पर सरकार बनाने की स्थिति में नहीं थी। इसे एक विडम्बना ही मानना चाहिए कि सभी प्रान्तों के कुल मुसलमान मतों का 74.7% मत प्राप्त करने के बावजूद लीग अपने बल पर किसी प्रान्त में सरकार बनाने की स्थिति में नहीं थी। यह जिन्ना के लिए गहरी चिन्ता का विषय था। पर वह चिन्तित तो थे, हताश नहीं। मुसलमानों के इस व्यापक अप्रत्याशित जनसमर्थन से उनका मनोबल बहुत ऊँचा उठ गया था। ज्ञातव्य है कि द्वितीय विश्व महायुद्ध के समाप्त होते ही जिन्ना वाइसराय लॉर्ड वेवल तथा इंग्लैंड में वहाँ की सरकार और अपने शुभचिन्तकों को महायुद्ध के दौरान किए गए वादों को अमली जामा पहनाने की याद दिलाने लगे थे। यह पृष्ठभूमि देश के विभाजन और स्वतन्त्रता-प्राप्ति के तुरन्त पहले के द्रुतगति घटनाक्रम को समझने के लिए आवश्यक है।

अगस्त, 1942 के भारत-छोड़ो अन्दोलन के तुरन्त पहले क्रिप्स मिशन के प्रस्ताव कांग्रेस ने नामंज़ूर कर दिए थे। जिन्ना इसे पूरी तरह नामंज़ूर करने के पक्ष में नहीं थे। प्रान्तों के लिए संघीय व्यवस्था से निकलने की जिस स्पष्ट सुविधा का प्रस्तावित संविधान में प्रावधान रखने का सुझाव दिया गया था, उसे जिन्ना काफ़ी हद तक एक प्रकार से पाकिस्तान की माँग की स्वीकृति का शुभ संकेत ही मानते थे। पर वह बजाय किसी अप्रत्यक्ष संकेत के इस सम्बन्ध में स्पष्ट आश्वासन चाहते थे। संकट की घड़ी में उन्होंने और लीग ने द्वितीय विश्वयुद्ध के दौरान जिस तरह अंग्रेज़ों का साथ दिया था, उसकी क़ीमत वह अब पूरी तरह वसूलना चाहते थे। जनवरी, 1946 के चुनाव के उपरान्त हिन्दुस्तान की राजनीतिक सत्ता यहाँ के लोगों की आशा-आकांक्षाओं के अनुरूप हस्तान्तरित करने के लिए एटली सरकार दृढ़संकल्प थी। इसके लिए यहाँ के राजनीतिक दलों और महत्त्वपूर्ण व्यक्तियों से विचार-विमर्श कर आम सहमति बनाने के लिए एक उच्चस्तरीय कैबिनेट मिशन हिन्दुस्तान भेजने की सरकार ने घोषणा की। यह मिशन 23 मार्च, 1946 को हिन्दुस्तान पहुँचा, मिशन के नेता लॉर्ड पेथिक लारेंस और अन्य दो सदस्य सर स्टैफोर्ड क्रिप्स और ए.वी. अलेक्जेंडर थे। मिशन हिन्दुस्तान पहुँचकर यहाँ के प्रमुख राजनीतिक दलों के प्रतिनिधियों, नेताओं तथा विभिन्न महत्त्वपूर्ण व्यक्तियों से विचार-विमर्श करता रहा। जिन्ना को क्रिप्स से खास शिकायत थी। उनका मानना था कि क्रिप्स का व्यवहार कांग्रेस के नेताओं ख़ासकर गांधी और नेहरू की तुलना में पिछले हिन्दुस्तान आगमन के दौरान उनके प्रति काफ़ी ठंडा और विपरीत पक्षपातपूर्ण रहा। बहरहाल, कैबिनेट मिशन गांधी तथा कांग्रेस के प्रमुख नेताओं नेहरू, आज़ाद, पटेल और डॉ. राजेन्द्र प्रसाद से लगातार बातचीत करता रहा। मुस्लिम लीग में सिर्फ़ जिन्ना ही ऐसे थे, जिनसे मिशन का सम्पर्क था। जिन्ना महत्त्वपूर्ण विचार-विमर्श में प्रायः लीग के किसी भी नेता—यहाँ तक कि लियाक़त अली को भी साथ रखना पसन्द नहीं करते

थे। मिशन को लगने लगा था कि काम उससे कई गुना कठिन है, जितना कि सोचकर उसके सदस्य लन्दन से चले थे।

कई मुलाक़ातों और विस्तृत विचार-विमर्श के बाद कैबिनेट मिशन ने एक प्रस्ताव तैयार किया। इसके अन्तर्गत हिन्दुस्तान के प्रान्तों को तीन वर्गों में बाँटा गया। 'ए' वर्ग में हिन्दू-बहुल प्रान्त रखे गए। 'बी' वर्ग में पश्चिम के मुस्लिम-बहुल प्रान्त—पंजाब, सीमान्त प्रदेश और सिन्ध तथा 'सी' वर्ग में पूरब के मुस्लिम-बहुल प्रान्त—बंगाल और आसाम रखे गए। इन प्रान्तों की स्वायत्तता के साथ अपने-अपने वर्ग का संविधान अलग बनाने की सुविधा का प्रावधान भी उक्त प्रस्ताव में था। इन प्रान्तों को एक केन्द्रीय संघीय व्यवस्था के अन्तर्गत रखा गया था, जिसके पास केवल देश की सुरक्षा, विदेशी मामले, संचार जैसे तीन विभाग रखने का सुझाव था। बाक़ी सभी विषय प्रान्तों के अधिकार-क्षेत्र में दिए जाने थे। प्रत्येक दस वर्ष की अवधि के बाद कोई भी प्रान्त अपनी विधायिका में बहुमत के प्रस्ताव के अनुसार वर्ग के संविधान पर पुनर्विचार की माँग कर सकता था और उससे अलग हो सकता था। इसके साथ कैबिनेट मिशन ने वॉयसराय के उस प्रस्ताव को पुनर्जीवित किया, जिसके अनुसार संविधान-सभा की विधिवत बैठक शुरू होने के पहले एक अन्तरिम सरकार गठित करने का सुझाव था। इस सरकार में लीग और कांग्रेस को बराबर-बराबर पाँच सीटें और एक-एक सीट 'अछूतों' और सिक्खों के प्रतिनिधियों को दी जानी थी। कैबिनेट ने पूरा यत्न किया था कि लीग और जिन्ना की साम्प्रदायिक आधार पर हिन्दुस्तान के बँटवारे की माँग के बावजूद देश की एकता और अखंडता किसी-न-किसी तरह सुरक्षित रखी जाए। कैबिनेट मिशन ने अपनी योजना की विस्तारपूर्वक जानकारी 16 मई, 1946 की रात को विश्व स्तर पर प्रसारित रेडियो ब्रॉडकास्ट में दी थी। मिशन के बयान के अन्तिम वाक्य इस प्रकार थे :

''हम उन सभी से जिनके दिल भावी हिन्दुस्तान की भलाई की भावना से जुड़े हैं, अपील करते हैं कि वे अपनी दृष्टि अपने समुदाय और उसके सीमित हितों के दायरे से ऊपर उठाएँ और पूरे चालीस करोड़ लोगों के हितों के बारे में सोचें। हम आपके साथ विश्व के महान देशों के बीच आपकी सतत विकासमान समृद्धि और एक ऐसे भविष्य की प्रतीक्षा कर रहे हैं, जो आपके अतीत से कई गुना गौरवशाली होगा।''

गांधी कैबिनेट मिशन के इस बयान के निहितार्थ से अभिभूत थे। उन्होंने कहा था कि ''इसमें दुःख की इस धरती को यातना और कष्ट से मुक्ति प्रदान करने के बीज सन्निहित हैं।'' 6 जून, 1946 को जिन्ना ने मुस्लिम लीग की कार्यसमिति को समझाया कि मुसलमान-बहुल प्रान्तों का हिन्दू-बहुल प्रान्तों से अलग वर्गीकरण कर तथा उन्हें स्वायत्तता देने के प्रावधान के साथ कैबिनेट मिशन ने काफ़ी हद तक पाकिस्तान को आधारभूत रूप में मान लिया है। उन्होंने उम्मीद जताई कि अन्ततः इसके आगे की मंज़िल सार्वभौम सत्ता सम्पन्न पाकिस्तान की स्थापना की ही होगी। पर साथ ही उन्होंने यह भी कहा कि कैबिनेट मिशन ने बात आधे रास्ते में ही छोड़ दी है। उन्होंने अंग्रेज़ सरकार और कांग्रेस से अपनी दृढ़प्रतिज्ञ पतली अँगुली से इशारा करते हुए चेतावनी के

स्वर में कहा कि "इस समय हिन्दुस्तान की आज़ादी का सबसे आसान रास्ता है कि पाकिस्तान की माँग मान ली जाए। या तो आप इस पर राजी हों और नहीं तो हर विरोध और बाधा के बावजूद हम इसे हासिल करके रहेंगे।" इसके बावजूद जिन्ना ने कैबिनेट मिशन की योजनाओं को अपनी और लीग की ओर से स्वीकृति दे दी थी। हाउस ऑफ़ कामन्स में हिन्दुस्तानी मामलों के मन्त्री पेथिक लारेंस तथा क्रिप्स ने अपने सहयोगियों के विरोध के बावजूद जिन्ना द्वारा मिशन की योजनाओं की मंज़ूरी को उनके साहस और राजनेतृत्व (स्टेट्समैनशिप) के गुण का परिचायक बताया था।

पर कांग्रेस मुस्लिम-बहुल प्रान्तों के अलग वर्गीकरण तथा अन्तरिम सरकार में दोनों दलों को बराबर संख्या में स्थान दिए जाने के प्रावधान से एकदम सहमत नहीं थी। सीमा प्रान्त के वरिष्ठ कांग्रेस नेता ख़ान अब्दुल गफ़्फ़ार ख़ाँ और वहाँ के कांग्रेसी मुख्यमन्त्री डॉ. ख़ान साहब अपने प्रान्त के पंजाब और सिन्ध के साथ वर्गीकरण के विरुद्ध थे। कांग्रेस उनकी भावनाओं और संवेदनाओं की उपेक्षा नहीं कर सकती थी। इसके अतिरिक्त आसाम को जहाँ मुसलमान बहुमत में नहीं थे, कांग्रेस मुस्लिम-बहुल बंगाल के साथ उसके वर्ग में रखने के पक्ष में नहीं थी। उसी तरह अन्तरिम सरकार में लीग के साथ समानता के दर्जे पर उसे घोर आपत्ति थी। 10 जून, 1946 को कांग्रेस के इन विचारों से अवगत कराने के लिए नेहरू और आज़ाद, लॉर्ड वेवल तथा कैबिनेट मिशन के दो सदस्यों पेथिक लारेंस और अलेक्जेंडर के पास पहुँचे। ज्ञातव्य है कि क्रिप्स इस समय बीमार थे और अस्पताल में भर्ती थे। कांग्रेस नेताओं ने पेथिक लारेंस और अलेक्जेंडर को स्पष्ट बता दिया था कि उनका दल प्रस्तावित अन्तरिम सरकार में मुस्लिम प्रतिनिधियों के मनोनयन पर लीग के एकाधिकार को स्वीकार नहीं कर सकता। मन्त्रिमंडल में कांग्रेस के प्रतिनिधियों में एक मुसलमान मन्त्री अवश्य होगा। मिशन को सैद्धान्तिक रूप में कांग्रेस के इस आग्रह पर आपत्ति नहीं थी। किन्तु पेथिक लारेंस के अनुसार यदि कांग्रेस का यह आग्रह मान लिया गया तो जिन्ना लीग को इस मन्त्रिमंडल में शामिल नहीं होने देंगे। कांग्रेस ने इस हालत में सरकार में शामिल होने में असमर्थता व्यक्त की। यह समाचार जिन्ना को 24 जून को मिल गया था। वह सरकार में सभी मुस्लिम प्रतिनिधियों को लीग द्वारा चुने जाने की अपनी माँग पर अडिग थे। दोनों दलों के अड़ियल रवैए से तंग आकर 26 जून को कैबिनेट मिशन ने अपनी प्रस्तावित योजना वापस ले ली। जिन्ना ने वॉयसराय पर उन्हें दिए गए अपने वायदे से मुकरने का आरोप लगाया।

इसी बीच जुलाई (1946) के प्रारम्भ में संविधान-सभा का चुनाव सम्पन्न हुआ। इसमें 79 मुस्लिम सीटों में से लीग को 76 सीटों पर विजय प्राप्त हुई। कांग्रेस ने 292 सीटें जीतीं। यह चुनाव मुसलमानों के लिए पृथक निर्वाचन क्षेत्र के आधार पर हुआ था। प्रत्येक दस लाख मतदाताओं में से संविधान-सभा के लिए एक सदस्य चुना गया था। कांग्रेस और लीग दोनों पार्टियाँ अपनी-अपनी विजय पर उल्लसित थीं। इसी बीच नेहरू 10 जुलाई को पुनः चौथी बार कांग्रेस के अध्यक्ष चुन लिए गए थे। उसी दिन अपनी

पत्रकार-सभा में नेहरू ने कहा था कि हिन्दुस्तान के प्रान्तों का संघ जब औपचारिक रूप से अस्तित्व में आएगा तो उसमें धर्म के आधार पर प्रान्तों के वर्गीकरण की सम्भावना बहुत कम रहेगी। नेहरू के अनुसार हिन्दुओं और मुसलमानों के बीच की साम्प्रदायिक समस्या देश का आन्तरिक मामला था, जिसे लीग और कांग्रेस के सदस्यों के बहुमत की सहमति से हल कर लिया जाएगा। मुस्लिम-बहुल प्रान्तों के हिन्दू-बहुल प्रान्तों से अलग वर्गीकरण को जिन्ना पाकिस्तान की आधारशिला मानते थे। नेहरू द्वारा इसकी अस्वीकृति उस आधारशिला को ही ध्वस्त करती थी।

यहाँ नेहरू के बयान पर सरदार वल्लभभाई पटेल की प्रतिक्रिया की जानकारी दिलचस्प होगी। डॉ. पी.एन. चोपड़ा द्वारा सम्पादित सरदार वल्लभभाई पटेल के भाषणों, लेखों और पत्रों के संकलन (दि कलेक्टेड वर्क्स ऑफ़ सरदार वल्लभभाई पटेल) के दसवें खंड में मध्य भारत के वरिष्ठ कांग्रेस नेता और बाद में वहाँ के मुख्यमन्त्री द्वारका प्रसाद मिश्र को सम्बोधित एक पत्र है। इसमें पटेल ने लिखा है कि "यद्यपि नेहरू चौथी बार कांग्रेस अध्यक्ष बने हैं, पर अभी भी वह एक बच्चे के भोलेपन (चाइल्डलाइक इन्नोसेंस) के साथ काम करते हैं, जिससे वह हम सबको अत्यन्त अप्रत्याशित रूप से बहुत बड़ी कठिनाइयों में डाल देते हैं। स्वतन्त्रता और देशभक्ति के प्रति नेहरू की गहरी भावनात्मक प्रतिबद्धता की मुक्तकंठ प्रशंसा करते हुए उक्त पत्र में पटेल ने उनके कुछ कामों की गम्भीर आलोचना की है, जिसमें संविधान-सभा के लिए सिक्ख प्रतिनिधियों के चुनाव में उनके हस्तक्षेप और कांग्रेस अध्यक्ष निर्वाचित होते ही तुरन्त आयोजित पत्रकार-सम्मेलन में कैबिनेट मिशन के बारे में उनकी नकारात्मक प्रतिक्रिया को विशेष रूप से रेखांकित किया गया है। पटेल स्वयं कैबिनेट मिशन के प्रस्तावों के पक्ष में थे। उनके अनुसार संविधान-सभा बन जाने के साथ अन्तरिम सरकार में मुस्लिम लीग के पास निषेधाधिकार (वीटो) की ताक़त नहीं बच पाती। उन्हें उम्मीद थी कि मुस्लिम-बहुल प्रान्तों के साथ वर्गीकरण का विरोध शीघ्र ही इसके सदस्य ख़ुद करने लगेंगे। उनका मानना था कि अखिल भारतीय कांग्रेस समिति की बैठक में 7 जुलाई, 1946 के नेहरू के भाषण और उसके तीन दिन बाद पत्रकार-सम्मेलन में ये बयान कि बहुसंख्यक और अल्पसंख्यक के बीच की समस्या हिन्दुस्तान का आन्तरिक मसला था जिसमें अंग्रेज़ों की दख़लअन्दाज़ी बर्दाश्त नहीं की जाएगी, जिन्ना के लिए बहुत कारगर साबित हुए। इससे जिन्ना को पाकिस्तान की माँग और ज़ोरदार ढंग से पूरी आक्रामकता के साथ उठाने का बहाना मिल गया। अन्ततः 29 जुलाई, 1946 को जिन्ना ने कैबिनेट मिशन के प्रस्तावों को लीग की ओर से दी गई मंज़ूरी वापस ले ली। आज़ादी मिलने के पहले ही संविधान-सभा को सार्वभौम सत्ता-सम्पन्न मानने के नेहरू के विचार से पटेल सहमत नहीं थे।

29 जुलाई को लीग ने कैबिनेट मिशन के प्रस्तावों की नामंज़ूरी के साथ एक और प्रस्ताव पारित किया, जिसमें पाकिस्तान हासिल करने के लिए मुसलमानों का सीधी कार्यवाही के लिए आह्वान किया गया था। जिन्ना ने साफ़ एलान किया था कि "आज

हम संविधान और संवैधानिक रास्ते को अलविदा कहते हैं। अभी तक समझौते के लिए किए गए प्रयासों के दौरान उन दोनों पक्षों ने, जिनसे हमने बातचीत की, हमारे ऊपर पिस्तौल तान रखी थी—एक के पास मशीनगन और सत्ता थी तो दूसरे के पास असहयोग और सार्वजनिक अवज्ञा आन्दोलन की डरावनी धमकी। इसका हमें अब डटकर मुक़ाबला करना है। पिस्तौल हमारे पास भी है।" सीधी कार्यवाही (डाइरेक्ट एक्शन) के लिए 16 अगस्त, 1946 की तारीख़ और जुमे का दिन (शुक्रवार) चुना गया। इस दिन मुसलमानों से पूरे देश में हड़ताल का आह्वान किया गया। इसी दिन से पूरे देश में भीषण साम्प्रदायिक दंगों का दौर शुरू हुआ। कलकत्ते में सबसे भीषण दंगे हुए, जिनमें 16 से 20 अगस्त के दौरान 16,000 लोग मारे गए और उससे दूनी संख्या में लोग गम्भीर रूप से घायल हुए। इसमें बंगाल के हुसैन शहीद सुहरावर्दी के नेतृत्व में बनी लीग की सरकार पर दंगे भड़काने और उससे फैली साम्प्रदायिकता की प्रचंड आग को जान-बूझकर हवा देने के गम्भीर आरोप लगाए गए। दंगे की यह आग कराची, बम्बई, दिल्ली, लाहौर तथा कई और छोटे-बड़े शहरों में अपनी पूरी भयावहता के साथ फैली। कलकत्ता के नरसंहार की सबसे तीव्र प्रतिक्रिया बिहार में हुई।

सीधी कार्यवाही के आह्वान से कांग्रेस के नेता काफ़ी चिन्तित थे। इसी बीच लॉर्ड वेवल ने मुस्लिम लीग के आक्रामक तेवर को नज़रअन्दाज़ कर नेहरू को कांग्रेस अध्यक्ष के रूप में अन्तरिम सरकार बनाने का प्रस्ताव देने के लिए निमन्त्रित किया। उन्होंने इस सम्बन्ध में जिन्ना से पहले बात करने का विकल्प नेहरू पर छोड़ दिया। 10 अगस्त को नेहरू ने वेवल का निमन्त्रण स्वीकार कर वर्धा से 13 अगस्त को जिन्ना को संयुक्त अन्तरिम सरकार बनाने में सहयोग देने के लिए पत्र लिखा। जिन्ना ने इसके जवाब में लिखा कि उन्हें पता नहीं है कि उनके (नेहरू के) और वेवल के बीच क्या बातचीत हुई। अगर वेवल ने आपके सुझाव मान लिए हैं तो मुझे इससे कुछ मतलब नहीं है, लेकिन अगर आप कांग्रेस की ओर से हिन्दू-मुस्लिम समस्या के हल और इस दिशा में चल रहे प्रयासों के रास्ते में जो गम्भीर गतिरोध आ गया है, उसके बारे में बातचीत के लिए मिलना चाहते हैं तो उन्हें 6 बजे शाम को आपसे मिलकर मुझे ख़ुशी होगी। 15 अगस्त, 1946 को आज़ादी मिलने के ठीक एक साल पहले नेहरू जिन्ना से उनके आवास पर शाम 6 बजे उनसे मिले। उन्होंने जिन्ना से कहा कि संविधान-सभा में किसी भी महत्त्वपूर्ण साम्प्रदायिक विषय पर कोई कार्यवाही नहीं की जाएगी, जब तक कि दोनों दलों (कांग्रेस और लीग) का बहुमत उसे मान न ले। किसी मुद्दे पर विवाद की स्थिति में मामला फ़ेडरल कोर्ट (संघीय न्यायालय—वर्तमान उच्चतम न्यायालय) को रेफर कर दिया जाएगा। इसके अलावा कैबिनेट की चौदह सीटों में पाँच-पाँच बराबर सीटें लीग और कांग्रेस के पास होंगी। उन्होंने जिन्ना से यह भी कहा कि कांग्रेस अपने कोटे में से एक सीट अपने दल के एक मुस्लिम नेता को देना चाहेगी। इस पर लीग को आपत्ति नहीं होनी चाहिए। मुस्लिम-बहुल प्रान्तों के अलग वर्गीकरण पर कांग्रेस को कोई एतराज़ नहीं होगा, यदि यह सम्बन्धित प्रान्तों की सहमति से होता है। जिन्ना ने नेहरू के सुझावों

को अस्वीकार करते हुए अन्तरिम सरकार में लीग के शामिल होने के प्रस्ताव को ठुकरा दिया। जिन्ना ने अपनी ओर से सिर्फ़ एक सुझाव दिया। वह था कि अगले छः माह के लिए सभी कार्यवाही स्थगित कर दी जाए।

जिन्ना की ज़िद और लीग की शह पर शुरू हुए दंगों से तंग आकर अन्ततः लॉर्ड वेवल ने 24 अगस्त, 1946 को घोषणा कर दी कि नेहरू के नेतृत्व में उनके तेरह सहयोगियों की अन्तरिम सरकार सितम्बर के पहले सप्ताह में सत्ता सँभाल लेगी। 26 अगस्त को जिन्ना ने वॉयसराय के इस अप्रत्याशित क़दम की ज़ोरदार भर्त्सना की। नेहरू ने अपने मन्त्रिमंडल में एक कांग्रेसी मुसलमान और दो ग़ैरमुस्लिम लीगी मुसलमान सर शफ़ात अहमद ख़ान और सैयद अली ज़हीर को शामिल किया था। इसने जिन्ना के लिए जले पर नमक छिड़कने जैसा काम किया। नतीजतन, वह तिलमिला उठे थे। बम्बई में उन्होंने कहा था कि जिन मुसलमानों को कांग्रेस की ओर से अन्तरिम सरकार में शामिल किया गया था, उन्हें हिन्दुस्तान के मुसलमानों का ज़रा-सा भी विश्वास और सम्मान प्राप्त नहीं था। यह सभी मानते थे कि बिना मुस्लिम लीग के प्रतिनिधियों के शामिल हुए अन्तरिम सरकार का चल पाना असम्भव था। इस विषम स्थिति में नवाब भोपाल ने नेहरू और जिन्ना को अपने आवास पर 5 अक्तूबर, 1946 को निमन्त्रित कर उन्हें आपस में बातचीत करने के लिए राज़ी कर लेने में किसी प्रकार कामयाबी हासिल कर ली। लगता है, दोनों ने थोड़ा खुलेपन से बातचीत की। ऐसा नेहरू के 6 अक्तूबर के और जिन्ना के 7 अक्तूबर के एक दूसरे को लिखे गए पत्रों से आभास मिलता है। नेहरू ने अपने पत्र में कहा था कि हमें अपने मतभेद आपसी समझदारी और बातचीत से बिना वॉयसराय या अंग्रेज़ सरकार के किसी प्रतिनिधि की दख़लअन्दाज़ी के सुलझा लेने चाहिए। इस दिशा में लीग की अन्तरिम सरकार में सक्रिय भागीदारी अत्यन्त महत्त्वपूर्ण क़दम होगा। इससे हम पूरे हिन्दुस्तान की ओर से एक प्रतिनिधि सरकार के रूप में कार्य कर सकेंगे। नेहरू ने उन सभी सरोकारों और समस्याओं की चर्चा अपने पत्र में की थी, जो जिन्ना ने उनके सामने रखे थे। जिन्ना का नेहरू को लिखा गया उत्तर भी प्रत्यक्षतः सदाशयतापूर्ण था। सामान्यतया जिन्ना के नेहरू को लिखे पत्रों की भाषा इधर इतनी नरम नहीं होती थी। जिन्ना निश्चय ही कहीं-न-कहीं आत्मग्लानि से अन्दर-ही-अन्दर ग्रस्त थे। मुस्लिम लीग में भी कुछ संवेदनशील नेता उनके द्वारा सीधी कार्यवाही के आह्वान की दबी-ढकी आलोचना कर रहे थे। इसमें राजा महमूदाबाद और इस्पहानी का नाम ख़ासतौर से उल्लेखनीय है। लॉर्ड वेवल को नवाब भोपाल से जिन्ना और नेहरू के बीच हुई बातचीत की जो रिपोर्ट मिली, उससे उनके कान एक बात पर ख़ासतौर से खड़े हो गए थे। उन्हें लगा कि नेहरू ने अपने पत्र में जो आपसी विवाद वॉयसराय या अंग्रेज़ सरकार के किसी प्रतिनिधि के हस्तक्षेप के बिना सुलझा लेने की बात कही थी, वह दरअसल वॉयसराय या गवर्नर जनरल के प्रभाव और महत्त्व को ख़त्म करने की दृष्टि से कही गई थी। उनकी नीयत इस सर्वोच्च पद को मात्र आलंकारिक पद में तब्दील कर देने की थी। वेवल इसके पहले नेहरू से मुस्लिम

लीग को अन्तरिम सरकार में शामिल करने के अपने प्रयासों की चर्चा करते समय कह चुके थे कि लीग को सरकार में शामिल करने के पीछे उनकी नीयत मन्त्रिमंडल में अंग्रेज़ी सरकार का कोई अपना दबाव गुट बनाने की क़तई नहीं थी। इस पृष्ठभूमि में उनकी दुश्चिन्ता को बेहतर समझा जा सकता है।

इस बार जिन्ना ने मन्त्रिमंडल में कांग्रेस के मुस्लिम प्रतिनिधि के शामिल किए जाने का कोई ख़ास विरोध नहीं किया। उन्होंने इसका जवाब ढूँढ़ लिया था। उन्होंने लीग के कोटे की सदस्य संख्या में एक बंगाली हिन्दू (अनुसूचित जाति के सदस्य) जोगेन्द्र नाथ मंडल को शामिल करने की घोषणा कर सबको चकित कर दिया था। मन्त्रिमंडल में शामिल होने के निर्णय के साथ लीग ने सरकार के तीनों महत्त्वपूर्ण विभागों—विदेश, गृह और रक्षा पर अपना दावा पेश कर दिया। ज्ञातव्य है कि ये तीनों विभाग नेहरू, पटेल और सरदार बलदेव सिंह के पास थे। गृह विभाग पर जिन्ना का ख़ास ज़ोर था। इस बीच 20 अक्तूबर को लियाक़त अली ने कराची के अपने एक भाषण में कहा कि लीग मन्त्रिमंडल में इसलिए शामिल हो रही है, क्योंकि कांग्रेस उसके ख़िलाफ़ थी। भाषण में उन्होंने पाकिस्तान की मंज़िल हासिल करने के लिए मुसलमानों को अपनी लड़ाई जारी रखने को उत्साहित किया था। नेहरू ने जिन्ना से कहा कि लीग की ओर से जारी यह बयान वापस लिया जाना चाहिए और उनकी ओर से यह आश्वासन दिया जाना चाहिए कि मन्त्रिमंडल के सभी सदस्य आपसी सहयोग और टीम भावना से काम करेंगे। पटेल के अन्तर्गत गृह मन्त्रालय की लीग की माँग को लेकर नेहरू ने साफ़ कर दिया था कि यदि यह माँग मान ली गई तो मन्त्रिमंडल के सभी कांग्रेसी सदस्य इस्तीफ़ा दे देंगे। बहरहाल लीग को वित्त विभाग से सन्तुष्ट होना पड़ा।

पूरे अक्तूबर में बंगाल ख़ासकर कलकत्ता में साम्प्रदायिक दंगों का दौर जारी रहा। 31 अक्तूबर को कांग्रेस की ओर से नेहरू और पटेल और लीग की ओर से लियाक़त और अब्दुल रब निश्तर वहाँ की हालत का जायज़ा लेने कलकत्ता पहुँचे। वहाँ के गवर्नर ने उन्हें सुझाव दिया कि स्थिति पर क़ाबू पाने के लिए सर्वदलीय सरकार का गठन अत्यन्त आवश्यक था। पर लीग कांग्रेस के साथ सत्ता में किसी तरह की भागीदारी के लिए तैयार नहीं थी। बंगाल के दंगों में मुस्लिम लीग के प्रच्छन्न समर्थन से हिन्दुओं के जान-माल की हानि सर्वाधिक हुई थी। इसकी प्रतिक्रिया में पड़ोसी बिहार में नवम्बर के दौरान भयानक दंगे हुए, जिसमें मुसलमानों को जान-माल की बहुत बड़ी हानि उठानी पड़ी। गांधी साम्प्रदायिकता की इस भीषण आग को बुझाने के लिए लगभग अकेले इन दोनों प्रान्तों में जूझते रहे। इसी बीच जिन्ना ने 15 नवम्बर, 1946 को 'डॉन' में एक विस्तृत साक्षात्कार के दौरान कहा कि अन्तरिम सरकार की भागीदारी ज़बर्दस्ती लीग पर थोपी गई। वह उसके पक्ष में बिल्कुल नहीं थे। उन्होंने एक बार फिर पूरे ज़ोर के साथ दोहराया कि पाकिस्तान का निर्माण ही साम्प्रदायिक समस्या का हल है। 22 नवम्बर को जिन्ना ने विधिवत् घोषणा कर दी कि मुस्लिम लीग का कोई सदस्य संविधान-सभा की बैठक में भाग नहीं लेगा। वेवल ने जिन्ना और लियाक़त को समझाने की जीतोड़

कोशिशें कीं। लेकिन वह असफल रहे। हताश-निराश वेवल ने साम्प्रदायिक दंगों तथा लीग के निर्णय की रिपोर्ट प्रधानमन्त्री एटली की सरकार को भेज दी। अन्ततः एटली ने लीग और कांग्रेस के प्रतिनिधियों को एक साथ विचार-विमर्श के लिए दिसम्बर के पहले सप्ताह में लन्दन बुलाया।

2 दिसम्बर, 1946 को विमान से कांग्रेस और लीग के प्रतिनिधियों के साथ लॉर्ड वेवल लन्दन रवाना हुए। मुस्लिम लीग के प्रतिनिधि जिन्ना और लियाक़त थे, कांग्रेस के प्रतिनिधि नेहरू और सरदार बलदेव सिंह। सरदार बलदेव सिंह के प्रतिनिधित्व के पीछे कांग्रेस का उद्देश्य था सिक्खों में आश्वस्ति का भाव जगाना। 'टाइम' पत्रिका का संवाददाता विमान में लॉर्ड वेवल सहित इन हिन्दुस्तानी नेताओं के साथ यात्रा कर रहा था। 16 दिसम्बर, 1946 के 'टाइम' के अंक में उक्त संवाददाता ने इस यात्रा का दिलचस्प विवरण दिया था। इसका शीर्षक था 'उड़ान कहीं भी नहीं की ओर' ('ए फ्लाइट टू नो व्हेयर')। विवरण के अनुसार विमान की पहली कतार की सीट पर जिन्ना बैठे थे—अपना बाज़ जैसा सर एक किताब में गड़ा जिसका शीर्षक था 'एक छला गया राष्ट्र' (ए नेशन बिट्रेड)। निश्चय ही पुस्तक का नाम उनकी उस समय की मनोदशा का संकेतक था। उनके पीछे नेहरू बैठे थे—पश्चिमी शैली के कपड़े पहने हुए। ये कपड़े आठ साल बाद उन्होंने पहली बार पहने थे। जब विमान कराची से माल्टा की ओर उड़ान भर रहा था, नेहरू रोजामंड लेहमान की पुस्तक 'दि बैलेड एंड दि सोर्स' और सिंक्लेयर लेविस की पुस्तक 'क्रॉस टिम्बर लेन' के पन्ने थोड़ी-थोड़ी देर बाद पलट रहे थे। यात्रा के दौरान वह सरदार बलदेव सिंह से बातें भी करते जा रहे थे। विमान की तीसरी कतार में लॉर्ड वेवल बैठे थे। पिछले तीन वर्षों में वह जिन्ना और नेहरू को समझौते के लिए एक जगह बैठाने की लगातार कोशिशें करते आए थे। अब हिन्दुस्तान में शान्ति की आशा अत्यन्त क्षीण धागे से लटकी हुई थी। अन्तरिक्ष में दोनों (जिन्ना और नेहरू) के बीच की दूरी बमुश्किल एक गज़ की थी पर राजनीति में दोनों एक दूसरे से कितनी दूर थे। इन सहयात्रियों को माल्टा में कुछ घंटे इन्तज़ार करना पड़ा, जहाँ सभी ने अपना समय अपने-अपने ढंग से बिताया। जब यह लोग विमान के लन्दन रवाना होने के पहले दुबारा मिले तो जिन्ना दोस्ताना अन्दाज़ में हल्की मुस्कराहट के साथ नेहरू की ओर मुख़ातिब हुए। उन्होंने नेहरू के पास जाकर सहज भाव से पूछा, "अच्छा, आज दिन-भर आपने क्या किया ?" नेहरू ने उत्तर दिया, "कुछ पढ़ा, कुछ सोए, कुछ टहले।" इसके बाद विमान लन्दन के लिए उड़ चला। लन्दन हवाई अड्डे पर वयोवृद्ध सुयोग्य लॉर्ड पेथिक लारेंस इन सबसे मिले। हवाई अड्डे के बाहर कोयले के ट्रकों, बसों और साइकिलों से स्वागत के लिए पहुँचे स्थानीय हिन्दुस्तानियों का हुजूम दिसम्बर की सुबह भयावह ठंड में अपने नेताओं की प्रतीक्षा कर रहा था। 'टाइम' के संवाददाता का यह विवरण एक से अधिक अर्थों में दिलचस्प है। जो पुस्तकें जिन्ना और नेहरू यात्रा के दौरान पढ़ रहे थे, उनसे उनके मनोजगत की एक हल्की-सी झाँकी भी मिलती है। जिन्ना के हाथ में जो किताब थी, उसके शीर्षक का अर्थ है 'एक छला गया राष्ट्र' ! निश्चय

ही आसन्न विभाजन से अविभाजित हिन्दुस्तान और विभाजन के कोख से जन्मे पाकिस्तान दोनों छले जाने के अभिशाप की प्रक्रिया से गुज़रनेवाले थे। विभाजन किसी भी समस्या का कारगर हल सिद्ध नहीं होने जा रहा था। पाकिस्तान की नियति कहीं अधिक दारुण होने जा रही थी। उसके गम्भीर रूप से बीमार जनक ने अपने इस मानसपुत्र को उसकी पहली वर्षगाँठ पर अलविदा कह दिया था—बिना अपना कोई विकल्प छोड़े। उस नवजात राष्ट्र के लिए इससे बड़ी छलना और क्या हो सकती थी। नेहरू जो पुस्तक पढ़ रहे थे, उसमें 'दि बैलेड एंड दि सोर्स' विक्टोरिया युगीन एक सुन्दर युवती की कहानी थी, जिसे अपने समय के नैतिक मूल्यों के विरुद्ध जाने के परिणामस्वरूप समाज से बहिष्कृत कर दिया गया था। क्रॉस टिंबरलेन भी एक विद्रोही स्वभाव की सुन्दर युवती की ही गाथा थी, जिसकी ओर क्रॉस टिंबरलेन नामक एक विधुर जज आकर्षित होते हैं और वह युवती स्वयं उनके एक मित्र पर मुग्ध हो उठती है। नेहरू के भावुक रोमानी स्वभाव के अनुरूप ही यह दोनों पुस्तकें थीं, जिनके भाव-जटिल पात्र हवाई यात्रा में उनके मानसिक सहयात्री थे।

नेहरू और जिन्ना एक दूसरे के बारे में क्या सोचते थे, इसकी झलक उनके एक दूसरे के बारे में की गई टिप्पणियों से मिलती है। दिसम्बर, 1945 में लीग ने केन्द्रीय विधायिका की तीस सीटें जीत ली थीं। कांग्रेस को पचपन सीटों पर विजय मिली थी। लीग की जीत वस्तुतः जिन्ना की व्यक्तिगत जीत थी। इस जीत से उत्साहित जिन्ना ने 25 दिसम्बर को लीग की एक विराट सभा में एलान किया था कि वह दिन अब दूर नहीं है, जब पाकिस्तान हमारे क़दमों में होगा। अपने भाषण के दौरान उन्होंने नेहरू की आलोचना करते हुए उपहास और व्यंग्य के विष-बुझे बाण उन पर चलाते हुए कहा था कि "इस उतावले पंडित को मैं क्या कहूँ जो ग़लतियों से नसीहत लेने और कुछ सीखने को तैयार नहीं; जो कभी प्रौढ़ होना नहीं जानता—ऐसे शख़्स को पीटर पैन के अलावा और क्या कहा जा सकता है।" ज्ञातव्य है, जिन्ना की नाटकों में गहरी रुचि थी और लन्दन प्रवास के दौरान वह अक्सर नाटंक देखने थिएटर जाते रहते थे। जे. एम. बैरी का सन् 1904 में प्रकाशित नाटक 'पीटर पैन' लन्दन के मंच पर काफ़ी लोकप्रिय रहा। इसका मुख्य चरित्र पीटर पैन नामक एक पात्र है, जिसमें किशोरों-सा उतावलापन और अपरिपक्वता सदैव बरक़रार रहती है, जो कभी प्रौढ़ होने का नाम नहीं लेता। जिन्ना की नेहरू के बारे में इस टिप्पणी के बरअक्स जिन्ना के बारे में नेहरू की टिप्पणी कम दिलचस्प नहीं है। अप्रैल, 1946 में नेहरू दक्षिण-पूर्वी एशिया के दौरे पर थे। मलाया में उनका पुरज़ोर स्वागत हुआ था। जहाँ जिन्ना संस्कृति, धर्म और भाषा-बहुल हिन्दुस्तान को धर्म के आधार पर खंडित करने की जीतोड़ कोशिश कर रहे थे, वहीं नेहरू इस दौरे में एशिया के देशों की एकता की पुरज़ोर वकालत कर रहे थे। मलाया की एक सभा में एक प्रश्न के उत्तर में उन्होंने कहा था कि "जिन्ना मुझे उस शख़्स की याद दिलाते हैं, जो अपने माँ-बाप दोनों का क़त्ल कर अदालत से इस बिना पर माफ़ी चाहता है, क्योंकि वह यतीम हो गया है।"

लॉर्ड माउंटबैटन ने लॉर्ड वेवल के उत्तराधिकारी के रूप में जब 24 मार्च 1947 को वॉयसराय का पद ग्रहण किया तो उन्होंने हिन्दुस्तान के महत्त्वपूर्ण नेताओं से दूसरे नेताओं के बारे में राय जानने की कोशिशें प्रारम्भ कीं। 25 मार्च को उन्होंने जिन्ना के बारे में नेहरू से अपनी राय ज़ाहिर करने के लिए कहा। नेहरू ने उन्हें बताया कि "जिन्ना के बारे में यह जानना ज़रूरी है कि उन्हें अपने जीवन में सफलता बहुत विलम्ब से प्राप्त हुई—लगभग तब जब वह साठ पार कर चुके थे। उससे पहले उनका हिन्दुस्तान की राजनीति में कोई ख़ास मुक़ाम नहीं था। वह एक कामयाब वकील थे पर बहुत ऊँचे दर्जे के नहीं...उनकी सफलता का राज़ उनके स्थायी नकारात्मक रवैए की क्षमता में सन्निहित है...उन्हें यह अच्छी तरह मालूम है कि पाकिस्तान किसी रचनात्मक आलोचना की कसौटी पर खरा नहीं उतरेगा। इसलिए वह यह सुनिश्चित करने में कामयाब साबित हुए हैं कि इसे किसी भी आलोचनात्मक कसौटी पर परखा ही न जा सके।" निश्चय ही नेहरू द्वारा जिन्ना का यह आकलन निहायत इकहरा है जिसमें वस्तुनिष्ठता का गम्भीर अभाव है। यह जिन्ना के प्रति उनकी गहरी नापसन्दगी की ओर इशारा भी करता है। जिन्ना ने लगभग चालीस साल की उम्र में कांग्रेस में अपनी योग्यता और उद्दाम राष्ट्रीयता के बल पर ख़ास जगह बना ली थी। वह सन् 1916 में लखनऊ के कांग्रेस अधिवेशन में लखनऊ-समझौते के प्रमुख शिल्पी माने गए थे। वह उनके (नेहरू के) पिता मोतीलाल से डेढ़ दशक उम्र में छोटे होने के बावजूद उनसे बराबरी का रिश्ता रखते थे। सन् 1916 के जिस कांग्रेस अधिवेशन में जिन्ना का दर्जा लगभग एक हीरो का था, उसमें न केवल जवाहरलाल नेहरू बल्कि गांधी भी मात्र एक पर्यवेक्षक की हैसियत से ही उपस्थित थे। अतः जिन्ना के बारे में नेहरू का उक्त विचार अंशतः सच होते हुए भी पूर्वाग्रह ग्रस्त प्रतीत होता है।

पर जिन्ना के प्रति जवाहरलाल नेहरू का विकर्षण भाव अकारण नहीं था। सन् 1937 के चुनाव के समय मुस्लिम लीग में कई असामाजिक-हिंसक तत्त्व घुस आए थे। उन्होंने लीग के कुछ स्थानीय नेताओं की शह पर लीग से असहमत मुसलमान नेताओं और कार्यकर्ताओं पर कई जगह न केवल घातक हमले शुरू कर दिए थे बल्कि कई लोगों की हत्याएँ तक कर दी थीं। अक्टूबर 1937 में फ़ैज़ाबाद (उ.प्र.) के वरिष्ठ और सम्मानित नेता नसीरूद्दीन को चाकू मारकर गम्भीर रूप से घायल कर दिया गया था। जून 1938 में बंगाल कांग्रेस के सचिव अशरफुद्दीन चौधरी और कांग्रेस अध्यक्ष सुभाषचन्द्र बोस पर चटगाँव में हमले किए गए थे। मई 1943 में सिंध के मुस्लिम लीग विरोधी पूर्व मुख्यमन्त्री (प्रीमियर) अल्लाह बख़्श तथा उसके तुरन्त बाद पंजाब के अहरार पार्टी के तेजस्वी नेता शेरगुल खान की नृशंस हत्या कर दी गई थी। सन् 1946-47 में शिमला में सर शफ़ात अहमद खाँ पर भयंकर हमले किए गए थे और मुल्तान में जालियांवाला बाग कांड के हीरो तथा अमृतसर के सर्वमान्य कांग्रेस नेता डॉ. सैफ़ुद्दीन किचलू की पिटाई करते हुए सड़क पर बेरहमी से घसीटा गया था। लीग के कुछ स्थानीय नेताओं की दुरभिसंधि से जिस तरह अराजक-असामाजिक मुस्लिम तत्त्व लीग की

विचारधारा से असहमत मुस्लिम नेताओं को अपनी हिंसा का निशाना बना रहे थे उस पर जिन्ना की चुप्पी न केवल कांग्रेस के नेताओं को बल्कि लीग के भी कई समझदार नेताओं को खल रही थी। जिन्ना की इन घटनाओं पर सोची-समझी खामोशी नेहरू जैसे संवेदनशील व्यक्ति के लिए अत्यन्त दुःखदायी थी। इस पृष्ठभूमि में जिन्ना के प्रति नेहरू के मनोभाव को समझने में ज्यादा कठिनाई नहीं होनी चाहिए।

जिन्ना और नेहरू के बीच आत्मीय सम्बन्ध की झलक और उनका उल्लेख न के बराबर मिलता है। स्वतन्त्रता-संग्राम के दौरान नेहरू से हुए पत्र-व्यवहार में उस समय की दिल्ली के एक प्रसिद्ध उद्योगपति और प्रबल कांग्रेस समर्थक रघुनन्दन सरन का सन् 1939 का उन्हें (नेहरू को) सम्बोधित एक पत्र मिलता है। इसे उन्होंने जिन्ना से मिलने के बाद तुरन्त लिखा था। पत्र में जिन्ना के साथ हुई अपनी बातचीत का सन्दर्भ देते हुए श्री सरन ने लिखा है कि आपके (नेहरू के) बारे में बात करते हुए उन्होंने (जिन्ना ने) कहा था कि वह आपके लिए स्नेहभाव रखते हैं। साथ ही उनके मन में आपके चरित्र और ईमानदारी के लिए उच्चकोटि का आदर है। नेहरू के बारे में जिन्ना के मन में स्नेह और सम्मान का संकेत देनेवाला अब तक ज्ञात यह अकेला दस्तावेज़ है। इसके अलावा गांधी समग्र के पूर्णाहुति खंड में एक सन्दर्भ और मिलता है। सन् 1947 में पूर्वी बंगाल में हो रहे हिन्दू-मुस्लिम दंगों के बीच बंगाल के मुख्यमन्त्री (प्रीमियर) सुहरावर्दी ने गांधी जी को बताया था कि आजकल जिन्ना जवाहरलाल नेहरू की बहुत प्रशंसा करते हैं। इस पर गांधी जी का कहना था कि जब तक जिन्ना सार्वजनिक रूप से इस सम्बन्ध में कुछ न कहें, तब तक ऐसी प्रशंसा का कोई मतलब नहीं है। जिन्ना पर एक वृत्तचित्र और फ़िल्म के निर्माता तथा कैम्ब्रिज में इतिहास के प्राध्यापक अकबर एस. अहमद ने जिन्ना पर एक चर्चित पुस्तक लिखी है। इसमें नेहरू और एडविना (लॉर्ड माउंटबैटन की पत्नी) के बीच पनपे प्रेम-प्रसंग पर विस्तृत चर्चा है। जिन्ना से एक लम्बे अर्से तक जुड़े रहे और बाद में पाकिस्तान के विदेश मन्त्री बने सैयद शरीफ़ुद्दीन पीरज़ादा के सन्दर्भ से उन्होंने एक घटना का ज़िक्र किया है। पीरज़ादा ने बताया था कि नेहरू को सम्बोधित एडविना के कुछ प्रेम-पत्र किसी नेहरू विरोधी के हाथ लग गए थे। इन पत्रों को उक्त व्यक्ति ने जिन्ना तक पहुँचा दिया था। पीरज़ादा के अनुसार उनमें से एक में एडविना ने लिखा था कि "डिकी आज रात बाहर रहेंगे—आप दस बजे के बाद आ जाएँ।" दूसरे में एक वाक्य था 'आप उस दिन अपना रूमाल भूल गए थे, पर इसके पहले कि डिकी की उस पर नज़र पड़ती, मैंने उसे छिपा दिया था।" तीसरे पत्र में गहन स्मृति-दंश से आप्त एक वाक्य था "शिमला की बड़ी प्यारी स्मृतियाँ हैं—घुड़सवारी और आपके ऐन्द्रिक संस्पर्श की।" ज्ञातव्य है कि एडविना अपने पति लॉर्ड माउंटबैटन को प्यार से 'डिकी' कहती थीं। जब नेहरू को कुछ पत्रों के गुम होने का पता चला तो उन्होंने और एडविना ने पत्रों पर नम्बर डालकर उनकी गिनती रखनी शुरू कर दी थी। इन पत्रों को सबसे पहले जिन्ना और फ़ातिमा ने देखा। उनके बाद आई. आई. चुन्द्रीगर और अब्दुल रब निश्तर ने। दोनों अन्तरिम सरकार में लीग के प्रतिनिधि

के रूप में मन्त्री थे। जिन्ना को यह पत्र उनके नेहरू और माउंटबैटन के ख़िलाफ़ राजनीतिक उपयोग करने के उद्देश्य से दिए गए थे। पर जिन्ना ने ये पत्र उनके असली गन्तव्य तक यह कहकर लौटा दिए थे कि "सीज़र की पत्नी को हमेशा शक के दायरे से बाहर मानना चाहिए।" उन्होंने आगे यह भी कहा था कि "ऐसी ओछी बातें उनकी सियासत की हद में नहीं आतीं।" निश्चय ही राजनीतिक लाभ के लिए जिन्ना ने साम्प्रदायिक पत्ते बिना किसी लाग-लपेट और मुरव्वत के खेले थे। पर व्यक्तिगत स्तर पर वह शालीनता की आचार-संहिता के उल्लंघन में विश्वास नहीं करते थे।

पाकिस्तान में हिन्दुस्तान के पहले उच्चायुक्त और बाद में बम्बई के राज्यपाल श्रीप्रकाशजी ने तत्कालीन पाकिस्तान के बड़े ही आत्मीय और रोचक संस्मरण लिखे हैं। इसमें उन्होंने लिखा है कि विभाजन के बाद जिन्ना के प्रति सद्भावना और सौजन्य के संकेतस्वरूप भारत-सरकार ने उनका बम्बई के माउंट प्लीजेंट रोड पर स्थित बँगला जस-का-तस रहने दिया था। उसे अधिग्रहीत नहीं किया था। इसे लेकर संसद (तत्कालीन संविधान-सभा) के अन्दर और बाहर प्रधानमन्त्री नेहरू से बड़े अटपटे सवाल पूछे जाते थे। अन्ततः विवश होकर नेहरू ने श्रीप्रकाश से टेलीफ़ोन पर कहा था कि जिन्ना के उक्त बँगले को लेकर उनकी स्थिति बड़ी संकोचजनक होती जा रही है। सम्भव है जल्द ही इसे अधिग्रहीत करना पड़े। इसलिए वह (श्रीप्रकाश) जिन्ना से मिलकर उनकी इस बारे में ख़्वाहिश का पता कर लें और यह जानकारी भी हासिल कर लें कि वह (जिन्ना) इस बँगले का कैसे उपयोग चाहेंगे। और अगर उसे किराए पर उठाया गया तो वह उसका कितना किराया चाहेंगे। नेहरू से हुई बातचीत का ज़िक्र जब श्रीप्रकाश ने जिन्ना से किया तो वह एकाएक हतप्रभ और अवाक् रह गए थे। फिर थोड़ा सँभलते हुए उन्होंने लगभग कातर स्वर में कहा था, "श्रीप्रकाश, जवाहरलाल से कहो कि वह मेरा दिल न तोड़ें, शायद तुम नहीं जानते कि मैं बम्बई को कितना प्यार करता हूँ। अभी भी मेरी मंशा बम्बई लौटकर उस बँगले में रहने की है।" श्रीप्रकाश के सम्बन्ध जिन्ना के साथ औपचारिक नहीं थे। वह जिन्ना के अन्तर्गत वकालत का प्रशिक्षण ले चुके थे और उनके स्नेहभाजन थे। जिन्ना के ही कहने पर नेहरू ने उन्हें पाकिस्तान में हिन्दुस्तान का पहला उच्चायुक्त नियुक्त किया था। विस्मित और अन्दर-ही-अन्दर आर्द्र श्रीप्रकाश ने उनसे पूछा था, "सच, जिन्ना साहब, तो क्या मैं ऐसा ही पंडित नेहरू को बता दूँ ?" इसका जवाब जिन्ना ने हाँ में देते हुए कहा था कि "यह तुम बेशक नेहरू से कह सकते हो।" जिन्ना बहुत दिन तक इस बातचीत के बाद जीवित नहीं रहे। जिन्ना ने इच्छा व्यक्त की थी कि यदि वह बँगला किराए पर देना ही पड़े तो उसे किसी अंग्रेज़ या योरोपीय राजनयिक को अथवा किसी सुरुचि-सम्पन्न हिन्दुस्तानी रियासत के राजा या राजकुमार को दिया जाए। जिन्ना की भावनाओं का नेहरू ने न केवल अपने जीवनकाल में सम्मान किया, बल्कि बाद में भी उस बँगले का उपयोग उनकी (जिन्ना की) इच्छानुसार ही हुआ। पिछली सदी के आठवें दशक तक उस बंगले का उपयोग ब्रिटेन के उप उच्चायुक्त के आवास के रूप में किया गया। अब

शीघ्र ही उसे राष्ट्रीय धरोहर के रूप में एक सांस्कृतिक केन्द्र में परिवर्तित किया जा रहा है। घोर राजनीतिक असहमति के बावजूद नेहरू ने व्यक्तिगत स्तर पर जिन्ना की भावनाओं का विभाजन की कटुता के बाद भी जिस कदर ख़याल रखा, वह विशेष रूप से उल्लेखनीय है।

यहाँ अन्तिम दिनों में जिन्ना के नेहरू के प्रति मनोभाव की एक झलक दिलचस्प होगी। उत्तर-पश्चिम सीमा प्रान्त (सरहदी सूबे) के पूर्व शिक्षामन्त्री मोहम्मद याहिया जान ने पेशावर से प्रकाशित अख़बार 'फ्रंटियर पोस्ट' में 26 नवम्बर, 1982 को एक विस्तृत लेख लिखा था, जिसका शीर्षक था, 'क़ायदे आज़म के डॉक्टर ने मुझे बताया' (''क़ायदे आज़म्स फिज़ीशियन टोल्ड मी'')। इसमें जिन्ना के अन्तिम दिनों में चिकित्सक रहे कर्नल (डॉ.) इलाहीबख़्श के हवाले से उल्लेख किया गया है कि जब गम्भीर रूप से बीमार जिन्ना को देखने को प्रधानमन्त्री लियाक़त अली ख़ाँ ज़ियारत पहुँचे तो उन्हें देखते ही जिन्ना क्रोध से काँपने लगे। उन्होंने कहा, ''तुम अपने को बहुत बड़ा आदमी समझने लगे हो। तुम एक नाचीज़ हो। मैंने तुम्हें पाकिस्तान का प्रधानमन्त्री बनाया। तुम सोचते हो कि तुमने पाकिस्तान बनाया। मैंने इसे बनाया है। पर अब मुझे पूरा यक़ीन है कि मैंने इसे बनाकर अपनी ज़िन्दगी की सबसे बड़ी भूल की है।'' लेख के अनुसार जिन्ना ने आगे जोड़ा था कि अगर उन्हें एक भी मौक़ा मिला तो वह दिल्ली जाएँगे और जवाहरलाल नेहरू से मिलकर कहेंगे, ''वह बीते दिनों की बेवकूफ़ियों को भूल जाएँ और एक बार फिर से दोस्त बन जाएँ।'' पाकिस्तानी नेताओं के बरअक्स जिन्ना के अन्तर्मन में अब नेहरू की योग्यता, सोच, व्यापक दृष्टि, राष्ट्र के नवनिर्माण में उनकी गहरी अभिरुचि और धर्मनिरपेक्षता के प्रति उनकी अडिग प्रतिबद्धता को लेकर एक स्नेहपूर्ण आदरभाव पैदा होने का संकेत इस कथन से मिलता है। पर अब भूल-सुधार के लिए बहुत देर हो चुकी थी।

भावुक, उदार, संवेदनशील, जग और जुग की धड़कन अपने हृदय में गहनता से अनुभव करनेवाले नेहरू एक स्वप्नदर्शी थे। उनमें सम्पूर्ण मानवता के सरोकार समाए हुए थे। वह अपने क़द और उपलब्धियों से बहुत ऊँचे थे। उनके बरअक्स जिन्ना एक प्रबल यथार्थवादी, धुन के पक्के और अत्यन्त कुशल रणनीतिकार थे। लगभग एक दशक से भी कम अवधि के संघर्ष के फलस्वरूप एक नए राष्ट्र को जन्म देने के श्रेय के वह अकेले हक़दार हैं। उद्‌देश्य की एकनिष्ठता और हारी हुई बाज़ी को जीत में बदल देने की चमत्कारपूर्ण कला में उनका कोई सानी नहीं है। आधुनिक इतिहास में भूगोल के वक्ष पर केवल अपने बल और कौशल से एक नए राष्ट्र का नक़्शा खींचनेवाला कोई दूसरा नाम दूर-दूर तक नहीं दिखता। अपनी इस उपलब्धि में जिन्ना अद्वितीय हैं।

5

जिन्ना और भगत सिंह

“भगत सिंह ने कुछ ग़लत नहीं किया था। क़ैदियों के कटघरे उस समय राजनीतिक मंच बन गए थे। पूरा देश उनकी वीरोचित ओजस्विता से गूँजने लगा था। उनकी तस्वीरें हर शहर और क़स्बे में बिकने लगी थीं। कुछ समय के लिए लोकप्रियता में वह गांधीजी की बराबरी करने लगे थे।”

—सर होरेस विलियम्सन

ये शब्द हैं ब्रिटिश शासनकाल में गुप्तचर विभाग (इंटेलिजेंस ब्यूरो) के निदेशक रहे सर होरेस विलियम्सन के, उनकी पुस्तक ‘हिन्दुस्तान और साम्यवाद’ (इंडिया ऐंड कम्यूनिज्म) में। भगत सिंह और उनके साथियों को 23 मार्च, 1931 को कराची में कांग्रेस अधिवेशन प्रारम्भ होने के एक दिन पहले फ़ाँसी दी गई थी। उस समय भगत सिंह मात्र 23 वर्ष के तरुण थे। इस फ़ाँसी की सज़ा से पूरा देश आन्दोलित हो उठा था। देश के क्रान्तिकारियों में भगत सिंह का व्यक्तित्व अनूठा था। पंजाब के एक देशभक्त किसान परिवार की सन्तान वह देश और समाज की समस्याओं के बारे में समग्रता से सोचते थे। अपने पूर्ववर्ती दो महान क्रान्तिकारियों—महर्षि अरविन्द और वीर सावरकर की तरह उन्हें योरोप या इंग्लैंड में शिक्षा का सुअवसर नहीं मिला था। किन्तु अपने स्वाध्याय से उन्होंने किशोरावस्था में ही जो बौद्धिक प्रखरता अर्जित कर ली थी, वह उन्हें देश के क्रान्तिकारियों में अनुपम सिद्ध करती है। पंडित जवाहरलाल नेहरू भगत सिंह, जतीन्द्रनाथ दास, बटुकेश्वर दत्त तथा उनके साथियों से लाहौर जेल में पहली और अन्तिम बार सन् 1925 में उस समय मिले थे, जब वह अपनी माँगों को लेकर लम्बी भूख हड़ताल पर थे। अपनी आत्मकथा में अपनी इस भेंट का ज़िक्र करते हुए पंडितजी ने लिखा है कि भगत सिंह का चेहरा आकर्षक और तेजस्विता-दीप्त था—असाधारण रूप से शान्त और संयत। उन्हें किसी प्रकार का रोष छू तक नहीं गया था। उनका देखने और बात करने का ढंग अत्यन्त सौम्य था। भगत सिंह की फ़ाँसी की ख़बर मिलते ही देश के नेताओं में भाव-भीनी श्रद्धांजलि अर्पित करने के लिए होड़ सी मच गई थी। भगत सिंह और उनके साथियों के हिंसापूर्ण मार्ग से पूर्णतः असहमति के बावजूद स्वयं गांधीजी ने कहा था कि “भगत

सिंह की बहादुरी और बलिदान के सामने हमारा सिर झुक जाता है।"

8 अप्रैल, 1929 को दिल्ली स्थित तत्कालीन केन्द्रीय विधायिका (सेंट्रल लेजिस्लेटिव असेम्बली) में दोपहर के समय जैसे ही ट्रेड डिस्प्यूट बिल के पक्ष में मतदान समाप्त हुआ, दीर्घा से फेंके गए दो बम सदन में सत्ता पक्ष की बेंचों के बीच गिरे। फेंकनेवाले थे दो तरुण—भगत सिंह और बटुकेश्वर दत्त। दोनों ने खाकी हाफ पैंट, कमीज़ और हल्के नीले रंग के कोट पहन रखे थे। बम गिरते ही सत्ता पक्ष की बेंचों में अफ़रा-तफ़री मच गई। इसके बरअक्स हिन्दुस्तानी नेता, जिनमें पंडित मोतीलाल नेहरू, महामना मदनमोहन मालवीय, मोहम्मद अली जिन्ना, एम.आर. जयकर और रफ़ी अहमद किदवई प्रमुख थे शान्त और संयत बने रहे। बाद में इन सभी नेताओं ने बचाव पक्ष की ओर से गवाही दी थी। इस बमकांड की लगभग एक स्वर में सदन में प्रस्ताव पारित कर निन्दा की गई थी। प्रस्ताव के प्रति सहमति व्यक्त करनेवाले सदस्यों में कई राष्ट्रवादी नेता भी थे। केवल मालवीयजी ने अपने को इस निन्दा प्रस्ताव से अलग रखा था।

इस बमकांड से पहले लाहौर में साइमन कमीशन के विरुद्ध कांग्रेस जुलूस का नेतृत्व करते हुए लाला लाजपतराय तथा इसमें भागीदार निहत्थे लोगों पर जिस अमानुषिक ढंग से लाठियाँ बरसाई गई थीं, उससे पंजाब सहित पूरे देश के लोग गहरे आहत हुए थे। पंजाब में तरुणों में इसे लेकर प्रबल आक्रोश था। लाठियों की चोट के फलस्वरूप पंजाब केसरी के रूप में समादृत लालाजी का देहान्त हो गया था। पूरा देश स्तब्ध था। यह पाशविक दमन लाहौर के तत्कालीन अंग्रेज़ एस.पी. जे.ए. स्कॉट के नेतृत्व और निदेश के अन्तर्गत हुआ था। भगत सिंह की पहल पर सन् 1926 के प्रारम्भ में पंजाब के देशभक्त तरुणों द्वारा गठित 'हिन्दुस्तान सोशलिस्ट रिपब्लिकन एसोसिएशन' के तेजस्वी सदस्यों ने उत्तर प्रदेश, बिहार और बंगाल के समान विचारवाले नवयुवकों के सहयोग से अंग्रेज़ सरकार को सबक सिखाने के लिए स्कॉट की हत्या की योजना बनाई थी। पर दुर्भाग्यवश ग़लत पहचान की वजह से उसकी जगह 17 दिसम्बर, 1928 को एक अन्य युवा पुलिस अधिकारी (असिस्टेंट एस.पी.) जे.पी. सांडर्स की हत्या हो गई। इस हत्या की योजना और उसे अमली जामा पहनाने में चन्द्रशेखर आज़ाद, सुखदेव, बटुकेश्वर दत्त, जतीन्द्रनाथ दास और राजगुरु जैसे कई तेजस्वी राष्ट्रवादी तरुणों की सक्रिय भागीदारी थी। अंग्रेज़ सरकार की प्रतिष्ठा को इससे भारी आघात पहुँचा था। पुलिस और गुप्तचर विभाग की अभी तक हर कोशिश के बावजूद इसका कोई सुराग़ नहीं मिल पाया था। पर 8 अप्रैल, 1929 के उपर्युक्त बमकांड के तुरन्त बाद भगत सिंह और बटुकेश्वर दत्त की गिरफ़्तारी से पुलिस को अत्यन्त मददगार सूत्र हासिल हो गए थे। दुर्भाग्यवश सांडर्स की हत्या से जुड़े कुछ तरुण पुलिस यातना बर्दाश्त नहीं कर पाए। वे मुख़बिर बन गए। नतीजतन, पुलिस का काम आसान हो गया। 'टाइम' पत्रिका के सम्पादक को तत्कालीन वॉयसराय लॉर्ड इर्विन ने 29 अप्रैल, 1929 को लिखा था कि असेम्बली में घटित बमकांड एक तरह का वरदान साबित हो सकता है। इससे हमें वे अहम सुराग़ हासिल होंगे, जिनकी बिना पर ज़रूरत पड़ने पर हम शरारती तत्त्वों को पकड़ सकते हैं।

ए.डी.एम. के सामने दिल्ली जेल में प्रारम्भिक सुनवाई के बाद नियमित सुनवाई सत्र न्यायाधीश (सेशन जज) की अदालत में जून, 1929 के पहले सप्ताह में शुरू हुई। भगत सिंह और बटुकेश्वर दत्त दोनों ने बम फेंकने के आरोप को स्वीकार कर लिया। पर उन्होंने यह मानने से इनकार कर दिया कि ऐसा उन्होंने हत्या के उद्देश्य से किया था। उन्होंने अदालत में ज़ोर देकर कहा कि ऐसा उन्होंने सत्ता के गलियारे में अपनी और देश की आवाज़ पहुँचाने के लिए किया था। अदालत में इन दोनों तरुणों के बयान हिन्दुस्तान की आज़ादी की लड़ाई के बेशक़ीमती दस्तावेज़ हैं। अन्ततः उन्हें सत्र न्यायालय द्वारा 12 जून, 1929 को आजीवन कालापानी की सज़ा दी गई। इनके वकील उस समय दिल्ली के राष्ट्रवादी नेता बैरिस्टर आसिफ़ अली साहब थे। दोनों की अपीलें लाहौर उच्च न्यायालय ने 13 जनवरी को ख़ारिज कर दीं।

दिल्ली के असेम्बली बमकांड पर अदालती कार्यवाही पूरी होते ही भगत सिंह और बटुकेश्वर दत्त को दिल्ली जेल से पंजाब के मियाँवाली ज़िला जेल भेज दिया गया। दिल्ली के बाद पंजाब में उनके और उनके साथियों के ख़िलाफ़ लाहौर षड्यन्त्र कांड (जिसके तहत सांडर्स की हत्या हुई थी) के सिलसिले में मुकदमा चलाया जाना था। वहाँ उन्हें अत्यन्त यातनापूर्ण और अमानवीय स्थिति में रखा गया। भगत सिंह का वजन मात्र तीन दिन में दिल्ली जेल की तुलना में छः पौंड कम हो गया था। 17 जून, 1929 को भगत सिंह ने मियाँवाली जेल से और 30 जून, 1929 को सुखदेव ने लाहौर जेल से पंजाब के वरिष्ठ जेल अधिकारियों को उन अल्पतम सुविधाओं के लिए पत्र लिखे थे, जो उन्हें दिल्ली जेल में उपलब्ध कराई गई थीं। इन पत्रों पर कोई कार्यवाही न किए जाने पर मियाँवाली और लाहौर जेल में क़ैद लाहौर षड्यन्त्र कांड के अभियुक्तों ने अनिश्चितकालीन अनशन प्रारम्भ कर दिया था। ये दोनों पत्र महामना मालवीयजी ने 14 सितम्बर, 1929 को सेंट्रल असेम्बली में पढ़कर सुनाए थे। लाहौर के वरिष्ठ कांग्रेसी नेता सैफ़ुद्दीन किचलू, मोहम्मद आलम और गोपीचन्द भार्गव ने इन तरुण क्रान्तिकारियों की जेल में स्थिति और उनकी माँगों के बारे में सम्पूर्ण देश में जनमत जगाने का काम पूरी लगन से शुरू कर दिया था। फलस्वरूप, पूरे हिन्दुस्तान में 30 जून, 1929 को भगत सिंह दिवस के रूप में मनाया गया था। लाहौर षड्यन्त्र कांड के अभियुक्तों के विरुद्ध जब अदालती कार्रवाई शुरू हुई तो भगत सिंह और बटुकेश्वर दत्त को मियाँवाली से लाहौर जेल लाया गया।

लम्बे अनशन के कारण जेल में तरुण क्रान्तिकारियों का स्वास्थ्य बुरी तरह गिर गया था। चलना-फिरना तो दूर उनके लिए बैठ पाना भी मुश्किल हो गया था। उनमें से अधिकांश बीमार रहने लगे थे। उन्हें ज़बर्दस्ती खिलाने के प्रयास नाकामयाब रहे। उनमें से कुछ ही ने अपने वकील चुने थे। भगत सिंह समेत अनेक ने वकील की सहायता लेने से मना कर दिया था। उनमें प्रायः सभी ऐसी स्थिति में थे कि उन्हें अदालत में पेश किया जाना सम्भव नहीं रह गया था। अदालत में उनके ख़िलाफ़ सुनवाई आरोपी के रूप में उनकी अपनी व्यक्तिगत उपस्थिति या उनके वकील की उपस्थिति के बिना

विधिसम्मत नहीं मानी जा सकती थी। गांधी के मार्ग से असहमत इन तरुण क्रान्तिकारियों ने गांधी के ही अस्त्र से अंग्रेज़ों की न्याय-व्यवस्था को खोखला और अपर्याप्त सिद्ध कर दिया था। क्रिमिनल प्रोसीजर कोड के प्रावधान इसमें आड़े आ रहे थे। उधर अंग्रेज़ सरकार के लिए यह केस प्रतिष्ठा का प्रश्न बना हुआ था। वह जल्द-से-जल्द अदालती कार्रवाई पूरी कर अभियुक्तों को बड़ी-से-बड़ी और कड़ी-से-कड़ी सज़ा दिलाने पर आमादा थी। इसके रास्ते में कम-से-कम दो बड़ी बाधाएँ थीं। उन्हें दूर करने के लिए दो क़दम आवश्यक थे—एक तो यह था कि इंडियन क्रिमिनल प्रोसीजर कोड में संशोधन कर उसमें एक सर्वथा नई धारा का समावेश किया जाए, जिससे अदालत आरोपियों या उनके वकील की अनुपस्थिति में उनके ख़िलाफ़ अदालती सुनवाई पूरी कर अपना निर्णय दे सके। कोड के प्रावधान के अनुसार मजिस्ट्रेट के सामने प्रारम्भिक सुनवाई के बाद मामला सत्र न्यायाधीश (सेशन जज) के समक्ष सुनवाई और निर्णय के लिए जाता था। यदि सत्र न्यायाधीश ने फ़ाँसी की सज़ा दे दी तो उसकी पुष्टि उच्च न्यायालय द्वारा की जानी आवश्यक थी। इस प्रक्रिया में कुछ समय लगना अपरिहार्य था। सरकार के पास इसके लिए धैर्य नहीं था। पहली समस्या के समाधान के लिए क्रिमिनल प्रोसीजर कोड में एक नई धारा 540-बी जोड़ने के लिए एक बिल तैयार किया गया। इस प्रस्तावित प्रावधान के अनुसार यदि कोई अभियुक्त जान-बूझकर अपने को अदालत के सामने उपस्थिति के लिए अक्षम बना लेता है, चाहे उसका प्रतिनिधित्व वकील द्वारा किया जा रहा हो या नहीं, ऐसी स्थिति में जज या मजिस्ट्रेट को अधिकार होगा कि वह उसकी (अभियुक्त की) उपस्थिति को अनावश्यक करार देकर उसके ख़िलाफ़ अदालती कार्यवाही पूरी करे। दूसरी समस्या के समाधान के लिए निर्णय लिया गया कि मामले की सुनवाई सेशन जज द्वारा किए जाने की जगह एक विशेष ट्रिब्यूनल द्वारा की जाए, जिसके सदस्य उच्च न्यायालय के न्यायाधीश हों, इस स्थिति में उस ट्रिब्यूनल द्वारा दी गई फ़ाँसी की सज़ा की उच्च न्यायालय द्वारा पुष्टि की आवश्यकता नहीं होगी।

दूसरी समस्या का निराकरण तत्कालीन गवर्नर जनरल लॉर्ड इर्विन ने 1 मई, 1930 के एक विस्तृत अध्यादेश द्वारा व्यापक अधिकार सम्पन्न एक ट्रिब्यूनल (अधिकरण) के गठन के ज़रिए कर दिया। इस ट्रिब्यूनल के फ़ैसले के ख़िलाफ़ अपील का प्रावधान नहीं था। पहली समस्या के हल के लिए सेंट्रल असेम्बली में इंडियन क्रिमिनल प्रोसीजर कोड में एक नई धारा 540-बी जोड़ने के लिए एक संशोधन (अमेंडमेंट) बिल पेश किया गया। उसे साधारण जनता ने भूख-हड़ताल बिल का नाम दिया था। यह बिल उस समय हिन्दुस्तान में अंग्रेज़ों की ग्रीष्मकालीन राजधानी शिमला में सेंट्रल असेम्बली के अधिवेशन में 12 सितम्बर, 1929 को गवर्नर जनरल की कार्यकारिणी के गृह विभाग के सदस्य सर जेम्स क्रेरार द्वारा पेश किया गया था। विट्ठलभाई पटेल सदन के अध्यक्ष थे। बिल के पक्ष में बोलनेवालों में के.सी. रॉय, योरोपीय सदस्यों के नेता सर डार्सी लिंडसे और पहले पंजाब सरकार में काम कर चुके गृह सचिव एमर्सन थे। उनके बाद बिल के

विरोध में बोलनेवालों में एन.सी. केलकर, अब्दुल हई, दीवान चमनलाल, जमनादास मेहता और बर्मा के प्रतिनिधि सदस्य जहाँगीर के. मुंशी थे। बिल के विरोध में पूरी तैयारी और प्रतिबद्धता से बोलनेवालों में प्रमुख थे महामना मदनमोहन मालवीय, पंडित मोतीलाल नेहरू, मुहम्मद अली जिन्ना और डॉ. एम.आर. जयकर। डॉ. जयकर का भाषण इतना मार्मिक था कि आज भी उसके कुछ अंश पढ़कर आँखें नम हो जाती हैं। 13 सितम्बर, 1920 को बासठ दिनों की भूख हड़ताल के बाद तिल-तिलकर गले जतीन्द्रनाथ दास के प्राण उनके तपःपूत शरीर से मुक्त हो गए थे। उनके देहावसान से केवल हिन्दुस्तानी ही नहीं, बल्कि कई सदाशय अंग्रेज़ भी मर्माहत हुए थे। लाहौर में उनके और उनके साथियों के विरुद्ध जो अदालती कार्यवाही मजिस्ट्रेट के सामने चल रही थी, उसमें सरकारी पक्ष के वकील एक अंग्रेज़ सज्जन थे। उनका नाम था कार्डेन नोड। वह अत्यन्त संवेदनशील व्यक्ति थे। जतीन्द्रनाथ दास के स्वर्गवास के बाद कई दिन तक लाहौर में असामान्य स्थिति बनी रही। 23 सितम्बर, 1930 को जब अदालती सुनवाई पुनः प्रारम्भ हुई तो सामान्य अदालती परम्परा से हटकर सरकारी वकील नोड ने अदालत में अपनी ओर से एक हृदयस्पर्शी श्रद्धांजलि-प्रस्ताव रखा, जिसमें वीर जतीन्द्रनाथ दास के उद्दाम साहस और उदात्त आदर्शवादिता के प्रति गहरा आदरभाव व्यक्त किया गया था। नतमस्तक और आर्द्रनयन पूरी अदालत ने, जिनमें कई अंग्रेज़ भी थे, उस देशव्रती आत्मा को श्रद्धांजलि अर्पित की। ब्रिटिश काल की अदालती परम्परा में यह एक अनूठी घटना थी।

इस पृष्ठभूमि में क्रिमिनल प्रोसीजर कोड (अमेंडमेंट) बिल पर बहस चल रही थी। जिन्ना के बोलने का क्रम सदन के नए सदस्य गृह सचिव एच.डब्ल्यू. एमर्सन के बोलने के तुरन्त बाद आया। सदन में एमर्सन का यह पहला भाषण था। उस समय की संसदीय परम्परा के अनुसार सदन में एक सदस्य के पहले भाषण पर टीका-टिप्पणी को उचित नहीं माना जाता था। जिन्ना ने इस परम्परा का निर्वाह करते हुए एमर्सन की महज़ एक बात पर टिप्पणी करना आवश्यक माना। एमर्सन ने अपने भाषण के अन्त में कहा था कि "सदन के कई सम्मानित सदस्यों के मन में लाहौर षड्यन्त्र कांड के अभियुक्तों के लिए सहानुभूति और प्रशंसा का भाव हो सकता है। पर उन्हें यह ध्यान में रखना चाहिए कि उनकी भूख हड़ताल ख़त्म करने का महज़ एक ही रास्ता है कि पेश किया गया बिल पास कर दिया जाए।" जिन्ना ने इस पर टिप्पणी करते हुए कहा था, "वह सदन के बहुसंख्यक सदस्यों की ओर से यह बात कह रहे हैं कि यदि ऐसा है तो इसलिए कि ये अभियुक्त वर्तमान सरकारी व्यवस्था के शिकार हैं।" इसके बाद गवर्नर जनरल की कार्यकारिणी के गृह विभाग के सदस्य जिन्होंने सदन में बिल पेश किया था, की ओर मुख़ातिब होते हुए उन्होंने कहा था कि "सदस्यों से उम्मीद जताई गई है कि वे बिल पर बिना पूर्वाग्रह और पक्षपात की भावना से विचार करें।" तत्कालीन गवर्नर जनरल की कार्यकारिणी के सदस्य का दर्जा कमोबेश आज के केन्द्रीय कैबिनेट मन्त्री के समकक्ष समझना चाहिए। जिन्ना ने कहा था कि "उन्हें पूरा विश्वास है कि इस सिद्धान्त के

पालन की पूरी कोशिश माननीय गृह विभाग के सदस्य ने भी की होगी।'' अपने मन की शंका व्यक्त करते हुए उन्होंने कहा था कि ''पर तथ्य इसे साबित नहीं करते। सर जेम्स क्रेरार ने अपने भाषण में लाहौर के अभियुक्तों को 'राजनीतिक बन्दी' का दर्जा देने से साफ़ मना कर दिया था। वस्तुतः पूरी समस्या की जड़ यही थी। यदि उन्हें 'राजनीतिक बन्दी' मान लिया जाता तो उन्हें जेल में सामान्य अपराधियों की स्थिति में न रहना पड़ता और उन शिकायतों को दूर करने का रास्ता साफ़ हो जाता, जिसकी वजह से अपनी माँगें पूरी कराने के लिए उन्हें लम्बी भूख हड़ताल का सहारा लेना पड़ा।'' दीवान चमनलाल ने बटुकेश्वर दत्त और भगत सिंह का पूरा पत्र सदन में पढ़कर सुना दिया था, जिसमें राजनीतिक बन्दी की व्याख्या भी करने की कोशिश की गई थी। पत्र के अनुसार राजनीतिक बन्दी वह थे, जिन्हें राज अथवा सरकार के ख़िलाफ़ अपराधों के अभियुक्त के रूप में जेल में रखा गया था। पत्र में माँग थी कि ऐसे सभी क़ैदियों को विशेष वार्ड में रखा जाए और उन्हें वही सुविधाएँ प्रदान की जाएँ जो योरोपीय क़ैदियों को प्राप्त थीं। गृह सचिव एमर्सन का कहना था कि हिंसा, राजद्रोह के अभियुक्तों को राजनीतिक क़ैदी की श्रेणी में रखना सम्भव नहीं था। एमर्सन ने आगे जोड़ा था कि नस्लगत आधार पर हिन्दुस्तानियों को योरोपीय नस्ल के लोगों की श्रेणी में नहीं रखा जा सकता। अतः दोनों की जेल में उपलब्ध सुविधाओं में अन्तर स्वाभाविक था। सदन में बंगाल के हिन्दुओं का प्रतिनिधित्व करनेवाले के.सी. नियोगी ने गृह सचिव से 'योरोपीयन' शब्द की व्याख्या का आग्रह किया था। इसका उत्तर देते हुए एमर्सन ने कहा था कि सभी प्रान्तों के जेल मैनुअल में 'योरोपीयन' से सम्बन्धित नियम उन सभी पर लागू होते थे ''जिन्होंने चाहे वे योरोपीयन हों या हिन्दुस्तानी, योरोपीयन रहन-सहन का ढंग अख़्तियार कर रखा है।'' गृह सचिव ने यह भी जोड़ा था कि अगर हिन्दुस्तानियों के साथ योरोपीयन जैसा व्यवहार जेलों में किया गया तो सिर्फ़ पंजाब में ही यह ख़र्च 40 लाख रुपए बढ़ जाएगा। जब एमर्सन 'योरोपीयन' शब्द की व्याख्या की कोशिश कर रहे थे तो बीच में के.सी. नियोगी ने कहा था कि 'योरोपीयन' वह है जो 'टोपी' पहनता हो। 'टोपी' से उनका मतलब 'हैट', फेल्ट कैप तथा इसी तरह के सिर के पश्चिमी ढंग के पहनावे से था। ज्ञातव्य है कि उस समय हैट या उससे मिलते-जुलते सिर के पहनावे का इस्तेमाल पढ़े-लिखे हिन्दुस्तानियों में भी साधारण सी बात थी।

जिन्ना ने अपने भाषण में कहा था कि यदि नस्ल के आधार पर 'योरोपीयन' शब्द को परिभाषित नहीं किया जा रहा है तो भगत सिंह और बटुकेश्वर दत्त को 'योरोपीयन' की श्रेणी में रखने में कोई कठिनाई नहीं होनी चाहिए। उनके जो चित्र प्रकाशित हुए हैं, उनमें उन्होंने 'टोपी' और हाफ पैंट पहन रखे हैं। एक बार अगर यह साबित हो जाता है कि अपनी वेशभूषा में वे योरोपीयन हैं तो पंजाब सरकार उन्हें अपनी जेल में योरोपीयन लोगों को दी जानेवाली सुविधाओं का पात्र क्यों नहीं मानती। जिन्ना ने भगत सिंह और बटुकेश्वर दत्त के अख़बारों में छपे बयानों को पढ़कर रेखांकित किया था कि उनके साथ दिल्ली में बहुत अच्छा सलूक किया गया था और उन्हें वहाँ अच्छी खुराक

दी जा रही थी, पर पंजाब में उनके साथ आम अपराधियों सा बर्ताव किया जा रहा था। अपनी बात को आगे जारी रखते हुए उन्होंने कहा था कि अगर पंजाब सरकार के पास ज़रा भी विवेक होता और उनमें उदार राजनेतृत्व का दुखद अभाव नहीं होता तो इस समस्या का हल काफ़ी पहले और बड़ी आसानी से निकाल लिया गया होता।

जिन्ना अपने भाषणों में हमेशा शान्त और संयत रहते थे। बिना आवेश में आए वह काफ़ी ठंडे दिलोदिमाग़ से अपनी तर्कशक्ति का उपयोग करते थे। पर विचाराधीन बहस का विषय ऐसा था कि उनके लिए बहुत अधिक तटस्थता कठिन साबित हो रही थी। उन्होंने अपनी भाषा का तापमान बढ़ाते हुए अध्यक्ष को सम्बोधित करते हुए कहा था कि वह जितना ही सम्बन्धित विषय पर ग़ौर करते हैं और उसके विभिन्न पहलुओं का विश्लेषण करते हैं, उतना ही उनका यह विचार दृढ़ होता जाता है कि यह युद्ध की घोषणा का मामला है। जहाँ तक पंजाब सरकार की बात है, वह न केवल अभियुक्तों पर मुकदमा चलाकर उन्हें ट्रिब्यूनल के ज़रिए कड़ी-से-कड़ी सज़ा दिलाना चाहती है, बल्कि वह (पंजाब सरकार) उनके (अभियुक्तों के) ख़िलाफ़ युद्ध छेड़ने पर आमादा है। लगता है, सरकार अपना मन बना चुकी है। इस निर्णय के साथ कि "हम हर सम्भव रास्ते और ढंग अख़्तियार करेंगे, यह सुनिश्चित करने के लिए कि या तो तुम्हें फ़ाँसी पर लटका दिया जाए या आजीवन कारावास की सज़ा देकर कालेपानी भेज दिया जाए और इस पूरी प्रक्रिया के दौरान हम तुम्हारे साथ भले मानस सा व्यवहार नहीं करेंगे। इसके अलावा सरकार की कोई और मंशा नहीं लगती।" जिन्ना ने ज़ोर देकर पूछा था कि वह "जानना चाहते हैं कि सरकार ने किसके ख़िलाफ़ जंग छेड़ रखी है ? इन थोड़े से नौजवानों के पास कौन से संसाधन हैं जिनके ख़िलाफ़ तथाकथित अपराधों के लिए मुकदमा चलाकर कड़ी-से-कड़ी सज़ा देने का चक्रव्यूह रचा गया है।" जिन्ना ने जोड़ा था कि "सरकार ने ज़रा भी विवेक का इस्तेमाल किया होता तो उसे इस नतीजे पर पहुँचने में तनिक भी देर नहीं लगती कि ये नौजवान राजनीतिक क़ैदी हैं और एक राजनीतिक क़ैदी जैसे बर्ताव के हक़दार हैं।" आवाज़ थोड़ी ऊँची करते हुए जिन्ना ने सवाल किया था कि "क्या इन पर आप मुकदमा चलाना चाहते हैं या उन्हें अधिक-से-अधिक सताना ('डू यू विश टू प्रॉजिक्यूट देम ऑर पर्जिक्यूट देम')।" प्रस्तावित संशोधन की अपनी विशद चर्चा के दौरान उस समय के क्रिमिनल प्रोसीजर कोड की धारा 209 और 287 का हवाला देते हुए उन्होंने सरकारी पक्ष से पूछा था कि "अभियुक्तों के बिना बयान के उनकी ग़ैर मौजूदगी में गवाहियाँ दर्ज कर और मुकदमा चलाने का अधिकार प्राप्त कर की गई कार्रवाई क्या महज़ एक ढोंग बनकर नहीं रह जाएगी ?"

जिन्ना ने अपने भाषण में इस बात पर सख़्त एतराज़ किया था कि "सरकार सिर्फ़ क्रान्तिकारी नवयुवकों की भूख हड़ताल से पैदा क़ानूनी कठिनाई से निपटने के लिए क्रिमिनल प्रोसीजर कोड में एक ऐसा संशोधन लाना चाहती है जिसकी मिसाल किसी सभ्य व्यवस्था में मिलना दुर्लभ है।" जिन्ना का कहना था कि "सरकार ऐसे लोगों को

क्या सज़ा दे सकती है जो मृत्यु का वरण करने के लिए स्वयं कृतसंकल्प हैं।" ऐसा संकल्प कोई मज़ाक नहीं है। लॉ मेम्बर की ओर मुख़ातिब होकर उन्होंने कहा था कि "उन्हें (लॉ मेम्बर को) यह समझना चाहिए कि अनशन कर मृत्यु का वरण करना सबके बूते का काम नहीं है। इस दिशा में कोशिश कर ज़रा देखें तो पता चल जाएगा। दुनिया के जेल के इतिहास में इन नौजवानों की भूख हड़ताल बेमिसाल है। इस तरह की मात्र एक घटना अमेरिका की जेल में घटी थी, जिसका उदाहरण अपने भाषण में जमनादास मेहता ने दिया था।" जिन्ना ने गम्भीर होते हुए कहा था, "जो भी व्यक्ति इस तरह भूख हड़ताल करता है उसकी अन्तरात्मा अत्यन्त संवेदनशील होती है। उसी अन्तरात्मा से वह प्रेरित होता है। अपने उद्देश्य के न्यायोचित होने में उसकी आस्था अडिग होती है। वह कोई सामान्य अपराधी नहीं होता, जिसे किसी नृशंस, स्वार्थप्रेरित और निम्नकोटि के अपराध का दोषी माना जाए।"

जिन्ना ने अपनी बात जारी रखते हुए कहा था कि वह भगत सिंह के कार्यों का समर्थन नहीं करते। इस पर खेद व्यक्त करते हुए उन्होंने कहा था कि ग़लत या सही देश का नवयुवक आज उद्वेलित और उत्तेजित है और जहाँ आज तीस करोड़ से भी ज़्यादा लोग हों, वहाँ आप इस तरह के अपराध रोक नहीं सकते। आप चाहे उनकी जितनी निन्दा करें और इन नवयुवकों को आप चाहें जितना भी गुमराह बताएँ, यह क़ाबिले लानत मौजूदा सरकारी निज़ाम है, जिससे लोग आज नफ़रत कर रहे हैं। अपने को उन ठंडे दिलोदिमाग़वाले तार्किकों में से एक मानते हुए उन्होंने कहा था कि ऐसे लोग धैर्य के साथ शान्त-संयत भाषण देकर सदन में सत्ता पक्ष को प्रभावित करने की कोशिश करते रह सकते हैं। पर इस सदन के बाहर हज़ारों नौजवान हैं। ऐसी घटनाएँ दूसरे देशों में भी घटित हुई हैं, जिनमें सिर्फ़ नौजवान ही नहीं, बल्कि सफ़ेद दाढ़ीवाले प्रौढ़ों और बुजुर्गों तक ने देशभक्ति की उद्दाम भावना से प्रेरित होकर गम्भीर अपराध किए हैं। अपने तर्क के समर्थन में जिन्ना ने आयरलैंड के प्रधानमन्त्री मिस्टर कांग्रेव का उदाहरण दिया था, जिन्हें एक पखवाड़े पहले राजद्रोह के अपराध में मृत्युदंड दिया गया था। पर समझदारी से काम लेते हुए इंग्लैंड के सम्राट ने यह सज़ा निरस्त कर समझौते की शर्तों पर विचार करने के लिए उन्हें सम्मानपूर्वक निमन्त्रित किया था। इस उदाहरण के बाद जिन्ना ने कहा था कि समस्या की जड़ को अच्छी तरह समझने के बजाय सरकार क़ानून में एक ऐसा संशोधन करना चाहती है, जो आपराधिक न्यायशास्त्र (क्रिमिनल जुरिसप्रुडेंस) के युगों पुराने मूल सिद्धान्त पर ही कुठाराघात है। इसके बाद सदन का समय समाप्त हो गया था। जिन्ना अपनी पूरी बात अभी कह ही न सके थे। पंडित मदनमोहन मालवीय ने अपना भाषण पूरा करने के लिए जिन्ना को 12 सितम्बर, 1929 को ही कुछ और समय देने के लिए अध्यक्ष विट्ठलभाई पटेल से आग्रह किया था। पर यह सम्भव नहीं हो सका था।

12 सितम्बर के बाद सदन की बैठक फ़िर 14 सितम्बर, 1929 को हुई। जिन्ना को 12 सितम्बर, 1929 का अपना अधूरा भाषण पूरा करने का मौक़ा दिया गया। उस

दिन के अपने भाषण में उन्होंने इंग्लैंड के सुप्रसिद्ध विधिवेत्ता सर जेम्स स्टीफ़ेन के 'हिस्ट्री ऑफ़ क्रिमिनल लॉ', 'लॉ ऑफ़ क्रिमिनल प्रोसीजर' और 'डाइजेस्ट ऑफ़ क्रिमिनल प्रोसीजर' जैसी महत्त्वपूर्ण पुस्तकों के उद्धरणों का विद्वत्तापूर्वक हवाला देते हुए सदन में विचाराधीन संशोधन की धज्जियाँ उड़ा दीं। सदन के एक अंग्रेज़ सदस्य ने जिन्ना के पहले अपने भाषण में कहा था कि सम्राट एडवर्ड प्रथम के राज्यकाल में ऐसे आरोपी जो अपने ऊपर अदालत की कार्यवाही में बाधक सिद्ध होते थे, फ़ाँसी पर चढ़ा दिए जाते थे। इसका जवाब देते हुए जिन्ना ने कहा था कि बेहतर है कि आप भी भूख हड़ताल पर रह रहे इन आरोपियों को बिना सुने फ़ाँसी दे दें बजाय इसके कि प्रस्तावित संशोधन के तहत एकतरफ़ा क़ानूनी कार्यवाही कर न्याय का स्वाँग रचें। इसके बाद जिन्ना ने स्टीफ़ेन के ही 'हिस्ट्री ऑफ़ क्रिमिनल ला' से सम्राट एडवर्ड तृतीय के राज्यकाल की एक घटना का उल्लेख किया था। उस समय के क़ानून के अनुसार यदि आरोपी जान-बूझकर अदालती कार्यवाही के दौरान मौन साधे रहता था और इस तरह उसमें बाधक सिद्ध होता था तो उसे तब तक भूखा-प्यासा रखने का प्रावधान था, जब तक या तो वह कार्यवाही में सहयोग देने के लिए तैयार न हो जाए और ऐसा न होने पर जब तक कि वह मर न जाए। पर वहाँ भी इसके अलावा किसी दूसरी तरह की शारीरिक यातना और उत्पीड़न का प्रावधान नहीं था। अतः सदन के उक्त अंग्रेज़ सदस्य के शारीरिक यातना और उत्पीड़न का इंग्लैंड के पुराने क़ानून में सहारा लेने की बात से असहमति जताते हुए उन्होंने बताया कि एडवर्ड तृतीय के कार्यकाल में एक आरोपी महिला ने जब अदालती कार्यवाही के दौरान मौन साधे रखा था तो उसे चालीस दिनों तक बिना खाए-पीए जेल में रखा गया था। चालीस दिनों तक अन्न-जल के बिना भी वह महिला आरोपी ज़ीवित रही। यह एक चमत्कार था। अन्ततः सम्राट ने उसे क्षमादान दे दिया। उनका स्पष्ट संकेत था कि अनशन पर बैठे बन्दी क्रान्तिकारियों के लिए भी क्षमादान विचारणीय होना चाहिए।

इसके बाद जिन्ना ने अपने भाषण में इस जल्दबाज़ी के लिए सरकार को आड़े हाथों लिया था, जो संशोधन को पेश करने और उसे सदन द्वारा पास कराने के लिए दिखाई गई थी। उन्होंने सरकारी पक्ष का ध्यान सदन की ख़स्ताहाल लाइब्रेरी की ओर खींचा था, जिसमें सम्बन्धित विषय पर कोई अप-टू-डेट (समसामयिक) क़ानूनी साहित्य उपलब्ध नहीं था। वहाँ उपलब्ध स्टीफ़ेन की 'लॉ ऑफ़ क्रिमिनल प्रोसीजर' का प्रकाशन-वर्ष सन् 1883 ई. था। साफ़ था कि वह संस्करण 46 वर्ष पुराना था। सदन की लाइब्रेरी की इस दयनीय हालत का उल्लेख करते हुए जिन्ना ने कहा था कि इस पर सरकार का तुर्रा यह था कि वह उम्मीद करती थी कि सदन प्रस्तावित संशोधन को आनन-फानन में आँख मूँदकर बिना पढ़े-लिखे और उसके न्यायिक आधार को दरकिनार कर ठंडे दिलोदिमाग़ से विचार किए बिना पास कर दे।

14 सितम्बर को जिन्ना ने जब 12 सितम्बर का अपना अधूरा भाषण पुनः प्रारम्भ किया था तो उसके एक दिन पहले 13 सितम्बर को जतीन्द्रनाथ दास का अपने अनशन

के 63वें दिन देहान्त हो चुका था। उनकी शहादत के समक्ष पूरा देश नतमस्तक था। सदन का हर संवेदनशील सदस्य आहत और स्तब्ध था। सदन के एक वरिष्ठ और सम्मानित सदस्य एम.आर. जयकर ने मर्मवेधी शब्दों में उनके तिल-तिलकर हुए अन्त का वर्णन किया था :

"वह अत्यन्त धीमी गति से—तिल-तिलकर मृत्यु को प्राप्त हुए थे। अन्न-जल बिना एक हाथ लकवाग्रस्त हो चुका था। दूसरा हाथ पोषण के अभाव में गहरी दुर्बलता से झूल गया था। पहले एक पैर गया, फिर दूसरा पैर। और इसके बाद प्रकृति की अन्तिम बहुमूल्य देन नेत्रज्योति जाती रही। पुतलियों की तेजस्वी चमक धीरे-धीरे बुझती चली गई। सब कुछ अत्यन्त धीमी गति से घटित हुआ, गिलोटिन से दयापूर्ण मृत्यु की आकस्मिक त्वरा से नहीं—बल्कि उस अविरल, विलम्बित गति से, जिससे प्रकृति धीरे-धीरे रचती और नष्ट करती है। ओह, मन्दगति भीषण उत्पीड़न की वह घोर भयावहता।"

जिन्ना के भाषण की तिलमिलाहट के पीछे निश्चय ही जयकर द्वारा जतीन्द्रनाथ दास की दारुण मृत्यु के इस मार्मिक वर्णन की अनुगूँज भी थी। जयकर ने अपने भाषण में बताया था कि किस तरह योरोपीयन क़ैदियों को दी जानेवाली सुविधाएँ धड़ल्ले से सिल्क की फेरी करनेवाले टोपी पहने चीनियों और सफ़ेद चमड़ीवाले शोहदों को अंग्रेज़ सरकार की जेलों में उपलब्ध कराई जा रही थीं। उन्होंने क्षोभ व्यक्त करते हुए कहा था कि यह शर्म की बात थी कि जेल में बेहतर सुविधाएँ किसी न्यायोचित नियम के आधार पर नहीं, बल्कि क़ैदियों की चमड़ी का रंग देखकर निर्धारित की जा रही थीं। एक परतन्त्र देश की पीड़ा जयकर के भाषण में छिपाए नहीं छिप रही थी। उन्होंने आगे कहा था कि "हालाँकि हममें से कई इन नौजवानों के राजनीतिक विचारों से सहमत नहीं हो सकते, पर इसमें दो राय नहीं हो सकती कि अगर हिन्दुस्तान में अपना शासन होता तो निश्चय ही ये साहसी और बहादुर नौजवान वह उपादान सिद्ध होते, जिनसे किसी आज़ाद देश की सेना के कमांडर और नौसेना के युद्धपोतों के सुयोग्य कैप्टन गढ़े जाते हैं।"

जयकर की गहरी संवेदना से सम्पृक्त इस भाषण की पृष्ठभूमि में जिन्ना ने अपने शेष भाषण में जतीन्द्रनाथ दास की मृत्यु का शोक व्यक्त करते हुए पूछा था कि अगर ये नौजवान अपने भूख हड़ताल के रास्ते से नहीं हटते तो क्या होगा ? सदन के पटल पर रखी गई सूचनाओं के आधार पर जिन्ना ने कहा था कि "इससे पता चलता है कि लाहौर षड्यन्त्र के सभी आरोपी भूख हड़ताल पर नहीं थे। अगर सरकार ईमानदारी से मुकदमे की कार्यवाही में दिलचस्पी रखती है तो उसे चाहिए कि अदालती सुनवाई को कम-से-कम दो हिस्सों में बाँट दे। जो आरोपी भूख हड़ताल पर नहीं थे, उनके विरुद्ध सुनवाई अविलम्ब शुरू कर देनी चाहिए। पर इस सुझाव के विरुद्ध यह तर्क दिया जाता है कि इससे मुकदमे पर सरकारी ख़र्च बहुत बढ़ जाएगा। मुकदमे के दौरान लगभग छः सौ गवाहों की गवाही होनी है। चार सौ की सूची तैयार है और बाक़ी दो सौ गवाहों

की सूची तैयार हो रही है।" जिन्ना ने पूछा था कि "क्या यह आश्चर्यजनक तथ्य नहीं है कि सरकार को अपना पक्ष सिद्ध करने के लिए छः सौ गवाहों की ज़रूरत पड़ रही है ?" अपने भाषण में व्यंग्य के पुट के साथ उन्होंने कहा था कि "अगर किसी मामले को साबित करने के लिए छः सौ गवाहों की ज़रूरत पड़े तो वह मामला निहायत ख़राब और कमज़ोर माना जाएगा।" उन्होंने सवाल किया था कि "क्या सिर्फ़ इसीलिए कि एक मुकदमे पर सरकारी ख़र्च कुछ बढ़ जाएगा, हमें इंसाफ़ के बुनियादी उसूलों को क़ुर्बान कर देना चाहिए।"

सरकार की ओर से सदन के सदस्यों को सूचित किया गया था कि नौजवान अभियोगियों में से कई बीच-बीच में भूख हड़ताल स्थगित कर देते हैं। थोड़ा शक्ति-संचय के बाद वे फिर उसे शुरू कर देते हैं। इसकी ओर संकेत करते हुए इस महान विधिवेत्ता और राजनेता ने कहा था कि वह (जिन्ना) ऐसी स्थिति में सरकार की इन नवयुवकों पर मुकदमा चलाने की दुश्चिन्ता को समझ पाने में स्वयं को असमर्थ पाते हैं, जबकि वे लम्बी भूख हड़ताल के ज़रिए अपने को कड़ी-से-कड़ी मुमकिन सज़ा ख़ुद ही दे रहे हैं। सरकार यदि ईमानदार और सदाशय है तो उसे बदले की भावना से मुक्त हो इन युवा आरोपियों के साथ अच्छा व्यवहार करना चाहिए। ये सरकार से कोई भोग-विलास की चीज़ नहीं माँग रहे हैं। इनकी माँगें ड्रेसिंग टेबल, स्प्रिंगदार गद्दों और स्नानागारों तथा शौचालयों में प्रयोग किए जानेवाले क़ीमती नफ़ासत के सामानों की नहीं हैं। वे अल्पतम ज़रूरत की चीज़ें और थोड़ा बेहतर व्यवहार ही तो चाहते हैं। उन्होंने पूरी शालीनता से सत्ता पक्ष से पूछा था कि आख़िर सरकार इन माँगों को क्यों नहीं मान लेती ? सरकारी ज़िद और उसके शीर्षस्थ सत्ताधारियों में दूरदृष्टि के अभाव को रेखांकित करने के लिए फिर चुटकी लेते हुए उन्होंने फ़ारसी की एक पुरानी कहानी की तरफ़ इशारा करते हुए कहा था, "एक आदमी के पेट में जोरों से दर्द शुरू हो गया था, क्योंकि उसने कई दिनों का बासी निहायत बिगड़ा हुआ खाना खा लिया था। पेट दर्द के इलाज के लिए उसे हक़ीम के पास ले जाया गया। हक़ीम को बात समझने में देर नहीं लगी। उन्होंने मरीज़ की आँख का इलाज़ शुरू कर दिया। अचम्भे के साथ मरीज ने पूछा कि मेरे पेट के दर्द के साथ मेरी आँखों का क्या रिश्ता है ? हक़ीम ने संजीदगी से जवाब दिया कि अगर तुम्हारी आँखें ठीक होतीं तो तुम्हें पेट का दर्द न होता, क्योंकि तब तुमने कई दिनों का बिगड़ा हुआ खाना नहीं खाया होता।" इस कहानी के व्यंग्यार्थ के आधार पर जिन्ना ने सदन में विद्यमान गवर्नर जनरल की कार्यकारिणी के गृह विभाग के प्रभारी सदस्य से सीधा सवाल किया था कि क्या उनके पास आँखें थीं ? अगर उनके पास आँखें होतीं तो उनकी सरकार इस स्थिति को प्राप्त नहीं होती। बहरहाल अगर उनके पास आँखें थीं तो जिन्ना ने आग्रह किया था कि वह उन्हें खोलकर रखें और थोड़ी कल्पना, थोड़े उदार राजनेतृत्व (स्टेट्समैनशिप) और थोड़े राजनीतिक विवेक जैसे गुणों का परिचय दें। समस्या के हल के लिए जो रास्ता सरकार अख़्तियार करना चाहती थी, वह मात्र तात्कालिक था और वह रास्ता सही नहीं था।

जिन्ना ने सदन में अपने भाषण के दौरान सरकार पक्ष की ओर मुख़ातिब हो प्रश्नों की झड़ी लगा दी थी। उन्होंने पूछा था कि इस दुनिया के नक़्शे पर क्या आज कोई ऐसी सभ्य सरकार है, जो अपनी जनता पर दिन-प्रतिदिन, हफ़्ता-दर-हफ़्ता, माह-दर-माह मुकदमे चलाती जा रही हो ? अगर पिछले छः-आठ महीनों के अख़बारों पर आप नज़र डालें तो यह साफ़ पता चल जाएगा कि बंगाल में मुकदमे चलाए जा रहे हैं, मद्रास में मुकदमे चलाए जा रहे हैं, पंजाब में मुकदमे चलाए जा रहे हैं और सच कहें तो पूरे देश में लोगों पर मुकदमे चलाए जा रहे हैं। अगर इसी रफ़्तार से जनता पर मुकदमे चलाए जाते रहे तो जल्द ही सरकार को इनकी निगरानी के लिए गवर्नर जनरल की कार्यकारिणी में एक नए सदस्य को शामिल करना होगा। अपने प्रश्नों की झड़ी के दौरान उन्होंने सत्ता-पक्ष से पूछा था कि ''क्या उन्हें पता था कि परिणाम की गम्भीरता को जानते हुए भी लोग सरकारी क़ानून का उल्लंघन क्यों करते हैं ? क्या सरकारी रीति-नीति की आलोचना करनेवाले को यह पता नहीं होता कि उसके भाषण को राजद्रोह बताकर उसे कम-से-कम छः माह की कड़ी सज़ा दी जा सकती है ? क्या लोग ऐसा महज़ मज़ाक और दिल बहलाने के शगल के तौर पर करते हैं ? क्या सरकार को ख़ुद इसका पता नहीं है ? अगर वह अपनी आँखें ठीक से खुली रख सके तो उसे आसानी से मालूम पड़ जाएगा कि जनता में आज कितनी गहरी नाराज़गी है। सरकारी रीतियों-नीतियों के ख़िलाफ़ अत्यन्त व्यापक जनाक्रोश पूरे देश में व्याप्त है।''

अपने प्रश्न जारी रखते हुए उन्होंने पूछा था ''सन् 1924 से लेकर आज तक एक के बाद दूसरे सत्रों के दौरान सदन में किए गए विरोधों और दिए गए सुझावों पर सरकार ने क्या कार्यवाही की ? क्या आपने सदन का एक भी न्यायोचित प्रस्ताव और सुझाव स्वीकार किया ? जवाब में आप कहेंगे कि आपने साइमन कमीशन नियुक्त कर दिया है। पर यह सभी जानते हैं कि इस सदन ने साइमन कमीशन को नामंज़ूर कर दिया है तो फिर ऐसे कमीशन की रिपोर्ट का इन्तज़ार करना बेमतलब है। ख़ैर, फ़िलहाल इसे भी छोड़िए। पर यह तो बताइए, इस मुल्क की फ़ौज के हिन्दुस्तानीकरण के बारे में आप क्या जवाब दे रहे हैं ? इस अहम मसले पर आपने एक समिति का गठन किया था। उसकी रिपोर्ट पर आपने क्या किया ?'' जयकर के भाषण का वह अंश निश्चय ही जिन्ना के दिमाग़ में गूँज रहा था, जिसमें उन्होंने आर्तस्वर में कहा था कि यदि यह देश स्वतन्त्र होता तो जेल में लम्बी भूख हड़ताल पर बैठे अपनी जान की बाज़ी लगा देनेवाले ये बहादुर नौजवान इसकी सेना के हर अंग के ऊँचे-से-ऊँचे ओहदे के क़ाबिल माने जाते। स्वयं जिन्ना ने सदन में ग्यारह वर्ष पहले 1918 के बजट पर बहस के दौरान सेना में भर्ती अभियान को समर्थन देने के पहले हिन्दुस्तानियों को अंग्रेज़ों और योरोपियों के साथ बराबरी का दर्जा देने की माँग की थी। उन्होंने पूरा ज़ोर देकर कहा था कि हिन्दुस्तानियों को महज़ निचले स्तर पर भर्ती करने के बजाय उनमें से जो योग्य हैं, उन्हें रॉयल कमीशन देकर अधिकारियों (आफ़ीसर्स) के तौर पर भी चुना जाए। 14 सितम्बर, 1929 को अपने भाषण के दौरान जिन्ना ने सरकारी पक्ष से अपनी धारदार भाषा में

एक बार फिर इस विषय पर चुभता हुआ सवाल किया था कि वह जानना चाहते हैं कि सरकार ने उस स्कीन कमेटी की रिपोर्ट पर जिसे सदन में एकमत से स्वीकार किया था, अब तक क्या कार्यवाही की ? उन्होंने सरकारी रवैए को निहायत हैरतअंगेज़ करार देते हुए सत्ता पक्ष को शर्मिन्दगी का अहसास कराने के लिए पिछले सत्र के दौरान उन्हें सरकार के सैन्य-विषयक सचिव के उस बयान की याद दिलाई थी, जिसमें उन्होंने कहा था कि उन्हें सेना के ऊँचे पदों के लिए हिन्दुस्तानियों में ढंग के बीस आदमी भी नहीं मिल पाते हैं। जिन्ना ने अपनी भाषा का तापमान थोड़ा ऊँचा उठाते हुए कहा था कि इस बयान से झलकता साफ़ झूठ इस सरकार की भर्त्सना के लिए काफ़ी है। उन्होंने एक बार फिर सवाल दागा था कि क्या सरकार को सेना में रॉयल कमीशन के लिए देश की तीस करोड़ से भी ज़्यादा आबादी में से ढंग के बीस आदमी भी नहीं मिल पा रहे हैं ?

ज्ञातव्य है कि सन् 1925 ई. में केन्द्रीय विधायिका (सेन्ट्रल लेजिस्लेटिव असेम्बली) ने इंग्लैंड के चीफ़ ऑफ़ स्टॉफ़ लेफ्टिनेन्ट जनरल सर ऐन्ड्रयू स्कीन की अध्यक्षता में एक उच्चस्तरीय आयोग का गठन किया था। जिन्ना भी इसके सदस्य थे। आयोग को इंग्लैंड के विश्वविख्यात सैन्य प्रशिक्षण संस्थान सैन्ड्हर्स्ट की ही तरह हिन्दुस्तान में भी एक उच्च कोटि के संस्थान की स्थापना की सम्भावना पर अपनी संस्तुति देनी थी। योरोप, इंग्लैंड और हिन्दुस्तान के व्यापक दौरे के बाद आयोग ने देहरादून (वर्तमान उत्तराखंड की राजधानी) में इसकी स्थापना हेतुं अपनी संस्तुति दे दी थी। एक लम्बे अर्से तक ठंडे बस्ते में पड़े रहने के बाद अन्ततः सन् 1932 में इंडियन मिलिट्री अकेडमी, देहरादून के रूप में इसकी स्थापना हुई।

जिन्ना ने अपने भाषण में आगे जोड़ा था कि ''सरकार को अपनी ही प्रजा के दमन की नीति से बाज़ आना चाहिए। उसे नौकरशाहों की तरह दूरदृष्टि के दिवालिएपन का नहीं, बल्कि राजनेतृत्व के उदार गुण का परिचय देना चाहिए। आज सरकार जिस समस्या में फँसी है, उसका हल कठिन नहीं है, अगर सरकार मानवीय व्यवहार के साथ सूझ-बूझ का रास्ता अख़्तियार करे। इन नौजवानों के साथ आप अच्छा और मानवीय व्यवहार करें, जैसा कि एक सभ्य सरकार से आशा की जाती है।'' उन्होंने अपने भाषण का उपसंहार करते हुए कहा कि ''सरकार से इस मामले में मुझे दो अन्तिम शब्द कहने हैं। वे ये हैं कि वह अपना ध्यान समस्या की जड़ पर केन्द्रित करे। जितना वह समस्या की जड़ पर अपना ध्यान केन्द्रित करेगी, उतना ही उसके सामने आनेवाली असुविधाएँ और कठिनाइयाँ कम होती जाएँगी और तब हम ईश्वर को धन्यवाद दे सकेंगे कि इस देश के टैक्स देनेवालों की धनराशि उन्हीं के देश के उन स्त्री-पुरुषों पर मुकदमा चलाने में नष्ट नहीं की जा रही है, जो अपने देश की स्वतन्त्रता के लिए लड़ रहे हैं।''

जिन्ना का 12 और 14 सितम्बर, 1929 का सेंट्रल असेम्बली में दिया गया भाषण कई अर्थों में विशेष रूप से ध्यान देने योग्य है। उस समय जिन्ना कांग्रेस और होमरूल लीग जैसे राजनीतिक दलों से नाता तोड़ चुके थे। ज्ञातव्य है कि ये दोनों दल देश में

स्वराज लाने के लिए सभी धर्मों, समुदायों और क्षेत्रों से सम्बन्धित व्यक्तियों और संगठनों की सक्रियता के व्यापक मंच बन चुके थे। दुर्भाग्यवश इन दोनों से अलग अब जिन्ना महज़ मुस्लिम लीग के सदस्य रह गए थे। मुस्लिम लीग देश के मुसलमान अल्पसंख्यकों के राजनीतिक हितों के अधिकाधिक संरक्षण के प्रति समर्पित एक राजनीतिक दल था। कांग्रेस और होमरूल लीग जैसे धर्मनिरपेक्ष राजनीतिक मंचों से अलग और मुस्लिम लीग जैसे साम्प्रदायिक संगठन से जुड़ाव के बावजूद अभी तक जिन्ना की व्यापक राष्ट्रीय हितों के प्रति संवेदनशीलता और प्रतिबद्धता में रंचमात्र भी कमी नहीं आई थी। लाहौर षड्यन्त्र कांड के आरोपियों द्वारा अख़्तियार किए गए हिंसा के मार्ग से पूरी तरह असहमति के बावजूद वह भगत सिंह और उनके साथियों की उद्दाम देशभक्ति और आज़ादी के लिए उनकी तड़प और ललक के अनन्य प्रशंसक थे। इस सम्बन्ध में असेम्बली में दिया गया उनका भाषण एक बहुमूल्य दस्तावेज़ है। सेना के हिन्दुस्तानीकरण और उसके ऊँचे पदों पर हिन्दुस्तानियों के चयन को लेकर उन्होंने सदन और सदन के बाहर जो संवैधानिक रास्ते से लड़ाई लड़ी थी और एक लम्बे अर्से तक उसका कोई नतीजा हासिल नहीं हो पाया था, इससे वह गहरे मर्माहत थे। उनकी अब तक बरक़रार व्यापक राष्ट्रीय भावना का यह भी एक ज्वलन्त प्रमाण है। मात्र जिन्ना ही नहीं, बल्कि देश में मुस्लिम लीग के मंच से आगे चलकर दो राष्ट्र के सिद्धान्त के प्रबल समर्थक कवि-दार्शनिक डॉ. इक़बाल भी लाहौर षड्यन्त्र कांड से जुड़े तरुणों की आदर्शवादिता और उदात्त राष्ट्रभक्ति से गहरे प्रभावित थे। वह लाहौर हाईकोर्ट में बतौर बैरिस्टर प्रेक्टिस भी करते थे। जब सरकार ने उक्त कांड के अभियुक्तों पर मुकदमा चलाने के लिए एक विशेष ट्रिब्यूनल के गठन के लिए अध्यादेश जारी किए, जिसके फ़ैसले के ख़िलाफ़ हाईकोर्ट में अपील का प्रावधान नहीं था तो उससे असंख्य देशभक्त हिन्दुस्तानियों की तरह डॉ. इक़बाल भी आहत हुए थे। उक्त अध्यादेश के विरुद्ध लाहौर हाईकोर्ट की बार ने अपने वरिष्ठ वकीलों की जो समिति गठित की थी, उसके डॉ. इक़बाल भी एक सदस्य थे। उक्त अध्यादेश पर विचार कर जो रिपोर्ट समिति ने 19 जून, 1930 को पेश की थी, उस पर हाईकोर्ट के जिन छः वरिष्ठ वकीलों के हस्ताक्षर हैं, उनमें से डॉ. इक़बाल भी हैं। उनके अलावा एक मुसलमान वकील बरकत अली के भी उस पर हस्ताक्षर हैं। साफ़ है, देश की राजनीति में साम्प्रदायिकता का विष फैलने में अभी थोड़ी देर थी। सभी दलों में (मुस्लिम लीग समेत) अभी भी व्यापक राष्ट्रीय हितों की केन्द्रीयता बनी हुई थी।

6

जिन्ना और इक़बाल

एक राष्ट्र के रूप में पाकिस्तान की आस्था के तीन आधार हैं—इस्लाम, जिन्ना और इक़बाल। जिन्ना के जीवन एवं व्यवहार में इस्लामी मूल्यों से सरोकार के संकेत अत्यन्त विरल हैं। वस्तुतः वह एक राजनीतिक मुसलमान थे। इक़बाल एक ओजस्वी कवि और प्रखर चिन्तक थे। जिन्ना ने अपने राजनीतिक जीवन के निर्णयात्मक दस वर्षों में (सन् 1937 से सन् 1947 तक) इस्लाम और इक़बाल दोनों की भावनात्मक अपील का अपने उद्देश्य की प्राप्ति के लिए अत्यन्त कुशल इस्तेमाल किया। जिन्ना और इक़बाल दोनों के पूर्वज तीन पीढ़ी पहले हिन्दू थे। जबकि जिन्ना के पूर्वज गुजरात के काठियावाड़ क्षेत्र के लोहाना बनिया थे, इक़बाल के पूर्वज कश्मीर के सप्रू ब्राह्मण थे। इक़बाल के दादा कश्मीर में शालों की फेरी करते थे। रोज़ी-रोटी की तलाश में जिस तरह जिन्ना के पिता कराची आ गए थे, उसी तरह इक़बाल के पिता पंजाब के सियालकोट शहर में। जिस तरह जिन्ना के पिता की कोई शैक्षणिक पृष्ठभूमि नहीं थी, उसी तरह इक़बाल के पिता भी अनपढ़ थे। इक़बाल के पिता का नाम नूर मुहम्मद और माँ का नाम इमाम बीबी था। अनपढ़ होने के बावजूद नूर मुहम्मद आध्यात्मिक प्रवृत्ति के व्यक्ति थे। अतः उनके जाननेवाले उन्हें 'अनपढ़ फ़लसफ़ी' (अशिक्षित दार्शनिक) कहते थे। वह पेशे से दर्जी थे और टोपियों पर कढ़ाई का काम करते थे। परिवार की नैतिक चेतना निम्न मध्यवर्गीय पृष्ठभूमि के बावजूद प्रबल रूप से जागृत थी। बताते हैं कि नूर मुहम्मद पर मेहरबान एक हाकिम ने उन्हें हाथ से सिलाई करते देख उनकी सहूलियत के लिए तब नई-नई निकली सिलाई की सिंगर मशीन भेंट की थी। इमाम बीबी को कहीं से पता चल गया कि वह हाकिम ईमानदार क़िस्म के शख़्स नहीं थे। उन्होंने अपने पति नूर मुहम्मद को यह बात बताकर मशीन वापस करवा दी थी। इसके बाद उन्होंने सिलाई का काम छोड़ दिया था और सिर्फ़ कढ़ाई का काम ही करने लगे थे। इस काम में उन्हें बड़ी बरकत हासिल हुई। काम बढ़ने पर उन्होंने कई नौकर रख लिए थे। इक़बाल इसी आदर्श दम्पति की दूसरी सन्तान थे। उनके बड़े भाई अता मुहम्मद उनसे 16 साल बड़े थे। इक़बाल की तीन बहनें भी थीं। अता मुहम्मद फ़ौज में ओवरसीयर हो गए थे। उन्होंने ही इक़बाल की शिक्षा का ख़र्च वहन किया। इक़बाल की प्राथमिक शिक्षा हाईस्कूल तक सियालकोट में और आगे की शिक्षा लाहौर, लन्दन और म्यूनिख में हुई।

जिन्ना की ही तरह इक़बाल की जन्मतिथि और वर्ष भी विवादित है। जिन्ना यद्यपि अपना जन्मदिन सार्वजनिक रूप से 25 दिसम्बर, 1876 मानते थे, किन्तु मदरसातुल इस्लाम कराची में उनकी जन्मतिथि 20 अक्तूबर, 1875 दर्ज है। इक़बाल के जीवन और साहित्य पर शोध करनेवाले विद्वानों ने इक़बाल का जन्म सन् 1873 से 1877 के बीच माना है। यद्यपि इक़बाल और जिन्ना के बीच कई मुलाक़ातें पहले और दूसरे गोलमेज़ सम्मेलन के दौरान सन् 1931-32 में लन्दन में हुई थीं, किन्तु उनके बीच निकटता सन् 1937 के चुनाव के बीच विकसित हुई। जिन्ना पर काम कर रहे पाकिस्तानी विद्वान डॉ. ज़ेड ज़ैदी ने बताया है कि सन् 1938 में जब इक़बाल गम्भीर बीमारी की हालत में लाहौर स्थित अपने आवास में मृत्युशय्या पर थे तो उनके स्वास्थ्य और दीर्घ आयु के लिए प्रार्थना करने उनके प्रशंसकों का एक दल उनके पास पहुँचा था। इक़बाल ने उस दल के सदस्यों से कहा था कि मेरा काम पूरा हो चुका है। मैंने अपना मिशन हासिल कर लिया है। आप सभी जाएँ और जिन्ना की कामयाबी और उनकी लम्बी उम्र के लिए दुआएँ करें। उन्हें अभी अपना मिशन पूरा करना है। यह ज़िक्र दोनों के बीच सन् 1937-38 में पनपे प्रगाढ़ सम्बन्धों की ओर इशारा करता है।

इक़बाल ने अपनी पढ़ाई के दौरान मुस्लिम लीग की ब्रिटेन में स्थापित शाखा की सदस्यता सन् 1908 में ग्रहण की थी। जिन्ना ने मुस्लिम लीग की सदस्यता सन् 1913 में थोड़ी अनिच्छा के साथ ग्रहण की थी। उस समय जिन्ना कांग्रेस के प्रखर राष्ट्रवादी नेता के रूप में स्थापित हो चुके थे। बाद में वह श्रीमती एनी बेसेंट द्वारा स्थापित होमरूल लीग से भी उसकी स्थापना के समय से ही जुड़े और उसकी बम्बई शाखा के अध्यक्ष रहे। अपने आदर्श गोपालकृष्ण गोखले की सर्वेंट्स ऑफ़ इंडिया सोसाइटी के वह सक्रिय सदस्य थे। इस तरह जहाँ इक़बाल एक राजनीतिक दल के रूप में मात्र मुस्लिम लीग के ही सदस्य रहे, वहाँ जिन्ना का घनिष्ठ जुड़ाव अपने समय के चार महत्त्वपूर्ण राजनीतिक संगठनों से रहा। इसके फलस्वरूप उनके राजनीतिक सम्पर्क-सम्बन्ध उस समय के देश के लगभग उन सभी महत्त्वपूर्ण राजनेताओं से रहे, जिन्होंने देश की नियति-निर्धारण में महत्त्वपूर्ण भूमिका अदा की थी। फ़िरोज़शाह मेहता, दादाभाई नौरोज़ी, श्रीमती एनी बेसेंट, गोपालकृष्ण गोखले, सुरेन्द्रनाथ बनर्जी, विपिनचन्द्र पाल, लाला लाजपत राय, मोहनदास करमचन्द गांधी, भूपेन्द्रनाथ बसु, मदनमोहन मालवीय बदरुद्दीन तैय्यबजी, सरोजिनी नायडू, श्रीनिवास शास्त्री, मोतीलाल नेहरू, डॉ. मुख़्तार अहमद अंसारी तथा लोकमान्य तिलक जैसे महान नेताओं के साथ उन्होंने कन्धे से कन्धा मिलाकर काम किया था। अतः उनकी राजनीतिक समझ और सोच का दायरा बहुत व्यापक था। उसमें किसी भी तरह की संकीर्णता की गुंजाइश नहीं थी। जिन्ना के बरअक्स राजनीतिक दल के रूप में इक़बाल का सम्बन्ध और सम्पर्क मात्र मुस्लिम लीग से ही रहा। वस्तुतः इक़बाल एक राजनीतिक जीव थे भी नहीं। वह साहित्य ख़ासकर कविता और दर्शन जगत के प्राणी थे, जबकि जिन्ना आपाद-मस्तक राजनीति में डूबे रहते थे। इक़बाल की राजनीतिक गतिविधियाँ एक अर्से तक मात्र पंजाब तक

सीमित थीं। जिन्ना की राजनीतिक गतिविधियों का दायरा बहुत व्यापक था। तीस-पैंतीस साल की उम्र में वह राष्ट्रीय स्तर के नेता माने जाने लगे थे। यहाँ पंजाब के मुसलमानों की मानसिकता तथा दिल्ली के आसपास और तत्कालीन संयुक्त प्रान्त (वर्तमान उत्तर प्रदेश) के मुसलमानों की मानसिकता को थोड़ा अलग-अलग समझना उपयोगी होगा। भारतीय उपमहाद्वीप के पिछले डेढ़ सौ साल के इतिहास में सन् 1857 का विद्रोह अत्यन्त महत्त्वपूर्ण प्रस्थान-बिन्दु है। जहाँ दिल्ली, वर्तमान उत्तर प्रदेश, उससे लगे बिहार और वर्तमान महाराष्ट्र के अधिकांश मुसलमान और हिन्दू ज़मींदारों और सामन्तों की अलग-अलग कारणों से ही सही उस विद्रोह में सक्रिय भागीदारी रही, वहीं पंजाब के मुसलमान और सिक्ख उसकी लपट से अलग-अलग कारणों से अछूते रहे। सन् 1849 से पंजाब में अंग्रेज़ों का शासन स्थापित हो गया था। इसके साथ वहाँ के मुसलमान स्वयं को सिक्खों की 'ज़ालिम हुकूमत' से मुक्त मानने लगे थे। इसके फलस्वरूप अंग्रेज़ों के ख़िलाफ़ किसी गतिविधि में उनके हिस्सा लेने का सवाल ही पैदा नहीं होता था। चूँकि पंजाब का शासन अंग्रेज़ों ने सिक्खों से हथियाया था, इसलिए उन्होंने वहाँ अपनी सेना में मुसलमानों की अधिकाधिक भर्ती को तरजीह दी। पंजाब समेत पूरे देश में बढ़ते अंग्रेज़ों के दबदबे के सामने अब सिक्ख भी फ़िलहाल उनसे उलझने को तैयार नहीं थे। धीरे-धीरे अंग्रेज़ों की सेना में वे भी बड़ी संख्या में शामिल होने लगे। पंजाब के मुसलमानों और सिक्खों के सरोकार ज़्यादातर स्थानीय ही रहे। सन् 1849 के पहले सिक्ख शासन की स्मृति पंजाब के मुसलमानों की अंग्रेज़-परस्ती का एक महत्त्वपूर्ण कारण थी। आगे जब अंग्रेज़ों के शासन के ख़िलाफ़ पंजाब समेत पूरे देश में असन्तोष की आग सुलगने लगी तो पंजाब के अधिकांश मुसलमान उससे अछूते रहे। अंग्रेज़ी शासन के विरुद्ध प्रतिरोध का स्वर पंजाबी मुसलमानों में सबसे धीमा रहा। नतीजतन, उस समुदाय से लाला लाजपत राय और सरदार भगत सिंह जैसा कोई तेजस्वी अंग्रेज़-विरोधी व्यक्तित्व उभरकर नहीं आया।

पंजाब के मुसलमानों की मानसिक बुनावट में सर सैयद अहमद ख़ाँ की भूमिका को भी ध्यान में रखना आवश्यक है। अंग्रेज़ों के साथ टकराव से बचने, उनके संरक्षण और कृपा से अधिक-से-अधिक मुसलमानों को आधुनिक शिक्षा की ओर प्रवृत्त होने, अंग्रेज़ी भाषा का अच्छा ज्ञान हासिल करने तथा दक़ियानूसी विचारों से मुक्त हो सत्ता में अधिक-से-अधिक हिस्सा पाने के लिए योग्यता अर्जित करने के सर सैयद के प्रयासों का गहरा असर पंजाब के मुसलमानों पर पड़ा। पंजाब के मुसलमानों के बरअक्स उत्तर प्रदेश, बिहार, दिल्ली, मध्य भारत और महाराष्ट्र के मुसलमानों को सन् 1857 की त्रासद स्मृतियों से उबरने में सर सैयद के सुधारवादी तथा आधुनिक अंग्रेज़ी शिक्षा के उनमें प्रसार-प्रचार के व्यापक आन्दोलन के बावजूद काफ़ी समय लगा। आधुनिक अंग्रेज़ी शिक्षा से पंजाब के अलावा उत्तरी हिन्दुस्तान के मुसलमानों का एक बहुत बड़ा वर्ग एक लम्बे अर्से तक परहेज़ करता रहा। जिस तरह अंग्रेज़ों ने पंजाब की सत्ता सिक्खों से छीनी थी, उसी तरह दिल्ली और उत्तर प्रदेश और आसपास की सत्ता उन्होंने मुसलमानों

से छीनी थी। बहादुर शाह 'ज़फ़र,' वाजिद अली शाह और बेगम हज़रत महल तथा उनकी प्रजा के साथ जिस प्रकार के अपमानजनक और अन्यायपूर्ण व्यवहार अंग्रेज़ों ने किए थे, उसकी आग एक लम्बे अर्से तक मुसलमानों के सीने में सुलगती रही। नतीजतन, इन क्षेत्रों के मुसलमान काफ़ी देर तक 'आततायी अंग्रेज़ों' द्वारा दी जा रही आधुनिक शिक्षा से बचते रहे। इस पृष्ठभूमि में पंजाब के मुसलमानों की उन्नीसवीं सदी के उत्तरार्ध और बीसवीं सदी के पूर्वार्ध में मानसिक बुनावट को समझने में थोड़ी सहायता मिल सकती है। इक़बाल की तरुण चेतना ने इसी पंजाब में मुस्लिम-समाज के बीच आँखें खोली थीं, जिसमें अंग्रेज़ों के विरोध की दस्तक बहुत धीमी थी।

इक़बाल के बरअक्स साढ़े उन्नीस साल की उम्र में जब बैरिस्टरी की पढ़ाई पूरी कर जिन्ना ने बम्बई की सरज़मीं पर जुलाई, 1896 में क़दम रखा था तो वहाँ इंडियन नेशनल कांग्रेस की स्थापना हो चुकी थी। उसके एक महत्त्वपूर्ण संस्थापक दादाभाई नौरोज़ी से वह भलीभाँति परिचित थे। उनके चुनाव में किशोर जिन्ना ने उत्साहपूर्वक काम किया था। कांग्रेस में श्रीमती एनी बेसेंट, तिलक, गोखले, बदरुद्दीन तैय्यबजी और फ़िरोज़शाह मेहता जैसे तेजस्वी नेता सक्रिय थे। सभी धर्म, वर्ग और सम्प्रदाय के प्रतिनिधियों की भागेदारी के फलस्वरूप कांग्रेस एक राष्ट्रीय मंच बन गया था। सन् 1904 में गोखले के सम्पर्क में आने के पहले जिन्ना बदरुद्दीन तैय्यबजी (सन् 1844-1906) से ख़ासे प्रभावित थे। तैय्यबजी और जिन्ना दोनों खोजा समुदाय के इस्ना अशरी सम्प्रदाय के अनुयायी थे। सन् 1887 में कांग्रेस के मद्रास अधिवेशन के तैय्यबजी अध्यक्ष थे। अपने अध्यक्षीय भाषण में उन्होंने बॉम्बे प्रेसीडेंसी का उदाहरण देते हुए कहा था कि "मेरी समझ में यह नहीं आता है कि अपने देशवासी अन्य धर्म और सम्प्रदाय के सदस्य भाइयों की तरह मुसलमान भी समान हित के लिए सबके साथ कन्धे-से-कन्धा मिलकार काम क्यों नहीं कर सकते।" सन् 1890 में कांग्रेस के अध्यक्ष बम्बई के सर फ़िरोज़शाह मेहता बने। वह स्वयं एक उद्योगपति परिवार के सदस्य थे। सन् 1868 में वह हिन्दुस्तान के पहले बैरिस्टर बने थे। एक तेजस्वी राष्ट्रवादी नेता के रूप में उनकी कीर्ति पूरे देश में व्याप्त थी। जिन्ना ने उनके चैम्बर में भी कुछ समय एक तरुण और नए बैरिस्टर के रूप में शुरू-शुरू में काम किया था। सर फ़िरोज़शाह मेहता के व्यक्तित्व और विचारों से भी वह गहरे प्रभावित थे। अपने अध्यक्षीय भाषण में सर मेहता ने कहा था कि एक पारसी, हिन्दू और मुसलमान अपने-अपने धर्मों का कहीं बेहतर और सच्चा अनुयायी सिद्ध होता है, जब वह अपनी जन्मभूमि से प्रतिबद्ध होता है। दादाभाई नौरोज़ी उतने ही सच्चे पारसी हैं, जितने कि एक सच्चे हिन्दुस्तानी। सर सैयद अहमद ख़ाँ का ज़िक्र करते हुए उन्होंने कहा था कि उस समय वह कहीं अधिक महान और ऊँचे साबित होते हैं जब वह अपनी प्रतिभा का उपयोग सभी हिन्दुस्तानियों के लिए करते हैं बजाय तब के जब वह महज़ मुसलमानों के हित और उनके दूसरे हिन्दुस्तानियों के हितों से अलगाव की बातें करते हैं। सर मेहता का मानना था कि हिन्दुओं और मुसलमानों के बीच अलगाव और प्रतिद्वन्द्विता का भाव पैदा करने

का मतलब था देश के शासन में सबकी भलाई के लिए सुधार की कोशिशों के रास्ते में रोड़े अटकाना। सर मेहता के व्यक्तित्व और विचारों से जहाँ जिन्ना स्वयं गहरे प्रभावित थे, वहीं तरुण जिन्ना की राष्ट्रवादिता और तेजस्विता से सर मेहता भी प्रभावित थे। सन् 1904 में बम्बई में सर हैनरी कॉटन की अध्यक्षता में आयोजित कांग्रेस का पहला अधिवेशन था, जिसमें जिन्ना ने भाग लिया था। सर फ़िरोज़शाह मेहता इसके स्वागताध्यक्ष थे। इसी अधिवेशन में जिन्ना की गोखले से पहली मुलाक़ात हुई थी। सर फ़िरोज़शाह मेहता की पहल पर गोखले और जिन्ना को कांग्रेस की ओर से इंग्लैंड की नई उदार सरकार से विचार-विमर्श के लिए इंग्लैंड भेजने का निर्णय लिया गया था, पर आर्थिक कारणों से इस प्रतिनिधिमंडल का उस समय इंग्लैंड जाना सम्भव नहीं हो सका था। लेकिन इसी समय से गोखले और जिन्ना के बीच प्रगाढ़ मैत्री-सम्बन्ध विकसित हो गए थे। वस्तुतः इन सम्बन्धों में मैत्री से कहीं अधिक गुरु-शिष्य भाव का संस्पर्श था। यह दादाभाई नौरोज़ी, सर फ़िरोज़शाह मेहता, बदरुद्दीन तैय्यबजी, गोखले और तिलक की उदार और सर्वग्राही सोच और राष्ट्रीयता से स्पन्दित बम्बई थी, जिसमें जिन्ना की राजनीतिक चेतना ने आँखें खोली थीं। इक़बाल और जिन्ना की प्रारम्भिक राजनीतिक विचारधारा के रगो-रेशे का अन्तर दरअसल तब के लाहौर और बम्बई के राजनीतिक-सामाजिक वातावरण के अन्तर से बहुत साफ़ हो जाता है।

यहाँ एक विहंगम दृष्टि सर सैयद अहमद के राजनीतिक-सामाजिक विचारों पर उपयोगी होगी। सन् 1817 में जन्मे सर सैयद ने आजीविका के लिए अंग्रेज़ी राज की अदालत में एक छोटे से कर्मचारी की नौकरी स्वीकार कर ली थी। अपनी योग्यता और राजभक्ति के आधार पर प्रोन्नति पाकर आगे चलकर वह मुंसिफ़ के पद पर पहुँच गए थे। उन्होंने सन् 1857 के विद्रोह के दौरान लोमहर्षक हिंसा का दौर देखा था, जिसमें पहले अंग्रेज़ों को और बाद में हिन्दुस्तानियों को, उनमें भी ख़ासकर मुसलमानों को भयानक जान-माल की हानि और क़त्लेआम की विभीषिका से गुज़रना पड़ा था। वह न केवल इस्लामी साहित्य, धर्मशास्त्र और इतिहास के अध्येता और विद्वान थे, बल्कि उन्होंने अंग्रेज़ी, भाषा-विज्ञान, इतिहास, राजनीतिशास्त्र और न्यायशास्त्र का भी गहरा अध्ययन किया था। अट्ठारह सौ सत्तावन की विभीषिका के बाद वह अतीत से कहीं अधिक वर्तमान पर अपना ध्यान केन्द्रित करने लगे थे। यह सही है, इस विद्रोह के दमन के दौरान हिन्दुओं से कहीं अधिक मुसलमानों को अंग्रेज़ों के आक्रोश और प्रतिशोध की भयंकरता का सामना करना पड़ा था। सर सैयद की इतिहास-दृष्टि ने यह समझ लिया था कि मुसलमानों का हित अंग्रेज़ों से टकराव में नहीं, बल्कि उनकी सद्भावना अर्जित करने में है। इसके लिए इस्लाम धर्म के ज्ञान के साथ पश्चिम की उदार वैज्ञानिक शिक्षा का महत्त्व वह भलीभाँति समझते थे। अरबी, फ़ारसी और उर्दू की जानकारी ही इस उद्देश्य की प्राप्ति के लिए पर्याप्त नहीं थी। अतः उन्होंने मुसलमानों में अंग्रेज़ी भाषा और उसके माध्यम से आधुनिक पश्चिमी शिक्षा के प्रचार-प्रसार पर न केवल ज़ोर दिया, बल्कि रूढ़िवादियों के घोर विरोध और प्रताड़ना के बावजूद अपने उद्देश्य की

प्राप्ति की दिशा में आजीवन सक्रिय रहे। अलीगढ़ का ऐंग्लो मोहम्मडन कालेज, जो आगे चलकर अलीगढ़ मुस्लिम विश्वविद्यालय के रूप में विकसित हुआ, उनके अथक प्रयासों का ही फल है। सर सैयद को मुस्लिम नवजागरण का पहला अग्रदूत कहा जा सकता है। मुस्लिम नव जागृति के क्षेत्र में उनकी वही भूमिका रही, जो हिन्दू नवजागरण में राजा राममोहन राय की थी। उत्तरी हिन्दुस्तान के आहत मुस्लिम-समाज के ज़ख़्म पर मरहम का काम करनेवाले सर सैयद की दृढ़ राज-भक्ति और उनके बीच आधुनिक शिक्षा के प्रचार-प्रसार के प्रयत्नों से प्रसन्न ब्रिटिश साम्राज्य ने उन्हें सन् 1870 में 'सर' की उपाधि से विभूषित किया था। सन् 1883 में वॉयसराय ने उन्हें कलकत्ता स्थित इम्पीरियल लेजिस्लेटिव काउंसिल का सदस्य मनोनीत किया था। बाद में वह तत्कालीन शिक्षा और लोक सेवा आयोग के भी सदस्य मनोनीत किए गए थे। उनके बड़े बेटे सैयद महमूद उत्तरी हिन्दुस्तान के पहले विद्यार्थी थे, जिन्हें ब्रिटिश सरकार ने कैम्ब्रिज विश्वविद्यालय में पढ़ने के लिए छात्रवृत्ति प्रदान की थी। 52 वर्ष की आयु में वह स्वयं महमूद और अपने छोटे बेटे के साथ इंग्लैंड गए थे। साथ में वह अपने दोस्त ख़ुदादाद बेग और विश्वस्त सेवक छज्जू को भी साथ ले गए थे।

सर सैयद यद्यपि मुसलमानों के बीच धर्म और आधुनिकता की समन्वित चेतना के विकास के प्रयासों के लिए आदरपूर्वक याद किए जाते हैं, पर उनके विचारों में कुछ विचित्र अन्तर्विरोधों को नज़रअन्दाज़ करना उचित नहीं होगा। वह वयस्क मताधिकार, नौकरियों के लिए मुक्त प्रतियोगिता और एक व्यक्ति एक वोट की अवधारणा को अमली जामा पहनाने के पक्ष में नहीं प्रतीत होते। उनके मन में जहाँ एक ओर कुलीन तन्त्र के लिए आदर था, वहीं उन्हें यह भय भी था कि शिक्षा और व्यवसाय में पहले से ही आगे हिन्दुओं के मुक़ाबले मुसलमान नौकरियों के लिए खुली स्पर्धा तथा स्वशासी संस्थाओं की सदस्यता के लिए खुले चुनावों में एक पिछड़े अल्पसंख्यक के रूप में टिक नहीं पाएँगे। अतः मुसलमानों के बेहतर प्रतिनिधित्व के लिए उन्होंने नौकरियों और स्वशासी नागरिक संस्थाओं में उनके अलग से मनोनयन की माँग की, जिसे लॉर्ड रिपन ने स्वीकार भी कर लिया था। देश के मध्य और उच्चवर्ग में आधुनिक शिक्षा के प्रचार-प्रसार के फलस्वरूप जो नई आशाएँ-आकांक्षाएँ जागृत हो रही थीं, उसे एक समन्वित रचनात्मक दिशा देने के लिए सन् 1885 में सर ए.ओ. ह्यूम और सर हैनरी काटन जैसे सदाशय अंग्रेज़ों के सहयोग से देश के प्रबुद्ध नागरिकों की पहल पर जब ऑल इंडिया कांग्रेस की स्थापना हुई तो ब्रिटिश सत्ताधारियों के कान खड़े हो गए थे। इसकी प्रतिध्वनि सर सैयद के भाषणों में भी मिलती है। निःसन्देह सर सैयद ने अपने एक भाषण में हिन्दू और मुस्लिम समुदायों को हिन्दुस्तान रूपी सुन्दर दुल्हन की दो ख़ूबसूरत आँखें कहा था, जिसमें से एक की भी हानि उसके सौन्दर्य को नष्ट कर सकती थी। वह 'हिन्दू' शब्द पर हिन्दुओं के एकाधिकार के पक्ष में नहीं थे। उनका मानना था कि इसका प्रयोग हिन्दुस्तान के समस्त निवासियों के लिए होना चाहिए, जिनमें निश्चय ही मुसलमान भी शामिल थे। पर उनके व्यवस्थित सोच के अनुसार हिन्दुओं

और मुसलमानों को परस्पर एक राष्ट्र के रूप में जोड़ना असम्भव था। अपने एक भाषण में उन्होंने कहा था कि मान लें कि अंग्रेज़ हिन्दुस्तान छोड़कर चले जाते हैं, तो ऐसी हालत में हिन्दुस्तान का शासक कौन होगा। क्या हिन्दू और मुसलमान दोनों क़ौमों का एक ही राजसिंहासन पर बैठना मुमकिन होगा ? इसका जवाब उन्होंने ज़ोर देते हुए 'ना' में दिया था। उन्होंने आगे जोड़ा था कि ऐसी हालत में यह ज़रूरी होगा कि एक क़ौम दूसरी क़ौम को हटाकर उसे दरकिनार कर दे। सर सैयद के विचारों की इस पृष्ठभूमि में उनसे गहरे प्रभावित इक़बाल के विचारों को समझना बेहतर होगा।

यहाँ यह जानकारी दिलचस्प होगी कि मार्च, 1909 में अमृतसर में हिन्दुओं, सिक्खों और मुसलमानों ने मिलकर समान राजनीतिक और सामाजिक हितों की दिशा में काम करने के लिए एक संगठन बनाया था। इससे जुड़ने के लिए उन्होंने कुछ समय पहले इंग्लैंड से लौटे इक़बाल को भी निमन्त्रित किया। 28 मार्च, 1909 को इक़बाल ने उस निमन्त्रण के जवाब में लिखा :

"मैं ख़ुद इस विचार का हूँ और व्यक्तिगत तौर पर इस उसूल पर अमल भी करता हूँ कि इस देश से मज़हबी मतभेद ख़त्म हो जाने चाहिए। पर अब मैं सोचता हूँ कि हिन्दुओं और मुसलमानों को अलग-अलग राष्ट्रीय इकाइयों के रूप में अपनी पहचान बनाए रखना ज़रूरी है। पूरे हिन्दुस्तान के लिए एक समान राष्ट्रीयता का दर्शन एक सुन्दर आदर्श है और उसकी एक काव्यात्मक अपील भी है, पर इसे साकार करना असम्भव प्रतीत होता है।"

उपर्युक्त उद्धरण से यह स्पष्ट है कि सर्वप्रथम सन् 1904 में प्रकाशित 'सारे जहाँ से अच्छा हिन्दोस्ताँ हमारा' के गायक इक़बाल सर सैयद की ही तरह हिन्दुस्तान में एक राष्ट्रीयता के दर्शन के विरुद्ध प्रारम्भ से ही थे। पंजाब के अंग्रेज़-परस्त मुस्लिम-समाज में सर सैयद और इक़बाल से इस विषय पर असहमति के स्वर उभरने की आशा निरर्थक थी। पर बम्बई में सर सैयद के दो राष्ट्र के सिद्धान्त को चुनौती देनेवाले सम्मानित मुसलमान नेता मौजूद थे। कांग्रेस की स्थापना के बाद उसके जागरूक मुसलमान सदस्यों ने हिन्दुओं, पारसियों, ईसाइयों तथा अन्य धर्मों के अनुयायियों की तरह बड़ी संख्या में मुसलमानों को भी उससे जोड़ने के प्रयास तेज़ कर दिए थे। अब तक मुसलमानों के एकछत्र नेता सर सैयद इससे विचलित थे। पं. जवाहरलाल नेहरू के अनुसार सर सैयद हिन्दू-बहुल कांग्रेस के ख़िलाफ़ इसलिए थे, क्योंकि वह उसे अंग्रेज़ी राज के प्रति अत्यन्त आक्रामक मानते थे। दरअसल, उनके कांग्रेस-विरोध के मूल में उनकी यह आशंका थी कि कांग्रेस की हर साल बढ़ती विभिन्न प्रकार के राजनीतिक और नागरिक अधिकारों की माँगें उनके द्वारा निर्मित ब्रिटिश राज और मुसलमानों के बीच सामंजस्यपूर्ण सम्बन्धों को आघात पहुँचा सकती थीं। अन्य हिन्दुस्तानियों से अलग मुसलमानों के हित को कांग्रेस से उनके जुड़ाव के कारण हानि पहुँचने के सर सैयद के भय का निराकरण करते हुए बदरुद्दीन तैय्यबजी ने उन्हें अपने पत्र में लिखा था कि "अगर कभी ऐसा प्रस्ताव जिसके कारण मुसलमान हित हिन्दुओं के अधीनस्थ होने या उसके नुक़सान पहुँचने की

सम्भावना पैदा हुई तो वह उसका स्वयं अपनी पूरी ताक़त से विरोध करेंगे।'' उन्होंने आगे जोड़ा था कि ''दरअसल, कांग्रेस का उद्‌देश्य देश के सभी समुदायों की भलाई और तरक़्क़ी के लिए काम करना है।'' पर सर सैयद अपनी बात पर अड़े रहे। उन्होंने तैय्यबजी को लिखा कि कांग्रेस न केवल हिन्दुस्तान के लिए, बल्कि पूरे देश के लिए नुक़सानदेह है।

सर सैयद और इक़बाल के राष्ट्रीयता-विषयक विचारों और कांग्रेस के प्रति उनके नकारात्मक रवैए की इस पृष्ठभूमि में जिन्ना के कांग्रेस से जुड़ाव, उनकी उद्‌दाम राष्ट्रीय भावना, संवैधानिक मार्ग से पूरे देश के राजनीतिक और नागरिक अधिकारों के लिए संघर्ष, ब्रिटिश राज की दमनकारी नीतियों की उनके द्वारा कड़े-से-कड़े शब्दों में निन्दा और लगभग दो दशक तक मुस्लिम लीग की अलगाववादी प्रवृत्ति से उनकी ईमानदार असहमति जैसे पहलू उन्हें विशिष्ट योग्यता और क्षमता-सम्पन्न एक उदारचेता महान राजनेता सिद्ध करते हैं। सर सैयद और इक़बाल के बरअक्स बीसवीं सदी के प्रारम्भिक ढाई दशकों के दौरान यह निःसंकोच कहा जा सकता है कि जिन्ना के पास एक समग्र राष्ट्रीय दृष्टि थी, जिसमें किसी भी तरह की साम्प्रदायिक सोच और क्षुद्रता का संस्पर्श नहीं था। जब सर सैयद के विचारों से प्रेरित इक़बाल हिन्दुस्तान के मुसलमानों के लिए एक अलग राष्ट्र मानने पर दृढ़मत थे, जिन्ना देश के मुसलमानों को राष्ट्रीय मुख्यधारा से जोड़ने के लिए उन्हें कांग्रेस के मंच पर लाने की दिशा में निष्ठापूर्वक सक्रिय थे। सन् 1905 में बंगाल के विभाजन से उपजे आक्रोश की छाया में जब सन् 1906 में कलकत्ता में कांग्रेस का वार्षिक अधिवेशन कई ऐतिहासिक निर्णयों के साथ समाप्त हुआ तो मुसलमानों में अलगाववाद की प्रवृत्ति को रोकने के लिए गठित तीन राष्ट्रवादी मुसलमानों की समिति के जिन्ना भी न केवल एक सदस्य थे, बल्कि उसके संयोजक भी थे। सन् 1910 में इलाहाबाद में आयोजित कांग्रेस के अधिवेशन में जिन्ना ने उस प्रस्ताव का ज़ोरदार समर्थन किया था, जिसमें साम्प्रदायिक आधार पर स्थानीय निकायों में निर्वाचन के सिद्धान्त की घोर भर्त्सना की गई थी। सन् 1913 में मुस्लिम लीग के आगरा अधिवेशन में मौलाना मज़हरुल हक़ के साथ जिन्ना ने लीग को मुसलमानों के लिए अलग निर्वाचन क्षेत्र के पक्ष में प्रस्ताव न पास करने के लिए और कांग्रेस के साथ काम करने की ज़ोरदार अपील की थी। स्पष्ट है कि सर सैयद और इक़बाल की अलगाववादी प्रवृत्तियों से पूर्णतया असहमत जिन्ना तब पूरे देश को एक राष्ट्रीय इकाई मानने के विचार के प्रबल पोषक थे। धर्म को राष्ट्रीयता का आधार मानने के पक्षधर वह एक लम्बे अर्से तक नहीं रहे।

सन् 1922 में इक़बाल को अंग्रेज़ सरकार ने एक महान कवि के रूप में उनका महत्त्व स्वीकार करते हुए 'सर' की उपाधि से अलंकृत किया। जिस समय ख़िलाफ़त-आन्दोलन अपने चरम पर था, उस समय इक़बाल द्वारा स्वीकार किया गया यह सम्मान उनकी व्यंग्यात्मक आलोचना का कारण बना। 'अल्लामा' की जगह 'सर' का ख़िताब मंज़ूर कर वह क़ौम के ताज की जगह अंग्रेज़ी राज के ताज के मुसाहिब बन गए

थे—उनके आलोचकों ने उन पर तंज करते हुए कहा था। इसके बरअक्स जब जिन्ना से 'सर' की उपाधि के बारे में पूछा गया था तो उन्होंने मना करते हुए कहा था कि वह सामान्य मिस्टर जिन्ना ही बने रहना पसन्द करेंगे। रत्ती जिन्ना ने तो यहाँ तक कह दिया था कि यदि उनके पति ने 'सर' की उपाधि मंज़ूर की तो वह उनसे तलाक़ ले लेंगी। ज्ञातव्य है कि इक़बाल की तरह रवीन्द्रनाथ ठाकुर को भी अंग्रेज़ सरकार ने सर की उपाधि दी थी जिसे, उन्होंने अमृतसर के जलियाँवाला बाग़ के भीषण हत्याकांड के विरोध में लौटा दिया था। जलियाँवाला बाग़ का नरसंहार पंजाब में घटित हुआ था, जिससे न केवल पूरा हिन्दुस्तान, बल्कि सदाशय अंग्रेज़ों का एक बहुत बड़ा वर्ग भी मर्माहत हुआ था। पंजाब से हज़ारों कोस दूर बैठे रवीन्द्रनाथ ठाकुर उससे इतने विचलित हो सकते थे कि वह राष्ट्रीय शोक की घड़ी में अंग्रेज़ों की उपाधि उन्हें वापस कर दें, पर उस नृशंस हत्याकांड की घटनास्थली से लगभग साठ मील की दूरी पर बैठे इक़बाल देश के सभी वर्गों की गहरी पीड़ा का समादर करते हुए उसकी भर्त्सना तक करने की दिशा में सोच भी नहीं सके थे। इस पृष्ठभूमि में जब जलियाँवाला कांड के विरोध में बम्बई में जिन्ना की अध्यक्षता में आयोजित सभा में इस अवसर पर भेजा गया रवीन्द्रनाथ ठाकुर का सन्देश पढ़ा गया होगा, तो कहीं-न-कहीं जिन्ना के मन में देशव्यापी वेदना की इस घड़ी में इक़बाल की इस दिशा में उदासीनता निश्चय ही खली होगी।

यहाँ यह विशेष उल्लेखनीय है कि ख़िलाफ़त-आन्दोलन से जिन्ना की ही तरह इक़बाल की भी खास सहानुभूति नहीं थी। इसके मूल में सम्भवतः ख़िलाफ़त के सम्बन्ध में सर सैयद के विचार थे। सर सैयद ने कहा था कि "हम ख़लीफ़ा के सार्वभौम सत्ता के दायरे में नहीं आते। हम हिन्दुस्तान के निवासी हैं और अंग्रेज़ सरकार की प्रजा हैं।' जब वह मुसलमान क़ौम की बात करते थे तो उनका मतलब हिन्दुस्तानी मुसलमानों से था न कि इस्लाम के अनुयायी विश्व की समूची 'उम्मा' से। यहाँ इक़बाल का सोच सर सैयद से अलग हो जाता है। सर सैयद जहाँ अखिल इस्लामवाद (पैन इस्लामिज़्म) के पोषक नहीं थे, वहाँ इक़बाल के सोच की यह आधारशिला थी। इक़बाल के सोच के राजनीतिक, सांस्कृतिक और आध्यात्मिक आयाम की अपील एक अर्से तक पंजाब के शहरी बुद्धिजीवियों तक ही सीमित रही। वह एक कश्मीरी मूल के मुसलमान थे। उनके विचारों के समर्थक शुरू में अधिकांशतः पंजाब के कश्मीरी मुस्लिम-समाज और अरायन (माली) समुदाय के सदस्यों के साथ इस्लामिया कॉलेज से निकले छात्र ही थे। वह पंजाब की राजनीति में सर मोहम्मद शफी की अपेक्षा फ़ज़्ले हुसैन के अधिक क़रीब थे। फ़ज़्ले हुसैन मुस्लिम कांफ्रेंस नामक संगठन की नीतियों के प्रमुख शिल्पी थे और पंजाब की यूनियनिस्ट पार्टी के संस्थापक थे। सन् 1930 के जिस वर्ष में इक़बाल मुस्लिम लीग के लखनऊ अधिवेशन के अध्यक्ष बने, फ़ज़्ले हुसैन को वॉयसराय ने अपनी काउंसिल का सदस्य मनोनीत किया था। उन्हें शिक्षा, स्वास्थ्य और भूमि सम्बन्धी विभागों का प्रभारी बनाया गया था। जिन्ना फ़ज़्ले हुसैन को ख़ास पसन्द नहीं करते थे। उनकी अंग्रेज़-परस्त नीतियों से जिन्ना की सहमति असम्भव थी।

हिन्दुतान में राष्ट्रीयता को लेकर इक़बाल का सोच साफ़ था। इसकी झलक 28 मार्च, 1909 के उनके उस पत्र से पहले ही मिल चुकी है जो उन्होंने अमृतसर के हिन्दू-मुस्लिम-सिक्ख एकतावादियों के निमन्त्रण के उत्तर में लिखा था। सन् 1927 में उन्होंने फिर कहा था :

"एक संयुक्त राष्ट्रीयता की बात व्यर्थ है। ये शब्द इस देश के लोगों के होंठों पर पिछले पचास सालों से विद्यमान हैं। इसकी हालत उस मुर्गी की तरह है, जो एक लम्बे अर्से से कुडकुड़ाती रही है और उसने अब तक एक भी अंडा नहीं दिया।...इस देश में एक सम्प्रदाय दूसरे सम्प्रदाय को नष्ट करने पर हमेशा आमादा दिखता है।"

इसी बात को थोड़ा और आगे बढ़ाते हुए इक़बाल ने अपने मुस्लिम लीग के लखनऊ अधिवेशन के अध्यक्षीय भाषण में सन् 1930 में कहा था :

"मैं चाहूँगा कि पंजाब, उत्तरी पश्चिमी सीमा प्रान्त, सिन्ध और बलूचिस्तान एक राज्य में विलीन हो जाएँ।...हिन्दुस्तान में एक उत्तर पश्चिमी मुस्लिम राज्य का निर्माण मेरी समझ से यहाँ के मुसलमानों की अन्तिम नियति है।"

इक़बाल के इस अलगाववादी सोच के बरअक्स दिसम्बर, 1928 के अन्तिम सप्ताह में कलकत्ता में आयोजित ऑल इंडिया नेशनल कन्वेंशन (अखिल भारतीय राष्ट्रीय सम्मेलन) में जिन्ना के भाषण पर एक नज़र डालना उपयोगी होगा। शान्त-संयत वाणी में जिन्ना ने नेहरू-रिपोर्ट पर बोलते हुए कहा था :

"...यहाँ मैं बतौर एक मुसलमान के नहीं, बल्कि बतौर एक हिन्दुस्तानी के बोल रहा हूँ...हम सभी एक देश की धरती की सन्तानें हैं। हमें एक साथ रहना है। हमारे बीच अब तक जो भी मतभेद रहे हों, हमें अब पूरी कोशिश करनी होगी कि हमारे बीच आगे और कटुता पैदा न हो।...विश्वास करें हिन्दुस्तान तभी तरक़्क़ी करेगा जब हिन्दुओं और मुसलमानों में एकता होगी। हमें किसी भी तर्क, फिलॉसफी या झगड़े को अपने बीच समझौते के रास्ते में रोड़ा अटकाने की इजाजत नहीं देनी होगी। हिन्दू-मुस्लिम एकता से बड़ी .ख़ुशी मेरे लिए दूसरी कोई नहीं हो सकती।"

जिन्ना के भाषण के इस अंश से स्पष्ट है कि बीसवीं सदी के तीसरे दशक के अन्त में जब इक़बाल दोटूक शब्दों में दो राष्ट्र के सिद्धान्त की वकालत कर रहे थे, उनके (जिन्ना के) मन में अभी ऐसा कोई सोच पैदा नहीं हुआ था। अभी भी उनका विश्वास था कि हिन्दुओं और मुसलमानों की नियति इस देश में एक साथ जुड़ी थी और दोनों का कल्याण आपसी मतभेद भुलाकर एकता के रास्ते पर चलने में ही था। सन् 1931-32 के दौरान जिन्ना और इक़बाल के बीच लन्दन में कई मुलाक़ातें हुईं। सर्वसम्मति से हिन्दुस्तान के संविधान का प्रारूप तैयार करने का अपना सपना साकार न होता देख जिन्ना भयंकर मोहभंग की प्रक्रिया से गुजर रहे थे। इसके बावजूद वह इक़बाल के दो राष्ट्र के सिद्धान्त के आधार पर देश के साम्प्रदायिक विभाजन के विचार से सहमत नहीं थे। दरअसल, इक़बाल के दो राष्ट्र के सिद्धान्त के आधार पर देश के विभाजन की बात को सामान्यतया लोगों ने एक भावुक कवि का दिवास्वप्न मानकर उस समय

गम्भीरतापूर्वक नहीं लिया था। इनमें से निश्चय ही जिन्ना भी एक थे। पर इतना तय था कि जिन्ना एक ऐसा संविधान चाहते थे, जिसमें हिन्दुस्तान के मुसलमानों के राजनीतिक हित सुरक्षित रहें और उन्हें बहुसंख्यक हिन्दुओं की कृपा पर आश्रित न रहना पड़े। अभी भी ऐसा नहीं था कि उनका सरोकार देश के प्रति कोई कम हो गया था पर ऐसा ज़रूर था कि अब उनका सरोकार मुसलमानों के प्रति कई गुना बढ़ गया था।

जिन्ना मूलतः राजनीति और क़ानून-जगत के जीव थे। इंग्लैंड और योरोप की राजनीतिक और क़ानून-व्यवस्था की संस्थाओं को उन्होंने बारीकी से देखा था और उनमें सन्निहित तथा उसके प्रेरक नागरिक अधिकारों और लोकतान्त्रिक मूल्यों को उन्होंने गहराई से समझकर उन्हें आत्मसात किया था। अतः वयस्क नागरिक मताधिकार के आधार पर वह हिन्दुस्तान में लोकतान्त्रिक व्यवस्था का विकास चाहते थे, जिसमें नागरिकों के मूलभूत अधिकार सुरक्षित रहें और धर्म का राजनीति में सामान्यतया हस्तक्षेप न हो। वह स्वयं एक सुयोग्य और तेजस्वी सांसद थे तथा संसदीय लोकतन्त्र में विश्वास रखते थे। वह पूरी प्रतिबद्धता से हिन्दुस्तान में संसदीय लोकतन्त्र की स्थापना के लिए समर्पित रहे। यह जानना निहायत दिलचस्प होगा कि गांधी सिद्धान्ततः संसदीय लोकतन्त्र में, जिस तरह वह इंग्लैंड और योरोप में चल रहा था, विश्वास नहीं रखते थे। सन् 1909 में प्रकाशित अपने 'हिन्दस्वराज' में उन्होंने इंग्लैंड की संसद को वेश्या तक कह दिया था और इस पर आपत्ति किए जाने पर उन्होंने खेद व्यक्त करते हुए क्षमा अवश्य माँग ली थी, किन्तु उक्त शब्द हटाने से उन्होंने एक अर्से तक दृढ़तापूर्वक इनकार कर दिया था। इस पृष्ठभूमि में वयस्क नागरिक मताधिकार पर आश्रित प्रजातन्त्र के सम्बन्ध में इक़बाल के विचार जानना अत्यन्त महत्त्वपूर्ण है। प्रजातन्त्र के बारे में उनकी ये काव्य-पंक्तियाँ उनके विचारों को स्पष्ट कर देती हैं :

"इस राज़ के इक मर्दे फ़रंगी ने किया फ़ाश
हरचन्द कि दाना इसे खोला नहीं करते।
जम्हूरियत इक तर्जे हुकूमत है कि जिसमें
बन्दों को गिना करते हैं तोला नहीं करते।"

इस तरह वह प्रजातन्त्र को ऐसी शासन प्रणाली मानते थे, जो लोगों की गणना पर आधारित थी, उनकी योग्यता के मूल्यांकन पर नहीं। उनका कहना था कि दो सौ गधे मिलकर एक भी आदमी का विचार पैदा नहीं कर सकते। यहाँ यह जानकारी महत्त्वपूर्ण होगी कि इक़बाल इस्लाम के पहले चार ख़लीफ़ाओं के शासन में विद्यमान प्रजातान्त्रिक व्यवस्था के अनन्य प्रशंसक थे। उन्होंने लिखा है कि इस्लाम व्यक्तिगत सत्ता की भयंकरता की कड़ी निन्दा करता है। उसका अपने अनुयायियों के समाज में सम्पूर्ण समानता के व्यवहार का स्पष्ट निर्देश है। इस्लाम के सिद्धान्तों के आधार पर एक प्रजातान्त्रिक व्यवस्था का सपना उनके दिमाग़ में कहीं-न-कहीं अवश्य था, पर उसका स्पष्ट खाका वह नहीं बना सके थे। जिन्ना यद्यपि इंग्लैंड के संसदीय प्रजातन्त्र के आधार पर पाकिस्तान की

प्रजातान्त्रिक व्यवस्था की रूपरेखा निर्धारित करना चाहते थे, पर मुसलमानों की धार्मिक भावनाओं के आधार पर पाकिस्तान का लक्ष्य पा लेने के बाद इस्लाम के मुहावरे में बात करना उनके लिए ज़रूरी हो गया था। 14 जुलाई, 1947 को दिल्ली के पत्रकार सम्मेलन में एक पत्रकार ने उनसे पूछा था कि क्या पाकिस्तान एक धर्मतन्त्रीय राज्य होगा या धर्मनिरपेक्ष ? इसके उत्तर में उन्होंने कहा था कि "मैं नहीं जानता कि धर्मतन्त्र किसे कहते हैं।" जब एक संवाददाता ने उन्हें संक्षेप में धर्मतन्त्र और धर्मनिरपेक्ष राज्य के बारे में बताया था तो उसे लगभग झिड़कते हुए उन्होंने कहा था कि जब आप इस तरह प्रजातन्त्र की बात करते हैं तो मुझे शंका होती है कि आपने इस्लाम को पढ़ा नहीं है। हमें प्रजातन्त्र की सीख तेरह सदी पहले मिल चुकी थी। 14 अगस्त, 1947 को पाकिस्तान की संविधान-सभा के अपने उद्घाटन भाषण में उन्होंने सभी धर्मों और समुदायों के प्रति अकबर की सहिष्णुता का मूल तेरह सौ साल पहले मुहम्मद साहब के चरित्र और व्यवहार में दर्शाया था। पर यहाँ यह बात विशेष रूप से ध्यान देने योग्य है कि 11 अगस्त, 1947 को जब वह पाकिस्तान की संविधान-सभा के अध्यक्ष चुने गए थे तो उस समय दिए गए अपने ऐतिहासिक बीज-भाषण में उन्होंने एक बार भी इस्लाम की चर्चा नहीं की थी। दरअसल वह मुस्लिम-बहुल पाकिस्तान को एक आधुनिक धर्मनिरपेक्ष राष्ट्र के रूप में देखना चाहते थे।

हम देख चुके हैं कि तुर्की में समस्त मुस्लिम-जगत में सम्मानित ख़िलाफ़त की संस्था के प्रति इक़बाल और जिन्ना के मन में कोई खास आदरभाव नहीं था और जब प्रथम विश्व महायुद्ध के बाद सत्ता में आए मुस्तफ़ा कमाल पाशा (कमाल अतातुर्क) ने इस क्षयशील संस्था को समाप्त कर तुर्की को एक आधुनिक धर्मनिरपेक्ष राष्ट्र बनाने के प्रयास किए और उक्त दिशा में उन्हें भारी सफलता मिली तो इक़बाल और जिन्ना दोनों उनके गहरे प्रशंसक सिद्ध हुए। सन् 1923 में प्रकाशित अपनी सुप्रसिद्ध काव्य-कृति 'पयामे मशरिक़' की एक महत्त्वपूर्ण कविता इक़बाल ने मुस्तफ़ा कमाल पाशा को समर्पित की थी। इक़बाल का मानना था कि मुस्लिम राष्ट्रों में तुर्की अकेला था, जो रूढ़िवादिता की तन्द्रा से मुक्त होने में सफल हो पाया था। पर इक़बाल ने इस महान नेता के तानाशाही रवैए को नज़रअन्दाज़ नहीं किया था और इसके लिए उनकी आलोचना से वह बाज़ नहीं आए थे। उन्होंने अपनी कविता के चिर-परिचित लहज़े में कहा था :

"प्रातःकालीन समीर अभी भी
एक उपवन की तलाश में है
वह अतातुर्क के यहाँ बन्दी है अभी
पूरब की आत्मा अभी भी है
*खोज में एक शरीर की।"**

* अनुवाद लेखक द्वारा।

जिन्ना हिन्दुस्तान के मुसलमानों की तुर्की के ख़लीफ़ा के प्रति अन्धश्रद्धा को हिन्दुस्तानी राष्ट्रीयता के विकास की राह में बाधा मानते थे। अतः अब सन् 1924 में सत्ता में आने के बाद मुस्तफ़ा कमाल पाशा (कमाल अतातुर्क) ने ख़लीफ़ा का पतनशील पद समाप्त कर दिया तो जिन्ना ने इस पर प्रसन्नता व्यक्त की थी। रूढ़िवादिता और अतार्किक परम्परा से मुक्ति के प्रतीकस्वरूप मुस्तफ़ा कमाल पाशा ने तुर्की में दाढ़ी मुँडवाने का आदेश तक जारी कर दिया था। यहाँ यह ध्यान देने योग्य है कि इक़बाल और जिन्ना दोनों दाढ़ी नहीं रखते थे। इक़बाल कम-से-कम मूँछ तो रखते थे। पर जिन्ना प्रारम्भिक युवावस्था को छोड़कर जब उन्होंने बड़ी प्यारी गझिन मूँछें रखी थीं, लगभग आजीवन बिना दाढ़ी-मूँछ के रहे। उनका क्लीन शेव किया हुआ चेहरा उनके व्यक्तित्व की प्रभावोत्पादकता बढ़ाता था। कट्टरपन्थी मुल्ला और उनके राजनीतिक विरोधी इक़बाल और जिन्ना को इस्लाम के अनुयायी होने के प्रतीक-चिह्न दाढ़ी न रखने की वजह से अक्सर काफ़िर कहते थे। जिन्ना की तो क़ायदे आज़म की तर्ज पर 'क़ाफ़िरे आज़म' तक कहकर भर्त्सना की जाती थी। इस पृष्ठभूमि में जिन्ना के मुस्तफ़ा कमाल पाशा के नेतृत्व के गुणों और व्यक्तित्व के प्रति आकर्षण को समझना उपयोगी होगा। जिन्ना ने लन्दन में नवम्बर, 1932 के 'दि टाइम्स लिट्रेरी सप्लीमेंट' में एच.सी. आर्मस्ट्रांग द्वारा लिखित कमाल पाशा की जीवनी 'ग्रे वुल्फ, ऐन इंटिमेट स्टडी ऑफ़ ए डिक्टेटर' (धूसर व्याघ्र—एक तानाशाह का आत्मीय अध्ययन) की समीक्षा पढ़ी थी। उसी दिन वह जाकर उक्त पुस्तक ख़रीद लाए थे। पूरे मनोयोग से पढ़कर दो दिनों में उन्होंने वह पुस्तक समाप्त कर दी थी। इसके बाद उन्होंने उसे अपनी तेरह वर्षीया बेटी दीना को यह कहते हुए दे दिया था कि "यह एक अच्छी किताब है, इसे पढ़ना।" पुस्तक को पढ़ने के बाद कई दिनों तक जिन्ना घर और बाहर कमाल पाशा और उनकी उपलब्धियों की चर्चा करते रहे थे। इसे सुनकर उनकी बेटी उन्हें लाड़ से 'ग्रे वुल्फ' कहने लगी थी। मुस्तफ़ा कमाल का जन्म सन् 1881 में तुर्की के एक निम्नमध्यवर्गीय परिवार में हुआ था, जहाँ उनकी अनपढ़ माँ को उस समय के इस्लामी रिवाज़ के मुताबिक़ पर्दे में रहना पड़ता था। लगभग यही स्थिति जिन्ना की अपनी माँ की भी थी। जिन्ना और मुस्तफ़ा कमाल दोनों बला के आत्मनिर्भर और अपने समवयस्कों से स्वभावतः अलग-थलग रहनेवाले किशोर थे। दोनों में अपने समय की अन्यायपूर्ण शासन-व्यवस्था के प्रति गहरा असन्तोष था। पर जिन्ना ने जिस समय परिवर्तनकामी मुस्तफ़ा कमाल पाशा की जीवनी पढ़ी थी, उस समय वह हिन्दुस्तान की राजनीति और सार्वजनिक जीवन में शीर्षस्थ स्थान हासिल कर चुके थे और पचपन साल की उम्र में लन्दन में बेटी और बहन के साथ एक समृद्ध आत्मनिर्वासन का जीवन जी रहे थे।

मुस्तफ़ा कमाल पाशा बाहरी हस्तक्षेप से सर्वथा मुक्त अपनी राष्ट्रीय सीमाओं में तुर्की को एक अत्यन्त सबल तथा सार्वभौम सत्ता-सम्पन्न राष्ट्र बनाना चाहते थे। उन्होंने कहा था, "मैं न तो इस्लाम के अनुयायी देशों के संघ में विश्वास करता हूँ और न

ही तुर्की के लोगों के किसी संघ में। हमारे बीच हर व्यक्ति को अपनी आस्था और आदर्शों से जुड़े रहने का अधिकार है, लेकिन सरकार का सशक्त और शक्तिशाली होना आवश्यक है, जिसकी नीतियों की जड़ें ज़मीनी हक़ीक़त में होनी चाहिए। उसका उद्देश्य और मात्र एक ही उद्देश्य होना चाहिए—अपनी राष्ट्रीय सीमाओं में अपने राष्ट्र के जीवन और स्वतन्त्रता की रक्षा करना।...न तो किसी तरह की भावुकता और न ही किसी तरह का भ्रम हमारी नीतियों को प्रभावित करने में सफल हो सकता है। हमें दृढ़तापूर्वक कहना होगा—''सपनों और उनके मायाजाल से दूर हटो ! अतीत में हमें उनकी बड़ी महँगी क़ीमत चुकानी पड़ी है।'' निश्चय ही अपने से लगभग छः वर्ष उम्र में छोटे पर यथार्थ के ठोस धरातल पर खड़े एक रूढ़िग्रस्त समाज को एक सर्वथा नए आधुनिक राष्ट्र में परिवर्तित करने के लिए सतत प्रयत्नशील मुस्तफ़ा कमाल पाशा के ये शब्द जिन्ना के मनोमस्तिष्क में एक अर्से तक गूँजते रहे होंगे। जिन्ना मोहभंग की प्रक्रिया की चरम परिणति के फलस्वरूप हिन्दुस्तान छोड़कर लन्दन बसने आए थे। हिन्दुस्तान की राष्ट्रीयता और उसके लिए एक सर्वसम्मत आदर्श संविधान का उनका सपना एक-एक कर टूटता चला गया था। मुस्तफ़ा कमाल की यथार्थपरक राजनीतिक दृष्टि ने उनके दिमाग़ के कुहासे छाँट दिए थे। वह अब यद्यपि लन्दन की राजनीति में अपना भाग्य आजमाना चाहते थे, पर तीन दशकों की अपनी राजनीतिक सक्रियता की कर्मस्थली बम्बई तथा सुधार और परिवर्तन की गहमागहमी से स्पन्दित हिन्दुस्तान को भुला पाना उनके लिए असम्भव था। यहाँ 'सपनों और उनके मायाजाल से दूर हटो' की लगातार अनुगूँज ही थी कि जब लियाक़त ने अपनी पत्नी के साथ उनके लन्दन आवास पर उनसे हिन्दुस्तान लौटकर मुस्लिम लीग की कमान सँभालने का अनुरोध किया तो वह तुरन्त तैयार हो गए थे। अब वह सपनों और उनके मायाजाल से मुक्त एक अत्यन्त यथार्थपरक राजनीतिक रणनीति का ताना-बाना बुनने के लिए कृतसंकल्प थे। अतः जब वह सन् 1934 के मध्य में हिन्दुस्तान लौटे तो एक सर्वथा नए संकल्प, नए सोच और अपूर्व आक्रामकता से लैस थे। इक़बाल की कवि-सुलभ भावुकता से सर्वथा अलग जिन्ना ने मुस्तफ़ा कमाल को अपने भावी राजनीतिक जीवन के लिए नितान्त निजी ढंग से आत्मसात किया था। मुस्तफ़ा कमाल के प्रति जिन्ना के प्रशंसा-भाव में मुस्लिम लीग के अनुयायियों का एक बहुत बड़ा वर्ग सहभागी नहीं था। पटना में आयोजित लीग के अधिवेशन में 16 दिसम्बर, 1938 को जब उन्होंने इक़बाल के साथ ही मुस्तफ़ा कमाल को भी श्रद्धांजलि देते हुए कहा था कि क्या कमाल अतातुर्क जैसे महान मुसलमान का उदाहरण सामने होने के बावजूद हिन्दुस्तान के मुसलमान अभी भी दलदल में फँसे रहेंगे, तो सभा में उपस्थित श्रोताओं की प्रतिक्रिया अनुकूल नहीं थी। वस्तुतः हिन्दुस्तानी मुसलमानों का एक बहुत बड़ा वर्ग ख़लीफ़ा का सदियों पुराना मुस्लिम जगत का सर्वोच्च धार्मिक पद समाप्त करने और तुर्की के धर्मनिरपेक्षता के आधार पर आधुनिकीकरण के कमाल पाशा के प्रयासों से सख़्त ख़फ़ा था।

जिन्ना और इक़बाल के अर्थिक और सामाजिक सोच पर भी एक नज़र उपयोगी होगी। सन् 1917 में रूस में लेनिन के नेतृत्व में वोल्शेविक क्रान्ति का सम्पूर्ण विश्व के सोच पर गहरा असर पड़ा था। मार्क्सवाद में लोग अपनी सभी राजनीतिक, सामाजिक और आर्थिक समस्याओं का हल ढूँढ़ने लगे थे। इक़बाल ने मार्क्सवाद का कोई गहन-गम्भीर अध्ययन किया हो, इसके संकेत नहीं मिलते। पर सर्वहारा वर्ग में जो आशा विश्व-स्तर पर वोल्शेविक क्रान्ति और लेनिन ने जगाई थी, वह उससे अछूते नहीं थे। अक्सर इक़बाल के कुछ शेर, ख़ासकर नीचे दिया गया शेर, उद्धृत कर उन्हें मार्क्सवाद और लेनिन का समर्थक-प्रशंसक सिद्ध करने की कोशिश की जाती है :

जिस खेत से दहक़ाँ को मयस्सर न हो रोटी,
उस खेत के हर खोशये गन्दुम को जला दो।

पर यह असमानता और सामन्ती शोषण तथा अन्याय के विरुद्ध उनकी कवि-सुलभ भावुक प्रतिक्रिया ही थी। इसके पीछे उनका कोई व्यवस्थित चिन्तन और परिवर्तन का कोई सुविचारित खाका नहीं था। परम आस्तिक और इस्लामी मूल्यों में गहरी आस्था के कारण वह 'ईश्वरविहीन मार्क्सवादी व्यवस्था' के समर्थक नहीं हो सकते थे। पर वोल्शेविक दर्शन और ईश्वर के योग को वह लगभग इस्लाम के बराबर मानते थे। 'ईश्वर की उपस्थिति में लेनिन' शीर्षक अपनी एक नज़्म में उन्होंने ईश्वर और लेनिन के बीच एक दिलचस्प संवाद प्रस्तुत किया है। इसमें लेनिन सर्वहारा वर्ग के शोषण, दमन और उत्पीड़न के विरुद्ध अपना गहरा आक्रोश और दुःख प्रकट करते हैं। इससे विचलित हो ईश्वर अपने फरिश्तों को शोषकों और दमनकारियों के विनाश और सर्वहारा वर्ग के उद्धार का आदेश देते हैं। साम्यवाद में ईश्वर और धर्म के निषेध को वह रूस के ऑर्थोडॉक्स (कट्टर) चर्च की पतनशीलता और विकृतियों के विरुद्ध प्रतिक्रिया के रूप में लेते थे। पंजाब के लगभग सभी महत्त्वपूर्ण मुस्लिम नेताओं की सामन्ती पृष्ठभूमि के बरअक्स इक़बाल की अपनी मध्यवर्गीय पृष्ठभूमि अपने ग़रीब, वंचित और शोषित सहधर्मियों की दुर्नियति के विरुद्ध उनमें गहरी संवेदना जगाती थी। उनका मानना था कि जब तक मुस्लिम लीग बहुसंख्यक मुस्लिम ग़रीब और वंचित वर्ग की समस्याओं से दो-चार नहीं होती, तब तक वह कांग्रेस की तरह एक जन-आन्दोलन का मंच नहीं बन सकती। सन् 1937 के चुनाव के बाद जब कांग्रेस शासित प्रान्तों में (ख़ासकर संयुक्त प्रान्त और बम्बई में) मुस्लिम लीग सत्ता में कांग्रेस के साथ भागीदारी हासिल करने में नाकामयाब रही, तो उसने कांग्रेसी सरकारों के विरुद्ध मुसलमानों के प्रति अन्यायपूर्ण व्यवहार और उनके हितों की उपेक्षा सम्बन्धी मनगढ़न्त आरोप लगाने शुरू कर दिए थे। इसका प्रतिकार करने के लिए कांग्रेस ने अपने मुसलमान नेताओं की अगुवाई में मुसलमान जनता से गहन सम्पर्क का एक विराट अभियान शुरू किया था। इससे मुस्लिम लीग के कान खड़े हो गए थे। इसी पृष्ठभूमि में 28 मई, 1937 को इक़बाल ने जिन्ना को पत्र लिखा था, जिसमें उन्होंने साधारण मुसलमानों के रोटी के

गहराते सवाल और उसके कारणों की चर्चा की थी। उसमें उन्होंने यह भी कहा था कि अपनी आर्थिक समस्याओं के हल के लिए साधारण मुसलमान जवाहरलाल के 'नास्तिक समाजवाद' की ओर झुकनेवाला नहीं है। स्पष्ट है कि देश में समाजवादी सोच के सबसे महत्त्वपूर्ण पुरोधा राजनीति में जवाहरलाल नेहरू ही थे और उनका 'नास्तिक समाजवाद' इक़बाल को गवारा नहीं था। मुसलमानों की आर्थिक समस्याओं का हल वह इस्लामी क़ानून में तलाशते थे। इक़बाल के आर्थिक विचार उनकी गद्य पुस्तक 'इल्मुल इक़्तिसाद' में देखे जा सकते हैं। इक़बाल के विचारों के बरअक्स जिन्ना ने भी कभी किसी सुविचारित-वैज्ञानिक आर्थिक सोच की ओर ध्यान नहीं दिया था। किन्तु उनकी विशद क़ानूनी समझ, पाश्चात्य सभ्यता की लम्बी पृष्ठभूमि और एक अर्से तक धर्मनिरपेक्ष राजनीति से जुड़ाव ने उनमें इतना विवेक ज़रूर पैदा कर दिया था, जिसके फलस्वरूप वह जटिल आधुनिक अर्थव्यवस्था के बीच मुसलमानों की रोज़ी-रोटी की समस्या के इस्लामी क़ानून के तहत समाधान के अति सरलीकृत सुझाव की निरर्थकता और अव्यावहारिकता को अच्छी तरह समझ सकते थे। यही कारण था कि जब 13 अक्तूबर, 1937 को जिन्ना मुस्लिम लीग के वार्षिक अधिवेशन की अध्यक्षता करने लखनऊ पहुँचे तो उन्होंने तरुण राजा महमूदाबाद और कलकत्ता के उद्योगपति मिर्ज़ा अबुल हसन इस्पहानी को विश्वास में लेते हुए कहा था कि अधिवेशन के दौरान विशेष समितियों की बैठक में इक़बाल के उक्त सुझाव पर विचार न करना ही उचित होगा। इक़बाल के दिमाग़ में शरीयत के तहत मार्क्सवाद की रूढ़ियों से मुक्त एक इस्लामी समाजवाद की अस्पष्ट अवधारणा थी। पश्चिमी सभ्यता में पगे मुस्लिम लीग के सामन्ती संस्कार के नेतृत्व के लिए उस पर सहमत होना तो दूर उस पर विचार करना भी असम्भव था।

सन् 1936 और 1937 के दौरान इक़बाल ने जिन्ना को आठ पत्र लिखे थे। लगभग उतने ही पत्र जिन्ना ने इक़बाल को भी लिखे थे। 'लगभग' इसलिए कि जिन्ना द्वारा इक़बाल के नाम लिखे पत्र अभी तक उपलब्ध नहीं हो सके हैं। कवि के घर काग़ज़ों की अराजकता में ये मूल्यवान पत्र सँभाले नहीं जा सके। इक़बाल के देहावसान के बाद उनके संकलित पत्रों की भूमिका में जिन्ना ने लिखा है कि इन पत्रों के विनिमय की अवधि में संयोगवश उनके पास कोई सुयोग्य सहायक नहीं था। इसलिए उस दौरान लिखे गए उनके ढेर सारे पत्रों की प्रतिलिपियाँ सुरक्षित नहीं रखी जा सकीं। दुर्भाग्यवश उनके इक़बाल को लिखे गए पत्रों की प्रतिलिपियाँ भी उनमें शामिल थीं। इस पृष्ठभूमि में यह जानना असम्भव है कि इक़बाल के पत्रों के उत्तर में उनके विचारों और सुझावों पर जिन्ना की क्या प्रतिक्रिया थी। पर इतना निर्विवाद लगता है कि जहाँ इक़बाल हिन्दुस्तान के मुस्लिम-बहुल उत्तर-पश्चिमी प्रान्तों और बंगाल को एक अलग मुस्लिम राष्ट्र के रूप में देखना चाहते थे, वहीं अभी जिन्ना देश के साम्प्रदायिक आधार पर विभाजन की माँग करने को तैयार नहीं थे। लखनऊ के क़ैसर बाग़ में आयोजित मुस्लिम लीग के वार्षिक अधिवेशन में 15 अक्तूबर, 1937 को दिए गए अध्यक्षीय भाषण में

कांग्रेस के साथ सरकार में लीग की भागीदारी न मिल पाने की कचोट उनके भाषण में साफ़ झलकती है। फिर भी अपने अनुयायियों को संगठित और अनुशासित होने का आह्वान करते हुए उन्होंने 'अपने देश और जनता के लिए पूरी वफ़ादारी से काम' करते रहने की सलाह दी थी। यहाँ यह ध्यान देने योग्य है कि इक़बाल की चिन्ता की परिधि में फ़िलहाल मुस्लिम-बहुल प्रान्त ही थे और उनके पास उन मुसलमानों के लिए कोई योजना नहीं थी, जो हिन्दू-बहुल प्रान्तों में अल्पसंख्यक थे। इसके बरअक्स जिन्ना का जनाधार मूलतः हिन्दू-बहुल प्रान्तों के लीग के मुस्लिम अनुयायियों के बीच ही था, जिनकी उपेक्षा अभी उनके लिए सम्भव नहीं थी। यही कारण था कि इक़बाल सन् 1937 का मुस्लिम लीग का वार्षिक अधिवेशन लाहौर में चाहते थे। पर जिन्ना ने उनकी बात न मानकर उक्त अधिवेशन लखनऊ में आयोजित किया था, जहाँ उनके महत्त्वपूर्ण प्रशंसक-समर्थक नवाब मुहम्मद इस्माइल ख़ाँ, राजा महमूदाबाद, चौधरी खलीक़ुज़्ज़मा और लियाक़त अली ख़ाँ का वर्चस्व था।

इक़बाल और जिन्ना के बीच मतभेद के कुछ अन्य बिन्दुओं की जानकारी दिलचस्प होगी। इक़बाल को पूर्वी पंजाब के हिन्दू-सिक्ख-बहुल ज़िलों को पश्चिमी पंजाब के मुस्लिम-बहुल ज़िलों से अलग करने में कोई आपत्ति नहीं थी। उनकी मुस्लिम राष्ट्र-राज्य की अवधारणा में पूर्णतः मुस्लिम-बहुल क्षेत्र ही आते थे। लगभग इसी तरह की बात लाला लाजपतराय ने बीसवीं सदी के तीसरे दशक के प्रारम्भ में 'ट्रिब्यून' की अपनी एक लेखमाला में कही थी। इसके बरअक्स जिन्ना पूरे पंजाब और पूरे बंगाल को पाकिस्तान का हिस्सा मानते थे और अन्ततः जब उन्हें विभाजित पंजाब और बंगाल से सन्तोष करना पड़ा तो उन्होंने विवशतापूर्वक उसे स्वीकार करते हुए उलाहना देने के स्वर में कहा था कि उन्हें दीमक-लगा पाकिस्तान ही दिया गया था। इक़बाल और जिन्ना के बीच असहमति का दूसरा मुद्दा था पृथक चुनाव-क्षेत्र का। जिन्ना ने एकाधिक बार हिन्दुओं और मुसलमानों के संयुक्त चुनाव-क्षेत्र के लिए अपनी सहमति दी थी। पर इक़बाल सदैव मुसलमानों के लिए पृथक निर्वाचन क्षेत्र के पक्षधर रहे। मुसलमानों के लिए शुरू से एक अलग राष्ट्र-राज्य के विचार के पोषक उनके लिए हिन्दुओं-मुसलमानों के संयुक्त निर्वाचन-क्षेत्र का समर्थन असम्भव था। पंजाब के तत्कालीन मुख्यमन्त्री (जिसे उस समय अंग्रेज़ी में 'प्रीमियर' कहते थे) सर सिकन्दर हयात ख़ाँ के प्रति भी जिन्ना और इक़बाल के रवैए में बड़ा फ़र्क़ था। सिकन्दर समृद्ध मुसलमान, हिन्दू और सिक्ख ज़मींदारों और रईसों के राजनीतिक संगठन 'यूनियनिस्ट पार्टी' के नेता के रूप में पंजाब के मुख्यमन्त्री बने थे। वह स्वयं पंजाब के सबसे बड़े ज़मींदारों में से एक थे। प्रायः सभी बड़े मुस्लिम ज़मींदार पश्चिमी सभ्यता में पगे नाम के मुसलमान थे। उनके यहाँ ग़रीब रियाया का, जिसमें अधिकांश मुसलमान ही थे, जिस तरह शोषण और दोहन होता था, उससे इक़बाल न केवल विचलित होते थे, बल्कि उसे वह इस्लाम की भावना के सर्वथा विरुद्ध मानते थे। नतीजतन, वह एक ऐसी रणनीति तैयार करना चाहते थे, जिसके तहत ग़रीब और वंचित मुसलमानों को संगठित कर उन्हें एक धारदार नेतृत्व

प्रदान कर सिकन्दर के नेतृत्ववाली यूनियनिस्ट पार्टी को अपदस्थ किया जा सके। इक़बाल के विपरीत सन् 1937 के पंजाब के चुनाव में मुस्लिम लीग की भारी पराजय से स्तब्ध जिन्ना किसी भी तरह सिकन्दर से दोस्ती बढ़ाना चाहते थे। सिकन्दर और उनके प्रभावशाली मुस्लिम समर्थकों की सद्भावना के बिना जिन्ना को लगता था कि मुस्लिम लीग का आधार पंजाब में सुदृढ़ नहीं किया जा सकता। इस पृष्ठभूमि में इक़बाल और जिन्ना के सिकन्दर हयात ख़ाँ के प्रति रवैए को बख़ूबी समझा जा सकता है। 21 अप्रैल, 1938 को इक़बाल के देहावसान के बाद अन्ततः सिकन्दर और उनके समर्थकों के सहयोग से जिन्ना ने सन् 1940 का मुस्लिम लीग का ऐतिहासिक अधिवेशन लाहौर में आयोजित किया था। यहाँ ख़ास ध्यान देने की बात यह है कि साठ हज़ार की विशाल भीड़ की उपस्थिति में अपने ओजस्वी भाषण में यद्यपि जिन्ना ने इक़बाल के दो राष्ट्र के सिद्धान्त को पहली बार मंच से पूरी तरह स्वीकार करते हुए उनके पत्रों की भाषा और वाग्मिता (रेटॉरिक) को अपने ढंग से इस्तेमाल किया था, किन्तु उनका नाम उन्होंने एक बार भी नहीं लिया था।

कुछ मुद्दों पर मतभेद और जिन्ना के पत्रों के खो जाने के बावजूद इसमें दो राय नहीं कि इक़बाल और जिन्ना एक दूसरे के प्रति गहरा आदरभाव रखते थे। इक़बाल द्वारा लिखित पत्रों के संकलन के प्राक्कथन में जिन्ना ने उन्हें 'सन्त, दार्शनिक और इस्लाम का राष्ट्रीय कवि' बताते हुए 'आध्यात्मिक गुरु' के रूप में उनकी भूमिका की प्रशंसा की है। 21 जून, 1937 के अपने पत्र में इक़बाल ने जिन्ना को वह नेता बताते हुए जिसकी एक लम्बे अर्से से मुसलमानों को प्रतीक्षा थी, लिखा था कि 'आप आज हिन्दुस्तान में अकेले नेता हैं, जिसकी ओर मुसलमान-समाज उत्तर-पश्चिमी हिन्दुस्तान या यो कहें कि पूरे हिन्दुस्तान में उठ रही आँधी के दौरान सुरक्षित मार्गदर्शन के लिए देख सकता है।' इक़बाल ने उक्त पत्र में कहा था कि देश में उस समय गृह-युद्ध की स्थिति थी, जो एक अर्से से हिन्दू-मुस्लिम दंगों के रूप में चल रही थी। उन्होंने आगे जोड़ा था कि उन्हें डर है कि देश के कुछ हिस्सों में—उदाहरण के लिए उत्तर-पश्चिमी हिन्दुस्तान और बंगाल को आत्म-निर्णय के अधिकार से सम्पन्न, हिन्दुस्तान और हिन्दुस्तान के बाहर दूसरे राष्ट्रों की तरह अलग राष्ट्र क्यों नहीं माना जा सकता ? इक़बाल के संकलित पत्रों की भूमिका में जिन्ना ने लिखा है कि "उनके विचार अब वस्तुतः मेरे विचारों के अनुरूप थे और अन्ततः मुझे उन्हीं निष्कर्षों की ओर ले जाते थे, जिन पर हिन्दुस्तान की संवैधानिक समस्या के ध्यानपूर्वक परीक्षण और अध्ययन के उपरान्त मैं पहुँचा था। यहाँ यह ध्यान देने योग्य है कि जैसा कि उनके पत्रों से स्पष्ट है कि इक़बाल का सरोकार समस्या के मात्र संवैधानिक हल से नहीं था। वह सामाजिक, सांस्कृतिक और आर्थिक चिन्ताओं से जुड़े बृहत्तर प्रश्न भी अपने पत्रों में उठाते हैं। जिन्ना के अपने पत्रों की अनुपलब्धता की पृष्ठभूमि में उनकी भूमिका से जो संकेत मिलते हैं, उनसे यह साफ़ पता चलता है कि वह मुसलमानों की राजनीतिक समस्या के संवैधानिक हल के प्रति ही अधिक प्रतिबद्ध थे। समाज,

संस्कृति, दर्शन और अर्थतन्त्र से जुड़े गूढ़तर प्रश्न उनके व्यावहारिक सोच की सीमा में नहीं आते थे। पर इतना तय है कि इक़बाल से घनिष्ठता और पत्र-विनिमय के बाद जिन्ना के भाषणों के तेवर बिल्कुल बदल गए थे। एक चतुर वकील की दलील और अपील की ठंडी तार्किकता की जगह अब भावोत्तेजक शब्दों और अभिव्यक्तियों ने ले ली थी। लीग के सन् 1937 के लखनऊ अधिवेशन के अध्यक्षीय भाषण की भाषा इसका प्रमाण है, जिसमें वह 'मुसलमानों की जादुई ताक़त', 'अपनी नियति अपने हाथ में', 'उनके गौरवशाली अतीत', शानदार भविष्य, उद्यम, यातना और बलिदान जैसे काव्यात्मक शब्द इस्तेमाल करते हैं। यहाँ यह जानकारी दिलचस्प होगी कि सन् 1940 के लीग के लाहौर-अधिवेशन में दिए गए अपने अध्यक्षीय भाषण में जिन्ना ने इक़बाल का सन्दर्भ एक बार भी नहीं दिया था, किन्तु उन्होंने इक़बाल की वाग्मिता, भावनात्मक भाषा, इस्लामी संस्कृति और दार्शनिक विचारधारा का उसमें उदारतापूर्वक प्रयोग किया था। उनके इस भाषण को तैयार करने में लाहौर के मियाँ बशीर अहमद ने मूल्यवान योगदान दिया था। मियाँ बशीर अहमद इक़बाल के परम मित्र जस्टिस शाहदीन के बेटे थे और अहमद बशीर के नाम से कविताएँ और गद्य लिखते थे। वह उर्दू की एक साहित्यिक पत्रिका 'हुमायूँ' के सम्पादक भी थे। मियाँ बशीर अहमद इक़बाल के साहित्य के गम्भीर अध्येता और उनकी दार्शनिक विचारधारा के गहरे प्रशंसक थे। उन्होंने जिन्ना के लाहौर भाषण को धारदार और प्रभावोत्पादक बनाने के लिए इक़बाल की रचनाओं के अनेक महत्त्वपूर्ण उद्धरण जिन्ना को उपलब्ध कराए थे। दक्षिण-पूर्वी एशिया के आधुनिक इतिहास के विद्वान आर.जे. मूर ने जिन्ना के लाहौर भाषण के महत्त्वपूर्ण अंशों के समान्तर मियाँ बशीर अहमद के उन विद्वत्तापूर्ण लेखों के वे अंश बड़ी कुशलता के साथ प्रस्तुत कर दिए हैं जिन्हें उन्होंने लॉर्ड लिनलिथगो के 18 अक्तूबर, 1939 के बयान की भर्त्सना करते हुए लिखा था। अतः मियाँ बशीर अहमद के माध्यम से इक़बाल की आत्मा जिन्ना के सन् 1940 के लाहौर अधिवेशन के भाषण में पूरी तरह व्याप्त थी, भले ही उस महान कवि-दार्शनिक का नाम उन्होंने उसमें एक बार भी न लिया हो। आगे भी चलकर अपने भाषणों की भावनात्मक अपील को और धारदार बनाने के लिए जिन्ना इक़बाल के पत्रों की भाषा और वाग्मिता का प्रत्यक्ष-परोक्ष प्रयोग लगातार पूरी कुशलता से करते रहे।

इक़बाल के लेखन और भाषण में ऐसे अनेक संकेत हैं, जिनसे पता चलता है कि वह हिन्दुस्तान के अन्दर ही एक मुस्लिम-बहुल राज्य चाहते थे। सन् 1930 में मुस्लिम लीग के लखनऊ-अधिवेशन में दिया गया उनका अध्यक्षीय भाषण इसका प्रमाण है। देश के बाक़ी हिस्सों और सम्प्रदायों से अपने कल्पित मुस्लिम राज्य के सम्बन्ध-विच्छेद में उनका विश्वास नहीं था। अपने जीवन के अन्तिम दिनों में, अंग्रेज़ लेखक एडवर्ड थॉम्सन के अनुसार, इक़बाल के मन में हिन्दुस्तान में अलग मुस्लिम-बहुल राज्य की स्थापना को लेकर गहरी शंकाएँ उभरने लगी थीं। उसकी व्यावहारिकता को लेकर उनकी चिन्ता निर्मूल नहीं थी। यहाँ यह ध्यान देने योग्य है कि जबकि इक़बाल दो राष्ट्र के

सिद्धान्त के प्रतिपादन के बावजूद हिन्दुस्तान के अन्दर ही एक मुस्लिम-बहुल राज्य की कल्पना करते थे, वहीं सन् 1940 के लीग के लाहौर-अधिवेशन के बाद जिन्ना एक स्वतन्त्र सार्वभौम सत्ता-सम्पन्न मुस्लिम-बहुल राष्ट्र पाकिस्तान की माँग करने लगे थे। यह एक अलग बात है कि अपनी कुशल राजनीतिक रणनीति के तहत अपने पाकिस्तान की रूपरेखा को उन्होंने सार्वजनिक रूप से स्पष्ट नहीं होने दिया था। यही कारण है कि हिन्दू-बहुल प्रान्तों के मुसलमानों के लिए उनके पास कोई ठोस विचार नहीं थे और इस पक्ष को उन्होंने अन्त तक बड़ी कुशलता से ज़ाहिर नहीं होने दिया था। नतीजतन पाकिस्तान बनने के बाद उसके लिए एक अर्से से सर्वाधिक सक्रिय बिहार, संयुक्त प्रान्त (उत्तर प्रदेश) और बम्बई जैसे क्षेत्रों के मुसलमान एकाएक स्वयं को ठगा हुआ अनुभव करने लगे थे।

इक़बाल के मन में निश्चय ही जीवन के अन्तिम दिनों में एक गम्भीर मन्थन चल रहा था। उनके साम्प्रदायिक सोच की जगह मनुष्य की विश्वबन्धुत्व की भावना उभरकर ऊपर आ रही थी। इसकी एक साफ़ झलक सन् 1938 के नववर्ष के प्रथम दिवस पर उनके ऑल इंडिया रेडियो के लाहौर केन्द्र से प्रसारित भाषण में निम्नलिखित अंश से मिलती है :

"मात्र एक ही एकता है, जो विश्वसनीय है, वह एकता है मनुष्य के परस्पर बन्धुत्व की—जो नस्ल, राष्ट्रीयता, रंग और भाषा से बहुत ऊपर है...जब तक मनुष्य अपने व्यवहार से सिद्ध नहीं करता कि सम्पूर्ण संसार ईश्वर का परिवार है...स्वतन्त्रता, समानता और बन्धुत्व के सुन्दर आदर्श कभी भी मूर्त नहीं हो सकेंगे।"

यहाँ कवि-दार्शनिक इक़बाल के अन्दर का सन्त उनके जीवन की सन्ध्या में मुखर हो उठा है। इसमें कुरान शरीफ़ की उस पवित्र पंक्ति की प्रतिध्वनि सुनाई पड़ती है जिसमें 'सम्पूर्ण मनुष्यता को एक राष्ट्र' (2.213) घोषित किया गया है। यहाँ प्रसिद्ध रहस्यवादी कवि-सन्त मौलाना रूमी का प्रभाव भी अनदेखा करना उचित नहीं होगा। मुहम्मद साहब के बाद इक़बाल की आस्था के सर्वाधिक महत्त्वपूर्ण केन्द्रबिन्दु मौलाना रूमी ही थे। इक़बाल की उपर्युक्त पंक्तियाँ बरबस हमें जिन्ना के 11 अगस्त, 1947 के पाकिस्तान की संविधान-सभा में दिए गए उस भाषण की याद ताज़ा करा देती हैं, जिसमें उन्होंने पाकिस्तान में हर धर्म, विश्वास, नस्ल और वर्ग के लोगों के लिए समान नागरिक अधिकार एवं अभय की घोषणा की थी। फ़रवरी, 1948 में उन्होंने संयुक्त राज्य अमेरिका में प्रसारित अपने एक भाषण में कहा था :

"इस्लाम और इसकी आदर्शवादिता ने हमें लोकतन्त्र का पाठ पढ़ाया है। उसने हमें मनुष्य की समानता, न्याय और सभी के प्रति ईमानदार व्यवहार की सीख दी है। हम इस शानदार परम्परा के वारिस हैं और पाकिस्तान के भावी संविधान की रचना के समय हम अपनी इन ज़िम्मेदारियों और कर्त्तव्यों के प्रति पूरी तरह सजग रहेंगे।"

जिन्ना के भाग्य में पाकिस्तान का अपने सपनों का संविधान देखना नहीं लिखा

था और बाद में जैसा संविधान वहाँ बना, उससे जिन्ना की आत्मा निश्चय ही अत्यन्त दुखी हुई होगी। पर इतना निर्विवाद है कि जीवन की संध्या में इक़बाल और जिन्ना दोनों जिन निष्कर्षों पर पहुँचे थे, उसमें साम्प्रदायिक कट्टरता का रंचमात्र संस्पर्श नहीं था। पर अब बहुत देर हो चुकी थी।

खंड : चार

आकलन

यहाँ यह ध्यान योग्य है कि पाकिस्तान का राष्ट्रपिता बनने के पहले वह हिन्दुस्तान की धरती के एक अत्यन्त सुयोग्य पुत्र थे। उनके लगभग आधी सदी के राजनीतिक जीवन में समय-समय पर उभरे सोच में आज भी ऐसा बहुत कुछ है जो अप्रासंगिक नहीं हुआ है। वह भारत के स्वतन्त्रता संग्राम की जातीय स्मृति में कहीं गहरे रचे-बसे हैं। बम्बई का उनका आवास, कांग्रेस-भवन के परिसर का पीपुल्स जिन्ना हाल और गुन्टूर (आन्ध्र प्रदेश) का जिन्ना टावर आज भी यहाँ उनकी याद के दीपक जलाए हुए है। क़ायदे आज़म अकादमी कराची के संस्थापक निदेशक प्रो. शरीफ़-अल-मुज़ाहिद ने अकबर एस. अहमद की जिन्ना पर लिखी चर्चित एवं विस्तृत पुस्तक की तुलना महाभारत से की है।

इस तुलना को थोड़ा और आगे ले जाएँ तो जिन्ना महाभारत के एक अप्रतिम पात्र कर्ण की स्मृति ताज़ा क़ुर देते हैं, पांडवों का रक्त होने के वावजूद जिसकी नियति थी कौरव-पक्ष से लड़ने की।

आकलन

"मैं मानता हूँ, इस अकेले व्यक्ति का कोई ऐतिहासिक जोड़ नहीं है, जिसने महज़ अपने दम पर एक राजनीतिक क्रान्ति को अंजाम दिया; उसकी उपलब्धि इस बात का ज़ोरदार खंडन है कि इतिहास बनाने में व्यक्ति का बहुत कम या कोई महत्त्व नहीं है। ये मिस्टर जिन्ना ही थे, जिन्होंने पाकिस्तान को जन्म दिया और इतिहास की रचना की।"

—सर पेंडेरल मून

इस कथन की प्रतिध्वनि प्रो. लारेंस ज़ायरिंग के निष्कर्ष में भी मिलती है, जब वह कहते हैं कि "जिन्ना के व्यक्तित्व ने ही पाकिस्तान को सम्भव बनाया। उनके बिना उसका आविर्भाव असम्भव था।" सर सिरिल फिलिप्स के अनुसार, "जिन्ना के नेतृत्व के अभाव में मुस्लिम-बहुल प्रान्तों की क्षेत्रीय भावनाओं का मुस्लिम राष्ट्रवाद से टकराव काफ़ी हद तक सम्भव था।" डेविड पेज़ ने जिन्ना की तुलना फ़्रांस के महान नेता जनरल डि गॉल से करते हुए उनके राजनीतिक साहस और स्वतन्त्रता के उल्लेखनीय गुणों की प्रशंसा की है, जिनका लोहा उनके घोर विरोधी तक मानते थे। विख्यात अमेरिकी लेखक एडगर स्नो के अनुसार, "यदि जिन्ना का मूल्यांकन एक बैरिस्टर के रूप में ही किया जाए तो यह मानना पड़ेगा कि वह वकालत के इतिहास का सबसे पेचीदा मुकदमा जीतने में कामयाब रहे। वह लड़े और उन्होंने पाकिस्तान का शानदार मुकदमा जीत लिया।" इसमें दो राय नहीं कि पाकिस्तान को अस्तित्व में लाने का श्रेय अगर किसी एक व्यक्ति को जाता है तो निश्चय ही वह क़ायदे आज़म मोहम्मद अली जिन्ना हैं। उन्हें अपनी इस उपलब्धि का पूरा अहसास था। बताते हैं कि पाकिस्तान बनने के चन्द महीनों के अन्दर उत्तर प्रदेश और बिहार के मुहाज़िरों का एक प्रतिनिधिमंडल अपनी शिकायतों के साथ उनसे मिला। मुसलमानों के इस नए राष्ट्र के निर्माण में अपने योगदान और क़ुर्बानियों का ज़िक्र करते हुए प्रतिनिधिमंडल के मुखर सदस्यों ने कहा कि आज वहाँ कोई उनका पुरसाहाल नहीं है। उनकी बातें सुनने के बाद संज़ीदगी से जिन्ना ने कहा था कि "पाकिस्तान को वजूद में लाने में सिर्फ़ तीन का योगदान था—ख़ुद उनका, उनके स्टेनो का और उनके टाइपराइटर का।" बहुत सम्भव है कि यह एक किंवदन्ती हो, पर इसके बावजूद वह इतिहासकारों द्वारा पाकिस्तान के निर्माण में जिन्ना के अद्वितीय अवदान

के मूल्यांकन पर सामान्यजन की दिलचस्प मुहर लगाती है।

यह सर्वविदित है कि भारतीय उपमहाद्वीप में मुसलमानों के लिए अलग राज्य की विचारधारा के जनक जिन्ना नहीं थे। इसका बीज सर सैयद अहमद ख़ाँ ने बोया था, जिसे कवि-चिन्तक इक़बाल ने सींचा था। चौधरी रहमत अली ने इसे पुष्पित और पल्लवित किया था। जिन्ना पहली बार इस विचारधारा से पैंसठ साल की उम्र में प्रत्यक्षतः मार्च, 1940 में मुस्लिम लीग के लाहौर अधिवेशन में जुड़े। ज्ञातव्य है कि 28 सितम्बर, 1939 को उस्मानिया विश्वविद्यालय हैदराबाद में अपने भाषण के दौरान जिन्ना ने कहा था कि वह किसी भी रूप में नेहरू से कम राष्ट्रवादी नहीं हैं। 19 जनवरी, 1940 को लिखे 'हिन्दुस्तान में दो राष्ट्र' शीर्षक अपने लेख में, जो लन्दन की 'टाइम एंड टाइड' पत्रिका में 9 मार्च को छपा, जिन्ना ने कहा था कि हिन्दुस्तान हिन्दुओं और मुसलमानों दोनों की एक समान जन्मभूमि है। 'पाकिस्तान' शब्द का प्रयोग जिन्ना ने 22 मार्च, 1940 के लीग के लाहौर अधिवेशन में दिए गए अध्यक्षीय भाषण के दौरान नहीं किया था। पहली बार इस शब्द का प्रयोग उन्होंने 19 फ़रवरी, 1941 को 'स्टेट्समैन' में छपे अपने एक बयान में किया था। चूँकि मुसलमानों के अलग राज्य के लिए इंग्लैंड और हिन्दुस्तान के अख़बार 'पाकिस्तान' शब्द का व्यवहार सुविधा की दृष्टि से करने लगे थे, जिन्ना ने स्वयं इसके प्रयोग पर एतराज़ नहीं किया था। 'पाकिस्तान' शब्द को जिन्ना की व्यावहारिक स्वीकृति के पहले अलग मुस्लिम राज्य की माँग के पीछे कुछ महत्त्वपूर्ण व्यक्तियों, समूहों और संगठनों की भूमिका निर्णायक रही। गवर्नमेंट ऑफ़ इंडिया ऐक्ट सन् 1935 के तहत 1937 में प्रान्तीय चुनावों में मुस्लिम-बहुल प्रान्तों में लीग का प्रदर्शन अत्यन्त दयनीय रहा। मुस्लिम-बहुल प्रान्तों के स्थानीय छत्रप अपने प्रान्तों में जिन्ना का हस्तक्षेप स्वीकार करने को तैयार नहीं थे। किन्तु संघीय स्तर (फ़ेडरल लेवेल) पर केन्द्र में बिना सशक्त मुस्लिम नेतृत्व की उपस्थिति के वहाँ की सत्ता हिन्दू-बहुल कांग्रेस के हाथों में जाने के आसन्न भय ने जिन्ना की केन्द्रीयता स्थापित कर दी थी। मुस्लिम-बहुल प्रान्तों के ग़ैरकांग्रेसी मुसलमान नेताओं को यह समझने में देर नहीं लगी थी कि संघीय स्तर पर केन्द्र में जिन्ना ही मुसलमान हितों की रक्षा करने में सक्षम थे। फलस्वरूप, अक्टूबर, 1938 में जिन्ना की अध्यक्षता में आयोजित सिन्ध की मुस्लिम लीग के प्रान्तीय सम्मेलन में देश के हर प्रान्त के लीग के महत्त्वपूर्ण नेता शामिल हुए। इनमें पंजाब और बंगाल के प्रधानमन्त्री क्रमशः सिकन्दर हयात ख़ाँ और चौधरी फ़ज़लुल हक़ के नाम विशेष उल्लेखनीय हैं। इस सम्मेलन के स्वागताध्यक्ष कराची के एक बड़े उद्योगपति हाजी सर अब्दुल्ला हारुन थे। उन्होंने सिन्ध में पंजाब की यूनियनिस्ट पार्टी की तर्ज़ पर सिन्ध यूनाइटेड पार्टी का गठन किया था। हारुन ने अपने स्वागत भाषण में पहली बार हिन्दू और मुस्लिम-बहुल प्रान्तों के अलग-अलग संघ का सुझाव दिया था। उनका यह सुझाव सन् 1930 में इक़बाल की 'हिन्दुस्तान में एक मुसलमान हिन्दुस्तान' की माँग को एक क़दम और आगे ले गया था। हारुन के सुझाव को विधिवत प्रस्ताव का रूप देकर लीग के अधिवेशन में सिन्ध मुस्लिम लीग के एक दूसरे प्रतिष्ठित नेता शेख़ अब्दुल मजीद

ने औपचारिक रूप से विचार हेतु प्रस्तुत किया था। इस प्रस्ताव में हिन्दू और मुस्लिम-बहुल राज्यों के अलग-अलग संघों को एक केन्द्र से जोड़ने का प्रावधान भी था, जिसके अधीन विदेशी मामले, सुरक्षा, संचार और विवादों के निपटारे के विभाग रखने का सुझाव था।

'पाकिस्तान' की दिशा में तीसरा क़दम था, जब लीग ने हाज़ी हारुन की अध्यक्षता में एक उपसमिति का गठन किया, जिसे हिन्दुस्तान और हिन्दुस्तान के बाहर हिन्दुस्तानी मुसलमानों की अलग राज्य की माँग के औचित्य को समझाने और उसके पक्ष में जनमत बनाने के काम सौंपे गए। उपसमिति का नाम 'फ़ॉरेन एंड इंग्लैंड डेपुटेशन सब कमेटी' रखा गया था। लीग के विरुद्ध कांग्रेस के प्रचार का प्रतिकार भी उपसमिति की महत्त्वपूर्ण ज़िम्मेदारियों में शामिल था। हारुन की अध्यक्षता में इस उपसमिति ने लीग के विदेश विभाग का काम बड़ी कुशलता से करना शुरू कर दिया था। बढ़ती व्यस्तता के कारण हारुन ने सिन्ध के अपने एक दूसरे विश्वस्त सहयोगी डॉ. सैयद अब्दुल लतीफ़ को लाहौर की 'पाकिस्तान मज़लिस' के सदस्यों ख़ासकर उसके सचिव अहमद बशीर (बैरिस्टर मियाँ बशीर अहमद, उर्दू पत्रिका 'हुमायूँ' के सम्पादक) से सम्पर्क करने का दायित्व सौंपा। पाकिस्तान की माँग को आगे बढ़ाने में सिन्ध के मुस्लिम लीग के नेताओं के योगदान को बहुत विलम्ब से रेखांकित किया गया। पाकिस्तान-आन्दोलन में पंजाब और लाहौर का महत्त्व सर्वविदित है। अलग मुस्लिम-बहुल राज्य के पुरोधा कवि-चिन्तक इक़बाल और 'पाकिस्तान' शब्द के प्रवर्तक चौधरी रहमत अली दोनों लाहौर के ही थे। मियाँ बशीर ने आगे चलकर 'पाकिस्तान मज़लिस' का नाम 'मज़लिसे कबीर, पाकिस्तान, लाहौर' कर दिया था। मज़लिस के साथ सन्त-कवि कबीर का नाम जोड़कर मियाँ बशीर यह सन्देश देना चाहते थे कि उनके ध्यान में हिन्दू और मुसलमान दोनों के हित थे। यह विचित्र लगता है कि वह देश की एकता के लिए विभाजन को आवश्यक मानते थे। उनके पिता जस्टिस शाह दीन इक़बाल के घनिष्ठ मित्र थे, जिनके देहान्त पर विचलित कवि (इक़बाल) ने मार्मिक कविता लिखी थी। मियाँ बशीर ने सन् 1940 में आयोजित मुस्लिम लीग के ऐतिहासिक अधिवेशन में दिए जानेवाले जिन्ना के दस्तावेज़ी ऐतिहासिक भाषण की तैयारी में महत्त्वपूर्ण योगदान दिया था। वह लीग के इस अधिवेशन की स्वागत समिति तथा सन् 1942 तक उसकी राष्ट्रीय कार्यकारिणी के सदस्य रहे। मियाँ बशीर ने 21 अक्तूबर, 1939 को जिन्ना को अपने विचारों से अवगत कराते हुए एक विस्तृत पत्र लिखा था। जिन्ना के लाहौर-भाषण में कम-से-कम चार ऐसे पैराग्राफ़ हैं, जिनका स्रोत मियाँ बशीर के विचारों के टेक्स्ट में मिलता है।

सिन्ध के हाजी हारुन, शेख़ अब्दुल मजीद, और डॉ. सैयद लतीफ़ तथा पंजाब के मियाँ बशीर एवं कई दूसरे इक़बाल समर्थकों के साथ-साथ अलीगढ़ विश्वविद्यालय के आठ प्राध्यापकों का एक प्रबुद्ध वर्ग भी पाकिस्तान की विचारधारा को अमली जामा पहनाने की दिशा में सक्रिय था। प्रो. सैयद ज़फरुल हसन, डॉ. एम.ए.एच. क़ादरी, डॉ. ज़कीउद्दीन, डॉ. बुरहान अहमद और डॉ. उबेदुल्ला दुर्रानी इस वर्ग के महत्त्वपूर्ण सदस्य थे। जिन्ना के लाहौर-भाषण में यहाँ भी कम-से-कम चार पैराग्राफ़ ऐसे हैं, जो

अलीगढ़ के इन बुद्धिजीवियों के 15 नवम्बर, 1939 के पेटीशन से लिए गए हैं। मियाँ बशीर और अलीगढ़ के विद्वानों के विचार थोड़ा भाषा में अदल-बदल के साथ जिन्ना के बीज-भाषण में आए हैं। इतिहासविद् आर.जे. मूर ने अपने एक आलेख में जिन्ना के भाषण के महत्त्वपूर्ण अंशों को मियाँ बशीर और अलीगढ़-विद्वानों के विचारों और सुझावों के बरअक्स रखकर उनका महत्त्वपूर्ण विश्लेषण किया है। जिन्ना के लाहौर भाषण में एक बात ख़ास ध्यान देने योग्य है। मियाँ बशीर और अलीगढ़-विद्वानों के विचारों से सहमति के बावजूद इक़बाल की तरह वह अभी भी सुझाए गए साम्प्रदायिक आधार पर विभाजन को भविष्य में हिन्दुस्तान की एकता का एकमात्र हल नहीं मानते थे। हिन्दू-मुस्लिम समस्या के हल के लिए अभी भी उन्हें दूसरे संवैधानिक विकल्पों के विचार से परहेज़ नहीं था। पर यह मानने में कोई एतराज़ नहीं होना चाहिए कि हिन्दू-मुस्लिम समस्या के जिस संवैधानिक हल का श्रेय सामान्यतया जिन्ना को दिया जाता है, उसके शिल्पी वह स्वयं नहीं थे। भारतीय उपमहाद्वीप में मुसलमानों के अलग राज्य के सपने सर सैयद, डॉ. इक़बाल, हाजी हारुन, मियाँ बशीर और अलीगढ़ के बुद्धिजीवियों ने अपने-अपने ढंग से देखे थे। पर सर सैयद को छोड़कर इस सपने को देखनेवाले सभी 'गुफ़्तार के ग़ाजी' थे। इसे हक़ीक़त में बदलने के लिए 'किरदार के ग़ाजी' का इन्तज़ार था और वह मिला क़ायदे आज़म मोहम्मद अली जिन्ना के प्रखर, तेजस्वी और दुर्दम्य व्यक्तित्व में, जिसके अकेले नेतृत्व और एकनिष्ठता ने पाकिस्तान को सम्भव बनाया।

सन् 1940 के बाद हिन्दुस्तान के मुसलमानों में जिन्ना की दिन-दूनी रात-चौगुनी बढ़ती लोकप्रियता की ओर इशारा करते हुए गांधी ने जिन्ना से कहा था कि आपने तो इन (मुसलमानों) पर जादू कर दिया है। भारतीय उपमहाद्वीप के मुसलमानों के सर पर चढ़कर बोलनेवाले इस जादू के स्रोत की तलाश दिलचस्प होगी। इंग्लैंड, फ्रांस, स्पेन, हालैंड और पुर्तगाल जैसे देशों की साम्राज्यवादी महत्त्वाकांक्षाओं के फलस्वरूप योरोपीय उपनिवेशवाद के आक्रामक उदय के ठीक पहले अट्ठारहवीं सदी के प्रारम्भ तक अफ़्रीका और दक्षिण एशिया के अनेक देशों में मुसलमान शासकों का राज था। निरन्तर बढ़ती साम्राज्यवादी आक्रामकता के दबाव के फलस्वरूप इन दोनों महाद्वीपों के मुसलमान शासकों का राजतन्त्र चरमरा उठा। फलस्वरूप अट्ठारहवीं सदी के उत्तरार्ध में उनकी जगह योरोपीय सत्ता और सभ्यता के सौदागरों ने ले ली। ये सभी ईसाई थे। लगभग इन्हीं के साथ ईसाई मिशनरियाँ भी इन देशों में पहुँचीं और उन्होंने अपने धर्मप्रचार का काम वहाँ विधिवत प्रारम्भ कर दिया। एशिया और अफ़्रीका के अनेक देशों में उपनिवेशवादी शक्तियों के साथ ईसाई मिशनरियों की दुरभिसन्धि को वर्तमान पोप तक ने भी स्वीकार किया है। अपने-अपने देशों की राजसत्ता योरोपीय उपनिवेशवादियों के हाथों खो देने के बाद अपमान और असन्तोष की आग न केवल सत्ताच्युत मुसलमान शासकों के दिल में जलती रही, बल्कि विधर्मी शासन और मिशनरियों के धर्म-प्रचार से साधारण मुसलमान जनता भी अन्दर-अन्दर तिलमिलाती रही। उनके दिलोदिमाग़ में मध्यकाल में लड़े गए मुसलमानों और ईसाइयों के बीच नृशंस धर्मयुद्ध की त्रासद स्मृति

ताज़ा कर दी थी। हताश-निराश जातियाँ अक्सर अतीतोपजीवी हो जाती हैं। सुदूर इतिहास और मिथकों के अरण्य से जातीय स्मृति में रचे-बसे महानायकों की तलाश और उनकी पहचान उनमें एक सीमा तक आश्वस्ति का भाव जगाती है।

हिन्दुस्तान में सन् 1857 के विद्रोह के दमन, अन्तिम मुग़ल शासक बहादुरशाह 'ज़फ़र' की पराजय और उनके देशनिकाले के साथ देश में लगभग साढ़े तीन सौ साल के मुसलमान शासकों के शासन का अन्त हो गया था। इस गहरे आघात को सहन कर पाने में अक्षम स्तब्ध मुसलमान समाज अपने में सिमटकर एकदम बन्द हो गया था। सर सैयद ने आधुनिक शिक्षा के प्रचार और अंग्रेज़ों के प्रति वफ़ादारी के महत्त्व पर ज़ोर देते हुए उनकी जड़ता को तोड़ने की एक सार्थक पहल अवश्य की थी, पर उसका असर मुट्ठी-भर ऊँचे तबके के मुसलमानों तक ही सीमित होकर रह गया था। प्रथम महायुद्ध में अंग्रेज़ों के हाथों तुर्की के ख़लीफ़ा की पराजय और उसके तुरन्त बाद ख़िलाफ़त की संस्था के मुस्तफ़ा कमाल पाशा द्वारा ख़ात्मे से मुसलमानों के आत्म-विश्वास का एक बहुत बड़ा स्तम्भ ध्वस्त हो गया था। सन् 1920 में हिन्दुस्तान को 'दारुल हर्ब' मानकर मुसलमानों के एक वर्ग की अफ़ग़ानिस्तान हिज़रत करने की कोशिशें नाकामयाब हो गई थीं। देर-सबेर किसी-न-किसी रूप में हिन्दू-बहुल कांग्रेस की स्वराज और संसदीय प्रजातन्त्र की माँगें अंग्रेज़ों द्वारा मान ली जानेवाली थीं। ऐसी स्थिति में जिन हिन्दुओं पर मुसलमानों ने कई सौ साल राज किया था, उनके बीच दोयम दर्जे का नागरिक बनकर रहने का आसन्न संकट उनमें गहरे असुरक्षा का भाव जगा रहा था। इन हालात में उन्हें एक ऐसे उद्धारक की ज़रूरत थी, जो एक ओर उन्हें उन अंग्रेज़ों से मुक्ति दिला सके, जिन्होंने उनसे सदियों पुरानी राजसत्ता छीनी थी और इस पृथ्वी पर ईश्वर की प्रतिच्छवि उनके ख़लीफ़ा को अपमानित किया था, दूसरी ओर शिक्षा, व्यवसाय और लगभग हर पेशे में उनसे आगे हिन्दुओं के बढ़ते वर्चस्व का मुक़ाबला कर उन्हें बराबरी का दर्जा दिलाते हुए उनके हितों को सुरक्षा प्रदान कर सके। उनकी जातीय स्मृति में इस गहन संकट और गहरी हताशा के गर्त से उनके उद्धार में सक्षम उनके सुदूर इतिहास का एक चरित्र अकसर कौंध जाता था। वह था बारहवीं सदी के इस्लामी इतिहास का न्यायप्रिय-पराक्रमी महानायक धर्मयोद्धा सलादीन। बीसवीं सदी के पूर्वार्द्ध के निर्णायक दशक में हिन्दुस्तानी मुसलमानों का एक बहुत बड़ा वर्ग जिन्ना में सलादीन की छवि जाने-अनजाने देखने लगा था। यदि मुसलमानों की आस्था अवतार की अवधारणा में होती तो बहुत सम्भव था, वे जिन्ना को सलादीन का अवतार मानने लगते। गांधी ने मुसलमानों पर जिन्ना के जिस सम्मोहन की बात कही थी, उसका रहस्य यही था।

वर्तमान इराक़ के तकरित शहर के एक प्रतिष्ठित कुर्द परिवार में सलादीन (पूरा अरबी नाम सलाहद्दीन यूसुफ़ इब्न अय्यूब) का जन्म सन् 1137-38 में और देहान्त 4 मार्च, 1193 में वर्तमान सीरिया के दमिश्क शहर में हुआ था। सलादीन को अल-मालिक अन-नासिर यूसुफ़ भी कहा जाता था। कुर्द जनजाति इस्लाम की शिया शाखा की अनुयायी रही है। अतः सलादीन का परिवार भी प्रारम्भ में शिया ही था।

उन्होंने अपना जीवन अपने चाचा की फ़ौज में शुरू किया था। अपने चाचा के नेतृत्व में ईसाइयों के विरुद्ध लड़े गए पहले क्रुसेड (धर्मयुद्ध) में सलादीन ने अपूर्व पराक्रम का प्रदर्शन किया था। चाचा के देहान्त के बाद सन् 1169 में सलादीन को इकतीस साल की आयु में सीरिया की सेना का कमांडर और मिस्र का प्रधानमन्त्री नियुक्त कर दिया गया था। सन् 1171 में वह मिस्र के शासक बन गए थे। उन्होंने अपनी चतुर कूटनीति और सैन्यशक्ति के कुशल समन्वय से अपने झंडे के नीचे सीरिया, इराक़, फिलिस्तीन और मिस्र को एकता के सूत्र में बाँध दिया था। अपनी अनुशासित सेना और अपने अद्‌भुत रणकौशल से सने् 1187 में 88 साल बाद सलादीन ने येरुशलम को ईसाइयों के क़ब्ज़े से छीनकर अपने अधिकार में ले लिया था। येरुशलम को मुसलमान और ईसाई दोनों अपना-अपना पवित्र तीर्थस्थल मानते आए हैं। येरुशलम पर विजय न केवल सलादीन के गौरवशाली जीवन का, बल्कि इस्लाम के इतिहास का भी स्वर्णिम चरम बिन्दु था। ईसाइयों ने जब 88 साल पूर्व येरुशलम पर विजय प्राप्त की थी तो उन्होंने वहाँ के ग़ैरईसाई निवासियों के ख़ून की नदी बहा दी थी। उनकी बर्बरता की लोमहर्षक कथाएँ वहाँ के इतिहास में आज भी भरी पड़ी हैं। इसके विपरीत जब सलादीन के नेतृत्व में विजयी सेना ने उस पवित्र नगर पर कब्ज़ा किया तो उन्होंने वहाँ के ग़ैरमुसलमान निवासियों के साथ अत्यन्त मानवीय, सभ्य और दयालुतापूर्ण व्यवहार किया था। इससे सलादीन का क़द अपने समकालीनों की निगाह में कई गुना बढ़ गया था। इतिहास में उनकी उपलब्धि और छवि इस कारण अद्वितीय रही। येरुशलम पर सलादीन की विजय से पूरा योरोप स्तब्ध था। इसके फलस्वरूप योरोप के ईसाई धर्मयोद्धाओं ने पूरी तैयारी के साथ एक नए धर्मयुद्ध की घोषणा कर दी थी। सलादीन का मुक़ाबला करने के लिए ईसाई धर्मयोद्धाओं ने कितने ही जीतोड़ प्रयास किए। इनसे पूरे शौर्य और वीरता के साथ जूझने के कारण सलादीन की छवि अपने समय के एक अत्यन्त पराक्रमी किन्तु उदार योद्धा की बन गई थी। रिचर्ड प्रथम सिंह-हृदय (लॉयन-हार्ट) के नेतृत्व में हरसम्भव प्रयास और बुद्धिमत्तापूर्ण व्यूह-रचना के बावजूद ईसाई धर्मयोद्धाओं को येरुशलम पर अधिकार प्राप्त करने में सफलता नहीं मिल सकी थी। फलस्वरूप निराश-हताश ईसाई सेना को अपने सेनापति के साथ वापस लौट जाना पड़ा था। सलादीन के स्वास्थ्य पर इस भीषण युद्ध का अत्यन्त घातक प्रभाव पड़ा। अन्ततः 4 मार्च, 1193 को उनका देहान्त हो गया। जहाँ उनके रिश्तेदार उनके साम्राज्य के टुकड़ों के लिए आपस में लड़-भिड़ रहे थे, वहीं उनके मित्रों और प्रशंसकों ने पाया कि इस महान पराक्रमी और उदारमना धर्मप्राण योद्धा ने अपने अन्तिम संस्कार तक के लिए कुछ भी नहीं छोड़ा था। इस्लामी इतिहास में उन्हें एक अपूर्व संगठक, एक प्रतापी योद्धा और धर्म और जातिगत पक्षपात से मुक्त एक न्यायप्रिय प्रजावत्सल शासक के रूप में श्रद्धापूर्वक याद किया जाता है। प्रबुद्ध मुसलमानों के बीच सलादीन का नाम साहस, निष्ठा, शालीनता, करुणा तथा धर्म और संस्कृति के उदात्त मूल्यों का पर्याय माना जाता रहा है। मौलाना अल्ताफ़ हुसैन हाली के 'मुसद्‌दस' और डॉ. इक़बाल के 'शिकवा' में भारतीय उपमहाद्वीप के

मुसलमानों की दारुण स्थिति की जो काव्यात्मक प्रस्तुति है, उसने देश के राजनीतिक और सामाजिक यथार्थ के साथ घुल-मिलकर उन्हें सलादीन की छवि में एक उद्धारक की तलाश के लिए एक अर्से से विकल कर रखा था। सन् 1937 के चुनाव के पूर्व लियाक़त अली के आग्रह पर हिन्दुस्तान लौटे जिन्ना में उनकी वह तलाश पूरी हो गई थी।

सलादीन और जिन्ना के बीच कई समानताएँ थीं। दोनों अपने देश और समाज की मुख्यधारा के हिस्से नहीं थे। अरबों और अरबी भाषा के वर्चस्ववाले मध्यकालीन मुस्लिम-समाज में सलादीन अल्पसंख्यक कुर्द जनजाति के थे, जो अधिकांशतः शिया मतावलम्बी थी। अरबों से अलग कुर्द कबीले के लोगों की अपनी भाषा, संस्कृति और परम्परा थी। जिन्ना भी तत्कालीन संयुक्त प्रान्त, दिल्ली और पंजाब के वर्चस्ववाले मुख्यतः उर्दूभाषी सुन्नी-बहुल मुस्लिम-समाज की मुख्यधारा से अलग गुजरातीभाषी अल्पसंख्यक शिया मतावलम्बी खोजा सम्प्रदाय के थे, जिसके सदस्य अधिकांशतः इस्मायली सम्प्रदाय के अनुयायी थे। दरअसल, जिन्ना अल्पसंख्यकों में भी अल्पसंख्यक थे। हिन्दू-बहुल देश में वह मुसलमान थे। सुन्नी-बहुल मुस्लिम-समाज में वह अल्पसंख्यक शिया थे। और शियाओं में भी अल्पसंख्यक वह खोजा इस्मायली समुदाय के सदस्य थे। इस्लामी इतिहासकारों के अनुसार सन् 1171 में सलादीन ने मिस्र का शासन सँभालते ही वहाँ के शिया ख़लीफ़ा का पद समाप्त कर स्वयं भी सुन्नी मत स्वीकार कर लिया था। जिन्ना के सर्वाधिक महत्त्वपूर्ण जीवनीकार स्टैनली वॉलपोर्ट के अनुसार आगे चलकर जिन्ना ने भी सुन्नी मत स्वीकार कर लिया था। यह जानकारी दिलचस्प होगी कि जीवन-भर छाया की तरह उनके साथ रहीं उनकी छोटी बहन फ़ातिमा जिन्ना अन्त तक शिया ही रहीं। जिस तरह सलादीन ने अपने समय के सबसे पराक्रमी ईसाई योद्धा रिचर्ड प्रथम सिंह-हृदय (लॉयन-हार्ट) को चुनौती दी थी उसी तरह जिन्ना ने अपने समय के प्रतापी कांग्रेस नेताओं गांधी, नेहरू, पटेल और आज़ाद को अकेले दम पर चुनौती दी थी। जैसे सलादीन ने मुसलमानों के लिए येरुशलम जीत लिया था, वैसे ही जिन्ना ने भारतीय उपमहाद्वीप के मुसलमानों के बहुत बड़े वर्ग के लिए उनके सपनों का पाकिस्तान हासिल कर लिया था। जिस तरह येरुशलम पर विजय के बाद सलादीन ने वहाँ के ग़ैरमुसलमान नागरिकों के साथ सभ्य, न्यायोचित और दयापूर्ण व्यवहार किया था, वैसे ही पाकिस्तान के अल्पसंख्यकों के साथ व्यवहार का सपना जिन्ना का भी था। यह जानकारी दिलचस्प होगी कि सर सैयद, डॉ. इक़बाल और जिन्ना किसी के सोच, लेखन और भाषण में सलादीन का प्रत्यक्ष या परोक्ष संकेत नहीं मिलता। पर जिन्ना आश्चर्यजनक रूप से सलादीन के साँचे में ढले प्रतीत होते हैं। भारतीय उपमहाद्वीप के मुसलमानों के बहुत बड़े वर्ग के अवचेतन में कहीं-न-कहीं सलादीन की जातीय स्मृति रची-बसी थी। जिन्ना में उसकी प्रतिच्छवि पाकर वह समाज निहाल हो गया था। उन्हें उनके सपनों की ताबीर मिल गई थी।

सन् 1857 से लेकर सन् 1947 तक के भारतीय उपमहाद्वीप के मुस्लिम

इतिहास-पुरुषों के बीच जिन्ना का व्यक्तित्व अनेक कारणों से अद्वितीय है। बहादुरशाह 'ज़फ़र', सर सैयद अहमद ख़ाँ, बदरुद्दीन तैय्यबजी और डॉ. सर मोहम्मद इक़बाल के साथ जब हम उनकी राजनीतिक यात्रा पर एक सूक्ष्म दृष्टि डालते हैं तो उनकी अद्वितीयता और भी भास्वर हो उठती है। वह दादाभाई नौरोज़ी, सर फ़िरोज़शाह मेहता, लोकमान्य तिलक, बदरुद्दीन तैय्यबजी और गोपाल कृष्ण गोखले की परम्परा के तेजस्वी राष्ट्रवादी थे। 30 दिसम्बर, 1906 को ढाका में मुस्लिम लीग की स्थापना के ठीक पूर्व 1 अक्तूबर, 1906 को जब प्रिंस आग़ा ख़ाँ के नेतृत्व में पैंतीस महत्त्वपूर्ण कुलीन-सामन्ती मुसलमान नेताओं का एक प्रतिनिधिमंडल शिमला में वॉयसराय लॉर्ड मिंटो से मिला था तो मुस्लिम अलगाववाद की दीवार की मज़बूत नींव उसी समय अपने आप पड़ गई थी। पहली अक्तूबर और तीस दिसम्बर के बीच 25 दिसम्बर, 1906 को अपने तीसवें जन्मदिन पर जिन्ना ने कलकत्ता में दादाभाई नौरोज़ी की अध्यक्षता में आयोजित कांग्रेस के ऐतिहासिक अधिवेशन में उनके व्यक्तिगत सचिव के रूप में भाग लिया था। मुस्लिम प्रतिनिधिमंडल की अलगाववादी माँगों और उस पर सहानुभूतिपूर्वक विचार हेतु लॉर्ड मिंटो के आश्वासन की तीखी आलोचना करते हुए अक्तूबर, 1906 के प्रथम सप्ताह में ही जिन्ना ने उस समय के अंग्रेज़-परस्त दैनिक 'दि टाइम्स ऑफ़ इंडिया' को एक विस्तृत पत्र लिखा था, जिसे उसके सम्पादक ने प्रकाशित करने से मना कर दिया था। यह पत्र बाद में उस समय के बम्बई के एक और पत्र 'गुजराती' में छपा। कलकत्ता अधिवेशन के अन्त में मुसलमानों में अलगाववादी प्रवृत्ति को रोकने तथा उन्हें देश की मुख्यधारा से जोड़ने के लिए कांग्रेस के तीन मुसलमान नेताओं की जो समिति बनी, जिन्ना उसके संयोजक नियुक्त किए गए थे। कांग्रेस और होमरूल लीग की सभाओं में मुसलमानों की उपस्थिति से उनका मन प्रसन्न हो उठता था। तिलक, गोखले, मोतीलाल नेहरू और सरोजिनी नायडू जैसे वरिष्ठ कांग्रेसी नेता उनकी तेजस्वी राष्ट्रवादिता और हिन्दू-मुस्लिम एकता के प्रति उनकी गहरी प्रतिबद्धता के अनन्य प्रशंसक थे।

कांग्रेस की स्थापना के समय से ही अंग्रेज़ नौकरशाही उसे शंका की निगाह से देख रही थी। इस पृष्ठभूमि में जहाँ सन् 1885 से लेकर 1905 तक वॉयसराय और उनकी नौकरशाही ने कांग्रेस की किसी भी माँग को कभी नहीं माना था, वहीं मुस्लिम लीग की अलग निर्वाचन क्षेत्र समेत कई पृथकतावादी माँगें 1906 में तुरन्त मान ली गई थीं। कांग्रेस के सभी सदाशय नेताओं के साथ जिन्ना भी अंग्रेज़ों की अलगाववाद को बढ़ावा देनेवाली इस नीति से गम्भीर रूप से चिन्तित थे। कैसी दारुण विडम्बना है कि इसी तेजस्वी राष्ट्रवादी और हिन्दू-मुस्लिम एकता के राजदूत ने चार दशक बाद सन् 1946 में द्वितीय विश्व महायुद्ध की समाप्ति पर आज़ाद हिन्द फ़ौज के सदस्यों पर दिल्ली के लाल क़िले में चलाए जा रहे राजद्रोह के मुकदमे के दौरान शाहनवाज़ ख़ाँ को सन्देश भेजा था कि यदि वह अपने आपको हिन्दू आरोपियों से अलग कर लें तो वह (जिन्ना) स्वयं उनकी पैरवी करने में .ख़ुशी अनुभव करेंगे। शाहनवाज़ ख़ाँ ने उन्हें उपकृत करने से मना कर

दिया था। एक प्रखर राष्ट्रवादी नेता के धीरे-धीरे एक ज़िद्दी और अदम्य साम्प्रदायिक नेता में अवसान की इस त्रासदी की ओर संकेत करते हुए एक अर्से तक उनकी अनन्य प्रशंसिका रही सरोजिनी नायडू ने लॉर्ड वेवल के साथ 10 सितम्बर, 1946 को हुई एक अन्तरंग चर्चा में उनकी (जिन्ना की) तुलना स्वर्गच्युत फरिश्ते 'ल्युसिफ़र' से की थी, जिसने देवताओं के उपवन से आत्म-निर्वासन की नियति का एक तरह से स्वयं वरण किया था। वस्तुतः दादाभाई नौरोज़ी, फ़िरोज़शाह मेहता, बदरुद्दीन तैय्यबजी और गोपालकृष्ण गोखले जैसे दिग्गज संविधानमार्गी नरमदलीय नेताओं के देहान्त और नेपथ्य में चले जाने के फलस्वरूप वह अन्तिम बड़े संविधानमार्गी नेता बचे थे। गांधी के नेतृत्व में कांग्रेस के एकदम बदले हुए मिज़ाज और जनोन्मुखी आन्दोलनकारी मुहावरे से ताल-मेल बैठा पाना उनके लिए असम्भव होता जा रहा था। अतः दिसम्बर, 1920 में कांग्रेस अधिवेशन के अन्त में उसके बदले हुए तेवर की आँच और अधिक बर्दाश्त न कर पाने के फलस्वरूप उन्होंने अपने उस प्रिय संगठन से एक झटके में नाता तोड़ लिया था, जो दो दशकों से भी अधिक अवधि के दौरान उनकी स्वस्थ राजनीतिक प्राणवायु का स्रोत रहा। यहाँ गांधी पूर्व कांग्रेस और कांग्रेसियों (सन् 1885 से सन् 1917 तक) पर लिखी डॉ. आर.सी. मजूमदार की पुस्तिका में अभिव्यक्त उनका विचार उल्लेखनीय है। पुस्तिका की पृष्ठ संख्या 97 पर उन्होंने लिखा है कि जिन्ना कांग्रेस की रीति-नीति में बदरुद्दीन तैय्यबजी, रहमतुल्ला सयानी और सैयद हसन इमाम से कहीं अधिक बढ़-चढ़कर दिलचस्पी और हिस्सा लेते थे। पर उन्हें कभी भी कांग्रेस की अध्यक्षता का अवसर नहीं दिया गया। ज्ञातव्य है कि ये तीनों मुस्लिम नेता कांग्रेस का अध्यक्ष पद सुशोभित कर चुके थे। हर पात्रता और विश्वसनीयता के बावजूद कांग्रेस में अपना प्राप्य न मिल पाना सम्भवतः उससे और उसके नए नेता गांधी से उनके मोहभंग के प्रमुख कारणों में से एक था।

राजनीतिक दबावों के फलस्वरूप जिन्ना ने सन् 1937 में कांग्रेस के साथ लीग की संयुक्त प्रान्त और बम्बई के शासन में भागीदारी के प्रयासों में नाकामयाबी के फलस्वरूप अपनी मूल प्रकृति के सर्वथा विपरीत लगता है, साम्प्रदायिक कट्टरता का एक ज़बर्दस्त मुखौटा लगा लिया था। और इस मुखौटे के साथ लगभग एक दशक की अवधि में सन् 1947 तक हिन्दुस्तान के राजनीतिक मंच पर उन्होंने ग़ज़ब की भूमिका अदा की। उनकी इस भूमिका की बला की कामयाबी से ऐसा लगता था, मानो बाकोशिश पहना गया वह मुखौटा उनका चेहरा बन गया था। दुर्जेय नायकों और प्रतिनायकों के बीच उनकी केन्द्रीय भूमिका पर देश के विभाजन और दो टुकड़ों में मिली स्वतन्त्रता के साथ 14-15 अगस्त, 1947 को पटाक्षेप हुआ। वह विजयी रहे। अपने अभीष्ट लक्ष्य की प्राप्ति के साथ उनका मुखौटा लगता है अपने आप उतर गया था। उनका सहज चेहरा साम्प्रदायिक सौमनस्य की कामना से विकल उनके तेज़ी से छीजते स्वास्थ्य के बावजूद एक बार फिर भास्वर हो उठा था। इसके प्रमाण हैं 11 और 14 अगस्त, 1947 को दिए गए उनके दो भाषण, जिनकी तुलना अकबर एस. अहमद ने अब्राहम लिंकन के सन्

1863 में दिए गेटिज़बर्ग-सम्बोधन से की है जिसमें अमेरिकी राष्ट्रपति ने पहली बार लोकतन्त्र की व्याख्या "जनता की, जनता द्वारा और जनता के लिए सरकार" के रूप में की थी। 11 अगस्त का भाषण जिन्ना ने पाकिस्तान की संविधान-सभा का अध्यक्ष चुने जाने पर दिया था और 14 अगस्त का भाषण पाकिस्तान की आज़ादी की औपचारिक घोषणा के समय। उनका 11 अगस्त का भाषण कई कारणों से सर्वाधिक महत्त्वपूर्ण है। उनके पहले जीवनीकार हैक्टर बोलिथो ने इसे उनके जीवन का महानतम भाषण बताया है। यह स्वतःस्फूर्त भाषण बिना किसी लिखित नोट की सहायता के दिया गया था। जिन्ना ने इसमें अपना हृदय उँडेल दिया था :

"अब, अगर हम पाकिस्तान के इस महान राज्य को .खुश और .खुशहाल बनाना चाहते हैं तो हमें पूरी तरह अपना ध्यान सिर्फ़ यहाँ की जनता की भलाई पर केन्द्रित करना होगा, ख़ासकर बड़ी तादाद में ग़रीब लोगों की भलाई पर। अगर आप अपने अतीत को दरकिनार कर और पिछली दुश्मनियों को भुलाकर आपसी सहयोग से काम करते हैं तो आप इस दिशा में ज़रूर कामयाब होंगे। अगर आप अपने बीते वक़्त को बदल देते हैं और सब साथ-साथ एकजुट होकर इस भावना से काम करते हैं कि चाहे किसी का रिश्ता आपके साथ पहले कैसा भी रहा हो, चाहे वह किसी रंग, जाति और मजहब के हों, सभी शुरू से और आख़िर तक इस राज्य के अधिकार, सुविधा और कर्त्तव्य के क्षेत्र में बराबर के हिस्सेदार नागरिक हैं, तो आपकी उन्नति की कोई सीमा नहीं होगी।...अगर आप इस भावना से शुरुआत करते हैं तो थोड़े ही समय में बहुसंख्यक और अल्पसंख्यक, हिन्दू और मुसलमान के बीच व्याप्त अन्तर के आड़े-तिरछे कोने ग़ायब हो जाएँगे।"

आगे उन्होंने मुसलमानों और हिन्दुओं दोनों के कई टुकड़ों में बँटे होने की सच्चाई की ओर इशारा करते हुए कहा था कि ".ख़ुद मुसलमानों में आपको पठान, पंजाबी, शिया, सुन्नी और हिन्दुओं में वैष्णव, खत्री, बंगाली और मद्रासी जैसे कितने ही फ़िरके मिलते हैं। अगर ये बातें न होतीं तो हम कभी के स्वतन्त्र राष्ट्र होते।...इससे हमें अब नसीहत लेनी होगी।" इसके तुरन्त बाद उन्होंने घोषणा की थी, "अब आप आज़ाद हैं। आप अब आज़ाद हैं पाकिस्तान के इस राज में अपने मन्दिर जाने के लिए। अब आप आज़ाद हैं अपनी मस्जिद जाने के लिए या किसी और इबादतगाह की ओर रुख़ करने के लिए। आप किसी भी मज़हब, जाति या अक़ीदे से ताल्लुक़ रखते हों, इससे राज्य के कारोबार का कोई लेना-देना नहीं है।"

जिन्ना ने अपने इस ऐतिहासिक भाषण के दौरान इंग्लैंड में एक लम्बे अर्से तक चले रोमन कैथॉलिकों और प्रोटेस्टेंट लोगों के बीच भीषण टकराव और कलह का ज़िक्र करते हुए कहा था कि "इतिहास गवाह है इस सच्चाई का कि कुछ समय पहले वहाँ की हालत हिन्दुस्तान की हालत से कहीं ज़्यादा बदतर थी। कैथॉलिक और प्रोटेस्टेंट लोगों ने एक दूसरे पर बेरहमी से भारी अत्याचार किए थे। अभी भी कुछ ऐसे राज्य वजूद में हैं, जहाँ एक ख़ास तबके के ख़िलाफ़ भेदभाव का बर्ताव किया जाता है और

उन पर बन्दिशें लगाई जाती हैं। .खुदा का शुक्र है कि आज हम इस तरह के वक़्त में शुरुआत नहीं कर रहे हैं। हम एक ऐसे वक़्त में इब्तिदा कर रहे हैं, जहाँ कोई भेदभाव नहीं है, एक तबके और दूसरे तबके के दरमियान फ़र्क़ नहीं है। जहाँ जाति और मज़हब की बिना पर अलग-अलग क़िस्म के बर्ताव नहीं किए जाते। हम इस बुनियादी उसूल पर शुरुआत करने जा रहे हैं कि हम सभी एक ही राज्य के बराबर के हक़दार नागरिक हैं।'' इंग्लैंड की ओर फिर मुड़ते हुए उन्होंने अपनी बात आगे बढ़ाते हुए कहा था कि ''धीरे-धीरे वहाँ के लोग हालात की हक़ीक़त से रू-ब-रू हुए और जब उन्हें अपने मुल्क की हुकूमत का बोझ और ज़िम्मेदारी सँभालनी पड़ी तो उन्हें क़दम-दर-क़दम अग्निपरीक्षा से गुज़रना पड़ा। आज वहाँ आप इंसाफ़न कह सकते हैं कि अब (जहाँ तक राज्य का ताल्लुक़ है) रोमन कैथॉलिक और प्रोटेस्टेंट नहीं रहे। वहाँ अब हर आदमी एक नागरिक है, ग्रेट ब्रिटेन का बराबरी का नागरिक और सब एक ही राष्ट्र के सदस्य हैं।''

अपने सोच को सीधे-सादे अल्फाज़ का जामा पहनाते हुए उन्होंने जोड़ा था, *''अब, हमें उस चीज़ को अपने सामने बतौर अपने आदर्श के रखना होगा और तब आप पाएँगे कि वक़्त के बदलाव के साथ हिन्दू हिन्दू नहीं रहेंगे। और मुसलमान मुसलमान नहीं रहेंगे। ऐसा मज़हबी मानी में नहीं होगा, क्योंकि मज़हब तो हर शख़्स का ज़ाती अक़ीदा है। पर ऐसा होगा सियासी मानी में बतौर एक ही राज्य के नागरिक के।''*

जिन्ना का यह भाषण सन् 1940 में लीग के लाहौर अधिवेशन में दिए गए भाषण के एकदम विपरीत था, जिसमें उन्होंने कहा था कि ''यह महज़ एक सपना है कि हिन्दू और मुसलमान कभी एक समान राष्ट्रीयता विकसित कर सकते हैं।'' जिन्ना के बाद पाकिस्तान में मुस्लिम लीग के पहले अध्यक्ष चौधरी खलीक़ुज़्ज़मा के अनुसार 11 अगस्त के इस भाषण के साथ जिन्ना ने दो राष्ट्र के सिद्धान्त को अलविदा कह दिया था। उनसे सहमत पाकिस्तानी इतिहासकार सी.एम. नईम का मानना है कि अपने इस भाषण में जिन्ना ने दो राष्ट्र के सिद्धान्त को नकार दिया था। उस समय करांची स्थित रामकृष्ण मिशन के संचालक स्वामी रंगनाथानंद ने जिन्ना के इस भाषण को धर्मनिरपेक्षता का शास्त्रीय भाष्य (क्लैसिकल एक्सपोज़ीशन ऑफ सेक्यूलरिज़्म) कहा था। एलेन हायेस मेरियम का विचार है कि सत्ता में आ जाने के बाद जिन्ना ने हिन्दू-मुस्लिम सम्बन्धों के बारे में अपना रुख़ एकदम बदल दिया था। विभाजन के पूर्व गांधी की ही तरह अब राष्ट्रीय एकता और हिन्दू-मुस्लिम एकजुटता उनकी सबसे बड़ी प्राथमिकता थी। गोखले, मोतीलाल नेहरू, सरोजिनी नायडू और गांधी द्वारा उनका पूर्व प्रशंसित हिन्दू-मुस्लिम एकता के अग्रदूत का प्रखर राष्ट्रवादी रूप एक बार फिर लौट आया था।

जिन्ना का यह ऐतिहासिक भाषण कई दृष्टियों से विशेष रूप से विचारणीय है। पहली बात तो यह ध्यान में रखने की है कि यह भाषण स्वतःस्फूर्त था, इसके लिए किसी नोट या किसी दूसरे की सहायता नहीं ली गई थी। नौकरशाही के हस्तक्षेप से मुक्त इस भाषण में ऐसा लगता है कि जिन्ना न केवल पाकिस्तान की नवगठित संविधान-सभा के ज़रिए तीन दिन बाद 14 अगस्त को संसार के नक़्शे पर अस्तित्व में आनेवाले नए

राष्ट्र के हर नागरिक से बात कर रहे थे, बल्कि वह ख़ुद अपने आपसे भी संलाप कर रहे थे। अतः उनके इस भाषण में उनके दूसरे भाषणों की भाषायी चुस्ती और कसाव नहीं है। दरअसल, बीसवीं सदी के प्रारम्भिक तीन दशकों के दौरान हिन्दुस्तान की राष्ट्रीय एकता के अपने बड़े जतन से सँजोए जिस स्वप्न को उन्होंने सन् 1940 के बाद अपने अवचेतन में कहीं बहुत गहरे दफ़न कर दिया था, वह एक बार फिर जीवन्त हो उठा था। गांधी, नेहरू, पटेल और आज़ाद के प्रत्यक्ष-परोक्ष दबाव से मुक्त वह अब सहज थे। चेतना के प्रवाह (स्ट्रीम ऑफ़ कांशसनेस) में सहजगति तैरता उनका ग्रन्थिमुक्त राष्ट्र-चिन्तन उनकी वाणी में अविकल मुखर हो उठा था। लिंकन के गेटिज़बर्ग सम्बोधन से इसकी तुलना निश्चय ही सर्वथा उचित है। यदि नियति प्रतिकूल न होती और उन्हें अपने नवजात राष्ट्र की संविधान-रचना का अवसर मिला होता तो बहुत सम्भव था उनका 11 अगस्त का यह भाषण उसकी सशक्त आधारशिला होता।

जिन्ना के राजनीतिक जीवन के प्रारम्भिक तीन दशकों के दौरान उनकी हिन्दू-मुस्लिम एकता, राष्ट्रीयता और धर्मनिरपेक्षता के प्रति अटूट प्रतिबद्धता के साथ 11 अगस्त, 1947 के उनके दिशाबोधक भाषण का गहरा मेल है। पर उनके जीवन के अन्तिम दस साल की साम्प्रदायिक राजनीति के साथ उनके 14 अगस्त और उसके बाद के भाषणों में इस्लाम के बार-बार आए सन्दर्भों के आधार पर पाकिस्तान का एक बड़ा दक्षिणपन्थी वर्ग उनकी धर्मनिरपेक्ष छवि के साथ असहज अनुभव करता है। अतः वह आज भी यह साबित करने में लगा हुआ है कि जिन्ना की इच्छा पाकिस्तान में शरीयत पर आधारित इस्लामी शासन स्थापित करने की थी। 14 अगस्त को औपचारिक रूप से पाकिस्तान की स्वतन्त्रता की घोषणा और सत्ता के हस्तान्तरण के लिए कराची में आयोजित संविधान-सभा के उद्घाटन भाषण में लॉर्ड माउंटबैटन ने महान मुग़ल सम्राट अकबर की सभी धर्मों के प्रति सहिष्णु शासन नीति का सन्दर्भ देते हुए उसे नवोदित राष्ट्र के लिए एक आदर्श मॉडेल बताया था। 11 अगस्त के जिन्ना के सहज स्वतःस्फूर्त अलिखित भाषण से अब तक साम्प्रदायिक राजनीति की खुराक पर पला-बढ़ा लीग के नेतृत्व का एक बड़ा वर्ग स्तब्ध था। अतः पार्टी-नेतृत्व और नौकरशाही ने उनके अलिखित भाषण में निहित वैचारिक ख़तरे की काट करते हुए उन्हें पहले से तैयार लिखित भाषण को ही औपचारिक अवसरों पर पढ़ने की सलाह दी थी। माउंटबैटन के उद्घाटन-भाषण के जवाब में पढ़े गए 14 अगस्त के जिन्ना के धन्यवाद-भाषण पर इसी पृष्ठभूमि में विचार करना उचित होगा। अकबर की धार्मिक सहिष्णुता की नीति के बरअक्स लीग और नवोदित पाकिस्तान का एक बड़ा कट्टरतावादी तबका औरंगज़ेब की शासन-नीति को आदर्श मानता था, जिनसे जिन्ना की सहमति असम्भव थी। इसे ध्यान में रखकर तैयार किए जिन्ना के 14 अगस्त के भापण का निम्नलिखित अंश ख़ासतौर से ग़ौरतलब है :

"ग़ैर-मुसलमानों के प्रति प्रदर्शित सम्राट अकबर की सहिष्णुता और सद्भावना कोई आज की चीज़ नहीं है। यह तेरह सौ साल पुरानी है, जब हमारे पैग़म्बर (मुहम्मद साहब) ने सिर्फ़ शब्दों में ही नहीं, बल्कि आचरण में भी यहूदियों और ईसाइयों पर विजय

हासिल करने के बाद उनके साथ उनके धर्म और विश्वास का आदर करते हुए अत्यन्त सहिष्णुता, सद्भावना और सम्मान का व्यवहार किया था। मुसलमानों का पूरा इतिहास, जहाँ भी उन्होंने शासन किया है, इन मानवीय और महान सिद्धान्तों से भरा हुआ है, जिन पर हमें चलना चाहिए और अपने आचरण में उतारना चाहिए।"

14 फ़रवरी, 1948 को सिबी दरबार बलूचिस्तान में आयोजित सभा के सामने दिए गए अपने भाषण का उपसंहार करते हुए जिन्ना ने फिर कहा था–

"ये मेरा विश्वास है कि हमारी मुक्ति अपने महान क़ानून-निर्माता इस्लाम के पैग़म्बर (मुहम्मद साहब) द्वारा सुझाए गए आचरण के सुनहरे सिद्धान्तों की राह पर चलने में है। हमें अपने प्रजातन्त्र की आधारशिला सच्चे इस्लामी आदर्शों और सिद्धान्तों के ऊपर ही डालनी होगी।"

इसके बाद फ़रवरी, 1948 में ही संयुक्त राज्य अमेरिका की जनता के लिए अपने रेडियो प्रसारण में पाकिस्तान के भावी संविधान की चर्चा करते हुए उन्होंने कहा था :

"पाकिस्तान की संविधान-सभा द्वारा अभी पाकिस्तान के संविधान का निर्माण किया जाना है। मैं नहीं जानता कि अन्ततः यह क्या शक्ल अख़्तियार करेगा। पर मुझे इतना यक़ीन है कि यह प्रजातान्त्रिक क़िस्म का होगा, जिसमें इस्लाम के मूलभूत सिद्धान्त समाहित होंगे। आज भी वे वास्तविक जीवन में उतने ही लागू होते हैं, जितने वे 1300 साल पहले थे। इस्लाम और उसकी आदर्शवादिता ने हमें प्रजातन्त्र का पाठ पढ़ाया है। उसने हमें मनुष्यों की समानता, न्याय और सभी के प्रति ईमानदार व्यवहार की सीख दी है। हम इस शानदार परम्परा के उत्तराधिकारी हैं और पाकिस्तान के भावी संविधान के निर्माता की हैसियत से अपनी ज़िम्मेदारियों और कर्त्तव्यों के प्रति सजग हैं। पर जो भी हो, पाकिस्तान एक धर्मतान्त्रिक राज्य नहीं बनने जा रहा है, जहाँ ईश्वरीय मिशन के साथ मुल्लाओं का शासन हो। हमारे यहाँ बहुत से ग़ैरमुसलमान–हिन्दू, ईसाई और पारसी भी हैं–पर सभी पाकिस्तानी हैं। उन्हें यहाँ के दूसरे नागरिकों की तरह ही सभी अधिकार और विशेषाधिकार प्राप्त होंगे और वे पाकिस्तान के मामलों में अपनी न्यायोचित भूमिका अदा करेंगे।"

जिन्ना के 11 अगस्त और 14 अगस्त, 1947 और फ़रवरी, 1948 के इन भाषणों पर एक साथ विचार करना उचित होगा। जहाँ उनका 11 अगस्त का भाषण स्वतःस्फूर्त और उनके हृदय से निकला था, वहीं उनके बाद के भाषण सावधानी से तैयार किए गए आत्मसजग भाषण थे। पूर्वाग्रहग्रस्त दिमाग़ों को सम्भव है, इनमें कई अन्तर्विरोधों की झलक मिले, पर वस्तुतः ऐसा नहीं है। मुहम्मद साहब द्वारा दिखाए गए इस्लामी रास्ते के वरण करने की सीख के साथ वह बड़ी कुशलता से अकबर और औरंगज़ेब के शासन के मॉडेलों के विवाद से साफ़-साफ़ दामन बचाकर निकल गए थे। यहाँ यह बात ख़ासतौर से ध्यान देने योग्य है कि जिन्ना का 11 अगस्त का संविधान-सभा में दिया गया बीज-भाषण मात्र भावना के प्रवाह में दिया गया भाषण नहीं था। इसकी पुष्टि उन्होंने 'रायटर' के प्रतिनिधि डंकन हूपर को 25 अक्तूबर, 1947 को दिए गए अपने साक्षात्कार में फिर ज़ोर

देकर की थी। ख़िलाफ़त और असहयोग-आन्दोलन के अपने तर्कसंगत धारदार विरोध तथा निर्भय साफ़गोई के फलस्वरूप वह कांग्रेस और मुसलमान समाज दोनों में अलग-थलग पड़ गए थे। उनकी पश्चिमी वेशभूषा, जीवनशैली और महज़ अंग्रेज़ी में ही भाषण दे पाने की क्षमता को लेकर उन पर अकसर कटाक्ष किए जाते थे। मौलाना हसरत मोहानी इस कारणवश एक लम्बे अर्से तक उनके अत्यन्त कटु आलोचक बने रहे। मुस्लिम-बहुल प्रान्तों का जो हिस्सा पाकिस्तान बना था, वहाँ उनकी अपनी और लीग की जड़ें बहुत गहरी नहीं थीं। सन् 1937 के चुनाव के परिणाम इसके गवाह थे। उन प्रान्तों के नेता अपनी प्रान्तीय जागीरें छोड़कर केन्द्र में आने को तैयार नहीं थे। यदि तैयार भी होते तो दूसरे प्रान्तों के नेताओं के बीच उनकी स्वीकार्यता अत्यन्त सन्दिग्ध थी। ऐसी स्थिति में उनकी निगाह जिन्ना पर गई थी। गवर्नमेंट ऑफ़ इंडिया ऐक्ट 1935 के तहत संघीय (फ़ेडरल) स्तर पर केन्द्र में जिन्ना से बेहतर मुसलमानों के राजनीतिक हितों का रक्षक कोई दिखाई नहीं पड़ रहा था। आठ प्रान्तों में सन् 1937 में सत्ता में आई कांग्रेस सरकार के ख़िलाफ़ जो ज़ोरदार मुहिम जिन्ना ने चलाई थी और सन् 1939 में इस सरकार के इस्तीफ़े के बाद जिस तरह अंग्रेज़ सरकार की लीग पर द्वितीय विश्वयुद्ध के दौरान निर्भरता दिन-प्रतिदिन बढ़ती गई थी उससे मुस्लिम-बहुल प्रान्तों के मुस्लिम नेताओं के बीच उनकी साख का ग्राफ़ ऊँचा उठता चला गया था। इसकी चरम परिणति स्वतन्त्रता के साथ पाकिस्तान के निर्माण और उनके उसके राष्ट्राध्यक्ष (गवर्नर जनरल) बनने में हुई। यहाँ भी इस पद हेतु किसी दूसरे नाम पर सर्वसम्मति असम्भव थी। लीग के लाहौर अधिवेशन के बाद सन् 1940 से वह उसके एकछत्र नेता थे। अपने और लीग के प्रति उमड़े अभूतपूर्व उत्साह के बावजूद सन् 1920-21 के दौरान अपनी धर्मनिरपेक्ष छवि के कारण अलग-थलग पड़ने और अपमान के कड़वे घूँट पीने की घटनाएँ उन्हें भूली नहीं थीं। उन्हें इसका भलीभाँति अहसास था कि हिन्दू-मुस्लिम एकता के अग्रदूत के रूप में धर्मनिरपेक्ष छवि के सहारे पाकिस्तान में अपने प्रति उमड़ा जनोत्साह लम्बे अर्से तक बनाए रखना असम्भव होगा। अतः वह अपनी पाश्चात्य सभ्यता में रँगे होने की छवि के साथ मुस्लिम धार्मिक-सांस्कृतिक पहचान का तालमेल बैठाने के लिए कृतसंकल्प थे। इसकी अभिव्यक्ति सबसे पहले उनके वस्त्र-विन्यास में हुई। सन् 1937 के बाद वह तंग मोहरी का पाजामा (बाद में सलवार), शेरवानी और बालदार काली टोपी (करकुली) भी सवाइल रो सूट के अलावा लीग के आयोजनों में पहनने लगे थे। वस्त्र-विन्यास में उनका यह समझौता दरअसल, एक रूपक की तरह उभरता है। मुसलमानों द्वारा सभी धर्मों के अनुयायियों के प्रति सहिष्णुता और प्रेमपूर्ण व्यवहार का उनका आह्वान पाकिस्तान बनने के पूर्व नवम्बर, 1939 में रेडियो पर प्रसारित ईद के अवसर पर दिए गए सन्देश में भी मिलता है—

"अगर हममें ईश्वर की सभी सन्तानों के प्रति, चाहे वह किसी भी समुदाय की हों, प्रेम और सहिष्णुता की भावना में आस्था है तो हमें उसे अपने दैनिक जीवन के साधारण कर्त्तव्यों और आचरण में उतारना होगा। हमारे परम पावन पैग़म्बर का कोई आदेश इससे अधिक अनिवार्य और ईश्वरीय कर्त्तव्य के रूप में मान्य और पालन योग्य

नहीं है जितना कि सम्पूर्ण मनुष्य जाति के प्रति प्रेम और सहिष्णुतापूर्वक हमारे व्यवहार का सच्चा किन्तु चरम बोध।''

यह सन्देश गांधी का भी हो सकता था। दक्षिण एशिया ख़ासकर हिन्दुस्तान और बाद में बने पाकिस्तान की ज़मीनी हक़ीक़त को ध्यान में रखते हुए पश्चिमी प्रजातान्त्रिक व्यवस्था उन्हें यहाँ के लिए अपर्याप्त लगने लगी थी। पर जिस व्यवस्था में देश के लोगों की अधिकाधिक भागीदारी के लिए वह आजीवन संघर्षशील रहे उसे किसी बेहतर विकल्प के अभाव में वह एकदम से नकारना नहीं चाहते थे। फिर भी इसमें कोई शक नहीं कि उसकी सीमाओं से वह धीरे-धीरे परिचित हो चले थे। पश्चिमी अर्थव्यवस्था के सम्बन्ध में भी उनके मन में धीरे-धीरे शंका उभरने लगी थी। पश्चिम की शासन व्यवस्था और अर्थतन्त्र के प्रति जो प्रश्नाकुलता लगभग चालीस वर्ष पूर्व गांधी को विकल कर रही थी, जिसकी अभिव्यक्ति 'हिन्दस्वराज' में सन् 1909 में हुई, उसकी एक हल्की-सी झलक सत्ता में आने के बाद जिन्ना के विचारों में भी देखी जा सकती है। पहली जून, 1948 को स्टेट बैंक ऑफ़ पाकिस्तान के उद्घाटन के अवसर पर दिए गए उनके भाषण का निम्नलिखित अंश इस दृष्टि से विचारणीय है :

''पश्चिम की अर्थव्यवस्था ने मनुष्यता के लिए लगभग हल न हो सकनेवाली समस्याएँ पैदा कर दी हैं। हममें से बहुतों को लगता है कि दुनिया के सामने खड़ी इस महाविपत्ति से कोई चमत्कार ही बचा सकता है। यह इंसान और इंसान के बीच न्याय करने में और अन्तर्राष्ट्रीय क्षेत्र में टकराव मिटाने में नाकामयाब रही है। इसके विपरीत पिछले पचास सालों में यह दो विश्वयुद्धों के लिए ज़िम्मेदार रही है। पश्चिम की दुनिया मशीनीकरण और औद्योगिक कौशल के बावजूद आज इतिहास में पहले से कहीं अधिक उलझन और ख़राब हालत में है। एक ख़ुशहाल और सन्तुष्ट राष्ट्र के निर्माण के लक्ष्य की प्राप्ति में पश्चिमी आर्थिक सिद्धान्त और उस पर अमल हमारे लिए मददगार साबित नहीं होंगे। हमें अपनी नियति की संरचना अपने ढंग से करनी होगी और सामाजिक न्याय तथा मनुष्य की समानता जैसे इस्लामी विचारों पर आधारित एक आर्थिक व्यवस्था दुनिया के सामने पेश करनी होगी। इस तरह हम बतौर मुसलमान अपना लक्ष्य पूरा कर सकेंगे और मनुष्यता को शान्ति का सन्देश दे सकेंगे। उसी से मनुष्य-जाति का कल्याण, उसकी प्रसन्नता और समृद्धि सुरक्षित रखी जा सकती है।''

जिन्ना के इस सोच के पीछे कितना गम्भीर चिन्तन था, इस पर किसी दावे के साथ कुछ कहना मुश्किल है। इस पर लिखने और थोड़ा और विस्तारपूर्वक अपनी बात को और आगे बढ़ाने का मौक़ा उन्हें नहीं मिला। पर ऐसा लगता है कि बद्दिमाग़ मशीनीकरण और मात्र औद्योगीकरण को वह असमानता, ग़रीबी, पिछड़ेपन और शोषण की समस्याओं का हल नहीं मानते थे। इसका हल वह इस्लाम में मनुष्यता की समानता और सामाजिक न्याय की अवधारणा में ढूँढ़ने के प्रयास का आह्वान करते हैं। पश्चिमी सभ्यता के प्रति प्रश्नाकुलता के जिन्ना में यह पहले संकेत हैं, जो गांधी को लगभग पचास वर्षों से भी अधिक कालावधि के दौरान लगातार मथते रहे। यहाँ एक बार फिर

उनकी पश्चिमी वेशभूषा और जीवनशैली के साथ हिन्दुस्तानी मुसलमानों की तहज़ीब से जुड़ी वेशभूषा की स्वीकृति का रूपक पूरी प्रतीकात्मकता से उभरता है। विभिन्न भाषा, नस्ल और क्षेत्र के लोगों तथा धार्मिक अनुयायियों को एक ही राष्ट्रीयता के सूत्र में बाँधने की उनकी धर्मनिरपेक्ष प्रतिबद्धता के साथ इस्लाम के प्रवर्तक द्वारा दिखाए गए मार्ग के सामंजस्य का आह्वान उनके वस्त्र-विन्यास में समझौते से उभरे उसी रूपक का सूक्ष्म विस्तार लगता है। अगर वह कुछ वर्ष और जीवित रहते तो सम्भवतः अपने सपनों के देश पाकिस्तान के संविधान में दोनों के बीच सामंजस्य के अपने सोच को साकार करने की ईमानदार कोशिश अवश्य करते। उनके असमय निधन से विश्व की राजनीतिक प्रयोगशाला एक महान प्रयोग से वंचित रह गई लगती है।

अन्ततः उदार इस्लाम की ओर उनके झुकाव के बावजूद कट्टरतावादी मुसलमानों के बीच उनके पश्चिमी रहन-सहन और खान-पान तथा एक लम्बे अर्से तक धर्मनिरपेक्ष राजनीति के जुड़ाव के कारण उनकी छवि एक क़ाफिर की ही रही और काफ़ी हद तक आज भी बनी हुई है। 'क़ायदे आज़म' की तर्ज़ पर कट्टरवादी उन्हें 'काफ़िरे आज़म' कहते रहे हैं। 'हिज़्बुल तहरीर' नामक एक चरमपन्थी मुस्लिम संगठन ने अपनी पत्रिका 'ख़िलाफ़ा' के दिसम्बर, 1996 के अंक में गहरा आक्रोश व्यक्त करते हुए कहा है कि "कैसे इस आदमी की हिम्मत हुई कि इसने जम्हूरियत जैसे कुफ्र को हमारे पैग़म्बर से जोड़ दिया।" ज्ञातव्य है कि अलीगढ़ मुस्लिम विश्वविद्यालय में 6 मार्च, 1940 के अपने भाषण में जिन्ना ने कहा था कि 'इस्लाम जम्हूरियत (लोकतन्त्र) में विश्वास करता है।' आगे फिर 24 अप्रैल, 1943 को लीग के वार्षिक अधिवेशन में उन्होंने इस्लाम में लोकतन्त्र की अवधारणा की ओर इशारा करते हुए कहा था कि हमने इसकी सीख 13 सौ साल पहले हासिल कर ली थी। जिन्ना के ये कथन और उनके अगस्त, 1947 के भाषण कट्टरपन्थियों पर बहुत नागवार गुज़रे थे। इंग्लैंड में मुसलमानों के स्वयंभू नेता कलीम सिद्दीक़ी ने 'गॉर्जियन' में 3 मई, 1994 को छपे अपने लेख में उन्हें साम्राज्यवाद की कठपुतली बताया है। 'हिज़्बुल तहरीर' आज भी उन्हें साम्राज्यवादी गुर्गा कहने से नहीं चूकती। यहाँ यह जानकारी दिलचस्प होगी कि गांधी को जहाँ एडवर्ड सईद जैसे विचारक ने साम्राज्यवाद के विरुद्ध संघर्षरत एक अग्रणी योद्धा बताया है वहाँ हिन्दुस्तान के वामपन्थी ख़ासकर साम्यवादी उन्हें साम्राज्यवाद और पूँजीवाद का एजेंट कहने से नहीं अघाते रहे हैं। कट्टरवादी घोषित किए जाने की अपनी नियति की विडम्बना पर जिन्ना इक़बाल के स्वर में स्वर मिलाकर मानो कह रहे हों—

"ज़ाहिदे तंग नज़र ने मुझे काफ़िर जाना,
और काफ़िर यह समझता है मुसल्माँ हूँ मैं।
रिन्द कहता है वली मुझको, वली रिन्द मुझे,
सुन के इन दोनों की तक़रीर को हैराँ हूँ मैं।
देख ऐ चश्मे-अदू मुझ को हिक़ारत से न देख,
जिस पै खालिक़ को भी हो नाज़ वह इंसाँ हूँ मैं।"

(तंग नज़र मज़हब के ठीकेदार समझते हैं, मैं काफ़िर विधर्मी हूँ और काफ़िर मुझे मुसलमान मानते हैं। शराबी मुझे सन्त कहता है और सन्त मुझे शराबी। इन दोनों की बातें सुनकर मैं हैरान हूँ। शत्रु के नेत्र, मुझे घृणा के साथ मत देखो, मैं तो एक ऐसा मनुष्य हूँ, जिसकी संरचना पर स्वयं स्रष्टा को भी गर्व हो।)

जिन्ना को साम्राज्यवाद की कठपुतली बताना दरअसल हिन्दुस्तान के स्वतन्त्रता-संग्राम के सूक्ष्म पक्षों के भयंकर अज्ञान का परिचायक है। निश्चय ही जिन्ना के राजनीतिक संघर्ष का मुहावरा पाकिस्तान की माँग के पहले गांधी, नेहरू, आज़ाद, सुभाष और भगत सिंह जैसा आन्दोलनकारी, आक्रामक और उग्र नहीं था, पर उनका साम्राज्यवाद विरोधी तेवर अनवरत धारदार बना रहा। इसका पहला संकेत तब मिलता है, जब सन् 1891-92 में इंग्लैंड की संसद के चुनाव के दौरान पहले हिन्दुस्तानी प्रत्याशी दादाभाई नौरोज़ी को तत्कालीन टोरी प्रधानमन्त्री लॉर्ड सेल्सबरी ने 'काला आदमी' कहकर अपमानित करने की कोशिश की थी। संवेदनशील तरुण जिन्ना की राष्ट्रवादी अस्मिता इससे गहरे आहत हुई थी और तभी से उन्होंने मान लिया था कि इस तरह की ओछी मानसिकतावाले अंग्रेज़ नेताओं और नौकरशाहों से हमें कभी भी न्यायोचित व्यवहार नहीं मिल सकेगा। दूसरा संकेत उनके 1 अक्तूबर, 1906 के उस पत्र से मिलता है, जो उन्होंने वॉयसराय लॉर्ड मिंटो द्वारा मुस्लिम अलगाववाद को बढ़ावा देने के प्रयासों की भर्त्सना करते हुए लिखा था। इसके बाद केन्द्रीय विधायिका में गांधी के दक्षिण अफ्रीकी सत्याग्रह के समर्थन में दिए गए उनके ओजस्वी भाषण समेत उनके अनेक भाषण उनके प्रखर साम्राज्यवाद विरोधी तेवर को गहरे रेखांकित करते हैं। प्रथम विश्व-युद्ध के दौरान वॉयसराय की युद्ध-परिषद् की बैठकों के दौरान उनका साम्राज्य विरोधी स्वर सर्वाधिक मुखर रहा। दिसम्बर, 1918 में बम्बई में लॉर्ड विलिंगडन के विदाई-समारोह के बहिष्कार और उसके तहस-नहस करने में रत्ती के साथ उन्होंने जिस विराट् जनप्रतिरोध को धारदार नेतृत्व प्रदान किया, उसकी गौरव-स्मृति बम्बई के कांग्रेस-भवन में स्थित पीपुल्स जिन्ना हॉल के रूप में आज भी सुरक्षित है। रौलट क़ानून, जलियाँवाला बाग़ हत्याकांड और साइमन कमीशन की तीखी भर्त्सना और प्रबल विरोध तथा भगत सिंह और उनके साथियों के सम्बन्ध में केन्द्रीय विधायिका में दिया गया उनका भाषण क्या उन्हें साम्राज्यवाद की कठपुतली सिद्ध करता है ? कांग्रेस द्वारा छेड़े गए अगस्त, 1942 के 'भारत-छोड़ो' आन्दोलन के बाद जब द्वितीय विश्व महायुद्ध अपने चरम पर था और अंग्रेज़ों का सम्पूर्ण राष्ट्रीय स्वाभिमान और सुरक्षा दाँव पर लगी हुई थी, लीग और जिन्ना सरकार के काफ़ी निकट माने जाने लगे थे। इस समय भी जिन्ना ने बंगाल के भीषण अकाल के दौरान राहत कार्यों में भयानक दुर्व्यवस्था और भूख तथा बीमारी की लगातार भेंट चढ़ते वहाँ के अभागे निवासियों की दारुण स्थिति के प्रति अंग्रेज़ सरकार की आपराधिक उदासीनता की अत्यन्त तीखे किन्तु मार्मिक शब्दों में भर्त्सना की थी। 8 नवम्बर, 1943 को केन्द्रीय विधायिका में योरोपियन पार्टी के नेता सर हैनरी रिचर्डसन को आड़े हाथों लेते हुए उन्होंने कहा था कि ''यह हमारा दुर्भाग्य है कि हम एक ऐसी

सरकार की व्यवस्था में जी रहे हैं, जो निहायत ग़ैरजिम्मेदार तथा इस महान संकट से निपटने में पूरी तरह अक्षम है। बदक़िस्मती से हम उसे हटा पाने की हालत में नहीं हैं।'' क्या यह साम्राज्यवाद के एजेंट की भाषा है ? दरअसल, कांग्रेस और उसके नेताओं से दिन-प्रतिदिन कटु से कटुतर होते जा रहे सम्बन्धों और पाकिस्तान की ज़ोरदार माँग तथा उसके लिए अंग्रेज़ सरकार की सहानुभूति अर्जित करने के हरसम्भव प्रयासों के बावजूद उन्होंने सद्-असद् का अपना विवेक सदैव जाग्रत रखा। अपने लक्ष्य की प्राप्ति के लिए उन्होने अंग्रेज़ों के उपयोग की चाहे जितनी कोशिश की हो, पर अंग्रेज़ों को उन्होंने स्वयं अपना उपयोग कभी नहीं करने दिया। इसकी पुष्टि जिन्ना के साथ केन्द्रीय विधायिका के सदस्य रहे हिन्दी के प्रख्यात साहित्यकार सेठ गोविन्ददास ने भी की है।

साम्राज्यवाद-विरोधी विमर्श के परिप्रेक्ष्य में सर सैयद और डॉ. इक़बाल के साथ जिन्ना पर विचार ज़रूरी लगता है। सर सैयद अंग्रेज़ों की सद्भावना और सहानुभूति हासिल कर मुसलमानों में व्याप्त अशिक्षा और पिछड़ेपन को दूर कर उनके लिए सरकारी नौकरियों, स्वशासी निकायों और विधायिका में अधिक-से-अधिक स्थान हासिल करने के लिए आजीवन प्रयत्नशील रहे। सन् 1857 के विद्रोह के दौरान अपने निकट सम्बन्धियों के भयंकर दमन, हत्या और उन पर हुए अत्याचारों के प्रत्यक्ष साक्षी होने के बावजूद सर सैयद के मन में अंग्रेज़ महाप्रभुओं के प्रति ज़रा भी कटुता और प्रतिक्रिया के संकेत नहीं मिलते। उन्होंने अंग्रेज़ी साम्राज्य के विरुद्ध कभी भी एक शब्द नहीं कहा। अंग्रेज़ों की निगाह में वह हिन्दुस्तान के मुसलमानों के सबसे भरोसेमन्द नेता और ब्रिटिश राजमुकुट की सबसे स्वाभाविक प्रजा थे। इसे लेकर उनके मन में कोई ग्रन्थि नहीं थी। अंग्रेज़ों ने भी उनकी सेवाओं और स्वामिभक्ति का आदर करते हुए उन्हें 'सर' की उपाधि से अलंकृत किया था और उन्हें उस समय की कलकत्ता स्थित केन्द्रीय विधायिका का सदस्य मनोनीत किया था। उनके बाद डॉ. इक़बाल ने भी अपनी कविता में प्रारम्भिक राष्ट्रवादी स्वर के बावजूद ब्रिटिश साम्राज्यवाद के विरुद्ध कभी भी सीधे आवाज़ नहीं उठाई थी। अंग्रेज़ों को पढ़े-लिखे मुस्लिम मध्यवर्ग पर इक़बाल की ओजस्वी कविता और दार्शनिक चिन्तन के बढ़ते प्रभाव का पूरा अहसास था। ब्रिटिश साम्राज्यवाद के विरुद्ध लगभग उनकी ख़ामोशी के साथ कवि-चिन्तक के रूप में उनके महत्त्व को ध्यान में रखते हुए अंग्रेज़ सरकार ने उन्हें 'सर' की उपाधि से विभूषित किया था। रौलट क़ानून के ख़िलाफ़ जब आक्रोश की आग में पूरा देश जल रहा था, जलियाँवाला बाग़ के भीषण हत्याकांड ने जब देश की अन्तरात्मा को बुरी तरह झकझोर दिया था तथा ख़िलाफ़त और अहसयोग आन्दोलन ने जब आम हिन्दुस्तानियों तक में एक अभूतपूर्व हरारत पैदा कर दी थी, उस समय डॉ. इक़बाल की ख़ामोशी निहायत खलनेवाली थी। जलियाँवाला बाग़ के नरसंहार के विरोध में टैगोर ने 'सर' की उपाधि लौटा दी थी। पर इक़बाल ने जनभावना का आदर करते हुए उस भीषण हत्याकांड की भर्त्सना में एक वाक्य बोलना उचित नहीं समझा था। उन्होंने उस नृशंस घटना पर लगभग चुप्पी साध रखी थी। इसके बरअक्स रौलेट बिल पास किए जाने का विरोध करते हुए जिन्ना ने केन्द्रीय विधायिका से इस्तीफ़ा

दे दिया था। आगे चलकर कई वर्षों बाद 'सर' की उपाधि से अलंकृत किए जाने के प्रस्ताव को उन्होंने यह कहकर ठुकरा दिया था कि वह सीधे-सादे मिस्टर जिन्ना ही बने रहना पसन्द करेंगे। सर सैयद से प्रारम्भ मुस्लिम नेताओं की शानदार सूची में उनका प्रखर साम्राज्यवाद विरोधी स्वर उन्हें अत्यन्त विशिष्ट बनाता है। वह किसी पद और उपाधि के प्रलोभन से बहुत ऊपर थे। पाकिस्तान के पहले गवर्नर जनरल का पद यदि उन्होंने स्वीकार किया था तो उसके पीछे सत्ता का लोभ क़तई नहीं था। विभिन्न समस्याओं से जूझते उस नवोदित राष्ट्र में इस काँटों के ताज के योग्य वह किसी दूसरे को नहीं पाते थे। पंजाबियों, सिन्धियों और पठानों में ऐसा कोई नेता नहीं था, जिसके नाम पर प्रधानमन्त्री और मुस्लिम लीग के अध्यक्ष जैसे दो अन्य महत्त्वपूर्ण पदों के लिए भी आम राय बन पाती। अतः उस नवजात देश के पहले प्रधानमन्त्री नवाबजादा लियाक़त अली ख़ाँ और उसके सर्वाधिक महत्त्वपूर्ण राजनीतिक संगठन मुस्लिम लीग के अध्यक्ष चौधरी खलीक़ुज़्ज़मा बने। दोनों संयुक्त प्रान्त (उत्तर प्रदेश) से गए मुहाजिर ही थे।

अपने अभीष्ट लक्ष्य की प्राप्ति के लिए उन्होंने निश्चय ही साम्प्रदायिक पत्ते बड़ी चतुराई और बेरहमी से खेले। जुलाई-अगस्त, 1946 के दौरान उनका सीधी कार्रवाई का आह्वान, जिसके फलस्वरूप हज़ारों मासूम लोगों के जान-माल की हानि हुई, आज भी अक्षम्य प्रतीत होता है। इसके बावजूद इसमें दो राय नहीं कि उन्होंने साफ़-सुथरे सार्वजनिक जीवन के ऊँचे आदर्श प्रस्तुत किए। उनकी कथनी और करनी में अन्तर नहीं था। साधन की पवित्रता में उनका एक हद तक गांधी-सा ही विश्वास था। इस सम्बन्ध में एक ही उदाहरण पर्याप्त होगा। कराची में उनके मित्र और मेज़बान हाजी अब्दुल्ला की बेटी ज़ीनत रशीद ने बताया है कि पाकिस्तान के पक्ष में जनमत जानने के लिए सन् 1946 के चुनाव के दौरान उन्होंने और उनकी सहेलियों ने बुर्के का लाभ उठाते हुए मुस्लिम लीग के पक्ष में कई बार वोट डाले थे। ये बात जैसे ही जिन्ना को पता चली, उन्होंने सख़्ती से कहा, "वह मतदान केन्द्र पर जाकर अपनी ग़लती स्वीकार करें और अपने फ़र्जी वोटों को तुरन्त रद्द करवाएँ। हमें ऐसी हरकतों की बिना पर पाकिस्तान क़तई नहीं चाहिए।" उन्हें किसी प्रकार के दिखावे और छद्म से सख़्त परहेज़ था। बलूचिस्तान के मुस्लिम लीग के नेता याहिया बख़्तियार ने ज़िक्र किया है कि अपनी युवावस्था में उन्होंने एक बार जिन्ना को पवित्र पैग़म्बर के कथनों के एक संकलन को पढ़ते हुए उनका चित्र लेना चाहा था। जैसे ही जिन्ना ने उनके हाथ में कैमरा देखा था, उन्होंने वह पुस्तक मेज़ पर रख दी थी और दूसरी पुस्तक उठा ली थी। याहिया के आग्रह करने पर कि वह उनके हाथ में उसी पुस्तक के साथ चित्र लेना चाहते हैं, उन्होंने साफ़ मना कर दिया कि इस तरह के प्रोपेगंडा में उनका यक़ीन नहीं है। भाई-भतीजावाद और सार्वजनिक जीवन में किसी तरह के पक्षपात के वह सख़्त ख़िलाफ़ थे। बताते हैं कि उनके गवर्नर जनरल बनने के बाद उनके एक छोटे भाई ने अपने विजिटिंग कार्ड पर 'गवर्नर जनरल मुहम्मद अली जिन्ना का भाई' लिखवा लिया था। पता चलते ही उन्होंने

न केवल उन कार्डों के इस्तेमाल न करने की हिदायत दी थी, बल्कि उन्हें नष्ट कर देने का हुक्म भी दिया था। इसी तरह जब मुस्लिम लीग की महिला शाखा का गठन हुआ तो जिन्ना ने फ़ातिमा जिन्ना को उसका अध्यक्ष मनोनीत करने के बजाय उस पद पर ज़ीनत रशीद को वरीयता दी थी। उन्हें किसी भी तरह की सिफ़ारिश से सख़्त एतराज़ था, चाहे वह कैसे ही सुपात्र के लिए क्यों न की गई हो। जिन्ना के प्रशंसक और मित्र कलकत्ते के उद्योगपति मिर्ज़ा अबुल हसन इस्पहानी द्वारा बताई गई एक घटना इसका ज्वलन्त उदाहरण है। सर सैयद अहमद ख़ाँ के प्रपौत्र अनवर मसूद अच्छी शिक्षा-दीक्षा के बावजूद कोई सम्मानपूर्ण जीविका का साधन पाने में नाकामयाब रहे थे। नवम्बर, 1938 में इस्पहानी ने जिन्ना को एक अत्यन्त भावुक पत्र लिखा, जिसमें मुस्लिम-समाज के लिए सर सैयद की महान और चिरस्मरणीय सेवाओं की चर्चा करते हुए उनके प्रपौत्र के लिए एक सम्मानपूर्ण नौकरी की व्यवस्था का आग्रह था। इस पत्र के उत्तर में जिन्ना ने मात्र एक पंक्ति का पत्र लिखा था कि वह इस बारे में कोई मदद नहीं कर सकते।

अस्तित्व में आने के तुरन्त बाद ही पाकिस्तान के जिस दिशा में जाने के लक्षण प्रकट होने लगे थे उससे जिन्ना का विकल होना स्वाभाविक था। तेजी से गिरते स्वास्थ्य के फलस्वरूप और लीग तथा उसके सदस्यों में कांग्रेस और उसके कार्यकर्ताओं जैसी समर्पण भावना के अभाव में वह उसे सही दिशा में ले जाने में स्वयं को असहाय और असमर्थ पा रहे थे। स्वार्थी स्वयंभू नेताओं की सत्तालोलुपता और नवोदित राष्ट्र की हित-चिन्ता के प्रति उनका उपेक्षा-भाव उन्हें अब बहुत गहरे आहत करने लगा था। गहरे उदासी के आलम में उन्होंने अपने अन्तिम दिनों के चिकित्सक कर्नल (डॉ.) इलाहीबख़्श से कहा था, ''डॉक्टर पाकिस्तान मेरी ज़िन्दगी की सबसे बड़ी भूल है।'' आगे चलकर उत्तर-पश्चिम सीमा प्रान्त (सरहदी सूबे) के पूर्व शिक्षामन्त्री मोहम्मद याहिया जान ने 26 नवम्बर, 1982 को पेशावर से प्रकाशित अख़बार 'फ्रंटियर पोस्ट' में अपने एक लेख ''क़ायदे आज़म के डॉक्टर ने मुझे बताया'' (क़ायदे आज़म्स डॉक्टर टोल्ड मी) में कर्नल इलाहीबख़्श के उक्त कथन और जिन्ना के पश्चात्ताप-भाव की पुष्टि की है। पर नियति के खाते में उनके लिए और अधिक समय नहीं रह गया था।

गांधी की ही तरह जिन्ना के साथ भी उनके जीवन-काल और बाद में भी लगातार अनेक किंवदन्तियाँ और मिथक जुड़ते चले आ रहे हैं। मिथकों की रचनात्मकता के ज़रिए सामान्य जनमानस अपने महानों के प्रति अपनी निश्छल श्रद्धा निवेदित करता रहा है। यह अकारण नहीं है कि जिन्ना के पाकिस्तानी जीवनीकार ई.एच. अनवर ने उन्हें 'मॉडर्न मौज़ेज' (आधुनिक मूसा) कहा है। महात्मा गांधी के पुत्र देवदास गांधी ने उन्हें इस्लाम के प्रवर्तक मुहम्मद साहब के बाद इतिहास का सर्वाधिक महत्त्वपूर्ण मुस्लिम व्यक्तित्व बताया है। निश्चय ही आज तक के इतिहास में शायद ही किसी मुस्लिम व्यक्तित्व ने अपने समय के लगभग चालीस करोड़ लोगों की नियति को इतनी गहराई से प्रभावित किया हो। इतिहास की धारा अपने पक्ष में मोड़कर भूगोल के वक्ष पर एक नए राष्ट्र के मानचित्र की संरचना का श्रेय विरले ही प्राप्त कर सके हैं। अपनी इस महान

उपलब्धि में जिन्ना अद्वितीय हैं।

यहाँ यह ध्यान योग्य है कि पाकिस्तान के राष्ट्रपिता बनने के पहले वह हिन्दुस्तान की धरती के एक महान और अत्यन्त सुयोग्य पुत्र थे। उनके लगभग आधी सदी के राजनीतिक जीवन में समय-समय पर उभरे सोच में आज भी ऐसा बहुत कुछ समावेशी और रचनात्मक है, जो अप्रासंगिक नहीं हुआ है। वह भारत के स्वतन्त्रता-संग्राम की जातीय स्मृति में कहीं गहरे रचे-बसे हैं। बम्बई का उनका आवास, कांग्रेस-भवन के परिसर का पीपुल्स जिन्ना हॉल और गुंटूर (आन्ध्र प्रदेश) का जिन्ना टावर आज भी यहाँ उनकी याद के दीपक जलाए हुए हैं। क़ायदे आज़म अकादमी कराची के संस्थापक-निदेशक प्रो. शरीफ़-अल-मुजाहिद ने अकबर एस. अहमद की जिन्ना पर लिखी चर्चित एवं विस्तृत पुस्तक* की तुलना महाभारत से की है। इस तुलना को थोड़ा और आगे ले जाएँ तो जिन्ना महाभारत के एक अप्रतिम पात्र कर्ण की स्मृति ताज़ा कर देते हैं, पांडवों का रक्त होने के बावजूद जिसकी नियति थी कौरव-पक्ष से लड़ने की। इसमें दो राय नहीं कि गांधी और नेहरू की तरह जिन्ना भी भारतीय उपमहाद्वीप में समय-समय पर एक और पुनर्दृष्टि की माँग करते रहेंगे। इतिहास के अपने ढंग के एक अद्वितीय व्यक्तित्व के नाते यह उनका हक़ है।

---

*सन् 1997 में रौटलेज से प्रकाशित अकबर एस. अहमद की पुस्तक–'जिन्ना, पाकिस्तान एंड इस्लामिक आइडेंटिटी–दि सर्च फॉर सलादीन'।

अनुक्रमणिका

इ

ई

उ

ए

ओ

घ

च

छ

ज

ढ

त

थ

द

फ

ब

भ

म

य

र

ल

व

श

ह

●●●